アナリストのための
財務諸表分析と
バリュエーション

原書第5版

S.H.ペンマン 著

荒田映子・大雄 智・勝尾裕子・木村晃久 訳

Financial Statement Analysis
and Security Valuation
Fifth Edition　　　Stephen H. Penman

有斐閣
YUHIKAKU

Financial Statement Analysis and Security Valuation, Fifth Edition
by Stephen H. Penman
© 2013 by The McGraw-Hill Companies, Inc.
All rights reserved.
Japanese translation rights arranged with
McGraw-Hill Global Education Holdings, LLC.
through Japan UNI Agency, Inc., Tokyo.

序　文

　財務諸表は，ビジネスを見るためのレンズである。財務諸表分析は，ビジネスに焦点を合わせるためにレンズを調整する。財務諸表が不完全であると，レンズが汚れ，画像が歪んでしまう。財務諸表分析は，より適切に焦点を合わせるために，財務諸表の不完全さに対処するものである。

　財務諸表には多くの用途があるが，とくに重要なのは，事業に投資をするための情報を提供することである。世界の資本市場では，毎日，何百万もの株式や社債が取引され，それらの証券の価値を評価した価格が付けられている。投資家は，どれくらいの価格で取引すべきか確かめるために，どのような企業に価値があるのか知りたいと思っている。そこで，企業の潜在的価値の目安を得るために財務諸表分析に取り掛かるのである。本書では，そのような投資家に焦点を合わせている。

　潜在的価値はファンダメンタル価値と呼ばれることがあり，ファンダメンタル価値に関する情報の分析はファンダメンタル分析と呼ばれている。本書のテーマは，ファンダメンタル分析である。財務諸表分析はファンダメンタル分析の核心である。実際，本書では，財務諸表をいかに適切に分析するかという観点からファンダメンタル分析を展開している。ビジネスを見るためのレンズとして，財務諸表分析の手法に則って焦点を調節した財務諸表は，事業が株主のために創造する価値について投資家が理解できるよう，事業の解釈の仕方を提示する。

　1990年代後半および2000年代の株式市場における経験は，こうした理解がきわめて肝要であることを示唆している。1990年代，株価は，利益，簿価，売上高，およびその他のファンダメンタル情報が示唆する価値を超えて大幅に上昇したが，結局，バブルの崩壊とともに暴落した。アナリストを自称する人たちによる疑わしい分析，一部の企業による疑わしい財務報告，企業経営者による株式の誇大宣伝，マスメディアに登場する「ご意見番」たちの憶測による議論などに駆り立てられ，投資家は「根拠なき熱狂」の波の中で堅実な分析を無視してしまった。その後の株価の下落は金融危機によって深刻なものとなり，投資家はリスクが現実になったのを目の当たりにしたのである。そのリスクは，1つには，株式に対価を払いすぎるリスクである。今こそ，ファンダメンタルズに立ち返るべきである。なぜなら，ファンダメンタル分析は，払いすぎのリスクを防いでくれるからである。本書では，堅実なファンダメンタル分析の手法を説明している。

本書のアプローチ

概念的枠組み

優れた分析は十分な理解から生まれる。十分な理解は，あなた（学生アナリスト）が自分の考えを体系化するのに役立つ概念的枠組みによってもたらされる。この情報化時代には，企業について処理すべき膨大な情報を簡単に入手することができる。概念的枠組みは，こうした情報を賢く経済的に利用し，情報を知識に変える上での指針となるものである。

本書は，ビジネスがどのように動き，どのように価値を創造するのか，また，創造された価値は財務諸表でどのように捉えられるのか（もしくは，捉えられないのか）を理解するのに役立つ，概念的枠組みから着手する。この枠組みは，ビジネスについての知識を価値評価に変換する上で有用である。また，この枠組みは，財務諸表で目にするものを解釈する上でも有用である。それは，アナリストが直面する多くの重要な問いに対する答えを与えてくれる。アナリストは，どのような「ファンダメンタルズ」に焦点を合わせるべきだろうか。配当だろうか，キャッシュフローだろうか，それとも利益だろうか。アナリストの利益予想は，どのように価値評価に変換されるのだろうか。利益が疑わしい会計手法によって測定されることがあるとき，投資家はどのように利益を信頼することができるのだろうか。貸借対照表はどのような役割を果たしているのだろうか。成長企業とはどのような企業で，成長はどのように評価されるのだろうか。企業の株価・利益倍率（PER）は何を伝えているのだろうか。また，株価・簿価倍率（PBR）は何を伝えているのだろうか。PER や PBR をどのように算定すべきだろうか。

最も重要なことは，この枠組みにより自分の分析が堅実なものであるという保証が得られることである。この枠組みは「基本原則」から段階的に構築されているため，分析の由来をはっきりと把握し，本書を読み終えるまでにファンダメンタル分析の原則をしっかりと理解することができる。また，優れた分析と不十分な分析を見分けることもできるようになるだろう。

実践的なツール

本書の目的は，理解することであるが，もっといえば実践することである。概念と枠組みは，それらが分析ツールにつながる場合に限り重要である。本書を読み終えると，実践的な分析を行うためのツールを一式揃えることになるだろう。それを用いれば，アナリストは，自分の分析が首尾一貫しており，企業における価値創造のどの側面も見落としていないという確信を持って，しっかりとした方法で分析を進めること

ができる。本書では，単純すぎる分析方法を明らかにし，場当たり的な方法を避けている。しかし，その一方で，より複雑な分析のコストとベネフィットのトレードオフを踏まえ，単純なスキームを展開しようと努めてもいる。また，本書は至るところで，グーグル，シスコシステムズ，ナイキ，マイクロソフト，コカ・コーラといった企業への適用例とともに分析方法を説明している。

　本書における分析と価値評価の材料の多くは，スプレッドシートに組み込むことができる。したがって，本書を読み進めるにつれて，表計算（スプレッドシート）プログラムを構築したり加工したりするための方針が得られ，本書のウェブサイトからはより詳しい説明も得られる。本書を読み終えるまでには，ほとんどすべての企業に適用でき，アクティブ投資に使用できる包括的な分析と価値評価のツールを手に入れることだろう。本書のウェブサイトには，スプレッドシートを構築するための包括的な手引書，「自分用の分析ツールをつくろう」（BYOAP）がある。既製のスプレッドシートを入手することも可能ではあるが（その多くには欠点がある），自分用のスプレッドシートを構築したほうがはるかに満足できるだろう。また，そうすることで，より多くのことが学べるに違いない。

バリュエーションと戦略

　本書のツールは，企業外部の証券アナリストが，顧客に企業への投資について助言するために用いるものである。証券アナリストは，彼らの推奨を株式リサーチレポートに提示する。このテキストを学習すれば，説得力のある最先端の株式リサーチレポートを書けるようになるはずだ。ただし，これらのツールは，企業内部の経営者が投資を評価するために用いるものでもある。企業外部のアナリストが，企業の戦略についての理解に基づいて企業を評価する一方，企業内部の経営者は，投資を評価し戦略を選択するために，同じツールを利用する。企業の戦略の価値を評価するために使われる手法は，戦略を選択するために使われる手法でもあるため，本書では価値評価分析と戦略分析を統合しているのである。

会計情報によるバリュエーション

　企業価値評価のテキストは概して，事業を評価するために割引キャッシュフロー・モデルを使う。しかしながら，アナリストは通常，事業価値を示唆する利益を予想し，企業が投資家のために儲けるかどうかを把握するために，株式リサーチレポートでは企業のキャッシュフローではなく主にその利益について議論する。「利益を買う」という言葉は，投資をする上でのモットーに違いない。株式市場は利益に焦点を合わせている。すなわち，アナリストや経営者の利益予想が株価を動かし，企業がアナリストの利益予想とは異なる利益を公表すると，株価はそれに反応する。株式市場のバブ

iv

ルが崩壊するとともに明るみに出た，ゼロックス，エンロン，クエスト，ワールドコム，クリスピー・クリーム，およびその他の会計不祥事がそうであったように，利益が水増しされていたことが発覚すると，株価は急落する。投資会社は，ますますキャッシュフローによる価値評価モデルから，利益情報を基礎とする価値評価モデルへと移行しているのである。

　本書は，利益の予測および利益予想を価値評価に変換する方法に焦点を合わせている。その理由は読み進めるうちに明らかになるだろう。適切に測定された利益は，事業の価値創造に関してよりよい目安を与えてくれるため，利益見通しを分析することは，ファンダメンタル価値をよりしっかり理解することにつながる。グレアム，ドッド，および旧世代のファンダメンタル・アナリストたちは，「利益を生む力」を重視した。本書もこの点に注目することは変わらないが，その方法は現代ファイナンスの原理と整合的なものになっている。私たちは注意深くなければならない。なぜならば，利益に対価を払いすぎる危険があるからである。

会計の質

　会計がどのように機能すべきかを理解することにより，本書の中で，何がよい会計で何が悪い会計なのかを判断できるようになるだろう。本書を読み終えれば，企業が公表する財務諸表の欠点を認識し，財務諸表に記載されるものを決める「一般に認められた会計原則」や開示規則について論評できるようになるだろう。また，財務諸表上，会計がどのように歪められる可能性があるのかを理解するとともに，その歪みを見抜いたり，企業が使用する会計の質について示唆を得たりするためのツールを見出すことだろう。

ファイナンスと会計の統合

　財務諸表は会計原則の規定に従って作成される。そこで，それらの会計原則を学習するために会計の講義を履修することになる。会計の講義による財務諸表の理解は，それらを作成するために使われる会計の観点からのものであり，それらが事業への投資について何を伝えるのかという観点からのものではないことが多い。ファイナンスの原理は投資分析の指針となるものであり，通常，それらの原理を学習するためにはファイナンスの講義を履修することになる。ところが，ファイナンスの講義における投資分析では，財務諸表や会計の概念が体系的に用いられていないことが多い。概してファイナンスと会計は異なるものと捉えられているか，相互に関連するものと捉えられていたとしても，その関係は漠然としている。ファイナンスの講義が会計に関心を示さないことがある一方で，会計の講義はファイナンスの原理に反する分析を提示することがある。本書は，ファイナンスおよび会計の講義で学んだことを統合する。

財務諸表分析とファンダメンタル分析を統合することにより，会計の概念をファイナンスの概念と結びつけるのである。ここでは，会計は価値のための会計（accounting for value）の問題と捉えられており，価値のための会計は投資分析に適したものである。財務諸表の体系化された構造は，ファンダメンタル分析を体系化するのに役に立つ。貸借対照表および損益計算書における測定のための会計原則は，価値を測定するための原則として組み込まれる。すべての分析は，現代ファイナンスの原理と整合的に，また，何がよい会計で何が悪い会計なのかということについての判断と整合的に行われることになる。

アクティビストのアプローチ

投資のテキストでは，一般に，資本市場は「効率的」であるという見方がとられ，そこでの市場価格は取引される証券の潜在的価値を常に反映している。それらのテキストの関心は主に，価値評価ではなくリスクの測定に置かれている。投資家は，比較的パッシブで，市場価格を公正価値として受け入れ，主には資産配分によるリスク管理に関心があるとみなされる。これに対し，このテキストは，アクティビストの観点をとる。アクティブ投資家は「市場は効率的であるという前提」を置かない。アクティブ投資家は，むしろ，堅実な分析によって市場価格を吟味し，その価格が適正な価格かどうかを確かめる。実際，彼らは大きなリターンを得るために，市場でミスプライシングされていると思われるものに投資する。アクティブ投資家は，また，ファンダメンタル・アナリストの信条「価格は支払うものであり，価値は手に入れるものである」という考え方に従う。彼らは，株式投資における重要なリスクは株式に対価を払いすぎるリスクであると考え，価格とは独立に価値の評価を得ようと努めるのである。市場が効率的であるかどうかにかかわらず，こうした観点は興味をそそられるものであることがわかるであろう。

ミスター・マーケットとの交渉

ベンジャミン・グレアムは，株式投資を，支払価格をめぐる「ミスター・マーケットとの交渉」の問題と捉えた。本書ではこの交渉を実行する方法を明らかにする。価格を価値と比較するという姿勢で，アナリストは通常，株式の「真の」内在価値を計算し，それをミスター・マーケットの付けた価格と比較しようと考える。これは悪い考え方ではないものの，非常に多くの不確実性に直面しているため，確信を持って内在価値について１つの真の値を定めるのは困難である。本書は，以下のように，これとは異なるアプローチを採用する。すなわち，利益予想が価値とどのように関連するのかを理解し，ミスター・マーケットの予想を理解するために市場価格を使ってリバース・エンジニアリングを行い，その上で，その予想を吟味するのである。そこでは，

価値評価は自然とのゲームではなく，むしろ他の投資家とのゲームであると認識されている。つまり，私たちは，真の価値ではなく，むしろ他の投資家が考えていることを知らなければならない。そして，他の投資家の考えに挑むための財務諸表分析が，ミスター・マーケットとの対話における焦点となるのである。

本書の概観

第1章では，財務諸表分析とファンダメンタル分析について紹介し，第2章以降のための準備をする。第2章では，財務諸表について紹介する。第3章以降は4部で構成されている。

- 第1部（第3〜7章）では，ファンダメンタル分析を行うために必要な考え方を展開する。そこでは，ファイナンスの概念を会計の概念と統合し，会計の構造を価値評価分析にどのように活かせるのかを説明する。価値評価についての優れた思考が価値評価モデルに反映され，このパートで，その後に続く実践的分析のフレームワークとなる発生主義会計による価値評価モデルが導入される。競合する手法である別のモデルについても議論されるため，代替的なモデルの強みと弱みを理解できるようになる。第1部の最後では，これらのモデルをアクティブ投資に適用する。
- 第2部（第8〜12章）では，事業における価値創造を明らかにし，予測のための情報を提供する財務諸表分析について説明する。このパートで，レンズの焦点がビジネスに合っていることがわかるだろう。
- 第3部（第13〜15章）では，予測について取り上げる。企業およびその株式の価値は，企業が投資家に生み出すと期待されるペイオフに基づいている。そこで，このパートでは，財務諸表分析からの情報を使って，どのようにペイオフを予測するのか説明する。予測は，財務諸表のフレームワークの範囲内で展開され，プロ・フォーマ財務諸表分析において実践される。そこでは，予測をどのようにして企業およびその戦略の価値評価へと変換するのかが説明される。
- 第4部（第16章）では，会計情報に基づく価値評価モデルを使用するにあたって生じる会計問題を取り上げる。そこでは，利益を測定する上で採用された異なる会計手法をどのように調整するのか，また，財務諸表を作成するために使われた会計の質をどのように分析するのかを説明する。

アナリストや経営者のためのツールキットをうまく使いこなそう

本書に取り組む最善の方法は，財務諸表を分析したり，ビジネスや経営戦略を評価したりするツールキットをうまく使いこなしていると自認しながら学習することであ

序　文　vii

る。あなたは，プロのアナリストやビジネス・プランナーのように，入手可能な最善の手法を使って競争優位に立ちたいと思うだろう。であるならば，よい手法とそうではない手法を選り分けながらこの本に取り組もう。概念的に確かで，かつ，実践的な手法が必要となる。

　このテキストを読み進めていけば，次のような問いに対する答えを得ることができる。

- ・ファンダメンタル・バリュー（内在価値）はどのように評価されるのか。
- ・株式評価に関連のある情報を得るために，財務諸表をどのように分解したらよいだろうか。
- ・キャッシュフローは価値とどのような関係にあるだろうか。配当，純資産簿価はどうだろうか。評価する際に，これらの測定値をどのように扱ったらよいだろうか。
- ・成長とは何か。成長をどのように分析するか。成長企業をどのように評価するか。
- ・成長に投資するときの落とし穴は何か。
- ・株価に内在する成長への期待をどのように吟味するか。
- ・比率分析が評価にどのように役に立つか。
- ・収益性の指標を評価にどのように結びつけるか。
- ・財務報告の質についてどのように分析するか。
- ・財務諸表で用いられている会計方法をどのように扱うか。
- ・戦略や計画に合わせた財務分析をどのように進めたらよいか。
- ・企業の PER の決定要因は何か。PER をどのように算定すべきか。
- ・企業の PBR の決定要因は何か。PBR をどのように算定すべきか。
- ・株式リサーチレポートをどのように評価するか。よい株式リサーチレポートとはどのようなものか。
- ・ファンダメンタルな情報をどのように利用したらよいか。

本書の活用方法

要求される前提知識

　このテキストの内容を理解するためには，財務会計とファイナンスの初級コースは受講済みでなければならない。財務会計の中級コース，インベストメントやコーポレート・ファイナンスに関するコースも履修しているとわかりやすいが，必ずしも履修していなければならないわけではない。むしろ，本書で勉強することが，これらのコースを履修する動機になるであろう。

viii

アナリストのチェックリスト

このテキストは，学ぶ意欲をより高めるようにデザインされているところに特徴がある。各章は，2つのリストからなる**アナリストのチェックリスト**から始まる。1つは，各章の概念的なポイントをまとめたものであり，もう1つは，その章を学んだ後にできるようになることをまとめたものである。これらによって各章の目標の概要が示され，手元にある本書に書かれていることを使いこなせるようになる。

章末の演習問題

章末には演習問題が収録されている。これらの問題を解くことによって理解はかなり進むだろう。これらの問題は読者の理解をテストするためだけでなく，実際の分析に関する理解が徐々に深まるようにつくられている。各問は各章で用いられている手法を適用するものである。本日本語版で取り上げているドリル・エクササイズによって[1]，読者は分析へと向かいやすくなるだろう。

ウェブサイトによる補強

本書の教材は，ウェブサイト（http://www.mhhe.com/penman5e，英語のみ）でより深く分析できるように補足されている。Student Center（学生向けサイト）の内容は，以下の通り。

- Chapter Supplement（各章の付録）
- Solution to the Continuing Case（Continuing Case の解答）
- Additional Exercise（各章の追加の演習問題）と解答：より深く学ぶために，これらの演習問題を解き，答え合わせをしよう。
- Accounting Clinic（アカウンティング・クリニック）I〜VII では，とりわけ株式や債券分析に関連のある会計問題（発生主義会計，公正価値と取得原価会計，負債証券と株式の会計，株式報酬の会計，年金会計，税効果会計）について概説している。
- Build Your Own Analysis Product：BYOAP（自分用の分析ツールをつくろう）には，本書に示された原則や手法を用いる財務諸表分析と評価のための，スプレッドシートの作成の仕方が掲載されている。これはすぐに使用できる最終形にはなっておらず，自分用のスプレッドシートをつくっていくためのガイドブックであるといえる。これはブラック・ボックスの中に自動的に入力するようなもので

訳注 1) 原書の演習問題は，Drill Exercise，Application，Real World Connection という3種類に分けられており，レベルも easy，middle，hard と3段階に分かれている。本日本語版では，紙幅の都合もあり，本文の分析手法の基礎を理解するのに役立つ Drill Exercise のうち easy に当たるもののみを翻訳・掲載した。

序文　ix

はなく，使いながら学び，理解するためのツールである。このツールを完成させると，財務諸表，すなわち予想利益，残余利益，異常利益成長，キャッシュフロー，配当を分析できるようになり，さまざまな手法を用いて企業価値や戦略を評価できるようになる。自分自身で機能を付加してみよう。要するに，このツールは，株式リサーチレポートの準備や専門家としてデュー・デリジェンスを遂行するための基礎となる。ツールを構築するプロセスでは達成感を味わえるし，自分で構築したツールは，専門家として仕事に当たる際に，あるいは自身で投資する際に，利用する価値のあるものになるだろう。特定の作業のためのスプレッドシートは，各章のウェブサイトにある章の付録から入手できる。既製のツールを利用することもできる。ラッセル・ランドホルムとリチャード・スローンによるeVal2000は，McGraw-Hill/Irwinを通じて入手可能である[2]。また，ダン・ゴードやジェームズ・オールソンのスプレッドシートを，http://www.godeohlson.comで確認してみよう。こちらのほうが本書により近いスキームを使っている。

・企業の財務諸表やその他の多くの財務情報源へのLink（リンク）も，株式を選んだり，分析したり，自分用の分析ツールをつくる際に助けとなるだろう。

・スタンダード＆プアーズのMarket Insight（学生版）には370社の財務情報が含まれている。アクセス・コードは先生に尋ねよう。

指導者向けの資料

本書には，教育や学習をサポートする付属の補助教材もある。本書のウェブサイトのInstructor Center（指導者向けサイト）には，次のような内容が含まれている。

・Solution Manual（解答方法）には，各章の最後にある教材の詳細な解答が掲載されている。

・Teaching Note（教育用メモ）には，本書を教えるにあたってのアドバイス，代替的なコース概要，多くの教育ツール，各章の解説などがある。

・各章のPowerPoint（パワーポイント）によるスライド。

・さらなる課題や演習問題のTest Bank（試験問題のストック）。

・本書における会計の論点をより詳細にカバーしたAccounting Clinic（アカウンティング・クリニック）。

・Chapter Note（各章のメモ）

訳注2）　日本語版『企業価値評価——eValによる財務分析と評価』（深井忠・高橋美穂子・山田純平訳，日本経済新聞出版社，2015年）参照。

謝　辞

　本書には，私が学生のときに学んだことが凝縮されている。多くの著者や先生方のおかげで私は学ぶことができた。本書は，学部時代に最初に受講したファイナンスの講義のテキストだった，Graham（グレアム），Dodd（ドッド），Cottle（コトル）による *Security Analysis*[1] の投資哲学に基づいている。クイーンズランド大学で学んだ会計理論や，古典的テキスト，たとえば，Paton and Littleton（ペイトン＝リトルトン），Sprouse and Moonitz（スプローズ＝ムーニッツ），Edwards and Bell（エドワーズ＝ベル）などのテキストから得た会計概念も織り込まれている。「現代ファイナンス」に関する原則については，最初はシカゴ大学で大学院生として，その後はバークレーでの同僚たちから受けたトレーニングが反映されている。

　会計学やバリュエーションの研究を進める中でも多くのことを学んだ。セミナー，ワークショップ，インフォーマルな議論などで，世界中の大学にいる多くの同僚たちの洞察に刺激を受けた。とくに Jim Ohlson には大変感謝している。彼と研究や教育について多くのことを対話し，彼の会計評価モデルに関する理論的な研究から着想を得た。また，本書の草稿で学び，貴重なフィードバックをくれた，バークレー，ロンドン・ビジネス・スクール，そしてコロンビア大学の学生たちにも，心より感謝したい。Peter Easton と彼のオハイオ州立大学，メルボルン大学，そしてシカゴ大学での学生たちも，初版の原稿を使って多くのコメントをくれた。

　初版の原稿を準備する段階でひとかたならぬ協力をしてくれた，バークレーの Lorraine Seiji にも感謝の意を表したい。コロンビアの Terrence Gabriel や Clarissa Peña は，この版に関して同様のサポートをしてくれた。Luis Palencia, Doron Nissim, Nir Yehuda, Paul Tylkin, Mingcherng Deng は，これまでの版の図表の作成を，Feng Chen, Mingcherng Deng, Guohua Jiang, Siyi Li, Nir Yehuda は，きわめて正確な確認作業と補助資料の作成を手伝ってくれた。みなに感謝したい。Nancy Banks は，いつものように，非常に力強くサポートをしてくれた。バークレー，ロンドン・ビジネス・スクール，そしてコロンビアの執行部や，これらの大学の同僚たちからは，本書を準備するさまざまな段階で多くの助けを借りた。McGraw-Hill/Irwin の担当者チームは本当にすばらしかった。Stewart Mattson は，

　訳注 1)　日本語版には，『証券分析（1934 年版）』（関本博英・増沢和美訳，パンローリング，2002 年）がある（初版の訳）。ここであげられているのは第 3 版（1951 年）だと思われる。

謝　辞　xi

専門家として本書の制作全体を監督してくれた。あまりに多すぎてお名前をあげることができないが，本書を使った指導者たちからは，以前の版を使った経験に基づくフィードバックをたくさんいただいた。

　これまでの版の匿名の読者たちから特別にいただいた助言によっても原稿を改善することができた。彼らにも心よりお礼を申し上げる。いま把握している方々のお名前を以下に記す。Bruce Johnson については，とくに記しておきたい。彼は初版を 1 文字 1 文字読み進めて確認し，多くの点を改善してくれた。

Pervaiz Alam（ケント州立大学）

Holly Ashbaugh（ウィスコンシン大学マディソン校）

Scott Boylan（ワシントン・アンド・リー大学）

Shelly Canterbury（ジョージ・メイソン大学）

Agnes Cheng（ヒューストン大学）

Michael Clement（テキサス大学オースティン校）

Richard Dumont（ボウスト大学）

Peter Easton（オハイオ州立大学）

Jocelyn Evans（チャールストン大学）

Patricia Fairfield（ジョージタウン大学）

John Giles（ノースカロライナ州立大学ローリー校）

Richard Gore（ボイシ州立大学）

Bruce Johnson（アイオワ大学）

Sok-Hyon Kang（ジョージ・ワシントン大学）

Sungsoo Kim（ラトガーズ大学カムデン校）

Charles Lee（コーネル大学）

Yong Lee（ヒューストン大学ビクトリア校）

Gerald Lobo（シラキュース大学）

G. Brandon Lockhart（ネブラスカ大学リンカーン校）

Ronald King（セントルイス・ワシントン大学）

Arijit Mukherji（ミネソタ大学）

David Ng（コーネル大学）

Jane Ou（サンタクララ大学）

Richard Sloan（ミシガン大学）

Lenny Soffer（ノースウェスタン大学）

Greg Sommers（サザンメソジスト大学）

Theodore Sougiannis（イリノイ大学）

Carolyn Spencer（ダウリング大学）

Thomas Stober（ノートルダム大学）

K. R. Subramanyan（南カリフォルニア大学）

Gary Taylor（アラバマ大学）

Mark Trombley（アリゾナ大学）

James Wahlen（インディアナ大学）

Clark Wheatley（フロリダ国際大学）

Scott Whisenant（ヒューストン大学）

Lin Zheng（マーサー大学アトランタ校）

コロンビア大学　スティーブン・H. ペンマン

xii

本日本語版と原書との部・章・Box・演習問題番号対応表

日本語版（本書）		原　書	
第1章		Chapter 1	
Box	1.1	Box	1.1
	1.2		1.3
	1.3		1.5
	1.4		1.6
演習問題	1	E	1.1
	2		1.2
	3		1.3
第2章		Chapter 2	
Box	2.1	Box	2.1
	2.2		2.2
	2.3		2.6
演習問題	1	E	2.1
	2		2.2
	3		2.6
	4		2.7
第1部		Part 1	
第3章		Chapter 3	
Box	3.1	Box	3.2
	3.2		3.3
	3.3		3.4
	3.4		3.5
	3.5		3.7
演習問題	1	E	3.2
	2		3.3
	3		3.5
	4		3.6
第4章		Chapter 4	
Box	4.1	Box	4.1
	4.2		4.2
	4.3		4.4
	4.4		4.5
	4.5		4.6
	4.6		4.7
	4.7		4.8
演習問題	1	E	4.1
	2		4.2
	3		4.4
	4		4.5
第5章		Chapter 5	
Box	5.1	Box	5.1
	5.2		5.3
	5.3		5.4
	5.4		5.5
演習問題	1	E	5.1
	2		5.2
	3		5.3

日本語版（本書）		原　書	
第6章		Chapter 6	
Box	6.1	Box	6.1
	6.2		6.3
	6.3		6.4
	6.4		6.5
	6.5		6.7
演習問題	1	E	6.1
	2		6.2
	3		6.3
	4		6.6
第7章		Chapter 7	
演習問題	1	E	7.1
	2		7.2
	3		7.3
	4		7.4
第2部		Part 2	
第8章		Chapter 9	
Box	8.1	Box	9.1
	8.2		9.4
	8.3		9.6
演習問題	1	E	9.1
	2		9.2
	3		9.3
	4		9.5
第9章		Chapter 10	
Box	9.1	Box	10.2
	9.2		10.3
	9.3		10.8
演習問題	1	E	10.1
	2		10.2
	3		10.4
	4		10.5
第10章		Chapter 11	
Box	10.1	Box	11.1
	10.2		11.3
	10.3		11.4
演習問題	1	E	11.1
	2		11.2
	3		11.4
	4		11.5
	5		11.6
第11章		Chapter 12	
Box	11.1	Box	12.2
	11.2		12.3
	11.3		12.4
	11.4		12.5
	11.5		12.6
	11.6		12.7
演習問題	1	E	12.1
	2		12.2

日本語版（本書）		原　書	
第12章		Chapter 13	
Box	12.1	Box	13.1
	12.2		13.4
	12.3		13.6
	12.4		13.7
	12.5		13.8
	12.6		13.9
	12.7		13.11
演習問題	1	E	13.1
	2		13.3
	3		13.4
	4		13.5
	5		13.6
第3部		Part 3	
第13章		Chapter 14	
Box	13.1	Box	14.2
	13.2		14.3
	13.3		14.4
演習問題	1	E	14.1
	2		14.2
	3		14.3
	4		14.4
	5		14.5
	6		14.7
	7		14.8
	8		14.11
第14章		Chapter 15	
Box	14.1	Box	15.1
	14.2		15.2
	14.3		15.3
演習問題	1	E	15.1
	2		15.2
第15章		Chapter 16	
Box	15.1	Box	16.3（一部）
	15.2		16.4
	15.3		16.6
	15.4		16.7
演習問題	1	E	16.1
	2		16.2
第4部		Part 4	
第16章		Chapter 18	
Box	16.1	Box	18.2
	16.2		18.7
演習問題	1	E	18.1
	2		18.2
	3		18.4

xiii

目　次

序　文　i

謝　辞　x

本日本語版と原書との部・章・Box・演習問題番号対応表　xii

第 1 章
投資とバリュエーション入門
1

1 投資のスタイルとファンダメンタル分析 ················· 2

Box 1.1　パッシブ投資，アクティブ投資，およびリスク　5

2 バブル，バブル，苦労，そして困難 ·················· 7

バブルの仕組み　9

バブル期のアナリスト　9

さらなる苦労と困難　10

Box 1.2　株価の水準を吟味する　11

投資家の最終的なアンカーとしてのファンダメンタル分析　12

3 前提知識：投資家，企業，証券，および資本市場 ·········· 12

4 ビジネスとしての分析：アナリストという専門家 ·········· 15

企業への投資：外部アナリスト　15

企業内での投資：内部アナリスト　16

5 ビジネスの分析 ························· 18

戦略とバリュエーション　19

詳細の確認　19

重要な問題：競争優位の持続可能性　21

財務諸表：ビジネスを見るためのレンズ　21

6 評価技法の選択 ························· 22

xiv

Box 1.3 評価技法　23
基本的な考え方　23
Box 1.4 ファンダメンタル分析における基本原則　24
財務諸表をアンカーとする価値　26

7　本書の活用方法 ……………………………………………………… 27
本書の概略　28

キー・コンセプト（29）　演習問題（30）

第**2**章
31
財務諸表入門

アナリストのチェックリスト（32）

1　財務諸表の形式 ………………………………………………………… 33
ナイキの紹介　33
Box 2.1 事業内容を知る：ナイキ　34
貸借対照表　35
損益計算書　37
キャッシュフロー計算書　40
株主持分計算書　41
財務諸表の注記と補足情報　42
財務諸表の連携：財務諸表から何が読み取れるか　43
Box 2.2 会計関係式の要約　45
財務諸表の各要素がどのように関連しているか

2　財務諸表における測定 ………………………………………………… 46
PBR　46
貸借対照表における測定　48
損益計算書における測定　49
PER　50
アンカーとしての会計：わかっていることと推測とを混同しない　51
会計における緊張関係　53
会計の質　53
Box 2.3 IFRS へのコンバージェンス（収斂）　54

要約（54）　キー・コンセプト（55）　演習問題（56）

目　次　xv

第 **1** 部　財務諸表とバリュエーション

第 **3** 章
────────────────────────────────────── 61
財務諸表をどのようにバリュエーションに用いるか

アナリストのチェックリスト（62）

1 株価倍率分析 ………………………………………………… 63

　比　較　分　析　64

　　Box 3.1　調整後株価倍率　66

　株価倍率によるスクリーニング　68

　　Box 3.2　株式スクリーニングの手法　70

　　Box 3.3　情報を無視することによるリスク　72
　　　　　　：PSR と株価/EBITDA 倍率

2 資産ベースの評価 ……………………………………………… 73

　　Box 3.4　清算価値の評価：資産ベースの評価の適用　75

3 ファンダメンタル分析 ………………………………………… 76

　ファンダメンタル分析の過程　76

　財務諸表分析，プロ・フォーマ分析，およびファンダメンタル分析　79

4 ファンダメンタル分析の構造：価値評価モデル ……………… 80

　有限期間投資と継続投資　81

　有限期間投資の価値評価モデル　83

　継続投資の価値評価モデル　85

　実践的な価値評価モデルの規準　86

　何が価値を生み出すか　87

　価値評価モデル，要求リターン，および資産評価モデル　92

　要約（93）　　キー・コンセプト（94）　　演習問題（95）

補論　要求リターンと資産評価モデル　96

　要求リターンの測定：ベータ・テクノロジー　96

　魔　法　の　鏡　97

　　Box 3.5　資産評価モデルの概要　98

xvi

第 **4** 章
101

現金主義会計，発生主義会計，割引キャッシュフロー評価

アナリストのチェックリスト（102）

1 配当割引モデル ・・ 103

 Box 4.1　永久債と成長を伴う永久債の価値評価　105

 Box 4.2　配当割引モデル　106

2 割引キャッシュフロー・モデル ・・・・・・・・・・・・・・・・・・・・・・・・ 107

 フリー・キャッシュフローと付加価値　110

 Box 4.3　割引キャッシュフロー・モデル　113

3 キャッシュフロー計算書 ・・・・・・・・・・・・・・・・・・・・・・・・・・・・・・・・ 113

 Box 4.4　キャッシュフロー計算書におけるフリー・キャッシュ
 フローの計算　116

 IFRS におけるキャッシュフロー計算書　117

 フリー・キャッシュフローの予測　117

 Box 4.5　利益のフリー・キャッシュフローへの転換　118

4 キャッシュフロー，利益，および発生主義会計 ・・・・・・・・・・ 118

 利益とキャッシュフロー　119

 Box 4.6　会計関係式：利益とキャッシュフロー　122

 アクルーアルズ，投資，貸借対照表　123

 Box 4.7　発生主義会計の例　124

要約（125）　キー・コンセプト（125）　演習問題（126）

第 **5** 章
129

発生主義会計とバリュエーション：簿価のプライシング

アナリストのチェックリスト（129）

1 PBR の基礎概念 ・・・ 130

 利益への対価の払いすぎに要注意　130

2 バリュエーションのプロトタイプ ・・・・・・・・・・・・・・・・・・・・・・ 131

 事業のバリュエーション　131

 普通預金口座のバリュエーション　133

 正常 PBR　134

目　次　xvii

3　簿価をアンカーとするモデル ････････････････････ 135

残余利益ドライバーと価値創造　137

Box 5.1　普通株主資本利益率　138

簡単な例示と単純なバリュエーション・モデル　142

4　株式へのモデルの適用 ･･････････････････････････ 143

予測期間と継続価値計算　145

Box 5.2　継続価値の計算　148

成長への対価の払いすぎに要注意　149

アナリスト予想からバリュエーションへの変換　149

Box 5.3　価値・価格倍率の推移　151

5　自分用のバリュエーション・ツールをつくろう ･･････ 152

6　事業と戦略へのモデルの適用 ･･････････････････････ 153

7　残余利益によるバリュエーションの特徴 ･･････････ 155

Box 5.4　残余利益による価値評価　156

簿価は価値を，残余利益は簿価に付加される価値を捉える　156

投資によって生み出される利益への対価の払いすぎを防ぐ　157

会計によってつくり出される利益への対価の払いすぎを防止する　158

貸借対照表に計上されていない価値を捉える　159
──あらゆる会計方法に対応──

残余利益は，配当，株式発行，自社株買いの影響を受けない　160

残余利益モデルに欠けているもの　161

要約（161）　キー・コンセプト（162）　演習問題（162）

第 6 章
165

発生主義会計とバリュエーション：利益のプライシング

アナリストのチェックリスト（165）

1　PER の基礎概念 ･･････････････････････････････ 166

利益成長への対価の払いすぎに要注意　166

PBR によるバリュエーションから PER によるバリュエーションへ　167

2　バリュエーションのプロトタイプ ････････････････ 168

Box 6.1　謎　171

xviii

正常予想 PER　171

正常実績 PER　172

不十分な PER モデル　173

3　利益をアンカーとするモデル　………………………………………　174

異常利益成長の測定　176

簡単な例示と単純なバリュエーション・モデル　177

現在の利益をアンカーとするバリュエーション　179

4　株式へのモデルの適用　………………………………………………　180

Box 6.2　異常利益成長モデルと残余利益モデルの比較　182

アナリスト予想からバリュエーションへの変換　183

5　自分用のバリュエーション・ツールをつくろう　………………　184

6　異常利益成長モデルの特徴　………………………………………　185

利益を買う　185

Box 6.3　異常利益成長による価値評価　186

異常利益成長モデルと残余利益モデル　186

異常利益成長は，配当，株式発行，自社株買いの影響を受けない　187

会計方法とバリュエーション　187

Box 6.4　会計方法によって利益がつくり出されている場合の
異常利益成長に基づく価値評価　188

7　Fed モデル　……………………………………………………………　189

8　PEG レシオ　…………………………………………………………　190

Box 6.5　PER と金利　191

要約（193）　キー・コンセプト（193）　演習問題（193）

第 **7** 章

バリュエーションとアクティブ投資
195

アナリストのチェックリスト（195）

1　ファンダメンタル投資家はどのように行動するか　………………　196

バリュエーションについてのよくある誤解　196

基本原則の適用　199

2　市場価格に織り込まれた推測を吟味する　…………………………　200

目　次　xix

S&P500 のリバース・エンジニアリング　202

株価を吟味する　206

異常利益成長モデルでのリバース・エンジニアリング　210

3　自分用のアクティブ投資ツールをつくろう　‥‥‥‥‥‥‥‥　211

要約（211）　キー・コンセプト（212）　演習問題（212）

第**2**部　財務諸表分析

図：企業のすべてのストックとフロー（原書 Figure 8.3）　217

第**8**章
_____　219
株主持分計算書の分析

アナリストのチェックリスト（220）

1　株主持分計算書の組み替え　‥‥‥‥‥‥‥‥‥‥‥‥　220

ナイキの分析　221

組み替えの手順　222

2　ダーティー・サープラス会計　‥‥‥‥‥‥‥‥‥‥‥　225

米国基準および IFRS における包括利益の報告　227

3　比 率 分 析　‥‥‥‥‥‥‥‥‥‥‥‥‥‥‥‥‥‥　228

還元性向と内部留保率　228

株主にとっての収益性　229

成 長 率　230

4　隠れたダーティー・サープラス　‥‥‥‥‥‥‥‥‥‥　231

事業活動における株式発行　231

Box 8.1　ストック・オプションの行使から生じる損失の測定　233

資金調達活動における株式発行　236

希薄化後 1 株当たり利益の取り扱い　236

Box 8.2　転換証券の会計　237

非効率的市場における株式取引　238

5　株主の視点　‥‥‥‥‥‥‥‥‥‥‥‥‥‥‥‥‥‥　239

6 自分用のバリュエーション・ツールをつくろう ･････････････････ 239

7 会計の質に気をつけよう ････････････････････････････････････ 240

Box 8.3　会計の質に気をつけよう：株主持分計算書　241

要約（242）　キー・コンセプト（242）　演習問題（243）

第**9**章
貸借対照表と損益計算書の分析

245

アナリストのチェックリスト（246）

1 貸借対照表の組み替え ･･････････････････････････････････････ 246

組み替え後の貸借対照表に関する論点　248

戦略的貸借対照表　254

Box 9.1　戦略的キャッシュ　257

2 損益計算書の組み替え ･･････････････････････････････････････ 258

税 の 配 分　258

Box 9.2　税の配分：トップダウン方式とボトムアップ方式　262

組み替え後の損益計算書に関する論点　263

戦略的貸借対照表への付加価値　266

事業活動からの残余利益　267

3 貸借対照表と損益計算書の比較分析 ･･･････････････････････････ 269

百分率分析　269

トレンド分析　272

4 比 率 分 析 ･･ 273

5 自分用の分析ツールをつくろう ･･･････････････････････････････ 274

Box 9.3　会計の質に気をつけよう　275

要約（276）　キー・コンセプト（277）　演習問題（278）

第**10**章
キャッシュフロー計算書の分析

281

アナリストのチェックリスト（282）

1 フリー・キャッシュフローの計算 ･････････････････････････････ 283

目　次　xxi

　　　Box 10.1　ナイキ：フリー・キャッシュフローの計算　284

2　米国基準のキャッシュフロー計算書と
　　組み替え後のキャッシュフロー計算書　……………………………　285

　　現金取引の再分類　286

　　実際の数値と照合しよう　292

　　　Box 10.2　米国基準のキャッシュフロー計算書の調整　293
　　　　　　　　：要約と例

3　営業活動によるキャッシュフロー　……………………………………　295

　　　Box 10.3　会計の質に気をつけよう　296

　要約（298）　キー・コンセプト（298）　演習問題（298）

第**11**章
　　　　　　　　　　　　　　　　　　　　　　　　　　　　　　　── 301
収益性の分析

　アナリストのチェックリスト（302）

1　普通株主持分の収益性の分析　………………………………………　302

2　分解の第1段階　……………………………………………………………　303
　　：資金調達活動と事業活動の区別とレバレッジ効果

　　財務レバレッジ　304

　　　Box 11.1　財務レバレッジの影響：ゼネラル・ミルズ　306

　　事業負債レバレッジ　306

　　　Box 11.2　負の財務レバレッジの影響：ナイキ　307

　　財務レバレッジと事業負債レバレッジの株主資本利益率への影響を
　　足し合わせよう　308

　　　Box 11.3　事業負債レバレッジの影響：ゼネラル・ミルズ　309

　　　Box 11.4　非支配株主持分の取り扱い　310

　　正味事業資産利益率と総資産利益率　310

　　財務レバレッジと負債比率　312

3　分解の第2段階：事業収益性のドライバー　…………………………　312

4　分解の第3段階　……………………………………………………………　316

　　売上高利益率のドライバー　316

　　回転率のドライバー　317

　　鍵となるドライバー　320

Box 11.5　ナイキとゼネラル・ミルズの「What-if」問題　321

借入コストのドライバー　321

Box 11.6　ナイキの収益性を時系列で追う：2000〜2008年度　322

5　自分用の分析ツールをつくろう　………………………………………　323

要約（324）　キー・コンセプト（325）　演習問題（325）

第 **12** 章
329
成長性と持続可能利益の分析

アナリストのチェックリスト（329）

1　成長とは何か　………………………………………………………………　330

成長についての警告　331

Box 12.1　成長企業とゼロ成長企業　332

2　コアを切り出す：持続可能利益　…………………………………………　333

コア事業利益　334

コア事業利益の識別に関する論点　336

Box 12.2　年金資産の収益に要注意　339

コア事業利益率　343

Box 12.3　包括的な税の配分　344

コア借入コスト　345

3　成長性の分析　………………………………………………………………　346

収益性による成長　346

Box 12.4　RNOA の変化の分析：ナイキとゼネラル・ミルズ　347

事業レバレッジ　348

資金調達活動の変化に関する分析　349

Box 12.5　資金調達が ROCE に及ぼす影響の分析と注意点　350

株主持分の成長に関する分析　351

4　成長，持続可能利益，および PBR と PER の評価　………………　352

PBR と実績 PER の関係　352

Box 12.6　ワールプール・コーポレーション　353
　　　　　：アナリストの予想が正常 PER を暗示する

実績 PER と一時的な利益　356

PER と持続可能利益の分析　357

目　次　xxiii

PBRと成長　358

　　Box 12.7　会計の質に気をつけよう　359

要約（358）　キー・コンセプト（359）　演習問題（360）

第 3 部　予測とバリュエーション

第 13 章
事業活動の価値と事業 PBR・事業 PER の評価
365

アナリストのチェックリスト（366）

1　残余利益予測の修正：残余事業利益　　　　　　　　　　　367

　残余事業利益のドライバー　371

2　異常利益成長予測の修正：異常事業利益成長　　　　　　　372

　異常事業利益成長と事業活動からの「配当」　373

　将来を見据えて：持続可能利益　376

3　資本コストとバリュエーション　　　　　　　　　　　　　377

　事業資本コスト　377

　　Box 13.1　事業資本コスト　378
　　　　　　　：ナイキ，ゼネラル・ミルズ，デル，および IBM

　負債コスト　379

　事業リスク，財務リスクと株主資本コスト　379

　　Box 13.2　資本コストに関する憶測　381

4　財務リスクとリターン，および株主持分のバリュエーション　　382

　レバレッジと残余利益によるバリュエーション　382

　　Box 13.3　リーボック　385
　　　　　　　：自社株買いと借入が事業価値と株式価値に与える効果

　レバレッジと異常利益成長によるバリュエーション　387

　レバレッジが利益成長を創造する　390

　負債と税金　391

5　時価会計　　　　　　　　　　　　　　　　　　　　　　　392
　：ストック・オプションの履行義務をバリュエーションに組み込む方法

6　事 業 倍 率　　　　　　　　　　　　　　　　　　　　　394

xxiv

事業 PBR　394

事業 PER　397

要約（400）　キー・コンセプト（401）　演習問題（402）

第 **14** 章
405

財務諸表に基づく単純な予測と単純なバリュエーション

アナリストのチェックリスト（406）

1 単純な予測と単純なバリュエーション ································ 407

PPE 社の紹介　407

ゼロ成長予測とバリュエーション　409

Box 14.1　ナイキに対するゼロ成長評価　410

成長を加味した予測とバリュエーション　410

Box 14.2　ナイキに対する成長を加味した評価　413

2 単純な予測：財務諸表情報に対する情報の追加 ··············· 414

成長率の加重平均予測　415

Box 14.3　ナイキに対する2段階の成長を加味した評価　416

短期成長率と長期成長率を用いた単純なバリュエーション　416

単純な成長率予測としての売上高成長率　417

アナリスト予想情報　417

3 分析ツールとしての単純なバリュエーション ··················· 418

感応度分析　418

市場価格を吟味するためのリバース・エンジニアリング　419

要約（420）　キー・コンセプト（420）　演習問題（420）

第 **15** 章
423

最大限の情報を用いた予測，バリュエーション，事業戦略分析

アナリストのチェックリスト（424）

1 事業に焦点を合わせた財務諸表分析 ······························ 425

（1）残余事業利益とそのドライバー　426

（2）時系列変化　427

（3）鍵となるドライバー　433

目 次　xxv

　　　　　Box 15.1　鍵となるドライバー　434

　　　（4）選択か環境か　434

2　最大限の情報を用いた予測とプロ・フォーマ分析　················　435

　　　　　Box 15.2　最大限の情報を用いた予測：ナイキ　439

　　　予測の手順　441

　　　会計ベースのバリュエーションの特徴　445

3　自社株取引で生じる価値　·······························　447

　　　合併・買収　447

　　　　　Box 15.3　予測される買収の評価：PPE 社　448

　　　自社株買いとバイアウト　449

4　財務指標と危険信号　···································　450

　　　　　Box 15.4　危険信号の指標　450

5　事業戦略分析とプロ・フォーマ分析　·················　452

　　　曖昧な戦略　453

　　　シナリオ分析　454

　　要約（454）　キー・コンセプト（455）　演習問題（456）

第 **4** 部　会計分析とバリュエーション

第 **16** 章
────────────────────── 459
財務諸表の質の分析

　　アナリストのチェックリスト（460）

1　会計の質とは何か　·····································　460

　　　会計の質に気をつけよう　462

　　　会計の質についての 5 つの問い　462

2　会計を切り分けて進む：利益の期間配分操作の発見　·········　464

　　　わかっていることと推測とを分ける　466

　　　質の分析の前に　469

　　　　　Box 16.1　操作が起こりやすい状況　470

　　　質の判断規準　471

xxvi

　　売上操作を発見するための判断規準　473

　　コア費用操作を発見するための判断規準　474

　　非正常項目操作を発見するための判断規準　480

　　　Box 16.2　ボーデン：リストラ費用の反転と再分類　481

3　取引操作の発見 ……………………………………………… 482

　　コア収益のタイミング操作　482

　　コア収益の取引構造の操作　482

　　コア費用のタイミング操作　483

　　隠れた引当金の取り崩し　483

　　その他のコア利益のタイミング操作　484

　　非正常項目のタイミング操作　485

　　組織の操作：オフバランス事業活動　485

4　正当化できる操作？ ……………………………………… 485

5　開 示 の 質 ………………………………………………… 486

6　質のスコアリング …………………………………………… 487

7　質の分析に対する異常リターン ……………………………… 490

　要約（491）　キー・コンセプト（491）　演習問題（492）

訳者あとがき　495

索　　引　499

著者紹介，訳者紹介　518

第1章

投資とバリュエーション入門

　財務諸表は，企業が自社について公表する主要な情報であり，投資家は財務諸表の主要な利用者である。企業は投資家に対して資本提供を求め，投資家が投資すべきかどうかを判断するのに役立つように財務諸表を作成する。投資家は，その投資に価値が付加されること，すなわち投資額よりも多いリターンを得ることを期待しており，価値を付加する企業の能力を評価するために財務諸表を利用する。財務諸表は，他の目的にも利用される。政府は，社会的・経済的政策決定に財務諸表を利用する。独占規制当局や金融市場規制当局，銀行検査官といった規制機関は，事業行動をコントロールするために財務諸表を利用している。従業員は賃金交渉に利用し，管理職は部下を評価するために利用する。法廷や鑑定人は，訴訟における損害賠償額を評価するために財務諸表を利用する。

　いずれの利用者も，財務諸表を理解する必要がある。財務諸表における過不足な点，すなわち何が明らかにされ何が明らかにされないかという点について，利用者は知っていなければならない。**財務諸表分析**は，利用者にとって，その企業に関する疑問点への回答を得るための情報を入手する手段である。

　本書は，投資家に焦点を合わせ，財務諸表分析の基本的な考え方を提示している。投資には多くの種類が存在する。その1つは，企業の資本（普通株式）を購入することであり，本書は，とりわけ株主と将来の株主に焦点を合わせている。もう1つは，企業の負債（債券）を購入することである。財務諸表分析は，収益性に関心を持つ株主と，債務不履行を懸念する債権者のいずれにとっても役に立つ。企業に貸付を行っている銀行もまた投資家であり，債務不履行を懸念している。企業自体もまた，他の企業を買収したり，新事業に進出したり，部門を分割あるいは再構築したり，資産を購入し投下資金を回収したり，そうした目的のための戦略を検討する際には，投資家である。いずれの場合においても，適切な意思決定を行うためには財務諸表を分析し

なければならない。

　市場経済において，ほとんどの会社は，その所有者に儲けをもたらす（「価値を創造する」）ために組織されている。それゆえ，財務諸表は主として株主のために作成され，年次総会において正式に株主に報告される。そこでは主な「ボトムライン」の数値として，損益計算書において（所有者にとっての）利益が開示され，貸借対照表において所有者持分の簿価が開示される。しかし，投資家にとっての財務諸表分析は，その多くが投資家以外の他の利用者にも役に立つ。株主は，収益性に関心を持つが，政府の規制当局やサプライヤー，競合他社，そして従業員もまた，収益性に関心を持っている。株主と債権者は，事業のリスクに関心を持つが，サプライヤーや従業員もまた同様である。鑑定人を伴う証券訴訟においては，投資家にとっての利益の喪失または価値の喪失の補償が取り扱われている。このように，本書で学ぶ財務諸表分析は，多くの利用者にとって役立つものである。

　通常，投資家は，持分証券または企業の負債を購入することによって，投資を行う。投資家にとっての主な関心は，株式または債券が，それに対して支払うに値する価値があるかという点にある。バリュエーション（価値評価）に焦点を当てた情報分析は，**価値評価分析，ファンダメンタル分析**といわれ，株式や債券などの証券が含まれる場合には**証券分析**といわれている。本書は，ファンダメンタル分析における基本的な考え方を紹介し，ファンダメンタル分析において財務諸表分析がどのように用いられるかについて説明する。

　本章ではファンダメンタル分析を説明するための準備を行う。

1　投資のスタイルとファンダメンタル分析

　毎日，何百万もの企業の株式が，世界中の株式市場で取引されている。これらの株式を売買する投資家は，自分が適正な価格で取引を行っているか，どのような株式に本当に価値があるか，について常に考えている。しかし投資家は，株価のあるべき水準に対するさまざまな見解，すなわち各種出版物やテレビの金融チャンネルの「ご意見番」，インターネットのチャットルームなどの雑音に翻弄されている。投資家は，推奨銘柄等の情報を断続的に提供し続ける投資アドバイザーを頼ることになる。そこで投資家は，ある株式は割高だという意見や，ある株式は割安だという意見の両方にさらされ，また，株式市場は一時的な熱狂ないし流行に巻き込まれていて，株価は適切な価値から乖離しているという意見を耳にすることもある。

　株式の価値を示す指標が明確でない場合，投資家はさまざまな方法で対応する。**直観的投資家**は，自らの直観を信じて行動する。**パッシブ（受動的）投資家**は，「市場の効率性」を信じて行動する。パッシブ投資家は，市場価格はリスクを反映した公正

な価格であって，市場は価格を適切な水準に導くものと見なしている。

これらの投資スタイルは単純で多くの努力を必要としない。しかし，いずれのタイプの投資家も，多く払いすぎたり安く売りすぎたりすることによって，少なすぎる投資リターンしか受け取れないという，投資した企業固有のリスクを上回るリスクを負っている。直観的投資家には，直観的ブリッジ・ビルダーといわれる問題がある。すなわち，いくら自分の直観力を信じていたとしても，実際に橋の建設が始まる前には，その直観を最新工学から得られる計算結果と照合するという手間をかけざるをえないであろう。そうしなければ，大惨事を招く可能性がある。また，パッシブ投資家は，株式がミスプライス（誤った価格付け）である場合にはリスクにさらされることになる。パッシブ投資家は，市場が効率的であることを，いわば信仰のように信じようとしている。市場の効率性は，多くの経済理論において示されている概念でもある。しかしこれは，再検討されるべきであろう。いずれのタイプの投資家も，「宿題を終わらせた」人，すなわち情報を徹底的に分析した人と取引を行うというリスクにさらされているのである。

次の例を考えてみよう。パソコンの主要メーカーであるデル（Dell）は，2000年度に売上高253億ドル，利益17億ドルを計上した。当時，デルの株式の時価総額は1464億ドルであった。これは，米国の大手自動車メーカーであるゼネラル・モーターズ（General Motors：GM）とフォード・モーター（Ford Motors）2社の時価合計額の3倍以上であった。この2社の売上高合計は3135億ドルであり，利益額合計は131億4400万ドルであった。デルの株価は，87.9倍の利益倍率，すなわち株価・利益倍率（price-earnings ratio：PER）で取引されていたのに対して，ゼネラル・モーターズのPERは8.5倍であり，フォードのPERは5.0倍であった。

ゼネラル・モーターズとフォードは，それぞれに経営上の問題を抱えていた。一方，当時のデルの経営は，革新的な生産や「ダイレクト・マーケティング」，オーダーメイドの在庫システムにより，大きな成功を収めていた。直観的投資家は，デルをよい企業であると認識し，デルの株式を購入すべきであると確信するかもしれない。しかし，利益の88倍もの価格で購入するのは適切といえるのだろうか。当時，スタンダード＆プアーズのインデックス株式（S&P500）のPERは33倍（過去の平均値である16倍に比べて非常に高い水準）であり，マイクロコンピュータ業界の株式全体のPERは40倍であった。利益の88倍もの株価は高すぎる。直観的投資家は，よい企業は割高かもしれないこと，よい企業ではあるが悪い買い物かもしれないことを，認識すべきである。さらに，価格をいくつかの分析結果に照らし合わせて検討することが必要である。その一方で，パッシブ投資家は，いずれの会社も適切な価格付けがなされていると信じてPERを無視する。しかし，PERが上記の例のように正常な値から著しく外れている場合には，その信念を再確認すべきであろう。パッシブ投資家は

多く払いすぎるというリスクにさらされているのである。実際，デルの1株当たりの株価は，2000年には58ドルであったが，2003年には29ドルまで下落した。これは50％の下落であるが，その後2011年までに，1株当たり14ドルまでさらに下落したのである。

　このような損失を被るリスクは，企業に関する情報を徹底的に調査し，その情報が意味する基礎的な価値に関する分析結果を得ることによって，減少させることができる。これがファンダメンタル分析であり，ファンダメンタル分析を用いる投資家を，ファンダメンタル投資家という。ファンダメンタル投資家は，88倍というデルのPERは高すぎる水準ではないかと疑問を持つであろう。その問いに答えるためには，デルに関する入手可能な情報に基づいて合理的なPERの値を計算することが必要である。ファンダメンタル投資家は，デルの本当の価値は利益の何倍なのか，ゼネラル・モーターズとフォードのPERは低すぎるのではないか，デルの株式を売却しフォードの株式を買うべきか，という問いについて考えるであろう。ファンダメンタル投資家は，価格と価値を区別する。彼らが従う信条は，「価格は支払うものであり，価値は手に入れるものである」ということにある。物を購入するときには通常行うのと同様に，「商品を評価する」のである。穿った見方をすれば，価格は価値であるのかもしれないが，価格は投資のコストであって，投資の価値ではない。オスカー・ワイルドによる，「皮肉屋たちはあらゆるもののコストを把握しているが，価値については何も知らない」という観察は的を射ている。

　投資から「得られるもの」とは，将来のペイオフ（見返り）であるから，ファンダメンタル投資家は，提示された株価が合理的な水準であるかを確認するために，予想ペイオフを算出する。ディフェンシブ（防衛的）投資家は，誤った価格での取引を避けるために，慎重にこれを行う。アクティブ（能動的）投資家は，超過リターンを獲得できるかもしれないような，誤った価格付けがなされている株式を見つけるために，ファンダメンタル分析を利用する。Box 1.1は，投資アドバイザーが用いるような，より技術的な用語を用いて，パッシブ投資家とアクティブ投資家を対比している。

　ファンダメンタル投資家は，内在価値や根源的価値，ファンダメンタル・バリューの測定について検討する。内在価値は，ペイオフに関する情報によって算出される投資の価値である。ただし必ずしも正確であるわけではない。橋の建設技術とは異なり，ファンダメンタル分析は，すべての不確実性を排除できるわけではない。それはあくまで忠実に，不確実性を減少させるように考慮された原則を提供するものである。本書における分析は，これらの原則を，体系的かつ慎重に発展させていく。それにより，投資家は自らの投資意思決定が適切で知識に裏づけられたものであるという安心感を得られるであろう。本書の分析は，単純化された手法を用いることによって誤りがいかに生じるのか，そして基本的な原則を無視することによって価値がいかに失われる

第 1 章　投資とバリュエーション入門　　5

Box 1.1　パッシブ投資，アクティブ投資，およびリスク

　投資家はリスクを負っている。投資家は，自らの投資を失うリスクに対して高いリターンを獲得する機会を購入する。パッシブ投資家とアクティブ投資家では，このリスクに対するアプローチが異なっている。

　パッシブ投資家は，事業活動において，予想よりも価値を減少させるようなリスクに注目する。会社の売上が予想よりも少ない可能性や，売上から得られる利益が実現しない可能性を認識している。しかし，パッシブ投資家は，こうした**ファンダメンタル・リスク**は市場で効率的に価格に反映されていると信じている。とはいえパッシブ投資家は，リスクは投資を分散することで減じることが可能であり，分散することで取り除かれるリスクに対するリターンは生じないことを理解している。そこでパッシブ投資家は，リスクに対処するために，分散化された投資ポートフォリオを保有する。しかし，ひとたび分散化されたならば，パッシブ投資家は，リスクに見合った期待リターンが得られるように，市場で適切な価格付けがなされるものと信じている。パッシブ投資家がアナリストに望む唯一のことは，リスクの程度に関する情報である。これは，しばしばベータ・リスクといわれている。パッシブ投資家は，**ベータ**を購入し，定性的なアナリストは資本資産評価モデル（CAPM）やその変型の，いわゆる*ベータ・テクノロジー*といわれるモデルを用いて，これらのリスク尺度を提供する。ファイナンスのコースにおいてこれらのモデルを学ぶはずである。

　ファンダメンタル投資家は，払いすぎ（または安値での売却）という，リスクに関する別の側面に着目する。株価が効率的でないことに関心を抱いているのである。ファンダメンタル投資家は，事業活動に固有のファンダメンタル・リスクに加えて，**価格リスク**に注目している。それゆえ，ファンダメンタル投資では，株式の市場価格に挑むための分析を行う。ベータを提供する人々のように，ファンダメンタル投資家はそのための分析手法を設計する。これは，ベータ・テクノロジーと区別して*アルファ・テクノロジー*といわれることもある。これらのテクノロジーこそが，本書において考察される対象である。アクティブなファンダメンタル投資家は，異常リターン，すなわちベータ・リスクで示されるリターンよりも高い期待リターンを得られる株式を識別するという努力に対して報酬を得る。これらの異常リターンは，**アルファ**（ベータと対比される）という。アルファ・テクノロジーはアルファを予測するためのものである。

　インデックス投資は，パッシブ投資の極端な形である。インデックス投資家は，市場そのものに近似するような株式の市場ポートフォリオ，またはS&P500インデックスのようなポートフォリオを購入する。市場ポートフォリオは究極まで分散化されているため，投資家はベータを知る必要さえない。投資家は何も考える必要はなく，そして取引コストは低い。しかし，インデックス投資家は，払いすぎるリスクにさらされている。2000〜2010年におけるS&P500に対するリターン（配当を含む）について，各年度末のインデックスのPERを参考にして考えてみよう。インデックス投資家は，1990年代後半の上げ相場においては運用に成功しており，1997〜1999年の3年間で，それぞれ33.0％，28.6％，21.0％のリターンを得ている。その後はやや失敗し，2000〜2005年のリターンは，−6.6％（年間平均リターンは−1％）であった。2000〜2010年の11年間におけるリターンは，4.7％（年間平均リターンは0.4％）であった。これを，中期国債の1年当たりリターン6％と比較してみよう。実際，2010年までの5年間，10年間，および25年間において，S&P500は，長期国債をも下回る運用業績であったのである。それでもインデックス投資家は，株式は「長期保有のため」のものと信じて市場を乗り切ろうとする。というのも，歴史的に見れば，社債の1年間の平均リターンが6％，長期国債が3.5％であるのに比べて，株式の1年間の平均リターンは12.1％であるからである。

	S&P 500 のリターン	S&P 500 の PER
2000	− 9.1	26.4
2001	− 11.9	46.5
2002	− 22.1	31.9
2003	28.7	22.8
2004	10.9	20.7
2005	4.9	17.9
2006	15.8	17.4
2007	5.5	22.2
2008	− 37.0	25.4
2009	26.5	21.9
2010	15.1	16.3

　ファンダメンタル投資家は，これらの統計的な平均値を認識してはいるものの，これらのリターンが必ずしも保証されないこともまた認識している。彼らは，別の統計値にも注意を払っている。たとえば，過去のS&P500の平均PERは16倍であり，PERが30倍以上であるということは，その株式の価格は高すぎることを示唆している。しかし，ファンダメンタル投資家は，そこからさらにPERの数値が変化したか否か，高い水準のPERであっても正当化されうるか否か，を検討する。ファンダメンタル投資家は，インデックスによってすべての株を保有するよりも，市場で過小評価されている株式と効率的な価格付けがなされている株式，過大評価されている株式を識別しようとする。インデックス投資家の行動が保有のみであるのに対して，アクティブ投資家は，購入，保有，売却のいずれかの行動を起こす。

　1999年末に株式を売るべきであった，と後からいうのは簡単である。問うべきは，1999年当時における分析が，前もってそれを指示するようなものであったか，という点である。懐疑的なパッシブ投資家は，アクティブな投資ファンドのほとんどが，その運用コストを控除すれば，S&P500インデックスを下回る運用業績であったという事実を指摘する。それに対して，ファンダメンタリストは，誰もファンダメンタルズに関する分析を行わないなら，市場はいかにして効率的になりうるのかと応じるのである。

のか，という点に焦点を当てている。

　情報は，投資家にとっては，黄金のようなものである。本書では，いかにしてアナリストが情報を的確に認識し，内在価値を示すためにそれを体系づけるかという問題について，多くの紙幅を割いて説明する。会計情報の体系化，すなわち財務諸表分析は，非常に重要である。アナリストは，企業に関する膨大な情報量に圧倒されないよう，それを管理可能な程度にまで減らし，情報を体系化するための効率的な方法を模索している。アナリストは，単純化された方法を望む一方で，あまりに単純でその場限りの方法については警戒している。ある単純でよく知られた手法によれば，株価と利益の比率はその利益がどれだけ安いか高いかを表しているため，「低いPERの企業の株式を購入し，高いPERの企業の株式を売却すべきである」とされる。たしかに2000年において，高いPERのデルの株式を売却するのはよい選択であった。しかし，ゼネラル・モーターズやフォードという低いPER（それぞれ8.5倍と5.0倍）の株式を

購入することは決してよい選択とはいえないであろう。ゼネラル・モーターズの株式は、2000年に1株当たり80ドルであったが、2008年には4ドルにまで下落し、その後倒産した。フォードの株式は、2000年から2008年にかけて1株当たり29ドルから3ドルまで下落した。慎重なアナリストであれば、利益という断片的な情報を分析に用いることによって損失がもたらされる危険性を理解している。PERが低ければ購入すべきなのか、それとも実際には割安ではなく割高なのか、それを判断するには、他の重要な情報が必要である。単に株価を利益と比較するのではなく、企業に関する多くの情報から得られる価値評価額と株価とを比較することが重要なのである。

　証券トレーダーは投資の評価を1人で行うわけではない。実際には企業ではマネージャーが投資判断を日々行っている。彼らはその投資の価値がコストを上回るかどうかを常に考えなければならず、後述するように、彼らはその投資の価値を測定するためにペイオフを予測する必要がある。

2　バブル，バブル，苦労，そして困難

　歴史からはいくつもの教訓を得られる。この20年間からも多くを学ぶことができる。1990年代、世界中の株式市場では何兆ドルもの投資が行われ、1990年代末までには、米国の成人のほぼ50％が、直接的にまたは退職金口座を通じて株式を保有していた。イギリスでは25％、ドイツでは15％、フランスでは13％であり、その10年前と比べてかなり増加した。アジアおよび太平洋沿岸の株式市場もまた非常に活発化した。それまで銀行からの資金調達に頼っていたヨーロッパとアジア太平洋地域の企業の多くが、資本市場における資金調達を始めた。企業が個人投資家または彼らの仲介者とより多くの取引を行うことにより、株式投資の土壌が発達したのである。しかし残念ながら、資本市場における株式投資が広がる一方で、株式の評価方法に対する理解の進度はそれと足並みを揃えることができなかった。2000年に資本市場のバブルは崩壊し、何兆ドルもが失われて投資家の財産は大幅に減少した。

　日本では、すでに10年前からその経験が繰り返されていた。1989年12月29日に、日本株の日経225インデックス（日経平均株価）は、38957という水準にまで急上昇した。5年間で238％の上昇である。しかし、その12年後の2001年には、1989年の数値から75％下落し、日経225は10000以下まで下落した。インデックスは2005年までに11800とわずかに回復した後、2011年には9800の水準にとどまっている。1980年代の株価はバブルであり、それは崩壊した。日本におけるバブルおよびバブル崩壊の影響は、長期間にわたった。株式投資は長期間で見れば見返りが得られると主張する人もいるが、その長期間の終わりはなかなかこなかったのである。2000年3月10日、米国のNASDAQ総合指数は5060まで上昇しピークに達した。これは

1995年初めから574％の上昇である。その後インデックスは，2002年の期中までには75％下落して1400以下になり，2011年においてもまだ2750であった。S&P500インデックスは45％下落し，ロンドンFTSE100とEurotop300は40％以上下落した。これはバブルがはじけたということであり，長期間における長期とはいかなる期間であるのかを，投資家に考えさせることになった。私たちは，ダウ平均が1954年に至るまで，1929年に高騰した水準を回復しなかったことを思い起こす。1960年代後半の上げ相場の後，1970年代におけるダウ平均のリターンは10年間でわずか4.8％であり，1960年代における高い水準から13.5％下落して1970年代を終えた。Box 1.1で述べたように，S&P500のリターンは，2000〜2010年でわずか4.7％であった。

　バブル崩壊前の2000年1月，米国連邦準備制度理事会（Federal Reserve Board：FRB）議長であったアラン・グリーンスパンは，この景気は「人類の歴史に点々とその跡を残す，多くの高揚した投機的バブルの1つ」となるのではないかという懸念を示した。グリーンスパンは，1999年に次のように述べている。「ほとんど何の前触れもなく，誰も気づかないところで急激な転換が突然に起こるということを，歴史は教えてくれる。……興味深いのは，この種の行動は人間の相互作用の特徴を示すものとして，時代による相違がほとんど見られないということである。オランダのチューリップの球根やロシア株など，市場価格の動向は，ほぼ同じ傾向を示している」。

　実際，バブルについては17世紀オランダのチューリップの球根や，18世紀の南海泡沫事件が取り上げられることが多いが，より最近もバブルは発生している。1972年，その日のテクノロジー株（バロウズ，ディジタル・イクイップメント，ポラロイド，IBM，ゼロックス，イーストマン・コダック）の株価は，バブルがはじける寸前の様相を呈していた。これらの株式は，「Nifty Fifty」株（注目50銘柄）の一部であり，「絶対に買うべき」であるといわれていた。これらにはコカ・コーラやジョンソン・エンド・ジョンソン，マクドナルドといった企業も含まれていた。Nifty Fiftyの平均PERは，1972年には37倍であり，PERが300倍以上であった2000年のNASDAQ100のような状況ではなかったが，過去の平均値である13倍よりは明らかに高い水準であった。実際，バブルははじけ，S&P500のPERは，1972年における18.3倍の水準から，1974年には7.7倍に下落した。ロンドンのFT30インデックス（FTSE100以前に用いられていたインデックス）は，1972年5月には543であったが1975年1月には146まで下落した。

　株式市場のバブルは，経済に打撃を与える。人々はリターンに関する非合理的な予想に基づき，見当違いの消費や投資意思決定を行ってしまう。適切な価格付けがなされていない株式は，誤った事業に資本を引き寄せる。劣ったビジネス・モデルしか提示できない企業家であっても，きわめて簡単に資金を集めることができ，結果として，

社会全体としての価値上昇に貢献できるような企業から，資金をそらせてしまうことになる。投資家は，実際の生産的な資産ではなく，紙を買うために資金を借りることになり，やがて債務負担に耐えられなくなる。資金の貸し手である銀行は破綻危機に陥ることになる。退職に備えたはずの貯蓄は失われ，年金危機が生じる。私たちがマクロ経済のあり方を学ぶ傍らで，1920年代後半の高騰と1930年代以降の不況は，市場の組織的な失敗がありうるということを私たちに教えてくれる。実際，2008年の市場の暴落は恐ろしいものであった。バブル，バブル，苦労，そして困難。

バブルの仕組み

バブルは，いわばチェーンレターのようなものである。あなたは，ティーンエイジャーのように楽しみながら多くの結果を期待せずに，または大人のようによい結果を得るためのロビー活動として多くの署名を集めようと，チェーンレターに加わるかもしれない。1人が何人かの人々に手紙を書き，受け取ったそれぞれがまた他の人々にその手紙を送るよう指示する手紙を書く。手紙は増殖し，しかし最後にその方法は崩壊する。手紙が金銭がらみである場合，すなわち連鎖にすでに加わっている人に対して，連鎖に新規に加わる人々が金銭を支払う場合，この方式は，ネズミ講やマルチ商法と呼ばれている。連鎖に早い段階で加わったわずかの人が大儲けする一方，残りの多くの参加者の手元には何も残らない。

バブルでは，投資家はチェーンレターに参加しているかのように行動する。投資家は投機的な信念を持ち，これが他の人々にも伝播し，最近ではメディアのコメンテーターやブロガーによって，そしてアナリストや不十分な財務報告によって，ますます促進される。彼らそれぞれが，自分が株式を買えば価格が押し上げられ，チェーンに参加する他の多くの人々から利益を得られるであろうと信じている。しかしバブルは，そうした投機的な信念が満たされることなく破裂するだけである。

モメンタム投資と呼ばれる，よく知られる投資方法が，チェーンレターの特徴をよく表している。モメンタム投資の信奉者は，値上がりした株式を買うことを勧める。このアドバイスは，これらの株式はさらなる値上がりを続けるであろうという考えに基づいている。値上がりしている株式は値上がりを続けるはずであるという考え方である。チェーンレターが次々と届くように，投機がそれ自体を次々と生み出しているとき，これは実際に生じる。

バブル期のアナリスト

有名なファンダメンタル投資家であるウォーレン・バフェットが指摘したように，1990年代後半のテクノロジー株とインターネット株はまさにチェーンレターであり，投資銀行員は「熱心な郵便配達員」であった。投資家に高い値で株を買うよう推奨し

た投資銀行員と歩調を合わせていたセルサイド・アナリスト（株を小口投資家に勧めるアナリスト）もそれに含まれるかもしれない。バブルの期間において，アナリストは買いを非常に強く推奨していた。2000年には，セルサイド・アナリストの売り推奨はわずか2%にとどまった。NASDAQインデックスが50%下落してはじめて，アナリストは売りを推奨し始めたのである。これではあまり役に立つとはいえない。これほど株価が下落すれば，むしろ売り推奨から買い推奨に変化するのではないかと考える人もいるであろう。

　アナリストにとって公平を期すために付言すれば，投機の流れに逆らうというのは難しい。アナリストは株式が過大評価されていると本当は思っているかもしれないが，過大評価されている株式がさらに値上がりする可能性もある。投機は投機を生むのである。バブルの本質は，価格が上がり続けるという点にある。それゆえ短期的に見れば，売るのは愚かなことであるかもしれない。アナリストはそうした傾向に逆らうことを恐れている。群衆が正しいときにアナリストが誤れば，彼らに対する評価は下がる。群衆とアナリストがともに誤っているなら，彼らの評価は下がらずに済む。しかし，群衆が誤っているときに正しい判断を示すことができるようなスター・アナリストには，大きな利益を得るチャンスがある。

　問題は，アナリストは何をすべきかである。アナリストは，企業価値評価に役立つ株式リサーチレポートを作成すべきなのか，あるいは，群衆の行動に影響された株価の推移を推測すべきなのか。アナリストは，そのどちらか，あるいは双方に取り組むべきかもしれない。いずれにせよ，アナリストは常にファンダメンタルズに基づいた適切な考察を行う立場を保持しなければならない。残念なことに，1990年代のバブル時においては，多くのアナリストがそうした考察を行っていなかった。彼らはむしろ投機をあおったのである。

さらなる苦労と困難

　2005～2007年，大部分の金融銘柄において，別のタイプのバブルが発生した。米国における不動産ブームは，住宅価格の値上がり，安易な融資の横行，銀行による過度のリスク負担をもたらした。そして，バブルは崩壊した。金融危機によって，2008年には株価は37%下落し，深刻な失業問題が生じることとなった。ベアー・スターンズ，メリルリンチ，リーマン・ブラザーズといった，ウォール・ストリートの最大手銀行が次々に破産した。米政府は，AIG保険やシティ・グループ，住宅ローン会社のファニー・メイとフレディ・マックを含む多くの企業を救済した。ゴールドマン・サックスとモルガン・スタンレーも政府援助を求めた。アイスランド，アイルランド，ギリシャ，ポルトガル，スペインといった主権国家において信用危機が発生し，米国の信用力に対しても疑問が呈されることになった。株価は下落し，S&P500は，

第 1 章　投資とバリュエーション入門　　11

Box 1.2　株価の水準を吟味する

　1996 年から 2000 年まで，インターネット株はいわゆる投機熱と称されるレベルにまで急上昇した。書籍の大手インターネット小売業者であるアマゾンの株価は，1998 年 6 月には 20 ドルであったのが，1999 年 1 月には損失を計上していたにもかかわらず，200 ドル（株式分割調整済み）まで上昇した。ヤフーの株価は，同時期に 25 ドルから 225 ドルまで上昇し，結果として PER は 1406 倍，株価・売上高倍率（PSR）は 199 倍まで上昇した。別のインターネット株の AOL の株価は，1999 年 4 月（タイム・ワーナー買収の前）までに，1998 年 6 月の 20 ドルから 150 ドルまで上昇し，PER は 649 倍，PSR は 46 倍，そして株式時価総額はゼネラル・モーターズの 2.5 倍であった。

　こうした株価が企業価値を表しているのか，それとも投機の結果であるのかを考えるために，ファンダメンタル投資家は，これらの企業に関する合理的な予測について検討する。AOL は当時，31 億ドルの売上高を計上していた。その 80 ％は，1800 万人の会員からの会費であり，残りはインターネット広告とインターネット販売によるものであった。ファンダメンタル投資家は，46 倍という PSR を説明するためには，次の 10 年でどれだけの売上高成長予想が必要か，という点について検討する。1998 年における売上高利益率の 8.5 ％がそのまま維持されるなら，AOL は次の 10 年で 2910 億ドルの売上高を上げるか，または現時点の売上高の 9387 ％，すなわち 1 年当たりおよそ 57 ％（計算方法については後で説明する）の増加が必要である。

　この予測数値は高すぎるという見方もあるかもしれない。株価総額が最も大きい米国企業についていえば，ゼネラル・モーターズは 1998 年の売上高が 1540 億ドルであり，ゼネラル・エレクトリックの同年の売上高は 1000 億ドル，そしてマイクロソフトの売上高は 160 億ドルであった。米国の小売業者最大手であるウォルマートは，1998 年の売上高が 1380 億ドルであり，1990 年代には 17 ％の売上高成長率を達成した。ファンダメンタル投資家は，ディフェンシブな立場をとり，AOL 株は保有しないという選択を選ぶかもしれない。あるいは，アクティブな立場をとり，短期に売却するかもしれない。あるいは，AOL の将来の見通しは現在の AOL 株価を正当化するという結論に至るかもしれない。

　徹底的なファンダメンタル投資家は，AOL が売上高利益率を 1998 年のレベルで維持するという仮定に納得しないのではないだろうか。売上高と同様に将来の売上高利益率も予測の対象とするのではないだろうか。代替的な戦略シナリオを調査して，そのシナリオからのペイオフを予測するのではないだろうか。そして，現在の株価を正当化するような合理的なシナリオを構築できるか否かを検討するのではないだろうか。

2007 年半ばにおける 1500 から，2009 年 3 月には 700 以下に下落した。PER は 10 倍以下に下落した。

　ファンダメンタル投資家であっても，このような破壊的なマクロ危機を予見することは難しかったかもしれない。しかしこのことから，バブルは逆に働きうる，すなわち価格は値上がりするだけではなく下落する場合もある，という教訓を得ることができる。1970 年代半ば，石油ショックにおいて悲観論が蔓延していた期間，S&P500 の PER は 7 倍以下に下落し，株価・簿価倍率（price-to-book ratio：PBR）は 1 倍以下であった。このときファンダメンタル投資家は，株式が割安であるか否かについて検討したであろう。この時点で株式を買うのは正解であった。2009 年前半における株

12

式の（選択的な）購入もまた，十分に成果を上げるものであった。その後，2011年までにS&P500のPERは12倍となり，2000年に高値が付いていたデルやマイクロソフト，シスコシステムズ等の企業は，PERが10倍弱で売られていたが，このときは再び購入すべきだったのであろうか。ファンダメンタルズに関する慎重な分析は，これらの質問への回答を導き出す。

投資家の最終的なアンカーとしてのファンダメンタル分析

ファンダメンタル分析は，投機，流行，ブームに流されないように投資家をつなぎとめる。ファンダメンタル分析は，投機による株価水準が，ファンダメンタル・バリューを上回るような楽観論の結果であるか，あるいは下回るような悲観論の結果であるかについて，価値評価の観点に立って検討する。ファンダメンタル投資家は，長期的には株価はファンダメンタルズに収束する傾向があることを認識している。それゆえ，ファンダメンタルズをアンカー[1]としている投資家は，長期的には最も適切な見通しを有しているのである（Box 1.2を参照）。

3 　前提知識：投資家，企業，証券，および資本市場

事業投資の価値を評価するためには，その事業がどのようなものか，どのように価値が付加されるか，投資家へどのように価値を還元するか等について，的確に理解することが必要である。まず，企業とその投資家の関係図を大まかに描いてみよう。

個人または機関が企業に投資するとき，彼らは将来におけるより高いリターンを求めて資金を投下する。投資によって彼らは企業に対するリターンの**請求権**を得る。この請求権は，*契約*や*証券*によって正式なものとして取り扱われる。契約は，パートナーシップ持分の多くや銀行の債務契約のように，取引可能でない場合があるが，証券は，株式や債券のように，証券市場において取引することが可能である。

企業の請求権は，株式や債券のような単純な「プレーン・バニラ」タイプのものから，より複雑な条件付請求権まで多岐にわたる。転換社債やオプション，新株予約権のような*条件付請求権*は，ペイオフが株価や債券価格に依存するような派生的請求権である。条件付請求権は，複雑な契約内容ではあるが，価値を評価するのは比較的容易である。株式または債券の価値がひとたび測定されれば，標準的なオプション・プライシングの技法を用いて，派生的（デリバティブ）価格を計算することができる。その技法は，金融工学（本書では取り扱わない）の考え方に従ったものである。株式

訳注 1）　アンカーとは「碇」を意味するが，比喩的な表現として用いられることも多い。本書では，アンカーという用語は，ファンダメンタル分析において，財務諸表における簿価や利益が，分析の拠りどころ（アンカー）となることを含意している。

●図 1.1　企業，請求権者，および資本市場

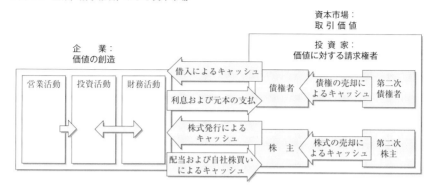

や債券といった請求権は，より基本的である。これらの価値は，条件付請求権の価値評価における「ファンダメンタル」であり，それらの価格はファンダメンタル分析（本書ではこれに焦点を当てている）の原則から導かれる。

　*株式*は，企業の最も重要な請求権であり，*株式価値*は，財務分析において特別の意味を持つ。普通株式は，最も基本的な請求権である。株式は，事業に対する所有者の請求権であり，*所有者持分*ないし*株主持分*といわれる。この請求権は，企業価値に対する他の請求権者からの請求に応じた後の残余請求権である。これは，評価するのが最も難しい請求権であり，この請求権の価値評価，すなわち*株式評価*こそ，本書の中心的課題である。もちろん，負債の請求権も重要であるが，これは利息と元本の返済に関する比較的シンプルな請求権であるため，その評価は比較的シンプルである。

　図 1.1 は，*債権者*，*株主*，および彼らと企業との間でやりとりされるキャッシュフローを，示している。ここでは議論を単純化するために，条件付請求権の保有者については考えない。債権者（債券保有者，銀行，他の請求権者）は，利息の支払と元本返済という*ペイオフ*に対する請求権と引き換えに，企業に資金の貸付を行う。株主は，配当または自社株買いによるキャッシュというペイオフを得られる株式と引き換えに，資金を提供する。ペイオフから請求権に対する支払額を差し引いた額を，*リターン*という。

　企業が負債または持分の請求権を売却する際は，*資本市場*で取引する。資本市場は，公的で組織的な証券の交換所であり，公開された「上場」企業が取引を行う。非公式な市場には，ベンチャー・キャピタルや個人企業，銀行，投資ブローカー等の仲介人が含まれる。また，家族や友人から資金を調達するというシンプルな方法も存在する。

　請求権者は，自分の投資を清算したければ，資本市場で請求権を売却することもできる。図において矢印で示されているように，請求権者は他の投資家に売却し，彼らの請求権を新しい投資家に引き渡すのと引き換えに，キャッシュを得る。図では，請

求権者へのペイオフ（矢印の方向で表される）が，企業から，または資本市場での請求権の売却から得られることが示されている。株主にとってのペイオフは，企業からの配当と，株式の売却すなわち自社株の買い戻し（企業自身による株式の買い戻し）または株式市場における他の投資家への売却である。債権者は，利息と，満期前もしくは満期における返済または債券市場での債権の売却から元本返済額を得る。

資本市場で取引される請求権の価値は，企業がその請求権に対して支払う予想ペイオフに基づいている。そのため，図では企業について，*価値の創造*と表現している。債権者は，利息と元本を得るのに十分な価値が生み出されることを求めている。株主は，債券保有者への返済後の残余価値を手にする。金銭的尺度で測れる範疇で，株主は，企業によって生み出される価値が最大化されることを望む。実際，株主は所有者として，企業価値と彼らの残余請求権の価値を増加させるように経営者が行動することを確実にするために，経営者を雇用し解雇する権限を持つ。

企業に対する請求権の価値の合計は，**企業価値**に常に一致している。

$$企業価値＝負債価値＋株式価値 \tag{1.1}$$

これは，企業が生み出すすべての価値は，各請求権の価値に配分されなければならない（ここでは，2つの基本的な請求権が想定されている）ことを示している。それゆえ，バリュエーションでは，企業価値の評価と，その企業価値の請求権者への配分について考察することもできるし，その合計が企業価値と一致するような各請求権の価値を考察することもできる。企業価値は**事業価値**といわれることもある。

事業における価値創造について，詳しく見てみよう。図において，企業には3つの活動が含まれていることが示されている。財務活動，投資活動，営業活動である。これらの3つの活動は，その内容は異なるが，すべての企業において行われているものである。

- **財務活動**は，請求権者との取引である。資本と負債の請求権と引き換えに，事業に対する資金を調達し，資金を請求権者に返還する。これらの活動は，請求権者にとっては投資活動であるが，企業にとっては財務活動である。
- **投資活動**では，財務活動によって調達した資金と営業活動から生み出された資金を用いて，営業活動で使用する資産を購入する。これらの資産には，たとえば，棚卸資産や設備機器等の有形資産や，技術やノウハウのような知識や知的財産といったものが含まれる。
- **営業活動**では，資金を投下して購入した資産を使用して，製品を生産し販売する。そこでは，資産を労働および原材料と結合して，製品やサービスを生産し，それらを消費者に販売してキャッシュを得る。儲けを得ることができれば，資産への再投資や請求権者へのリターンのための資金を，営業活動から生み出すことがで

第1章 投資とバリュエーション入門　15

きる。

　これらの活動を理解することは，事業における価値創造を理解するための基礎となる。ここで説明した内容ではまだ不十分であるため，図ではこれらの活動を詳細に記していない。本書では，企業が投資家にとっての価値をどのように生み出していくのかについて，順を追って説明する。

4　ビジネスとしての分析：アナリストという専門家

　多くの投資家は，投資先を選択したり管理したりすることは，自分の得意とするところでないことを知っているため，専門家である**証券アナリスト**に頼る。どのような領域であっても，専門家であれば仕事を成し遂げるための特別な技法を習得しているものである。実際，専門家は適切な技法を習得しているように振る舞い，問題解決能力の程度によって評価される。専門家であれば常に，優れた技法あるいは劣った技法とは何かについて考える。他のさまざまな生産者と同様に，専門家も，その成果物を彼らの顧客である投資家に販売する。専門家は競争に勝つために，技法をどのように強化すればよいか，よい評価が得られる成果物とはどのようなものか，企業の情報を分析するためのよりよい方法とは何か，どうすれば最も効率的に財務諸表分析をすることができるか，どのような方法がクライアントに価値を付与するか，といった点について検討する。優れたファンダメンタル分析とはどのようなものかを理解することが，本書の中心的な課題である。

　投資のタイプは多岐にわたるため，それぞれの投資家のタイプに応じた専門家が必要となる。それぞれのニーズに応えるためには，それぞれに合った分析が必要である。

企業への投資：外部アナリスト

　多くの専門家は，企業の外部に存在する部外者であり，外部アナリストという。株式アナリストや投資コンサルタント，資産運用管理者，株式ブローカーは，企業の株式の売買について顧客にアドバイスをする。投資銀行員やビジネス・ブローカーは，事業の売買についてクライアントにアドバイスをする。会計士や鑑定士は，課税や不動産評価のために企業価値を評価する。価値評価問題を伴う訴訟の鑑定人のような専門家もいる。

　事業に対する請求権として主に2つのタイプが存在するように，外部アナリストにも2つの主要なタイプがある。債券の格付機関（たとえば，スタンダード＆プアーズ，ムーディーズ，フィッチ・レーティングス等）に所属する専門家や銀行貸付担当者といった*信用アナリスト*は，事業の債権リスク，すなわち債権価値を評価する。しかし，事業分析に関する主たる専門家は，*株式アナリスト*である。*バイサイド・アナリスト*

は，ミューチュアル・ファンドやヘッジ・ファンド，その他の投資機関において，投資マネージャーとして株式のリサーチを行う。セルサイド・アナリストは，そのリサーチ結果を個人投資家に対してブローカーを通じて提供する（バイサイドにもリサーチ結果を「売る」）。通常，株式アナリストは株式リサーチレポートを作成する。アナリストにとって，クライアントの投資意思決定に役立つような信頼性や説得性のある株式リサーチレポートをどのようにしたら作成できるか，という点は重要な問題である。多くのリサーチレポートはこの点で十分なものではない。アナリストは通常，買いや保有，売りについて極端な推奨を行おうとする。アナリストは，グラフや数値を用いて事業内容について説明するが，どのようにその推奨が分析結果から導かれるか，本当にそれは正しいのかどうかについては，必ずしも明らかではない。洗練された株式リサーチレポートを作成するためのガイドとして，本書で示す各々の内容を利用しよう。

企業内での投資：内部アナリスト

　企業においては，経営者は，事業資産に企業の資金を投資する。事業投資は，「戦略」というアイデアからすべてが始まる。これらの戦略には，新製品の開発や新市場の開拓，新生産技術の採用，新事業の開始といった内容が含まれる。戦略を立てる際は，他の企業の取得や部門の分割，提携関係の構築等についても検討する。戦略を評価するためには，経営者は，企業外部の投資家のように，そのアイデアによって生み出される価値についての分析を行う必要がある。そのような評価は，**戦略分析**といわれている。

　経営者は直観力に優れ，自分のアイデアの正しさを確信している場合もありうる。しかし，単なる自信過剰であるかもしれず，自分自身のアイデアに染まっているだけかもしれない。直観的な投資家の場合と同様に，経営者は自分の直観を分析に照らし合わせる必要がある。そして，請求権者との受託関係が存在することから，経営者は株主価値に焦点を合わせる必要がある。経営者は，自らの戦略が価値を付加するものか否かを評価しなければならない。分析に対する内部の見解は，外部のそれと異なるべきではない。外部の投資家は株式の購入に確信を得ることが必要であり，自らの意思決定を行うために，分析を重視する。株式の購入に支払った対価に対して，どのような価値が付加されるか。内部の投資家も，アイデアや戦略を実行するための支払には確信が必要であり，そのために分析を重視する。支払に対して，どのような価値が付加されるだろうか。

　事業戦略家は魅力的なアイデアを次々に生み出しており，新しい戦略パラダイムは毎年のようにビジネススクールや金融メディアに提供されている。最近の例としては，「センターレス企業」や「ナレッジ企業」があげられるが，これらはいずれも組織の

再構築と知的財産への投資を必要とする。アイデアは検証されなければならない。コングロマリットの構築は，1960～1970年代には流行したが，結局のところ，ほとんどの企業は成功しなかった。1990年代には，人員削減が流行したが，人員削減はコストと同時に収益も減少させることになる。その後は，アウトソーシングやオフショアリングが流行した。すべての戦略と同様に，これらのアイデアもまた分析の対象とされるべきである。

　価値評価分析は，投資を行うべきか否かの意思決定に役立つだけでなく，投資の計画と実行においても役立つ。戦略アイデアは漠然としたものであることも多い。アイデアを正確な分析に照らし合わせることにより，提案者は，アイデアについて具体的に考え，その特性を見出すことを求められる。こうした作業により，アイデアは金額の形で具体化される。さらに提案者は代替的手段の検討も求められる。戦略は，最終的に最高の計画ができ上がるまで何度も修正される。よい戦略とは，よいアイデアとよい分析の結果である。価値評価分析に基づく投資と管理は，**価値に基づいた経営**といわれる。

　最高財務責任者（chief financial officer：CFO）は，経営のために分析を行い，最も適切な分析を体系化することに責任を負う。CFOとアナリストは，幅広い戦略と，企業買収や事業の分社化，事業の再構築，新製品の投入等の特定の戦略提案について，評価を行う。経営者は，「経理屋」はあまりにも数字に目標を絞りすぎてイノベーションを抑え込んでしまうと不満をもらすこともある。それでも，「数字による経営」を行わなければならない。批判を避けるためだけでなく，イノベーションを積極的に進めるために分析を行うこと，そして価値を付加するよいアイデアであることが保証された革新的アイデアの検証を行うことは，CFOの責務である。

　内部アナリストと外部アナリストは，次の点で異なる。内部アナリストは，より多くの社内情報を保有している。外部アナリストは，公表された財務諸表を多くの注記情報とともに入手するが，「内部情報」については，通常は知っているわけではない。本書の読者も内部情報を知らないため，本書の財務諸表分析は，外部アナリストの立場をより指向したものとなっている。ただし，財務諸表には焦点を当てるが，会計実務の詳細に焦点を当てるわけではない。むしろ，どのように会計情報が価値評価分析において用いられるか，という点に焦点が当てられている。価値評価のために会計基準を理解することが必要な場合には説明を付す。会計基準が適切な分析の障害となっている場合には，その旨を指摘する。そこで本書では，作成・開示された財務諸表について，議論を展開する。

5 ビジネスの分析

　本書で学ぶ技法は，内部と外部，双方の投資家のためのものである。いずれの投資家も，企業の事業に投資している。外部投資家は，株式の購入に関心があるが，株式の購入は単なる紙切れの購入とは異なる。すなわちそれは，事業の一部分を購入しているのである。「株式を買うのではない。事業を買うのである」という古い格言がある。そして，これは次のように続く。「事業を買うつもりであれば，事業の内容を知らなければならない」。

　熟練したアナリストは，自分が担当する事業の内容を熟知しているはずである。情報通信企業の価値評価を行おうとするアナリストは，その業界とそこでの企業のポジションを理解していなければならない。ネットワークを構築するための戦略や，技術の変化に適応し競争相手の挑戦に応じるための企業の戦略について把握する必要がある。製品についても知っていなければならない。消費者の需要を予想することも必要である。その業界に過剰設備が存在するか否かや，声，データ，マルチメディアの伝達に関する技術革新を理解しなければならない。政府による規制についても把握する必要がある。事業内容は，情報に意味をもたらす。労働コストが高い，たとえば売上高の 70 ％に達している，という問題は，コンサルティング企業のように高い労働コストで運営されている企業よりも，低い労働コストと高い資本コストで操業している企業において，より重大である。デルの PER 87.9 倍が高すぎるか否かを判断するのに，アナリストは，コンピュータ事業や売上成長の見通し，異なるコンピュータ製品の利益率を把握しなければならない。利益率（売上高に対する利益の比率）の低いタイプの企業もあれば，高い会社もある。低い利益率の会社にその利益率を大幅に改善することを期待するのは，不合理かもしれない。正常な在庫水準は，小売業者と卸売業者では異なるし，メーカーと小売業者でも異なっている。技術が著しく速く変化したり，設備が過剰になっている業界の企業は，高い減価償却費を計上すべきであるかもしれない。

　事業の特徴に関する知識は，事業を分析するための必要条件であるため，アナリストの担当は業界ごとに細分化されている。たとえば，株式リサーチレポートにおいては，業界に関する説明から始まり，財務諸表分析では，売上高利益率や棚卸資産回転率といった測定尺度を，その産業における通常のベンチマークと比較することが多い。

　事業を理解することは，ほぼすべてのビジネススクールにおいて到達目標とされているが，それには数年の経験が必要である。より深い知識があれば，より確信を持って事業の価値評価を行うことができる。あまり知らないような企業に投資するときには，人は用心深くなるものである。しかし現実には，あまりに多くの投資家（および

資産運用管理者）が，事業ではなく株式を購入しているのではないだろうか。

戦略とバリュエーション

　アナリストは，ビジネスの詳細について，十分に理解していなければならない。そのために，アナリストはまず**ビジネス・モデル**（ビジネス・コンセプトまたは*事業戦略*）について検討する。その企業は何をしようとしているか，企業は自らがどのような価値を生み出すと思っているか，その戦略が導く帰結は何か。これらの質問への回答は，企業が顧客に見せる姿から得られることが多い。住宅リフォーム製品の倉庫型店舗小売業者であるホーム・デポ（Home Depot）は，高い品質の製品を，日曜大工の愛好者にトレーニングやアドバイスも行いつつ割引価格で提供する，というコンセプトを有していた。顧客への追加サービス費用を負担しながら割引価格で提供するためには，購買や保管，在庫管理を非常に効率的に行う必要がある。また，ギャップ（Gap）は，カジュアルでファッショナブルな衣類を，手頃な価格で，倉庫型店舗小売業と異なるコンセプトの魅力的な店舗において，販売しようとしている。そのためには，生産コストを低く抑えながら，広告によってイメージを管理するとともに，クリエイティブなファッションデザインを提供しなければならない。いずれの企業のコンセプトにおいても，十分な広さの店舗における高い棚卸資産回転率が求められる。どちらの企業も衰運を辿り，それらの企業戦略は再評価を迫られることになった。

　企業内部の投資家にとって，事業戦略は価値評価分析の成果である。戦略は，それが価値を付加するものであるか否かが判明した後に，選択される。一方，企業外部の投資家にとっては，事業戦略は分析の出発点である。なぜなら企業は特定の戦略のもとでのみ評価されうるからである。しかし，外部の投資家は，価値を高める可能性のある代替的な戦略についても把握する必要がある。外部の投資家が，新しいアイデアと新しい経営陣によってより多くの価値が生み出されるかもしれないと判断した場合には，企業の乗っ取りが起きることもある。戦略は進化し続けているため，企業が変化に適応していくことに，アナリストは慣れている。賢明なアナリストは，戦略の変更を予測し，それによって創出または喪失する価値を評価する。

詳細の確認

　事業概要を把握したら，次は，その詳細を理解しよう。理解すべき事業の詳細は数多くあるが，それらは以下の6つのカテゴリーに分けることができる。

1. 企業の製品を把握する
   a. 製品のタイプ
   b. 製品に対する消費者の需要
   c. 製品に対する需要の価格弾力性。その企業は価格設定力を有しているか

d. それぞれの製品の代用品。その製品は差別化されているか。価格について。品質について

e. 製品のブランド名

f. 製品にかかわる特許権保護

2. 市場に製品を提供するために必要な技術を把握する

a. 製造プロセス

b. マーケティング・プロセス

c. 流通チャネル

d. サプライヤーのネットワークおよびサプライチェーンの内容

e. コスト構造

f. 規模の経済

3. 企業のナレッジベースを知る

a. 技術変化の方向と速さ，およびそれを把握する企業の能力

b. 研究開発計画

c. 情報ネットワークとの関連

d. 製品開発においてイノベーションを起こす能力

e. 製品技術においてイノベーションを起こす能力

f. 学習の経済

4. 業界における競争の程度を知る

a. 業界における集中，企業数，企業規模

b. 業界への参入障壁，新規参入者と代替製品の可能性。ブランドによって守られているか。顧客にとってスイッチング・コストは大きいか

c. 業界における企業のポジション。先発か後発か。コスト優位性があるか

d. サプライヤーの競争力。サプライヤーには市場競争力があるか。労働組合は力を持っているか

e. 業界における生産能力。過剰設備か設備不足か

f. 他の企業との関係および提携

5. 経営者を知る

a. 経営者の実績はどのようなものか

b. 経営者は企業家精神を有するか

c. 経営者は株主を注視しているか。経営者は自己の効用を満足させるような行動をとっているか。経営者は独裁的か

d. 株式報酬制度は株主の利益に適うものとなっているか。それとも経営者の利益に適うものとなっているか

e. 企業の倫理憲章はどのような内容か。経営者がそれに違反する傾向はある

か
　f．コーポレート・ガバナンスの体制はどれほど強固か
6．政治，法律，規制，倫理についての環境を知る
　a．企業の政治的影響力
　b．反トラスト法，消費者法，労働法，環境法などの，企業に対する法的制約
　c．生産規制や価格規制などの，企業に対する規制による制約
　d．事業への課税

　これらの特徴は，事業に影響を与える*経済的要因*といわれている。これらの要因の多くやそれ以外の内容については，ビジネス・エコノミクスや戦略，マーケティング，生産活動に関するコースにおいて学ぶことができる。

重要な問題：競争優位の持続可能性

　企業の戦略を理解し，その詳細を把握した上で，アナリストは，企業の競争優位は*どれくらい持続するか*という，より重要な問題に取り組むことになる。
　ミクロ経済学では，異常なリターンは競争により消滅すると指摘されている。ほとんど例外なく，**競争の圧力**は存在しており，この圧力がどれほどの期間にわたって続くかという点が，重大な問題である。価値創造のためには，異常なリターンをできる限り長く維持できるような事業を設計することが，非常に重要である。企業は，**競争優位**を得るために競争の圧力に対抗しようとする。競争優位をより長く持続できれば，その企業はより大きな価値を創造する。
　最終的には，事業戦略と先ほど列挙した経済的要因のすべてが，競争優位に関係している。革新的な戦略が「競争に勝つ」ために採用される。製品は，競争から顧客を遠ざけるような魅力的なものにデザインされる。ブランドは，持続的な顧客ロイヤリティを維持するために構築される。特許による保護も必要である。革新的な生産技術は，コスト優位性を得るために採用される。そして，政治家に対して企業を競争から守るためにロビー活動がなされる。内部アナリストは，競争優位を維持するための戦略を設計する。外部アナリストは，これらの戦略を理解し，競争優位がどれくらい持続するかという問題に取り組むのである。

財務諸表：ビジネスを見るためのレンズ

　経済的要因を理解することは，価値評価のための必要条件である。次に必要となるのは，これらの要因を，価値評価を行うための尺度に変換する方法である。製品や産業における競争状態，製品イノベーションを展開する企業の能力等を把握する必要があるが，これらの知識について，価値評価を行うための尺度に変換する方法が必要となるのである。経済的要因は，示唆に富むものの具体的な金額に即時に変換できない

ような定性的な用語で表されることが多い。たとえば，「市場支配力」を有するといった場合，どのような数値がこの属性の根拠となるのか。また，「競争の脅威にさらされている」という場合，それはどのように数値で表すことができるのだろうか。

　一方，財務諸表においては，具体的な数値が示されている。経済的要因は，財務諸表においては資産や売上高，売上総利益，キャッシュフロー，利益といった会計数値に変換されている。つまり，事業の分析には財務諸表の分析が必要なのである。たとえば，市場支配力の効果は会計数値を用いて把握することができる。競争優位の持続性についても，会計数値の流列を用いて評価することができる。財務諸表分析においては，事業上の特徴に着目しながら財務諸表の体系化が行われる。

　財務諸表は，ビジネスを見るためのレンズである。しかし，財務諸表に描かれる画は，焦点が合っていないことが多い。財務諸表分析においては，よりクリアな画を描き出すために，レンズの焦点を合わせる。また，不完全な会計測定結果に関する修正も行う。財務諸表に描かれた画が不完全な場合には，アナリストは，他の情報で財務諸表を補う。そのためには，アナリストは，財務諸表からわかることとわからないことが何かを理解していなければならない。アナリストは，どういった会計がよい会計かまたは悪い会計かに関する感覚を有する必要がある。本書では，次章の初めに財務諸表について解説することを皮切りに，財務諸表の分析方法を展開していく。この分析方法と事業に関する十分な知識によって，アナリストは財務諸表というレンズを通じて事業の価値評価に取り組むのである。

6　評価技法の選択

　アナリストは，事業の内容や企業の競争優位，財務諸表が事業の成功をどのように測定しているかについて，十分に理解する必要がある。これらを理解した上で，アナリストはそれを価値評価に変換する方法を身につけなければならない。評価技法はそうした変換を行う方法であり，アナリストは適切な技法を選択しなければならない。

　Box 1.3には，実務においてよく用いられる評価技法が示されている。いくつかの方法は，簡便であるという点で優れている。簡便というのは長所である。しかし，重要な要素を無視して単純化しすぎている場合もある。不用意に臨めば，技法の落とし穴に嵌まってしまうこともある。アナリストは，簡便性と，複雑さを無視することによるコストとを考慮した上で，コストとベネフィットを比較して技法を選択することが必要である。

　本書では，Box 1.3で示した技法を，その長所と短所に着目して説明する。価値は投資に対して予測されるペイオフに基づいて決まるため，予測からファンダメンタル・バリューを算出する方法が問題の中心となる。これらの方法において予測される

第1章 投資とバリュエーション入門　23

Box 1.3　評価技法

　本書では，以下の評価技法を取り上げる。すべての評価技法において，財務諸表の数値が用いられている。いずれの方法も，コストとベネフィットに照らして評価される必要がある。

予測を含まない評価方法

　比較分析（第3章）　同業他社の株価倍率（株価と，利益や簿価，売上高，その他の財務諸表数値との比率）を基礎として株式を評価する方法である。

　株価倍率によるスクリーニング（第3章）　株価倍率の相対的な順位付けに基づき，割安な株式と割高な株式を識別する方法である。この方法によれば，たとえば相対的に低いPERの株式を購入し，相対的に高いPERの株式を売却する。PBRやPSR，その他の株価倍率についても同様に，売却や購入の判断を行う。

　資産ベースの評価（第3章）　資産ベースの評価は，企業の保有する資産の公正価値の予測額の合計から負債の価値を差し引いて，株式価値を評価する方法である。

予測を含む評価方法

　配当割引モデル：配当の予測（第4章）　企業価値は，予想配当額の現在価値として計算される。

　割引キャッシュフロー・モデル：フリー・キャッシュフローの予測（第4章）　企業価値は，予想フリー・キャッシュフローの現在価値として計算される。

　残余利益モデル：利益と簿価の予測（第5章）　企業価値は，簿価と予想残余利益の現在価値の合計額として計算される。

　異常利益成長モデル：利益と利益成長率の予測（第6章）　企業価値は，利益を資本化した額と予想異常利益成長の現在価値の合計額として計算される。

対象が何かを識別できなければならない。配当を予測する（配当割引モデルを用いる）か，それともキャッシュフローを予測する（割引キャッシュフロー・モデルを用いる）か。それとも利益か，ないしは簿価と利益か。予測対象を選択するためには，それぞれの技法の長所と短所を理解し，投資家にとって最も適切な評価結果を提供する技法を適用しなければならない。

基本的な考え方

　長年の投資実務において，ファンダメンタル・アナリストにとって信頼性の高い分析上の原則が明らかにされている。本書で評価技法を説明する上で非常に重要ないくつかの基本的な考え方は，Box 1.4に示されている。最初の6項目は本章ですでに説明した。第7, 8, 9項目は，価値予測に用いる情報を取り扱うためにきわめて重要な作業に関する事項である。

　単純化されすぎた技法では，必要な情報が無視されることになる。Box 1.4の第7項目は，投資家が情報を無視することに対して警告している。投資家は，自分よりも

Box 1.4　ファンダメンタル分析における基本原則

　本書を読み進めれば，ファンダメンタル分析には指針となる考え方が数多く存在していることがわかるであろう。長年の分析実務から，次のような基本的な考え方が示される。

1. 株式を買うのではなく，事業を買う。
2. 事業を買うときには，その事業の内容を知らなければならない。
3. 企業価値はビジネス・モデルや戦略に依存する。
4. 優良企業は，購入対象としては適切でない場合がある。
5. 価格は支払うものであり，価値は手に入れるものである。
6. 投資のリスクの一部は，株式に対して払いすぎるというリスクである。
7. 情報を無視するなら危険を覚悟すること。
8. わかっていることと推測とを混同してはならない。
9. 価値評価のアンカーは，推測ではなくわかっていることに置くべきである。
10. 成長に対する払いすぎに要注意。
11. 株価の水準を吟味するために価値評価額を計算する際には，その計算過程における株価の利用に要注意。
12. 自分の信念を変えずに耐えること。株価はファンダメンタルズに引き寄せられていくものであるが，いくらか時間がかかるものである。

　最初の6項目については，本章ですでに説明した。第7, 8, 9項目については，本文で取り上げており，後の章でも取り扱う。第10, 11項目については，以下で説明する。第12項目は「手っ取り早い儲け」に対する警告である。ファンダメンタル投資は，デイ・トレーダーのためのものではない。

成長に対する払いすぎに要注意

　PERは，将来の利益成長（後の章で詳細に検討する）に関する市場の予想を示している。デルの88倍というPERは，どのような基準に照らしても高い水準であるため，ファンダメンタル分析においては，市場は利益成長を過大に見積もっているのではないかという疑問が生じる。第10項目は，将来の成長に対して興奮しすぎないよう，すなわち投機的になりすぎないようにという警告である。ファンダメンタル分析においては，成長に関する憶測は，高すぎる株価水準の主要な原因の1つと考えられている。価値評価手法には，成長に対して払いすぎることを回避する方法が組み込まれている必要がある。適切な価値評価手法であれば，成長に関する市場の憶測に立ち向かう手段となりうる。

株価の水準を吟味するために価値評価額を計算する際には，その計算過程における株価の利用に要注意

　価格は支払うものであり，価値は手に入れるものである。それゆえ，第11項目では，価値評価を行う際に株価を参照することに対して警告している。もし株価を参照するなら，循環論に陥ることになり，株価の水準を吟味するための分析能力を損なうことになる。それでもアナリストは株価をそっとしのび込ませてくる。株価の上昇を理由に利益予想を増加させる（そして評価倍率をその利益に適用する）ようなことをすれば，誤りが生じる。株価を正当化しようという思惑がある場合，株価が上昇しているときに利益予想を増加させるのは簡単である。しかし，そのような行為は，チェーンレターに名を連ねるようなものである。

第1章 投資とバリュエーション入門　25

iPad の発売後にアップル（Apple）の株式が 380 ドルで取引されていたとき，あるアナリストによる 2011 年度の 1 株当たりの予想利益は 28.82 ドルであり，他のアナリストの平均値よりも明らかに高い水準であった。もし，そのアナリストがその数値を十分に正当化できるのであれば，公正な数値であるといえよう。しかし，そのアナリストは，1 株当たり 548 ドルというターゲット価格を設定し，購入推奨株として提示した。この株価を示すため，そのアナリストは，2011 年度の予想利益に過去 3 年間の平均 PER である 19 倍を掛け合わせた。問題は明らかであろう。このアナリストは，利益に関する市場予測に基づいて利益を予測しているが，その予測が誤りであれば，計算には誤謬が含まれることになる。その計算では，株価の水準を吟味するために，価値ではなく株価が用いられており，株価に含まれる憶測とともに高い予測に関する憶測も含まれている。もし 19 倍という PER が誤った価格付けの結果であるなら，その価格付けが修正されない方向に加担することになる。バブルが起こるのも無理はない。ファンダメンタル投資家は，株価を用いない内在 PER を利用する方法を注意深く適用する。

知識のある誰かと取引するという危険に自らをさらしているのである。たとえば，価格倍率を用いた方法では，1 つか 2 つの情報しか参照されない。それゆえにゼネラル・モーターズとフォードが低い価格倍率で魅力的だったように，価格倍率を用いた方法を利用すると損失を被る可能性がある。アナリストは，将来予測を行わなければならない。予測のためには，より詳細な情報が必要である。Box 1.3 では，予測を必要とする技法とそうでない技法を区分した。予測には利用可能なあらゆる情報が用いられるが，予測に役立つように，情報を適切に体系化することも必要である。

　予測の難しさは，それが将来のことを取り扱うものであり，将来とは本質的に推測が必要なものであることにある。ファンダメンタル・アナリストは推測には慎重になり，Box 1.4 の第 8,9 項目に注意する。情報を体系化する際には，わかっていることと推測とを混同してはならない，という根本原理に従う。推測に対処するため，具体的な情報を，より推測的な情報から区別する。アナリストは，比較的ハードな情報と，推測につながるソフトな情報を混同しないように注意する。無形資産や知的資本，新技術，ネット資産といった項目は，推測的なものに含まれる。一方，当期売上高のような項目は，比較的ハードな情報と捉えられる。というのも，それは顧客をすでに獲得していることを意味するからである。これに対し，その企業がより多くの顧客を獲得するかもしれないことを示唆する情報は，より推測的な情報と捉えられる。ファンダメンタル・アナリストは，より推測的な情報を無視することはないが，その取り扱いは異なる。当期売上高は，長期的な売上高成長率の予測とは異なる重み付けがなされる。アナリストは，遠い将来に関する予測と，1,2 年先までの予測とを区別する。そして長期的な予測に依拠するような株式評価には納得せず，これらを投機的な株式とみなす。

財務諸表をアンカーとする価値

Box 1.4の第9項目は，第8項目に追加される内容で，*価値評価のアンカーは，推測ではなくわかっていることに置くべきである*，というものである。私たちが企業について知っていることの多くは財務諸表で表されているため，この格言は，*価値評価のアンカーは財務諸表に置くべきである*，と言い換えることができよう。財務諸表で開示される情報の質はさまざまであり，疑わしい会計方法が含まれていることもあるが，そこで示された情報は，比較的ハードな情報である。財務諸表は，推測的な情報を排除するような会計原則に則って作成されている。そして，それらは監査されている。したがって，財務諸表の情報の質を常に検証し，その質に応じてその情報を体系化することになるとはいえ，財務諸表は企業価値を評価する手始めとして，適切な出発点なのである。

財務諸表には，持分の簿価と利益という，2つの要約された数値が開示されている。持分の簿価は，貸借対照表の「ボトムライン」の数値であり，利益は，損益計算書の「ボトムライン」の数値である。Box 1.3にある最後の2つの方法は，これらの要約された数値を，価値評価におけるアンカーと位置づけている。価値評価は次のように定式化される。

価値＝アンカー＋超過価値

つまり，アナリストは，具体的な出発点として財務諸表の特定の測定値を採用し，その後，この測定では捉えられない「超過価値」を計測する。アンカーの1つは，株主持分の簿価であろう。すなわち次のように表される。

価値＝簿価＋超過価値

簿価は出発点であるが，簿価は価値の測定尺度として不完全であるため，超過価値を計算することが必要である。その計測のため，持分の価値が簿価の何倍であるかを表す内在PBRを計算する。価値評価分析では，次の段階として，簿価に含まれない価値を計算する方法を取り扱う。

また，代替的なアンカーとしては利益があるだろう。

価値＝利益＋超過価値

この場合，利益が出発点であり，超過価値の計測のため，持分の価値が利益の何倍であるかを表す内在PERを計算する。いずれのケースにおいても，（財務諸表における）ハードな数値から分析を始め，より推測的な情報の分析を加えている。

推測に関する内容を管理するため，財務諸表分析を行う際には，超過価値に関する比較的ハードな情報と比較的ソフトな情報とを区別する。そうすることによって，価

値評価は信頼性の高いものとなり，推測の影響を受けずに済むのである。本書の以降の章において，これらの問題について議論を進める。

7　本書の活用方法

　本書は，価値評価の技法を学ぶための書である。自分が，自らの投資を守り増やすための最善の方法を望んでいる投資家であると想定してみよう。または自分が，投資アナリストや CFO といった専門家であると想定してみよう。これにより，あなたは問題の焦点を絞ることができるであろう。あなたが外部アナリストであるとするならば，いかにして顧客のために価値評価に関する最も適切な結果を構築するか，いかにすれば信頼性の高い株式リサーチレポートを作成できるか，という問題を考えてみよう。あなたが内部アナリストであるとするならば，いかにして戦略提案書や投資評価書を作成すればよいか，という問題を考えてみよう。実務的な分析も必要であるが，同時に，その分析が概念的に適切であることもまた必要である。理解可能で容易に利用できるような分析方法であることもまた必要である。

　こうした着眼点を持つことで，あなたは本書から多くのことを学び，自分でも多くの作業をこなす必要に迫られるはずである。それは，売り手から提供される投資の成果物に対して，あるいは，公表された財務諸表における会計方法に対して，批判的意見を構築するのに役立つであろう。そしてまた，本書を批判することにも役立つであろう。

　適切な技法には，適切な思考方法，適切な適用方法，適切なコスト・ベネフィットのバランス，という３つの内容が含まれている。事業とその価値評価に関して十分に理解するために，本書を活用しよう。本書では，概念を明確に示すために工夫を凝らしてある。概念を実務で使える方法に変換するためにも，本書を利用しよう。本書では，実践的な手法をその概念から段階的に構築している。分析の多くは表計算（スプレッドシート）プログラムに組み込まれているので，あなたが本書を読み進めるに従ってスプレッドシートを作成していけば，専門家としての仕事にも役立つようなものを手にすることができよう。本書にはそのための説明は載っているが，本当に使えるツールを手に入れようと思うなら，ウェブサイトの BYOAP（Build Your Own Analysis Product）が不可欠であることがわかると思う。本書を通じて，コスト・ベネフィットにおけるトレードオフの感覚を身につけよう。詳細な分析内容が価値を有するのはどのようなケースか，簡易な方法を選ぶことで何を失うか。どのような「付加機能」が本当に付け加える価値のあるものかについて考えよう。

　本書は，書籍だけで独立した内容を備えてはいるが，本書のウェブサイトは，より役に立つ手引書になるだろう。より「現実的な」状況に言及し，より多くのデータを

提供し，より広い内容を展開している（ウェブサイト http://www.mhhe.com/penman 5e を参照のこと）。

分析を実際に適用してみることによって概念を補強することで学習は深まるであろう。各章末には演習問題が用意されている。それらは，テストとしてだけでなく，各章のポイントに焦点を当て，学習に役立つように記述されている。ウェブサイトには，より多くの応用事例が示されている。できるだけ多くのケースに当たろう。そうすることで，あなたは分析を身につけ，「実践できる」ようになるはずだ。

本書の概略

本章では，ファンダメンタル投資について紹介し，投資意思決定に役立つファンダメンタル分析の入門的な内容を説明した。財務諸表は分析において重要な位置を占めるため，第2章で説明する。なぜアナリストが価値評価のアンカーを財務諸表に置くのか，第2章で理解することができるだろう。第3章以降は4部で構成されている。

優れた実務は優れた思考に基づく。第1部（第3～7章）では，その思考方法について紹介する。Box 1.3 で示された各方法について説明し，各々の方法において財務諸表の情報がどのように取り入れられているのかを示す。第1部が終わるまでには，優れた分析とはどのようなものかを理解し，価値評価の技法を選択できるようになるであろう。第1部の最後の第7章では，株価の水準を吟味するアクティブな投資における価値評価アプローチの適用について説明している。

第2部（第8～12章）は，情報の分析について取り上げる。財務諸表というレンズを通じて，どのように事業を把握するかを説明する。ペイオフを予測するために行う財務諸表分析の内容についても示す。

第3部（第13～15章）は，予測について取り上げる。第2部で分析した情報から予測を構築するための実務的な段階を説明する。そして，いかにしてそれらの予測を価値評価に転換するかを示し，いかにして株価を吟味するためにそれを適用するかを示す。

第4部（第16章）は，会計に関する問題を取り扱う。会計についての議論は，第2章以降本書を通じて行われるファンダメンタル分析の展開と関連がある。第4部では，会計がいかにして価値評価に作用するかを理解するための会計分析を取り上げる。本書の前半の部で扱った財務諸表分析に，第4部で，会計の質に関する分析が付け加えられる。

第1章 投資とバリュエーション入門　29

キー・コンセプト

- **アクティブ（能動的）投資家**は，超過リターンを獲得するために，ミスプライス（割高または割安な価格付け）かどうかを検討した上で，売買を行う。**パッシブ（受動的）投資家**ならびに**ディフェンシブ（防衛的）投資家**と比較しよう。[4]
- **アルファ**とは，投資リスクに対する期待リターンを超える異常リターンである。[5]
- **インデックス投資**とは，株式の市場インデックスを購入し，（受動的に）保有することをいう。[5]
- 企業の**営業活動**とは，（投資活動において取得した）資産を，製品を製造し市場で販売するために利用することを含む。[14]
- **価格リスク**は，内在価値から乖離した価格で売買することによって損失を被る可能性をいう。[5]
- **価値に基づいた経営**とは，事業によって獲得される期待価値を最大化するような事業計画を策定すること，および付加価値の尺度を用いて事業業績を管理し評価することをいう。[17]
- **株式価値**とは，企業がその株主（所有者）にもたらすと期待されるペイオフの価値をいう。[13]
- **企業価値（または事業価値）**とは，企業がそのすべての請求権者にもたらすと期待されるペイオフの価値をいう。[14]
- **競争の圧力**とは，利益を追求する過程における他者の参入であり，企業の**競争優位性**を失わせるものである。競争の圧力により，異常リターンは失われる傾向がある。[21]
- **競争優位性**とは，競争の圧力に耐えることによって異常リターンを獲得できる能力である。[21]
- 企業の**財務活動**とは，企業とその請求権者との取引であり，請求権者による企業への資金投資と企業から請求権者への資金支払を含む。[14]
- **財務諸表分析**とは，財務諸表から情報を抽出するための一連の手法である。[1]
- **事業価値**とは，事業（企業）の価値であり，企業に対する多様な請求権の価値の対照となるものである。[14]
- **証券アナリスト**とは，投資の評価を行う専門家である。個々のタイプとしては，株式アナリスト，信用アナリスト，戦略アナリスト，リスク・アナリスト，銀行貸付担当者などがある。[15]
- **証券分析**は，株式や債券といった証券への投資の価値を測定するための一連の手法をいう。[2]
- **請求権**は，投資によるリターンに対する強制力のある契約である。[12]
- **戦略分析**は，事業のアイデアを明確に表現し，それらのアイデアから生み出される可能性のある価値を発見することを含む。[16]
- **直観的投資家**は，自らの直観に基づき，その直観を分析に適用することなく，株式の取引を行う。[2]
- **ディフェンシブ（防衛的）投資家**は，誤った価格で取引することを回避するために，ミスプライスかどうかを検討した上で，売買を行う。[4]
- 企業の**投資活動**は，事業に用いられる資産の取得と廃棄を含む。[14]
- **内在価値**とは，その投資から得られる予想ペイオフ（見返り）に基づく価値である。ペイオフは，情報から予測されることから，内在価値は，情報により正当化された価値ともいわれる。[4]
- **パッシブ（受動的）投資家**は，ミスプライスかどうかを検討せずに投資を行う。**アクティブ（能動的）投資家**と比較しよう。[2]
- **ビジネス・モデル**とは，企業が製品やサービスを顧客に販売することにより価値を付加する過程

における考え方ないし戦略である。[19]
- **ファンダメンタル投資家**は，企業に関する情報を徹底的に検討し，その情報から引き出される企業の本源的価値についての結論が得られてはじめて，投資を行う。[4]
- **ファンダメンタル分析（価値評価分析）**とは，投資価値を測定するための一連の手法である。[2]
- **ファンダメンタル・リスク**とは，事業活動の結果によって，損失を被る可能性をいう。**価格リスク**と比較しよう。[5]
- **ペイオフ（見返り）**とは，投資から得られる価値のことをいう。[13]
- **ベータ**とは，資本資産価格モデル（CAPM）によって表されるリスクの尺度である。[5]
- **モメンタム投資**は，値上がり中の株式はさらに値上がりするであろうという考え方に従った投資である。[9]
- 投資に対する**リターン**は，投資の**ペイオフ（見返り）**から投資への資金投下額を差し引いた額である。[13]

演習問題

[1] **事業価値の算出**

ある企業の株式は時価総額 1200 百万ドルで取引され，負債は 600 百万ドルで取引されている。この企業（事業）の市場価値を求めなさい。

[2] **1 株当たり価値の算出**

あるアナリストは，当該企業の事業価値を 2700 百万ドルと見積もった。その企業は，負債が 900 百万ドルであった。発行済株式数が 900 百万株である場合，アナリスト予想による 1 株当たり価値はいくらか。

[3] **買いか売りか**

ある企業の株主持分の簿価は 850 百万ドルで発行済株式数は 25 百万株であった。この株式は，資本市場において 1 株当たり 45 ドルで取引されている。アナリストは，価値＝簿価＋超過価値という式を用いて株式価値を評価した。アナリストは，超過価値を 675 百万ドルと算出した。このアナリストは顧客に対して，売り推奨と買い推奨のどちらを行うべきであろうか。

第**2**章

財務諸表入門

　財務諸表には，アナリストがファンダメンタル・バリューを推察するために役立つ情報が記載されている。アナリストは，財務諸表に記載されている内容を正確に把握する必要がある。財務諸表のどこに必要な情報が記載されているのかについて，また財務諸表から十分な情報が得られない場合もあることを，アナリストは理解していなければならない。本章では，財務諸表について入門的な内容を解説する。

　財務諸表の作成方法については，ある程度慣れている読者も多いであろう。その知識は，本書の内容を理解するのに役に立つであろう。しかし，本書の目的は，会計ルールの詳細を検討することではなく，分析における財務諸表の用いられ方を決定するような，より一般的で基礎的な会計原則を理解することにある。本章ではまず概要を示し，その後に詳細を説明する（より詳細な会計分析は第4部で行う）。

　財務諸表は，ビジネスを見るためのレンズである。財務諸表にはビジネスの全体像が描かれており，財務諸表分析を行うことによって焦点が絞られる。アナリストは，ビジネスの全体像がどう財務諸表に描かれているか，そしてそれを分析によってどのように明確化するか，という点について熟知していなければならない。財務諸表には，形式と内容という2つの重要な特徴がある。形式は，財務諸表の構成を意味する。財務諸表分析は，財務諸表から情報を得るための体系化された方法であるが，財務諸表分析を体系化するためには，財務諸表そのものが体系化されたものであることを理解する必要がある。財務諸表の形式は，ビジネスの見取り図を描くものである。*内容*は，その形式の中身を埋め，見取り図をより詳細なものとする。そこでは利益，資産，負債といった項目がどのように測定されるかが示され，財務諸表から示されるメッセージが数値化される。本章では，財務諸表の形式を説明するとともに，各項目の測定のあり方を決める会計基準について説明する。

　財務諸表は株主に向けて開示される。米国におけるすべての上場企業は，10-K（年

次報告書）と 10-Q（四半期報告書）を提出することが，証券取引委員会（Securities and Exchange Commission：SEC）により義務づけられている。これらの報告書は，SEC の EDGAR データベース（http://www.sec.gov/edgar.shtml）から入手できる。このデータベースを使いこなそう。

　米国における会計原則は，財務会計基準審議会（Financial Accounting Standards Board：FASB）により策定されている。FASB は，SEC および最終的には米国議会の監督下にある。また，国際財務報告基準（International Financial Reporting Standards：IFRS）として知られる一連の会計基準は，ロンドンに拠点を置く国際会計基準審議会（International Accounting Standards Board：IASB）により策定されている。FASB と IASB は，その活動を意識的に協調させていることもあり，FASB と IASB の会計基準の内容は，細かい部分では異なるものの，かなり類似したものとなっている。2005 年には，ヨーロッパにおける上場企業は IFRS を用いることが EU により規定され，現在では，多くの国が国際基準を採用または採用予定である。2013 年までの時点で，およそ 150 カ国が IFRS を採用または採用予定である。

アナリストのチェックリスト

　本章を読めば，以下のことがわかるだろう。

・財務諸表によって描かれる企業の全体像。
・各財務諸表の構成要素。
・財務諸表の構成要素がどのように関係（「連携」）しているか。
・財務諸表を規定する会計関係式。
・株主持分の変動を表すストックとフローの等式。
・包括利益の概念。
・ダーティー・サープラス会計の概念。
・貸借対照表における測定方法を規定する会計基準。
・PBR は会計基準によりどのような影響を受けるか。
・利益の測定方法を規定する会計基準。
・PER は会計基準によりどのような影響を受けるか。
・市場付加価値と利益の違い。
・なぜファンダメンタル・アナリストは会計に対して信頼性を求めるのか。
・財務諸表はいかにして投資家にとってのアンカーとなりうるか。

　本章を読めば，以下のことができるようになるだろう。

・株主持分を，資産および負債という用語を用いて説明する。
・株主持分の変動を，株主持分計算書を用いて説明する。
・株主持分の変動を，損益計算書を用いて説明する。
・キャッシュの変動を，キャッシュフロー計算書を用いて説明する。

第2章 財務諸表入門　33

・包括利益を計算する。
・株主への正味支払を計算する。
・特定の企業について，財務諸表によって描写される企業像を説明する。
・簿価を超えるプレミアムを計算する。
・貸借対照表において公正価値で測定される項目を識別する。
・市場付加価値（株式リターン）を計算する。
・PBR と PER の 50 年間の変遷を確認する。

1 財務諸表の形式

　財務諸表の形式は，それによって計算書とその構成要素を関連づける方法である。形式は，**会計関係式**（財務諸表のさまざまな構成要素について，他の構成要素を用いて表した等式）の組み合わせから成り立っている。これらの会計関係式を理解することは重要である。なぜなら，後の章で述べるように，ファンダメンタル分析の内容を構築するものだからである。これらの会計関係式は，企業価値や持分価値を評価するための表計算プログラムを構築する方法を規定する。

　米国では，*貸借対照表*，*損益計算書*，*キャッシュフロー計算書*という 3 つの主要な財務諸表を作成することが求められている。加えて，当該期間の期首と期末の株主持分に関する報告書も作成しなければならない。これらの情報は，通常*株主持分計算書*[1]という 4 番目の財務諸表として開示されるが，注記で開示される場合もある。他の国々でも同様の要求がなされている。IASB も 4 つの財務諸表を要求している。ウェブサイトには各国で要求されている財務諸表の例をあげている。

ナイキの紹介

　ナイキ（Nike）は間違いなくよく知られた会社であろう。有名なスポーツ選手から幼い子どもまで，多くの人がナイキのロゴが付いた服や靴を身につけている。本書では，多くの紙幅を割いてナイキの財務諸表を分析し，バリュエーションについて考える。本書ウェブサイトの BYOAP には，2010 年までの複数年間のデータを掲載し，企業を分析して価値評価を行うための計算方法を構築する例としている。例 2.1 に，2010 年 5 月 31 日を期末とする会計年度における，4 つの財務諸表を掲載する。10-K 年次報告書の全体については，SEC のウェブサイト EDGAR を閲覧しよう。

　第 1 章で述べたように，財務諸表を読み，解釈するには，企業の事業に関する知識

訳注 1)　本書がいう株主持分計算書は，日本の会計制度においては，株主資本等変動計算書として規定されている。

Box 2.1 事業内容を知る：ナイキ

ナイキ（http://www.nike.com）は，1968年創立の，大手スポーツおよびファッション靴用品の製造・販売業者である。本社はオレゴン州のビバートンに位置する。

戦 略

ナイキは，世界中の，スポーツ用の靴，あるいはカジュアルおよびレジャー向きのスポーツ靴の市場で優位に立つことを目標としている。そのために，しばしば目立つスポーツ選手を起用したり，スポーツイベントのスポンサーとなったりといった，大掛かりな広告宣伝を行う。

営 業 活 動

ナイキの靴の売れ筋は，バスケットボール，トレーニング，ランニング，および子ども用の靴であるが，テニスやサッカー，ゴルフ，野球，アメリカンフットボールなどの靴のほか，服やスポーツ用品，アクセサリーも販売している。製品は，米国および世界中の小売アウトレットや，独立系小売業者，ライセンス契約店で販売されている。2010年においては，米国での売上が全体の42％を占めた。

ナイキは，製品改良のための積極的な研究開発を継続的に行っている。製造設備のほとんどはアジアや南米など米国以外の地域に位置し，そこではおよそ3万4400人の従業員が雇用されているが，製造品の多くは独立した契約関係にある製造業者から提供されている。

靴用品の市場は非常に競争が激しく，プーマやアディダスが主立った競争相手である。ナイキの主たるリスク要因は，顧客の好みの変化，技術の変化，および競争である。

資 金 調 達

普通株式に2つのクラスがあり，利益に対しては同じシェアを有している。2010年度末において，合計で4億8400万株が発行されている。ナイキは自社株買いを続けており，配当も支払っている。少数の償還優先株をアジアのサプライヤーが保有している。

従業員への株式報酬プランを積極的に採用している。2010年度には，640万株のオプションが付与され，860万株のオプションが1株当たり加重平均行使価格37.64ドルで権利行使された。2010年度末には，3600万株のオプションが存在する。

要約データ

（単位：ドル）

	2010	2009	2008
基本的な1株当たり利益	3.93	3.07	3.80
希薄化後1株当たり利益	3.86	3.03	3.74
1株当たり配当	1.06	0.98	0.88
1株当たり簿価	20.15	17.9	15.93
年度末の株価	72.38	57.05	68.37

が必要である。価値評価を目的とするのであれば，なおさらである（Box 2.1 にナイキの事業の要約を示した）。10-K 年次報告書に記載されている，事業とリスク要因のセクションと，「経営者による財政状態および経営成績の検討と分析」（Management's Discussion and Analysis：MD＆A）のセクションを読むことで，より詳細な理解を得ることができるだろう。

1990 年代，ナイキの PER は 35 倍で取引されており，PBR は 5.1 倍であった。ナイキの株価は，2000 年初めのバブル崩壊後に 14.15 ドルとバブル時から 55％下落したが，その後安定的に上昇し，2010 年の年次報告書が公表された時点では 74 ドルとなっている。2008 年の金融危機の折には 36％の価値を失ったが，すぐに回復している。2010 年における PER は 18.8 倍，PBR は 3.67 倍である。この 2 つの数値は，本書の分析と価値評価に関する議論の中心である。

貸借対照表

貸借対照表は，資産，負債，純資産（株主持分）が記載された表であり，財政状態計算書ともいわれる。**資産**は，ペイオフを生み出すことが期待される投資である。**負債**は，所有者以外の請求権者によるペイオフに対する請求権である。純資産（**株主持分**）は，所有者による請求権である。したがって，貸借対照表は企業の投資（投資活動から得たもの）とその投資のペイオフに対する請求権を表している。資産と負債は，短期と長期に分類される。「短期」には，1 年以内にキャッシュが得られる予定の資産，1 年以内にキャッシュで精算しなければならない負債が分類される。ナイキでは，償還優先株は負債と株主持分の中間の「メザニン」に計上されているが，普通株主の観点に立てば，これは負債であろう。

次の会計関係式は，貸借対照表の 3 つの構成要素の関係を表している。

$$株主持分 = 資産 - 負債 \tag{2.1}$$

この式は，株主持分は資産と負債の差分（*純資産*）に常に一致していることを意味しており，*会計等式*ないし*貸借対照表等式*といわれることもある。株主持分は，資産に対して債権者が請求権を行使した後の残余請求権である。株式評価の観点からは，株主持分は貸借対照表における主要な要約数値である。持分請求権の測定は会計における重要な課題である。ナイキのケースでは，2010 年における株主持分は 97 億 5370 万ドルであり，19 項目から構成されていた。資産の 10 項目合計は 144 億 1930 万ドル，負債（償還優先株を含む）の 9 項目合計は 46 億 6560 万ドルであった。株主持分（97 億 5370 万ドル）は，普通株式 34 億 4340 万ドル，その他の包括利益累計額 2 億 1480 万ドル，留保利益 60 億 9550 万ドルの合計でもある。普通株式の額は，発行済普通株式から買い戻し後に処分された株式を除いた額である。買い戻し後に処分されていな

36

● 例 2.1　ナイキの財務諸表（期末：2010 年 5 月 31 日）

　4 つの財務諸表が公表されている。貸借対照表，損益計算書，キャッシュフロー計算書，株主持分計算書である。財務諸表中の注は，10-K 年次報告書の注記に対応している。

ナイキ株式会社
連結貸借対照表　　　　　　　　　（単位：百万ドル）

	2010 年 5 月 31 日	2009 年 5 月 31 日
資　　産		
流動資産：		
現金及び現金同等物	3,079.1	2,291.1
短期投資（注 6）	2,066.8	1,164.0
正味売掛金（注 1）	2,649.8	2,883.9
棚卸資産（注 1, 2）	2,040.8	2,357.0
繰延税金資産（注 9）	248.8	272.4
前払費用及びその他の流動資産	873.9	765.6
流動資産合計	10,959.2	9,734.0
正味有形固定資産（注 3）	1,931.9	1,957.7
識別可能正味無形資産（注 4）	467.0	467.4
のれん（注 4）	187.6	193.5
繰延税金及びその他の資産（注 9, 18）	873.6	897.0
資産合計	14,419.3	13,249.6
負債及び純資産		
流動負債：		
1 年内返済（または償還）長期負債（注 8）	7.4	32.0
支払手形（注 7）	138.6	342.9
買掛金（注 7）	1,254.5	1,031.9
未払費用（注 5, 18）	1,904.4	1,783.9
未払税金（注 9）	59.3	86.3
流動負債合計	3,364.2	3,277.0
長期負債（注 8）	445.8	437.2
繰延税金及びその他の負債（注 9, 18）	855.3	842.0
契約債務及び偶発債務（注 15）	—	—
償還優先株（注 10）	0.3	0.3
純資産：		
普通株式券面額（注 11）：		
クラス A 転換可能——発行済株式数 90.0, 95.3	0.1	0.1
クラス B——発行済株式数 394.0, 390.2	2.7	2.7
券面額超過分	3,440.6	2,871.4
その他の包括利益累計額（注 14）	214.8	367.5
留保利益	6,095.5	5,451.4
純資産合計	9,753.7	8,693.1
負債及び純資産合計	14,419.3	13,249.6

（例 2.1 続き）

連結損益計算書

（単位：百万ドル，ただし 1 株当たりデータを除く）

	2010	2009 （期末：5 月 31 日）	2008
収　益	19,014.0	19,176.1	18,627.0
売上原価	10,213.6	10,571.7	10,239.6
売上総利益	8,800.4	8,604.4	8,387.4
販売費及び一般管理費	6,326.4	6,149.6	5,953.7
リストラ費用（注16）	—	195.0	—
のれん減損損失（注4）	—	199.3	—
無形資産及びその他の資産の減損損失（注4）	—	202.0	—
正味支払（受取）利息（注6, 7, 8）	6.3	(9.5)	(77.1)
正味その他の（収益）費用（注17, 18）	(49.2)	(88.5)	7.9
税引前利益	2,516.9	1,956.5	2,502.9
法人税（注9）	610.2	469.8	619.5
純利益	1,906.7	1,486.7	1,883.4
普通株 1 株当たり利益（注1, 12）	$ 3.93	$ 3.07	$ 3.80
希薄化後普通株 1 株当たり利益（注1, 12）	$ 3.86	$ 3.03	$ 3.74
普通株 1 株当たり配当	$ 1.06	$ 0.98	$ 0.875

い株式は，**自己株式**として別途記載される。それゆえ，**普通株式発行高**は常に，発行済普通株式から自己株式を除いた額で表される。ナイキには自己株式はない。留保利益は，利益の累積額から株主への配当支払額を差し引いた額である。その他の包括利益は，損益計算書を経由せずに貸借対照表で認識される利益である。これについては本章で後述する。

損益計算書

損益計算書は，事業活動の結果として，純資産（株主持分）がどれだけ増減したかを示す計算書である（ナイキの連結損益計算書が例 2.1 に示されている）。「ボトムライン」には*純利益*が計上される。純利益は，株主持分を増減させる要素である。損益計算書には，純利益の内訳が示され，**収益**（製品の販売等により得られる価値）と**費用**（収益を得るために費やされる価値）に分類される。純利益を計算するための会計関係式は以下の通りである。

$$純利益＝収益－費用 \tag{2.2}$$

2010 年におけるナイキの収益は，製品売上による 190 億 1400 万ドルであった。収益は，返品分の見積額を差し引いた売上高（正味売上高といわれることもある）である。この正味売上高から，収益を稼得するために発生した営業費用と，負債に対する支払利息を控除し，「その他の」活動から得られた収益を加え，税引前利益が計算される。最終的に，法人税が差し引かれて，純利益（19 億 670 万ドル）が計算される。

(例 2.1 続き)　　　　　　　　　　　　　　**連結キャッシュフロー計算書**　　　　　　　（単位：百万ドル）

	2010	2009	2008
		（期末：5 月 31 日）	
営業活動によるキャッシュフロー：			
純利益	1,906.7	1,486.7	1,883.4
キャッシュに影響しない利益減少項目：			
減価償却費	323.7	335.0	303.6
繰延税金	8.3	(294.1)	(300.6)
株式報酬費用（注 11）	159.0	170.6	141.0
のれん，無形資産その他の資産の減損損失（注 4）	—	401.3	—
会社分割による利得（注 17）	—	—	(60.6)
償却費その他	71.8	48.3	17.9
買収・分割による影響を除く，運転資本項目及びその他の資産と負債の変動額：			
売掛金の増加（減少）	181.7	(238.0)	(118.3)
棚卸資産の増加（減少）	284.6	32.2	(249.8)
前払費用及びその他の流動資産の増加（減少）	(69.6)	14.1	(11.2)
買掛金及び未払費用，未払税金の増加（減少）	298.0	(220.0)	330.9
営業活動によるキャッシュフロー	3,164.2	1,736.1	1,936.3
投資活動によるキャッシュフロー：			
短期投資	(3,724.4)	(2,908.7)	(1,865.6)
短期投資の償還及び売却	2,787.6	2,390.0	2,246.0
有形固定資産の購入	(335.1)	(455.7)	(449.2)
有形固定資産の除却	10.1	32.0	1.9
その他の資産及び正味その他の負債の増分	(11.2)	(47.0)	(21.8)
純投資ヘッジの決済分	5.5	191.3	(76.0)
子会社取得による正味支出（注 4）	—	—	(571.1)
分割による売却収入（注 17）	—	—	246.0
投資活動によるキャッシュフロー	(1,267.5)	(798.1)	(489.8)
財務活動によるキャッシュフロー：			
長期負債（1 年内返済予定を含む）の減少	(32.2)	(6.8)	(35.2)
支払手形の増加（減少）	(205.4)	177.1	63.7
ストック・オプション権利行使及びその他の株式発行に伴う収入	364.5	186.6	343.3
株式報酬契約による超過節税額	58.5	25.1	63.0
普通株式の買い戻し	(741.2)	(649.2)	(1,248.0)
配当（普通株式及び優先株式）	(505.4)	(466.7)	(412.9)
財務活動によるキャッシュフロー	(1,061.2)	(733.9)	(1,226.1)
為替レートの変動による影響	(47.5)	(46.9)	56.8
現金及び現金同等物の正味増分	788.0	157.2	277.2
期首の現金及び現金同等物	2,291.1	2,133.9	1,856.7
期末の現金及び現金同等物	3,079.1	2,291.1	2,133.9
キャッシュフロー情報に関する補足開示事項：			
当期のキャッシュの支払額：			
利息及び正味の資本化された利息	48.4	46.7	44.1
法人税	537.2	765.2	717.5
未払配当額	130.7	121.4	112.9

（例2.1続き）   **連結株主持分計算書**

（単位：百万ドル，ただし1株当たりデータを除く）

	普通株式				券面額超過額	その他の包括利益累計額	留保利益	合計
	クラスA		クラスB					
	株式数	金額	株式数	金額				
2009年5月31日における残高	95.3	0.1	390.2	2.7	2,871.4	367.5	5,451.4	8,693.1
ストック・オプション権利行使			8.6		379.6			379.6
クラスBへの転換								
普通株式	(5.3)		5.3					―
クラスBの買い戻し								
普通株式			(11.3)		(6.8)		(747.5)	(754.3)
普通株式の配当（1株当たり1.06ドル）							(514.8)	(514.8)
従業員持株発行			1.3		40.0			40.0
株式報酬（注11）：					159.0			159.0
失効株式								
従業員分			(0.1)		(2.6)		(0.3)	(2.9)
包括利益（注14）：								
純利益							1,906.7	1,906.7
その他の包括利益：								
為替換算及びその他（正味節税額71.8百万ドル）						(159.2)		(159.2)
キャッシュフロー・ヘッジによる正味支払税額27.8百万ドル）						87.1		87.1
純投資ヘッジによる正味利得（正味支払税額21.2百万ドル）						44.8		44.8
ヘッジに関する正味繰延利得の純利益へのリサイクリング（正味支払税額41.7百万ドル）						(121.6)		(121.6)
ヘッジ利得の未実現分の純利益へのリサイクリング（正味支払税額1.4百万ドル）						(3.8)		(3.8)
包括利益合計						(152.7)	1,906.7	1,754.0
2010年5月31日における残高	90.0	0.1	394.0	2.7	3,440.6	214.8	6,095.5	9,753.7

（注）　連結財務諸表に付随する注記は，この財務諸表に不可欠な部分である。

　損益計算書では，純利益を構成する数多くの項目は，いくつかのカテゴリーに分けて表示されることが多い。典型的なグルーピングとして，米国では，以下のように上から順に表示される。

$$正味売上高 - 売上原価 = 売上総利益$$
$$売上総利益 - 営業費用 = 営業利益$$
$$営業利益 - 支払利息 + 受取利息 = 税引前利益 \qquad (2.2a)$$
$$税引前利益 - 法人税 = 税引後（異常項目控除前）利益$$
$$異常項目控除前利益 + 異常項目 = 純利益$$
$$純利益 - 優先配当 = 普通株主に帰属する純利益$$

40

　これらの小計のうち，ナイキの損益計算書に計上されているのはわずかである（ナイキは，異常項目は計上していない）。子会社に少数株主持分（「非支配株主持分」）が存在する場合には，少数株主利益が控除されて普通株主の利益が計算される。本章に対応するウェブサイトには，損益計算書の例がいくつか掲載されている。小計の名称は企業によって異なり，*売上総利益*は粗利益といわれることもある。アナリストは，営業利益を*利払前税引前利益*（earnings before interest and taxes：*EBIT*）と呼ぶことも多い。受取利息と支払利息は別々に計上されることもあるが，ナイキのように正味利息として計上されることもある。普通株主に帰属する純利益は開示される必要があり，優先配当については株主持分計算書において計上される。

　純利益はドル・ベースで開示され，1株当たりの額も開示される。*1株当たり利益*（earnings per share：*EPS*）は，普通株主のための（優先配当後の）利益であるから，EPSの分子は，普通株主に帰属する純利益である。*基本的な1株当たり利益*は，普通株主に帰属する純利益を，年間の普通株式発行高の加重平均値で除して求められるもので，ナイキの2010年における数値は3.93ドルであった。加重平均値は，株式発行および買い戻しによる普通株式発行高の変化に対応するために用いられる。*希薄化後1株当たり利益*は，転換社債やストック・オプションなどの条件付請求権が行使された場合の発行済普通株式数に基づく値であり，ナイキの数値は3.86ドルであった。

キャッシュフロー計算書

　キャッシュフロー計算書は，当該期間において，企業がどのようにキャッシュ（現金及び現金同等物）を獲得し，どのように支払ったかを表す（ナイキのキャッシュフロー計算書を例2.1に示している）。キャッシュフロー計算書において，キャッシュフローは3種類に分類される。すなわち，*営業活動によるキャッシュフロー，投資活動によるキャッシュフロー，財務活動によるキャッシュフロー*である。したがってキャッシュフロー計算書は，第1章の図1.1に示した，企業の3つの活動から得られるキャッシュについて表しているのである。営業活動によるキャッシュフローは，製品の販売によって得られたキャッシュから，そのために支払われたキャッシュを差し引いて計算される。投資活動によるキャッシュフローは，営業活動で使用する資産の購入額から，資産の売却額を差し引いて計算される。財務活動によるキャッシュフローは，債権者と株主からの資金調達および請求権者への還元による取引におけるキャッシュフローであり，これも図1.1において示されている。3つの活動によるキャッシュフローの合計額は，計算書の最後において，企業のキャッシュの増加または減少として開示される。

第**2**章　財務諸表入門　41

　　　　　営業活動によるキャッシュフロー
　　　　＋投資活動によるキャッシュフロー
　　　　＋財務活動によるキャッシュフロー＝キャッシュの増減額　　　　　（2.3）

　2010 年度において，ナイキの営業活動によるキャッシュの増加は 31 億 6420 万ド
ルであり，投資活動に 12 億 6750 万ドルを費やし，財務活動に 10 億 6120 万ドルを支
払ったため，これらの活動によって 8 億 3550 万ドル増加した。ナイキのキャッシュ
フロー計算書には，カテゴリーごとにキャッシュの収支の内訳が記載されており，キ
ャッシュ・インフローよりもキャッシュ・アウトフローの項目のほうが多い。なお，
キャッシュ・アウトフローは（　）で示されている。ナイキは世界中で取引を行って
おり，いろいろな国の通貨を保有しているため，米ドルに換算したキャッシュの変動
額は，年間の為替レートの変動に影響を受ける。2010 年においては，他通貨の米ド
ル換算額が 1 年間で 4750 万ドル減少したため，キャッシュの米ドル換算額は，結果
的に 7 億 8800 万ドルの増加となった。

株主持分計算書

　株主持分計算書は，貸借対照表の期首持分から始まり，期末持分で終わる。ここに
は，持分が 1 年間でどのように変動したのかが説明されている（ナイキの連結株主持
分計算書を例 2.1 に示している）。分析を目的とするなら，持分の変動は，次の式によ
って最も適切に説明される。

　　　　　　　期末の持分＝期首の持分＋包括利益－株主への正味支払　　　　　（2.4）

　この式は，持分の残高変動等式といい，持分の期首在り高（ストック）が，当該期
間においてどのように変動して（変動分をフローという），期末の在り高（ストック）
になったかを表している。所有者持分は，事業活動による利益（包括利益）により増
加し，所有者への正味支払により減少する。2010 年度のナイキの包括利益は 17 億
5400 万ドルであった。**正味支払**は，株主に支払われた額から株式発行により得られ
た額を差し引いた額である。株主への支払は，配当もしくは株式の買い戻しによって
生じるため，正味支払は，株式買い戻しと配当の合計額から，株式発行額を差し引い
て計算される。ナイキの正味支払は 6 億 9340 万ドルであり，これは 5 億 1480 万ドル
の配当と 7 億 5430 万ドルの株式の買い戻しの合計から，5 億 7570 万ドルの株式発行
（失権分の控除後）を差し引いて計算される。株式発行の一部は，従業員によるストッ
ク・オプションの行使による発行であることにも注意しよう。ナイキの報告書では，
期首持分 86 億 9310 万ドルに包括利益 17 億 5400 万ドルが加算され，正味支払 6 億
9340 万ドルが差し引かれ，97 億 5370 万ドルの期末持分が計算されていることがわか

る（この調整は株主持分計算書におけるその他の小項目のため，うまく計算できない場合がある）。

包括利益は，損益計算書に計上されている純利益 19 億 670 万ドルと，株主持分計算書に計上されているいくつかの追加的な利益から構成される。株主持分計算書における報告利益は，損益計算書における利益の数値と一致せず，**ダーティー・サープラス会計**といわれる。ダーティー・サープラスの原因となる項目は，*その他の包括利益*である（ナイキでは－1 億 5270 万ドルであった）。損益計算書における純利益と，株主持分計算書におけるその他の包括利益の合計が，**包括利益**である。

$$包括利益＝純利益＋その他の包括利益 \qquad (2.5)$$

その他の包括利益は，損益計算書において純利益の下に計上されることもあるが，多くの場合，「その他の包括利益計算書」において別途開示される[1]。

財務諸表の注記と補足情報

ナイキの事業活動は 1 つであるため，事業形態はシンプルであり，財務諸表もとてもシンプルである。しかし，財務諸表の注記には，より多くの情報が記載されている。財務諸表を見る上で注記は重要であり，注記を読み込まなければ財務諸表を解釈することはできない。

SEC のウェブサイトでナイキの 10-K 年次報告書を見ると，注記が計算書のすぐ後に続いて記載されていることがわかる。注記では，たとえば資産や負債の測定方法などといった企業の会計方針が説明されている。貸借対照表における有形固定資産や特許権，商標やのれんなどの無形資産，未払費用等の情報，あるいは損益計算書における販売費及び一般管理費に関する情報などが，注記に記載されている。とりわけ販売費及び一般管理費にはいろいろな項目が含まれているにもかかわらず，米国および IFRS における損益計算書は，各項目を集約しすぎる傾向がある。ナイキにとって，マーケティングと研究開発の内容は非常に重要であるため，これらの活動に対してどれだけの額が費やされたのかを，注記で確認することが必要である。注記情報は，決まり文句のように見えるものもあるが，重要な内容も多く含まれている。企業の借入の状況を把握するために，負債の注記も見てみよう。報酬に関する注記，とりわけ企業が従業員にどれだけストック・オプションを付与しているのかを見ることも重要である。年金制度を有している企業に関しては，年金負債が十分にカバーされていない場合には大きな懸念材料となるため，詳細を把握しなければならない。オフバランス

原注 1）　原書出版時（2013 年）に，FASB は，分離した包括利益計算書か，損益計算書と包括利益計算書を結合するか，企業がいずれかの様式を選べるとする，新しい会計基準を公表した。この基準は，IFRS と同様の内容である。

第 2 章　財務諸表入門　43

の債務や特別目的会社，デリバティブのポジションにも注意が必要である。法人税の計算方法についての理解も必要であるし，企業が複数の事業セグメントを有する場合には，それらの事業の収益性に関する情報を入手し，リスクの所在についても把握しなければならない。これらの事項については，後で再度議論することになる。

財務諸表の連携：財務諸表から何が読み取れるか

　貸借対照表は，任意の時点における価値の**ストック**を貸借に示しているため，「ストック」の計算書といわれることも多い（ストックという用語は，イギリスでは「株式および持分」の意味で用いられたり，ほかにも在庫品の意味で用いられることがあるのに注意しよう）。損益計算書とキャッシュフロー計算書は，2時点間のストックの変動である**フロー**を測定するものであるため，「フロー」の計算書といわれる。損益計算書は所有者持分の変動の一部を報告するものであり，キャッシュフロー計算書はキャッシュの変動を報告するものである。

　損益計算書およびキャッシュフロー計算書，貸借対照表の，いわゆる**連携**（ストックとフローの連携）は，図2.1に示されている。連携とは，財務諸表がどのように結合しているのかという財務諸表間の関係を意味する。損益計算書と貸借対照表は，株主持分計算書を通じて連携しており，これはストックとフローの関係（(2.4) 式）として表される。貸借対照表には，任意の時点における所有者持分のストックが示されている。株主持分計算書には，2時点間の貸借対照表における所有者持分の変動（フロー）が示されており，損益計算書には，事業の遂行によって付与された価値の分だけ増価した所有者持分の変動分が（その他の包括利益を調整した上で）示されている。貸借対照表は，任意の時点におけるキャッシュのストックについても表しており，キャッシュフロー計算書には，期間中にキャッシュのストックがどのように変動したかが示されている。

　財務諸表の詳細については財務諸表分析の説明の際に述べるが，財務諸表の連携について理解することができれば，財務諸表に何が書かれているのか，おおよそのことは把握することができる。財務諸表は，キャッシュと所有者持分（純資産）のストックの変動を表すものであり，ストックとフローで表現されている。ナイキの2010年度期首における貸借対照表のキャッシュは22億9110万ドルであり，期末には30億7910万ドルであった。キャッシュフロー計算書には，この7億8800万ドルの増加についてその内訳が説明されている。すなわち，営業活動によるキャッシュ・インフローが31億6420万ドル，投資活動によるキャッシュ・アウトフローが12億6750万ドル，請求権者への正味支払が10億6120万ドル，為替差損が4750万ドルであった。しかし，財務諸表においてより重要であるのは，期中の所有者持分の変動である。ナイキの所有者持分は，当該会計年度において，86億9310万ドルから97億5370万ド

● 図 2.1　財務諸表の連携

　　貸借対照表におけるキャッシュのストックは，キャッシュフロー計算書に詳細が記載されているキャッシュフローの分だけ増加する。貸借対照表における持分価値のストックは，損益計算書に詳細が記載されている純利益と，その他の包括利益，および株主持分計算書に詳細が記載されている所有者による正味投資額の分だけ増加する。

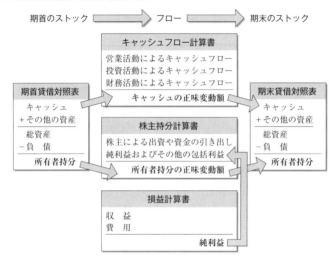

ルに増加している。これは，事業活動において17億5400万ドルの利益を稼得し，所有者への正味支払が6億9340万ドルであったことによる。損益計算書では，製品売上高190億1400万ドルから収益稼得のために生じた費用165億4000万ドルを差し引き，その他の利益4920万ドルを加え，正味利息630万ドルおよび6億1020万ドルの税金を除いて，持分の増加をもたらす事業活動からの利益（19億670万ドル）が，計算されることが説明されている。

　2010年度の期首におけるナイキの貸借対照表には，前年に比してより多くのキャッシュと株主にとっての持分が計上されている。ファンダメンタル分析には将来予測が含まれており，後の章で述べるように，会計関係式は，予測手法を発展させる上で非常に重要な役割を果たす。Box 2.2のまとめを参照し，図2.1の内容をよく理解することで，財務諸表がどのように連携しているのかを把握しておくことが重要である。財務報告において，株主持分の変動がどのように記載されているか，つまり，事業活動により稼得した利益によって価値が付加されることで貸借対照表の持分価値の額が変動することを理解すること，そして，それぞれの財務諸表を統制する会計関係式を理解することも必要である。

第 **2** 章　財務諸表入門　　45

Box 2.2　会計関係式の要約　財務諸表の各要素がどのように関連しているか

貸借対照表

　　　資　産
　　－負　債
　　＝株主持分

損益計算書

　　　正味収益
　　－売上原価
　　＝売上総利益
　　－営業費用
　　＝税引前営業利益（EBIT）
　　－支払利息
　　＝税引前利益
　　－法人税
　　＝税引後異常項目控除前利益
　　＋異常項目
　　＝純利益
　　－優先配当
　　＝普通株主に帰属する純利益

キャッシュフロー計算書（貸借対照表とキャッシュフロー計算書の連携）

　　　営業活動によるキャッシュフロー
　　＋投資活動によるキャッシュフロー
　　＋財務活動によるキャッシュフロー
　　＝キャッシュの変動額

株主持分計算書（貸借対照表と損益計算書の連携）

	純利益	配　当
		＋株式の買い戻し
期首持分	＋その他の包括利益	＝ペイアウト合計
＋包括利益 ←	＝包括利益	－株式発行
－株主への正味支払 ←		＝正味支払
＝期末持分		

2　財務諸表における測定

　前節の内容を要約すると，貸借対照表には企業の株主価値のストックが示されており，損益計算書には株主価値の期間中におけるフローないし変動が示されている。価値評価の観点から言い換えれば，貸借対照表には，正味株主価値が示されており，損益計算書には，正味株主価値に付加される，事業から得られた価値が示されている。ただし，これらの用語の内容には注意する必要がある。財務報告は，概念的には価値や付加価値を伝達するものであるが，現実はきわめて異なる可能性がある。価値および付加価値は測定されるべき対象であるが，貸借対照表および損益計算書における測定は，完全なものではない。

PBR

　貸借対照表等式（2.1）は，第1章で紹介した価値等式（1.1）と対応しているため，価値等式は以下のように表すことができる。

$$株式価値＝企業価値－負債価値 \qquad (2.6)$$

　企業価値は，企業の保有する資産と投資の価値であり，*事業価値*といわれることも多い。負債価値は，所有者以外の請求権の価値である。それゆえ，価値等式と貸借対照表等式は，同じ形式であるが，資産，負債，持分の測定値は異なっている。貸借対照表における株主持分の測定値（*持分の簿価*）は，持分の本来的な価値である*内在価値*とは一致しない。すなわち，純資産はその価値で測定されているわけではない。もしそうであれば，分析など必要ないことになってしまう。会計では内在価値を測定しない，または測定することができないため，ファンダメンタル分析が必要とされるのである。

　持分の内在価値と持分の簿価との差額は，*内在プレミアム*といわれる。

$$内在プレミアム＝持分の内在価値－持分の簿価$$

　持分の市場価格と持分の簿価との差額は，マーケット・プレミアムといわれる。

$$マーケット・プレミアム＝持分の市場価格－持分の簿価$$

　プレミアムが負である場合には，*ディスカウント*（簿価からのディスカウント）という。プレミアムは，企業が買収されたとすれば貸借対照表に計上されるであろう額（買収価格が簿価を上回る額）であるが，企業が買収されなければ，そのプレミアムは計上されないため，*オフバランスののれん*といわれることもある。

● 図 2.2　全米上場企業のうち時価総額 2 億ドル超の企業の PBR（特定の分位の結果をプロットしたもの，1963～2010 年）

PBR は 1970 年代に比較的低い水準にあり，1960 年代と 1990 年代は比較的高い水準にある。中央値はおおよそ 1.0 以上である。

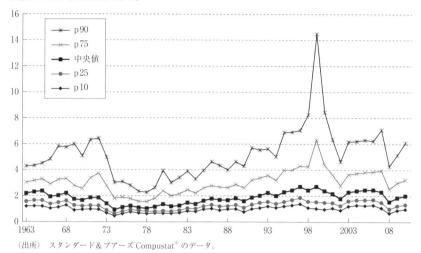

（出所）　スタンダード＆プアーズ Compustat® のデータ．

　プレミアムは，総額ベースまたは 1 株当たりベースで計算される．ナイキが 2010 年度の財務諸表を公表したとき，4 億 8400 万株の発行済株式に対する市場価格（時価総額とも呼ばれる）は 358 億 1600 万ドルであり，1 株当たり 74 ドルであった．簿価が 97 億 5370 万ドルであったため，マーケット・プレミアムは 260 億 6230 万ドルであった．この所有者価値は貸借対照表には計上されていない．1 株当たり簿価（book value per share：BPS）は，20.15 ドルであり，1 株当たりマーケット・プレミアムは 53.85 ドルであった．

　株価と簿価の比率は，株価・簿価倍率（price-to-book ratio：PBR）という．内在価値と簿価の比率は，内在 PBR という．ナイキの 2010 年度の PBR は，3.67 倍であった．投資家が企業に投資するときには，PBR を参照し，株価が簿価の何倍であるかに着目することになる．本書では，内在 PBR の推定に重点を置いており，この比率が PBR のミスプライスの度合いを測る基準となるか否かについて検討している．

　この問題を検討する際に重要であるのは，過去の推移を参照することであり，いかなる計算も過去の正常値に照らして判定されうる．過去の推移は，分析におけるベンチマークを提供する．たとえば，1990 年代の PBR は過去の平均よりも高い水準であった．これは，市場全体が割高であったことを示唆する．図 2.2 は，1963 年から 2010 年までの全米の上場企業の PBR の推移を示している．1990 年代における PBR の中央値は 2.0 倍以上であり，1970 年代に比して高い水準であった[2]．しかし，1960

年代においてもその水準は 2.0 倍程度であったのである。したがって、むしろ、何年かはその中央値が 1.0 倍を下回っていた 1970 年代の水準が、とくに低い水準であったということができる。

なぜ、比率にばらつきが生じるのであろうか。株価のミスプライスが原因なのか、あるいは簿価の算定方法が原因なのだろうか。1970 年代における低い PBR は、上げ相場を生み出す要因となった。1974 年の時点で、それをファンダメンタル分析によって予想できたであろうか。1974 年における PBR は低すぎる水準であったのだろうか。内在 PBR の分析によって、1990 年代の水準が高すぎることを指摘することができたのであろうか。2010 年におけるナイキの PBR は 3.67 倍であり、過去の平均値と比べて高いように見える。しかしこれは、高すぎる水準なのであろうか。ファンダメンタル・アナリストは、貸借対照表に記載されない株式価値を推定することにより、これらの質問に答えようとする。

本章のウェブサイトには、他の企業の PBR も掲載されている。ウェブサイトのリンクから、PBR が特定の水準を示す企業についても調べることができる。

貸借対照表における測定

簿価の測定は PBR の大きさに影響するため、PBR を理解するには、簿価がどのように測定されているかを理解しなければならない。

いくつかの資産・負債の価値は、簡単に測定することが可能である。**時価会計**が適用されれば、貸借対照表に**公正価値**（会計用語）で計上される。これらの項目は、簿価を超えるプレミアムを生み出すことは期待されていない。しかし、多くの項目は、時価会計を適用することが適切ではないか適用することができない。その場合には、**取得原価会計**が適用される。

ナイキの貸借対照表では、30 億 7910 万ドルの現金及び現金同等物は、公正価値で計上されている。短期投資（20 億 6680 万ドル）は、主として利付債であり、*時価会計*が適用される。買掛金（12 億 5450 万ドル）が市場価値に近似する一方で、長期負債（4 億 4580 万ドル）には時価会計が適用されないものの、その簿価は市場価値から利率の変動分を差し引いた額に相当する。これらの市場価値で測定される項目は、その簿価を上回るプレミアムを生み出さない。正味売掛金（26 億 4980 万ドル）、未払費

原注2) 1990 年代における全企業の PBR の中央値は、ダウ平均（30 社の大企業から構成される）や S&P500 よりも、明らかに低い水準にあった。S&P500 の PBR は、1990 年には 1.8 倍であったが、2000 年までには 5 倍以上に上昇し、2010 年までに 2.0 倍に低下した。1970 年代には PBR は 1.0 倍以下であった。2010 年までの 30 年間における S&P500 の PBR の平均値は 2.5 倍であった。これらのインデックスに組み込まれている株式は中央値における株式よりも大きい傾向にあるが、これらは市場における株価総額の大部分を占めているために、市場全体を代表するものである。本章に対応したウェブサイトには S&P500 の PBR を掲載している。

用（19億440万ドル），未払税金および「その他の負債」（9億1460万ドル）には見積もりが含まれるが，偏りのない方法で測定できるのであれば，これらもまた公正価値によって測定される。

つまり，260億6230万ドルものマーケット・プレミアム（持分の簿価を超える額）は，主として，取得原価（償却後）によって測定されている有形資産と，貸借対照表に計上されていない資産から生じているといえる。後者については非常に重要である。ナイキについていえば，有形資産はあまり多くの価値を生み出してはおらず，革新的なデザイン開発過程やサプライチェーン，ブランドイメージから価値が生み出されていると考えられている。これらの資産はいずれも貸借対照表には記載されていないし，貸借対照表に記載しようとは誰も思わないであろう。これらの資産を識別し，その価値を測定することは非常に困難であり，おそらく非常に疑わしい憶測を含んだ数値に終わることになるだろう。ファンダメンタル分析では，このような貸借対照表には計上されていない価値に関する問題を扱う。

損益計算書における測定

株主付加価値とは，当該期間における株主の富の変動分である。この変動には2つの要因がある。1つは，株式価値の増分であり，もう1つは，配当金である。

$$付加価値 = 期末の価値 - 期首の価値 + 配当金 \tag{2.7}$$

株価を用いれば，次の式で表される。

$$市場付加価値 = 期末株価 - 期首株価 + 配当金 \tag{2.8}$$

市場における価格付けが内在価値を正しく反映したものであれば，**市場付加価値**は（内在）付加価値に等しい。市場価値の変動は，**株式リターン**である。第 t 期における株式リターンは，次のように表される。

$$株式リターン_t = 株価_t - 株価_{t-1} + 配当金_t \tag{2.8a}$$

株価$_t$ー株価$_{t-1}$は，時価の変動分（リターンのうち，**キャピタル・ゲイン**の部分）であり，配当金$_t$は，リターンのうち，配当の受取による部分である。

会計上測定される利益は，資本市場における付加価値とは通常は異なる。その理由は，繰り返しになるが，利益の認識ルールにある。2つの重要な原則は，**収益認識原則**と**対応原則**である。会計では，企業が製品を販売し顧客にサービスを提供することによって，価値が付加されたと考える。企業は顧客を獲得しない限り，「稼ぐ」ことはできない。それゆえ会計においては，企業が顧客に実際に販売したときにはじめて，価値が付加され，収益が計上される。続いて，収益を得るために生じた費用を収益に

対応させて，正味付加価値を計算する。すなわち，収益とそれに対応する費用の差額は，顧客との取引から生じた付加価値の測定値である。

しかし，対応原則は実務においては遵守されておらず，会計の質の問題や，価値評価における問題をもたらしている。

資本市場における付加価値は，疑わしいものである。市場における価格付けには，現在の事業から得られる利益だけでなく，将来における販売や利益の予想が反映されている。企業が新製品を発表したとしよう。すると投資家は，その新製品の将来の販売と利益を予想し，企業価値を再評価するであろう。企業が新しい戦略，新しい投資計画，経営者の交代を発表すれば，市場ではこれらの変化から予想される利益が価格に反映されるであろう。しかし，これらはいずれも，現在の利益に影響を及ぼすものではない。会計では，これらの行動が実際に顧客を獲得するまで，収益の認識を待つのが適切であると考えられており，実際に販売されるまでは収益を計上しない。一方投資家は，将来収益に計上されるであろう価値を予測し価格に反映させようとする。

このため，会計で認識される価値は，内在価値とは乖離しているのである。ファンダメンタル分析には予測が必要であり，現在の財務諸表では認識されていないが将来の財務諸表において認識されるであろう付加価値を予想することになる。そのために，ファンダメンタル分析においては，財務諸表には記載されていない項目からもたらされる付加価値を見積もることになるが，そのためには以下の PER の議論が必要となる。

PER

株価・利益倍率（price-earnings ratio：*PER*）は，利益に対する株価の比率である。PER は次のように理解することができる。分子は株価であり，これは，将来に予想される販売による付加価値，つまり将来利益に関する市場の予測である。分母は現在の利益であり，現在の販売による付加価値である。もし将来利益が現在利益よりも高いと予想するなら，PER は高いはずであり，将来利益が現在利益よりも低いと予想するなら，PER は低いはずである。より正確に述べるなら，PER は利益の成長率に関する予測も反映している。それゆえ，ファンダメンタル分析では，*内在 PER* を予想するために，期待される利益の成長率についても評価することになる。内在 PER は，市場の予測を吟味するために，*市場 PER* と対比される。

2010 年にナイキの株式は 1 株当たり 74 ドルで取引されており，同年の 1 株当たり利益は 3.93 ドルであったから，PER は 18.8 倍であった。アナリストの役割は，将来利益の予測が，この比率の大きさを正当化するものであるかどうかを検討することである。PER は高すぎるのか，あるいは低すぎるのか。PBR と同様，PER の過去の推移をベンチマークとして使うことができる。図 2.3 には，米国企業の PER の推移が

● 図 2.3　全米上場企業のうち時価総額 2 億ドル超の企業の PER（特定の分位の結果をプロットしたもの，1963～2010 年）

PER は 1970 年代に比較的低い水準にあり，1960 年代と 1990 年代は比較的高い水準にある。中央値はおおよそ 10.0 以上である（この図では，正の利益を計上した企業のみを対象としている）。

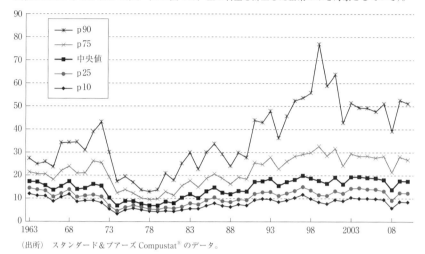

（出所）　スタンダード＆プアーズ Compustat® のデータ。

示されており，PBR と同様，1970 年代には PER が低い水準であって，中央値は 10 倍以下であったことがわかる。しかし 1990 年代においては PER は非常に高い水準であり，中央値は 20 倍近くであった[3]。

アンカーとしての会計：わかっていることと推測とを混同しない

第 1 章で検討したように，ベンジャミン・グレアムは，投資の価値は「最小の真実価値」と「推測価値」の合計であると述べている。

　　　　　価値＝最小の真実価値＋推測価値

最小の真実価値とは，「事実によって正当化される価値」という意味であり，未知の将来事象の予想に基づく価値と対比される。この区別は，わかっていることと推測とを混同しない，そして，価値評価のアンカーは推測ではなくわかっていることに置く，という第 1 章で述べた基本的な考え方によっても引き出される。会計は，事実を知るための主要な情報源である。それゆえ，ファンダメンタル投資家にとって，会計

原注 3)　1970 年代中盤の S&P500 とダウ平均の PER は 7～10 倍であり，1990 年代には 20 倍であった。2000 年までには，S&P500 の PER は 33 倍に達した。2010 年には 16.3 倍であった。過去 50 年間における S&P500 の PER の平均値は，16.2 倍であった。本章に対応するウェブサイトには，S&P500 の PER の推移を掲載している。

報告は，価値を評価するためのアンカーとなる要素（下記の右辺第1項）を提供するものである。

価値＝アンカーとなる会計価値＋推測価値

　本書では，アンカーとなる会計価値を理解し，このアンカーを用いて株価に含まれる憶測を吟味することに，多くの紙幅を割いている。会計がアンカーたるためには，会計は推測的なものであってはならない。ファンダメンタル投資家は，会計にはわかっていることを示してもらい，推測は自分に任せてもらいたいと考えている。会計は，**信頼性規準**を適用することで，大部分このような考え方に従っている。

　信頼性規準によれば，資産・負債は，正確に測定することができ，主観的な意見や偏りのない，客観的な証拠が得られる場合にのみ，貸借対照表において認識されることになる。それゆえ，信頼性規準によれば，ナイキの革新的なデザインやそのブランドネーム，サプライチェーンといった項目の価値は，貸借対照表に認識されない。これらの資産の推測値は，非常に主観的で，不確かなものであり，恣意的でさえある。実際，多くの無形資産は貸借対照表に計上されていない。研究開発（research and development：R&D）から生み出された知的資産も通常は計上されない。貸借対照表に計上されるのは，在庫品や設備，特許権の取得によって入手したR&D，買入のれんなど，購入した資産のみである。なぜならこれらには，測定値を正当化しうる客観的な市場取引が存在するからである。偶発債務のように，結果に不確実性が伴うものや，合理的に予測することができない項目も，貸借対照表には計上されない。

　損益計算書もまた，信頼性規準の考え方に従っている。収益認識原則にも信頼性規準の考え方が表れており，収益は，顧客が製品を購入したという信頼できる証拠が得られたときにのみ計上される。それゆえ，会計では，いずれ顧客を獲得できるだろうという推測に基づいて収益を計上することはなく，実際に獲得できたときにのみ収益を計上する。

　信頼性規準は，ファンダメンタル・アナリストの分析に沿うものである。株価は，将来の売上とそれによって利益を生み出す企業の能力に関する推測に基づいている。ファンダメンタル・アナリストの役割は，株価が適切に価格付けされているか否かを検討するため，その推測の適否を判断することである。当期の売上や，それに対応する費用を計上した後に求められる利益は，ある程度の信頼性に支えられた事実であると考えられる（会計が疑わしいものでない限り）。損益計算書に推測を混入して事実を濁らせてはならない。アナリストは，推測の適否を判断するために，事実を用いたいと考えているからである。貸借対照表にも観察不可能な無形資産の価値の推測を混入させてはならない。推測はアナリストの役割である。

　貸借対照表において，資産をオフバランスにしたり控えめに評価することは，**保守**

的会計といわれている。保守的会計では，資産は保守的に評価し，資産の価値を推測することは避けよう，と考えられている。すなわち，もし資産の価値に不確実性が存在するのであれば，その資産は計上すべきでないと考えるのである。保守的会計の実務では，資産の認識額を切り下げることはあっても，切り上げることはない。PBRがなぜ1倍よりも大きくなることが多いのか，その理由が明らかになったであろう。

会計における緊張関係

会計では，顧客への販売から得られる付加価値を測定するために収益と費用を対応させる。信頼性規準により，顧客を獲得できるまで収益は認識されない。しかし，信頼性規準は対応する費用の認識についても適用され，それが緊張関係を生み出している。

信頼性規準によれば，不確実な価値を有する資産に対する投資は，貸借対照表に計上することはできない。したがって，R&D資産や，（広告宣伝によって獲得される）ブランド資産に対する投資は，貸借対照表に計上されるのではなく，損益計算書において即時費用化することが会計基準で定められている。しかしその結果，現在の収益から，将来収益を生み出す投資が差し引かれ，一方で将来収益からは，それを生み出すための（償却）費用が差し引かれることはない，という非対応が生じている。対応原則と信頼性規準の間には，緊張関係が存在するのである。

会計では，収益と費用を対応させることが望ましいと考えられているが，その一方で，疑わしい価値の資産を貸借対照表に計上すべきではないとも考えられている。R&Dや広告宣伝のケースでは，米国基準やIFRSは，対応原則が損なわれていても構わないと考えているのである。

こうした状況を，ファンダメンタル投資家は許容している。なぜならファンダメンタル投資家は，貸借対照表がアンカーとして機能することを求めているからである。わかっていることを示してもらいたいのであり，*推測はファンダメンタル投資家の役割*である。投資家は，「貸借対照表の水増し」がないことを前提に，R&Dや広告宣伝により構築されたブランドからの価値といった，貸借対照表に付け加える価値の推測に着手することができる。本書では，そのための価値評価手法について述べる。

会 計 の 質

よい会計は，推測に対するチェック機能を有し，株価バブルに左右されない。悪い会計は，バブルを助長し，株価にモメンタムをもたらすような誤った利益のモメンタムをつくり出す。残念なことに，米国基準とIFRSには，あまり望ましくない特徴もある。質が疑わしい財務諸表がアンカーとはならないことは，明白である。それゆえ，本書では，読者が理解しておくべき会計の質に関する主要な問題を取り扱い，どのよ

Box 2.3　IFRS へのコンバージェンス（収斂）

2008 年 8 月，SEC は国際会計基準への移行を提案し，その提案に対してコメントを求めた。SEC は，それを実現するためのロードマップも示した。そのロードマップでは，2014 年までの IFRS の強制適用を目標とし，一定の条件を満たす米国企業（大企業 110 社）については 2009 年からの IFRS 適用を認めた。SEC は，2014 年の目標達成に向けて，段階的に手順を示した。① IFRS の継続的な改良，②IASB のための独立したファンド，③IFRS データを受け入れるための XBRL（Extensible Business Reporting Language）の整備，④米国における IFRS の教育およびトレーニングの十分な遂行。米国における IFRS 適用は，ロードマップで示されていたよりも長い時間を要している。引き続き動向に着目しよう。

世界で統一された会計基準への要望は理解できる。しかし，1 つの会計基準設定主体の独占状態になることを危惧する声もある。これは，会計基準が競争状態にあれば，マーケットがその中からよりよい会計基準を選び出すであろうという考え方である。一方，コンバージェンスの支持者は，そのような競争は悪い結果をもたらすと主張している。

すでに述べたように，IFRS と米国基準は非常に似たものである。本書では，2 つの基準の相違が分析において重要であるときに，その相違に注目する。下記の点に注意しよう。

・IFRS では，比較損益計算書が 2 年分しか開示されないが，米国基準では 3 年分開示される。
・IFRS では，損益計算書において費用をその性質（たとえば原料費，人件費）や機能（たとえば販売費，研究開発費）によって表示することが認められているが，米国基準では，機能別に表示することが求められる。
・IFRS では，すべての繰延税金資産および負債を非流動（長期）項目として分類することが求められているが，米国基準では，流動項目および非流動項目に分類することが求められている。
・IFRS では，資産の再評価が一定の状況下で認められている。

うにそれに対処すればよいかを示す。財務諸表分析を取り上げる本書第 2 部では，いずれの章においても主要な会計問題について，会計の質の観点からの検討を行う。第 16 章では，会計の質に関する包括的な分析に取り組む。

米国では財務諸表は米国基準に基づいて作成されているが，状況は変化しつつある（Box 2.3 を参照）。

要　約

財務諸表は連携しており，それには意味がある。株主の観点に立てば，貸借対照表の持分の簿価が，財務諸表の「ボトムライン」である。会計のシステムは，株主持分の変動を記録するものである。それぞれの期において，事業活動から得られる（会計上の）付加価値，すなわち包括利益と，正味配当額を測定することで，持分の簿価がアップデートされる。株主持分計算書は，株主持分の変動を要約したものである。損益計算書は，収益（顧客から受け取った価値）と費用（顧客に提供するために費消した価値）を対応させることによって，付加価値の詳細を開示している（「その他の包括利益」は持分計算書に計上される）。財務諸表においては，株主持分の変動が開示されると

第2章 財務諸表入門 55

ともに，企業のキャッシュの状況について，キャッシュフロー計算書において開示されている。そこでは，キャッシュの変動が，営業活動によるキャッシュフロー，投資活動によるキャッシュフロー，そして財務活動によるキャッシュフローによって，説明されている。

これらの財務諸表の特徴は会計関係式として表され，これらは各計算書の構造を定義づけるものである。分析を行う際に用いるスプレッドシートに財務諸表を当てはめるときに，これらの関係式が必要となる。実際，これらの関係式は，価値評価のために予測財務諸表を作成する際に，従うべきルールとして用いられる。

会計は，持分の簿価を計算するが，アナリストの関心は持分の内在価値にある。本章では，貸借対照表における持分の簿価を計算するルールについて，概要を説明した。また，損益計算書における付加価値（利益）を計算するルールについても，概要を説明した。株価と簿価が一致しないのは，こうしたルールが存在するからである。それゆえ，これらのルールを理解することは，PBRを理解するのに役立つ。これらのルールより，株価における付加価値が直ちに利益として認識されることはない理由も明らかである。そのためPERを理解するのにも役に立つ。こうした理解は，内在PBRおよび内在PERの測定手法を学んでいくにつれ，より確かなものとなっていくだろう。

キー・コンセプト

- **会計関係式**とは，財務諸表の構成要素について，他の構成要素を用いて表した等式をいう。[33]
- **株式リターン**は，株式を保有することによるリターンであり，**キャピタル・ゲイン**と配当額の合計額に一致する。[49]
- **株主付加価値**とは，当該期間において株主の富に付加された（本源的な）価値である。[49]
- **株主持分**とは，企業の所有者（株主）による，ペイオフに対する請求権である。[35]
- **キャピタル・ゲイン**とは，投資の価格の変動額である。[49]
- **公正価値**とは，会計が資産または負債の価値に対して用いる用語である。公正価値は，市場価値，あるいは流動性の高い市場が存在しない場合における市場価値の推定値である。[48]
- **時価会計**は，資産および負債をそれらの市場価値で記録する。[48]
- **自己株式**は，買い戻されたが処分されていない株式（持分）である。[37]
- **資産**とは，将来のペイオフを生み出すことが期待される投資である。[35]
- **市場付加価値**は，株主の富が市場で増価した額に株主が受け取る配当額を加えた額である。**株式リターン**と一致する。[49]
- **収益**とは，財務諸表において認識される顧客から受け取る価値である。[37]
- **収益認識原則**は，収益を損益計算書で認識するための会計原則である。[49]
- **取得原価会計**は，資産および負債を取得原価で記録し，（多くの場合）その後の年度で原価を償却し損益計算書でそれを認識する。[48]
- **正味支払**とは，株主に分配されたキャッシュである。[41]
- **信頼性規準**とは，資産，負債，収益および費用を，客観的証拠に基づき合理的な正確性をもって測定できる場合にのみ記録するという会計原則である。[52]
- 財務諸表における**ストック**とは，任意の時点における残高を意味する。**フロー**と比較しよう。[43]
- **対応原則**とは，**費用**をそれを生じさせる**収益**と対応させるという会計原則である。[49]

56

- ダーティー・サープラス会計は，損益計算書ではなく持分計算書において，利益を記録する。[42]
- 費用とは，財務諸表において認識される収益を稼得するために費やされる価値である。[37]
- 負債は，企業の所有者分以外の，企業からのペイオフに対する請求権である。[35]
- 普通株式発行高とは，普通株主によって保有されている株式（持分）であり，発行済普通株式から自己株式を除いたものである。[37]
- 財務諸表におけるフローは，2 時点間のストックの変動分である。ストックと比較しよう。[43]
- 包括利益とは，（損益計算書や財務諸表の他の箇所において）報告される合計利益である。[42]
- 保守的会計とは，貸借対照表における正味資産を相対的に低い価額で記録したり，資産をオフバランスにしたりする実務である。[52]
- 財務諸表の連携とは，財務諸表相互の関係性である。[43]

演習問題

1 会計関係式の適用：貸借対照表，損益計算書，株主持分計算書

下記の問題は，同一企業を対象としている。

a. 期末において，貸借対照表では，総資産 400 百万ドルと株主持分 250 百万ドルが報告されている。この企業の負債はいくらか。

b. 当期の損益計算書では，純利益 30 百万ドルと総費用 175 百万ドルが報告されている。この企業の収益はいくらか。

c. 株主持分計算書では，230 百万ドルの期首残高が報告されており，株主への正味支払は 12 百万ドルであった。当期の包括利益はいくらか。損益計算書には計上されず持分計算書に計上される利益はいくらか。

d. 期中に株式発行や自社株買いは行われなかった。企業が支払った配当はいくらか。

2 会計関係式の適用：キャッシュフロー計算書

ある企業は当期，130 百万ドルのキャッシュの増加を報告した。営業活動によるキャッシュフローは 400 百万ドルであり，財務活動による請求権者への正味支払は 75 百万ドルであった。この企業の営業活動への投資額はいくらか。

3 対応原則の侵害

一般に認められた会計原則（GAAP）は，概念上は対応原則に従っている。しかし例外はある。下記の GAAP で求められている会計ルールが，なぜ対応原則に反しているのかを説明しなさい。

a. 新薬への研究開発支出は，損益計算書において費用として即時認識される。

b. 新製品への広告宣伝支出は，費用として即時認識される。

c. 映画製作費は，映画の公開前に費用として認識される。

4 誤りを見つけるための会計関係式の利用

第 1 期について，株主総会で次ページの表の通り会計数値が報告された。

これらの数値のうち少なくとも 1 つについて，会計関係式に従わないため誤りであることを説明しなさい。

第 2 章 財務諸表入門　57

（単位：百万ドル）

収　益	2,300
総費用，税金を含む	1,750
その他の包括利益	(90)
総資産（期末）	4,340
総負債（期末）	1,380
株主への配当	400
株式発行	900
自社株買い	150
株主持分（期首）	19,140

第1部　財務諸表とバリュエーション

　アナリストは，自らの分析に用いる技術を選択しなければならない。第1部では，株式分析で用いられる代替的な手法を紹介する。勤勉なアナリストであれば，最適な手法を使いたいと思うだろう。本書では，それぞれの手法の長所と短所を対比させるために，多くの紙幅を割いて説明する。第1部を読み終えた段階で，あなたは最も使いやすい手法を選択できるようになっているであろう。それにより，株式投資に必要な安心が得られる。第1部の最後の章では，アクティブ投資でどのように手法が適用されるかについて説明している。

　適切な選択を行うためには，ファンダメンタル分析とファンダメンタル投資に関する基本的な考え方を理解する必要がある。第1部は，その理解を進めることを目的としている。これらに関する基本的な考え方を理解するために重要なのは，価値評価（バリュエーション）モデルの役割を認識することである。なぜなら，価値評価モデルは，いかにして分析を行うか，そして価値評価がどのように導き出されるかを決定づけるからである。価値評価モデルは（しばしば，暗号のようにも見える数式によって表されるが），まさに分析と評価を行う際の考え方を表しているのである。価値評価モデルは，価値を測定するための方式でもあり，財務諸表と結びついている。第1部を読めば，第1章で述べた，財務諸表は価値評価におけるアンカーである，ということがわかるだろう。

　第3章では，財務諸表に基づく価値評価モデルを紹介するが，株式分析の代替的な方法を示した後に紹介する。この章では，比較分析，株価倍率スクリーニング分析，資産ベースの評価といった手法を説明する。これらのシンプルな方法は欠点も多いため，ファンダメンタル分析における基本的な考え方を十分に理解した上で用いない限り，非常にリスクが高いものである。第3章で価値評価モデルを学ぶことで，財務諸表がファンダメンタル分析においてどのように利用されているのかを正確に理解できるであろう。

　第4章では，配当割引モデルおよび割引キャッシュフロー・モデルを紹介する。これらの価値評価手法には，価値評価のための現金主義会計に関する内容も含まれている。この章では，価値評価のための手法としての現金主義会計（および割引キャッシュフロー・モデル）の問題点を説明する。それにより，発生主義会計が現金主義会計の欠点をどのように補っているかを理解できるであろう。本章における発生主義会計の説明は，第2章の説明に続く内容であり，それにより，どのように会計が価値評価に用いられるかを理解することができるだろう。

　発生主義会計による財務諸表の2つの「ボトムライン」は，持分の簿価（貸借対照表のボトムライン）と，利益（損益計算書のボトムライン）である。これらの2つの数値が，発生主義会計による価値評価のアンカーである。第5章では，簿価というアンカーを用いて企業価値を評価する方法を示している。第2章で，簿価は基本的には価値の測定値として不完全なものであると述

べたが，簿価は，価値評価を行う際の出発点となるものである。第5章では，持分の簿価を出発点として用いて価値評価を行い，内在PBRを測定する方法について説明する。第6章では，アンカーとしての利益を出発点とし，内在PERを測定する方法について説明する。

第1部の目的は，問題解決のための考え方を説明することと，いくつかの重要な概念を示すことにある。とりわけ価値評価手法を発展させる際の問題についての考えを示している。いくつかの概念については，ファイナンスを学んだ読者にとっては理解しやすいだろう。また，他のいくつかは，会計を学んだ読者にとっては理解しやすいだろう。本書では，会計とファイナンスの両方の概念が用いられる。ファイナンスでは，価値評価の問題が中心となる。会計では，測定の問題が中心である。しかし，価値評価は（企業において生み出された価値の）測定の問題である。そのため価値評価の原則を検討する際には，会計の測定の原則もまた検討する必要がある。会計がいかにして企業の価値評価に役に立つのか（あるいは役に立たないのか）を，理解することが重要である。価値評価分析において会計がどのように用いられるのかを理解すれば，ファンダメンタル分析と財務諸表分析が共通点を有することがわかるであろう。

第2部以降では，財務諸表分析とファンダメンタル分析に関する手法について説明する。第1部は，分析の実施よりも，分析における考え方の説明に重点を置いている。「転ばぬ先の杖」という考え方は投資を行う際に当てはまるが，投資の分析にも同じことがいえる。ある投資家は，もっともな理由があって「賢人」と呼ばれることがある。適切な手法は正しい判断と知識を伴って適用されるはずである。そして，知識は，手法の選択に役立つものである。ファンダメンタル分析の卓越した使い手であるベンジャミン・グレアムによる『賢明なる投資家』においても，手法そのものより，投資に対する態度や考え方について，より多くが記述されている[1]。本書の第1部で投資の基礎をじっくりと理解し，投資のための知識を身につけよう。本書は意図的にゆっくりとした進度で内容を進めているため，よく考えながら読み進めていくことができるであろう。

原注1)　B. Graham, *The Intelligent Investor*, 4th rev. ed. (New York: Harper & Row, 1973).

第3章

財務諸表をどのようにバリュエーションに用いるか

　本章では，企業を評価するのに財務諸表がどのように用いられるかを説明する。本章は重要な章である。なぜなら，第4,5,6章における実践的な価値評価分析のための基礎となるからである。本章の後半では，本書の残りの部分で扱われる内容についての見通しが示されている。本書を読み進める際，この部分を随時振り返ることで，自分の置かれている位置を把握することができるだろう。

　第1章での価値評価（バリュエーション）に関する説明の通り，アナリストにとって最も必要なことは，分析に用いる手法の選択である。第6章の終わりまで，1つの手法にコミットすることはできないだろうが，本章では，手法の選択の際に含まれる問題を提起する。また，本章では，的確な価値評価手法の構造について説明する。優れた手法にはどのような特徴があるのかを説明するとともに，誤った使い方をすることで待ち受けているリスクについても説明する。また，企業のどのような特徴が企業の価値評価と関連しているか，それが価値評価モデルにおいてどのように認識されるか，そしてそれが財務諸表においてどのように認識されているか，についても説明する。

　価値評価で用いる手法においては，特徴のいくつかに注意を払わない簡便な方法と，より複雑で入り組んだ方法との間に，常にトレードオフが存在する。本書では簡便な方法を推奨するが，それは実質的に，分析結果の質を犠牲にしないものに限る。簡便な方法は，いくつかの分析手順が省かれているため手軽に用いることができるが，分析手順を省きすぎた結果，誤りに陥る可能性もある。簡便な方法を用いる際には，完全な手法による分析と比べて何が不足しているかを把握しておく必要がある。それゆえ，本章では，財務諸表を用いたシンプルな手法から始め，より本格的な価値評価手法の説明に進む。そこでは常に上記のトレードオフの関係が示される。

　簡便な方法では，限られた内容の情報しか用いない。本章では，まず株価倍率分析

62　第1部　財務諸表とバリュエーション

から説明する。この分析は、たとえば売上高や利益、簿価など、財務諸表のいくつかの数値を用いるもので、これらの数値に株価倍率を適用する。続いて、資産ベースの評価手法について説明する。この手法は、企業の資産の市場価値を合計し、負債を差し引くことで株式価値の評価を試みるものである。資産ベースの評価は表面上はシンプルであるが、大抵の企業に対しては信頼性に疑問が残る。

　簡便な方法は、関連する情報を見逃すというリスクを伴う。一方、完全なファンダメンタル分析では、企業の価値を評価するために、すべての関連する情報を把握し、その情報が持つ含意を引き出す。本章では、最終的にファンダメンタル分析の概要を示す。概要は5つの段階からなり、財務諸表がそれぞれの段階でどのように用いられるかについて説明する。そこでは、企業が生み出す価値を捉える価値評価モデルを適用することの重要性が強調され、その価値評価モデルがどのようにファンダメンタル分析の構造を形づくるかが示される。

　第3章におけるアナリストのチェックリストには、本章を読めば何が身につくのかが示されている。最初の目的は、優れた価値評価方法とはどのようなものであるかを理解することである。これを理解することは、次章以降において、そのような優れた手法を自分のものとして取り入れるための準備となるだろう。

アナリストのチェックリスト

　本章を読めば、以下のことがわかるだろう。

・評価技法とはどのようなものか。
・価値評価モデルとはどのようなものか。資産評価モデルとの相違点は何か。
・価値評価モデルは、どのようにファンダメンタル分析の構造を形づくるか。
・ファンダメンタル分析における実践的な手順。
・財務諸表は、ファンダメンタル分析においてどのように用いられるか。
・どのように予測を価値評価に変換するか。
・有限期間投資と（事業会社のような）継続投資における価値評価の相違点。
・配当無関連性命題。
・財務取引は、特定の状況を除いて、なぜ価値を生み出さないか。
・なぜ、価値評価の焦点が企業の投資活動と営業活動に合わせられるのか。
・比較分析は、どのように役に立つか（または役に立たないか）。
・資産ベースの価値評価は、どのように役に立つか（または役に立たないか）。
・株価倍率スクリーニング戦略は、どのように役に立つか（または役に立たないか）。

　本章を読めば、以下のことができるようになるだろう。

・株価倍率の比較分析の実行。
・株式スクリーニングを用いた、単数または複数のスクリーニングの展開。
・企業のさまざまな株価倍率の計算。

・アンレバード株価倍率の計算。

・実績 PER と予想 PER の計算。

・配当調整後 PER の計算。

・資産ベースの評価技法の適用。

・企業の清算価値の計算。

・債券の価値評価。

・プロジェクトの価値評価。

・プロジェクト選択による付加価値額の計算。

・要求リターンを生み出す価格で購入した債券からは価値が生まれないことを示す。

・時価より低い水準での株式発行により既存株主に生じる損失を計算する。

・「自家製配当」の創出。

1　株価倍率分析

　価値評価手法の選択においては，それを利用することによって生じるベネフィットがコストを上回るかどうかを検討しなくてはならない。コストとベネフィットのトレードオフは，代替的な手法をそれぞれ比較して考える必要がある。完全なファンダメンタル分析は多くの情報を入念に検討する必要があるため，大きなコストを伴うものである。できる限り効率的にそうした作業を行う方法を工夫することも必要であるかもしれないが，それよりもまず，そうしたコストを避けるための方法について検討すべきである。より簡便な方法を用いることで何が失われるか，またより複雑な方法を用いることで何が得られるかを考えることが重要である。株価倍率分析は最小限の情報しか用いないため，簡便である。

　株価倍率は，財務諸表における特定の数値と株価との比率として計算される。最も一般的に使われる倍率は，利益や簿価，売上高，キャッシュフローといった，財務諸表における重要な数値をもとに計算される。これらはそれぞれ，株価・利益倍率（price-earnings ratio：PER），株価・簿価倍率（price-to-book ratio：PBR），株価・売上高倍率（price-to-sales ratio：PSR），株価・営業キャッシュフロー倍率（ratio of price-to-cash flow from operations：P/CFO）と呼ばれる。これらの倍率は，財務諸表における情報のごく一部のみを用いたものであり，計算にあたって会計に関する知識はほとんど必要ない。

　以下では，これらの株価倍率を用いた分析手法として，2つの手法（比較分析，株価倍率スクリーニング分析）を紹介する。

64 第1部 財務諸表とバリュエーション

比較分析

*比較分析*は，次のような手順で行われる。

1. 比較対象の企業として，価値評価の対象となっている企業と類似する事業を展開する企業を選択する。

2. 利益や簿価，売上高，キャッシュフローといった財務諸表における数値を選択し，比較対象企業の株価倍率を計算する。

3. それら株価倍率の平均値または中央値に，価値評価の対象となっている企業の財務諸表数値を乗じて，価値評価額を得る。

比較分析の手法を用いて，2011年4月におけるデルの企業価値を評価してみよう。表3.1には，デルと2つの同業他社として，コンパックコンピュータを買収したヒューレット・パッカード（Hewlett-Packard：HP）と，香港市場で上場しておりデスクトップ・コンピュータやワークステーションとともに ThinkPad や IdeaPad を製造しているレノボ（Lenovo）・グループについて，直近の年間売上高，利益，持分の簿価が記載されている。ヒューレット・パッカードとレノボの PSR，PER，PBR は，2011年4月時点の株価に基づいて計算されている。表3.2では，比較対象企業の各倍率の平均値を，デルの売上高と利益，簿価にそれぞれ掛け合わせてデルの評価額を算出している。3つの倍率により3つの異なる評価額が算出されるため，取り扱いには工夫が必要である。そこで評価額は平均化され，デルの19億1800万株に対して333億4700万ドル，または1株当たり17.39ドルと計算される。PER に基づけば，1株当たり23.36ドルという最も高い評価額となり，PBR に基づけば，1株当たり11.34ドルという最も低い評価額となる。当時，デルは1株当たり14.62ドルで取引されていた。したがって，平均値により算出した評価額に基づけば，株価は割安ということになる[1]。

こうした計算手法は，たしかに最小限のものである。とりわけ，異なる倍率のもとで異なる価値評価がもたらされているという点では，不信感が残る方法といわざるをえない。安心して企業価値を評価できるのでなければ，それは価値評価手法として適切とはいえない。

比較分析は，簡便な手法である。しかし，簡単すぎるために，誤りが生じてしまうのである。比較分析においては，比較企業の株価情報さえ入手できれば，デルの価値

原注1）　計算方法にはいくつかあり，比較分析においては，より新しい情報を用いるため，直近12カ月（last-twelve-month：LTM）の会計数値が用いられることも多い。

LTM＝昨年度の1年間の数値＋今年度初めから現時点までの数値
－昨年度初めから現時点の1年前までの数値

年度初めから現時点までの数値は，直近までの四半期報告書で報告された数値の合計に基づいて計算される。

第 3 章　財務諸表をどのようにバリュエーションに用いるか　　65

●表 3.1　デルの比較対象企業の株価倍率

	売上高 (百万ドル)	利　益 (百万ドル)	簿　価 (百万ドル)	時　価 (百万ドル)	PSR	PER	PBR
ヒューレット・パッカード	84,799	8,761	40,449	89,835	1.06	10.3	2.2
レノボ・グループ	21,540	242	1,763	5,730	0.27	23.7	3.3
デ　ル	50,002	2,635	7,766	?	?	?	?

●表 3.2　比較対象企業の株価倍率をデルに適用した場合

	比較対象企業の 平均株価倍率		デルの数値 (百万ドル)		デルの価値評価額 (百万ドル)
売上高	0.67	×	50,002	=	33,501
利　益	17.00	×	2,635	=	44,795
簿　価	2.80	×	7,766	=	21,745
平均値					33,347

（注）　2011 年 4 月 5 日におけるデルの実際の株式時価総額は，28,041
百万ドルであった。

評価を行うことができる。しかし，たとえばヒューレット・パッカードの価値を評価
しようとしたときに，デルの 1 株当たりの評価額 17.39 ドルという数値を使うことが
できるだろうか。これは堂々巡りの問題である。なぜなら，デルの評価額がヒューレ
ット・パッカードの株価に基づいているからである。比較分析では，株価とは独立の
価値について教えてくれる，何らかのファンダメンタルな要素にアンカーが置かれて
いるわけではない。比較分析に用いる株価の決定において，市場は効率的であると仮
定されている。しかし，市場が効率的なのであれば，なぜデルの 14.62 ドルという株
価が効率的に決まっていることを疑い，比較分析を行うのか。比較企業がミスプライ
スされているのであれば，分析結果についてもやはり疑わしいものとなる。つまり，
この手法は，第 1 章で示した，ファンダメンタリストの基本理念を伴わないものなの
である。株価の水準を吟味するために価値評価額を計算する際には，その計算過程に
おける株価の利用に要注意である。実際，そうした手法はリスクを伴う。

　この方法は，広く利用されている方法であり，それが適切な手法といえる状況もあ
る。非上場企業の場合や，株式の取引が活発でないため信頼できる取引価格を把握で
きない企業の場合には，比較分析によって株式価値の評価を行うことはある程度合理
的である。ただし，それら比較対象企業の株価が効率的に価格付けされていることが
条件となる。また，株価が効率的であるかどうかにかかわらず，取引価格が適切かど
うかに関心があるというケースもあるだろう。IPO（initial public offering；株式公開）
の引受投資銀行は，市場がその株式発行をいくらで評価するかを見積もるために，比
較分析を用いる（比較企業の同時点の株価ではなく，IPO 時点の株価が用いられる）。も
し，マーケットでの比較企業の株価がミスプライスであれば，分析対象企業の IPO
もまたミスプライスとなるだろう。投資で被った損失の訴訟（たとえば株主代表訴訟

66 第 1 部 財務諸表とバリュエーション

Box 3.1 調整後株価倍率

レバレッジ調整

いくつかの株価倍率は、レバレッジの影響を受ける。レバレッジとは、株式による調達額に対する負債による調達額の比率である。分析対象企業と比較企業におけるレバレッジの違いをコントロールするため、レバレッジの影響を受ける株価倍率については、「アンレバード」調整を施す。典型的な**アンレバード測定値**は次の通りである。

アンレバード PSR＝(株式の時価＋正味負債)/売上高
アンレバード株価/EBIT 倍率＝(株式の時価＋正味負債)/EBIT

EBIT とは、利払前税引前利益(利益＋正味利息＋法人税)である。正味負債は、負債合計から資産として保有される利付証券(マイナスの負債)を除いたものである。正味負債の簿価は、通常はその時価の近似値となっている。これらの比率の分子は企業の市場価値であり、*アンレバード価値*や*事業価値*といわれる。アンレバード倍率は、*事業倍率*ともいう。PSR と株価/EBIT 倍率には、アンレバード調整を施す必要がある。なぜなら、レバレッジは売上や EBIT を生み出さないからである。

貸借対照表に関連するアンレバード倍率のうち、最も重要なものは、事業 PBR である。

事業 PBR＝(株式の時価＋正味負債)/(株主持分の簿価＋正味負債)

分母は、事業すなわち正味事業資産の簿価である。

会 計 調 整

分母に会計数値を用いるため、株価倍率では、しばしば企業間で異なる会計方針が採用されていることで生じる相違が調整される。減価償却および償却方法は企業間で異なるため、減価償却費とその他償却費(以下、合わせて償却費とする)は損益計算書において適切に測定されていないと考えるアナリストもいる。レバレッジと、これらの費用に関する会計の両方を調整した倍率は、下記のように表される。

アンレバード株価/EBITDA 倍率＝(株式の時価＋正味負債)/EBITDA

EBITDA (earning before interest, taxes, depreciation, and amortization) は、利払前、税引前、償却費控除前の利益(EBIT＋減価償却費＋その他償却費)である。EBITDA は、(営業活動による)「キャッシュフロー」といわれることもあるが、キャッシュフローの近似値に過ぎない。

利益は、その企業にとって固有の一時的な事象によっても影響を受ける。それゆえ、これらの事象による利益への影響を除くための調整も施される。

株価/非正常項目控除前利益倍率＝株式の時価/非正常項目控除前利益

PER の種類

PER は、年次利益に対する株価の比率であり、次のような種類がある。

実績 PER＝株価/直近の年間 EPS
ローリング PER＝株価/直近の4四半期分の EPS 合計額
予想 PER＝株価/翌年度 EPS の予測額

ローリング PER は，「PER（ttm）」と表されることもある。ttm は，現時点の日付までの「12カ月合計」（total twelve months）を意味する。

予想 PER は，大抵はアナリスト予想をもとに計算されるもので，実績 PER を翌年度の予想利益成長をもとに修正して算出する。

実績 PER の分子における株価は，配当の影響を受ける。配当は，企業の価値を減少させるため，株価を下落させる。一方，分母における利益は，配当の影響を受けない。それゆえ，PER は配当支払の違いによって相違することになる。この相違を修正するため，実績 PER は次のように計算される。

配当調整後 PER＝（株価＋年間 DPS）/EPS

DPS（dividends per share）は，1株当たり配当である。分子は**配当込み価格**，すなわち配当支払前の株価である。なお，配当支払後の株価を，**配当落ち価格**という。配当は翌期以降の利益を減額させるため，この調整には予想 PER は用いられない。

本書ウェブサイトに，株価倍率の計算例を掲載している。

など）でしばしば提起される問題は，あるイベントが生起したら株価はどうなるかという点であり，本当の価値がいくらであるかという点ではない。

概念的な問題のほか，実行面においても比較分析には問題がある。

- 同じ事業の特徴を持つ比較企業を識別するのは難しい。通常は，産業や製品，企業規模，成長性，リスク指標によって比較企業を選択するが，分析対象企業とすべての指標が似通った企業は存在しない。ヒューレット・パッカードはプリンタ事業も行っているため，デルと完全に同じタイプの企業であるとはいえない。レノボは中国の企業であり，異なる取引市場に上場している。比較分析で比較されるのは，同じ産業における分析対象企業の競争相手である場合がほとんどであり，そのどちらかは競争優位にある状況であるため，比較可能ではない。分析に用いる比較対象を増やせば誤差は平均化されるかもしれないが，比較対象を増やすほど同質性は低下してしまう。

- 異なる倍率を用いれば，価値評価額も異なる。デルのケースで述べた通り，比較企業の PBR を分析対象企業の簿価に乗じて算出される評価額と，比較企業の PER を利益に乗じて算出される評価額は異なる。どちらの評価額を用いるべきであろうか。たとえば，単純に平均値をとればよいのだろうか。しかし，その方法が正しいか否かは明らかではない。

- 分母がマイナスになることがある。たとえば，比較企業の利益がマイナスである場合，その PER はほとんど意味をなさない。

比較分析には，「魔法の鏡占い」を行う余地が大きく残されている。比較分析は，アナリストにとって，自身や顧客が望む価値を得るための自由度が大きい。これは，市場の憶測を吟味することが目的である場合には望ましくない。

68　第1部　財務諸表とバリュエーション

● 表3.3　米国上場企業の株価倍率の百分位数（1963～2003 年）

百分位数	株価倍率								
	PBR	事業 PBR	実績 PER	予想 PER	PSR	アンレバード PSR	P/CFO	アンレバード P/EBITDA	アンレバード P/EBIT
95	7.9	12.7	負の利益	49.2	8.9	8.1	負のキャッシュフロー	30.1	負のEBIT
75	2.9	2.7	23.5	19.1	1.7	2.0	18.8	10.6	15.3
50	1.7	1.5	15.2	13.1	0.8	0.9	9.9	7.0	9.9
25	1.0	1.0	10.3	9.2	0.3	0.5	5.6	4.8	6.6
5	0.5	0.6	5.9	5.6	0.1	0.2	2.3	2.5	3.3

（注）　CFO は営業活動によるキャッシュフローである。分母が負となる場合には，高い株価倍率を持つ
　　　企業として扱う。それゆえ，PER，P/CFO，そして P/EBIT の高い百分位数は，負の利益（損失），
　　　負のキャッシュフロー，および負の EBIT を計上している企業で構成されている。

（出所）　スタンダード＆プアーズ Compustat® のデータより算出。予想 PER は，トムソン・ファイナン
　　　シャルの I/B/E/S データベースから，アナリストによる 1 年後予想利益のコンセンサスに基づいた
　　　もの。

　比較分析では，ほかにもさまざまな株価倍率が用いられる。Box 3.1 では，レバレッジ調整を行った倍率と，会計方針の違いを調整した倍率が示されている。

　比較分析においては，典型的な株価倍率が，ベンチマークとしてどのような水準であるかを把握しておく必要がある。表3.3 には，1963 年から2003 年における米国の全上場企業の株価倍率の分布が示されている。PBR の中央値は1.7 倍，実績 PER の中央値は15.2 倍，アンレバード PSR（レバレッジ考慮前の PSR）は0.9 倍である。1970 年代に遡れば，各株価倍率はより低い水準である。一方，1990 年代は，歴史的に見て高い水準である。本書のウェブサイトでは株価倍率の経時的な変化を詳細に見ることができる。

株価倍率によるスクリーニング

　比較分析においては，類似する企業は，類似する株価倍率となるに違いない，という考え方をする。もし市場が効率的であれば，その考え方は正しいだろう。しかし，市場がファンダメンタルズを適切に価格付けしていることに対して疑いを持つ投資家は，株価倍率に対して少し違った解釈をする。すなわち，企業が異なる株価倍率で取引されていれば，相対的にミスプライスされているかもしれないと解釈するのである。それゆえ，株式は相対的な株価倍率に基づいた購入と売却を目的としてスクリーニングされることになる。

　スクリーニングの手順について，簡潔に示すと，以下のようになる。

1. 株式をスクリーニングするための株価倍率を識別する。

2. その株価倍率が高いものから順に，株式を順位付けする。

3. 最も低い株価倍率の株式グループを買い，最も高い株価倍率の株式グループを

第3章 財務諸表をどのようにバリュエーションに用いるか **69**

売る。

低い株価倍率の株式を買い，高い株価倍率の株式を売ることは，割安な株式を買い，割高な株式を売ることのように見える。株価倍率によるスクリーニングは，株価倍率が企業のファンダメンタルズの特徴を価格付けするものであるため，ファンダメンタル・スクリーニングといわれている。Box 3.2 では，ファンダメンタル・スクリーニングとテクニカル・スクリーニングを比較している。

株価倍率によるスクリーニングでは，特定のファンダメンタルと比較して高い株価が付いている株式は割高と仮定し，ファンダメンタルと比較して低い株価が付いている株式は割安と仮定する。高い株価倍率を持つ株式は，時に**魅力株**といわれる。なぜなら，投資家は高い株価倍率の株式を魅力的で流行りのものであるとみなし，熱狂的になりすぎることで，価格がファンダメンタルズに比べて高い水準に引き上げられてしまうといわれているからである。高い株価倍率を持つ株式は，多くの成長可能性を持つものとして投資家が見ていることから，**成長株**（グロース株）ともいわれる。一方，低い株価倍率の株式は流行を追いかける群衆に無視されていることから，時に**逆張り株式**といわれる。逆張り投資家はそのような群衆と逆に動くため，低い株価倍率の魅力的でない株式を買い，魅力株を売る。低い株価倍率の株式は，その価値が価格に対して相対的に高いと考えられることから，**割安株**（バリュー株）ともいわれる。

ファンダメンタル・スクリーニングは，手軽なファンダメンタル分析である。スクリーニングに用いた分母を内在価値の指標とみなし，それと株価との差額をミスプライシングの指標とみなす。そこで用いる情報はごくわずかであり，その点は分析手法として優れている。それはバーゲンで短い時間で買い物を済ますようなものである。完全なファンダメンタル分析では手間がかかりすぎるのであれば，ファンダメンタル・スクリーニングはコスト効率的な分析手法であろう。しかし，もしもそこで用いる1つの数値が内在価値の指標として適切でなければ，その分析の結果は見当違いのものとなってしまう可能性がある。そのため，スクリーニングを行う者の中には，より多くの情報を利用するため，複数の方法を組み合わせる者もいる。たとえば，PERとPBRのいずれもが低い株式を買うという2段階の方法や，PBRが低く株価が下落傾向にある小規模な企業の株式を買うといった3段階の方法が，例としてあげられる。

表3.4では，PERとPBRに基づくスクリーニングによって選定された5つの株式ポートフォリオへの1年間の投資リターンが示されている。そこでの投資戦略では，PERとPBRが高い企業（魅力株ないし成長株）は割高であり，低い株価倍率の企業（割安株ないし逆張り株式）は割安であると推測している。これは，逆張り投資家によって何度も何度も行われてきた投資戦略である。明らかに，PER・PBR いずれについてもその水準に沿ってリターンが順位付けられているし，ポートフォリオ1（高い株価倍率）とポートフォリオ5（低い株価倍率）のリターンの差も PER または PBR の

70 第1部 財務諸表とバリュエーション

Box 3.2 株式スクリーニングの手法

テクニカル・スクリーニング

テクニカル・スクリーニングは，取引に関連する指標から投資戦略を識別する。いくつかの例を下記にあげる。

価格スクリーニング　市場よりも大きく価格が下落している株式（「敗者」といわれることもある）を買い，市場よりも大きく価格が上昇している株式（「勝者」といわれることもある）を売る。その根拠は，価格の大幅な変動は，反転するかもしれないファンダメンタルズからの乖離である可能性がある，という点にある。

小型株スクリーニング　時価総額（株価に発行済株式数を乗じた額）が低い株式を買う。その根拠は，典型的には小型株が高いリターンを生むことを歴史が示している，という点にある。

放置株スクリーニング　多くのアナリストにフォローされていない株式を買う。その根拠は，流行を追うような投資家の「群衆」はこれらに関心を持たないために，これらの株式が割安となる，という点にある。

季節スクリーニング　1年のうちである特定の時期，たとえば，1月初旬といった時期に株式を買う。その根拠は，株式リターンがこれらの時期には高い傾向にあることを歴史が示している，という点にある。

モメンタム・スクリーニング　株価が上昇している株式を買う。その根拠は，株価の上昇はモメンタムを持ち，それは今後も続くであろう，という点にある。

インサイダー取引スクリーニング　インサイダー（SEC に取引の詳細を提出しなければならない）の取引を真似る。その根拠は，インサイダーは取引に用いるインサイダー情報を持っている，という点にある。

ファンダメンタル・スクリーニング

ファンダメンタル・スクリーニングにおいては，株価を，企業の財務諸表で開示されている特定の数値と比較する。典型的なファンダメンタル・スクリーニングを下記に示す。

PERスクリーニング　低い PER を持つ企業の株式を買い，高い PER を持つ企業の株式を売る。代替的な PER の測定値については，Box 3.1 を参照しよう。

PBRスクリーニング　低い PBR を持つ企業の株式を買い，高い PBR を持つ企業の株式を売る。

P/CFOスクリーニング　営業活動によるキャッシュフローと比較して低い株価を持つ株式を買い，高い P/CFO を持つ株式を売る。

株価配当比率（price-to-dividend：*P/d*）*スクリーニング*　低い P/d を持つ株式を買い，高い P/d を持つ株式を売る。

本章に対応するウェブサイトでは，これらのスクリーニングの詳細について議論しており，スクリーニング・ツールも示してある。

第3章 財務諸表をどのようにバリュエーションに用いるか　71

● 表 3.4　PER と PBR を用いたスクリーニングに基づくリターン（1963～2006 年）

　実績 PER のみ，または PBR のみを用いたスクリーニングと，実績 PER と PBR の両方を用いた
スクリーニングによる，年次リターン。スクリーニング戦略においては，年度ごとに，そのスクリ
ーニングに従って企業を順位付けし，そのランキングに基づいて5つのポートフォリオに企業を分
類する。PER と PBR の両方を用いたスクリーニングにおいては，年度ごとにまず PER のランキ
ングに基づき5つのポートフォリオに企業を分類する。その後，それぞれの PER に基づくポート
フォリオ内において，PBR のランキングに基づき5つのポートフォリオに企業を分類する。報告
されたリターンは，1963～2006 年の各年度においてスクリーニング戦略を実行した結果の平均値
である。

PER のみ，および PBR のみによるスクリーニング

PER ポートフォリオ	PER 平均値	年次リターン	PBR ポートフォリオ	PBR 平均値	年次リターン
5（低 PER）	7.1	23.2 %	5（低 PBR）	0.61	24.3 %
4	10.8	18.1	4	1.08	18.4
3	14.7	14.9	3	1.47	15.4
2	31.3	12.1	2	2.17	12.6
1（高 PER）	losses[注]	13.5	1（高 PBR）	4.55	9.3

PER と PBR の両方を用いたスクリーニング

		PER ポートフォリオ				
		1（高）	2	3	4	5（低）
PBR ポートフォリオ	1（高）	4.3 %	10.9 %	14.2 %	17.1 %	19.7 %
	2	8.8	9.1	13.0	6.0	22.1
	3	14.4	8.5	12.1	17.0	21.6
	4	15.5	13.4	14.7	18.0	24.3
	5（低）	26.4	20.1	20.2	22.6	30.0

（注）　この損失ポートフォリオに含まれている企業の PER の平均値は，−18.4 %である。利益は，異常項目
　　　および特別項目控除前のものである。
（出所）　S. H. Penman and F. Reggiani, "Returns to buying earnings and book value: Accounting for
　　　growth and risk," *Review of Accounting Studies*, 2013. 利益と簿価は，スタンダード＆プアーズ Com-
　　　pustat® のデータによる。株式の年次リターンは，シカゴ大学ブース・スクール・オブ・ビジネス証券
　　　価格調査センター（CRSP）の月次リターン記録より算出。

みを用いたスクリーニングがうまくいったであろうことを示している。PER と PBR
の両方を用いたスクリーニングによって，そのリターンはさらに改善されたことだろ
う。というのも，PER を所与としたとき，PBR の順位付けにさらなるリターンが追
加されることになるからである。

　しかし注意すべきことがある。これらのリターンは，すでに確定した事実に基づい
て再計算されたものに過ぎず，将来においても同様のリターンを得られることが保証
されているわけではない。投資家は事前にこれらのリターンを予想していたのか，あ
るいはその戦略が当該期間に運よく当たっただけなのかについて確かめることはでき
ない。低い株価倍率を持つ株式を購入することにより，リスクを負っている可能性も
ある。低い株価倍率の企業は非常にリスクが高く，高い株価倍率の企業はリスクが低
いため，表 3.4 のリターンは，リスクに対する見返りだった可能性があるのである。
実際，表で示した戦略は，平均的には成功するものであるが，PER の低い株式より

72 第 1 部 財務諸表とバリュエーション

Box 3.3 情報を無視することによるリスク：PSR と株価/EBITDA 倍率

PSR

インターネット・バブルの際，PSR は株式を評価するための共通の尺度であった。表 3.3 で示されているように，PSR のこれまでの中央値は 0.9 倍である。しかし，1997～2000 年におけるニューテクノロジー企業にとって，それが 20 倍を超えることは珍しいことではなかった。なぜ，インターネット産業を担当するアナリストは，PSR に着目したのであろうか。なぜ比較企業の PSR に基づいて IPO の価格付けがなされたのであろうか。それは，これらのほとんどの企業が損失を計上しており，PER が比較分析に利用できなかったからである。しかし，PSR を用いることは危険を伴う。

PSR の決定要因は何か

PER に基づいて株式を買うのは理に適っている。なぜなら，利益がより成長しそうであるほど，その企業の価値もより大きくなるからである。PBR に基づいて株式を買うのもまた理に適っている。なぜなら，ここでの簿価は純資産のものであり，事業資産を買うということを考えてみることができるからである。しかし，売上高を用いる場合は，注意しなければならない。売上高は価値を付加するための必要条件であるが，十分条件ではない。売上高は損失をもたらす（価値を損なう）可能性もある。それゆえ，PSR の検討は，売上高によって生み出されるかもしれない利益の予想を伴ってなされなければならない。もし現在の売上高のもとで損失が計上されているのであれば，注意しよう。

PSR を評価するために，下記の式を理解しよう。

$$\frac{P}{S} = \frac{P}{E} \times \frac{E}{S}$$

E/S は，売上高利益率であり，最後には利益になる売上の割合である。この「売上高の収益性」は，PSR を評価するために理解する必要がある。さもなければ，危険を覚悟で情報を無視していることになる。ただ，実は，売上高利益率を把握した後は PSR の計算式の第 1 の構成要素である PER に立ち返ることになる。計算式は，PSR がまさに E/S を無視することによって，PER の特徴を薄めてしまうことを示している。アナリストは PSR を売上高の予想成長を表す指標として解釈することが多い。しかし，（売上からの）利益の成長こそが重要なのであり，したがって利益成長と PER に焦点を当てるべきなのである。

株価/EBITDA 倍率

株価/EBITDA 倍率は，比較分析とスクリーニング分析の両方においてよく使われる株価倍率である。EBITDA は，利払前，税引前，償却費控除前の利益である。アナリストの中には，固定資産の減価償却費と，著作権や特許権のような無形資産の償却費を利益から除く者もいる。なぜなら，これらは「現金支出費用」ではないからである。しかし，アナリストは減価償却費の測定方法を把握する必要があるとはいえ，減価償却費は実際の経済的コストである。設備の取得には支払がなされており，それは利用とともに減耗する。設備は最終的には支出を伴って取り替えられなければならない。設備や著作権，特許権の費用を考慮せずに，企業価値を評価することは，これらの費用を伴わずに事業を営むことができると偽って言い張るようなものである。PSR が費用に関する検討を欠いていたように，株価/EBITDA 倍率もまた費用に関する検討を欠いているのである。

も PER の高い株式のほうが高いリターンを生み出して，時に投資家に背くことがあることが知られている。これは，とくに PER の高い株式の売りポジションを保有している投資家にとって厄介なものになる可能性がある。PER は，*株式益回り*ともいわれる E/P レシオの逆数である。リスクの高い債券が高い利回りであるように，リスクの高い株式も高い株式益回りとなるだろう。レバレッジが E/P レシオを上昇（PER を下落）させるから，PER の低い株式を購入することは，購入者をレバレッジ・リスクにさらすことになるかもしれないことについては，本書で後述する。

　これらの投資戦略を実行する上で，さらに注意すべきことがある。これらは，きわめてわずかな情報しか用いていない（2 段階のスクリーニングのケースでは，財務諸表の情報のうちのたった 2 つの情報を用いるのみである）。そして，情報を無視することはコストを伴う。第 1 章で述べた，情報を無視するなら危険を覚悟することという，ファンダメンタリストの心得が守られていないのである。PSR はとくに危険である（Box 3.3 を参照）。投資家は非常に少ない情報に頼ることによって，より多くを知っている投資家や，株式が生み出す可能性のあるペイオフに関する分析を済ませている投資家と取引を行う危険にさらされる。低い PER は，もっともな理由によって低い可能性がある。実際，PER の低い株式が割高の可能性もあれば，高い PER の株式が割安の可能性もある。そのような場合，投資家は誤ったポジションを持つことになるであろう。2000 年に 87.9 倍という高い PER であったデルの株式を売却することは，よい方策であったろう。しかし当時 8.5 倍または 5 倍という低い PER であった，ゼネラル・モーターズ（GM）またはフォードの株式を買うことは，よい方策であったとはいえない。GM とフォードの株価は，その後急激に下落した。2008 年までに，GM の株価は 80 ドルから 4 ドルへ下落し，その後倒産した。フォードは 29 ドルから 3 ドルへ下落した。

　こうした情報の問題に対する解決策は，ペイオフに関するすべての情報を考慮した予測モデルを構築することである。これは内在価値を測定する正式なファンダメンタル分析の主題となるものであり，本章の後半で説明する。しかしその前に，資産ベースの評価について見てみよう。

2　資産ベースの評価

　資産ベースの評価は，企業の保有する資産の価値を識別し合計することによって，企業価値を見積もるものである。株式価値は，企業価値から負債価値を差し引いて計算される。すなわち，株式価値＝企業価値－負債価値，である。このシンプルさは魅力的に見える。資産を識別し，それぞれの価値を確認し，それらを合計し，負債価値を差し引けばよいのだから。

第2章で説明した通り，貸借対照表は資産と負債を足し上げており，株主持分は資産合計と負債合計の差に等しい。第2章ではいくつかの資産と負債が時価で評価されることを説明した。債券や株式への投資は，トレーディング目的または「売却可能」である場合，「公正な」市場価値で評価される。負債は典型的には，時価に近い評価額で貸借対照表に計上され，いずれにせよ財務諸表の注記に，多くの負債の時価に関する情報が記載される。キャッシュと債権は，それぞれの価値に近い評価額で計上される（債権は貸し倒れの見積もりを含む）。しかし，価値を生み出す資産の大部分は，未償却原価で計上される。これは通常，それらの資産から期待されるペイオフの価値を反映してはいない。

さらに，ブランド資産や知的財産，経営者の能力など，貸借対照表に計上されない，いわゆる無形資産もあるかもしれない。これらが貸借対照表に計上されないのは，会計専門家がそれらの価値を明らかにすることが非常に困難で，米国基準における「信頼性」規準に従った測定を行うことができないからである。会計では，これら資産にゼロの価値を付す。デルのケースでは，おそらくこれが市場価値と簿価の違いを生む主要な源泉である。デルはブランドネームを有しており，それはおそらく複合された有形資産よりも価値がある。デルは，独自の受注生産であるジャスト・イン・タイム生産技術，マーケティング・ネットワーク，そして「顧客に直結した」配送チャネルなどを持ち，それらは価値を生み出すものである。しかし，それら資産のいずれも貸借対照表には計上されない。

資産ベースの評価では，貸借対照表を次のように再構成しようと試みる。①貸借対照表に計上されている資産および負債の現時点の市場価値を入手する。②貸借対照表に計上されていない資産を識別し，それらに市場価値を割り当てる。これは評価の問題から解放された簡単な方法なのだろうか。会計では，本質的にこのアイデアに見切りをつけており，これを「難しすぎる」ものとして位置づけている。会計専門家は，資産評価には次のようないくつかの非常に困難な問題があることを指摘している。

・貸借対照表に計上されている資産は，市場取引が活発でない場合もあり，時価が容易に得られないかもしれない。

・時価が利用可能であったとしても，当該資産の市場が不完全であれば，その時価は，企業の内在価値の効率的な測定値ではないかもしれない。

・時価が利用可能であったとしても，企業に設置されている企業固有の用途による価値を表していないかもしれない。資産の取替原価や売却価格（清算価値）のいずれかが得られるかもしれないが，これらはいずれも，企業固有の継続事業における価値を表さないかもしれない。コンピュータ製造業において使用される建物の価値は，その建物が食料品倉庫として用いられた場合の価値と同じではないだろう。

Box 3.4 清算価値の評価：資産ベースの評価の適用

　資産ベースの評価は，企業の**清算価値**の評価に利用される。投資家は，継続企業を前提とした企業の価値を理解しつつも，継続と清算のどちらのほうが資産の価値はより高いのかを常に検討しなければならない。もし清算価値のほうが大きければ，企業は清算されるべきである。1980年代後半における大規模な企業買収やリストラのいくつかは，買収ターゲット企業の資産は，それらを清算したほうが価値が高い，と企業買収アドバイザーが判断したことで生じた。この評価には，資産の流動化価値（売却価格）の入手が必要となる。

　ファンダメンタル分析においては，継続事業における資産の使用価値を見積もる。この価値と清算価値との比較は，「価値は事業戦略に左右される」という格言を認めるものである。資産を使用し続けることは戦略の1つであって，資産を売却するという戦略もあるから，2つの戦略の価値は比較されなければならない。

- 未認識の資産を，それらの市場価値を決定するために識別する必要がある。ブランドネーム資産や知的財産とは何か。デルの貸借対照表に計上されていない資産は何か。「無形資産」という用語は，価値測定が困難であることを示唆している。ブランド資産や知的財産の価値の見積もりは困難な作業である。会計では，市場で購入した無形資産のみ，貸借対照表に計上される。なぜなら，その場合にのみ，客観的な市場での評価が利用可能であるからである。
- たとえ，個々の資産について価値評価をすることができたとしても，認識されたすべての資産の時価の合計は，それらの資産を全体として捉えた場合の価値とは，おそらく一致しない。資産は共同で使用される。実際，企業家は価値を生み出すために独自の方法で資産を組み合わせることで企業をつくる。「シナジー」の価値を捉えるのは容易ではない。企業の内在価値，すなわち複合した資産の価値を測定することが，価値評価の主題である。

　少数ではあるが，資産ベースの評価が適切である場合もある。たとえば，上場株式のみに投資する投資ファンドの価値は，それらの株式の市場価値を合計することで評価されるかもしれない。しかし，このケースでさえ，もしその資産の1つが投資から超過リターンを獲得するというファンドの能力であれば，その企業価値は貸借対照表の簿価よりも高くなるかもしれない。また，ファンドの株式の市場価値は効率的なものではないかもしれない。これは，ファンド・マネージャーがミスプライスされている株式を選ぶことができた場合に起こるケースである。資産ベースの評価は，天然資源（油田，鉱床，木材など）が主要な資産であるような企業に適用されることもある。実際，これらの企業は，資産ベースの企業といわれることもある。石油や鉱物資源の確認埋蔵量や材木量は，見積もられた上でそれら資源の現在の時価で価格付けされる（見積採取コストを除く）。資産ベースの評価の適用については，Box 3.4を参照しよう。

76　第1部　財務諸表とバリュエーション

　資産ベースの評価は，企業価値を評価する方法として手軽なものではない。実際，ほとんどの場合においてあまりに困難であるために，非常に手間のかかるものとなってしまう。それゆえ，会計専門家はこの手法を用いようとはしない。資産ベースの評価の困難性が，ファンダメンタル分析の必要性を強調することになる。企業の価値評価における問題は，実のところ貸借対照表が不完全であるという問題である。ファンダメンタル分析は，貸借対照表に計上されていない価値を矯正する内在価値を得るためのペイオフ予測を含むものである。たとえば，コカ・コーラは大きなブランド資産を有するが，これは貸借対照表に計上されていない。そのため，コカ・コーラの株式は，簿価を大きく上回る価格で取引されている。本書では，そのプレミアムがファンダメンタル分析を用いて推定できることを説明する。

3　ファンダメンタル分析

　比較分析，スクリーニング分析，資産ベースの評価のいずれにも共通する1つの特徴がある。それは，これらの分析では予測は行われない，という点である。しかし，企業の株式価値は，もたらされると期待される将来のペイオフに基づいている。それゆえ，株式評価を行う上で徹底した仕事をするのであれば，ペイオフの予測を避けることはできない。ペイオフは情報から予測されるため，情報の分析を避けることはできない。**ファンダメンタル分析**は，情報を分析し，その情報からペイオフを予測し，その予測をもとに価値評価を行う方法である。比較分析，スクリーニング分析，資産ベースの評価では，予測を行わないため，用いられる情報はごくわずかである。そのため，これらの分析手法は簡便である。しかし，その簡便性が情報を無視することによるコストを生む。徹底した投資家であれば，PER や PBR，PSR ではなく，株価・価値倍率（price-to-value ratio：PVR）を用いて株式をスクリーニングする。そのためには，企業価値を推計する手法が必要である。PER や PBR，PSR によるスクリーニングは，利益や簿価，売上高は安いのか高いのか，という正当な問題を提示している。しかし，投資家は価値そのものを買うのであって，価値のある側面のみを買うのではない。

ファンダメンタル分析の過程

　図3.1に，価値の推定を行うファンダメンタル分析の過程の概要を示している。最後のステップ5で，企業価値の評価額は投資額と比較される。これは，*投資意思決定*のステップである。企業外部の投資家にとって，投資額は取引されている株式の市場価格である。分析の結果，評価額が市場価格よりも高ければ，*買い*と判断され，低ければ，*売り*と判断される。アナリストは，評価額が市場価格と一致していれば，その

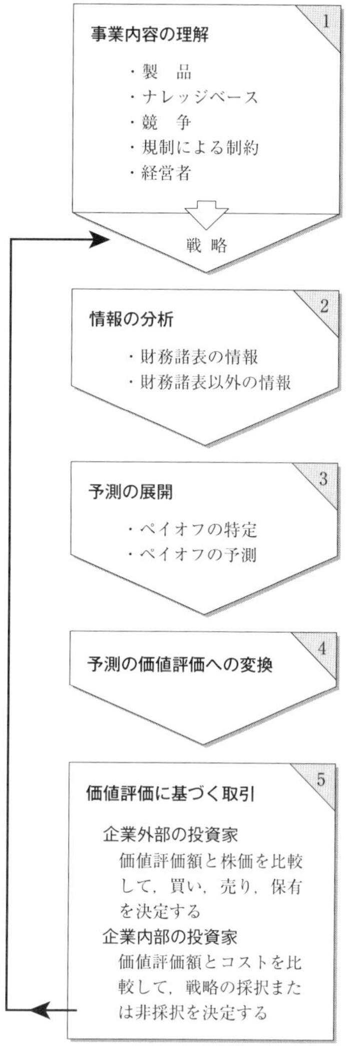

投資における市場は効率的であると結論づける。これは，アナリストの業界用語では*保存*といわれる。企業内部の投資家にとっては，投資額はその投資コストである。戦略や投資案の計算された価値が投資コストよりも高ければ，価値が付加される。その場合，アナリストは（プロジェクト評価の用語では）戦略や投資案の*採択*と判断する。それらの価値が投資コストよりも低ければ，*非採択*と判断する。

ステップ1からステップ4においては，投資意思決定のための評価額を得るための方法が示されている。投資の価値は，生み出される可能性のあるペイオフを基礎とする。それゆえ，ペイオフの予測（ステップ3）が，ファンダメンタル分析における中心課題である。ペイオフの予測には，ペイオフに関する情報を識別し分析することが不可欠である。それゆえ，予測に先立って，情報の分析（ステップ2）が必要となる。そしてペイオフを得るために企業が採用した戦略と事業内容を理解しなければ，情報を解釈することはできない（ステップ1）。

1. *事業内容の理解*　第1章で強調したように，事業内容を理解することは，事業を評価するための必要条件である。重要なのは，価値を付加する戦略である。企業外部のアナリストは，図で示したステップに従って，所与の戦略を評価する。

そして企業が戦略を修正すれば，それに合わせて価値評価も修正する。もちろん企業内部のアナリストは，戦略の構築に携わるため，代替的な戦略によって付加されるかもしれない価値に対する検討を行うために，ステップを進めることになる。図3.1には，フィードバック・ループが存在する。ひとたび戦略が選択されると，その戦略は，継続するものとして評価される事業のもとになるのである。

2. *情報の分析*　その事業に関する予備知識を伴って，特定の戦略の評価は，事

● 図 3.1　ファンダメンタル分析の過程

業に関する情報の分析から始める。情報は，さまざまな情報源から多種多様な形式で得られる。「ハード」なドル数値の情報（財務諸表で計上される売上高やキャッシュフロー，利益など）から，「ソフト」な質的な情報（顧客の好み，技術の変化，経営者の質）まで，膨大の量の情報を取り扱わなければならない。予測のためにこの情報を体系化するには，効率性が必要とされる。関連する情報と無関連な情報とを区別する必要がある。そして，予測に用いる情報を抽出するため，財務諸表を詳細に分析する必要がある。

3. *予測の展開*　　図3.1のステップ3に示した通り，予測の展開は2つのステップからなる。まず，どのようにペイオフを測定するかを特定する。その後，特定されたペイオフを予測する。価値評価の妥当性は，どのようにペイオフを測定するかに常に左右されるため，はじめのステップは重要である。キャッシュフローや利益，簿価，配当，EBIT，あるいは株主資本利益率（ROE）を予測するのだろうか。アナリストのリサーチレポートにはそれらすべての数値が載っている。このステップは，先のステップに進む前に解決されていなければならない重要な設計問題である。

4. *予測の価値評価への変換*　　事業は数年間にわたってペイオフを生み出すため，典型的には，予測は将来のペイオフの流列に対してなされることになる。分析を完了するには，予想ペイオフの流列を1つの数値，すなわち価値評価額に集約しなければならない。ペイオフは将来に生じるものであり，投資家は将来よりも現時点での価値に重きを置くため，予想ペイオフを貨幣の時間価値の分だけ割り引かなければならない。また，ペイオフは不確実なものであるため，予想ペイオフはリスクの分だけ割り引かれなければならない。これら2つの特徴が投資家の**割引率**（要求リターンまたは**資本コスト**ともいう）を決定づける。したがって，最後のステップは，投資家の割引率を用いて予想ペイオフの流列を割り引き，1つの数値に集約することになる。

5. *投資意思決定（価値評価に基づく取引）*　　企業外部の投資家は，推定された企業価値と株価を比較して，株式取引の意思決定を行う。企業内部の投資家は，推定された投資の価値と投資のコストを比較する。いずれのケースにおいても，その比較は，投資による**付加価値**をもたらす。そのため，単純な株価倍率のように，ごく一部のわずかな情報と株価を比較するのではなく，予想に用いられるすべての情報の内容が反映された価値評価の数値と株価を比較することになる。すなわち，ファンダメンタル・アナリストは，PERやPBRではなく，PVRを用いて株式をスクリーニングするのである。

アナリストは，これらのステップのいずれか，またはいくつかのステップの組み合わせに，業務を特化することもできる。アナリストは，自分の比較優位がどのプロセ

スにあるのか，競争上の強みが得られるのはどこかを把握する必要がある。アナリストから取引のアドバイスを受けるときには，投資家は，そのアナリスト特有のスキルは何かを把握する必要がある。それは事業に関する豊富な知識にあるのか（ステップ1），情報の収集能力や分析力にあるのか（ステップ2），情報からの的確な予測の展開にあるのか（ステップ3），予測から価値を評価する能力にあるのか（ステップ4），それとも取引コストを最小限に抑えた上で，その分析から取引戦略を構築する能力にあるのか（ステップ5）。たとえば，あるアナリストは，利益を予測するのは得意かもしれないが，予測から価値を評価するのは不得手かもしれない。

財務諸表分析，プロ・フォーマ分析，およびファンダメンタル分析

　財務諸表は，大抵，企業に関する情報を発見するための場所と考えられており，実際，上記「情報の分析」のステップでは，財務諸表をそのように見てきた。しかし財務諸表は，ファンダメンタル分析において，それとは異なる重要な役割も担っている。

　投資に対するペイオフを予測することは，ファンダメンタル分析の中心課題である。将来利益は，アナリストが予測するペイオフであり，将来の損益計算書で報告されるものである。キャッシュフローも予測される対象であり，将来のキャッシュフロー計算書で報告される。そのため，財務諸表は予測に役立つ情報というだけでなく，それらはまた予測の対象でもある。図3.2は，財務諸表がどのように価値評価に用いられるかを表している。

　財務諸表には，企業がどのように利益とキャッシュフローを生み出すかを説明する多くの項目が記載されている。損益計算書には，売上高，売上原価，その他の売上のために必要な費用が記載されている。キャッシュフロー計算書には，キャッシュフローの源泉が示されている。貸借対照表には，利益とキャッシュを生み出すために使用されている資産が記載されている。財務諸表は，利益とキャッシュフローの「ドライバー」（価値評価分析における用語である）を与えてくれる。そのため，財務諸表は，いかに予測を構築するかについての考え方，つまり，予測のフレームワークを提供してくれる。売上高，費用，使用されている資産といった財務諸表上の項目を見れば，価値の創造について理解することができるだろう。そしてもし，完全で詳細な財務諸表を予測するのであれば，利益とキャッシュフローを生み出す要因を予測することになり，それゆえ予測を組み立てることになるだろう。

　将来の財務諸表を予測することは，将来のプロ・フォーマ（見積もり）財務諸表を作成することであるから，**プロ・フォーマ分析**といわれている。プロ・フォーマ財務諸表は，もし期待が叶えられたら報告されるであろうものである。予測は，ファンダメンタル分析における中心課題であり，プロ・フォーマ分析は，予測を行う上での中心課題である。したがって，ファンダメンタル分析においては，プロ・フォーマ（将

● 図3.2 財務諸表はどのように価値評価に用いられるか

アナリストは，将来の財務諸表を予測し，将来の財務諸表における予測を価値評価に変換する。現在の財務諸表は，予測のための情報として用いられる。

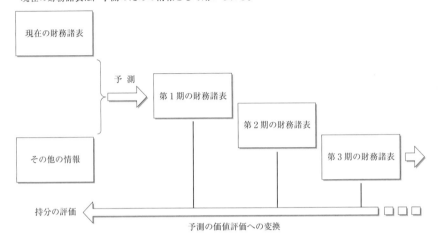

来）財務諸表を作成することと，それらを価値評価に変換することが，中心課題となる。そのためには，現在の財務諸表の分析を行うことも必要である。現在の財務諸表は，予測のために必要な情報である。そのため，将来の財務諸表を予測することを目的として，現在の財務諸表が分析されるのである。

4 ファンダメンタル分析の構造：価値評価モデル

図3.1に示したように，ファンダメンタル分析は，その企業の事業に関する理解（ステップ1）を価値評価とそれに基づく投資戦略に変換する（ステップ5）プロセスである。ステップ2, 3, 4は，その変換過程である。これらの3つのステップの内容は，アナリストが採用する**価値評価モデル**（バリュエーション・モデル）に依存する。ステップ3における予測は，分析の中心課題である。予測される対象を特定できなければ，分析を始めることはできない。価値評価モデルは，ペイオフを特定し，ファンダメンタル分析におけるステップ3（予測）の内容を規定する。価値評価モデルは，ステップ2（情報の分析）の内容にも影響を与えている。予測される対象を特定しなければ，予測に関連する情報を特定できないからである。また，価値評価モデルは，ステップ4（予測の価値評価への変換）の内容にも関連する。したがって価値評価モデルは価値評価の構造を規定するものであり，採用された価値評価モデルによって価値評価手法の適否が決まる。

優れた実践は，優れた思考からもたらされる。価値評価モデルには，企業がどのよ

うに価値を生み出すか，その考え方が組み込まれている。企業は複雑な組織であり，その活動から生じる価値を推測するには，筋道の通った思考が必要である。価値評価モデルは，そうした思考を提供するものであり，事業とその戦略を理解するためのツールである。価値評価モデルを用いることで，事業に関する理解を事業の価値評価に変換することが可能となる。

アナリストは，通常，価値評価モデルや価値評価方法について，彼らの帰属する組織内部で共通する考え方を持っている。投資コンサルタントにとって，価値評価モデルはマーケティングの中心にあることが多く，多くのモデルが宣伝されている。かつては，割引キャッシュフロー（DCF）・モデルが流行していた。しかし現在では，多くのモデルが，「経済的利益」に焦点を当てており，「バリュー・ドライバー」や「減衰レート」「フランチャイズ要因」「競争優位期間」などの経済的要因に注意を向けている。これらは市場のからくりに過ぎないのだろうか。どの程度，そしてどのように，これらの要因は実際に価値を創造するのだろうか。代替的なモデルから1つを選択するにはどうすればよいのだろうか。これらは，アナリストがクライアントからまず質問される項目である。価値評価モデルの提供者は，十分な回答を用意しているはずである。価値評価モデルは，株式分析の中心に位置するものであり，アナリストは，厳しい吟味に耐えられるような価値評価モデルを用意していなければならない。

有限期間投資と継続投資

適切な価値評価モデルについて考えるにあたって，図3.3を見てみよう。将来のいつかの時点で売却する予定の投資を，これから行うとする。その投資がもたらすペイオフは，その投資から得られるキャッシュの合計額として得られる。これは，投資期間中に得られるキャッシュと，投資の売却から得られるキャッシュ，という2つのキャッシュの合計である。これらのペイオフは，図3.3で示したように，2種類の投資として時間軸に表される。この時間軸は，投資が行われた時点（0時点）から始まり，T期間にわたる（この期間を**投資期間**という）。投資家は，通常，リターンを1年の期間で考えるため，この図における期間の単位は1年としよう。

図で示した第1の投資は，決まった期間に対する投資，すなわち**有限期間投資**である。例として，債券があげられる。債券のキャッシュフローは，毎年の券面利息と，満期の元本返済から得られる。ほかにはたとえば，賃貸ビルなど，単一資産への投資があげられる。そのペイオフは，毎期のキャッシュフロー（賃貸料）とその資産が除却されるときに発生するキャッシュフローから得られる。図に示されている第2の投資は，債券や単一資産の例とは異なり，満期が存在しない投資である。これは，企業の株式に対する投資の特徴である。通常，企業は**継続企業**，すなわち永続するものと考えられている。終了時点はなく，清算によるペイオフも存在しない。しかし，投資

● 図3.3 投資に対する期間ペイオフ

　第1の投資は有限期間に対する投資であり，第2の投資は株式に対する継続投資である。投資は，0時点で行われ，T期間継続し，T時点で投資は終了または清算される。

有限期間投資

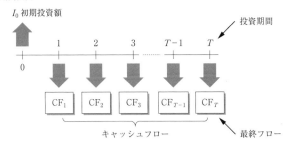

株式に対する継続投資

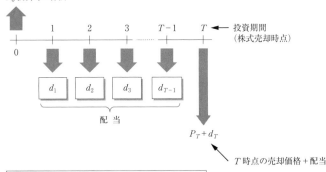

家は，将来の任意のT時点において株式を売却することによって，投資を終了させる。このことは，*終了時点のペイオフの予測*という問題を生じさせる。株式投資に関しては，P_0は株式に支払われた価格であり，$d_1, d_2, d_3, \cdots, d_T$は各期の配当である。配当は，債券における利息のような毎期のキャッシュフローのペイオフである。P_Tは，終了時点のペイオフであり，株式売却によるものである。

　図3.1に示した通り，2種類の投資のペイオフは，要求リターンで割り引かれることにより価値評価額に変換される。本書では，割引に用いられる，1＋要求リターンを，ρ（ロー）と表す。要求リターンが10％であれば，$\rho = 1 + 0.10 = 1.10$となる。

要求リターンは $\rho - 1$ と表され，$1.10 - 1.0 = 0.10$ となる。要求リターン r を用いて，割引率を $1 + r$ と表すこともできる。したがって，ρ は $1 + r$ と等しく，$\rho - 1$ は r に等しい。

百分率表示の数値は要求リターンといわれる。これは厳密にいえば，*要求リターン率*である。

有限期間投資の価値評価モデル

標準的な*債券評価式*は，価値評価モデルの一例である。図 3.4 の一番上に，5 期間のペイオフが示されている。券面額 1000 ドルで，毎期の券面利率は 10 ％である。描き方は図 3.3 の時間軸と揃えてある。債券評価式は，投資時点（0 時点）における債券の内在価値を表している。

$$債券価値_0 = 期待キャッシュフローの現在価値$$

$$= \frac{キャッシュフロー_1}{\rho_D} + \frac{キャッシュフロー_2}{\rho_D^2} + \frac{キャッシュフロー_3}{\rho_D^3}$$

$$+ \frac{キャッシュフロー_4}{\rho_D^4} + \frac{キャッシュフロー_5}{\rho_D^5} \tag{3.1}$$

ここで ρ_D は，債券に対する要求リターン $+1$，である。D は，負債に対する価値評価であることを意味する（債券は通常は負債として認識される）。債券からの将来キャッシュフローを予測し，それを負債の要求リターン $+1$（ρ_D）で割り引くことによって，債券価値が評価される。ステップ 3 における予測対象の特定は，ここでは難しくない。債券の契約で特定されるキャッシュフローのペイオフが予測対象である。この式は，これらがどのように要求リターンと結びつくか（ステップ 4），すなわち各 t 期におけるキャッシュフローが割引率の逆数である $1/\rho_D^t$ によって，「現在価値」に割り引かれていることを示している。

債券価値を評価する際の唯一の問題は，割引率の計算である。これは，債権者の要求するリターンであり，*負債に対する資本コスト*といわれることもある。負債の価値評価を行う債券アナリストは，将来の異なる期間について特定の異なる割引率を用いる。すなわち，割引率に期間構造を与えるのである。本書では，議論をシンプルにするために一定の割引率を用いる。たとえば，年次 8 ％であると仮定すると，下記のように表される。

$$債券価値_0 = \frac{\$100}{1.08} + \frac{\$100}{(1.08)^2} + \frac{\$100}{(1.08)^3} + \frac{\$100}{(1.08)^4} + \frac{\$1,100}{(1.08)^5} = \$1,079.85$$

図の 0 時点でのキャッシュ・アウトフローとして示されたように，この価額は，債

84 第1部 財務諸表とバリュエーション

● 図3.4　5年満期・年次利回り10％の利付債1000ドルのキャッシュフローと，5期間の投資プロジェクトのキャッシュフロー

　　両方のケースにおいて，キャッシュの投資は0時点で行われ，その後の5期間にわたってキャッシュフローが得られる。投資は第5期の期末に終了する。

債　券

	0	1	2	3	4	5
定期的なキャッシュ受取		$100	$100	$100	$100	$100
償還によるキャッシュ						$1,000
購入価格	($1,079.85)					
時点 (t)	0	1	2	3	4	5

プロジェクト

	0	1	2	3	4	5
定期的なキャッシュフロー		$430	$460	$460	$380	$250
残存価値						$120
初期投資額	($1,200)					
時点 (t)	0	1	2	3	4	5

券が適切に価格付けされていたならば，その債券に対して支払うであろう額である。

　これはもちろん，標準的な*現在価値評価式*でもあり，企業内の戦略プロジェクトの評価にもしばしば適用される。新工場や新設備といったプロジェクトに投資すべきか否かを決めるのに用いられるのである。図3.4には，プロジェクトに関する予想キャッシュフローのペイオフも表されている。0時点に1200ドルをプロジェクトに支出し，そのプロジェクトは5期間にわたって続く。現在価値評価式によれば，プロジェクトの価値は次のように表される。

$$\text{プロジェクトの価値} = \text{期待キャッシュフローの現在価値}$$

$$= \frac{\text{キャッシュフロー}_1}{\rho_P} + \frac{\text{キャッシュフロー}_2}{\rho_P^2}$$

$$+ \frac{\text{キャッシュフロー}_3}{\rho_P^3} + \frac{\text{キャッシュフロー}_4}{\rho_P^4}$$

$$+ \frac{\text{キャッシュフロー}_5}{\rho_P^5} \tag{3.2}$$

　ここで，ρ_P はプロジェクトへの投資に対する1ドル当たりの要求ペイオフであり，リスクを反映している。プロジェクトに対する要求リターンは，*ハードル・レート*（*目標利回り*）といわれることもある。これを12％とした場合（$\rho_P = 1.12$），投資の価値評価額は1530ドルとなる（自分で計算できるか確かめよう）。この式は，プロジェクト評価モデルである。プロジェクトから得られるキャッシュフローを予測し（ステップ3），その予測を，現在価値の評価式に基づいて要求ペイオフと結びつける（ステップ4）。債券評価において割引率の決定が重要であったように，プロジェクトの評

価においては資本コストの決定が問題である。しかし，プロジェクトの将来キャッシュフローは，債券の場合ほど明確ではないので，プロジェクトの評価においてはそれを予測するためにも，情報を分析することが必要である。したがって，情報の分析（ステップ2）が重要である。プロジェクト評価モデルには，情報の分析において何をすべきかが示されている。将来キャッシュフローの予測に役立つ情報を見つけることが重要である。

　企業は，株主にとっての価値を創造することを目的としている。図3.4の予想ペイオフは，企業が株主の資金によって行いうる2種類の投資に関するものである。債券について考えてみよう。もし市場で債券が適切に価格付けされているのであれば，8％のリターンが得られるような価格が付くであろう。したがって，企業が債券を購入する場合には，1079.85ドルだけ支払うことになる。その投資によって生み出される価値は，ペイオフの現在価値と投資支出の差額として得られる。これは，投資の*正味現在価値*（net present value：*NPV*）と呼ばれている（ステップ5）。1079.85ドルの価格である債券に対する投資のNPVは0であるため，そうした投資は*NPV* ゼロの投資といわれる。債券投資は価値創造のない，あるいは付加価値のない投資ともいわれる。これは，支払った投資コストと同じ（現在）価値を有するペイオフを生み出す投資である。もちろん，市場で債券が（割引率を誤って計算したことにより）ミスプライシングされていると考えられる場合には，経営者はその債券を売買することによって価値を創造することができるかもしれない。これは，債券のミスプライシングを利用した裁定取引であり，債券トレーダーはこれを行っている。

　ほとんどの事業投資は，図3.4の下に示されたものと同様である。これは，投資コストを価値が上回り，価値が付加される*正のNPVの投資*の例である。この投資の評価において，経営者は，予想正味現在価値が＄1,530－＄1,200＝＄330であることから，このプロジェクトを採択することは価値を創造することになると判断するだろう。

継続投資の価値評価モデル

　債券やプロジェクトといった有限期間投資の価値評価は，比較的容易である。しかし，企業は継続することが前提とされており，経営者が考える戦略もまた継続企業の前提に立ったものである。企業はプロジェクトに投資するが，次から次へと新しい投資が絶え間なく続く。継続企業の株式評価と戦略の分析においては，次の2つの複雑な問題が存在する。第1の問題は，継続的であるがゆえに，ペイオフは非常に長い期間にわたって予測されなければならないという点である。永遠に継続するとすれば，ペイオフの予測期間は無限になってしまうのであろうか。これは実践上の問題を生じさせる。第2の問題は，付加価値を捉えるために予測されるべき特性が，単一の有限期間投資におけるように明確ではないという点である。そうした特性を識別するには，

事業において価値がどのように生み出されるのかを正確に理解する必要がある。以下では，これらの2つの問題を順に検討する。

実践的な価値評価モデルの規準

私たちは，企業で生み出される価値を捉えるための価値評価モデルを得たいと考えている。しかし，それは実践的でなければならない。実際に使おうとしたときに厄介な問題に直面するようなモデルは望ましくない。ここで検討すべきことは，以下の3つである。

1. *有限の予測期間*　継続企業の前提においては，企業が永遠に継続することが想定されているが，「無限に」予測することは，現実的ではない。遠い将来についての予測になればなるほど，予測は非常に不確実なものとなってしまう。実務では，アナリストは数期間を予測するか，長期成長率を用いて長期間予測を集約している。本書では，**有限期間予測**（たとえば1, 5, 10年など）に基づく価値評価モデルを紹介する。これは，ステップ3における予測対象が特定されることを意味している。すなわち，比較的短期間を対象としたペイオフの予測と，継続企業における永続的なペイオフの予測を等しいものとみなすような方法である。そして，期間はより短いほど望ましい。

2. *検証*　何を予測したとしても，事後にはそれを観察できなければならない。これは，予測の対象となった事象が実際に生じた時点で，事実として確認することができるということである。「経済的利益」や「技術の優位性」，「競争優位性」，「成長機会」といった曖昧な概念は，予測の対象とはならない。これらの概念は，予測を行う過程では重要であるかもしれないが，実際に予測の対象となるのは，将来の財務諸表において監査され報告されるような項目である。予測を検証するためには，それが具体的なものでなければならない。それゆえ，もし「競争優位性」や「成長機会」が価値を生み出すのであれば，財務諸表における項目として計上されるような特性を識別することになる。検証を確実に行えば，価値評価方法はより信頼性の高いものとなる。アナリストの利益予想は，事実として確定した後の財務報告によって，その適否を検証できる。投資家の観点に立てば，アナリストによる予測の質を確かめることは重要な事項である。投資家は，曖昧な規準に基づいた株式情報に対して用心深いものであり，具体性を重視している。

3. *簡便性*　予測の対象となるのは，情報の集合体であり，ステップ2における分析内容は，比較的単純である。必要な情報がより少なければ，価値評価はより簡便なものとなる。簡便性は重要である。もし，1つか2つの情報について，それらがペイオフに関する数多くの情報を要約しているため，とりわけ重要であると判断できるならば理想的だろう。そして，その情報が，手元にある財務諸表に

記載されていれば，なおさらよい。

何が価値を生み出すか

第1章で述べたように，企業には，財務活動，投資活動，営業活動という3つの事業活動が存在する。第1章の図1.1をもう一度参照しよう。これらのうち，どの活動が価値を付加する活動であろうか。

エコノミストであれば，価値を付加する活動は投資活動と営業活動である，と考えるであろう。財務活動，すなわち投資家から資金を調達し投資家にリターンを還元するという取引も，むろん事業に必要なものである。しかし通常は，財務活動は価値を生み出す活動とは考えられていない。ただし，いくつか例外はある。以下では，株主と債権者との取引について順に考えてみよう。

株式に関する財務活動

効率的市場における株式発行　発行済株式数が1億2000万株の企業が，1株当たり42ドルの市場価格で1000万株の追加的な株式発行を行ったとしよう。このとき，1株当たりの価格はどうなるだろうか。実は，何も変化しない。新株発行前の企業の株価総額は，1億2000万株×42ドル＝50億4000万ドルである。新株発行によって，1000万株×42ドル＝4億2000万ドルだけ増加し，株価総額は54億6000万ドルとなる。発行済株式数が1億3000万株であれば，1株当たりの株価は42ドルである。株主の請求権の価値は変化しない。企業に対する投資の総額は増加するが，投資には何の価値も付加されない。これは，株主の価値は常に1株当たりの単位に基づいて測らなければならない，ということを意味している。株式の1株当たりの価値が増加すれば，価値が創造されたと考えられるが，株価総額が増加しただけでは，価値が創造されたとはいえない。企業規模の拡大が1株当たりの価値の増加をもたらさないのであれば，経営者はそれを目的とすべきではない。

次に，42ドルの市場価格ではなく，32ドルで1000万株の株式を発行した場合を想定しよう。この新株発行により，企業の株価総額は，1000万株×32ドル＝3億2000万ドルだけ増加し，53億6000万ドルとなる。このとき，1億3000万株の株式1株当たりの価格は，新株発行後は41.23ドルとなる。この取引は，株主価値に影響を及ぼし，株主は1株につき77セントの損失を被ったことになる。1株当たりの価値は減少し，すなわち株式は希薄化したのである。

これらの2つのシナリオは，基本的な原理を示している。すなわち，時価での株式発行は株主の価値に影響を与えないが，時価以下での発行は株主の価値を毀損する。価値評価においては，時価での株式発行は無視しうるが，時価以下での発行は無視できない。後者は，たとえば，経営者や従業員にストック・オプションが付与される場合にも生じる。これらの取引を無視すれば，毀損している価値を捉えられないことに

なる。

時価での株式発行の影響は，株式発行が行われるというアナウンスによる影響とは異なるものである。株式発行前のアナウンスでは，企業価値に関する情報や，株式発行によって市場価格が変動するであろうといった投資の側面に関する情報がもたらされる。しかし，この影響（シグナリング効果）は，新しい情報によってもたらされるのであって，株式発行そのものによってもたらされるわけではない。

非効率的市場における株式発行　ファイナンス理論における標準的な考え方によれば，株式の市場価格はその価値を反映しており，したがって，株式市場は効率的であるとされる。もしそうであれば，取引の売買の双方において，受け取る価値と受け渡す価値は一致する。しかし，もし株式がミスプライシングされていれば，一方が，もう一方の犠牲のもとに利益を得ることになる。経営者は，自社の株式が市場で過大評価されている（割高な価格が付いている）と判断すれば，株式発行を行うことにするであろう。新しい株主は，市場価格相当額を支払うが受け取る価値はそれよりも少ない。既存株主は，失う価値よりも多くの価値を受け取り，利益を得る。そのため，株式発行のアナウンスはよくないニュースとして認識され，株価が下落することもある。非効率的市場の場合，または企業の見通しに関して経営者が市場よりもよく知っているような場合に，こうした富の移転が生じるので，買い手は注意しなければならない。株式発行に応じる際には，株式価値を的確に把握することが必要である。

自社株買い　自社株買いは，株式の買い戻しである。市場価格での自社株買いは，1株当たりの価値に影響を及ぼさないが，時価以上での自社株買いは影響を及ぼすことになる。株式発行と同様に，経営者が，株価が内在価値よりも低いと判断した場合に，自社株買いが行われる。この場合，自社株買いに応じた株主は損失を被る。自社株買いのアナウンスは，株式が過小評価されている（割安な価格が付いている）というシグナルとみなされ，株価が上昇することもある。その場合，売り手は用心しよう。

配当　配当は，株式投資のリターンの一部であり，株主にとって価値あるもののように思われる。実際，ファンダメンタル・アナリストも，かつてはより高い配当がより高い価値を意味すると考えていた。しかし現代のファイナンス理論では，異なる考え方がとられている。配当は，見かけ上とは異なる性質を持っているのである。

もし企業が1ドルの配当を支払えば，株主は1ドルを手にする。しかし，これは企業から1ドル流出したことを意味するため，企業価値は1ドルだけ下落する。株主は配当を受け取るが，株主が株式を売ろうとすれば1ドル低い価格で売ることになる。配当支払は，株主を裕福にするわけではない。価値を生み出すわけではないのである。言い換えれば，投資家の配当込みペイオフは，影響を受けない。株主に対するリターンは，配当とキャピタル・ゲインの合計で表される。配当はリターンを増加させるが，キャピタル・ゲインを減少させるため，リターンの合計は影響を受けないのである。

第 3 章　財務諸表をどのようにバリュエーションに用いるか　89

　この議論は，**配当無関連性命題**といわれており，マートン・ミラーとフランコ・モジリアーニという 2 人の学者による MM 命題として知られている。投資家の中には，キャッシュが必要であるために，キャピタル・ゲインよりも配当を好む投資家もいる。しかし，そうした投資家も，株式を売却してキャピタル・ゲインを配当に換えることは可能である。また，無配当を好む投資家は，配当によるキャッシュで株式を買うことにより，無配当の状況に変えることもできる。これは**自家製配当**といわれる手法である。この手法を用いれば，リターンが配当によるものか，キャピタル・ゲインによるものかによるに違いはない。株主が配当を求めるのであれば，企業は借入を行って受け取った資金を配当支払に当てることにより，企業の投資に影響を与えることなく，配当をつくり出すこともできる。もちろん，配当支払のために，価値を生み出すような投資を諦めるようであれば，企業価値は棄損することになる。既存の資金調達方法を前提にするなら，合理的な経営者であれば，配当を支払うために価値を生む投資を取り止めるのではなく，借入を行うか，あるいは株式を発行するであろう。

　自家製配当と借入は取引コストを伴うが，価値評価額の計算が不正確である以上，通常は無視できるほどに小さいと考えられる。もし，株式市場の流動性が低いために（たとえば非上場企業など）自家製配当を行うことが難しい場合，配当が行われなければ，配当を望む投資家にとっての投資価値は下落するであろう。こうした価値への影響は，**流動性ディスカウント**といわれる。すなわち，流動性のある投資の価値に比べて，流動性の低い投資の価値はその分だけ低い，ということである。しかし，株式を担保にした借入によってキャッシュを得ることができれば，流動性ディスカウントを避けることができる。企業が借入を行うことで，投資価値に影響を与えずに配当を支払うことができるように，株主も借入を行えば，株式価値には影響を与えずに済む。

　株式発行や自社株買いと同様に，配当政策のアナウンスでは，株価に影響を与えるような情報が伝達されることがある。増配は，将来により大きな儲けを得られることが示唆されているとみなされ，よいニュースとして捉えられることが多い。一方，減配は悪いニュースと捉えられることが多い。これらの情報効果は，*配当シグナリング効果*といわれ，配当政策がアナウンスされたときに生じる。配当無関連性命題によれば，配当それ自体は，（配当込み）株主価値に影響を与えない（このとき株式は配当落ちとなっている）。

　配当に対する税率がキャピタル・ゲインよりも高い場合，配当は株主価値を損なう，という議論がある。税金を課されない投資家にとっては重要な問題ではないが，税金が課される投資家にとっては，配当に対してより多くの税金を課される場合には，キャピタル・ゲインによるリターンのほうが望ましい[2]。そのため，税金を課される投

　原注 2)　原書出版時（2013 年）には，米国における，配当に対する税率と（長期）キャピタル・ゲインに対する税率は，同じ（15 ％）であった。

90　第1部　財務諸表とバリュエーション

資家は，配当を伴う株式に対して，それと同等のリターンがキャピタル・ゲインのみ
で得られる株式よりも，低い額しか支払おうとしないであろう。しかし一方で，慎重
に税務戦略を構築すれば，配当に対する課税を避けることができるという議論もある。
また，非課税の投資家（大規模な年金基金や非営利団体など）が市場で主要な地位を占
めているため，配当を伴う株式が低く価格付けされるわけではないという議論もある。
税金を課される投資家にとって，非課税の投資家と同じ（税引後）リターンが得られ
るような，低い価格付けがなされている場合には，非課税の投資家に対して裁定取引
の機会を与えることになる。裁定取引が行われることによって，結果的に，配当を伴
わない株式と同じリターンが得られる価格に調整されることになる。つまり，配当は
株価や価値に対して，影響を及ぼさないのである。この論理の詳細はコーポレート・
ファイナンスのテキストを参照してもらいたい。なお，この問題を取り扱った実証研
究では，相反する結果が得られている。

　本書では，「配当は無視しうる」という想定を受け入れ，価値評価の問題に取り組
む。キャピタル・ゲインよりも配当に対してより多くの税金を支払うことを予想する
投資家は，本書で計算される税引前価値評価額を，配当に対する予想配当額の現在価
値分だけ減額するかもしれない（そうした投資家は，同様の特徴を持つ配当を伴わない
株式の購入を検討するであろう）。調整済価値評価額には，税務戦略の内容が反映され
る。なぜなら，税金を課される投資家は，たとえば年金基金や従業員貯蓄プランで高
配当株を保有することで，配当に対する税金をいかにして避けられるか，いかにして
繰り延べられるか，について考慮しければならないからである。同様に，ここでの価
値評価には流動性ディスカウントについての調整も反映されるかもしれない。

負債に関する財務活動

　図3.4における債券は，8％の年次リターンを生み出し，市場価格は1079.85ドル
である。この価格のもとでは，債券投資はNPVが0の投資であり，価値は付加され
ない。多くの企業は，負債の市場が効率的であると考えており，債券やその他の負債
証券を，市場価格で発行したり購入したりする。そのため，債券等の売買により（債
券等のリスクに対する要求リターンを超える）価値が付加されることはない。例外は，
銀行のような金融機関であり，そうした金融機関は，債券を売る（借りる）よりも高
いレートで，債券を買う（貸す）ことができる。金融機関は，資本市場における金融
業の仲介人として，価値を付与するためである。これまで見てきたように，債券の裁
定取引に携わる企業は，債券のミスプライスを見つけることができれば，付加価値を
得ることができるのである。

　負債に関する財務活動においては，企業は資金を得るために負債を売却する。通常
は，企業は債券の裁定取引の事業に携わっているわけではない。そのため，公正価値
としての市場価格で負債を売却することを避けようとは考えない。すなわち，そうし

た取引によって価値が付加されることはない。企業は，支払った額に見合ったものを手に入れるだけである。負債を発行する場合には，予想支払額の現在価値に等しいキャッシュを得ることになる。銀行から借り入れる場合には，将来に支払わなければならない元本と利息の現在価値に等しいキャッシュを得ることになる。ファイナンス理論の専門用語を用いれば，企業価値に対して**負債調達は無関連**である。これは，事業活動のために必要な資金を企業にもたらす，公正価値に基づく取引である。

負債に対する利息は，法人税の課税対象となる利益を減らす項目であるため，負債の発行は，株主が個人所得税の支払にあたって節税効果を得られることを意味する。そのため負債の発行は，株主価値を生み出すことになる。ただし，これは議論の多い論点であり，詳細はコーポレート・ファイナンスのテキストを参照してもらいたい。税金に関するこうした議論を応用すれば，節税効果による価値を企業価値評価に反映することができる。

投資活動および営業活動

事業において価値を生み出す要因には，さまざまなものが存在する。たとえばノウハウや特許技術，優れた経営，ブランド認知，卓越したマーケティング戦略などがあげられる。これらの要素は，卓越した経営アイデアに起因している。優れた企業家は，優れたアイデアを有し，よい事業を構築する。しかし，アイデアというものは曖昧なものであり，アイデアの価値は，それがより確実なものとならない限り，測るのが難しい。アイデアの価値は企業の活動から明らかになり，企業の活動とは投資活動および営業活動のことである。

投資活動においては，アイデアから構想された事業で必要とされる資産に投資するために，財務取引を通じて企業に提供された資金を使用する。図3.4で示したプロジェクトは，シンプルな例である。これは価値が付加される例である。価値は予測によるものであり，投資から得られる将来ペイオフの期待に基づいて計算される。しかし，期待は実現されなければならず，その期待の実現を担うのが営業活動である。営業活動は，製品やサービスをつくり出すことで投資を活用する。そして製品やサービスを販売することにより，投資の際に期待されていた価値が実現することになる。企業は，その製品に対する顧客を得ることができなければ，価値を生み出すことはできない。ここでの価値とは，顧客が支払うであろう価額である。事業における正味付加価値は，顧客から受け取る価値から，顧客に製品を提供するために要した価値を差し引いて計算される。投資は価値を生み出すが，予測価値は事業において価値を生み出すような投資の成功を予測することによって決定される。

価値評価モデルは，価値を生み出すのは事業であり，またその事業への投資であるという理解に基づいて構築される。価値評価モデルでは，事業を評価して，それを価値評価額の算定に織り込むが，株式発行や自社株買いから生み出されるかもしれない

92 第1部 財務諸表とバリュエーション

価値については無視する。そのため価値評価は，株式市場が株式をミスプライシングしているか否かについて示唆を与えてくれる。すなわち価値評価によって，投資家は，株式が公正価値で取引されているか否か，また企業は，株式発行や自社株買いによって株主価値を増やす機会があるか否かについて判断することができるのである。

価値評価モデル，要求リターン，および資産評価モデル

図3.1における価値評価プロセスのステップ4では，要求リターンを用いた割引によって，予測を価値評価額に変換する。債券評価モデルとプロジェクト評価モデルはまさにそれが適用されたものである。このステップでは，要求リターンを特定することが必要となる。要求リターンは，以下の2つの構成要素を含む。

要求リターン＝リスクフリー・レート＋リスク・プレミアム

リスクフリー・レートは，リスクを伴わない投資に対して要求されるリターンであり，通常は10年物米国債利回りを用いる。一方，リスクを伴う投資については，そのリスクに対する追加的なリターン，すなわち**リスク・プレミアム**が要求される。10年物米国債利回りが4.5％で，株式投資に対する追加的な要求リターンが5％である場合，要求リターンは9.5％である。これは，貨幣の時間価値（リスクはゼロ）とリスクを埋め合わせるものである。

問題は，リスク・プレミアムの決定である。投資家はリスクに対して，どの程度のリターンを要求すべきだろうか（リスクに応じて予想ペイオフをどの程度割り引くべきだろうか）。この問題への回答は，*資産評価モデル*により与えられる。*資本資産評価モデル*（capital asset pricing model：*CAPM*）は，最も一般的に用いられるモデルであり，リスク・プレミアムが，株式のβ（ベータ）とマーケット・リスク・プレミアムによって決定されることを示している。

要求リターン＝リスクフリー・レート
　　　　　＋（ベータ×マーケット・リスク・プレミアム）

ベータは，市場が変化した場合に株式リターンがどれだけ変化するかを表す尺度であり，その株式の市場全体に対する感応度を表している。マーケット・リスク・プレミアムは，市場において得られる，リスクフリー・レートを上回る期待リターンである。マーケット・リスク・プレミアムは，市場全体のリスクに対する期待リターンであり，それゆえ特定の株式に対するリスク・プレミアムは，市場全体に対するその株式のベータ・リスクに依存する。

「資産評価モデル」という名称を見ると，このモデルが資産の価格や価値を表しているように思えるが，それは誤りである。資産評価モデルは，要求リターン（資本コ

スト）の計算式であり，資産価値の計算式ではない。資産評価モデルは，いわゆるベータ・テクノロジーである。一方で，価値評価モデルは，価値評価の計算式であり，その価値評価額は株価と比較される対象であるため，価値評価モデルはアルファ・テクノロジーといわれる。価値評価のステップ4では要求リターンを用いるため，価値評価において，資産評価モデルはもちろん必要なものである。資産評価モデルにより得られた要求リターンに基づいて，価値評価モデルによって資産価値が算定されることになる。

　本書では，要求リターンの測定に必要な技術について，詳細は説明しない。詳細はコーポレート・ファイナンスのテキストを参照してもらいたい。そこでは「ベータ批判」がなされていることがあるが，実際，資産評価モデルとそこから得られる要求リターンの数字を用いることには慎重にならざるをえない。資産評価モデルには，疑わしい推測が含まれている。資本資産評価モデルにおけるマーケット・リスク・プレミアムは，計測するのがとくに難しいものである。資産評価モデルから得られた要求リターンを価値評価モデルに代入することは，価値評価に憶測を持ち込むことを意味する。ファンダメンタル投資家は，憶測が入り込むことを常に懸念している。リスク評価が，価値評価における重要な側面であることは事実であるが，この問題を解決する方法を探すことが必要であろう。本章の補論に，資産評価モデルの簡単な概要と，要求リターンを測定するためにこれらのモデルを用いる際の注意点を示している。

要　約

　本章では，ファンダメンタル分析の概要を説明した。図3.1には，本書の以降の部分におけるロードマップが示されている。図3.1は，ファンダメンタル分析における5つのステップ，すなわち企業の事業や戦略に関する知識を，その事業の価値評価に変換するための5つのステップについて，それぞれ説明している。この変換プロセスにおける中心課題は，情報の分析（ステップ2），情報を用いた予測（ステップ3），予測の価値評価への変換（ステップ4）である。

　価値評価モデルは，ファンダメンタル分析に対して，基本的な概念を提供する。価値評価モデルは，事業における価値創造について考えるための手法であり，その考え方を価値評価に変換するための手法である。本章では，債券とプロジェクトの価値評価モデルを紹介するとともに，これらの有限期間投資の価値評価よりも本質的に困難である継続企業の価値評価についても説明した。価値評価モデルは，投資活動と営業活動という，価値を生み出す側面に焦点を当てなければならない。次章以降では，適切な価値評価モデルとは何かを検討する。

　ファンダメンタル分析（の少なくとも概要）を理解することにより，限られた情報しか用いないような「簡便な」手法の限界を認識することができるだろう。本章では，比較分析，スクリーニング分析，資産ベースの評価という3つの手法について説明した。これらの手法については，その内容を理解するだけでなく，適用する際の問題点についても認識しておかなければならないだろう。

　財務諸表は，価値評価においてどのように用いられるか。現段階では，この質問に対して完全に

94　第1部　財務諸表とバリュエーション

回答できなくても構わない。これは本書全体における課題である。しかし，本章を読み終えた段階でも，その概要については回答できるはずである。

キー・コンセプト

- アンレバード測定値とは，企業の資金調達方法に影響されない尺度である。[66]
- 価値評価モデル（バリュエーション・モデル）は，ペイオフとして予測される要素とは何か，どのような情報が予測に役立つか，どのように予測を価値評価に変換するかを指し示す，ファンダメンタル分析のための基本構造である。[80]
- （バリュエーションにおける）簡便性とは，少ない情報に基づき企業を評価する能力である。[86]
- 逆張り株式とは，人気がなく低い株価倍率で取引される（逆張り投資家が割安とみなす）株式である。[69]
- 継続投資とは，無限に継続することが期待される投資である。有限期間投資と比較しよう。[81]
- 自家製配当とは，株主が自分の保有する株式の一部を売却することにより自分自身で捻出した配当であり，キャピタル・ゲインの代わりに配当を受け取るものである。[89]
- 資本コストとは，資金が投資に拘束される機会費用である。正常リターン，要求リターン，価値を算定する際には割引率ともいわれる。[78]
- 清算価値とは，企業がその資産（負債控除後）を売却した場合の価値により表される額である。[75]
- 成長株（グロース株）とは，多くの意味を有する用語であるが，価格倍率によるスクリーニングという文脈においては，高い価格倍率を持つ株式を意味する。低い価格倍率を持つ割安株と比較しよう。[69]
- 投資期間とは，投資が継続されるであろう期間である。[81]
- 配当込み価格とは，投資を継続している期間に受け取る配当を含む価格である。配当を含まない価格である配当落ち価格と比較しよう。[67]
- 配当の無関連性とは，配当支払は，株主にとって価値の増加をもたらすものではないことをいう。[89]
- ファンダメンタル分析は，情報を分析し，その情報から得られるペイオフを予測し，それらの予測に基づいた評価を行う一連の方法である。[76]
- 付加価値（創造価値，生成価値）は，投資のために費やされた価値（投資コスト）を超過する，投資の予想ペイオフから評価される価値（ファンダメンタル価値）である。[78]
- 負債調達の無関連性とは，企業価値は，負債による資金調達活動，すなわち負債の発行により影響を受けないことを指す。[91]
- プロ・フォーマ分析においては，将来期間における予測財務諸表を作成する。[79]
- 魅力株とは，人気のある株式であり，高い株価倍率で取引される（逆張り投資家が割高とみなす）株式である。成長株といわれることもある。[69]
- 有限期間投資とは，将来のある時点において終了する投資である。継続投資と比較しよう。[81]
- 有限期間予測は，一定の（有限の）年数を用いた予測を意味する。[86]

第 **3** 章 財務諸表をどのようにバリュエーションに用いるか 95

・**要求リターン**については，**資本コスト**を参照しよう。[78]

・**予測期間**とは，予測が行われる期間の終点期間である。[86]

・**リスク・プレミアム**とは，投資に対する，リスクフリー・リターンを超える期待リターンをいう。[92]

・**流動性ディスカウント**とは，その投資をキャッシュに変換することが困難であるために生じた，投資の価値の減少である。[89]

・**割引率**については，**資本コスト**を参照しよう。[78]

・**割安株（バリュー株）**とは，低い株価倍率のもとで取引される（**バリュー投資家**から割安とみなされている）株式である。**成長株**と比較しよう。[69]

演 習 問 題

1 **株価と自社株買い**

　ある企業の発行済株式数は 100 百万株であり，1 株当たり 20 ドルの市場価格で 10 百万株の自社株買いを行った。自社株買い後の株式の時価総額はいくらか。自社株買い後の 1 株当たり価値はいくらか。

2 **アンレバード（事業）株価倍率**

　ある企業の総資産が 250 百万ドル，負債が 140 百万ドルと報告されている。資産に利付証券は含まれていない。損益計算書では，売上高 560 百万ドルが計上されている。発行済株式数は 80 百万株で，1 株当たり 7 ドルで取引されている。下記を計算しなさい。

　　a．PBR

　　b．アンレバード PSR

　　c．事業 PBR

3 **債券の評価**

　　a．ある企業が，額面価額 1000 ドル，5 年満期のゼロ・クーポン債を発行した。同等のリスクを伴う債券の利回りは年次 5 ％である。この債券の価値を求めなさい。

　　b．ある企業が，額面価額 1000 ドル，5 年満期，年次表面利率 5 ％の債券を発行した。同等のリスクを伴う債券の利回りは年次 5 ％である。この債券の価値を求めなさい。

　　c．ある企業が，上記 b. と同じ，ただし年次表面利率 4 ％の債券を発行した。この債券の価値を求めなさい。

4 **建物の価値評価における現在価値計算の適用**

　ある不動産アナリストは第 1 期に，第 2 期から第 6 期の 5 年間に賃貸住宅は年間 5.3 百万ドルの賃料を生み出すであろうと予測した。現金支出は年間 4.2 百万ドルと予想される。5 年後，その建物は 12 百万ドルで売却されると見込まれる。不動産投資家は，12 ％の投資利回りを要求する。現在価値割引法を用いてこの建物の価値を評価しなさい。

96 第1部 財務諸表とバリュエーション

補論 要求リターンと資産評価モデル

　本章では，投資に対する要求リターンについて紹介した。これは，*正常リターン*ないし*資本コスト*，またはプロジェクト選択の文脈では*ハードル・レート*といわれることもある。要求リターンは，投資に拘束された貨幣の時間価値と，投資のリスクを負うことに対して，投資家が要求する額である。これらは，投資を行うことによるコストであり，それゆえ，資本コストという名前が付いている。実質的に，資本コストは，同様のリスクを負う代替的な投資に対する機会費用である。価値が付加されるためには，その投資からは資本コストを上回る儲けが得られなくてはならない。それゆえ，要求リターンは価値評価における中心的な争点となる。予想ペイオフを価値評価に変換する際，ペイオフは資本コストによって割り引かなければならない。

　コーポレート・ファイナンスのコースにおいては，資本コストの推定に多くの時間を費やす。その技法は，ベータ・テクノロジーといわれている。本補論では，その概要を説明する。

要求リターンの測定：ベータ・テクノロジー

　投資を行うのはギャンブルを行うのと同じようなものである。異なる投資は異なる予想ペイオフを生み出すであろうが，予想ペイオフというのはギャンブルの1つの特徴に過ぎない。それぞれが異なる確率を有する見返りの集合を購入する。それゆえ，予想とは異なるペイオフが得られる可能性について検討する必要がある。ほとんどの人は，リスク回避的（下落についてとりわけ懸念する）態度をとるため，リスクをとる場合にはより高いリターンを要求する。そうした人々は，少なくとも米国債と同等のリスクフリー・レートを求めるが，リスクを負う場合にはそれに対するプレミアムも要求する。

　*資産評価モデル*においては，要求リターンの計算方法が示されている。これらのモデルには，ある1つの共通した考え方がある。それは，ポートフォリオによって分散可能なリスクには市場は価格を付けないだろうというものである。資産評価モデルには共通の形式があり，要求リターンは，リスクフリー・レートとリスク・プレミアムの合計として定式化される。

要求リターン＝リスクフリー・レート＋リスク・プレミアム

　リスク・プレミアムは，①分散投資によって消去されないリスク・エクスポージャー（または「ファクター」）に対する期待リターン（リスクフリー・リターンを超える分），および②これらのファクターに対する特定の投資のリターンの感応度，すなわちベータ，として与えられる。①および②を掛け合わせることにより，特定のリスク・ファクターに対するエクスポージャーがリスク・プレミアムに与える効果が得られる。リスク・プレミアム合計はすべてのリスク・ファクターの効果の合計である。

第3章 財務諸表をどのようにバリュエーションに用いるか　97

　よく知られている資本資産評価モデル（CAPM）においては，マーケット・リターン（すべての投資資産に対するリターン）が，（唯一の）リスク・ファクターとして認識されている。Box 3.5はCAPMの概要を示している。リスク・プレミアムは，リスクフリー・レートを超える市場全体の期待リターンに，マーケット・リターンに対する当該投資のリターンの感応度，すなわちベータを乗じたものである。リスクフリー・レートには，投資の存続期間をカバーする米国債の利回りが用いられる。それゆえ，CAPMにおいては，マーケット・リスク・プレミアムと株式のベータを測定することが必要となる。

　また，マルチファクター評価モデルでは，リスク・プレミアムの計算には追加的なファクターが必要と考えられている。Box 3.5では，このモデルについても説明している。このモデルにおいては，関連するリスク・ファクターの識別とそれぞれのファクターに対するベータの推定が必要とされている。*裁定価格理論*（arbitrage pricing theory：*APT*）は，マルチファクター・モデルの背後にある理論である。そこでは，投資リターンが，経済全体に及ぶ多くの分散不能な影響に反応すると考えられているが，そのファクターがどのようなものなのか，またファクターがいくつあるのかについては論じられていない。CAPMにおけるマーケット・ファクターは，ファクターの1つである。その他のファクターを認識することによって，実務が充実していく。その他のファクターとしては，業界の変化によるショックやインフレ率，長期利回りと短期利回りのスプレッド，そして低リスクと高リスクの社債のスプレッド[3] 等があげられる。企業規模と簿価・時価比率は，リスク・ファクターに対する企業のエクスポージャーを示すとされることもある[4]。しかし，これらは推測の域を出ないものである。

魔 法 の 鏡

　明らかに，これは巧妙な手法である。捉えどころのないリスク・ファクターを識別しなければならないだけでなく，それに関連する観察不能なリスク・プレミアムも，ベータ感応度とともに，測定しなければならない。こうした問題があるため，これらのモデルを用いることは，まるで魔法の鏡に尋ねるようなものである。確かな成果を得るのは難しい。1ファクター・モデルであるCAPMでさえ，問題を抱えている。ベータを推定しなければならないため，ベータに関する情報を売り込む多くの営利サービス機関が存在しており，いずれの機関も，ほかより優れたベータであると主張している。誰も，真のベータは知らない。ベータの測定値に誤りが含まれるのは必然である。しかし，たとえ優れたベータ測定値が手に入ったとしても，マーケット・リスク・プレミアムの決定という，さらに困難な問題に直面する。Box 3.5において，ナイキの資本コストを計算するために，5％というマーケット・リスク・プレミアムを用いた。しかし，教科書や研究論文によれば，マー

　原注3）　たとえば，以下を参照のこと。N-F. Chen, R. Roll, and S. A. Ross, "Economic forces and the stock market," *Journal of Business*, July 1986, pp. 383-403.

　原注4）　以下を参照のこと。E. F. Fama and K. R. French, "The cross-section of expected stock returns," *Journal of Finance*, June 1992, pp. 427-465.

98 第1部 財務諸表とバリュエーション

Box 3.5 資産評価モデルの概要

資本資産評価モデル

CAPMにおいては，ある期間における投資 i に対する要求リターンは，次のように表される。

要求リターン(i)＝リスクフリー・レート
　　　　　　　　＋[ベータ(i)×マーケット・リスク・プレミアム]

マーケット・リスク・プレミアムは，リスクフリー資産からのリターンを超える，保有するすべてのリスク資産からの期待リターンである。すべてのリスク資産（株式，債券，不動産，人的資本，その他多数）で構成されるポートフォリオは，「マーケット・ポートフォリオ」または「マーケット」といわれる。したがって，下記の式の通りに表すことができる。

マーケット・リスク・プレミアム＝マーケットの期待リターン－リスクフリー・レート

投資のベータは，マーケットのリターンに対するその投資のリターンの期待感応度を測る尺度である。すなわち，市場価格が変動するとその投資の価格がどれだけ変動するかを測定するものである。これは次のように定義される。

$$\text{ベータ}(i)=\frac{\text{共分散(投資 i のリターン，マーケット・リターン)}}{\text{分散(マーケット・リターン)}}$$

共分散は，感応度を測る尺度であり，マーケットの分散で標準化されている。マーケット全体のベータは1.0である。1よりも大きなベータが意味することは次の通りである。すなわち，マーケットが上昇傾向にあるとき，その投資の価格は，マーケット以上に上昇することが期待され，マーケットが下落傾向にあるとき，それはマーケット以上に下落することが期待される。

投資のリスク・プレミアムは，ベータにマーケット・リスク・プレミアムを乗じて求められる。2011年前半，リスクフリー・レート（10年物米国債利回り）は3.5％であった。ナイキのベータは，ベータ予測を行っている営利サービス機関によれば，約0.9とされていた。それゆえ，もしマーケット・リスク・プレミアムが5％であれば，ナイキの要求リターンは，CAPMによると，8％であった。

8.0％＝3.5％＋(0.9×5.0％)

ナイキのリスク・プレミアムは4.5％であり，マーケット全体におけるリスクの5％よりも，0.5％だけ低いリスクであった。

CAPMは，すべての投資資産で構成されたマーケット・ポートフォリオを保有することで，リスクの大半は分散可能であるという考え方に基づいている。それゆえ，投資家が負わなければならない唯一のリスク，すなわちマーケットにおいて見返りが得られる唯一のリスクは，誰も避けることができないリスク，つまりマーケット全体についてのリスクである。それゆえ，投資に対する正常リターンは，マーケットのリスク・プレミアムとマーケット・リスクに対する投資の感応度によって決定される。

CAPMによって計算される要求リターンは，マーケットに対する期待感応度と，期待マーケット・リスク・プレミアムという，2つの期待をベースにしている。期待を推定するのは困難なことである。これは，ベータ・テクノロジーにおける課題である。

マルチファクター評価モデル

マーケットは，リスク・ファクターといわれる。リスク・ファクターとは，あらゆる投資のリターンに対して影響を与えるものであり，分散不能なリスクをもたらす。CAPM においては，他のファクターから生じるリスクは分散可能とされているため，CAPM における唯一のリスク・ファクターは，マーケットである。しかし，ベータ・アナリストは，マーケット・リスクのほかにリスクがあることを否定することはできない，と考えている。マルチファクター・モデルは，他のファクターから生じるリスクを捉えるためのモデルである。

要求リターン(i)＝リスクフリー・レート

$+$［ベータ 1(i)×ファクター 1 のリスク・プレミアム］

$+$［ベータ 2(i)×ファクター 2 のリスク・プレミアム］

$+\cdots+$［ベータ k(i)×ファクター k のリスク・プレミアム］

k 個のファクターのそれぞれに対するリスク・プレミアムは，ファクターごとに識別されたリスクフリー・レートを超える期待リターンである。通常，マーケットはリスク・ファクター 1 として扱われるため，ベータ・アナリストは，CAPM における測定の問題に取り組む必要がある。しかし，それだけでなく，その他のファクターについても検討する必要があり，期待リスク・プレミアムや，そのファクターに対する投資の感応度であるベータも計測しなければならない。そのようなタスクは，もし成し遂げることが可能であったとしても，その結果は憶測に満ちたものといわざるをえない。本書は，標準的なベータ・テクノロジーに対して，懐疑的なスタンスで臨んでいる。リスクや要求リターンの問題を取り扱うための代替的な方法を検討することが必要である。

ケット・リスク・プレミアムの推定値には 3 ％から 9.2 ％までの幅がある。このような不確実性が存在するのであれば，要求リターンの推定結果は，きわめて信頼性が低い。8 ％のマーケット・リスク・プレミアムのもとでは，10.7 ％の要求リターンとなる。3 ％のマーケット・リスク・プレミアムのもとでは，6.2 ％の要求リターンとなる。これらの方法を用いて要求リターンの正確な測定値を得ることについては，否定的な見解をとらざるをえない。多くの学者や専門家の調査で，マーケット・リスク・プレミアムとしてどのような数値が用いられてきたのかが調査されている。2011 年の時点では，その平均は 5.5 ％であった。本章のウェブサイトを参照しよう。

実際，これらのベータ・テクノロジーを用いることは魔法の鏡に尋ねるようなものなのである。マーケット・リスク・プレミアムの数値の選択によって，ナイキの資本コストが 6.2～10.7 ％の範囲となるのであれば，推計結果は信頼できるものとはいえない。残念なことに，経験的に妥当な資産評価モデルを構築しようとする多大な努力がなされたにもかかわらず，ファイナンス分野の研究は，信頼できるテクノロジーを提供できていない。つまり，私たちは実際には，ほとんどの企業の資本コストを知らないのである。

もし，ファイナンスのコースで学んだベータ・テクノロジーに信頼を置くのであれば，それらを価値評価に適用したいと思うかもしれない。本書では，資本コストに関する不確実性があるために，その不正確さに対して慎重な態度を崩していない。分析するというこ

100 第1部 財務諸表とバリュエーション

とは不確実性を減少させるということである。ペイオフの予測は，投資の価値に関する不確実性を軽減するために，まず必要なことである。それゆえ，本書では，資本コストの測定ではなく，ファンダメンタル分析のそうした側面に注力している。しかし，私たちは資本コストに関する不確実性を取り扱うための方法を見つけるであろう。ファンダメンタル分析において資本コストの推定についても議論し，資本コスト測定の問題を取り扱うための戦略を開発する。第7章では，そのアプローチの端緒を知ることができ，標準的なベータ・テクノロジーとどのように関連するのかを説明している。

第4章

現金主義会計，発生主義会計，割引キャッシュフロー評価

　前章では，将来の財務諸表の予測に関する問題としてファンダメンタル分析を説明し，投資活動と営業活動に関連する財務諸表の特徴に焦点を当てた。4つの財務諸表のうちのどれが予測されるべき対象なのだろうか。そして，これらの財務諸表の特徴のどこに投資活動と営業活動の内容が反映されているのであろうか。

　本章では，キャッシュフロー計算書におけるキャッシュフロー予測に基づく評価技法について説明する。まず，株主にとってのキャッシュフロー（配当）予測に基づく価値評価を取り上げる。これは，*配当割引*モデルとして知られている。次に，営業活動によるキャッシュフローと投資支出の予測に基づく価値評価について説明する。営業活動によるキャッシュフローと投資支出を予測し，それを現在価値に割り引く手法は，*割引*キャッシュフロー・モデルといわれる。しかし，いずれの手法も不十分であるとわかるだろう。その理由は簡単で，キャッシュフローは事業において付加される価値を十分に捉えていないからである。

　現金主義会計と発生主義会計の違いについては，財務会計コースの入門講義で扱われる内容である。キャッシュフロー計算書は，現金主義会計に基づいて営業活動と投資活動を表すものである。そのため，割引キャッシュフロー・モデルは，現金主義会計を価値評価に結びつけるものである。一方，損益計算書と貸借対照表は，発生主義会計の原則に基づいて作成される財務諸表である。本章では，現金主義会計と発生主義会計の違いについて説明し，続く第5章と第6章で取り上げる評価技法，すなわちキャッシュフロー計算書の予測ではなく発生主義会計による損益計算書と貸借対照表の予測に基づく評価技法を学ぶための準備をする。発生主義会計がどのようなものであるかを説明した後，それが現金主義会計とどのように異なるのかについて説明する。本章では，なぜこれらの相違が価値評価において重要であるのか，という点が問題となる。最もよい手法を選ぶという観点で見ると，次の2つの疑問が生じる。キャッシ

102　第1部　財務諸表とバリュエーション

ュフローを予測する際には，どのような問題が生じるのだろうか。そして，発生主義会計によって，その問題を解決することができるのだろうか。

アナリストのチェックリスト

　　本章を読めば，以下のことがわかるだろう。

・配当割引モデルは，どのように機能するか（機能しないか）。
・定率成長モデルは，どのように役立つか。
・営業活動によるキャッシュフローとは，何を意味するか。
・投資活動によるキャッシュフローとは，何を意味するか。
・フリー・キャッシュフローとは，何を意味するか。
・割引キャッシュフロー評価は，どのように役立つか。
・キャッシュフロー評価の適用における問題とは何か。
・フリー・キャッシュフローは，なぜ付加価値の測定尺度として適切でないか。
・フリー・キャッシュフローは，なぜ清算の概念を含むものなのか。
・割引キャッシュフロー評価には，営業活動に対する現金主義会計がどのように含まれているか。
・なぜ，米国基準と IFRS による財務諸表において報告される「営業活動によるキャッシュフロー」は，営業活動におけるキャッシュフローの正確な測定値ではないのか。
・なぜ，米国基準と IFRS による財務諸表において報告される「投資活動によるキャッシュフロー」は，投資活動におけるキャッシュフローの正確な測定値ではないのか。
・営業活動に対する発生主義会計は，現金主義会計とどのように異なるか。
・利益と営業活動によるキャッシュフローとの相違点。
・アクルーアルズが貸借対照表と損益計算書にどのような影響を与えるか。
・なぜ，アナリストはキャッシュフローではなく利益を予測するのか。

　　本章を読めば，以下のことができるようになるだろう。

・永久債の価値の算出。
・成長を伴う永久債の価値の算出。
・割引キャッシュフロー・モデルの適用。
・フリー・キャッシュフローによる，簡便な価値評価。
・キャッシュフロー計算書を用いた，営業活動によるキャッシュフローの算出。
・キャッシュフロー計算書を用いた，投資活動によるキャッシュフローの算出。
・フリー・キャッシュフローの算出。
・税引後正味支払利息の算出。
・営業活動による，レバードおよびアンレバード・キャッシュフローの算出。
・キャッシュフロー計算書を用いた，総アクルーアルズの算出。
・キャッシュの受取による収益と収益のアクルーアルズの算出。
・キャッシュの支払による費用と費用のアクルーアルズの算出。
・利益と営業活動によるキャッシュフローとの相違点を説明すること。

第 **4** 章　現金主義会計，発生主義会計，割引キャッシュフロー評価　　103

・利益とフリー・キャッシュフローとの相違点を説明すること。

1　配当割引モデル

投資に関するテキストの多くは，価値評価を取り上げる章において，配当割引モデルに焦点を当てている。一見，このモデルはとても魅力的である。配当は，株主が企業から受け取るキャッシュフローであるから，価値評価は予想配当額に基づくべきである。債券評価においては，債券から生じるキャッシュフローを予測した。株式評価においても，もちろん株式から生じるキャッシュフローを予測するのである。

配当割引モデルは以下のように表される。

株式価値$_0$＝予想配当額の現在価値

$$= \frac{配当_1}{\rho_E} + \frac{配当_2}{\rho_E^2} + \frac{配当_3}{\rho_E^3} + \frac{配当_4}{\rho_E^4} + \cdots \tag{4.1}$$

（数式における省略記号「…」は，配当を，5期目，6期目にとどまらず将来にわたって無限に予想することを意味している。）このモデルでは，予測した配当を，ρ_Eすなわち1＋資本コストで割り引いて価値評価額に転換することが示されている。将来期間において割引率は変動することが予想される場合もあるかもしれないが，当面の間，割引率は一定であるとみなす。配当割引モデルは，前章で取り上げた債券評価モデルを，株式評価にそのまま適用した方法である。そのモデルは，有限期間投資において機能する方法であった。前章の後半で述べた実践のための判断規準に照らすと，継続企業への投資についてもこのモデルは機能するといえるのであろうか。

継続企業においては，配当は長期間（または無限）にわたって支払われると予想される。無限の期間にわたって予測を行うことに問題があるのは明らかである。それでは予測の対象として，現実的にはどのくらいの期間を想定すればよいのだろうか。たとえば10年間ほどであろうか。もう一度，前章の図3.3で示した株式投資によるペイオフを確認しよう。T期という有限期間について，第T期までの配当を予測することはできるかもしれないが，1つ問題が残る。それは，T期間におけるペイオフには配当だけでなく終末価格P_Tが含まれており，このP_Tすなわち予測期間終了時の売却時価も予測する必要がある点である。配当の予測を行うだけであれば，債券についての元本の支払を考えずに支払利息を予測するのと同様である。予測期間終了時点におけるペイオフは，**終末価値**といわれている。このモデルには，終末価値を計算するという問題があり，その計算式は以下の通りである。

104　第 1 部　財務諸表とバリュエーション

$$\text{株式価値}_0 = T\text{ 時点までの予想配当額の現在価値}$$
$$+ T\text{ 時点における予想終末価値の現在価値}$$

$$= \frac{\text{配当}_1}{\rho_E} + \frac{\text{配当}_2}{\rho_E^2} + \frac{\text{配当}_3}{\rho_E^3} + \cdots + \frac{\text{配当}_T}{\rho_E^T} + \frac{\text{終末価値}_T}{\rho_E^T} \qquad (4.2)$$

このモデルは，理論的には正しい。図 3.3 で示した投資から得られるすべてのペイオフの現在価値を表しているからである。問題は，これらのペイオフのうちの 1 つが，T 期後における株式の価値 P_T である，という点にある。この問題は，控えめにいっても，注意深く対処する必要がある。0 時点における株式価値は将来の期待価値により決定されるが，その価値は，私たちが予測しようとしている価値そのものなのである。この循環論を打破するためには，その価値を決めているファンダメンタルズを調べなければならない。

この方法では，予測期間終了時における配当と同額の配当をそれ以降においても無限に得られると仮定することが多い。すなわち，次のように表される。

$$\text{株式価値}_0 = \frac{\text{配当}_1}{\rho_E} + \frac{\text{配当}_2}{\rho_E^2} + \frac{\text{配当}_3}{\rho_E^3} + \cdots + \frac{\text{配当}_T}{\rho_E^T} + \left(\frac{\text{配当}_{T+1}}{\rho_E - 1} \right) \Big/ \rho_E^T$$
$$(4.3)$$

この式における終末価値（（　）で括られた項目）は，*永久債の価値*として計算され，$T+1$ 時点における予想配当額を資本コストで資本化して算出する。この終末価値は，その後，現在価値に割り引かれる。

この永久債の仮定は，大胆な仮定であり，あくまでも想定である。企業が一定の配当を維持するかどうかなど知りようがない。もし配当が利益の額よりも少なければ，その差額分は企業に留保されてより多くの利益を生み出し，将来の配当として支払われるであろう。このような場合には，成長を考慮して終末価値を計算する。

$$\text{株式価値}_0 = \frac{\text{配当}_1}{\rho_E} + \frac{\text{配当}_2}{\rho_E^2} + \frac{\text{配当}_3}{\rho_E^3} + \cdots + \frac{\text{配当}_T}{\rho_E^T} + \left(\frac{\text{配当}_{T+1}}{\rho_E - g} \right) \Big/ \rho_E^T$$
$$(4.4)$$

g は，1＋予想成長率である[1]。終末価値は，*成長を伴う永久債の価値*となる。成長率が一定であると仮定すると，株式価値$_0 = $配当$_1 / (\rho_E - g)$ と表される。これは，*定*

原注 1)　成長について，1＋成長率と表すのは，ρ_E が 1＋要求リターンを表すのと同様である。したがって，終末価値の分母における資本化率は，$(\rho_E - 1) - (g - 1)$，すなわち，要求リターン－成長率となる（これは，$\rho_E - g$ と等しい）。$g = 1 +$ 成長率と表すことで，成長率が負の場合についても対応可能となる（たとえば，スプレッドシートの計算を参照のこと）。負の成長率がたとえば 5 ％であるとすると，g は，1.0 － 0.05 ＝ 0.95 となる。

第**4**章　現金主義会計，発生主義会計，割引キャッシュフロー評価　　105

Box 4.1　永久債と成長を伴う永久債の価値評価

　将来において予測可能な方法で，大きさを予想できるのであれば，その現在価値は簡単な計算によって表すことができる。永久債の価値評価と，一定率で成長する永久債の価値評価という2つの例をあげて説明する。

永久債の価値評価

　永久債は，無限に続く一定の流列を意味する。各期の額は，**年金**といわれることもある。したがって，永久債は無限に続く年金である。この流列を評価するためには，予想される一定の額を資本化すればよいだけである。もし翌年の予想配当額 d_1 が永続的である場合，その配当の流列の価値は，次の通りである。

$$株式価値_0 = \frac{配当_1}{\rho_E - 1}$$

　それゆえ，もし各期の配当が1ドルと無限に予想される場合，要求リターンが年間10％であれば，この永久債の価値評価額は10ドルである。

成長を伴う永久債の価値評価

　額が一定率で成長すると予想される場合，その価値は要求リターンを成長率で調整した割引率で資本化して求められる。

$$株式価値_0 = \frac{配当_1}{\rho_E - g}$$

　g は，1＋成長率である。ρ_E は，1＋要求リターンである。翌年の予想配当1ドルが，年間5％で永続的に成長すると予想される場合，要求リターンが10％であれば，その流列の価値は，20ドルである。永久債と成長を伴う永久債のいずれのケースにおいても，永続的な流列が開始する期の初めの時点で，価値評価が行われるということに注意しよう。それゆえ，第1期に永続的な流列が開始した場合，計算される価値は0時点における価値である。モデル（4.3）や（4.4）のように永続的な流列が $T+1$ 時点から開始する場合，計算される価値は，T 時点における価値であり，ρ_E^{T+1} ではなく ρ_E^T で割り引く。

定率成長モデル

　永続的な成長に関する計算は，*定率成長評価モデル*といわれることもある。上記の成長を考慮したモデルは，*定率成長配当モデル*，または*ゴードン成長モデル*（著者名から）といわれる。これは簡単なモデルであるが，適用可能なのは一定率での成長が予想されるときのみである。

---

*率成長モデル*といわれる（Box 4.1 参照）。

　しかし，ずっと先の将来に配当がゼロになると予想されるような場合には，どのように定式化されるのであろうか。今は非常に高い配当であってもそれを維持できないような企業についてはどうであろうか。また，配当ではなく自社株買いによる支払（通常は株主価値には影響しない）の場合にはどうだろうか。

106 第1部 財務諸表とバリュエーション

Box 4.2　配当割引モデル

利　点

わかりやすい：配当は株主が得るものであり，それゆえ配当を予測する。

予測可能性：通常，配当は短期的にはほぼ一定であるため，配当を短期で予測することは容易である。

欠　点

価値関連性：少なくとも短期においては，配当支払は，価値とは無関連である。配当を予測するだけでは，ペイオフの構成要素であるキャピタル・ゲインを無視することになる。

予測期間：通常は，長期間の予測が必要とされる。

最も適切に機能するのはどのようなケースか

配当が継続的に企業の価値創造と結びついているケース。たとえば，固定的な配当性向（配当/利益）が採用されている場合など。

実は，予測可能な将来の配当の支払は，それほど大きな問題にはならない。多額の配当を支払う企業もあれば，配当を支払わない企業もある。収益性が非常に高く価値の高い企業であっても配当はゼロである場合や，収益性が低い企業であっても，少なくとも短期間においては多額の配当を支払う場合もある。配当は，通常は，必ずしも価値の創造をもたらすわけではない。実際，企業は配当を支払うために借入を行うことができ，これは，価値を生み出す投資活動や営業活動とは無関係である。配当は，価値の流出であって，価値の創出ではない。

これは，前章で述べた内容を繰り返したに過ぎない。配当は，企業価値とは無関連なのである。実際には有限期間にわたる予測が必要となる。そのため，配当割引モデル（（4.2）式）では，予測期間における配当と，終末価格を予測しなければならない。しかし，ペイオフ（配当および終末価格）の総額は，その内訳には影響を受けない。配当がより多いと予想される場合には，終末価格がその分低くなる。キャッシュの支払がなされれば，企業価値はその分下落し，株価は下落する。いかなる配当額の変動も，株価の変動によって相殺され，現在価値ベースで見れば，その影響はゼロになるのである。言い換えれば，配当の支払は，NPV がゼロである活動といえる。まさに，配当は無関連なのである。配当は価値を生み出さない。配当が無関連であるなら，やるべきことは終末価格の予測であり，これについては後で説明する。Box 4.2 に，配当割引モデルの利点と欠点が要約されている。

ここではさらに，**配当をめぐる難問**といわれる問題が残されている。すなわち，株式価値は将来の配当額に基づいて決定されるが，有限期間にわたる予想配当額は価値の指標とはならない。配当割引モデルは，（長期にわたって予測しなければならないの

で）前章で述べた実用的な分析に関する第1の規準を満たしていない。価値評価においては，価値の創造に関連する要素について予測しなければならない。配当割引モデルは，第2の規準（検証）についても満たしていない。配当は，その支払という事実で確認できるため，配当の予想は，その事実によって検証することができる。しかし，実際の配当額と予想した配当額が相違していたとしても，それは，価値には影響を及ぼさない。単なる配当方針の変更である。そのため，事後の配当を確認できたとしても，価値評価を検証できるわけではない。

　配当割引モデルの欠点は，企業の内側に目を向け，投資活動や営業活動といった，価値を創造する主要な活動を分析することによって，修正することができる。次の割引キャッシュフロー・モデルではそれについて取り上げる。

2　割引キャッシュフロー・モデル

　第1章で述べたように，企業価値は，負債価値と株式価値の合計である（企業価値＝負債価値＋株式価値）。*企業価値*は，その投資活動と営業活動の価値であり，債権者と株主という請求権者に分配されるものである。株式価値は，配当割引モデルと同様に，株主に対するキャッシュフローを予測することにより算出できるが，企業の投資活動と営業活動によるキャッシュフロー（企業価値）を予測し，そのキャッシュフローに対する債権の請求権の価値を差し引くことによって算出することもできる。割引キャッシュフロー・モデルでは，この方法がとられる。

　投資活動と営業活動は，一般的には，*事業活動*といわれており，事業への投資という意味が含意されている。*事業価値*は，企業の投資活動と営業活動の価値を意味し，*企業価値*ともいわれる。

　第3章で述べたように，プロジェクトはそのキャッシュフローを予測することにより価値を評価することができる。これは，プロジェクト評価の標準的な方法である。企業は，プロジェクトの集合体であり，企業価値を測るには，企業の事業におけるすべてのプロジェクトから生じる予想キャッシュフローの現在価値を計算すればよい。すべてのプロジェクトから生じるキャッシュフロー総額は，事業によるキャッシュフローといわれる。継続企業においては，古いプロジェクトが終了すれば直ちに新しいプロジェクトへの投資が行われる。投資には，キャッシュ・アウトフロー，すなわち*資本支出*ないし（事業への）*投資支出*が必要とされる。

　図4.1に，5期間にわたる事業から得られるキャッシュフロー C_t と，投資に対するキャッシュ・アウトフロー I_t が示されている。任意の時点（たとえば第2期）に投資支出が行われたら，その後（第3期以降）に事業から得られるキャッシュフローは，プロジェクトが終了するまでの期間にわたって生じる。どの期においても，正味キャ

● 図 4.1 継続するすべてのプロジェクトからのキャッシュフロー

フリー・キャッシュフローは，投資した事業からのキャッシュフローから，投資へのキャッシュを控除した額である。

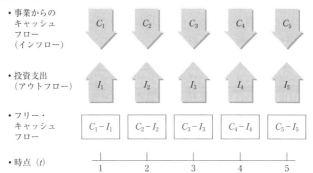

ッシュフロー，すなわち事業（以前の投資）から生じるキャッシュフローと新しい投資に対するキャッシュ・アウトフローの差額 $C_t - I_t$ が生じている。これは，事業から得られるキャッシュのうち，新しい資産に再投資した後に残る「フリー」な額であることから，フリー・キャッシュフローといわれる[2]。

フリー・キャッシュフローを予測すれば，その現在価値を計算することで，企業の事業の価値を求めることができる。

企業価値 = 予想フリー・キャッシュフローの現在価値

$$企業価値_0 = \frac{C_1 - I_1}{\rho_F} + \frac{C_2 - I_2}{\rho_F^2} + \frac{C_3 - I_3}{\rho_F^3} + \frac{C_4 - I_4}{\rho_F^4} + \frac{C_5 - I_5}{\rho_F^5} + \cdots \quad (4.5)$$

これは，企業価値評価モデルであり，*割引*キャッシュフロー（discounted cash flow：*DCF*）・モデルといわれる。ここでの割引率は，すべてのプロジェクトにおけるキャッシュフローのリスクに対して妥当とされるものであり，企業の資本コストまたは事業の資本コストといわれる[3]。

株主は，企業の事業から生じるキャッシュフローを，債権者と分け合う。そのため，普通株式の価値は，企業価値から正味負債価値を差し引いて計算する（株式価値 = 企業価値 − 負債価値）。*正味負債*とは，企業が債務として負っている負債から，負債性金

原注2) 実務では，「キャッシュフロー」という用語の使い方は多岐にわたる。たとえば，事業キャッシュフロー，フリー・キャッシュフロー，財務キャッシュフロー，EBITDA（事業による「キャッシュフロー」の近似値として用いられることがある）等があげられる。キャッシュフローという用語が使われている場合には，どのような意味で用いられているのかに注意する必要がある。

原注3) 第13章で，事業の資本コストについて取り上げ，株式の資本コストとの関連を説明する。コーポレート・ファイナンスの分野では，企業の資本コストは，加重平均資本コスト（WACC）といわれることが多い。

第**4**章　現金主義会計，発生主義会計，割引キャッシュフロー評価　　109

融商品を控除したものである。第2章で述べたように，一般的に負債は時価の近似値で貸借対照表に計上されるため，通常は正味負債の簿価を差し引くことにより企業価値が求められる。どのようなときにも負債の時価は報告の対象となり，多くの場合，財務諸表の注記で開示される。普通株式の価値を評価する際には，負債と優先株式の両方を企業価値から差し引く必要がある。普通株主の観点に立てば，優先株式は実質的には負債と同じである。

　注意すべき点は，配当割引モデルと同様にこのモデルにおいても，無限期間にわたる予測が必要とされる点である。現実的に，有限期間の予測しか行えないのであれば，予測期間終了時点に，予測期間後のフリー・キャッシュフローの価値を加えなければならない。この価値は，**継続価値**（continuing value：CV）といわれる。キャッシュフローを T 期間だけ予測する場合，株式価値は次のように表される。

$$\text{株式価値}_0 = \frac{C_1 - I_1}{\rho_F} + \frac{C_2 - I_2}{\rho_F^2} + \frac{C_3 - I_3}{\rho_F^3} + \cdots + \frac{C_T - I_T}{\rho_F^T}$$
$$+ \frac{\text{継続価値}_T}{\rho_F^T} - \text{負債価値}_0 \tag{4.6}$$

　継続価値は，終末価値とは概念上は異なるものである。終末価値は，T 時点において予想される企業価値であり，T 時点において株式を売却することによるペイオフである。継続価値は，「無限」ではなく T 期間までしか予測しない場合に除かれてしまう価値のことを指す。継続価値は，無限期間の予測を有限期間の予測に変換するための工夫である。したがって，実用的な分析のための第1の規準においては，まさに，継続価値を合理的な予想期間を対象に計算できるか否かが問題となる。T 時点以降に期待されるすべてのキャッシュフローを予測し，継続価値を計算するにはどうすればよいのであろうか。もし，T 期間以降のフリー・キャッシュフローが一定であると仮定すれば，配当割引モデルと同じように取り扱うことができ，次のように定式化することができる。

$$\text{継続価値}_T = \frac{C_{T+1} - I_{T+1}}{\rho_F - 1} \tag{4.7}$$

　また，予想期間後のフリー・キャッシュフローが定率で成長する場合には，下記のように表すことができる。

$$\text{継続価値}_T = \frac{C_{T+1} - I_{T+1}}{\rho_F - g} \tag{4.8}$$

　ここで g は，1＋フリー・キャッシュフローの予想成長率である（Box 4.1を再度参

110 第1部 財務諸表とバリュエーション

● **例4.1　割引キャッシュフロー評価のコカ・コーラへの適用**

コカ・コーラの要求リターンは9％　　　（ドル数値の単位：百万ドル，株式数および1株当たり価値を除く）

	1999	2000	2001	2002	2003	2004
事業からのキャッシュフロー		3,657	4,097	4,736	5,457	5,929
投資支出		947	1,187	1,167	906	618
フリー・キャッシュフロー		2,710	2,910	3,569	4,551	5,311
割引率（1.09^t）		1.09	1.1881	1.295	1.4116	1.5386
フリー・キャッシュフローの現在価値		2,486	2,449	2,756	3,224	3,452
2004年までの現在価値合計	14,367					
継続価値[注]						139,414
継続価値の現在価値	90,611					
企業価値	104,978					
正味負債の簿価	4,435					
持分価値	100,543					
発行済株式数	2,472					
1株当たり価値	$40.67					

（注）　継続価値＝(5,311×1.05)/(1.09−1.05)＝139,414
　　　　継続価値の現在価値＝139,414/1.5386＝90,611

照）。

　例4.1には，2000年から2004年におけるコカ・コーラ（Coca-Cola）の実際のキャッシュフローが記載されている。これらの実際のキャッシュフローを，コカ・コーラ株式が57ドルで取引されていた1999年末において，完全に見通して予測されていたものであるとしてみよう。この例は，いかにしてキャッシュフローが価値評価に変換されるかを表すものである。(4.6) 式に従えば，2004年までのフリー・キャッシュフローを9％の要求リターンで現在価値に割り引き，これに継続価値の現在価値を加えて，企業価値（事業価値）を算定する。継続価値は，(4.8) 式のように，5％で成長する永久債の価値となる。ここでは，フリー・キャッシュフローは2004年以降無限に年間5％で成長すると予想されている。事業価値から正味負債の簿価を控除すると，株式価値は1005億4300万ドル（1株当たり40.67ドル）である。

　DCF評価の手順は，次の通りである。

1. 予測期間におけるフリー・キャッシュフローを予想する。
2. フリー・キャッシュフローを現在価値に割り引く。
3. 予測期間終了時点における継続価値を，予想成長率を適用して計算する。
4. 継続価値を現在に割り引く。
5. 2. を 4. に加える。
6. 正味負債を差し引く。

フリー・キャッシュフローと付加価値

コカ・コーラは十分なキャッシュフローを生み出すことができる企業であるから，

第**4**章　現金主義会計，発生主義会計，割引キャッシュフロー評価　　111

● 例 4.2　負のフリー・キャッシュフローの企業：GE およびスターバックス

GE　　　　　　　　　　　　　　　（ドル数値の単位：百万ドル，EPS および DPS を除く）

	2000	2001	2002	2003	2004
事業からのキャッシュフロー	30,009	39,398	34,848	36,102	36,484
投資支出	37,699	40,308	61,227	21,843	38,414
フリー・キャッシュフロー	(7,690)	(910)	(26,379)	14,259	(1,930)
利　益	12,735	13,684	14,118	15,002	16,593
1 株当たり利益（EPS）	$1.29	$1.38	$1.42	$1.50	$1.60
1 株当たり配当（DPS）	$0.57	$0.66	$0.73	$0.77	$0.82

スターバックス　　　　　　　　　　　　　（ドル数値の単位：千ドル，EPS を除く）

	1996	1997	1998	1999	2000
事業からのキャッシュフロー	135,236	97,075	147,717	224,987	314,080
投資支出	148,436	206,591	214,707	302,179	363,719
フリー・キャッシュフロー	(13,200)	(109,516)	(66,990)	(77,192)	(49,639)
利　益	42,127	57,412	68,372	101,693	94,564
1 株当たり利益（EPS）	$0.55	$0.70	$0.78	$1.12	$1.02

その株式には，1 株当たり 40.67 ドルの価値があるという考え方もあるかもしれない。しかし，例 4.2 を見てみよう。ここには，ゼネラル・エレクトリック（General Electric：GE）について，同じ 5 年間のキャッシュフローが示されている。GE は1993 年から 2004 年において，全米企業の中で最も高い株式リターンを生み出した企業であるが，2003 年以外のすべての年において，フリー・キャッシュフローは負である。

　いま，1999 年に GE 株式の購入を検討していたと仮定してみよう。そして，GE のキャッシュフローを完全に見通して予測し，DCF 評価を適用したとしよう。すると，1 つの年度を除くすべての年度においてフリー・キャッシュフローが負であるために，GE の現在価値は負になってしまう。しかも，最終年の 2004 年におけるフリー・キャッシュフローも負であることから，継続価値の計算のために資本化することはできない。2004 年の時点で，GE がそれ以前に生み出したフリー・キャッシュフローを振り返ってみるならば，フリー・キャッシュフローが，株価に付加される価値を示唆していないことは明らかであろう。

　例 4.2 には，1996 年から 2000 年におけるスターバックス（Starbucks）のキャッシュフローについても記載されている。スターバックスは，多くの国にコーヒー店を展開しており，世界中に名前が知られている，きわめて成功した企業である。1996 年から 2000 年の間に，スターバックスの株価は 2 倍以上に上昇した。しかし，フリー・キャッシュフローはその間ずっと負であった。もし 1996 年初めにおいて，そのような将来キャッシュフローを予測し企業価値を測定しようとしていたなら，大きな問題に直面していたであろう。フリー・キャッシュフローは 2000 年まで負であった

から，継続価値は企業価値の100％以上となってしまい，計算することができなかったはずである。このような状況では，いかなる計算方法も多分に推測に依存してしまう。

なぜ，こうした企業について DCF 評価は役に立たないのであろうか。端的にいえば，フリー・キャッシュフローは，事業において付加される価値を測定しないからである。事業によるキャッシュフローは，製品の販売から得られ，企業にもたらされる価値ではあるが，そこから投資支出を差し引く必要がある。事業に投資したキャッシュのほうが，事業から得られるキャッシュよりも大きければ，フリー・キャッシュフローは負になる。正の NPV，すなわち価値を付加する投資である場合であっても，フリー・キャッシュフローは投資支出の分だけ小さくなる。ここでは，投資支出は，「よい」ものではなく「悪い」ものとして扱われている。もちろん，投資に対するリターンは，事業によるキャッシュフローとして後の年度で得られることになる。しかし，将来的により長期間にわたってより多くの投資を行う企業については，キャッシュフローを予測するためにより長い予測期間を想定する必要がある。GE は，新しい投資機会を常に見つけており，それゆえ投資支出はキャッシュ・インフローを上回っていた。成長企業であるスターバックスは，常に新店舗を開店しており，その投資は価値を付加するものではあるが，それによりフリー・キャッシュフローは負になっていた。大きな価値を生み出すような成長企業の多くは，フリー・キャッシュフローが負になっている。

なぜ，負のキャッシュフローを生み出しているような企業の株価が，2倍にも上昇するのであろうか。結局，フリー・キャッシュフローでは，事業における付加価値を測定することはできないのである。フリー・キャッシュフローの概念は，投資（そしてそれが生み出す価値）と，投資からのペイオフとを混同している。投資と清算の概念が混ざっているのである。フリー・キャッシュフローは投資によって減少し，投資の清算または縮小によって増加する。しかし，企業価値は，利益を生む投資を行うことにより増加する。将来の数年間にわたって，低いまたは負のフリー・キャッシュフローが予想される場合，それは事業の失敗を示唆すると考えてよいのだろうか。2003年の GE における正のフリー・キャッシュフローは，むしろ悪いニュースであったと考えられる。というのも，その正のフリー・キャッシュフローは，投資の縮小によってもたらされたものだからである。例4.1で示したコカ・コーラの2003年と2004年におけるキャッシュフローの増加も，投資の縮小によってもたらされたという側面がある。投資の縮小は，将来キャッシュフローの減少を意味する。そのためコカ・コーラ社の継続価値の計測に用いた5％という成長率にも疑問が生じることになる。

フリー・キャッシュフローは，キャッシュ収入が，それを生み出す投資支出と同じ期間に対応させられるような事業の価値を測定するのには適しているであろう。受け

第**4**章　現金主義会計，発生主義会計，割引キャッシュフロー評価　　113

Box 4.3　割引キャッシュフロー・モデル

利　　点

わかりやすい：キャッシュフローは，「事実」であり，容易に理解できる。キャッシュフローは，会計ルールに影響を受けない。

馴染み深い：キャッシュフロー評価は，現在価値技法というよく知られた方法の直接的な適用である。

欠　　点

疑わしい：フリー・キャッシュフローは，短期間の付加価値を測定しない。増加した価値が減少した価値と対応していない。

　投資が，価値の減少として取り扱われている。

　フリー・キャッシュフローに，清算の概念が部分的に含まれる。投資を縮小すれば，フリー・キャッシュフローは増加する。

予測期間：投資によるキャッシュ・インフローを識別するには，とりわけ投資が拡大している場合，長期の予測期間が必要となる。継続価値は，その価値評価において大きなウェイトを占める。

人々の予測の対象ではない：アナリストは，フリー・キャッシュフローではなく，利益を予測する。

最も適切に機能するのはどのようなケースか

正のフリー・キャッシュフローを継続的に生み出す投資，または一定率で増加するフリー・キャッシュフローを生み出す投資，すなわち「ドル箱」事業である場合。

　株式投資を終了する場合，または投資家が「現金収入」を必要とする場合には，DCF は有用である。これは，レバレッジド・バイアウトの場合や未公開株式投資のように，一定期間内に負債が必ず支払われなければならない，または投資家に支払わなければならない，といった，キャッシュを生み出す能力が重要な問題となるようなケースである。

取った価値からそのために犠牲にした価値を控除して，事業の価値を測定することができるからである。しかし，投資によるキャッシュの収入は，投資が行われた年度よりも後に認識されるので，DCF 分析においては価値を捉えるために長期間にわたる予測が必要となる。DCF 分析には，対応原則と相容れない側面があるのである。

　GE とスターバックスの価値評価における問題を解決するには，非常に長い期間にわたる予測を行う必要がある。しかしこれは，第3章で述べた実用的な分析の第1の規準に反する。長期にわたる予測は多くの憶測を含むことになり，きわめて不確実なものとならざるをえない。Box 4.3 に，DCF 分析の利点と欠点を要約してある。

3　キャッシュフロー計算書

　キャッシュフローは，キャッシュフロー計算書において報告される。そのため，キ

114 第1部 財務諸表とバリュエーション

ャッシュフローを予測することは，将来のプロ・フォーマのキャッシュフロー計算書を作成することを意味する。しかし，米国基準におけるキャッシュフロー計算書のキャッシュフローと，IFRSにおけるキャッシュフロー計算書のそれとは，完全に同一ではない。例4.3には，2010年度のナイキのキャッシュフロー計算書における「営業活動によるキャッシュフロー」と「投資活動によるキャッシュフロー」が示されている。ナイキのキャッシュフロー計算書は第2章の例2.1に掲載したものである。2010年度に，ナイキは，営業活動によるキャッシュフローとして31億6420万ドル，投資活動によるキャッシュフローとして12億6750万ドル，フリー・キャッシュフローはその差額として，18億9670万ドルを計上している。

営業活動によるキャッシュフローは，キャッシュフロー計算書において，純利益からキャッシュフローを伴わない項目を差し引いて計算される（これらのキャッシュフローを伴わない項目はアクルーアルズ〔発生項目〕といわれる。本章の後半で説明する）。純利益には，利息の支払が含まれているが，これは営業活動に含めるべき項目ではない。これは，営業活動によって生み出されたキャッシュによる債権者への支払であり，財務活動によるキャッシュフローに含められる項目である。会計基準では，キャッシュフロー計算書の注記情報として，支払利息の金額を開示することが要求されている。ナイキは2010年度に，4840万ドルの支払利息を計上している（例4.3参照）。純利益にはまた，利付預金や債券のような市場性のある有価証券に一時的に投資されたキャッシュから得られる受取利息も含まれている。これらの投資は，営業活動における投資ではない。余剰資金を，営業活動への投資に当てたり，負債や配当の支払を行うまでの間，運用しているに過ぎない。それゆえ，これらの項目は財務活動によるキャッシュフローに分類される。例4.3で示されている通り，2010年度には，4210万ドルの有価証券受取利息が注記情報として記載されている。

支払利息と受取利息の差額は，*正味支払利息*といわれる。米国基準では，正味支払利息は営業活動によるキャッシュフローに含まれる。そのため，営業活動から生み出される実際のフリー・キャッシュフローを計算するには，キャッシュフロー計算書に計上された営業活動によるフリー・キャッシュフローに，正味支払利息を加算して調整する必要がある。しかし，受取利息は課税対象である一方で，支払利息は課税所得を減額させる。そのため，正味支払利息は課税額の増減調整をしなければならない。利息と税金の正味影響額は，*税引後正味支払利息*であり，正味支払利息×（1−税率）として計算される。営業活動によるキャッシュフローは，次のように表される。

営業活動によるキャッシュフロー
＝計算書上の営業活動によるキャッシュフロー＋税引後正味支払利息

(4.9)

第 **4** 章　現金主義会計，発生主義会計，割引キャッシュフロー評価　　115

● 例 4.3　ナイキのキャッシュフロー計算書のうち，営業活動と投資活動の部分（2010 年度）

ナ　イ　キ
連結キャッシュフロー計算書の一部　　　　　　（単位：百万ドル）

	2010	2009 （期末：5 月 31 日）	2008
営業活動によるキャッシュフロー			
純利益	1,906.7	1,486.7	1,883.4
キャッシュフローに影響しない利益減少項目：			
減価償却費	323.7	335.0	303.6
繰延税金	8.3	(294.1)	(300.6)
株式報酬費用	159.0	170.6	141.0
のれん，無形資産その他の資産の減損損失	—	401.3	—
事業分割による利得	—	—	(60.6)
償却費その他	71.8	48.3	17.9
買収・分割による影響を除く，運転資本項目及びその他の資産と負債の変動額：			
売掛金の減少（増加）	181.7	(238.0)	(118.3)
棚卸資産の減少（増加）	284.6	32.2	(249.8)
前払費用及びその他の流動資産の減少（増加）	(69.6)	14.1	(11.2)
買掛金及び未払費用，支払税金の増加（減少）	298.0	(220.0)	330.9
営業活動によるキャッシュフロー	3,164.2	1,736.1	1,936.3
投資活動によるキャッシュフロー			
短期投資	(3,724.4)	(2,908.7)	(1,865.6)
短期投資の償還及び売却	2,787.6	2,390.0	2,246.0
有形固定資産の購入	(335.1)	(455.7)	(449.2)
有形固定資産の除却	10.1	32.0	1.9
その他の資産及び正味その他の負債の増分	(11.2)	(47.0)	(21.8)
純投資ヘッジの決済分	5.5	191.3	(76.0)
子会社取得による正味支出	—	—	(571.1)
分割による売却収入	—	—	246.0
投資活動によるキャッシュフロー	(1,267.5)	(798.1)	(489.8)
補足情報			
支払利息	48.4	46.7	44.1
受取利息	42.1	56.2	121.2

（出所）　2010 年度 10-K 年次報告書。

　Box 4.4 の冒頭では，2010 年度におけるナイキの営業活動によるキャッシュフローが，その報告数値に基づいて計算されている。多くの場合，支払利息は受取利息を上回るため，営業活動によるキャッシュフローは，通常は，報告数値よりも大きくなる。

　米国基準および IFRS のキャッシュフロー計算書には，「投資活動によるキャッシュフロー」という項目があり，余剰資金による利付債への「投資」が含まれている。これは，営業活動における投資ではない。そのため，下記のように計算する。

116　第1部　財務諸表とバリュエーション

Box 4.4　キャッシュフロー計算書におけるフリー・キャッシュフローの計算

ナイキ（2010 年度）		（単位：百万ドル）
計算書上の営業活動によるキャッシュフロー		3,164.2
支払利息	48.4	
受取利息[1]	(42.1)	
正味支払利息	6.3	
法人税（36.3 %）[2]	2.3	
税引後正味支払利息		4.0
営業活動によるキャッシュフロー		3,168.2
計算書上の投資活動によるキャッシュフロー	1,267.5	
利付債の購入	3,724.4	
利付債の売却	(2,787.6)	936.8
営業活動における投資支出		330.7
フリー・キャッシュフロー		2,837.5

(注)　1)　支払利息は、キャッシュフロー計算書の補足情報として記載されているが、受取利息は通常は記載されていない。そのため、損益計算書における受取利息を代わりに用いる。それにはアクルーアルズが含まれているが、通常はキャッシュの受取利息に近似している。
　　　2)　ナイキの法定税率（連邦税および州税）は、36.3 %であり、財務諸表の脚注に記載されている。

　　　　営業活動における投資支出
　　　　＝計算書上の投資活動によるキャッシュフロー－利付債への正味投資

$$\text{(4.10)}$$

　正味投資は、投資額から投資の清算額を差し引いた額（購入額－売却額）である。Box 4.4 には、ナイキの例について、フリー・キャッシュフローの計算のために修正した投資支出が示されている。投資額の調整は、例 4.3 に記載されているキャッシュフロー計算書の投資活動のセクションにおける、最初の2つの項目である。調整後の営業活動における投資支出は、例 4.3 における有形固定資産への正味資本支出と取得費用、その他の投資項目の合計と一致する。この調整により、ナイキのフリー・キャッシュフローは、計算書上の額とは異なる金額になる。

　営業活動によるキャッシュフローは、*営業活動によるアンレバード・キャッシュフロー*といわれるが、本来、営業活動には資金調達活動は含まれないから、「アンレバード」という用語を付すのは意味が重複している。一方、計算書上の営業活動によるキャッシュフローは、*営業活動によるレバード・キャッシュフロー*といわれる。なぜなら、負債に対する利息が含まれるからである。しかし、レバード・キャッシュフローは、有用な測定尺度ではない。配当は株主へのキャッシュフローであり、債権者への利息の支払だけでなく元本を支払った後に計算されるからである。

IFRS におけるキャッシュフロー計算書

IFRS におけるキャッシュフロー計算書は，米国基準のそれと類似しているが，いくつか異なる点がある。

1. IFRS においては，支払配当と受取配当は，営業活動または財務活動のいずれかに分類される。支払配当が営業活動に分類されている場合，分析上は，これを財務活動のセクションに移動させなければならない。なぜなら，支払配当は，営業活動から生じたキャッシュの持分権者への支払であり，営業活動において用いられたキャッシュではないからである。一方，受取配当については，事業計画の一部として行われたその他の事業への投資における配当である場合には，営業活動の項目として適切である。

2. 支払利息と受取利息は，営業活動または財務活動のいずれかに分類される。営業活動に分類されていた場合，分析上は，米国基準と同様に，（税引後）正味利息について営業活動によるキャッシュフローを調整しなければならない（(4.9) 式および Box 4.4 を参照のこと）。

3. 支払税金は，財務活動または投資活動として認識されている場合を除き，米国基準と同様に，営業活動によるキャッシュフローに含まれる。

利付債の購入および売却は，米国基準と同様に，投資活動によるキャッシュフローとして分類される。それゆえ，投資支出についての同様の調整が必要となる（(4.10) 式および Box 4.4 を参照のこと）。

フリー・キャッシュフローの予測

DCF 分析においては，将来のキャッシュフロー計算書において報告されるフリー・キャッシュフローを予測する必要がある。しかし，売上高や利益を予測せずに，そのような予測を行うことは難しい。これらは，いわゆるアクルーアルズ数値である。フリー・キャッシュフローの予測においては，予想利益を営業活動から得られる予想キャッシュフローに変換し，そこから事業への予想投資支出を減額する。（純）利益と営業活動によるキャッシュフローとの相違は，損益計算書における**アクルーアルズ**（純利益に含まれる，キャッシュの裏づけがない項目）である。アクルーアルズは，純利益と，キャッシュフロー計算書における営業活動によるキャッシュフローとの差額である。2010 年度におけるナイキの計算書で示されているアクルーアルズは，12 億5750 万ドルである。純利益からこれらのアクルーアルズを控除し，税引後利息の調整を行えば，営業活動によるキャッシュフローを計算することができる。Box 4.5 では，利益を営業活動によるキャッシュフローに変換する方法，また営業活動における新規投資を差し引いてフリー・キャッシュフローを計算する方法が示されている。

将来のアクルーアルズの予測は，それほど容易なことではない。そのため，まず利

118　第 1 部　財務諸表とバリュエーション

Box 4.5　利益のフリー・キャッシュフローへの転換

　2 つ目の方法が近似でしかないように，この 2 つの方法は異なるものである。ナイキのキャッシュフロー計算書における減価償却費とその他償却費以外のアクルーアルズ，および営業運転資本の変動分は，その近似において無視されてきた。投資として資本支出のみを控除するのは一般的ではあるが，（企業の）取得のようなすべての投資支出が含まれることを確認しておこう。

ナイキ（2010 年度）

キャッシュフロー計算書を用いる方法		（単位：百万ドル）	一般的な近似方法		（単位：百万ドル）
利　益		1906.7	利払前税引前利益（EBIT）		2523.2
アクルーアルズ調整		1257.5	EBIT に対する法人税		915.9
営業活動によるレバード・キャッシュフロー		3164.2			1607.3
支払利息	48.4		＋減価償却費とその他償却費	395.5	
受取利息	(42.1)		＋営業運転資本の変動	694.7	1090.2
正味支払利息	6.3		営業活動によるキャッシュフロー		2697.5
法人税（36.3 %）	2.3	4.0	－投資支出：		
営業活動によるキャッシュフロー		3168.2	資本支出	325.0	
営業活動における投資支出		330.7	取　得	－	325.0
フリー・キャッシュフロー		2837.5	フリー・キャッシュフロー		2372.5

　（注）　営業運転資本の変動分は，流動資産から流動負債を控除し，現金及び現金同等物と，短期投資および短期借入金，繰延税金を除いた額の，変動分である。キャッシュフロー計算書の数値はここで用いられる。減価償却費とその他償却費の額についても，キャッシュフロー計算書から得られる。

払前税引前利益（EBIT）を予測し，そこから税金を控除し，キャッシュフロー計算書に計上されている償却費を加算してアクルーアルズを調整し，営業活動に含まれる運転資本項目の変動を加えて計算する，という方法で代用することが多い。しかし，これはあくまで概算に過ぎず，しかも少々面倒である。より直接的でより効率的な方法を第 10 章で紹介する。Box 4.5 では，EBIT を用いる一般的な方法についてナイキの事例を紹介している。

　例 4.2 で見た GE やスターバックスのように，フリー・キャッシュフローが負であるようなケースにおいて，予想利益をキャッシュフローに変換する手法が有用であるかどうかは重要な問題である。企業の価値評価は，予想キャッシュフローではなく予想利益によって行うことができるのではないか。そうであれば，利益をキャッシュフローに転換するという作業を行わなくても済むことになるのではないか。答えはイエスである。ここで（そして次の章でも），アクルーアルズを利益から抜き出すことが価値評価を複雑なものにし，憶測をもたらしていることについて説明する。

4　キャッシュフロー，利益，および発生主義会計

　アナリストは，キャッシュフローではなく利益を予測する。資本市場では，企業は

期待利益に基づいて評価されるように見える。アナリストの利益予想を下回った場合には株価は下落することが多く、利益予想を上回った場合には株価は上昇することが多い。要するに、利益が株価を変動させているように見える。

　価値評価を念頭に置くのであれば、フリー・キャッシュフローではなく利益を予測すべきである理由はいくつもある。利益と営業活動によるキャッシュフローとの違いは、アクルーアルズである。以下では、アクルーアルズがいかにして、キャッシュフローでは捉えきれない、営業活動における付加価値を捉えているのかを説明しよう。そして発生主義会計では、投資について、現金主義会計とは異なる捉え方がなされており、それにより、フリー・キャッシュフローの予測の際に直面した問題が解決されていることについても説明する。

利益とキャッシュフロー

　例 4.4 には、2008～2010 年のナイキの損益計算書が示されている。第 2 章で述べた通り、損益計算書では、製品の販売から得られる価値の増加を収益として認識し、価値の減少を費用として認識して収益から減額し、純利益を算出する。

　損益計算書については、注意すべき点が 3 つある。

1. 配当は、損益計算書には記載されない。配当は、価値の分配であり、価値を生み出す過程に属するものではない。そのため配当は、付加価値の測定値すなわち利益を決定する要素ではない。ただし、配当は企業の所有者の価値を減少させる。配当により、貸借対照表における持分の簿価は減少することになる。会計では、これが適切な処理であると考えられている。

2. 投資は、損益計算書においてマイナス項目として計上されているわけではない。それゆえ、フリー・キャッシュフローとは異なり、付加価値である利益の数値は、投資額による影響を受けない（例外は、研究開発投資である。この場合には、付加価値の測定尺度は歪められる可能性がある）。

3. 価値の増加（収益）と価値の減少（費用）が対応している。会計では、**対応原則**に従う。これは、第 2 章で述べた通り、費用はそれが生み出した収益が認識される期間に認識されるべきである、という考え方である。犠牲となった価値を、獲得された価値と対応させることで、財またはサービスを販売することによる正味付加価値が計算される。したがって、たとえば、当該期間において販売された製品の原価のみが、売上原価として認識される（販売されずに残った製品については、在庫品として貸借対照表に計上される）。また、従業員に対する年金については、キャッシュフローの（雇用期間にわたる）支払はかなり先のことであるにもかかわらず、当期の勤務から発生した分を、収益に貢献した費用として計上する。営業活動によるキャッシュフローは付加価値をもたらし、収益と費用に組み込まれ

120　第 1 部　財務諸表とバリュエーション

●例 4.4　ナイキの損益計算書

ナ イ キ
連結損益計算書　　　　　（単位：百万ドル）

	2010	2009	2008
		（期末：5 月 31 日）	
収　益	19,014.0	19,176.1	18,627.0
売上原価	10,213.6	10,571.7	10,239.6
売上総利益	8,800.4	8,604.4	8,387.4
販売費及び一般管理費	6,326.4	6,149.6	5,953.7
リストラ費用	—	195.0	—
のれん減損損失	—	199.3	—
無形資産及びその他の資産の減損損失	—	202.0	—
正味支払（受取）利息	6.3	(9.5)	(77.1)
正味その他の（収益）費用	(49.2)	(88.5)	7.9
税引前利益	2,516.9	1,956.5	2,502.9
法人税	610.2	469.8	619.5
純利益	1,906.7	1,486.7	1,883.4

（出所）　10-K 年次報告書。

る。しかし，収益と費用を対応させるため，会計では，営業活動によるキャッシュフローをアクルーアルズにより修正する。アクルーアルズは，キャッシュを伴わない価値のフローを測ったものなのである。

　アクルーアルズ

　アクルーアルズには，*収益のアクルーアルズ*と*費用のアクルーアルズ*の 2 種類がある。

　収益は，製品の販売によって価値を獲得したときに認識される。この価値の増加を測定するため，収益のアクルーアルズは，キャッシュフローを伴わないような価値の増加を認識し，価値の増加をもたらさないようなキャッシュ・インフローを取り除く。最も一般的な収益のアクルーアルズは，売掛金である。掛売は，キャッシュの受取はないが，価値の増加をもたらすと考えられる。同様に，販売前に受け取ったキャッシュは，価値を付加するものではないため，収益には含まれない。財が出荷され販売が完了するまで，価値の認識は（繰延または未実現収益として）繰り延べられる。

　費用のアクルーアルズは，収益の稼得のために費やした，キャッシュフローを伴わない価値を認識する。収益を稼得するために発生したものでもまだ支払がなされていない額や，当期の収益を生み出すために過去に支払われた額，といったアクルーアルズによって，キャッシュの支払額は修正される。年金費用は，収益を獲得するために発生したが後の年度まで支払がなされないような費用の例である。未払賃金もその例にあげられる。将来の勤務に対する前払賃金は，前もって支払がなされた例である。減価償却費は，固定資産投資のための過去のキャッシュフローから生じる。固定資産は減耗する。減価償却費は，当期の収益を稼得するために費やされたとみなされる，

第 **4** 章　現金主義会計，発生主義会計，割引キャッシュフロー評価　　121

投資支出の一部分である。また，法人税額は当該期間の未払税額を含み，売上原価には販売前の製品原価に対する支払額は含まれていない。

　アクルーアルズは，純利益と，キャッシュフロー計算書における営業活動によるキャッシュフローの差額として計算される。Box 4.5 に示されている通り，2010 年度におけるナイキのアクルーアルズは，12 億 5750 万ドルであった。

　アクルーアルズによって，財務諸表における価値の認識のタイミングは，実際にキャッシュフローが生じる時点とは異なることになる。売掛金を収益として認識したり，年金債務の増加を費用として認識したりすることは，将来に実際にキャッシュフローが得られるよりも前に，価値を認識することを意味する。繰延収益の認識や減価償却は，キャッシュフローが生じた時点よりも後に，価値を認識することを意味する。そのすべてのケースにおいて，市場で製品を販売することで付加される価値の測定値を得るために，価値の増加と減少を対応させるという考え方が貫かれている。実用的な価値評価分析であるための第 1 規準，すなわち予測期間が合理的に短いという規準において，タイミングは重要である。年金費用のように，実際にキャッシュフローが生じる退職時よりも 30 年も前にそれを認識することが予測期間の短縮につながることは，簡単に理解できるであろう。キャッシュフローが得られる時点以降に認識を繰り延べることもまた，予測期間の短縮につながる。

投　　資

　DCF 分析における業績尺度は，フリー・キャッシュフローであり，営業活動によるキャッシュフローではない。フリー・キャッシュフローは，営業活動によるキャッシュフローから投資支出を除いた額（$C-I$）である。すでに述べた通り，投資支出は，価値の減少として扱われてしまうために，DCF 分析においては厄介なものである。投資支出は価値を生み出すものであり，それが価値の減少をもたらすのは，営業活動において資産が減耗した（減価償却）ときのみである。営業活動による価値の減少は，キャッシュフローの支払後に発生する。これは利益の計算では認識されている。利益は，フリー・キャッシュフローに投資支出を加算して計算される。こうすることで，付加価値の測定尺度としてフリー・キャッシュフローにおける誤差が修正されるのである。

$$利益＝フリー・キャッシュフロー－正味利息＋投資支出＋アクルーアルズ$$

$$(4.11)$$

　発生主義会計においては，投資は貸借対照表の資産として計上されるため，利益の額には影響しない。発生主義会計では，収益の稼得のために資産の価値が減少するのに伴い，次年度以降に減価償却（あるいはその他償却費）というアクルーアルズが計上されて，これらの資産の額はその分減少していく。Box 4.6 では，ナイキを例にあ

122 第1部 財務諸表とバリュエーション

Box 4.6 会計関係式：利益とキャッシュフロー

ナイキ（2010年度）

（単位：百万ドル）

営業活動によるキャッシュフロー	3168.2
－正味支払利息（税引後）	(4.0)
＋アクルーアルズ	(1257.5)
＝利　　益	1906.7
フリー・キャッシュフロー	2837.5
－正味支払利息（税引後）	(4.0)
＋アクルーアルズ	(1257.5)
＋投　　資	330.7
＝利　　益	1906.7

げて，キャッシュフローと利益の差額を説明している。注意すべきことは，投資はアクルーアルズとしての性質を有しているということであり，アクルーアルズと投資の合計は総アクルーアルズといわれることもある。

　発生主義会計がどのように機能するかを完全に把握するには，その詳細を理解する必要がある。本章では，会計において価値のフローがいかに測定されるかについて，その概要を説明した。後で（とくに第4部で）さらに論じるが，ここで財務会計のテキストをもう一度読み直してみよう。

　本章で示した利益測定の仕組みは，表面的には会計の機能を描写するものであり，上記で説明した利益は，付加価値の測定尺度として適したものであると思われる。しかし，米国基準であれIFRSであれ，ある特定の会計基準のもとでこのような理想的な利益が測定できるという保証はない。たしかに，たとえば減価償却は，説明の上では，費やされた価値を獲得された価値に対応させている。しかし，それがどの程度達成されているかは，減価償却費が実際にどのように測定されているのかに左右される。これは，すべてのアクルーアルズについていえることである。キャッシュフローは客観的なものである。ところが，アクルーアルズは会計基準からの影響を受けるにもかかわらず，これらの基準が優れたものではない場合もある。実際，減価償却の方法に関していえば，企業は複数の中から選択ができる。多くのアクルーアルズに，潜在的に誤差を生じさせるような予測の要素が含まれている。アクルーアルズは，ある程度は操作可能なのである。一方でR&D支出は，投資支出であるにもかかわらず，損益計算書に費用として計上される。これらの事実は，付加価値の測定値としての純利益が，適切に測定されていないかもしれないということを示している。そして，予想利益に基づく評価技法が，こうした不適切な測定に基づいていることは間違いない。実際，DCFモデルの論拠の1つとして，「真のキャッシュフロー」を計算するためには

第4章　現金主義会計，発生主義会計，割引キャッシュフロー評価　123

損益計算書からアクルーアルズの控除ないし「取り消し」をしなければならないということからもわかるように，会計は非常に疑わしいということがいわれることもある。本章では，このことが引き起こす問題について論じてきた。次の2つの章では，発生主義会計による価値評価モデルにおいて，会計測定の問題がどのように取り扱われるのかについて説明する。

アクルーアルズ，投資，貸借対照表

　第2章の例2.1には，2010年のナイキの比較貸借対照表が掲載されている。そこには，棚卸資産，土地，建物，機械，無形資産といった（損益計算書には計上されない）投資が計上されている。貸借対照表にも，やはりアクルーアルズは存在する。株主の持分は資産から負債を控除して計算される。そのため，資産と負債に影響を与えることなく，利益を通じて株主持分に影響を与えることはできない。つまり，利益は株主持分に加算されるように，資産と負債の差額にも加算される。ナイキの損益計算書において，信用販売が収益のアクルーアルズとして認識されると，貸借対照表において売掛金が計上され，回収不能額と返品の予想額だけ正味売掛金は減少する。在庫品は，将来の収益に対応する費用である。ナイキの有形固定資産は投資であるが，その費用は，将来の収益を生み出すために費やされた時点で，収益に対応して計上される。負債の中では，未払費用と買掛金はアクルーアルズである。たとえば未払広告宣伝費は，収益を稼得するために生じた費用であるが，まだ支払はなされていない項目である。

　貸借対照表に計上されている項目のうち，キャッシュと余剰資金の投下先である有価証券，負債，および株式による資金調達項目以外のすべての項目が，投資またはアクルーアルズの性質を有する。会計関係式（(4.11) 式）に従ってフリー・キャッシュフローを修正するには，投資およびアクルーアルズを用いる。

　Box 4.7では，特定のアクルーアルズの例をあげ，損益計算書と貸借対照表にどのような影響を及ぼすかについて説明している。

　貸借対照表における投資とアクルーアルズは，それ自体が資産または負債の性質を有する。資産は将来の便益を生み出すものである。売掛金は，将来に顧客から受け取るキャッシュであるため，資産である。在庫品は，将来に販売され最終的にキャッシュを獲得することができるため，資産である。負債は，将来において価値を引き渡すという義務である。たとえば，未払給与は，将来に給与を支払う義務であり負債である。年金負債は，退職給付を支払う義務である。有形固定資産は，投資による資産であり，将来のキャッシュを生み出すための能力の一部について，その時点までの収益を稼得するために費やされた分として認識された減価償却累計額を控除する。すなわち，純資産（資産から負債を控除した額）は，投資から期待される価値だけでなくア

124 第1部 財務諸表とバリュエーション

Box 4.7 発生主義会計の例

発生主義会計の例と，損益計算書および貸借対照表への影響について説明する。

アクルーアルズ	損益計算書への影響	貸借対照表への影響
現金受取前の売上高の計上	収益の増加	売掛金の増加
現金支払前の賃貸料の計上	賃貸料の増加	賃貸料の未払金の増加
賃貸料の前払	影響なし	前払費用の増加
現金支払前の賃金の計上	賃金費用の増加	未払賃金の増加
年金費用の計上	年金費用の増加	年金負債の増加
賃金の前払	影響なし	前払費用の増加
在庫品の購入	影響なし	在庫品の増加
在庫品の売却	売上原価の増加	在庫品の減少
固定資産の購入	影響なし	固定資産の増加
設備の減価償却	減価償却費	固定資産の減少
未払利息の認識	支払利息の増加	未払利息の増加
行政による税金の認識	税金の増加	未払税金の増加
報告された所得に対して最終的に支払われるであろうと予測されるが，まだ納税義務が生じていない税金の認識	税金の増加	繰延税金の増加

クルーアルズによって認識された期待される価値でもあるのだ。

　最後に，例4.2におけるGEとスターバックスの例に戻ろう。この例では，負のフリー・キャッシュフローに基づいて企業を評価することは困難であると説明した。そこでは，これらの企業の利益についても論じた。本章では，利益がフリー・キャッシュフローとは異なるのは，発生主義会計においてはアクルーアルズと投資が認識されるからである，ということを説明してきた。フリー・キャッシュフローとは対照的に，利益は正であり正常な成長率で増加している。企業を評価する上では，利益はキャッシュフローよりも優れた指標となるように思われる。次の2つの章では，この点について説明する。

　DCF評価技法には，上記のフリー・キャッシュフローの問題を，投資支出を「維持投資」と「成長投資」に区分することによって解決しようとするタイプのものもある。維持投資とは，営業活動を現時点の水準に維持するために行われる支出（既存資産の入れ替えなど）である。一方，成長投資とは，営業活動を拡大するために行われる支出である。維持投資は，資産減耗の測定値として損益計算書で即時費用計上され，成長投資は貸借対照表に計上されるという，まさに発生主義会計のような内容である。これはむしろ優れた発生主義会計といえるのではないだろうか。しかし，企業は常に製品の入れ替えを行い，新しい場所への投資を行い，業務委託を行うといったように，事業の内容は常に大きく変化し，同じ事業が繰り返されることは二度とない。こうした状況においては，投資のタイプを2つに区分することはきわめて難しい。維持投資は，ファンダメンタル投資家に多くの判断を要求する，捉えどころのない概念である。

第4章　現金主義会計，発生主義会計，割引キャッシュフロー評価　125

加えて，このタイプの（修正）DCF評価は，貸借対照表に暗黙裏に計上されている成長投資について，減価償却を行わないという点で誤っている。そこでは，成長投資の額がキャッシュフローの減少として認識されることはないのである。

要　約

　価値評価モデルは，事業における価値の創造についての考え方，およびその考え方を価値評価に変換するための手法である。本章では，配当割引モデルと割引キャッシュフロー・モデルを紹介した。これらのモデルでは，キャッシュフローの予測を行う。配当割引モデルでは，株主へのキャッシュフローの配分（配当）に焦点が当てられている。割引キャッシュフロー・モデルでは，投資活動と営業活動（それらの活動において価値が生み出される）に焦点が当てられている。

　本章では，配当や，フリー・キャッシュフローとして要約される投資活動と営業活動によるキャッシュフローは，付加価値の測定尺度としては疑わしいということを説明した。実際，付加価値の測定尺度としては，フリー・キャッシュフローは歪んだ尺度である。投資は価値を生み出すものであるにもかかわらず，フリー・キャッシュフローは投資によって減少する。したがって，GEやスターバックスのような投資機会に恵まれた収益性のきわめて高い企業のフリー・キャッシュフローは負となる。一方，投資を清算すればフリー・キャッシュフローは増加する。したがって，フリー・キャッシュフローは，付加価値の観点ではなく，いわば清算の観点に立ったものだといったほうがよく，予想フリー・キャッシュフローを用いて企業価値を評価することには疑問を呈した。もちろん，長期間にわたるフリー・キャッシュフローの予測を行えば，企業価値を評価することは可能である。これではしかし，継続価値が大きくなり，価値評価に憶測が入り込むことを避けるために相対的に短い予測期間を旨としている本書の規準と相反する。2030年の企業の状況を予測するのは容易なことではない。こうした問題は，実務的な問題であるとともに，概念上の問題でもある。つまり，フリー・キャッシュフローは付加価値の測定尺度ではないのである。

　では，キャッシュフローによる価値評価の問題に対して，どのように取り組めばよいのだろうか。本章では，損益計算書における利益と貸借対照表における簿価を決める発生主義会計の考え方の概要を説明した。発生主義会計においては，少なくとも原理的には，フリー・キャッシュフローが付加価値の測定尺度として不足する点を修正するような方法で，利益が測定されている。発生主義会計においては，投資支出は（フリー・キャッシュフローのようには）収益から控除されずに貸借対照表において資産として計上され，適切な時点で収益に対応する費用として対応させられる。さらに発生主義会計では，アクルーアルズ，すなわちキャッシュを伴わない価値を，付加価値の一部として認識する。このようにして発生主義会計は，顧客から受け取った価値から，それを獲得するために費やされた価値を差し引くことによって測定される，利益という数値，つまり営業活動における付加価値を算出するのである。

キー・コンセプト

・**アクルーアルズ**（発生項目）とは，財務諸表に計上される，キャッシュに基づかない価値の流列である。［117］
・**永久債**とは，永続する定期的なペイオフである。［105］

126 第1部 財務諸表とバリュエーション

・**継続価値**とは，予測期間の終了時点において計測される価値であり，その期間の終了後に付加される価値を示す。[109]

・**終末価値**とは，投資が終了するかまたは処分される将来時点において期待される価値である。[103]

・**対応原則**とは，費用は，それにより生み出された収益が認識される時点で認識するという会計原則をいう。[119]

・**年金**とは，ペイオフの持続的な流列における1年ごとの額である。[105]

・**配当をめぐる難問**とは，次のようなパズルを意味する：株式の価値は期待配当額に基づいて決定されるが，（有限期間にわたる）期待配当額は株式の価値とは関連しない。[106]

演習問題

① 割引キャッシュフロー評価

あなたは第1期末において，ある企業のキャッシュフローを次のように予想している。なお，この企業の正味負債は759百万ドルである。

（単位：百万ドル）

	第2期	第3期	第4期
営業活動によるキャッシュフロー	1,450	1,576	1,718
投資支出	1,020	1,124	1,200

フリー・キャッシュフローは第4期より以降は年間4％で増加するとあなたは予想している。要求リターン10％を用いて，下記の設問に答えなさい。

a. 第1期末における企業の事業価値を求めなさい。

b. 第1期末における株式価値を求めなさい。

② DCF評価

第1期末において，第2期のフリー・キャッシュフローは430百万ドルであるとあなたは予測している。もしあなたがフリー・キャッシュフローは年間5％で継続的に増加すると予想するなら，事業価値はいくらか。要求リターン10％を用いなさい。

③ キャッシュフロー計算書によるフリー・キャッシュフローの算出

キャッシュフロー計算書の一部を営業活動と投資活動について要約したものを下記に示す。

（単位：百万ドル）

純利益		2,198
純利益におけるアクルーアルズ		3,072
営業活動によるキャッシュフロー		5,270
投資活動によるキャッシュフロー：		
固定資産の購入	2,203	
短期投資の購入	4,761	
短期投資の売却	(547)	6,417

支払利息は1342百万ドルであり，保有する短期国債の受取利息は876百万ドルであった。法人税率は35％である。フリー・キャッシュフローを求めなさい。

④ アクルーアルズとキャッシュフロー

a. ある企業の利益は735百万ドル，営業活動によるキャッシュフローは1623百万ドルと報告されている。キャッシュフロー計算書において計上されているアクルーアルズの額を求めなさ

第 4 章　現金主義会計，発生主義会計，割引キャッシュフロー評価　　127

い。

b. 　正味負債がゼロである企業が，キャッシュフロー計算書において，1389 百万ドルのアクルーアルズを利益に加算して，4219 百万ドルの営業活動によるキャッシュフローを報告している。営業活動における投資支出は 2612 百万ドルである。この企業のフリー・キャッシュフローと当期利益を求めなさい。

c. 　損益計算書において，623 百万ドルの収益が報告されている。期首の売掛債権は，281 百万ドルであり，期末のそれは 312 百万ドルであった。顧客から受け取ったキャッシュはいくらか。

d. 　ある企業は年間 128 百万ドルの法人税を支払った。期首の未払法人税は 67 百万ドルであり，期末のそれは 23 百万ドルであった。繰延税金はない。当期の損益計算書における法人税支払額を求めなさい。

第**5**章

発生主義会計とバリュエーション
簿価のプライシング

　企業は，通常，簿価とは異なる価格で取引される。その理由は第2章で説明したように，資産と負債の中には，貸借対照表上，市場価格で記録されるものもあれば，取得原価で記録されるものもあり，さらには貸借対照表から除外されるものもあるからである。そのため，貸借対照表には記録されていない価値を推測することがアナリストの仕事となる。アナリストにとっては，株式の簿価を超えるプレミアムはどれくらいか，ということが問題となるだろう。

　本章では，プレミアムと内在価値を計算するための価値評価モデルを提示する。それは戦略分析のモデルでもあり，価値創造の源泉を明らかにするために企業を分析する方向性を示すものである。

アナリストのチェックリスト

　本章を読めば，以下のことがわかるだろう。

・「残余利益」とは何か。
・残余利益を予測することにより，どのようにして簿価を超えるプレミアムおよび PBR が決まるのか。
・どのようにして残余利益が普通株主資本利益率（ROCE）と簿価の成長から導かれるのか。
・ケース 1, 2, 3 の価値評価の違い。
・残余利益モデルは，どのようにして，戦略において付加される価値を捉えるのか。
・残余利益モデルを使用することの利点と欠点，および，残余利益モデルが配当割引モデルや割引キャッシュフロー・モデルと対照的な点。
・残余利益モデルは，どのようにして，投資によって付加された利益に投資家が対価を払いすぎてしまうのを防ぐのか。
・残余利益モデルは，どのようにして，会計方法によってつくり出された利益に投資家が

130　第1部　財務諸表とバリュエーション

　　対価を払ってしまうのを防ぐのか。

　　本章を読めば，以下のことができるようになるだろう。

・残余利益の計算。
・利益と簿価を予測することにより，株式および戦略の価値を計算すること。
・内在PBRの計算。
・戦略において付加される価値の計算。
・アナリストの利益予想から価値評価への変換。

1　PBRの基礎概念

　簿価は株主から企業への投資を表している。簿価は資産から負債を控除したもの，すなわち純資産でもある。しかし，第2章で説明したように，簿価は，通常，株主の投資の価値を測定したものではない。株主の投資の価値（および純資産の価値）は，将来，その投資（純資産）から得られると期待される額に基づいている。そこで，株価・簿価倍率（price-to-book ratio：PBR）の概念が存在する。簿価を超える価値があるかどうかは，純資産が生み出す将来の利益に依存する。したがって，内在PBRは簿価に対する期待リターンによって決まる。

　この概念は，株主は利益を買うものであるという私たちの考え方と整合する。PBRの分子である株価は，投資家が買う期待将来利益に基づいている。よって，簿価と比べて期待利益が高ければ高いほど，PBRは高くなる。したがって，*簿価に対する利益率*（あるいは*収益性*）は，PBRの決定において重要な尺度なのである。

　本章では，このPBRの概念を操作するための形式的な価値評価モデルと，そのモデルを忠実に適用する仕組みを提示する。形式は重要である。というのも，形式が人を注意深くさせるからである。PBRを評価するとき，私たちは形式的に手順を踏まなければならない。注意しないと，利益に対価を払いすぎてしまうかもしれないからである。

利益への対価の払いすぎに要注意

　投資の基本的教訓とは，投資は，要求リターンを上回る利益を生む場合に限り，価値を付加するということである。企業は，買収ブームでの投資のように，多額の投資を行うかもしれないが，より多くの利益を生むとしても，それが投資に対する要求リターンを上回らない限り，価値は付加されない。この原理によりPBRの概念が精緻になる。すなわち，PBRは簿価に対する期待リターンに価格を付けるものであるが，

簿価に対する要求リターンに等しいリターンに価格を付けるものではない。

　本章における分析は，価値を付加しない利益に対価を払ってしまうという過ちを犯さないように設計されている。本章のモデルと手法を適用することにより，投資からの利益が簿価に対する要求リターンを上回るリターンを生むときに限り，PBR が上昇するということがわかるだろう。実際，本章のツールを使えば，市場が利益に対して過大（過小）に支払っているかどうかを評価することができ，PBR が高すぎる，あるいは低すぎるケースを見抜くことができる。

2　バリュエーションのプロトタイプ

　ファンダメンタル分析は財務諸表に依拠して価値評価を行うものである。そこでは，簿価がアンカーとなる。投資家は，貸借対照表で認識されている価値，すなわち簿価をアンカーとして価値評価を行い，それから，そこで認識されていない価値，すなわち簿価を超えるプレミアムの評価に進むことになる。したがって，以下のように表すことができる。

　　　　価値＝簿価＋プレミアム

　2つのプロトタイプから，この手法について解説しよう。

事業のバリュエーション

　ある企業が，1年後に 440 ドルの収益を生むと期待される事業に 400 ドルを投資するとしよう。商品を仕入れ，それを1年後に売るケースを考えればよい。収益から商品の原価 400 ドルを差し引くと，利益は 40 ドルと期待され，投資に対して 10 ％の利益率を生むことになる。この事業の要求利益率は 10 ％である。取得原価会計によれば，資産（商品）は貸借対照表上に 400 ドルと記録される。この事業は簿価にいくらの価値を付加するだろうか。この資産はその資本コストに等しい利益率を稼得すると期待されるので，その答えはもちろんゼロである。そして，この事業の価値は簿価と等しくなる。

　簿価に付加される価値を捉える尺度が，**残余利益**（residual earnings；residual income：RE）である。この事業の1期間については（投資時点を0時点とすると），

　　　　残余利益$_1$＝利益$_1$－（要求リターン×投資額$_0$）

である。40 ドルの利益のもとでは，残余利益は以下のように計算される。

　　　　残余利益＝$\$40 - (0.10 \times \$400) = \$0$

132　第1部　財務諸表とバリュエーション

　もし，この事業が448ドルの収益を生み，48ドルの利益を稼得するとすれば，400ドルの投資に対して12％の利益率を上げることになり，残余利益は以下のように計算されるだろう。

$$残余利益 = \$48 - (0.10 \times \$400) = \$8$$

　この事業の要求利益額は$0.10 \times \$400 = \$40$である。残余利益とは，要求利益額を超える利益額のことである。事業の利益が40ドルであれば，残余利益はゼロであり，事業の利益が48ドルであれば，残余利益は8ドルである。残余利益は**異常利益**や**超過利益**と呼ばれることもある。

　残余利益を予測して付加価値を測定するモデルは，**残余利益モデル**と呼ばれており，以下のように表される。

$$価値 = 簿価 + 期待残余利益の現在価値$$

　期待利益率10％の1期間の事業では，残余利益はゼロである。よって，事業の価値は以下の通りである。

$$価値 = \$400 + \frac{\$0}{1.10} = \$400$$

　この事業の価値は貸借対照表に記録された取得原価と等しく，付加価値は存在しない。もし事業が12％の利益率を生むと期待されるならば，すなわち，8ドルの残余利益を稼得すると期待されるならば，価値は以下の通りである。

$$価値 = \$400 + \frac{\$8}{1.10} = \$407.27$$

　このケースでは，事業が正の残余利益を生むと予想されるので，その価値は取得原価に基づく簿価よりも大きくなり，付加価値，つまり簿価を超えるプレミアムが存在することになる。

　1期間の事業の残余利益モデルによる価値は，割引キャッシュフロー（DCF）・モデルで計算される価値と常に同じである。448ドルの売上収益を生む事業の価値は，DCFモデルでは以下のように計算される。

$$価値（DCF） = \frac{\$448}{1.10} = \$407.27$$

第5章　発生主義会計とバリュエーション：簿価のプライシング　　133

● 例 5.1　2012 年度末に 100 ドル投資され，年 5％稼得する普通預金口座についての予測

（単位：ドル）

		2012	予測年度				
			2013	2014	2015	2016	2017
シナリオ 1： 毎年利益を引き出す （フル・ペイアウト）	利　益		5	5	5	5	5
	配　当		5	5	5	5	5
	簿　価	100	100	100	100	100	100
	残余利益		0	0	0	0	0
	フリー・キャッシュフロー		5	5	5	5	5
シナリオ 2： 引き出しをしない （ゼロ・ペイアウト）	利　益		5	5.25	5.51	5.79	6.08
	配　当		0	0	0	0	0
	簿　価	100	105	110.25	115.76	121.55	127.63
	残余利益		0	0	0	0	0
	フリー・キャッシュフロー		0	0	0	0	0

普通預金口座のバリュエーション

　単純な普通預金口座の価値はいくらだろうか。間違いなくその価値は簿価，すなわち銀行取引明細書の残高と等しい。それがその口座から引き出せる現金額だからである。その簿価は清算価値である。しかし，それはまた，その口座の継続価値でもある。

　例 5.1 は，2012 年度末に普通預金口座に 100 ドルを入金したときの，2013 年から 2017 年にかけての簿価，利益，配当（引き出し），そしてフリー・キャッシュフローを，2 つのシナリオに従って示したものである。第 1 のシナリオでは，利益が毎年分配され，簿価が変化しない。この普通預金口座の要求リターン，すなわち機会費用（同じリスクの口座について，道路の向こう側にある別の銀行で得られる利率）は 5％である。よって，毎年の予想残余利益は $5 - (0.05 \times \$100) = \$0$ である。この資産は残余利益を生まないと予想されるので，その価値は簿価 $100 と等しい。

　例 5.1 における第 2 のシナリオでは，口座からの引き出しがない。その結果，口座で稼ぐために利益を簿価に再投資すると，利益も簿価も増加する（数値は小数第 3 位が四捨五入されている）。しかし，残余利益は毎年ゼロのままである。2013 年の残余利益は $5 - (0.05 \times \$100) = \$0$，2014 年の残余利益は $5.25 - (0.05 \times \$105) = \$0$，2015 年の残余利益は $5.5125 - (0.05 \times \$110.25) = \$0$，と続く。すべての年で，簿価に対する利益率が要求リターンと等しい。期待残余利益がゼロなので，2012 年度末のこの資産の価値はその簿価 $100 となる。

　第 1 のシナリオでは，予想配当が $5 であり，口座への再投資がないため，フリー・キャッシュフローもまた毎年 $5 であることに注意しよう。第 2 のシナリオでは，生み出されたキャッシュは口座に再投資されるため，予想配当はゼロであり，フリー・キャッシュフロー（キャッシュフローから口座への再投資額を差し引いたもの）はゼロである。しかし，この 2 つのシナリオは同一の価値をもたらす。

134　第1部　財務諸表とバリュエーション

これらの普通預金口座の例から，株式の評価にも適用できるいくつかの重要な原則が明らかになる。

1. 資産は，簿価がゼロでない残余利益を生み出すと期待されるときに限り，簿価に対するプレミアムまたはディスカウントを持つ。
2. 残余利益モデルは，要求リターンを稼得する投資から利益成長が生じるとき，その成長は価値を付加しないことを認識する。第2のシナリオでは，第1のシナリオよりも利益成長があるが，その成長は，要求リターン5％を稼得するために，利益を簿価に再投資することによって生じるものである。利益成長はあるものの，投資に対する要求リターンに見合う利益を差し引くと，残余利益は生じない。したがって，資産の価値は，利益成長のないケースと同一となる。
3. たとえ配当が支払われないとしても，資産はその簿価と利益の予想から評価することができる。第2のシナリオでは，ゼロの配当を予想しても資産を評価することはできないだろうが，例5.1で見たように，利益と簿価からそれを評価することができるのである。
4. 普通預金口座の評価は配当の支払に依存しない。2つのシナリオでは，予想配当は異なるが，価値は同じである。すなわち，簿価と利益に基づく評価はペイアウトに左右されない。第3章で議論した通り，配当が価値と無関連であるとすれば，これは望ましい特徴である。
5. 普通預金口座の評価はフリー・キャッシュフローと関連しない。2つのシナリオでは，フリー・キャッシュフローは異なるが，価値は同じである。第2のシナリオでは，たとえ5年間にわたるフリー・キャッシュフローを予測しても，それらはゼロであり，その口座を評価することはできないが，簿価からそれを評価することができる。

正常 PBR

普通預金口座の価値はその簿価と等しい。すなわち，PBR は 1.0 倍である。1.0 倍の PBR は重要なベンチマーク・ケースとなる。というのも，そこでは，貸借対照表が完全な価値評価を提供するからである。それはまた，普通預金口座および 10％のリターンを稼得する事業のケースと同じように，簿価に対する予想リターンが要求利益率と等しく，そして，予想残余利益がゼロとなるケースである。

要求リターンは，投資のリスク水準に応じた正常リターンと呼ばれることがある。さらに PBR が 1.0 倍の投資は正常リターンを稼得するので，1.0 倍の PBR は正常 PBR と呼ばれることがある。

3 簿価をアンカーとするモデル

　2つのプロトタイプは，簿価をアンカーとした上で，将来の残余利益の予測から追加的な価値を加算することによって資産価値を評価する手法を示している。アンカリングの原則は以下に示すように明快なものである。

　　アンカリング原則：資産の簿価に対するリターンが要求リターンと等しいと予想される場合，その資産の価値は簿価と等しい。

　したがって，資産の簿価に対するリターンが要求リターンを上回る，すなわち残余利益が正と予想される場合には，その資産の価値は簿価よりも大きい。つまりそこでは，加算されるべき追加的な価値があることになる。継続企業の株式について追加的な価値を捉える価値評価モデルは以下の通りである。

$$
株式価値_0 = 簿価_0 + \frac{残余利益_1}{\rho_E} + \frac{残余利益_2}{\rho_E^2} + \frac{残余利益_3}{\rho_E^3} + \cdots \tag{5.1}
$$

　ここでの残余利益は以下のように計算される。

　　　残余利益＝包括的な利益－（株式の要求リターン×期首の簿価）
　　　残余利益$_t$＝利益$_t$－$(\rho_E - 1)$簿価$_{t-1}$

　簿価$_0$は貸借対照表上の株主持分の現在の簿価であり，将来の各期の残余利益は，普通株主持分に対応する当期の包括的な利益から，期首の普通株主持分簿価$_{t-1}$に要求リターン $\rho_E - 1$ を掛けて差し引いたものである。この株主持分に掛けられる要求リターンは株主資本コストとも呼ばれる。要求リターンの問題については第7章で扱うが，さしあたり，資本コストは資本資産評価モデル（CAPM，第3章の補論で議論した）のようなベータ・テクノロジーによって導出されるリターンと考えるか，あるいは，株式投資に対するあなた自身のハードル・レートと考えておけばよい。

　第2章で見た通り，ナイキは2010年に86億9300万ドルの簿価（資産から負債を控除したもの）に対して17億5400万ドルの包括利益を報告していた。もしナイキの株主が9％のリターンを要求していたとすれば，2010年の残余利益は1,754－（0.09×8,693）＝971.6百万ドルである。ナイキは，株主の簿価への投資に対する9％のリターンを超える利益を9億7160万ドル稼得したことになる。

　株式価値は，貸借対照表上の現在の簿価に予想残余利益の現在価値を加算することによって計算される。予想残余利益は，1＋株主資本コスト（ρ_E）で現在価値に割り引かれる。そして，簿価を超える内在プレミアム（株式価値$_0$－簿価$_0$）は，予想残余利益の現在価値として計算される。このプレミアムは貸借対照表には表れない価値で

136　第1部　財務諸表とバリュエーション

ある。内在PBRは株式価値$_0$/簿価$_0$である。このことは理に適っている。すなわち，企業が，株主持分簿価に対して要求される利益を超える利益を稼得すると期待されるならば（正の残余利益），その株式は簿価よりも価値があり，プレミアム付きで取引されるはずである。そして，簿価に対する利益が大きければ大きいほど，プレミアムは大きくなる。

　表5.1は，PBRがその後の残余利益を予測することを示している。この表では，ニューヨーク証券取引所（New York Stock Exchange：NYSE）およびアメリカン証券取引所（American Stock Exchange：AMEX）の全上場企業をPBRに基づいて20個のグループに分類している。最初のグループ（レベル1）にはPBRの上位5％の企業が含まれ，最後のグループ（レベル20）には下位5％の企業が含まれている。この表のPBRの列に示されている通り，PBRの中央値はレベル1では6.68倍であり，レベル20では0.42倍である。この表は，企業が分類された年（第0期）とその後の5期間について，各レベルにおける残余利益の中央値を示している。残余利益は第0期の簿価で標準化されている。第1期から第5期の残余利益が第0期のPBRと関係していることがわかるだろう。すなわち，平均的には，高いPBRは高い残余利益を生み，低いPBRは低い残余利益を生む。レベル14と15の第0期におけるPBRは1.0倍に近く（ゼロ・プレミアム），したがって，それらの残余利益はゼロに近い。要するに，現実の企業のデータはモデルが示す通りの振る舞いを見せているのである[1]。

　残余利益モデルは，無限の予測期間にわたって配当を予想することで得られる価値と常に同じ価値をもたらす。これは評価されるべき重要な特徴であり，これによって安心して価値評価を行うことができる。なぜなら，株式の価値は最終的に支払われると期待される配当に基づいているからである。残余利益モデルは，配当の代わりに利益と簿価を用いている。このことは，私たちが本当は配当を予想していることを意味している。しかしながら，一般的には配当割引モデルで必要とされるよりも短い予測期間にわたって利益と簿価を予想することで，企業が支払うであろう最終的な配当を理解することができる。これが，実践的な価値評価手法として望ましいと考えられていることである。このことは普通預金口座の例からも明らかである。たとえば50年間にわたって配当が支払われないようなゼロ・ペイアウトのケースでは，非常に遠い将来の配当を予想しなければならなくなるだろう。しかし，残余利益モデルによれば，直ちに価値評価ができる。というのも，その価値は現在の簿価によって与えられるからである。

　原注1）　表では，全企業について一律に10％の要求リターンを適用している。しかし，CAPMによる資本コストを適用しても（したがって，企業の要求リターンをそのベータに応じて調整しても），同じパターンが得られる。

第 5 章　発生主義会計とバリュエーション：簿価のプライシング　　**137**

● 表 5.1　PBR とその後の残余利益（1965～1995 年）

高 PBR 企業は平均して高い残余利益を生み，低 PBR 企業は低い残余利益を生む。PBR が 1.0 倍に近い企業（レベル 14 および 15）の残余利益はゼロに近い。

PBR グループの形成（第 0 期）後の毎期の残余利益

PBR レベル	PBR	0	1	2	3	4	5
1　（高）	6.68	0.181	0.230	0.223	0.221	0.226	0.236
2	3.98	0.134	0.155	0.144	0.154	0.154	0.139
3	3.10	0.109	0.113	0.106	0.101	0.120	0.096
4	2.59	0.090	0.089	0.077	0.093	0.100	0.099
5	2.26	0.076	0.077	0.069	0.068	0.079	0.071
6	2.01	0.066	0.067	0.059	0.057	0.076	0.073
7	1.81	0.057	0.048	0.043	0.052	0.052	0.057
8	1.65	0.042	0.039	0.029	0.039	0.050	0.044
9	1.51	0.043	0.034	0.031	0.038	0.046	0.031
10	1.39	0.031	0.031	0.028	0.036	0.047	0.028
11	1.30	0.024	0.026	0.023	0.035	0.036	0.030
12	1.21	0.026	0.028	0.023	0.036	0.039	0.038
13	1.12	0.016	0.021	0.012	0.031	0.039	0.026
14	1.05	0.009	0.008	0.009	0.026	0.034	0.032
15	0.97	0.006	0.005	0.011	0.018	0.031	0.017
16	0.89	− 0.007	− 0.011	− 0.004	0.008	0.029	0.015
17	0.80	− 0.017	− 0.018	− 0.004	0.006	0.023	0.008
18	0.70	− 0.031	0.030	− 0.030	− 0.010	0.015	− 0.001
19	0.58	− 0.052	− 0.054	− 0.039	− 0.015	− 0.003	− 0.008
20　（低）	0.42	− 0.090	− 0.075	− 0.066	− 0.037	− 0.020	− 0.039

（出所）　スタンダード＆プアーズ Compustat® のデータ。

残余利益ドライバーと価値創造

残余利益は普通株主持分に対するリターンであり，比率ではなく金額で表される超過リターンである。第 t 期の利益について，残余利益は以下のように書き直すことができる。

残余利益＝（ROCE－持分に対する要求リターン）×普通株主持分簿価

$$(5.2)$$

$$\text{利益}_t - (\rho_E - 1)\text{簿価}_{t-1} = [\text{ROCE}_t - (\rho_E - 1)]\text{簿価}_{t-1}$$
　　　　　　　　①　　　　　　　　　　　　　　　②

ここで，$\text{ROCE}_t = \text{利益}_t / \text{簿価}_{t-1}$ は**普通株主資本利益率**（rate of return on common equity：ROCE）である。Box 5.1 を読めば，ROCE を計算することができる。よって，残余利益は，ROCE を要求リターン $\rho_E - 1$ と比較し，その差異に期首の簿価を掛けることによって金額で表したものである。ナイキの 2010 年の（包括的）ROCE は 20.18 ％であった（Box 5.1 より）。ナイキの株主持分に対する要求リターン（株主資本コスト）が 9 ％であったとすると，その残余利益は（0.2018 − 0.09）× 8,693 ＝ 971.6

138　第1部　財務諸表とバリュエーション

Box 5.1　普通株主資本利益率

普通株主資本利益率すなわち ROCE は，期首の純資産の簿価に対する，期中に稼得された普通株主にとっての包括的な利益である。第1期については，次の通りである。

$$\text{ROCE}_1 = \frac{\text{普通株主に帰属する包括的な利益}_1}{\text{簿価}_0}$$

普通株主に帰属する包括的な利益は優先配当控除後のものであり，簿価は（もちろん）普通株主持分の簿価である。この尺度は，株主資本利益率（ROE）と呼ばれることもあるが，価格付けされる株式の所有者である普通株主へのリターンであることを明確にするために，ROCE という用語を使おう。この ROCE は，株式保有によって市場で稼得される利益率と区別するために，*帳簿上の利益率*または*会計上の利益率*とも呼ばれる。

ナイキの 2010 年の包括的な利益は 17 億 5400 万ドルであり，その年の期首の普通株主持分簿価は 86 億 9300 万ドルであった。したがって，2010 年のナイキの ROCE は，$1,754/$8,693＝20.18％であった。これはかなり高い値である。しかしもちろん，顧客関係，ブランド，サプライチェーンといったナイキの資産の多くは貸借対照表には計上されない。しかし，それらの資産からの利益は包括的な利益に表れている。高い ROCE は，ナイキが 3.67 倍という比較的高い PBR で取引される理由を説明している。

利益は期間を通じて稼得され，株式発行，自社株買い，配当による簿価の変動とともに変化する。しかし簿価は，ある時点で測定されるものである。四半期のような短期については，これは大きな問題ではない。しかし，1 会計年度のような長期については問題となるかもしれない。したがって，1 年間の ROCE は，次のように計算されることが多い。

$$\text{ROCE}_1 \equiv \frac{\text{包括的な利益}_1}{\frac{1}{2}(\text{簿価}_1 + \text{簿価}_0)}$$

分母は，その年の期首と期末の簿価の平均である。この計算は概算であり，より厳密には，分母はその年の簿価の加重平均でなければならない。ある年の期首または期末に近い時期に多額の株式発行や自社株買いが行われる場合にのみ，重大な誤差が生じるだろう。

普通株主資本利益率の計算は，次のように，1 株当たりベースで行うことができる（ここでは，包括的な利益に基づく EPS が使われる）。

$$\text{ROCE}_1 \equiv \frac{\text{EPS}_1}{\text{BPS}_0}$$

BPS は普通株主持分の簿価を流通株式数で割ったものである（流通株式数は発行済株式数から自己株式数を引いたものである）。EPS は，加重平均計算により，その年度の株式発行や自社株買いに伴う重み付けがなされる。したがって，この計算では分子と分母が同じ 1 株当たりベースとなる。

上記の 3 つの計算は，通常，異なる答えを導くが，その違いは小さいのが普通である。しかしながら，株式発行や自社株買いは EPS と BPS に異なる影響を与えるため，長期にわたって ROCE を 1 株当たり金額ベースで計算するのは危険である。

● 図5.1 残余利益ドライバーと株式価値の計算

残余利益は普通株主資本利益率（ROCE）と投資の簿価によってもたらされる。価値評価は，将来のROCEと純資産簿価の成長を予測し，残余利益を割り引いてその現在価値を計算した上で，現在の純資産簿価を加算することによって求められる。

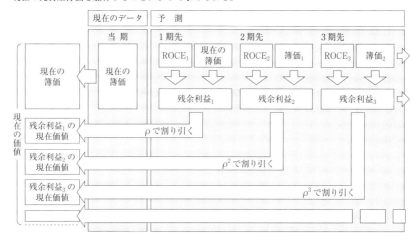

百万ドルであり，これは先ほど算出した数値と同じである（四捨五入による誤差を調整している）。もしROCEが要求リターンと等しければ，残余利益はゼロである。企業が将来永久に資本コストと等しいROCEを稼得すると予想されるならば，内在価格は簿価と等しくなる。もしROCEが資本コストを上回ると予想されるならば，その株式はプレミアム付きで売られるはずである。ROCEが資本コストを下回ると予想されるならば，その株式はディスカウントされて売られるはずである。

　残余利益は2つの構成要素，すなわち（5.2）式の①と②によって決定される。第1はROCEであり，第2は各期の株主持分（資産－負債，または純資産）の簿価の額である。これら2つの構成要素は**残余利益ドライバー**と呼ばれる。企業は，資本コストを上回るROCEを上昇させることにより，簿価を超える価値を増加させる。しかし，企業は，このROCEに見合う利益を稼得する**簿価（純資産）の成長**によって，さらに価値を増加させる。（資本コストを上回る）所与のROCEについて，企業は，そのROCEに見合う利益を稼得する投資を増やすことにより，さらに価値を付加することになるのである。まさにこれら2つのドライバーはバリュー・ドライバーとも呼ばれる。株式が売られるときのプレミアムやディスカウントは，これら2つのドライバーの予測を通して決定される。図5.1は，現在の簿価とともに2つのドライバーの予測が，どのように現在の価値をもたらすのか描いたものである。この図から，このモデルがどのように戦略分析のツールとなりうるかがわかるだろう。すなわち，要求リターンを上回るROCEを上昇させる戦略，および要求リターンを上回るROCE

140　第1部　財務諸表とバリュエーション

で利益を稼得できる簿価（純資産）を成長させる戦略により，価値を増加させるのである。もちろん，それが事業のすべてである。また，このことが，本書第2部で扱うような，事業の価値を明らかにするための財務諸表分析が行われる動機になるのである。

　以下の表には，2010年のPBRによって順位付けした企業を，同年に稼得したROCEおよびその年の簿価成長率とともに掲載している。

	PBR	ROCE （%）	簿価成長率 （%）
ハインツ	6.1	42.3	55
コカ・コーラ	5.1	41.9	25
キンバリー・クラーク	4.5	32.7	10
デル	3.8	39.3	38
ナイキ	3.7	20.2	12
エクソンモービル	2.9	23.4	33
シスコシステムズ	2.1	17.4	15
メイシーズ	1.9	16.6	19
GE	1.8	10.6	1
クラフトフーズ	1.6	8.1	38
JPモルガン・チェース	1.1	10.2	7
バンコ・サンタンデール	1.0	11.8	10
ソニー	0.9	3.6	6
パナソニック	0.8	-0.9	6
バンク・オブ・アメリカ	0.6	-1.0	-1

　この表から，PBRがROCEおよび簿価の成長と関係していることがわかる。バンコ・サンタンデールとJPモルガン・チェースのPBRは1.0倍に近く，それぞれのROCEは11.8%と10.2%であり，それらは代表的な株主持分の要求リターンとみなされる値におおよそ等しい。よって，これらの企業の残余利益はおおよそゼロであり，1.0倍という正常PBRは妥当であった。その他の企業のPBRはかなり高く，したがって，ROCEと簿価成長率も高い。ソニー，パナソニック，およびバンク・オブ・アメリカのPBRは1.0倍を下回っており，ROCEと簿価成長率も低い。

　もちろん，少数の企業例からは完全な話はわからないので，図5.2を見てみよう。この図は，S&P500企業の2010年のROCEをPBR上にプロットしたものである。プロットを通る回帰直線が，平均的には高PBRが高ROCEと相関することを示している。このプロットは大部分の年度の特徴を表している。もちろん，多くの企業が回帰直線上に位置しないが，その理由を説明するのが財務分析の仕事である。それは簿価の成長，つまり第2のドライバーによるものだろうか。あるいは，将来のROCEが現在のそれとは異なるからだろうか。

　ROCEと簿価の成長を歴史的に描写するため，図5.3には米国企業について1963年から2010年までのROCEの百分位数をプロットしている。全年度にわたるROCEの中央値は13.7%であるが，かなりの変動がある。したがって，第2章の図2.2で

● 図 5.2　S&P 500 企業の株価・簿価倍率（PBR）と普通株主資本利益率（ROCE）

　この図は，2010 年の ROCE を同年度末の株価・簿価倍率（PBR）上にプロットしたものである。点を通る直線は，ROCE と PBR との関係を示す回帰直線である。すなわち，ROCE は PBR と正の関係がある。

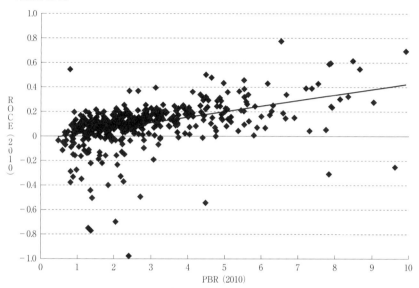

（出所）　スタンダード＆プアーズ Compustat® のデータ。

● 図 5.3　時価総額 2 億ドル超の全米国企業の ROCE の百分位数（1963～2010 年）

　全年度にわたる ROCE の中央値は 13.7 ％である。

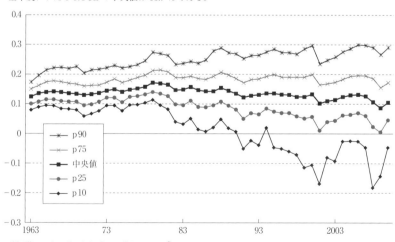

（出所）　スタンダード＆プアーズ Compustat® のデータ。

142　第1部　財務諸表とバリュエーション

示されている通り，PBR はかなり変動してきた。2010 年までの 30 年間にわたる S&
P500 の平均 ROCE（インデックス株式の市場価値加重平均）は 18 % であった（そして
S&P500 の平均 PBR は 2.5 倍であった）。

簡単な例示と単純なバリュエーション・モデル

　例 5.2 は，当期末すなわち第 0 期末の簿価が 1 億ドルの企業の 5 期間にわたる包括
的な利益と配当を予測したものである。株主持分の要求リターンは 10 % であり，0
時点で株式を評価しなければならない。

　将来の簿価は，第 2 章で説明したストックとフローの等式を使って予測される。

$$期末簿価 = 期首簿価 + 包括的な利益 - 正味配当$$

　第 1 期末の期待簿価は，百万ドル単位で，$103 = \$100 + 12.36 - 9.36$ である。第 1
期の残余利益は，$\$12.36 - (0.10 \times 100) = \$2.36$ で，その後の期間も同じように計算さ
れる。予想残余利益が，第 2 期以降，年率 3 % で成長していることがわかるので，第
1 期の予想残余利益を永続的に成長するものとして資本化すれば，簡単に価値評価が
できる。

$$株式価値_0 = 簿価_0 + \frac{残余利益_1}{\rho_E - g}$$

$g = 1.03$ および $\rho_E = 1.10$ とすれば，価値評価は以下のようになる。

$$株式価値_0 = \$100 + \frac{\$2.36}{1.10 - 1.03} = \$133.71 \ 百万$$

　内在 PBR は $\$133.71/\$100 = 1.34$ 倍である。これが*単純な価値評価モデル*である。
すなわち，一定の成長率が次期の予測に適用される。予測期間はとても短く，たった
1 期である。

　この簡単な例は，残余利益モデルが，無限の将来にわたって配当を予想することに
よって得られる評価と同じ結果をもたらすことを示している。この例では，配当が年
率 3 % で成長すると期待されているので，価値評価は以下のようになる。

$$株式価値_0 = \frac{配当_1}{\rho_E - g} = \frac{\$9.36}{1.10 - 1.03} = \$133.71 \ 百万$$

　この例は，ペイアウトが一定の配当性向で利益と直接結びついており，また，配当
の成長が残余利益の成長と同じであるから，配当割引モデルがうまく機能する定型化
されたケースである。第 4 章で見た通り，これは通常のケースではなく，そのことは

● 例 5.2　単純な企業についての予測

要求リターンは 10 %　　　　　　　　　　　　　　　　　　　　（単位：百万ドル）

	0	予測期間				
		1	2	3	4	5
利　益	12.00	12.36	12.73	13.11	13.51	13.91
配　当	9.09	9.36	9.64	9.93	10.23	10.53
簿　価	100.00	103.00	106.09	109.27	112.55	115.93
残余利益（10 %チャージ）		2.36	2.43	2.50	2.58	2.66
残余利益成長率（%）			3	3	3	3

ゼロ・ペイアウトの普通預金口座のケースからも明白である。しかしながら，発生主義会計に基づけば望ましい評価を得られるのである。

4　株式へのモデルの適用

本節では継続企業モデル（5.1）で必要とされる長期（無限）の予測が課題となる。第 3 章における実践的な価値評価手法の規準によれば，有限の予測期間が要求され，それは短ければ短いほどよい。予測期間が T 期間であるときには以下のように書くことができる。

$$株式価値_0 = 簿価_0 + \frac{残余利益_1}{\rho_E} + \frac{残余利益_2}{\rho_E^2} + \frac{残余利益_3}{\rho_E^3} + \cdots$$

$$+ \frac{残余利益_T}{\rho_E^T} + \frac{株式価値_T - 簿価_T}{\rho_E^T} \tag{5.3}$$

ここで，株式価値$_T$ − 簿価$_T$ は予測期間終了時点における内在プレミアムの予想である。

現在の簿価は，もちろん現在の貸借対照表に計上されているので，残された作業は残余利益と予測期間プレミアムの予想である。また，予測期間を選択する必要もある。**予測期間終了時点のプレミアム**，すなわち現在から T 期間後の簿価に対する株式の期待価値がとりわけ難しい課題だろう。実は，このモデルは循環論法のように見える。現在のプレミアムを測定するために，将来期待されるプレミアムを計算しなければならないからである。このプレミアムの計算は予測期間終了時点の継続価値を測定する上で問題となる。本節では，この問題に焦点を合わせる。

残余利益による価値評価は以下のような手順で行われる。

1. 最新の貸借対照表上の簿価を確認する。
2. 予測期間終了時点までの利益と配当を予想する。
3. 現在の簿価および予想した利益と配当から将来の簿価を予想する。

144　第1部　財務諸表とバリュエーション

● ケース1　フラニガンズ・エンタープライズ

　　要求リターンは9％。このケースでは，2004年以降の残余利益はゼロと予想されている。

	1999	予測年度			
		2000	2001	2002	2003
EPS		0.73	0.80	0.71	0.47
DPS		0.11	0.24	0.25	0.27
BPS	3.58	4.20	4.76	5.22	5.42
ROCE（％）		20.4	19.0	14.9	9.0
残余利益（9％チャージ）		0.408	0.422	0.282	0.000
割引率（1.09^t）		1.09	1.188	1.295	1.412
残余利益の現在価値		0.374	0.355	0.217	0.000
2003年までの残余利益の現在価値合計	0.95				
1株当たり価値	4.53				

予測の方法（2001年）：

1株当たり簿価（BPS）の予測

期首BPS（a）	4.20
予想EPS（b）	0.80
予想DPS	(0.24)
期末BPS	4.76

残余利益の予測

予想ROCE（b/a）	19.05 %
株主資本コスト	−9.00
超過ROCE（c）	10.05 %
残余利益（a×c）	0.422

あるいは，
残余利益＝0.80−（0.09×4.20）　　0.422

　　　　簿価＝期首簿価＋利益−配当

4. 利益および簿価の予想から将来の残余利益を計算する。

5. 残余利益を現在価値に割り引く。

6. 予測期間終了時点の継続価値を計算する。

7. 継続価値を現在価値に割り引く。

8. 1.と5.と7.を合計する。

　ケース1はこれらの手順を，チェーンのレストランや居酒屋を営むフラニガンズ・エンタープライズ（Flanigan's Enterprises）に適用したものである。最初の2行は，この企業の2000年から2003年までの基本的1株当たり利益（earnings per share：EPS）と1株当たり配当（dividends per share：DPS）を示している。ここでは，第4章と同じように，その先の利益と配当がどうなっているかを確実に知っているものとして，1999年度末に予測を行うとしよう。EPSとDPSの予想から，期首の1株当たり簿価（book values per share：BPS）にEPSを加算し，そこからDPSを減算することにより，次期のBPSを算出することができる。したがって，左下の表に示されているように，たとえば，2001年度末のBPSの予想は4.76となる。

　EPSとBPSの予想から，残余利益を予想することができる。資本コストが9％で

あるとすると，これも右下の表に示されている通り，2001 年の残余利益は 0.80 −
(0.09×4.20) = 0.422 となる。

いま，1999 年度末にこの企業を評価したいと仮定しよう。そのために，予想残余
利益の現在価値（割引因子は 1.09^t）を求め，それらを合計し，それを 1999 年度末の 1
株当たり簿価 3.58 ドルに加算する。ケース 1 に示されている通り，これによる評価
は 1 株当たり 4.53 ドルとなる。簿価を超えるプレミアムは 4.53 − 3.58 = 0.95 と計算さ
れる。この価値評価は正しいだろうか。そう，2004 年以降の残余利益もゼロと予想
されるならば，正しいだろう。このケースでは残余利益が年々ゼロに向かって減少し
ているのがわかる。残余利益の簿価ドライバーは増加しているが，ROCE ドライバ
ーは減少しており，2003 年の ROCE は 9 ％で，資本コストと等しい。あたかも 2003
年以降の残余利益がゼロであるかのように見えるのである。もしそうであるならば，
これで価値評価を完了したことになる。この価値評価は以下のように書くことができ
る。

$$\text{ケース 1：} \quad \text{株式価値}_0 = \text{簿価}_0 + \frac{\text{残余利益}_1}{\rho_E} + \frac{\text{残余利益}_2}{\rho_E^2} + \frac{\text{残余利益}_3}{\rho_E^3} \quad (5.4)$$

このケースでは，第 0 期は 1999 年度であり，第 T 期（3 年先）は 2002 年度である。
この計算をモデル（5.3）と比較してみよう。この計算では予測期間終了時点のプ
レミアムがなくなっているが，これは理に適っている。すなわち，もし予測期間後の
残余利益がゼロと予想されるならば，その時点のプレミアムもゼロと予想されなけれ
ばならない。このため，株式価値$_T$ − 簿価$_T$ = 0 と予想したのである。

予測期間と継続価値計算

ケース 1 の価値評価はどれほど一般的なのだろうか。そこで，ゼネラル・エレクト
リック（GE），すなわち第 4 章で割引キャッシュフローによる評価がうまくいかなか
った企業に戻ろう。ケース 2 は前章と同じ 5 年間の数値を示しているが，ここでは
EPS，DPS，BPS が与えられている。ここでも，これらの実際の数値が 1999 年に予
想された数値であると仮定して，予想残余利益と ROCE が計算されている。ここで，
GE に 10 ％の株主資本コストを要求するものとする。2004 年までの残余利益の現在
価値合計（1 株当たり 3.27）を 1999 年の 1 株当たり簿価 4.32 に加算すると，1 株当た
り 7.59 という評価が得られる。しかし，これは正しい評価ではない。GE は 2004 年
に正の残余利益を稼得しており，おそらくその後の年でも正の残余利益を稼得し続け
るからである。GE の ROCE ドライバーは減少しているが，それを補って余りある簿
価の成長により残余利益が生み出されている。1 株当たり 7.59 の評価には，継続価値，
すなわちモデル（5.3）における継続プレミアムが欠けているのである。

146　第1部　財務諸表とバリュエーション

● ケース2　ゼネラル・エレクトリック

　要求リターンは10％。このケースでは，2005年以降の残余利益は一定，ただしゼロではないと予想されている。

	1999	予測年度				
		2000	2001	2002	2003	2004
EPS		1.29	1.38	1.42	1.50	1.60
DPS		0.57	0.66	0.73	0.77	0.82
BPS	4.32	5.04	5.76	6.45	7.18	7.96
ROCE（％）		29.9	27.4	24.7	23.3	22.3
残余利益（10％チャージ）		0.858	0.876	0.844	0.855	0.882
割引率（1.10^t）		1.100	1.210	1.331	1.464	1.611
残余利益の現在価値		0.780	0.724	0.634	0.584	0.548
2004年までの残余利益の現在価値合計	3.27					
継続価値						8.82
継続価値の現在価値	5.48					
1株当たり価値	13.07					

　　継続価値：
　　　　継続価値＝0.882/0.10＝8.82
　　　　継続価値の現在価値＝8.82/1.6105＝5.48

　（注）　四捨五入による誤差がある。

　継続価値は，予測期間後の残余利益の価値である。2004年までのGEの予想残余利益の流列を見てみよう。残余利益がかなり一定であることがわかる。2005年以降の残余利益が2004年と同一の0.882であると仮定しよう。つまり，その後の残余利益が永続すると仮定するのである。その価値は永続する残余利益の資本化額であり，表の下に示されているように，0.882/0.10＝8.82となる。そして，これは2005年以降に期待される残余利益の価値なので，2004年度末における期待プレミアムの価値でもある。このことから，モデル（5.3）を以下のように置き換えることができる。

$$
\text{ケース2：　株式価値}_0 = \text{簿価}_0 + \frac{\text{残余利益}_1}{\rho_E} + \frac{\text{残余利益}_2}{\rho_E^2} + \cdots + \frac{\text{残余利益}_T}{\rho_E^T}
$$
$$
+ \left(\frac{\text{残余利益}_{T+1}}{\rho_E - 1} \right) \Big/ \rho_E^T \tag{5.5}
$$

　なお，GEのケースでは，Tは5年先を表す。よって，1999年の価値評価は，13.07＝4.32＋3.27＋8.82/1.6105となる。プレミアムは，13.07－4.32＝8.75と計算される。2005年以降の予想残余利益が2004年度末の継続価値を生み，これが2004年の期待プレミアム，株式価値$_5$－簿価$_5$＝8.82となる。

　予測期間後の残余利益が一定であるケースをケース2としよう。あなたは，ケース1が一般的であると思うかもしれない。企業は，しばらくは正の残余利益（資本コストを上回るROCE）を稼得するかもしれないが，最終的には競争がその収益性を引き

第5章　発生主義会計とバリュエーション：簿価のプライシング　　147

●ケース3　ナ イ キ

　要求リターンは9％。このケースでは，2012年以降の残余利益は4.5％で成長すると予想されている。

	2006	予測年度				
		2007	2008	2009	2010	2011
EPS		2.96	3.80	3.07	3.93	4.28
DPS		0.71	0.88	0.98	1.06	1.20
BPS	14.00	16.25	19.17	21.26	24.13	27.21
ROCE（％）		21.1	23.4	16.0	18.5	17.7
残余利益（9％チャージ）		1.700	2.338	1.345	2.017	2.108
割引率（1.09^t）		1.090	1.188	1.295	1.412	1.539
残余利益の現在価値		1.560	1.968	1.039	1.429	1.370
2011年までの残余利益の現在価値合計	7.37					
継続価値						48.95
継続価値の現在価値	31.81					
1株当たり価値	53.18					

継続価値：
　　　継続価値＝$(2.108 \times 1.045)/(1.09 - 1.045) = 48.95$
　　　継続価値の現在価値＝$48.95/1.539 = 31.81$

　（注）　四捨五入による誤差がある。

下げ，ROCE は資本コストと等しくなるだろう。フラニガンズ・エンタープライズのケースでも GE のケースでも示されているように，高 ROCE は低下するものだが，より一般的なのは，ROCE と残余利益が正の値で横ばいになることである。もしそうであるとすれば，ケース2が当てはまる。

　フリー・キャッシュフローが負であったとしても，GE の価値評価ができることに注意しよう。発生主義会計を適用することによって，第4章で悩まされた問題に対処できるのである。

　ケース2では予測期間後の残余利益は成長しないと期待されているので，これをゼロ成長価値評価と呼ぼう。ケース3は成長価値評価であり，2006年から2011年のナイキの例が示されている。不況の2009年を除いて，ナイキの残余利益は成長している。そこでは，ROCE は低下しているものの簿価は成長している。このような場合に，2012年以降の残余利益がゼロあるいは一定と期待するのは妥当ではないだろう。もし成長が続くと予想されるならば，成長率を加味することにより，継続価値の計算を修正することができる。

$$\text{ケース3：　株式価値}_0 = \text{簿価}_0 + \frac{\text{残余利益}_1}{\rho_E} + \frac{\text{残余利益}_2}{\rho_E^2} + \frac{\text{残余利益}_3}{\rho_E^3} + \cdots$$

$$+ \frac{\text{残余利益}_T}{\rho_E^T} + \left(\frac{\text{残余利益}_{T+1}}{\rho_E - g}\right) \Big/ \rho_E^T \qquad (5.6)$$

148　第1部　財務諸表とバリュエーション

Box 5.2　継続価値の計算

　継続価値は，常に期末時点でその後の期間に関する予測に基づいて計算される。よって，第T期末の継続価値は，次の通り，第$T+1$期の残余利益の予測を基礎とする。

$$継続価値_T = \frac{残余利益_{T+1}}{\rho_E - g}$$

　この継続価値は，第T期の割引率ρ_E^Tで現在価値に割り引かれる。
　次の2つの計算は同じ価値を導出する。

$$株式価値_0 = 簿価_0 + \frac{残余利益_1}{\rho_E} + \frac{残余利益_2}{\rho_E \times (\rho_E - g)} \tag{1}$$

$$株式価値_0 = 簿価_0 + \frac{残余利益_1}{\rho_E} + \frac{残余利益_2}{\rho_E^2} + \frac{残余利益_2 \times g}{\rho_E^2 \times (\rho_E - g)} \tag{2}$$

　(1)の計算では，gの率で増加する第2期の残余利益に基づいて，第1期末の継続価値が計算される。(2)の計算では，第3期の残余利益に基づいて，第2期末の継続価値が計算されるが，そこには第3期にgの率で増加する第2期の残余利益も反映されている。
　以下は，ホーム・デポの価値評価を示したものである（要求リターンは10％，成長率は4％とする）。倉庫型店舗小売企業であるホーム・デポの1株当たり簿価は12.67ドル，予想残余利益は，それぞれ1期先が1.713ドル，2期先が1.755ドルである。

$$株式価値_0 = \$12.67 + \frac{1.713}{1.10} + \frac{1.755}{1.10 \times (1.10 - 1.04)} = \$40.82 \tag{1}$$

$$株式価値_0 = \$12.67 + \frac{1.713}{1.10} + \frac{1.755}{1.21} + \frac{1.755 \times 1.04}{1.21 \times (1.10 - 1.04)} = \$40.82 \tag{2}$$

ここで，gは1＋成長率である[2]。ナイキの2011年の残余利益の成長率は2.108/2.017，すなわち4.5％である（$g = 1.045$）。もしこの比率が2012年以降も続くと期待されるならば，2012年の予想残余利益は2.108×1.045＝2.203となるだろう。よって，継続価値は48.95であり，その2006年度末における現在価値は，ケースの最終行に示されている通り，31.81となる。2006年度末における株式価値は，14.00＋7.37＋31.81＝53.18である。

　ケース1，2，3で，実務で出会うであろうケースはすべて扱ったことになる。残余利益とその成長率の長期の水準は，企業の**定常状態条件**と呼ばれることがある。成長率によってケース2のゼロ成長とケース3の成長が区別される（ケース2では，$g = 1.0$である）。継続価値を計算する上でのいくつかの技術的な問題については，Box 5.2

原注2)　成長率は資本コストよりも小さくなければならない。そうでなければ，終末価値計算が「爆発」してしまう。企業の残余利益が資本コストを上回る率で無限に成長すると期待（したがって無限大の価格を期待）することは妥当ではない。成長は予測期間終了時点では負になりうる（$g<1$）。これの典型的なのが，正の残余利益がゼロに向かって減少していくケースである。

第5章　発生主義会計とバリュエーション：簿価のプライシング　149

を見てもらいたい。

成長への対価の払いすぎに要注意

　長期の成長率を決めることは価値評価における最も不確実な作業であると感じたのではないだろうか。これまでの例では，予測期間終了時点までにわかったことから成長率を推定した。すなわち，GE のゼロ成長は一定の残余利益に基づいて推定されており，ナイキの正の成長は予測期間最終年度の成長率に基づいて推定されている。予測期間終了時点までの成長は長期の成長について何らかの情報を与えてくれるが，それに対してある比率を推定するのは賢明ではないし，ある比率を仮定するのはさらに望ましくない。むしろ成長率について知らせてくれる情報を吟味すべきである。したがって，成長の分析と予測が本書第2部における財務諸表分析の焦点となる。

　ここで，第1章におけるファンダメンタリストの格言を思い出してみよう。*成長に対する払いすぎに要注意*，というものである。ファンダメンタル投資家は成長をリスキーと見る。企業が「参入障壁」（おそらく，ナイキのように，保護されたブランドによる）を持たない限り，成長は競争によって簡単に失われうる。株式市場は成長見通しに対して加熱しすぎる傾向があり，大抵のバブルは誇張された成長期待から生じる。*投資におけるリスクとは対価を払いすぎるリスクであり，しばしばそれは成長に対価を払いすぎることに帰着する*。ある成長率を公式に代入することは簡単だが，それは危険であろう。

　本章および次章で価値評価のフレームワークが得られたら，次は第7章で，成長への対価を払いすぎないように，フレームワークを適用する作業に進む。この段階で，ここで説明した方法が有益であるという確信を持つはずである。第4章では，割引キャッシュフロー・モデルによると，しばしば，計算された価値のうち推測的な継続価値の占める割合が高いことを理解した。実際，GE については，価値の 100 ％超が継続価値だったのである。対照的に，GE についての本節ケース2の価値評価では，価値のかなりの部分を，簿価およびより確信を持てる短期の予測が占めていた。それは，将来を見越す発生主義会計，すなわち，キャッシュフローではなく，損益計算書と貸借対照表を使った結果である。それでもなお，継続価値の計算には注意しなければならない。

アナリスト予想からバリュエーションへの変換

　アナリストは，通常，1年先または2年先の利益を予想し，それからその後，すなわち3年から5年の中期の成長率を予想する。これらの予想は Yahoo! ファイナンスや Google ファイナンスのウェブサイトで入手できる。1年先や2年先の予想は多少信頼できる（ただし買い手は注意せよ）。しかしながら，アナリストの予想成長率は，

150 第1部 財務諸表とバリュエーション

● 表5.2 アナリスト予想から価値評価への変換：ナイキ

アナリストは2年先のEPSを予想する（2011年は4.29ドル，2012年は4.78ドル）とともに，中期5年のEPS成長率を11％と予想する。2013年から2015年にかけての予想は，このEPS成長率のコンセンサス予想を2012年の推定値に適用したものである。1株当たり配当（DPS）は2010年の配当性向である27％で設定されている。要求リターンは9％である。Aと表示されている年については実績値が，Eと表示されている年については予測値が示されている。

	2010A	2011E	2012E	2013E	2014E	2015E
EPS	3.93	4.29	4.78	5.31	5.89	6.54
DPS	1.06	1.16	1.29	1.43	1.59	1.77
BPS	20.15	23.28	26.77	30.65	34.95	39.72
ROCE（％）		21.3	20.5	19.8	19.2	18.7
残余利益（9％チャージ）		2.477	2.685	2.901	3.132	3.395
割引率（1.09^t）		1.090	1.188	1.295	1.412	1.539
残余利益の現在価値		2.272	2.260	2.240	2.218	2.206
2015年までの残余利益の現在価値合計	11.20					
継続価値						70.62
継続価値の現在価値	45.89					
1株当たり価値	77.24					

GDP成長率に基づく継続価値：
継続価値 = (3.395 × 1.04) / (1.09 − 1.04) = 70.62

（注）　四捨五入による誤差がある。

憶測に過ぎないことが多い。とにかく，予想が与えられたら，投資家は，その予想をどうやって価値評価に変換できるのかを問うことになる。

表5.2は，ナイキについて，2010年の財務諸表が公表された後のアナリストによる予想のコンセンサスを示したものである。予想コンセンサスは，その株式をカバーしているセルサイド・アナリストによってなされる予想の平均である。2011年と2012年の予想は点推定値であり，2013年から2015年にかけての予想は，アナリストによる中期5年の予想EPS成長率である年率11％から計算されたものである。通常，アナリストは配当の予想を行わず，現在の配当性向，すなわちDPS/EPSが将来も維持されると仮定するのが普通である。ナイキは2010年に3.93ドルのEPSに対して1.06ドルの1株当たり配当を支払ったので，その配当性向は27％であった。この表を見ると，アナリスト予想から計算されたナイキの残余利益が成長していることがわかる。アナリストは非常に長期の利益は予想しないが，もし2016年以降の残余利益が国内総生産（gross domestic product：GDP）の代表的な成長率である4％と等しい率で成長すると予想するならば，表に示されている通り，継続価値は70.62ドルと算定されるだろう。アナリストの予想から推定される価値は1株当たり77.24ドルである。当時，ナイキの株式は1株74ドルで取引されていた。よって，計算上，ナイキは妥当な価格付けがなされていたといえる。

ナイキの価値評価では，歴史的な平均GDP成長率4％を長期の成長率として用い

Box 5.3 価値・価格倍率の推移

価値・価格倍率（value-to-price ratio：VPR）は，計算された価値を現在の市場価格と比較したものである。もし，VPRが1.0倍を上回っているとすれば，それは買い推奨を意味する。一方，VPRが1.0倍を下回っているとすれば，それは売り推奨を意味する。

下のグラフは，米国の全上場企業について，1975年から2001年までのVPRの中央値を追跡したものである。価値の推定においては，2年先までのアナリストのコンセンサス予想を使い，それらを（表5.2のように）予想残余利益に変換した上で，その先の残余利益の成長については4％のGDP成長率を適用している。すなわち，次のように表すことができる。

$$株式価値_0 = 簿価 + \frac{残余利益_1}{\rho} + \frac{残余利益_2}{\rho^2} + \frac{残余利益_2 \times g}{\rho^2(\rho-g)}$$

要求リターンρは，各年のリスクフリー・レート（米国10年国債利回り）に5％のリスク・プレミアムを加算したものと設定している。継続価値および要求リターンは企業によって異なるはずなので，ここでの価値評価は概算に過ぎない。

概算ではあるが，VPRが1.0倍付近をいったりきたりしているのがわかるであろう。VPRが1.0倍を上回り，価格が安すぎると示唆される場合，価格がファンダメンタルズに応じて調整されることにより，VPRは1.0倍に戻る傾向がある。VPRが1.0倍を下回り，価格が高すぎると示唆される場合も，VPRは1.0倍に戻る傾向がある。このパターンは，市場全体のリスクの変化に応じて割引率が変化することによるものかもしれないので，注意が必要である。ここでは，株式価値の計算にあたって，すべての時点で5％のリスク・プレミアムを使っている。しかし，1970年代のような景気の悪い時期には，投資家はより高いリスク・プレミアムを要求し，それにより価格が押し下げられるかもしれない。1990年代のような景気のよい時期には，リスク・プレミアムが低下し，それにより価格は上昇するかもしれない。これは，このグラフを「効率的市場」の観点から解釈したものである。

VPRのグラフからは，表5.2のナイキのケースで使用したGDP長期成長率が，平均的な企業の評価に有用であることもわかる。それは，成長率についての最初の推測として妥当である。しか

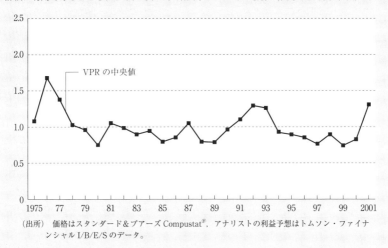

（出所）価格はスタンダード＆プアーズCompustat®，アナリストの利益予想はトムソン・ファイナンシャルI/B/E/Sのデータ。

152　第1部　財務諸表とバリュエーション

し，それで十分ではない。平均的な企業に妥当することは，平均と異なる企業には有用でないかもしれない。課題は，平均より高い（より低い）成長率を見つけることである。その課題は，本書第2部の財務諸表分析において取り上げられる。

た。計算された価値77.24ドルが市場価格74ドルに近かったことから，私たちはまた別のことを学ぶことができる。すなわち，アナリストの予想が妥当であるとすれば，市場は長期のGDP成長率4％に基づいてナイキを価格付けしている，ということである。これはある程度理に適っている。長期的には，すべての企業の残余利益はGDP成長率で成長すると期待されるからである。Box 5.3には，GDP成長率を少なくとも最初の推測として用いることが正当である理由が示されている。またそこでは，本章の価値評価モデルが平均的にどれほどうまく機能するかを感じ取ることができる。

　GDP成長率は平均的にはうまく機能するかもしれないが，すべての企業について適切であるとはいえないだろう。私たちは，すべての企業が長期的にはGDP成長率で成長すると期待するかもしれないが，より高い成長率をかなりの期間にわたって維持できる企業（ナイキを含む）もあれば，GDP成長率での成長を一度も達成しない企業もあるかもしれない。成長を検討するためには，より多くのなすべきことがあり，第7章でその作業に着手する。

5　自分用のバリュエーション・ツールをつくろう

　ケース1, 2, 3および表5.2の価値評価の仕組みは，スプレッドシートで簡単に操作することができる。スプレッドシートでは以下のインプットが必要となる。すなわち，①現在の簿価，②所与の予測期間にわたる利益と配当の予想，③要求リターン，④継続価値を計算するための長期成長率である。次に，将来の簿価，残余利益，継続価値，予想値の現在価値を導出する計算を，スプレッドシートに組み込む。標準的なスプレッドシートでは，2年先までの予想（アナリストも2年先まで予想する）を行い，その後の年についてはある成長率を適用する。ツールをより柔軟にすれば，異なる予測期間にも対応できる。

　これらのインプットがあれば，ボタンを押して価値を計算することができる。さらに，価値評価の不確実性を理解するために，このツールは，異なるインプットに応じて価値がどれほど変化するのかを示すこともできる。たとえば，要求リターンとして自身のハードル・レート（たとえば，9％）は安心して入力できるかもしれないが，長期の成長率には確信が持てないであろう。表5.2では4％のGDP成長率を適用したが，ここでは3％や2％の成長率に対する評価の感応度を見ればよい。すなわち，成長率が2％しかなかったとすると，株式の価値はどれくらいだろうか。もし2％を

控えめな見積もりと考えており，また，株式が計算された価値を下回る価格で取引されているとするならば，安心してその株式を購入してよい。それに対して，その他の成長率を試してみたところ，市場価格を正当化するためには 6 ％の成長率が要求されることがわかったとすれば，その株式は高すぎると見てよい。

　こうしたシナリオを試すことで，価値評価の最も重要な側面に焦点を合わせることになる。すなわち，自分の不確かさを理解するということである。第 7 章ではこの主題に基づいて，スプレッドシートをその目的のためにさらに発展させる。そのツールは，本書第 2 部の財務諸表分析を組み込むことにより，分析と価値評価に用いる完全版に至るまで拡張される。本書ウェブサイト上の BYOAP が，そのための指針となるだろう。

　あなたは既製の価値評価スプレッドシートを使いたくなるかもしれない。それは可能である（事実，BYOAP で手に入れることができる）が，学習において自分自身で価値評価スプレッドシートを構築する以上に有益なことはない。あなたはそれができれば満足するだろう。その価値評価スプレッドシートは，企業を評価したり，市場価格を吟味したりするために，より安心して使えるものであろう。また，自らスプレッドシートを構築することで，自分がいろいろな技能を身につけていると実感できるだろう。そして，その価値評価スプレッドシートを自分の仕事に活かしたり，私的な投資のために使ったりできるようになるだろう。

6　事業と戦略へのモデルの適用

　残余利益モデルは企業内での事業の評価にも使うことができる。このことは，本章のはじめに，単純な 1 期間の事業の例で示した。複数期間の事業の評価は，第 3 章の図 3.4 における 1200 ドルの投資を必要とする事業の例と同じく，通常，（キャッシュフローの）NPV 分析を使って行われる。表 5.3 は，発生主義会計を使ってこの事業を説明したものである。収益はキャッシュ・インフローから生じているが，事業の純利益を算出するために減価償却費が控除されている。減価償却費は定額法を使って，すなわち原価から見積残存価額を控除したもの（減価償却基準額）を 5 期間にわたって均等に配分することによって計算されている。各期の事業の簿価は，当初の原価−減価償却累計額である。そして，この簿価は，株主持分と同じように，ストックとフローの等式に従う。

$$簿価_t = 簿価_{t-1} + 利益_t - キャッシュフロー_t$$

　よって，第 1 期の簿価は $1,200＋214−430＝$984 であり，その後の期も同じように計算される（キャッシュフローは収益から生じる）。第 5 期末には，事業の資産が見

154 第1部 財務諸表とバリュエーション

● 表 5.3　事業の価値評価：残余利益による価値評価

ハードル・レート：12％

	0	予測期間				
		1	2	3	4	5
収　益		$430	$460	$460	$380	$250
減価償却費		216	216	216	216	216
事業の利益		214	244	244	164	34
簿　価	$1,200	984	768	552	336	0
簿価利益率（％）		17.8	24.8	31.8	29.7	10.1
事業の残余利益（0.12）		70	126	152	98	(6)
割引率（1.12^t）		1.120	1.254	1.405	1.574	1.762
残余利益の現在価値		62.5	100.5	108.2	62.3	(3.4)
残余利益の現在価値合計	330					
事業の価値	$1,530	付加価値＝$330				

積残存価額で売却されるため，簿価はゼロとなる。これが標準的な発生主義会計であ
る。

　事業の価値は，簿価に，純利益と簿価の予想から計算された期待残余利益の現在価
値を加えたものである。その価値は1530ドルであり，第3章の割引キャッシュフロ
ー・モデルによるものと同じである。残余利益の予測により，投資原価を超えて付加
される価値を捉えることができる。すなわち，予想残余利益の現在価値330ドルは，
第3章で計算されたNPVと等しいのである。

　戦略は一連の継続中の投資に関するものである。表5.4は，（単純化のため）前出
と同じ事業について，ただし無限に各期1200ドルの投資を必要とする戦略を評価し
たものである。収益は所与の期に存在する重複する事業から生じる。すなわち，第1
期の収益430ドルは第0期に開始された事業から生じ，第2期の収益890ドルは第0
期に開始された事業から生じる2期目の収益（460ドル）と第1期に開始された事業
から生じる1期目の収益（430ドル）を合わせたものである。減価償却費は以前と同
じ（事業につき年当たり216ドル）であり，減価償却費合計は216ドルにその時点で
行われている事業数を掛けたものである。戦略5期目までに各期5つの事業が行われ
ることになり，収益1980ドルと減価償却費1080ドルの流列は安定する。すべての時
点において簿価は正味投資累計額から減価償却累計額を控除したものである。

　この計算から，要求リターンが12％であるならば，この戦略は初期投資額1200ド
ルに3076ドルの価値を付加することがわかる。また，この付加価値が事業からの期
待残余利益の現在価値であることもわかる。さらに，表の下欄から，この付加価値が
割引キャッシュフロー・モデルを使って計算されたNPVと等しいこともわかる。

　コンサルティング会社によって売り込まれる多くの戦略計画商品（経済的利益モデ
ル，経済的付加価値モデル，バリュー・ドライバー・モデルといった名称が付けられてい

第5章　発生主義会計とバリュエーション：簿価のプライシング　　155

● 表5.4　戦略の価値評価

ハードル・レート：12％

		0	予測期間						
			1	2	3	4	5	6	…
残余利益アプローチ	収　益		$ 430	$ 890	$1,350	$1,730	$1,980	$1,980	…
	減価償却費		216	432	648	864	1,080	1,080	
	戦略の利益		214	458	702	866	900	900	
	簿　価	$ 1,200	2,184	2,952	3,504	3,840	3,840	3,840	
	簿価利益率（％）		17.8	21.0	23.8	24.7	23.4	23.4	
	戦略の残余利益（0.12）		70.0	195.9	347.8	445.5	439.2	439.2	
	残余利益の現在価値		62.5	156.2	247.5	283.0	249.3		
	残余利益の現在価値合計	999							
	継続価値1)						3,660		
	継続価値の現在価値	2,077							
	戦略の価値	$ 4,276	付加価値：$ 3,076						
割引キャッシュフロー・アプローチ	キャッシュ・インフロー		$ 430	$ 890	$1,350	$1,730	$2,100	$2,100	…
	投　資	$ (1,200)	(1,200)	(1,200)	(1,200)	(1,200)	(1,200)	(1,200)	…
	フリー・キャッシュフロー	(1,200)	(770)	(310)	150	530	900	900	
	フリー・キャッシュフローの現在価値		(687.5)	(247.2)	106.8	336.8	510.7		
	フリー・キャッシュフローの現在価値合計	20							
	継続価値2)						7,500		
	継続価値の現在価値	4,256							
	戦略の価値	$ 4,276	正味現在価値：$ 3,076						

（注）　1)　継続価値＝439.2/0.12＝$3,660。
　　　　2)　継続価値＝900/0.12＝$7,500。

る）は，残余利益モデルを変形したものである。戦略分析の指針として，彼らは残余
利益と付加価値のドライバー，すなわち投資に対するリターンと投資の成長という2
つのドライバーに焦点を合わせる。彼らは，経営者に，投資に対するリターンを最大
化し，要求リターンを上回る利益率を稼得できるような投資を増加させるよう提案す
る。そして，戦略が成功した際には，それに基づいて経営者の評価と報酬を決めるた
めにも，これらの付加価値の尺度が利用されるのである。

7　残余利益によるバリュエーションの特徴

　Box 5.4は残余利益モデルの利点と欠点を列挙したものである。第4章で示した配
当割引モデルおよび割引キャッシュフロー・モデルについての要約と比較してみよう。
列挙された特徴のいくつかは，（そこに示されている通り）後でより詳細に議論される。
それ以外のいくつかについては，以下で議論しよう。

156 第1部 財務諸表とバリュエーション

Box 5.4 残余利益による価値評価

利　点

価値ドライバーへの焦点：価値のドライバーとなる純資産への投資の収益性および純資産の成長
　性に焦点を合わせる。戦略的思考をこれらのドライバーに向かわせる。

財務諸表の適切な組み込み：貸借対照表上すでに認識されている価値（簿価）を組み込む。そし
　て，貸借対照表上の簿価に価値を加算する上で，損益計算書を予測する。損益計算書は，通常，
　キャッシュフロー計算書よりも付加価値の尺度として優れている。

発生主義会計の使用：キャッシュフローの前に付加価値を認識する。付加された価値と手放され
　た価値とを対応させる，投資を価値の喪失ではなく資産として扱うといった，発生主義会計の
　特性が利用されている。

予測期間：予測期間は DCF による評価よりも短くなり，通常，近い将来に多くの価値が認識さ
　れる。

汎用性：さまざまな会計原則のもとで使用することができる。

人々が予想するものとの対応：アナリストは利益（そこから予想残余利益が計算される）を予想
　するものである。

予防装置：成長に対価を払いすぎるのを防ぐ。

推測への依存度の低減：不確かな継続価値計算や長期成長についての推測への依存度が低い。

欠　点

会計の複雑さ：発生主義会計の仕組みに対する理解が必要とされる（第2,3章参照）。

疑わしい会計：疑わしいことがある会計数値に依存している（会計の質の分析とともに適用され
　るべきである。第16章参照）。

簿価は価値を，残余利益は簿価に付加される価値を捉える

　残余利益モデルは，（一般に）価値の認識を見越す発生主義会計の特性を利用して
いる。予測期間内の早期により多くの価値を認識し，通常，大きな不確実性を伴う継
続価値に対してはより小さな価値しか認識しない。

　残余利益モデルでは，まず，貸借対照表上の現在の簿価に価値を認識する。さらに，
通常，予想フリー・キャッシュフローよりも早期に予想残余利益に価値を認識する。
このことは，ここで検討したばかりの戦略の例につき，2つの方法の間で，1期先お
よび2期先の予想から捉えられる価値の大きさを比較することによってわかる。すな
わち，第1期および第2期の予想フリー・キャッシュフローは負であるが，予想残余
利益は正である。本章前半で用いた普通預金口座における第2のシナリオは極端な例
である。それは，予想フリー・キャッシュフローはゼロだが，何も予測しなくても，
現在の簿価から直ちに普通預金口座を評価することができるというものであった。こ
こでの GE の評価と第4章での負のフリー・キャッシュフローに DCF モデルを適用
した試みとを比較すると，要点が十分納得できる。要するに，残余利益モデルはファ
ンダメンタリストの格言を守り，憶測，とりわけ継続価値についての憶測には重きを

第 5 章　発生主義会計とバリュエーション：簿価のプライシング　　157

置かないのである。

投資によって生み出される利益への対価の払いすぎを防ぐ

　株式市場は，しばしば利益成長に熱狂し，それに高い価格を付ける。アナリストは成長企業を推奨しがちである。モメンタム投資家は，より一層の成長を期待して，成長企業の株価を押し上げる。しかしながら，利益が成長しているということは，必ずしも価値が高いということを意味しない。企業は投資を増やすだけで利益を成長させることができるからである。もしそれらの投資が要求リターンを上回るリターンを稼得することができなければ，企業は利益を増加させても価値は増加させない。よって，成長には注意しなければならない。投資家は，価値を付加しない利益成長には対価を払うべきではないのである。

　この典型例は，買収によって劇的に利益を増加させる企業である。市場は，しばしば買収企業を成長企業とみなし，それに高 PER を与える。しかし，買収者が買収のために公正価値を支払うのであれば，それは投資額に価値を付加しないだろう。買収によって多額の利益が付加されたとしても，その投資は要求リターンを稼得するだけである。あるいはさらに悪いことに，買収者が買収のために対価を払いすぎた場合は（M＆A に積極的な経営者によくあることだが），彼は利益を成長させる一方で，実際には価値を破壊することになるだろう。

　1990 年代，多くの企業の間で買収ブームが続いた。戦略的な理由による買収もあったが，成長のための成長に見えるものもあった。タイコ・インターナショナル（Tyco International）は，1996 年は資産額 84 億 7100 万ドルの企業であったが，2001年までに資産額 1112 億 8700 万ドルのコングロマリットに成長した。その事業は，電子部品，海底ケーブル，医療用品，消火設備，防犯システム，フロー制御製品を含み，さらに金融部門まであった。この企業は市場で人気を集め，1996 年に 1 株当たり 53ドルであった株価は 2001 年に 236 ドル（株式分割調整後）まで上昇した。2002 年，買収の価値（および買収からの利益を報告するために採用された会計方法）に疑問が呈されるにつれ，市場価値の多くが消失し，株価は 68 ドルまで下落した。ワールドコム（WorldCom）はミシシッピ州の小さな企業から米国で第 2 位の電気通信企業に成長し，（何といっても）MCI を買収した企業である。その株価は 60 ドルを超えるまで上がったが，2002 年までに，会計疑惑により 1 株当たり 25 セントで取引され，最終的には破産した。タイコもワールドコムも M＆A に積極的な経営者（後に疑惑の目が向けられる中，辞任している）に率いられており，いずれも買収のために多額の資金を借り入れ，最終的には，その債務の返済のために窮地に陥った。それに対して，GE は大いに価値を付加する買収を数多く行った。

　残余利益モデルには，利益成長に対価を払いすぎないための予防装置が組み込まれ

158　第1部　財務諸表とバリュエーション

● 例 5.3　追加出資のある単純な企業についての予測

　この企業は，第1期に50百万ドルの株式発行を行い，調達した資金を年10％稼得する資産に投下する点を除いて，例5.2の企業と同一である。要求リターンは10％である。

(単位：百万ドル)

	0	予測期間				
		1	2	3	4	5
利　益	12.00	12.36	17.73	18.61	19.56	20.57
正味配当	9.09	(40.64)	9.64	9.93	10.23	10.53
簿　価	100.00	153.00	161.09	169.77	179.10	189.14
残余利益（10％チャージ）		2.36	2.43	2.50	2.58	2.66
残余利益成長率（％）			3	3	3	3

ている。価値が付加されるのは，投資が要求リターンを上回るリターンを稼得するときだけである。例5.3を見てみよう。これは例5.2と同じ単純な例だが，ここでは，企業が，936万ドルの配当支払に加えて，第1期に5000万ドルの株式発行をすると仮定している。その結果，第1期の正味配当は−4064万ドルとなる。したがって，第1期末の簿価は1億5300万ドルである。5000万ドルの投資は，10％の率で利益を稼得し，第2期に500万ドルの追加的利益をもたらすと期待される。第3期から第5期の利益もまた増加する。しかし，予想残余利益は変わらない。そして，計算される価値は前の例と同一になる。

$$株式価値 = \$100 + \frac{\$2.36}{1.10 - 1.03} = \$133.71 \; 百万$$

ここでの投資はより多くの利益を生むが，価値は付加しないのである。

会計によってつくり出される利益への対価の払いすぎを防止する

　発生主義会計は利益をつくり出すために使われる可能性がある。現在の利益を少なく認識することにより，企業は将来に利益をシフトさせることができる。軽率な投資家は，高利益を予想し，その企業にはより価値があると思うかもしれない。しかし，会計によってつくり出された利益が価値を創造することはない。

　例5.4は，例5.2と同じ企業について，このことを示している。第0期末に経営者は棚卸資産を（低価法に従って）800万ドル切り下げるとする。したがって，第0期の利益と簿価は800万ドル小さくなる。（貸借対照表上の）棚卸資産は将来の売上原価になる。もし切り下げられた棚卸資産が第1期に販売されるとすると，第1期の売上原価は800万ドル小さくなり，（収益に変化がなければ）利益は800万ドル大きくなると期待される。第1期の予想利益2036万ドルと前の例の1236万ドルとを比較すると，将来利益がつくり出されたことがわかる。鋭い投資家は適切に予想利益を増加させる

第5章　発生主義会計とバリュエーション：簿価のプライシング　　159

● 例5.4　棚卸資産簿価を切り下げた単純な企業についての予測

　この企業は，第0期に棚卸資産簿価を8百万ドル切り下げ，第1期の売上原価を8百万ドル減少させる点を除いて，例5.2の企業と同一である。要求リターンは10％である。

（単位：百万ドル）

	0	予測期間				
		1	2	3	4	5
利　　益	4.00	20.36	12.73	13.11	13.51	13.91
配　　当	9.09	9.36	9.64	9.93	10.23	10.53
簿　　価	92.00	103.00	106.09	109.27	112.55	115.93
残余利益（10％チャージ）		11.16	2.43	2.50	2.58	2.66
残余利益成長率（％）			3	3	3	3

だろう。しかし，これは対価を払うべき利益ではない。

　第1期の残余利益は，ここでは $\$20.36 - (0.10 \times 92.00) = \$11.16$ 百万であるが，その後の期の残余利益は影響を受けない（そして3％の率で成長する）。価値評価は次の通りである。

$$株式価値_0 = \$92 + \frac{11.16}{1.10} + \left(\frac{2.43}{1.10 - 1.03} \middle/ 1.10 \right) = \$133.71 \ 百万$$

　評価は前と同じである。会計は利益をつくり出しているが，価値は創造していない。残余利益モデルは，つくり出された利益に対価を払いすぎるのを防いでくれたのである。この組み込まれた予防装置はどのように機能しているのだろうか。たしかに，現在の簿価を減少させることによって将来の利益を生み出すことができる。会計はそのように機能する。価値評価において，低い簿価（ここでは，1億ドルの代わりに9200万ドル）を高い将来利益と一緒に扱うことで，払いすぎを防ぐことができる。すなわち，高利益は低簿価によってちょうど相殺されるのである。

　棚卸資産の切り下げは将来に利益をシフトさせる1つの方法に過ぎない。ほかにも，有形固定資産の切り下げや減損（それは将来の減価償却費を減少させる），事業全体のリストラ費用，収益認識の繰り延べがある。本書をさらに読み進め，会計上の論点を扱う際に，より詳細に解説をしよう。

貸借対照表に計上されていない価値を捉える──あらゆる会計方法に対応──

　残余利益モデルは，会計では貸借対照表に計上されない価値を補正する。第2章では，資産と負債を測定するための会計ルールが，どのようにして価値とは異なる（通常，価値よりも小さい）簿価を生じさせるのか示した。残余利益モデルは，不完全な貸借対照表という問題を解決し，簿価が生み出す利益を予測することによってプレミアムを付加する。

160　第1部　財務諸表とバリュエーション

したがって，残余利益モデルは貸借対照表をめぐるあらゆる会計方法に適用できる。米国基準のもとでは，企業は，R&D支出を，投資として貸借対照表に資産計上するのではなく，費用計上するよう要求されている（IFRSのもとでは，「開発費」は貸借対照表に計上できるが，「研究費」は計上できない）。広告宣伝支出を通したブランドへの投資も費用計上されるので，ブランド資産は貸借対照表から欠落している。しかし，ナイキは貸借対照表から欠落している多額の「無形資産」を有しているが（PBRは3.7倍），その株式の価値は，第4節のケース3のように評価することができる。R&D資産とブランド資産がないということは，その後の償却費がゼロということであり，将来利益は大きくなる。残余利益計算にあたって，低簿価に対する要求利益を加味すると，残余利益は大きくなる。高残余利益が低簿価を埋め合わせることにより，低簿価を補正した評価が得られるのである。表5.2でナイキの2011年の残余利益は1株当たり2.477，ROCEは比較的高く21.3％であり，これらは好調な利益を反映している。しかし，これらの測定値は，ブランドやその他の無形資産が，利益を生むものの，貸借対照表には計上されていないために低くなっている簿価から生まれた利益も反映している。このことは理に適っている。資産が貸借対照表から欠落していれば，PBRは高くなり，そして高PBRは高残余利益が期待されることを意味する。

　会計数値に基づく方法は疑わしいものと思われるかもしれない。そのため，割引キャッシュフロー・モデルを推奨する人もいる。というのも，キャッシュフローは「実体」であり，会計方法による影響を受けないからである。しかしながら，ここでの議論や例5.4からもわかる通り，残余利益モデルは会計方法による影響を調整するため，あらゆる会計方法のもとで機能するのである。これもまた理に適っている。価値は事業の経済性に基づくものであり，使われる会計方法に基づくものではないからである。いくつか微妙な問題，すなわち予測期間が使われる会計方法に影響されうるという問題はあるが，これらは後の章で扱われる。

残余利益は，配当，株式発行，自社株買いの影響を受けない

　第3章で，株式市場が効率的であれば，株式発行，自社株買い，配当は，通常は価値を創造しないことを理解した。しかし，残余利益は簿価に基づいており，株主との取引は簿価に影響を与える。そのため残余利益（したがってそれによる評価）は，期待される配当，株式発行，自社株買いの影響を受けるのではないか，という疑問が生じるかもしれない。答えはノーである。これらの取引は，残余利益の計算において，利益と簿価の両方に影響を与え，その効果が相殺されて残余利益は影響を受けない。この証明については，ウェブサイト上の本章の補足を参照しよう。

第5章　発生主義会計とバリュエーション：簿価のプライシング　　161

残余利益モデルに欠けているもの

　残余利益モデルは，株主からの出資を，製品やサービスを顧客に販売して利益を稼得するために振り向けることによって，事業上生み出される予想値を捉えるものである。しかしながら，株主は，株式がその公正価値より高い価格で発行されるならば，それによって金儲けできる。これは，市場価格が非効率的であるか，または，（株主の利益になるように行動する）経営者が株式の買い手よりも企業の価値について多くの情報を有している場合に生じうる。利得は自社株買いからも（株主の一部に）生じうる。株式がその公正価値よりも低い価格で買い戻されるならば，自社株買いに応じた株主は，それに応じなかった株主に価値を奪われることになる。要するに，企業の所有者は公正価値と異なる価格で企業を売買することによって金儲けができるのである。

　残余利益モデルは，公正価値での株式発行や自社株買いは価値を付加しないことを（適切に）計算する。しかしながら，株式発行や自社株買いが公正価値とは異なる価格で行われる場合はそうではない。既存株主の利得や損失はこのモデルでは捉えられない。これは，企業が別の企業を買収するために，現金支払ではなく，割高な価格の付いている自社株を発行する場合に当てはまる。第15章で，このモデルを広範に適用する際に，この欠点を修正する方法を考える。

要　約

　本章では，株式，事業，戦略に適用可能な発生主義会計に基づく価値評価モデルの概要を示した。このモデルは，貸借対照表からの情報を利用し，また，将来の予測損益計算書と予測貸借対照表で報告される利益と簿価を予想することによって貸借対照表価値と内在価値との差異を計算する。

　このモデルの中心にあるのは残余利益の概念である。残余利益は，簿価が要求利益率で利益を稼得するとした場合の，要求利益を超える利益額である。本章では，残余利益のいくつかの特性を確認した。残余利益は投資を簿価の一部として扱い，要求利益率で利益を稼ぐと予想される投資の残余利益はゼロであり，それは計算される価値に影響を与えない。残余利益は，配当や公正価値での株式発行および自社株買いによって影響を受けないので，残余利益モデルによれば，株主との（価値無関連の）取引に影響されない評価が得られる。残余利益の計算には発生主義会計が使われ，それがキャッシュフローを超える付加価値を捉える。残余利益モデルは発生主義会計におけるさまざまな方法にも順応する。そして，残余利益モデルは，投資によって生み出される利益成長や会計方法によってつくり出される利益に対価を払いすぎるのを防いでくれる。

　何よりも，残余利益モデルは，事業と事業上生み出される価値についての考え方を示してくれる。このモデルでは，事業を評価するために投資の収益性と投資の成長を予測することが求められる。というのも，これら2つの要因が残余利益を動かすからである。そして，経営者には，残余利益を増加させることによって事業に価値を付加することが求められる。それは，ROCEの上昇と投資の成長を要求することである。アナリストもまたこのモデルから事業の内容を理解し，適切な価値

162　第1部　財務諸表とバリュエーション

評価を構築することになる。

キー・コンセプト

- 残余利益は，包括的な利益から簿価が生み出すべき要求利益を控除したものである。**異常利益**，**超過利益**と呼ばれることもある。[131]
- 残余利益ドライバーは，残余利益を決定づける尺度であり，2つの主要なドライバーは，**普通株主資本利益率**（ROCE [137]）と**簿価の成長**である。[139]
- 残余利益モデルは，残余利益を予測することにより簿価に付加される価値を測定するモデルである。[132]
- 正常PBR（正常株価・簿価倍率）は，株価と簿価が等しい，すなわちPBRが1.0倍のときに当てはまる。[134]
- 定常状態条件は，継続価値を決定づける予想額が永続するという条件である。[148]
- 予測期間終了時点のプレミアムは，予測期間終了時点に期待される価値と簿価の差額である。[143]

演習問題

1 普通株主資本利益率と残余利益の予測

次の表は，第0期末における普通株式1株当たりの簿価が20ドルの企業について，その時点で予想された利益と配当を示したものである。この企業の株式の要求リターンは年10％である。

	第1期	第2期	第3期
EPS	3.00	3.60	4.10
DPS	0.25	0.25	0.30

a. 第1期から第3期までの各期の普通株主資本利益率（ROCE）と残余利益を予測しなさい。

b. あなたの予測によると，この企業の価値は簿価を上回るか，下回るか。それはなぜか。

2 ROCEと価値評価

次の表は，第0期末に，ある企業について予想されたROCEを示したものである。

（単位：％）

	第1期	第2期	第3期
ROCE	12.0	12.0	12.0

第4期以降，ROCEは同じ水準で続くと期待されている。この企業は第0期末に32億ドルの普通株主資本簿価を報告し，発行済株式数は5億株であった。株式の要求リターンが12％であるとすると，この株式の1株当たり価値はいくらになるか。

3 残余利益による価値評価

あるアナリストが，第1期から第5期までの利益と配当の予想について，あなたに次の見積もりを示すとしよう。あなたは第0期末時点で1380百万株の発行済株式を評価することになる。第0期末の普通株主資本は4310百万ドルである。計算においては株式の要求リターンを10％とすること。

第 **5** 章 発生主義会計とバリュエーション：簿価のプライシング 163

(単位：百万ドル)

	第 1 期(予)	第 2 期(予)	第 3 期(予)	第 4 期(予)	第 5 期(予)
利 益	388.0	570.0	599.0	629.0	660.4
配 当	115.0	160.0	349.0	367.0	385.4

a. 第 1 期から第 5 期までの各期の簿価，普通株主資本利益率（ROCE），残余利益を予測しなさい。

b. 第 2 期から第 5 期までの各期の簿価および残余利益の成長率を予測しなさい。

c. この見積もりから 1 株当たりの株式価値を計算しなさい。この価値評価は，本章のケース 1，2，3 のいずれに対応するか。

d. あなたの計算によると，与えられた簿価を超えるプレミアムはいくらか。また，PBR は何倍か。

発生主義会計とバリュエーション
利益のプライシング

　前章では，簿価，すなわち貸借対照表のボトムラインをアンカーとする価値評価の手法を示した。本章では，利益，すなわち損益計算書のボトムラインをアンカーとする価値評価の手法を示す。アナリストは，簿価をアンカーとすることで株価・簿価倍率（price-to-book ratio：PBR）を計算し，利益をアンカーとすることで株価・利益倍率（price-earnings ratio：PER）を計算する。したがって，前章では簿価1ドル当たりいくら支払うべきかが問題であったが，本章では利益1ドル当たりいくら支払うべきかが問題となる。

アナリストのチェックリスト

　本章を読めば，以下のことがわかるだろう。

- PERの意味。
- 「異常利益成長」とは何か。
- 異常利益成長を予測することにより，どのようにして内在PERが決まるのか。
- 正常PERの意味。
- 配当落ち利益成長と配当込み利益成長の違い。
- 異常利益成長モデルに関するケース1とケース2の違い。
- 異常利益成長モデルと残余利益モデルが，推測に基づく長期の継続価値に重きを置かないモデルであること。
- 異常利益成長モデルを使用することの利点と欠点，および，異常利益成長モデルと残余利益モデルの比較。
- 異常利益成長モデルは，どのようにして，投資家が利益成長に対価を払いすぎてしまうのを防ぐのか。

　本章を読めば，以下のことができるようになるだろう。

166 第1部 財務諸表とバリュエーション

・配当込み利益の計算。
・異常利益成長の計算。
・利益と配当を予測することにより，株式価値を計算すること。
・内在予想 PER と実績 PER の計算。
・異常利益成長モデルにおける継続価値の計算。
・アナリストの EPS 予想から価値評価への変換。
・PEG レシオに対する評価。

1 PER の基礎概念

　会計では，貸借対照表において株主持分の完全な価値を測定するわけではないので，PBR は 1.0 倍から乖離する。しかしながら，貸借対照表上に表れない価値は，最終的には資産が生み出す将来の利益として実現することになるため，その利益が予測の対象となる。すなわち，PBR はまだ簿価に算入されていない期待利益によって決定され，簿価に対して将来利益が高ければ高いほど，PBR も高くなる。前章では，貸借対照表上に表れていない価値を推定する作業を行ったのである。

　それとよく似た考え方が PER の背後にもある。株価は将来利益を見込んだものであるので，PER は期待将来利益の価値（分子）を現在利益（分母）と比較したものということになる。ちょうど PBR がまだ簿価に算入されていない期待利益に基づいているのと同じように，PER もまだ計上されていない期待利益に基づいているのである。したがって，将来利益が現在利益よりもかなり高いと予想されれば PER は高くなり，将来利益が現在利益よりも低いと予想されれば PER は低くなる。つまり，PER は利益の成長に価格を付けているのである。

　本章では，第5章における手法と非常によく似ているが，簿価ではなく利益をアンカーとする価値評価の手法を扱う。本章により，PER の概念を厳密に組み込んだフォーマルな価値評価モデルとともに，そのモデルを正確に適用する仕組みが得られる。この手続きは必要である。というのも，注意しないと，利益の成長に対価を払いすぎてしまうかもしれないからである。

利益成長への対価の払いすぎに要注意

　歴史を振り返ると，高 PER の株式いわゆる成長株は，バブル期においては割に合う投資対象であったことがわかる。投資家は，成長に熱狂し，株価を押し上げ，それに続くモメンタム取引がさらに高い価格，さらに高い PER を生むのである。しかし，歴史はまた，成長期待は概して実現しないということも示している。高 PER の株式

は，低 PER の株式よりも低いリターン，また，広範なインデックスよりも低いリターンしか生まなかったのである。第5章における警告は，利益成長に注意せよ，利益成長への対価の払いすぎを防ぐ仕組みを備えた価値評価手法を使用せよ，というものであった。

本章はこの警告から議論を始める。正当な PER に依拠した評価は，利益成長に価格を付けるが，価値を付加しない成長には価格を付けない。本章では，適切な評価だけでなく，推測に基づく長期の継続価値にあまり重きを置かない評価も提示する。したがって，残余利益モデルと同じく，その評価も PER に反映された市場における推測を吟味することに長けている。

PBR によるバリュエーションから PER によるバリュエーションへ

PBR も PER も同じ利益期待に基づいているため，利益をアンカーとする価値評価手法は，簿価をアンカーとする手法と同じ評価を示さなければならない。実際，このことは，第5章におけるナイキのケース3の価値評価に戻ることで，すぐに示すことができる。ここに，残余利益モデルによるナイキの 2006 年度末の見積もりを再掲し，1行追加しよう。追加された行には各年に予想された残余利益の変化額が示されている（2012 年の数値は，PBR による評価と同じく，4.5 ％の残余利益成長率に基づいている）。

	2006	予測年度					
		2007	2008	2009	2010	2011	2012
EPS		2.96	3.80	3.07	3.93	4.28	4.65
DPS		0.71	0.88	0.98	1.06	1.20	1.12
BPS	14.00	16.25	19.17	21.26	24.13	27.21	30.74
残余利益（9 ％チャージ）		1.700	2.338	1.345	2.017	2.108	2.203
残余利益の変化分			0.638	-0.993	0.672	0.091	0.095

簿価をアンカーとするのではなく，1株当たり 2.96 ドルの次期の利益をアンカーとしてみよう。利益はちょうど簿価の変化額（配当前）であるから，次のように，このアンカーにその先の残余利益の変化分（Δ 残余利益）の予想額を加算していこう。

$$株式価値_0 = \frac{1}{\rho_E - 1}\left(1\,株当たり利益_1 + \frac{\Delta 残余利益_2}{\rho_E} + \frac{\Delta 残余利益_3}{\rho_E^2}\right.$$
$$\left. + \frac{\Delta 残余利益_4}{\rho_E^3} + \frac{\Delta 残余利益_5}{\rho_E^4} + \frac{\Delta 残余利益_6}{\rho_E^4(\rho_E - g)}\right) \qquad (6.1)$$

上記の予測に加え，要求リターンを9 ％，（第5章と同じく）2012 年以降の残余利益成長率を 4.5 ％とすると，ナイキの1株当たりの価値は以下のようになる。

168　第1部　財務諸表とバリュエーション

$$株式価値_{2006} = \frac{1}{0.09}\left(2.96 + \frac{0.638}{1.09} + \frac{-0.993}{1.09^2} + \frac{0.672}{1.09^3} + \frac{0.091}{1.09^4}\right.$$

$$\left. + \frac{0.095}{1.09^4(1.09-1.045)}\right)$$

$$= \$53.18$$

　これは，第5章で得られた価値と同じである（四捨五入による誤差がある）。残余利益の変化は残余利益の成長であるため，次期の利益に成長が加えられていることになるのである。したがって，成長期待を織り込んだ内在予想PERは，株式価値_{2006}＝$53.18/$2.96＝17.97倍となる。ここで戸惑うのは，次期の利益は（あなた，もしくはアナリストが）予想した数値であり，現在の何かではなく予想に依拠しているという点である。しかし，次期の利益は（まだ終了していない）当期の利益であり，最大で3四半期分の利益がすでに入手できるだろう。ただし，その数値に依拠できるのは，それが（まったくの憶測ではなく）かなり確信が持てると感じられるときのみである。そうでなければ，次期の利益は前期の実績利益と等しいと予想すべきである。

　成長を残余利益の成長と捉えることについては，少し注意が必要である。PERは残余利益の成長ではなく，利益の成長の観点から捉えたほうがよいだろう。そして実際，そう捉えることができるのである。

2　バリュエーションのプロトタイプ

　簿価よりも利益をアンカーとする価値評価では，利益が価値の変化の尺度，すなわちストックではなくフローであることをよく理解しよう。フローをストックに変換するには，そのフローを資本化するだけでよい。利益が含意する価値のストックは次の通りである。

$$資本化された利益 = \frac{利益}{要求リターン}$$

利益をアンカーとする価値に関する考え方は以下の通りである。

$$価値 = 資本化された利益 + 予想利益成長による追加的価値$$

　利益の価値を評価するためには，常に資本化された利益をアンカーとした上で，予想利益成長によってどれだけの価値が付加されるかを問題とする。

　普通預金口座の価値評価は単純である。よって，株式の価値評価のプロトタイプとして，まずこの単純な資産を扱うことにしよう。例6.1では，第5章の例5.1と同じ

第 6 章　発生主義会計とバリュエーション：利益のプライシング　　169

● 例6.1　2012 年度末に 100 ドル投資され，年 5 ％稼得する普通預金口座についての予測

		2012	予測年度				
			2013	2014	2015	2016	2017
毎年利益を引き出す（フル・ペイアウト）	利　益		5	5	5	5	5
	配　当		5	5	5	5	5
	簿　価	100	100	100	100	100	100
	残余利益		0	0	0	0	0
	利益成長率（%）			0	0	0	0
	配当込み利益		5	5.25	5.51	5.79	6.08
	配当込み利益成長率（%）			5	5	5	5
引き出しをしない（ゼロ・ペイアウト）	利　益		5	5.25	5.51	5.79	6.08
	配　当		0	0	0	0	0
	簿　価	100	105	110.25	115.76	121.55	127.63
	残余利益		0	0	0	0	0
	利益成長率（%）			5	5	5	5
	配当込み利益		5	5.25	5.51	5.79	6.08
	配当込み利益成長率（%）			5	5	5	5

普通預金口座が示されている。この口座には，2013 年以降毎年 5 ％稼ぐために 2012 年に投資された 100 ドルが含まれている。また，2 つのペイアウトのシナリオ，すなわち全額配当（フル・ペイアウト）と無配当（ゼロ・ペイアウト）が示されている。

　両方のケースにおいて，期待残余利益はゼロであるから，残余利益モデルによると，この資産の価値は 2012 年の簿価 100 ドルと等しく評価される。しかしながら，この資産は 2013 年の予想利益 5 ドルを資本化することによって評価することもできる。

$$普通預金口座の価値 = \frac{予想利益}{要求リターン} = \frac{\$5}{0.05} = \$100$$

　普通預金口座については，予想利益成長による追加的な価値はない。しかしながら，全額配当のシナリオにおける利益成長率はゼロだが，無配当のシナリオでは年 5 ％であることがわかるだろう。とはいえ，いずれのケースにおいてもこの口座の価値は同一である。この計算に基づけば，5 ％の成長に対価を払おうとは思わないであろう。5 ％の成長は利益の再投資から生じるが，そこでは，再投資された利益が要求リターンしか稼得していない。2 つの口座の価値が等しいということは，要求リターンしか稼得しない投資は価値を付加しないので，誰もそのような投資から生じる成長には対価を払わないという原則を示している。

　もう少しフォーマルに考えることにより，このアイデアを理解し，成長に対価を払いすぎるのを防ぐことができる。2 つのシナリオにおける利益成長率は異なっているように見えるが，実はそうではない。全額配当の口座からの利益は，実際には過小評価されている。というのも，口座からの配当は，5 ％稼ぐために同じ口座に再投資さ

170　第1部　財務諸表とバリュエーション

れうるからである。したがって，たとえば，2013年に引き出された5ドルは，2014年にその5％，すなわち0.25ドルを稼得するために再投資されうるから，2014年の期待利益合計は5.25ドルとなり，無配当の口座と等しくなる。資産からの利益は2つの源泉によって生じる。すなわち，資産によって稼得される利益と別の資産に再投資された配当によって稼得される利益である。したがって，すべての年の配当を再投資することにより，ここでの2つの配当シナリオにおける利益は同一となる。無配当のケースでは，利益が同じ口座に再投資，つまり留保され，全額配当のケースでは，利益が別の口座に再投資されうる。いずれのケースでも口座は5％稼ぐのである。

　両方の源泉からの利益合計は**配当込み利益**と呼ばれ，それはすなわち，配当の再投資を含む利益のことである。配当の再投資を含まない利益は**配当落ち利益**と呼ばれている。価値は常に期待配当込み利益に基づいており，PERは常に配当込み利益成長に基づいている。というのも，私たちは投資利益のすべての源泉を把握しなければならないからである。2014年について，前年の配当の再投資を含む利益は次の通りである。

$$配当込み利益_{2014} = 利益_{2014} + (\rho - 1)配当_{2013}$$

　ここで，ρは（これまでと同じく）1＋要求リターンである。したがって，全額配当の普通預金口座について，2014年の配当込み利益は，利益$_{2014}$＋（0.05×配当$_{2013}$）＝$5＋(0.05× $5)＝$5.25となる。

　配当込みをベースとすると，例6.1の配当込み利益の行からわかる通り，2つのシナリオにおける利益成長は同一，すなわち年5％となる。しかしながら，どちらのケースにおいても，そこでの利益成長は，私たちが対価を支払う成長ではない。私たちは，要求リターンを上回る利益成長に対してのみ対価を支払うのである。要求リターンでの成長による利益は**正常利益**と呼ばれる。任意の期間tについて，正常利益は次の通りである。

$$正常利益_t = \rho\,利益_{t-1}$$

　したがって，普通預金口座については，2014年の正常利益＝1.05×$5＝$5.25，すなわち，前年の利益が5％成長する。配当込み利益のうち，私たちが対価を支払う部分は，正常利益を超える配当込み利益成長，つまり**異常利益成長**（abnormal earnings growth：AEG）である。

$$
\begin{aligned}
異常利益成長_t &= 配当込み利益_t - 正常利益_t \\
&= [利益_t + (\rho - 1)配当_{t-1}] - \rho\,利益_{t-1}
\end{aligned}
$$

2014年の普通預金口座の配当込み利益が5.25ドルであり，正常利益もまた5.25ド

第 **6** 章　発生主義会計とバリュエーション：利益のプライシング　　171

Box 6.1　謎

S&P500 の PER と利益成長

　S&P500 の予想 PER の歴史的な平均は約 15 倍である（また，実績 PER の平均は約 16 倍である）。利益成長率の歴史的な平均は年当たり約 8.5 ％である。一般に，株式の要求リターンが 10 ％であるとすると，正常予想 PER は 10 倍となる。これらの数値は謎を生じさせる。すなわち，成長率が 8.5 ％で，要求リターン 10 ％より小さければ，予想 PER は正常 PER 10 倍を下回るはずであり，それを上回る 15 倍にはならないはずである。

　この謎は次のように解くことができる。S&P500 の企業は配当を支払っている。実際，歴史的に配当性向は利益の約 45 ％であった。8.5 ％の成長率は配当落ち成長率である。配当性向 45 ％のもとで，配当込み成長率は約 13 ％となる。よって，歴史的に利益は配当込みで年当たり 13 ％成長してきたのであり，想定している要求リターン 10 ％を上回ってきたのである。したがって，予想 PER は正常 PER 10 倍を上回ることになり，事実，そうなっていたのである。

ルであるから，異常利益成長はゼロである。それは 2015 年以降も同じである。私たちは，成長を予想しているものの，異常成長は予想していないので，成長への対価を支払うことはない。

　基本的な概念が準備できたので，単純なプロトタイプから株式の価値評価へと進んでいこう。ここで，これまでの基本的な考え方を要約しておこう。

1. 資産は，要求リターンを上回る比率で配当込み利益を成長させることができる場合にのみ，資本化された利益よりも大きい価値を持つ。
2. 利益成長を予想するときには，配当込み成長に焦点を合わせなければならない。配当落ち成長は，配当の再投資から生まれる価値を無視しているからである。
3. 配当支払は価値と無関連である。なぜなら，配当込み利益成長は配当にかかわらず同一だからである。

Box 6.1 では，S&P500 の利益成長に関する謎を解いている。

正常予想 PER

予想 PER は次年度利益の予想と比べた価格である。普通預金口座については，2012 年の予想 PER は $100/$5＝20 倍である。これはとくに**正常予想 PER** と呼ばれ，以下のように表される。

$$正常予想 PER＝\frac{1}{要求リターン}$$

　すなわち，正常予想 PER は 1 ドルを要求リターンで資本化したものである。普通預金口座の予想 PER は 1/0.05＝20 倍である。

　正常 PER には，株式を含むすべての資産に適用できる原則が組み込まれている。

172　第1部　財務諸表とバリュエーション

もし（普通預金口座のように）異常利益成長を見込めないとすれば，予想 PER は1/要求リターンでなければならない。あるいは，言い換えると，もし配当込み利益の成長率が要求リターンと等しいと期待されるならば，予想 PER は正常 PER となるはずである。すなわち，正常 PER は，正常利益成長が期待されることを含意している。たとえば，要求（正常）リターン 10 ％の株式投資については，正常予想 PER は1/0.10，つまり 10 倍である。要求リターンが 12 ％であれば，正常予想 PER は1/0.12＝8.33 倍である。もし配当込み利益が要求リターンを上回る比率で成長すると見込めるならば，PER は正常 PER よりも大きくなるはずである。すなわち，正常な水準を上回る成長に対して追加的対価が支払われるのである。もし配当込み利益が要求リターンを下回る比率でしか成長しないと予想されるならば，PER は正常 PER よりも小さくなるはずである。すなわち，低成長は割り引かれるのである。

正常実績 PER

　第3章では，*実績 PER*（現在利益の倍率）と*予想 PER*（1 年先の予想利益の倍率）とを区別した。すでに普通預金口座の価値を次期の利益と利益成長の予想から計算したので，実績 PER の計算は簡単である。すなわち，計算された価値を直近の損益計算書上の利益で割りさえすればよい。ただし，調整しなければならないことがある。

　例 6.1 の普通預金口座について，直近の年は 2012 年であり，5 ％稼ぐために，同年度期首に 100 ドルを口座に投資したとしよう。2012 年の利益は 5 ドルであり，もしそれらの利益が配当として支払われるならば，2012 年度期末の口座の価値はなお 100 ドルであろう。よって，実績 PER は $100/$5＝20 倍であり，予想 PER と等しいように見える。しかしながら，これは正しくない。1 年先の利益の価値が現在と同じということはないだろう。2012 年の 5 ドルの利益が配当として支払われないとすれば，口座の価値は 105 ドルとなる。そこでの PER は $105/$5＝21 倍であり，こちらが正しい実績 PER である。

　利益 1 ドルの価値，すなわち PER は，配当に左右されるべきではない。普通預金口座の 5 ドルの利益は口座所有者にとって 105 ドルの価値をもたらす。すなわち，利益を生む期間のはじめの 100 ドルと利益 5 ドルの合計である。もし利益を口座に残しておけば，所有者は 105 ドル所有する。ただし，利益を引き出しても，所有者は 105 ドル，つまり口座に 100 ドルと財布に 5 ドルを所有する。実績 PER は 21 倍である。したがって，実績 PER は常に配当込み価格に基づく必要があり，以下のように表すことができる。

$$\text{実績 PER} = \frac{\text{価格＋配当}}{\text{利益}}$$

第6章　発生主義会計とバリュエーション：利益のプライシング　　173

　この尺度は，第3章で導入した配当調整後 PER である。配当は，（分子の）価格を減少させるものの，（分母の）利益には影響を与えないため，この調整が必要となる。予想 PER については，価格も予想利益も現在の配当によって減少するため，こうした調整は必要ない。金融業界紙等で公表される PER では実績 PER についての調整が行われていない。配当が少なければ，それはほとんど問題とならないが，高配当企業については，公表された PER は，企業の利益成長力だけでなく配当にも左右されることになる。

　正常予想 PER は 1/要求リターンであるが，**正常実績 PER** は次の通りである。

$$正常実績 PER = \frac{1 + 要求リターン}{要求リターン}$$

　普通預金口座については，正常実績 PER は 1.05/0.05 = 21 倍である（予想 PER の 20 倍と比較しよう）。要求リターンが 10 ％であれば，正常実績 PER は 1.10/0.10 = 11 倍であり（予想 PER の 10 倍と比較しよう），要求リターンが 12 ％であれば，それは 1.12/0.12 = 9.33 倍である（予想 PER の 8.33 倍と比較しよう）。正常予想 PER と正常実績 PER は常に 1.0 の差異が生じるが，このことは，現在の 1 ドルが次年度に要求リターン分の利益を稼得することを表している。

不十分な PER モデル

　予想利益から株式を評価する次のモデルはごく一般的なものである。

$$株式価値 = \frac{利益_1}{\rho_E - g}$$

　ここで，g は，1 + 予想利益成長率である（また，ρ ではなく要求リターンを表す文字 r を使ったモデルを見たことがあるかもしれない）。このモデルは利益成長を評価しているように見える。この式は，（普通預金口座に適用された）利益資本化式を修正したものである。たしかに，このモデルは成長を伴う永久債の式に過ぎない。このモデルでは，予想 PER は $1/(\rho_E - g)$ となる。

　このモデルは単純であるが，間違っている。第 1 に，配当込み成長率ではなく配当落ち成長率の予測が使われている。配当落ち成長率は，配当を再投資することによる成長を無視している。配当支払が大きいほど，配当落ち成長率を使った式によって省かれる価値は大きくなってしまう。第 2 に，この式は，利益成長率が要求リターンを上回る場合は，明らかに機能しない。というのも，その場合，分母が負になってしまうからである。普通預金口座について，要求リターンは 5 ％であるが，期待配当込み成長率もまた 5 ％であり，この式の分母はゼロとなる（そして，普通預金口座の価値

174 第1部 財務諸表とバリュエーション

は無限大と計算されてしまう）。株式の場合は，配当込み成長率は要求リターンよりも大きいことが多く，その結果，分母が負になってしまう。たとえば，Box 6.1のS&P500企業のケースがこれに当てはまる。反対に，要求リターンよりも成長率がわずかに小さいことで，非常に高い価格を支払ってしまう，すなわち成長への対価を払いすぎてしまうことになるかもしれない。

これは不十分なモデルであり，誤りにつながる。分母の問題は数学上の問題であるが，その背景には概念上の問題が潜んでいる。成長への対価の払いすぎを防ぐような価値評価モデルが必要なのである。

3 利益をアンカーとするモデル

普通預金口座を対象としたプロトタイプ的な価値評価により，アンカー，すなわち資本化された予想利益を得ることができる。それはまた，次のようなアンカリング原則を示している。

アンカリング原則：もし配当込み利益が要求利益率と等しい率で成長すると予想されるならば，その資産の価値は利益を資本化したものと等しくなければならない。

したがって，もし配当込み利益が要求リターンを上回る比率で成長すると予想されるならば，このアンカーに追加的価値が加えられることになる。つまり，その資産は利益を資本化したものよりも大きい価値を持たなければならないということである。異常利益成長が追加的価値を捉える測定基準であり，したがって，継続企業の株式の価値は次の通りとなる。

$$
株式価値 = 資本化された予想利益
$$
$$
+ 配当込み利益の異常成長による追加的価値
$$

$$
株式価値_0 = \frac{利益_1}{\rho_E - 1} + \frac{1}{\rho_E - 1}\left(\frac{異常利益成長_2}{\rho_E} + \frac{異常利益成長_3}{\rho_E^2} \right.
$$
$$
\left. + \frac{異常利益成長_4}{\rho_E^3} + \cdots \right)
$$

$$
= \frac{1}{\rho_E - 1}\left(利益_1 + \frac{異常利益成長_2}{\rho_E} + \frac{異常利益成長_3}{\rho_E^2} \right.
$$
$$
\left. + \frac{異常利益成長_4}{\rho_E^3} + \cdots \right)
$$

(6.2)

ここで，異常利益成長は，次期つまり第1期より先の期の異常（配当込み）利益成長である（…は予測が将来にわたって続くことを示している。これは継続企業の株式価値

第 **6** 章　発生主義会計とバリュエーション：利益のプライシング　　175

● 図 6.1　**異常利益成長モデルによる株式価値の計算**

　　異常利益成長は配当込み利益と正常利益との差である。第 2 期以降の異常利益成長の現在価値が第 1 期の予想利益に加算され，その合計が資本化されることにより株式価値が算出される。

　　異常利益成長$_t$＝配当込み利益$_t$－正常利益$_t$

　　配当込み利益$_t$＝利益$_t$＋(ρ_E-1)配当$_{t-1}$

　　正常利益$_t$＝ρ_E利益$_{t-1}$

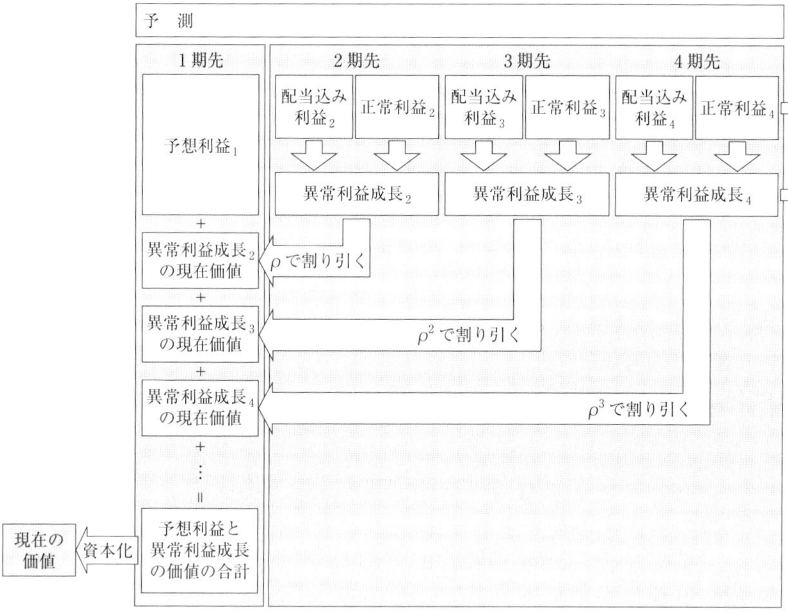

評価だからである）。(6.2) 式の 1, 2 行目から，異常利益成長の割引価値が，資本化された予想利益による価値を上回る追加的価値を提供することがわかる。第 2 期以降の成長の第 1 期末における価値が割引計算され，それから，（フローの価値を価値のストックに変換するために）その成長による価値が資本化される。成長の価値も予想利益もどちらも資本化されるため，(6.2) 式の 3, 4 行目のように計算が簡単になる。したがって，株式を評価するためには，以下の手順のように進める。

1.　1 期先（第 1 期）の利益を予想する。
2.　次期以降（第 2 期以降）の異常利益成長を予想する。
3.　次期以降の予想異常利益成長の（第 1 期末における）現在価値を計算する。
4.　予想利益と異常利益成長の価値の合計を資本化する。

　図 6.1 にこれら 4 つの手順が示されている。残余利益モデルの場合と同じく，利益は包括的な利益でなければならない。そうでないと，計算上，価値が失われてしまう。簡単にいうと，このモデルは，価値が将来利益に基づくこと，ただし，正常成長が控

除された利益に基づくことを示している。

内在予想 PER は，計算された価値を予想利益で割ることによって得られる。つまり，株式価値/利益$_1$である。もし異常利益成長が存在しないと予想されるならば，

$$株式価値_0 = \frac{利益_1}{\rho_E - 1}$$

であり，PER は正常 PER となる。

$$\frac{株式価値_0}{利益_1} = \frac{1}{\rho_E - 1}$$

このモデルは，*異常利益成長モデル*，または，考案者にちなんで*オルソン = ジッター・モデル*と呼ばれている[1]。

異常利益成長の測定

普通預金口座の場合と同じく，異常利益成長は要求リターンに見合う利益成長を超える利益（配当の再投資を考慮した利益）である。

$$
\begin{aligned}
異常利益成長_t &= 配当込み利益_t - 正常利益_t \\
&= [利益_t + (\rho_E - 1)配当_{t-1}] - \rho_E 利益_{t-1}
\end{aligned}
\tag{6.3}
$$

これは1株当たりベースまたは総額ベースで計算することができる。1株当たりベースで計算する場合，配当は1株当たり配当であり，総額ベースで計算する場合，配当は正味配当，すなわち（配当 + 自社株買い - 株式発行）である。ここで，2つの企業，デルとナイキの2010年の異常利益成長の計算を示そう。どちらのケースも要求リターンは9％である。

	デル		ナイキ
EPS 2010		$0.73	$3.93
DPS 2009	$0.00		$0.98
再投資された配当からの利益		0.00	0.088
配当込み利益 2010		0.73	4.018
2009 年からの正常利益：			
デル：1.25×1.09，ナイキ：3.07×1.09		1.363	3.346
異常利益成長		-0.633	0.672

デルは配当を支払っていないため，配当込み1株当たり利益（EPS）は報告された EPS（0.73 ドル）と同額である。ナイキは 0.98 ドルの1株当たり配当（DPS）を支払

原注1）J. A. Ohlson and B. E. Juettner-Nauroth, "Expected EPS and EPS growth as determinants of value," *Review of Accounting Studies*, July–September, 2005, pp. 349–365 を参照。

第**6**章　発生主義会計とバリュエーション：利益のプライシング　　177

っているため，2010 年の配当込み EPS は，3.93 ドルの報告された EPS に 2009 年の配当を 9 ％で再投資することによって得られる 0.088 ドルを加算したものである。どちらのケースにおいても，2010 年の正常利益は 2009 年の EPS が「正常」利益率 9 ％で成長したものである。デルについては，利益の成長が要求利益率 9 ％を下回っているため，異常利益成長が負となっている。

異常利益成長は，要求利益率と比較した成長率の観点から表すことができる。

$$異常利益成長_t = (G_t - \rho_E) \times 利益_{t-1} \qquad (6.3a)$$

ここで，G_t は，1 ＋ 当期の配当込み利益の成長率である。すなわち，異常利益成長は，要求利益率に対して前年の利益が配当込みでいくら成長したかを金額単位で表すものである。G_t が 1 ＋ 要求利益率と等しければ，異常利益成長は存在しない。ナイキの場合，2010 年の配当込み EPS は 4.018 ドルなので，配当込み利益成長率は $4.018/$3.07 = 0.3088（＋1）であった。したがって，要求リターン 9 ％のもとでは，前記の通り，ナイキの 2010 年の異常利益成長は 1 株当たり $3.07 \times (1.3088 - 1.09) =$ $0.672 であった。

簡単な例示と単純なバリュエーション・モデル

例 6.2 は，異常利益成長モデルを第 5 章でも例として使った単純な企業に適用したものである。この企業の要求リターンは 10 ％であり，利益は 1 期間に 3 ％成長すると期待されている。3 ％の成長率は小さく見えるが，この企業は配当性向が高い（利益の 76 ％）ため，見かけは当てにならない。

利益と配当の予想，およびそれらが含意する将来の簿価を基礎とすると，例に示されている通り，この企業の残余利益は 3 ％で成長すると予想される。したがって，この成長率で第 1 期の残余利益を資本化することにより，第 5 章と同じく，この企業をケース 3 の残余利益モデルで評価することができる。

$$株式価値_0 = 100 + \frac{2.36}{1.10 - 1.03} = 133.71 \ 百万$$

この例では，異常利益成長モデルを適用するために，異常利益成長の予想も行っている。各年の異常利益成長は配当込み利益から正常利益を控除したものである。その計算は，(6.3) 式および (6.3a) 式を使って，例の最後に記述されている。第 2 期以降，異常利益成長が 3 ％で増大することがわかる。よって，第 2 期の異常利益成長はこの成長率で資本化されることになる。

178 第1部 財務諸表とバリュエーション

● 例 6.2 **期待利益成長率が年3%である企業についての予測**

要求リターンは 10 %　　　　　　　　　　　　　　　　　　　　　（単位：百万ドル）

		0	予測期間				
			1	2	3	4	5
残余利益の予測	利　益	12.00	12.36	12.73	13.11	13.51	13.91
	配　当	9.09	9.36	9.64	9.93	10.23	10.53
	簿　価	100.00	103.00	106.09	109.27	112.55	115.93
	残余利益（10 %チャージ）		2.360	2.431	2.504	2.579	2.656
	残余利益成長率（%）			3	3	3	3
異常利益成長の予測	利　益	12.00	12.36	12.73	13.11	13.51	13.91
	配　当	9.09	9.36	9.64	9.93	10.23	10.53
	再投資された配当からの利益			0.909	0.936	0.964	0.993	1.023
	配当込み利益		13.269	13.667	14.077	14.499	14.934
	正常利益		13.200	13.596	14.004	14.424	14.857
	異常利益成長		0.069	0.071	0.073	0.075	0.077
	異常利益成長率（%）			3	3	3	3
	配当込み利益成長率（%）			10.57	10.57	10.57	10.57
	正常利益成長率（%）			10.0	10.0	10.0	10.0

計　算：

再投資された配当からの利益は，前期の配当が要求リターンを稼得することを表す。よって，第2期については，再投資された配当からの利益は 0.10×9.36 = 0.936 である。

配当込み利益は，再投資された配当からの利益を予想配当落ち利益に加算したものである。よって，第2期については，配当込み利益は 12.73 + (0.10×9.36) = 13.667 である。

正常利益は，前期の利益が要求リターンで成長したものである。よって，第2期については，正常利益は 12.36×1.10 = 13.596 である。

異常利益成長は，配当込み利益から正常利益を減算したものである。よって，第2期については，異常利益成長は 13.667 − 13.596 = 0.071 である。

異常利益成長は，配当込み利益成長率と要求リターンの差を前期の利益に乗じたものでもある。よって，第2期については，異常利益成長は (1.1057 − 1.10)×12.36 = 0.071 である。

（注）　四捨五入による誤差がある。

$$\text{株式価値}_0 = \frac{1}{0.10}\left(12.36 + \frac{0.071}{1.10 - 1.03}\right) = 133.71 \text{ 百万}$$

（四捨五入による誤差がある。）これが，第2期以降，一定率での成長が続く*単純な価値評価モデル*である。予想 PER は \$133.71/\$12.36 = 10.82 倍であり，正常 PER の 10 倍より大きい。例の最後で配当込み利益成長率が 10.57 %であり，要求リターン 10 %よりも高いことがわかるだろう。その結果，PER が正常 PER を上回る。また，配当込み利益成長率が（配当落ち）利益の予想成長率3%よりかなり高いこともわかるだろう[2]。さらに，残余利益モデルと異常利益成長モデルが同一の価値評価を与える

───────────

原注2)　厳密には，1期先の配当込み利益は，（例6.1における無配当の普通預金口座のように）その期の利益に第1期からその期までのすべての支払配当の再投資によって生じる利益を加算したものである。したがって，例6.2における単純な価値評価の第3期については，配当込み利益は，その期の 13.11 ドルの EPS に1期間再投資された第2期の配当と再投資された第1期の配当からの利益を加算したものである。しかしながら，配当は要求リターンに見合う利益を生み，要求リターンに見合

第6章　発生主義会計とバリュエーション：利益のプライシング　179

こともわかるだろう。

現在の利益をアンカーとするバリュエーション

　この例における価値評価は予想利益を価格付けしているので，厳密には，財務諸表上の現在の利益ではなく予想された利益をアンカーとしている。価値は，現在の（実績の）利益をアンカーとして計算することもできる。すなわち，現在利益を資本化してから，第1期以降の予想異常利益成長の価値を加算するのである。つまり，モデルを1期間前から適用するということである。したがって，例6.2においては次のようになる。

$$株式価値_0 + 配当_0 = 133.71 + 9.09 = \frac{1.10}{0.10}\left(12.00 + \frac{0.069}{1.10 - 1.03}\right)$$
$$= 142.80\ 百万$$

　得られる価値は，現在利益の評価にふさわしい配当込み価値，すなわち，価格＋配当である。実績 PER は \$142.80/\$12.00＝11.90 倍であり，正常実績 PER の 11 倍より高い（要求リターンは 10％とする）。ここでの 12.00 百万ドルは第0期の利益であり，0.069 百万ドルは第1期の予想異常利益成長で，3％の成長率が期待されている。資本化率は，正常予想 PER の 1/0.10 ではなく，正常実績 PER の 1.10/0.10 である。この計算のフォーマルなモデルは以下の通りである。

$$株式価値_0 + 配当_0 = \frac{\rho_E}{\rho_E - 1}\left(利益_0 + \frac{異常利益成長_1}{\rho_E} + \frac{異常利益成長_2}{\rho_E^2}\right.$$
$$\left. + \frac{異常利益成長_3}{\rho_E^3} + \cdots\right) \tag{6.4}$$

明らかに，第1期以降の異常利益成長が存在しないならば，実績 PER は正常 PER である。

　現在利益をアンカーとする価値評価は，利益の予想ではなく，財務諸表上の実際の利益をアンカーとする。しかしながら，現在利益ではなく予想利益にこのモデルを適用することについては十分な理由がある。財務諸表を分析するとわかるように，現在利益には，しばしば将来には関係のない非持続的な要素，たとえば非正常的事象や一時的費用が，含まれている。予想利益に焦点を合わせ，その予測の基礎として現在利益を使うことにより，将来成長しうる現在利益の持続可能部分に効果的に焦点を合わせることができる。実は，本書第2部の財務諸表分析の狙いは，将来利益を予測する

う利益は異常利益成長の計算において控除されるので，配当込み利益には前期の配当から生まれる利益を含めさえすれば，価値評価においては違いが生じないし，そのほうがたしかに簡単である。

180　第1部　財務諸表とバリュエーション

ための妥当なアンカーとなる持続可能利益を識別することである。

　本章のウェブサイトには，異常利益成長を見積もる上で役に立つスプレッドシートがある。

4　株式へのモデルの適用

　例6.2は，企業にいくらかの異常利益成長があるという点を除いて，第2節でプロトタイプと位置づけた普通預金口座の例と同じである。第1期直後に異常利益成長が定率で成長すると予想されているため，この企業のケースは単純である。モデル（6.2）では無限の予測期間が必要なので，株式を評価するためには，予測期間終了時点における継続価値が必要となる。単純な例では，わずか1期先でそれが生じる。

　継続価値の計算には2つのタイプがある。ケース1は，予測期間終了時点において以後の異常利益成長がゼロと期待される場合に適用される。ケース2は，予測期間後も異常利益成長が期待される場合に適用される。

　ケース1は，要求リターンを10％として，ゼネラル・エレクトリック（GE）の例を使って示すことができる。ケース1のEPSとDPSは，2000年から2004年までのGEの実際の数値であり，前章で残余利益モデルを用いてGEを評価するために使った数値と同一である。前章と同じく，実際の数値を予想された数値とみなして，1999年度末におけるGEの株式を評価する。第4章で割引キャッシュフロー・モデルを使ってGEを評価しようと試みたものの，うまくいかなかったことを思い出そう。しかしながら，第5章では残余利益モデルを使ってそれを評価できることがわかった。ここでの異常利益成長による価値評価は，第5章における残余利益による価値評価と同じく，1株当たり13.07ドルの価値を導出する。

　ケース1の評価は，2005年以降の異常利益成長がゼロという予測に基づいている。アナリストは，2004年については正の異常利益成長を予想するが，2001年から2004年にかけての平均異常利益成長がゼロに近いことに注目し，その後の異常利益成長をゼロと予想するのである。もちろん，異常利益成長がゼロであるということは，2005年以降，普通預金口座と同様に配当込み利益が要求利益率で成長すると期待されていることを示唆する。2001年から2004年にかけての異常利益成長の合計は，2000年度末まで割り引かれ，1株当たり0.017ドルとなる。それを2000年の予想利益1.29ドルに加算すると1.307ドルとなり，これを10％で資本化すると1株当たり13.07ドルの評価が導出される。

　ケース2の評価は，要求利益率を9％として，ナイキの例を使って示すことができる。2011年までのEPSとDPSは，残余利益が2012年以降4.5％で成長するとの予測に基づいて継続価値を計算した第5章の残余利益モデルのケースと同一である。こ

第 **6** 章　発生主義会計とバリュエーション：利益のプライシング　　181

● ケース 1　ゼネラル・エレクトリック

このケースでは，2005 年以降の異常利益成長はゼロと予想されている。要求リターンは 10 ％である。

	1999	予測年度				
		2000	2001	2002	2003	2004
DPS		0.57	0.66	0.73	0.77	0.82
EPS		1.29	1.38	1.42	1.50	1.60
再投資された DPS からの利益 （$0.10 \times DPS_{t-1}$）			0.057	0.066	0.073	0.077
配当込み利益（EPS＋再投資された 　DPS からの利益）			1.437	1.486	1.573	1.677
正常利益（$1.10 \times EPS_{t-1}$）			1.419	1.518	1.562	1.650
異常利益成長			0.018	−0.032	0.011	0.027
割引率（1.10^t）			1.100	1.210	1.331	1.464
2000 年時点の異常利益成長の現在価値			0.016	−0.026	0.008	0.018
異常利益成長の現在価値合計	0.017					
資本化される利益合計	1.307					
資本化率	0.10					
1 株当たり価値（1.307/0.10）	13.07 ◀──					

（注）　四捨五入による誤差がある。

● ケース 2　ナ　イ　キ

このケースでは，2012 年以降の異常利益が 4.5 ％で成長すると予想されている。要求リターンは 9 ％である。

	2006	予測年度					
		2007	2008	2009	2010	2011	2012
DPS		0.71	0.88	0.98	1.06	1.20	1.30
EPS		2.96	3.80	3.07	3.93	4.28	4.65
再投資された DPS からの利益 （$0.09 \times DPS_{t-1}$）			0.064	0.079	0.088	0.095	0.110
配当込み利益			3.864	3.149	4.018	4.375	4.760
正常利益（$1.09 \times EPS_{t-1}$）			3.226	4.142	3.346	4.284	4.665
異常利益成長			0.638	−0.993	0.672	0.091	0.095
割引率（1.09^t）			1.090	1.188	1.295	1.412	
2007 年末時点の異常利益成長の現在価値			0.585	−0.836	0.519	0.064	
2011 年までの異常利益成長の現在価値合計	0.332						
継続価値						2.111	
継続価値の現在価値	1.495						
資本化される利益合計	4.787						
資本化率	0.09						
1 株当たり価値（4.787/0.09）	53.18 ◀──						

継続価値：
　　　　2011 年時点の継続価値＝0.095/（1.09−1.045）＝2.111
　　　　継続価値の現在価値＝2.111/1.412＝1.495

（注）　四捨五入による誤差がある。

182　第1部　財務諸表とバリュエーション

Box 6.2　異常利益成長モデルと残余利益モデルの比較

　異常利益成長モデルと残余利益モデルは異なるモデルのように見えるが，実はよく似たモデルである。残余利益モデルには予想利益および予想配当から予想簿価を計算する機械的な手順が加わるが，どちらも利益と配当の予想を必要とする点は同じである。

　構造上，2つのモデルは類似している。残余利益モデルは，アンカーとしての簿価から始まり，それから簿価に対する要求リターンを予想利益に負担させることによって価値を加算する。異常利益成長モデルは，アンカーとしての資本化利益から始まり，それから簿価ではなく前年の利益に対する要求リターンを予想（配当込み）利益に負担させることによって価値を加算する。

　この構造上の違いは，インプットの整理の仕方の違いに過ぎない。代数計算を少し使ってポイントを明確に示すことができる。異常利益成長は，以下のように，異なる形式で書くことができる。

$$異常利益成長_t = [利益_t + (\rho_E - 1)配当_{t-1}] - \rho_E 利益_{t-1}$$
$$= 利益_t - 利益_{t-1} - (\rho_E - 1)(利益_{t-1} - 配当_{t-1})$$

　株主持分簿価に関する会計上のストックとフローの等式（第2章を参照）を使うと，簿価$_{t-1}$＝簿価$_{t-2}$＋利益$_{t-1}$－配当$_{t-1}$であり，利益$_{t-1}$－配当$_{t-1}$＝簿価$_{t-1}$－簿価$_{t-2}$である。したがって，

$$異常利益成長_t = 利益_t - 利益_{t-1} - (\rho_E - 1)(簿価_{t-1} - 簿価_{t-2})$$
$$= [利益_t - (\rho_E - 1)簿価_{t-1}] - [利益_{t-1} - (\rho_E - 1)簿価_{t-2}]$$
$$= 残余利益_t - 残余利益_{t-1}$$

　よって，異常利益成長は残余利益の変化と常に等しい。このことは，例6.2のプロトタイプ企業につき，残余利益の変化と異常利益成長を比較することによって確かめられる。

	1	2	3	4	5
残余利益	2.360	2.431	2.504	2.579	2.656
残余利益の変化		0.071	0.073	0.075	0.077
異常利益成長		0.071	0.073	0.075	0.077

　また，ケース2の価値評価におけるナイキの異常利益成長と本章冒頭のナイキの価値評価における残余利益の変化とを比較することによっても，その等価性を確認できる。

　したがって，異常利益成長が存在しないと予想することは，残余利益が変化しないと予想することに等しい。あるいは，異常利益成長がゼロであることは，（配当込み）利益が要求利益率で成長することを意味し，そのような正常成長率を予想することは，残余利益が変化しないと予想することに等しい。それに対応して，正常成長率を上回る配当込み利益成長率を予想することは，残余利益の成長を予想することに等しい。したがって，ナイキに関するケース2の価値評価と本章冒頭の残余利益変化に基づく価値評価が等しいことから明らかなように，1組の予想からどちらの価値評価も行うことができるのである。

　インプットを再整理することにより，異なるアンカーとそのアンカーに加算する価値についての異なる定義が導かれる。しかし，基本的な概念は似ている。異常利益成長による評価は，企業は要求利益率より大きな率で利益を成長させない限り，利益成長から価値を付加することはできないという点を強調する。そのようなときにのみ，企業のPERは上昇するのである。ただしそれは，PBRを上昇させるためには企業は残余利益を成長させなければならないということと同じである。すなわち，付加価値は，要求リターンより大きいリターンを稼ぐ投資から生じるものであり，その

付加価値は，残余利益の成長および正常成長率を上回る配当込み利益の成長のどちらによっても明らかになる。

　ある意味で，異常利益成長による評価は，簿価について心配する必要がないため，より便利である。しかしながら，残余利益モデルは，（成長をもたらす）価値創造についてより多くの洞察を与えてくれるモデルであり，本書第2部の分析においてもより有用なモデルである。

こでの 2012 年の EPS はこの成長率に起因するものである。

　ケース2は，異常利益成長が予測期間後も継続して成長すると期待され，この成長を組み込んだ継続価値を評価に加算するという点で，ケース1とは異なる。2012 年の予想異常利益成長 0.095 ドルが 4.5 ％で成長するとすれば，2011 年度末のナイキの継続価値は 1 株当たり 2.111 ドルである。2007 年度末におけるこの継続価値の現在価値を，2011 年度末までの異常利益成長の現在価値合計（0.332 ドル）および 2007 年の予想利益（2.96 ドル）に加算すると，資本化されるべき利益が 4.787 ドルとなり，1 株当たり 53.18 ドルの価値が導出される。

　これは，第5章で残余利益モデルによって計算された価値と同一である。それはまた，本章の（6.1）式の通り，残余利益の予想変化額を使って計算された価値とも同一である。ここでのナイキの異常利益成長が，たしかに（6.1）式の残余利益の変化と等しいことがわかるだろう。どちらも予想利益をアンカーとしているため，2つの評価は同じにならなければならない。残余利益の変化＝異常利益成長のフォーマルな証明については Box 6.2 を参照しよう。

アナリスト予想からバリュエーションへの変換

　第5章では，ナイキのアナリスト予想を，残余利益モデルを使って価値評価に変換した。ここでは，グーグル（Google）について同じことを行う。グーグルは，ウェブベースのソフトウェア，とりわけウェブ検索の供給業者であり，主にオンライン広告から収益を得ている。表 6.1 には，2011 年前半に形成された，2011 年および 2012 年の EPS に関するアナリストのコンセンサス予想が記されており，それとともに，2012 年の予想値に EPS 成長率の中期（5 年）コンセンサス 17.4 ％を適用して計算された 2013 年から 2015 年までの予想が記されている。この表は，これらの予想に基づいて 2010 年度末における企業の価値を評価したものである。

　この表の計算は，アナリストが次年度すなわち 2011 年より先の異常利益成長を予想していることを示している。アナリストは 5 年後から先の予想は提供しないので，ここでの継続価値は 4 ％の長期成長率，つまり代表的な GDP 成長率に基づいている。こうすることで，憶測を排除しているのである。ここではすなわち，歴史的な平均（「わかっていること」）を頼りにしている。計算された価値は 1 株当たり 693.09 ドル

184　第 1 部　財務諸表とバリュエーション

●表6.1　アナリスト予想から価値評価への変換：グーグル（2010 年）

　　アナリストは 2 年先の EPS を予想する（2011 年は 33.83 ドル，2012 年は 39.47 ドル）とともに，中期 5 年の EPS 成長率を 17.4 ％と予想する。2013 年から 2015 年にかけての予想は，この EPS 成長率のコンセンサス予想を 2012 年の推定値に適用したものである。グーグルの配当はゼロである。要求リターンは 11 ％である。

	2010A	2011E	2012E	2013E	2014E	2015E
DPS		0.00	0.00	0.00	0.00	0.00
EPS		33.83	39.47	46.34	54.40	63.87
再投資された DPS からの利益						
（$0.11 \times \mathrm{DPS}_{t-1}$）		0.00	0.00	0.00	0.00	0.00
配当込み利益			39.47	46.34	54.40	63.87
正常利益（$1.11 \times \mathrm{EPS}_{t-1}$）			37.55	43.81	51.44	60.38
異常利益成長			1.92	2.53	2.96	3.49
割引率（1.11^t）			1.11	1.232	1.368	1.518
異常利益成長の現在価値			1.730	2.054	2.164	2.300
2015 年までの異常利益成長の現在価値合計		8.25				
継続価値						51.85
継続価値の現在価値		34.16				
資本化される利益合計		76.24				
資本化率		0.11				
1 株当たり価値（76.24/0.11）	693.09 ←					

継続価値：
　　2015 年時点の継続価値 $= (3.49 \times 1.04)/(1.11 - 1.04) = 51.85$
　　継続価値の現在価値 $= 51.85/1.518 = 34.16$

（注）　四捨五入による誤差がある。

である。当時，グーグルは 624 ドルで取引されていたので，この価値は市場での評価を超えている。何か間違っているのだろうか。通常，アナリストが予想する 5 年間の成長率は楽観的であり，（おそらく）この注目株については，なおそうである。一方，市場価格は割安である。ここでの 4 ％という長期成長率は楽観的に過ぎるのだろうか。もしかするとグーグルは経済の平均よりも高い成長率を達成することができるかもしれない。その場合，その株式はたしかに割安であろう。第 7 章において，ここでの価値評価をアクティブ投資に適用する際に，これらの問題に立ち返ることにしよう。

5　自分用のバリュエーション・ツールをつくろう

　残余利益モデルの場合と同じく，ケース 1, 2 および表 6.1 における価値評価の仕組みは，スプレッドシートに組み込むことができる。スプレッドシートには，以下を入力する必要がある。すなわち，①所与の予測期間終了時点までの利益と配当の予想，②要求リターン，③継続価値を計算するための長期成長率である。標準的なスプレッドシートでは，2 年先までの予想（それはアナリストの予想と同様である）を行い，そ

の後の年については成長率を適用する。ツールをより柔軟にすれば，異なる予測期間にも対応できる。本章のウェブサイトに例がある。

スプレッドシートは，ケース1および2と同様に，次年度より先の各期間の異常利益成長を計算するように組むことができるが，もし第5章で残余利益モデルのスプレッドシートを構築していれば，異常利益成長を残余利益の変化額として計算するだけでよい。残余利益と同じ率で異常利益成長が増大するものとして継続価値を計算するならば，残余利益モデルのスプレッドシートと同じ評価が導出されることになる。

価値評価の不確実性を理解するために，入力した値を変化させながら，このツールを使おう。たとえば，要求リターンについて確信が持てなければ，異なった数値を入力して，評価がどれほど影響を受けるか確かめてみればよい。価値評価は成長率にどれほど影響を受けるだろうか。妥当な成長率の範囲において，株式は高すぎると思われるだろうか，それとも，安すぎると思われるだろうか。表6.1ではGDP成長率が適用されたが，3％や2％の成長率に対する評価の感応度を見るとよい。成長率が2％しかなかったとすると，その株式の価値はいくらだろうか。もしあなたが2％を控えめだと考えており，また，その株式が計算された価値を下回る価格で取引されているとすれば，あなたは安心してその株式を購入してよい。それに対して，その他の成長率を試してみたところ，市場価格を正当化するためには6％の成長率が要求されることがわかったとすれば，その株式は高すぎると見てよい。

このスプレッドシートはアナリスト予想を価値評価に変換するためのよいツールである。しかし，最終的には，本書第2部の財務諸表分析に基づいて自分自身の予測を行いたいと思うだろう。そこでは，さらに多くの感応度分析を考慮することになる。というのも，それが価値評価の核心を突くからである。本書ウェブサイト上のBYOAPが，完全な分析と価値評価のスプレッドシートへの指針となるだろう。

6　異常利益成長モデルの特徴

Box 6.3に，異常利益成長モデルの利点と欠点が列挙されている。配当割引モデル（第4章），割引キャッシュフロー・モデル（第4章），および残余利益モデル（第5章）についての要約と比較してみよう。

ここまで，異常利益成長による価値評価が，残余利益による価値評価と同様に，利益成長への対価の払いすぎを防ぐものであると強調してきた。本節では，このモデルのその他の特徴について議論しよう。

利益を買う

異常利益成長モデルは，「利益を買う」という観点を採用している。そこには，企

186　第1部　財務諸表とバリュエーション

Box 6.3　異常利益成長による価値評価

利　点

理解の容易さ：投資家は将来の利益および利益成長の観点から考える。すなわち，投資家は利益
　　を買う。最も一般的な倍率であるPERに直接焦点を合わせている。

発生主義会計の使用：製品の販売から付加される価値を測定するために収益と費用を対応させる
　　発生主義会計の特性が組み込まれている。

汎用性：さまざまな会計原則のもとで使用することができる。

人々が予想するものとの対応：アナリストは利益および利益成長を予想するものである。

予測期間：通常，DCFによる評価よりも予測期間が短く，近い将来に多くの価値が認識される。
　　すなわち，継続価値への依存度が低い。

予防装置：成長に対価を払いすぎるのを防ぐ。

欠　点

会計の複雑さ：発生主義会計の仕組みに対する理解が必要とされる。

概念の複雑さ：配当込み利益および異常利益成長の概念に対する正しい理解が必要とされる。

要求リターンの推定に対する敏感さ：価値が，要求リターンで資本化された予想から完全に導出
　　されるため，その価値評価は要求リターンとして使われた推定値に左右される。残余利益モデ
　　ルでは，要求リターンの影響を受けない簿価が価値の一部を構成する。

分析における使用：残余利益モデルを使ったほうが，価値創造の分析や成長のドライバーについ
　　てよりよい洞察を得られる（本書第2部参照）。

戦略への適用：利益成長のドライバー，とりわけ貸借対照表項目についての洞察が得られない。
　　したがって，戦略分析には適していない。

疑わしい会計：疑わしいことがある利益数値に依存している。利益の質の分析とともに価値評価
　　を実行すべきである（第16章参照）。

業の価値はその企業が稼得できるものに基づくという考え方が組み込まれている。利
益は，市場での製品やサービスの販売によって付加された価値を表すので，このモデ
ルは，顧客からの収益と，費用として手放した価値とを対応させることにより，顧客
との取引から価値が付加されることを想定している。

　異常利益成長モデルはアナリストのコミュニティで使われている言葉を取り入れて
いる。PERはPBRよりも頻繁に言及される。アナリストは，残余利益や残余利益成
長ではなく，利益や利益成長の話をする。したがって，アナリスト予想を価値評価に
変換することは，残余利益モデルよりもこのモデルに直接関係するのである（しかし
ながら，ウォール・ストリートでは，配当が成長に与える影響を認識していない。アナリ
ストは，配当込み利益成長率ではなく，配当落ち利益成長率の話をしているのである）。

異常利益成長モデルと残余利益モデル

にもかかわらず，異常利益成長モデルは，残余利益モデルほど価値創造についての

洞察を与えない。企業は資産に投資し，それを事業に用いることによって価値を付加する。残余利益モデルは，資産への投資を明確に認識し，そのリターンが要求リターンを上回る場合にのみ価値が付加されることを認識する。残余利益モデルは，価値を生み出す事業，すなわち投資と投資に対するリターンのサイクルを見る上でのよりよいレンズなのである。したがって，本章では，（残余利益モデルのように）異常利益成長モデルを戦略分析のためのモデルとして提案することはしなかった。戦略分析における中心的課題は，投資が価値を付加するかどうかである。本書第2部の分析では，残余利益モデルに焦点を合わせる。というのも，それが事業における価値創造について，より多くの洞察を与えるからである。

異常利益成長は，配当，株式発行，自社株買いの影響を受けない

　第5章では，残余利益モデルが，期待された配当支払や株式発行，自社株買いの影響を受けないことを説明した。このことは異常利益成長モデルについても当てはまる。
　配当に関しては，例6.2の簡単な例を使って理解することができる。配当を支払うのではなく，10％の利益率を求めて配当を企業に再投資するとしよう。企業の以後の利益は，再投資された配当の額に見合って増加する。配当込み利益，すなわち，企業内で稼得された利益の額に企業外で配当を再投資することによって稼得された利益の額を加算したものは，株主が配当を（例6.1のように）個人口座に再投資するのと，ちょうど同じになるだろう。異常利益成長は変化しないし，価値評価も変化しない（このことは普通預金口座のケースでも確認した）。これは，配当を受け取るが，そのキャッシュを使って10％の要求リターンを生むことを踏まえて価格付けされている株式を買う投資家の利益を想定している。その投資家は実質的には配当を取り消し，それは価値に影響を与えない。同じ論理は，例6.2におけるペイアウトが配当ではなく自社株買いによる場合でも当てはまる。企業は，キャッシュを企業内に保持したり企業外に分配したりすることによってではなく，異常利益成長を生み出す投資を見つけることによって価値を付加するのである。

会計方法とバリュエーション

　残余利益モデルは異なる会計原則に対応することができる。第5章で確認した通り，これは，簿価と利益が連携しているからである。企業は，選択した会計方法によってより高い将来利益をつくり出すことができるが，そのためには，簿価を切り下げなければならない。（残余利益による価値評価では）高い利益が低い簿価と結びついているとき，価値は影響を受けない。
　一見，異常利益成長モデルはこの特徴を持たないように見える。経営者は簿価を切り下げることによってより高い将来利益をつくり出すことができ，異常利益成長モデ

188 第1部 財務諸表とバリュエーション

Box 6.4 会計方法によって利益がつくり出されている場合の異常利益成長に基づく価値評価

例6.2では，プロトタイプ企業の株式価値を評価するために，見積もりの利益と利益成長が示されている。この企業の経営者が，第0期に棚卸資産の簿価を8ドル切り下げることによって，第1期により多くの利益をつくり出すことにしたとしよう。この会計上の調整は，会計数値は変化させるが，価値には影響を与えないはずである。改訂された見積もり数値は次の通りである。

会計方法による利益の創出：簿価切り下げによる例6.2の修正

	0	予測期間				
		1	2	3	4	5
利　益	4.00	20.36	12.73	13.11	13.51	13.91
配　当	9.09	9.36	9.64	9.93	10.23	10.53
簿　価	92.00	103.00	106.09	109.27	112.55	115.93
再投資された配当からの利益			0.936	0.964	0.993	1.023
配当込み利益			13.667	14.077	14.499	14.934
正常利益			22.396	14.004	14.424	14.857
異常利益成長			(8.729)	0.073	0.075	0.077
異常利益成長率（%）					3	3

価値評価への影響

8ドルの切り下げにより，第0期の報告利益は12ドルから4ドルに変化する（簿価は100ドルではなく92ドルである）。よって，第1期の予想利益は，売上原価が8ドル減少するため，8ドル増加して20.36ドルとなる。第2期の配当込み利益は影響を受けないが，この利益は，増加した第1期の利益20.36ドルをベースとする正常利益22.396ドルと比較されるため，第2期の異常利益成長は−8.729ドルに減少する。その後の期は影響を受けない。第0期末の異常利益成長による価値評価は次の通りである。

$$株式価値_0 = \frac{1}{0.10}\left(20.36 - \frac{8.729}{1.10} + \frac{0.073}{1.10 - 1.03}/1.10\right) = 133.71$$

これは会計方法を変更する前の価値と同じである。第1期の予想利益は20.36ドルへと増加するが，これは第2期の正常利益の増加を意味し，それは−8.729ドルへの異常利益成長の減少を伴う。影響を相殺すれば価値には変化がないのである。

PER への影響

会計方法によって価値は変化しないが，PERはたしかに変化する。いま，この企業の予想PERは\$133.71/\$20.36=6.57倍であり，10.82倍から低下する。実績（配当調整後）PERは（\$133.71＋\$9.09）/\$4.00=35.70倍であり，11.90倍から上昇する。利益を現在利益から予想利益へと移し替えることにより実績PERは上昇するのである。というのも，次期の予想利益成長が上がり，PERはその成長に価格を付けるからである。しかしながら，利益を将来に移すことにより予想PERは低下する。次期より先の予想成長が下がり，利益の価値（分子）は変化しないからである。

アナリストへの教訓

ここに教訓がある。熱心なアナリストは，会計方法から生じる成長と現実の事業の要素から生じ

る成長を区別する。成長が会計方法によってもたらされている場合，PER は変化するが，価値は変化しない。異常利益成長モデル（または残余利益モデル）を適用することにより，会計方法に起因する利益に価格を付ける誤りを防ぐことができる。

　本章の冒頭で，価値を付加しない成長に対価を払ってはいけないという注意を与えた。私たちは，要求リターンしか稼得しない追加投資からの利益成長に対価を払ってはいけない。また，会計方法によってつくり出される成長にも対価を払ってはいけない。残余利益モデルあるいは異常利益成長モデルを使うことにより，いずれの危険も防ぐことができるのである。

ルは修正メカニズムとしての簿価を考慮しないまま将来利益を評価する。私たちは価値を付加しない成長には対価を支払いたくないけれども，会計方法はそのような利益成長をつくり出すことができる。しかし偶然にも，異常利益成長モデルは，残余利益モデルと同様に，会計によってつくり出された成長に対価を支払うのを防いでくれる。Box 6.4 ではこのことを説明する。

　Box 6.4 の「アナリストへの教訓」というタイトルの項を，必ず読んでもらいたい。実績 PER は，現在の売上から認識された利益に対する将来の売上から期待される利益を示している。売上から付加される価値を測定するために，会計方法は費用を収益に対応させる。もしその対応において，（たとえば，貸し倒れの過小評価によって）現在の費用が過小に見積もられていたとすると，現在の利益は大きくなるが，将来の利益は小さくなる。いわば，利益を「将来から借りている」ということになるのである。より大きな現在利益が認識されても，より小さな将来利益が期待されるため（そして価値は影響を受けないため），実績 PER は低くなる。将来利益が小さければ，予想 PER は高くなる。企業が現在の利益についてより大きな費用を認識する場合には，逆のことが成立する。

7　Fed モデル

　1990 年代に連邦準備制度理事会議長であったアラン・グリーンスパンは，株式市場の「根拠なき熱狂」に関する発言で知られた。『バロンズ』紙によれば，彼は株式益回りによる評価を行った。

　「グリーンスパン・モデル」あるいは「Fed モデル」は，株式が過大評価されているかどうかを評価するために，期待益回りを 10 年国債の利回りと比較する。期待益回りは，予想利益/価格で測定されるものであり，予想 PER の逆数である。したがって，（新聞発表時点の）4.75％の益回りは 21.05 倍の予想 PER を意味する。また，5.60％の国債利回りは 17.86 倍の予想 PER を意味する。Fed モデルによれば，株式の予想 PER が国債の PER を超えて上昇すると，株式は過大評価されているとみなすこと

190 第1部 財務諸表とバリュエーション

になる。これはよいスクリーニングだろうか。

Fed モデルはうまく調整されたモデルだろうか。株式と債券ではリスクが異なり，したがって要求リターンが異なるため，株式の予想 PER は債券のそれとは異なると思われる。債券の 17.86 倍の予想 PER は，5.60 ％の要求リターンのもとでの正常 PER である。一方，株式はよりリスキーである。すなわち，もし要求リターンが 10 ％であるとすると，正常 PER は 10 倍であり，無リスクの国債の PER よりかなり低い。しかしながら，PER には成長も織り込まれているが，Fed モデルには次年度より先の成長が明示的には組み込まれていない。債券には異常利益成長が存在しないため（その点は普通預金口座と似ている），正常 PER が妥当な PER である。しかし，正常 PER が 10 倍の株式は，次年度より先の異常利益成長が期待されるならば，21 倍の PER に値するかもしれない。以後の利益予想なしには，21 倍の PER に有効な異議を唱えることはできない。Fed モデルによれば，5.60 ％の利回りの債券を手に入れることができるときに，なぜ 4.75 ％の益回りの株式を買う人がいるのか，という疑問が生じる。なるほど，成長に進んで対価を支払おうとする人ならば株式を買うであろう。益回りによるスクリーニングは単純すぎるのである。

Fed モデルを適用する際の 2 つの誤り，すなわち，リスクの違いを無視することと期待成長を無視することは，逆方向に作用する。株式はよりリスキーなので，より低い PER を持つはずだが，もし成長をもたらすことができるならば，より高い PER を持つことになる。このモデルは，株式に国債の利回り以上の益回りを要求しているため，株式を国債のようなリスクフリー証券として扱うという誤りを埋め合わせるほどの高い成長率は決してもたらされないとみなしていることになる。

しかし，もしかしたら，より高い成長率はより高いリスクを意味しているかもしれない，ということには注意しなければならない。（継続価値の計算において）成長率が価値評価において最も不確実な側面であるということは，すでに説明した通りである。すなわち，成長予測には多くのリスクがあるのである。少なくとも平均的には，より高いリスクを引き受けなければ，より高い成長を手に入れることはできないと思われる。このリスクと成長の相互作用，つまり，価値評価における要求リターンと成長率の相互作用が，次章の焦点となる。ただし，当面，次の忠告を心に留めておこう。成長への対価の払いすぎに注意せよ。

益回りと国債利回りを比較すると，金利の変化とともに益回りと PER が変化することに気がつく（Box 6.5 を参照しよう）。

8 PEG レシオ

近年，PEG レシオの使用が目立ってきた。PEG（PER-to-earnings-growth；PER を

Box 6.5　PERと金利

PERには要求リターンによる利益の資本化が反映されており，また，要求リターンは金利の変化に伴って変化するので，PERは，金利の高い時期には低くなり，金利の低い時期には高くなるはずである。したがって，益回りは，金利の高い時期には高くなり，金利の低い時期には低くなるはずである。下の図は，近年，PERと金利が反対方向に動いてきたことを示している。

国債の金利が高かった1970年代末および1980年代初めにはPERは低く，金利が相対的に低かった1990年代にはPERは比較的高かった。ただし，PERと金利の関係は強くはない。これは，PERが決まるとき，金利の変化よりも将来の利益成長の期待のほうが重要だからである。

もちろん，利益の価格付けにあたって市場が非効率的であったときもあるかもしれないので，解釈には注意を要する。1970年代のPERは低すぎないか。1990年代は高すぎないか。市場は，将来の利益成長を1970年代には過小評価していたのではないだろうか，また，1990年代には過大評価していたのではないだろうか。

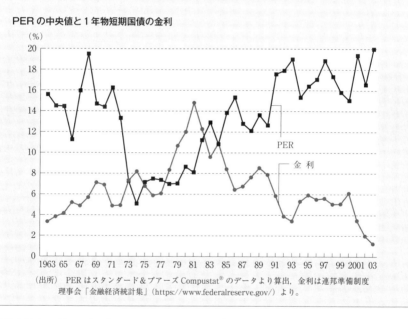

（出所）　PERはスタンダード＆プアーズCompustat®のデータより算出，金利は連邦準備制度理事会「金融経済統計集」（https://www.federalreserve.gov/）より。

利益成長率で割ったもの）レシオは，PERを翌年の予想利益成長率と比較するものである。

$$\text{PEGレシオ} = \frac{\text{PER}}{1年先の利益成長率}$$

分子のPERは，通常は予想PERだが，実績PERが使われることもある。予想PERが使われるならば，PEGレシオの分母の成長率の妥当な尺度は，次年度より先の1年間の予想成長率，すなわち2年先の成長率である。この比率は，PERつまり

192   第1部 財務諸表とバリュエーション

次年度より先の利益成長に関する市場の評価を現時点での予想成長と比較するものであり，通常はアナリストの予想成長率が使われる。もしこの比率が 1.0 よりも小さければ，市場は利益成長を過小評価していると結論づけられる。もし 1.0 よりも大きければ，市場は成長について楽観的すぎると結論づけられる。グーグルの場合，2011年初期における市場価格が 624 ドル，予想 PER が $624/$33.83 = 18.4 倍，2 年先の予想成長率が 17.4 %（表6.1）であったので，その PEG レシオは 1.06 であった。

PEG レシオの基準値が 1.0 であることは，本章の考え方と整合的である。ある株式の要求リターンが 10 % であるとすると（したがって予想 PER が 10 倍であるとすると），利益が要求リターンの 10 %で（配当込みで）成長すると期待されるならば，市場はその株式を正しく価格付けしていることになる。実際にアナリストが次年度より先の成長率を 10 %と予想するならば，PEG レシオは 10/10 = 1.0 である（成長率はパーセントの数値で表されることに注意しよう）。しかしながら，もしアナリストが成長率を 15 %と予想するならば，PEG レシオは 10/15 = 0.67 であり，アナリストは 10 倍のPER のもとで，市場が期待成長率を過小評価しているかどうかを問うことになる。

PEG レシオに基づくスクリーニングには注意が必要である。第 1 に，1.0 という基準値は要求リターンが 10 %である場合にのみ当てはまる。要求リターンが 12 %であるならば，正常 PER は 8.33 倍であり，それを 12 %の正常成長率で割ると，PEG の基準値は 0.69 となる。第 2 に，標準的な計算では，（誤って）配当込み利益成長率の予想ではなく配当落ち利益成長率の予想が使われている。第 3 に，たった 1 年の予想成長率に基づくスクリーニングでは，その後の成長率についての情報が無視されている。

この理由から，PEG レシオの計算では，5 年間の成長率を年率換算したものを分母として使うことがある。2002 年，フォード・モーターの株式は，予想 EPS についてのアナリストのコンセンサス予想 0.43 ドルに基づいて 1 株当たり 7.20 ドルで取引され，PER は 16.7 倍であった。アナリストは 2 年先の 1 株当たり利益を 0.65 ドルと予想していた。同社は 2002 年に 1 株当たり 40 セントの配当を支払うと表明していたので，要求リターンを 10 %とすると，2 年先の配当込み利益の予想は 0.69 ドルであった。したがって，2 年先の配当込み成長率の予想は 60.5 %であり，フォードの PEGレシオは 16.7/60.5 = 0.28 であった。この PEG レシオは，フォードが過小評価されていたことを示している。しかし，2 年先の成長率は，おそらく，次年度がフォードにとってとくに悪い年になると思われていたという事実に起因している。フォードは将来，60 %の成長率を維持することはできないだろう（たしかにできなかった）。実際，当時のアナリストは，次の 5 年間の 1 年当たり平均成長率をわずか 5 %と予想していた。この成長率を分母に使うと，PEG レシオは 3.3 となる。

第6章 発生主義会計とバリュエーション：利益のプライシング　193

要　約

　本章で導入した価値評価の手法は第5章で述べた手法を補完するものである。それらは内在PBRではなく内在PERを生み出す。ここでの手法は簿価を価値評価のアンカーとするのではなく，むしろ利益を価値評価のアンカーとする。しかしながら，価値評価の形式はよく似ている。PBRによる評価では，簿価に対する正常利益（要求リターンに見合う利益）を超える利益についての価値が簿価に付加される。そして，PERによる評価では，前年の利益に対する正常利益（要求リターンでの成長による利益）を超える利益についての価値が資本化利益に付加される。

　異常利益成長（すなわち正常利益成長を超える利益成長）が価値評価の中心的概念である。この概念では，アナリストが利益成長に焦点を合わせる際には，配当込み利益成長に焦点を合わせなければならないという理解が必要となる。なぜなら，将来利益には企業で稼得された利益だけでなく，受け取られた配当を再投資することによる利益も含まれるからである。

　残余利益モデルと同じく，本章の手法を適用することにより，投資家は利益に対価を払いすぎるのを防ぐことができる。これらの手法はまた，投資家が会計方法によってつくり出された利益に対価を払うのを防ぐこともできる。

キー・コンセプト

・**異常利益成長**は，要求利益率と同率での成長を超える利益成長である。**正常利益成長**と比較しよう。[170]
・**正常実績PER**は，当年度より先の利益が要求利益率と同率で成長する（配当込み）と期待される場合に当てはまる株価・利益倍率である。[173]
・**正常予想PER**は，次年度より先の利益が要求利益率と同率で成長する（配当込み）と期待される場合に当てはまる株価・利益倍率である。[171]
・**正常利益成長**は，要求利益率と同率の利益成長である。[170]
・**配当落ち利益**は，配当が生み出しうる利益を考慮しない利益である。**配当込み利益**と比較しよう。[170]
・**配当込み利益**は，前に支払われた配当が（再投資されて）生み出す利益を含んだ利益である。**配当落ち利益**と比較しよう。[170]

演習問題

[1] **利益成長と異常利益成長の予測**

　次の表は，第0期末時点で予想された利益と配当を示したものである。この企業の株式の要求リターンは年10％である。

	第1期	第2期	第3期
EPS	3.00	3.60	4.10
DPS	0.25	0.25	0.30

a.　第2期と第3期の配当落ち利益成長率および配当込み利益成長率を予測しなさい。
b.　第2期と第3期の異常利益成長（単位はドル）を予測しなさい。
c.　この企業の正常予想PERを計算しなさい。

194　第1部　財務諸表とバリュエーション

　d.　あなたの予測によると，この企業の予想 PER は正常 PER を上回ると思うか。また，それ
　　　はなぜか。

② **普通預金口座の PER**

　あなたは普通預金口座を所有しており，この 1 年間で 10 ドル稼得したとする。この口座での取
引は，1 年間の最終日に 3 ドルを引き出しただけであった。この口座の利率は年 4％である。

　a.　3 ドル引き出した後のこの口座の価値はいくらになるか。

　b.　この口座の実績 PER および予想 PER は何倍になるか。

③ **異常利益成長の予測による価値評価**

　あるアナリストが，次の見積もりを示すとしよう。この見積もりは，第 1 期から第 5 期までの利
益と配当に関するアナリストの予想を示したものである。あなたは第 0 期末時点で 1380 百万株の
発行済株式を評価する。計算においては株式の要求リターンを 10％とすること。（これは，第 5 章
の演習問題③の残余利益による価値評価で使用された見積もりと同じである。）

（単位：百万ドル）

	第 1 期(予)	第 2 期(予)	第 3 期(予)	第 4 期(予)	第 5 期(予)
利　益	388.0	570.0	599.0	629.0	660.45
配　当	115.0	160.0	349.0	367.0	385.40

　a.　第 2 期から第 5 期までの各期の利益および配当込み利益の成長率を予測しなさい。

　b.　第 2 期から第 5 期までの各期の異常利益成長（単位はドル）を予測しなさい。

　c.　この見積もりから第 0 期末時点の 1 株当たりの株式価値を計算しなさい。この異常利益成長
　　　評価は，本章のケース 1，2 のいずれに対応するか。

　d.　この企業の予想 PER は何倍になるか。また，正常予想 PER は何倍になるか。

④ **正常 PER**

　次の株主資本コストの各水準，すなわち，8％，9％，10％，11％，12％，13％，14％，15％，
16％のそれぞれに対応する，正常実績 PER および正常予想 PER を示す一覧表を作成しなさい。

第**7**章

バリュエーションとアクティブ投資

　パッシブ投資家は市場価格を公正価値として受け入れる。それとは対照的に，ファンダメンタル投資家はアクティブ投資家であり，*価格は支払うものであり，価値は手に入れるものである*，と考える。彼らは，投資における主要なリスクは，*対価を払いすぎる*（あるいは，*安すぎる価格で売る*）リスクであるということを理解している。ファンダメンタリストは積極的に市場価格を吟味し，それが本当に公正な価格かどうかを問う。これは，払いすぎを心配するディフェンシブ投資家としての，あるいは，ミスプライシングを利用しようとする投資家としての行動だといえる。

　本章では，第5章と第6章で説明した株価・簿価倍率（price-to-book ratio：PBR），および株価・利益倍率（price-earnings ratio：PER）に依拠する価値評価モデルをツールとし，アクティブ投資について解説する。これらのモデルは骨組みに過ぎず，本書を読み進むにつれて，より多くのツールが付け加えられるが，アプローチを示すには十分である。これらのモデルをアクティブ投資にどのように適用したらよいのだろうか。市場価格を吟味するために，これらのモデルをどのように使ったらよいのだろうか。

アナリストのチェックリスト

　本章を読めば，以下のことがわかるだろう。

・ファンダメンタル投資家はどのように行動するのか。
・なぜ「内在価値」を計算する必要がないのか。
・なぜ価値評価における成長率は推測の域を出ないのか。
・私たちは資本コストをまったく知らないということ。
・投資家は，「わかっていることと推測とを区別する」という原則をどのように適用するのか。

196 第1部 財務諸表とバリュエーション

・投資家はどのようにして市場価格を吟味するのか。
・投資家は，どのように，市場価格に織り込まれた成長予測を突きとめるのか。
・投資家は，所与の価格での投資による期待リターンをどのように理解するのか。

　本章を読めば，以下のことができるようになるだろう。

・市場の利益予想を突きとめるために，市場価格のリバース・エンジニアリングを行うこと。
・市場価格に織り込まれている将来利益成長経路を描くこと。
・現在の市場価格で買うことによる期待リターンを計算すること。
・S&P500のような株式市場指数の現在の水準に対する評価。
・株式の市場価格を吟味すること。
・アクティブ投資を行う第一歩を踏み出すこと。

1 ファンダメンタル投資家はどのように行動するか

　前述の問いに答えるためには，アクティブ投資家の立場に立って考えなければならない。それは，いくつかのよくある誤解を捨て去ることを意味する。

バリュエーションについてのよくある誤解

　標準的な価値評価の手法では，しばしば，価値評価モデルへのインプットがわかっているかのように作業が進められる。実際には，価値評価モデルを使うことは「魔法の鏡」に尋ねるようなものである。ファンダメンタリストはそうした占いのようなことはしない。ファンダメンタル投資家は，正直であろうとし，あらゆる点で，わかっていることと不確かなことを把握しようと努力する。

　以下の点は，価値評価に関するいくつかのよくある誤解と価値評価モデルを扱う際の落とし穴を明らかにしている。例として，第5章の残余利益モデルを使って説明しよう。2期先の予測に関して，株式価値は次のように示される。

$$\text{株式価値}_0 = \text{簿価}_0 + \frac{\text{残余利益}_1}{\rho} + \frac{\text{残余利益}_2}{\rho(\rho-g)} \tag{7.1}$$

「内在価値」という考えは有用ではない

　一見，価値評価モデルが評価プロセスのアウトプットとして「価値」の数値をはじき出すように見えるが，真の「内在価値」という概念を考えることは役に立たない。ファンダメンタル分析の父であるグレアムとドッドに従えば，

第7章 バリュエーションとアクティブ投資　197

彼［投資家］は，証券の内在価値，とりわけ内在価値と価格との差を発見することに関心を持つ。しかしながら，私たちは，内在価値が捉えどころのない概念であることを認識しなければならない。一般に，内在価値は，人為的な操作によって形成された，あるいは心理的な雰囲気によって歪められた市場価格とは異なり，資産，利益，配当，将来の確定的な見通しといった事実によって裏づけられた価値であると理解される。しかし，内在価値が市場価格のように明確に決定されるものと考えるのは大きな間違いである。

——Benjamin Graham and David Dodd, *Security Analysis*（New York: McGraw-Hill Book Company, 1934), p. 17.

　内在価値は本質的に不確かなものであるため，真の内在価値を発見するという考えは疑わしく，見当違いでさえある。これは意外なことかもしれない。なぜなら，モデルの右辺に数値を代入すれば，左辺の内在価値（株式価値）が計算されるからである。しかし，インプット自体が不確かであるため，価値評価モデルによって確かな内在価値を入手することはできない。予測（上記の（7.1）式では2期間の予測）は見積もりである。ただし，その他の2つのインプット，すなわち要求リターンρと長期成長率gもまた不確かである。

私たちは要求リターンを知らない

　標準的な価値評価実務では，資本資産評価モデル（CAPM）のような資産評価モデルによって要求リターンが計算されるため，私たちはそれを知っているふりをする。しかし，第3章の補論で明らかにした通り，こうしたモデルから得られる要求リターンの推定値，とりわけ「マーケット・リスク・プレミアム」の推定値はきわめて不確かなものであり，誰にもわからない。評価モデルから得られる価値は，使用される要求リターンに非常に敏感に反応するが，私たちは，要求リターンがいくらなのかまったくわからないのである。現代ファイナンス理論が，60年間にわたって熱心に努力してきたにもかかわらず，要求リターンを測定する方法を見つけ出していないことは非常に残念なことである。ただ，投資に対する自分自身の要求リターン，すなわち自分自身のハードル・レートがあれば，それは確実にモデルに使用することができる。しかし，要求リターンが客観的に測定されるという考え方はフィクションである。CAPMを使うことは魔法の鏡に尋ねるようなものである。

私たちは長期成長率を知らない

　ベンジャミン・グレアムは価値評価モデルについて次のように述べている。

　将来予測や，とりわけ将来の継続的成長という考えにより，高度な数学に基づく公式を適用して好みの銘柄の現在価値をはじき出す。しかし，精密な公式をきわ

198　第1部　財務諸表とバリュエーション

めて不正確な仮定と組み合わせることにより，目立った銘柄であれば，どんなに
高くても，事実上望み通りの価値をはじき出し，正当化することができる。
——Benjamin Graham, *The Intelligent Investor*, 4th rev. ed.（New York: Harper
　and Row, 1973), pp. 315-316.

　グレアムは，価値評価公式一般に懐疑的であったが，この引用文は，長期成長率，
すなわち評価公式の継続価値における g（彼のいう「継続的成長」）について述べられ
たものである。私たちは，長期成長率を知らないか，かなりの不確実性を伴ってしか
それを見積もることができない。グレアムは，セルサイドの投資銀行家が，浮動株に
ついて望み通りの「適正な」価値評価を正当化するために，ほぼどんな成長率（およ
び要求リターン）でも選択できることを認識していた。ただし，バイサイドのファン
ダメンタル投資家は，長期成長率がきわめて不確かなものであることがわかっている
ため，彼らは長期成長率を「仮定」しない。彼らはそんなゲームはしないのである。
　価値評価モデルは，名目上は，正しい価値についてある程度の確実性を与えてくれ
る手段であるが，これらの点から，実際には，モデルによって不確実性の度合いが増
してしまうことがわかる。つまり，ごみを入れれば，ごみしか出てこない，というこ
とである。よって，市場価格を吟味するために価値を入手する上で，価値評価モデル
がどれほど有用なのかを問うのはもっともなことである。以下の点は，この問いに答
え，ファンダメンタル投資家が実はどのようにゲームをしているのか，また，価値評
価モデルをどのように使用しているのか示している。

投資は他の投資家とのゲームである

　株式投資は，自然とのゲームではなく，他の投資家とのゲームである。よって，あ
たかもそれがどこかに存在するかのように，「真実の」内在価値を発見するために価
値評価モデルを使用することには，ほとんど意味がない。むしろ，価値評価モデルは，
市場における他の投資家とは異なる考え方を把握するために使用されるべきである。
したがって，モデルに要求すべき正しい問いは，「正しい」価値はいくらかではなく，
むしろ投資家が市場価格に織り込まれた他の投資家の認識（投資家はこれらの認識を
吟味することになる）を把握するのに役立つかどうかである。投資家は（ベンジャミ
ン・グレアムの言葉を使うと）「ミスター・マーケットと交渉している」のであり，そ
の交渉における投資家の責任は，評価を導出することではなく，むしろミスター・マー
ケットの評価を受け入れる，もしくはミスター・マーケットが提示する価格をはね
つけるために，その評価を把握することである。評価は予測に基づいているため，価
値評価モデルはミスター・マーケットの予測を把握するために適切に利用される。ミ
スター・マーケットの価格の背後にある予測はどのようなものだろうか。それらの予
測は妥当だろうか。

投資ゲームをこのように見ることで，価値評価モデルをそのままアクティブ投資に適用することができる。しかしまずは，第1章で定めたファンダメンタリストの原則のいくつかを復習しておこう。

基本原則の適用

第1章では，投資家の指針となる12項目の基本的な原則を示した。ここではそのうちの3つを取り上げよう。

1. わかっていることと推測とを混同してはならない。
2. 価値評価のアンカーは，推測ではなくわかっていることに置くべきである。
3. 成長に対する払いすぎに要注意。

第1の点は，標準的な価値評価アプローチへの批判の理由であり，要求リターンや成長率についての推測を評価に組み込んではいけないということである。私たちはそれらの数値をまったく知らないので，それらをわかっていることと混同してはいけない。わかっていることに基づく価値で市場価格を吟味するために，価値評価モデルを使うべきである。

第2の点は，私たちが知っていることを価値評価のアンカーとすべきだということである。わかっていることから示される価値，グレアムの言葉を使えば，「事実によって正当化される価値」を特定すべきであり，その後，推測による価値を加えるべきである。

$$価値 = 事実に基づく価値 + 推測価値 \tag{7.2}$$
$$① \qquad\qquad ②$$

これは，価値評価を，比較的「ハード」な構成要素①と，それよりはるかに推測的であるという意味で「ソフト」な構成要素②に，分解したものである。以下で述べる通り，事実は情報の分析とりわけ財務諸表情報の分析によって得られる。ファンダメンタル投資家は，（成長予測による価値を加える前に）ファンダメンタルズによって示唆される価値はいくらかと問う。

第3の点は，推測は主に成長率にかかわるということである。このことは，(7.1)式の価値評価モデルから明らかである。私たちは貸借対照表上の簿価を知っており，また，1期先の利益について，あるいは2期先の利益についても比較的確かな情報を持っているかもしれない。よって，これらの数値から示唆される価値を確定することができる。しかし，不確実性があるのは成長率 g である。たしかに，これまでの章で，最も不確かなのは（成長率を構成要素とする）継続価値であることを強調してきた。(7.1) 式のような価値評価モデルに推測成長率を代入し，成長に対して過大な対価を払ってしまうことがよくある。第1章では，好景気のときには成長について過度に熱

200　第1部　財務諸表とバリュエーション

狂し，不景気のときには過度に悲観的になる市場の歴史を明らかにした。

　ファンダメンタリストは，市場による推測を疑うべきであること，そして，その推測は成長率にかかわるものであるということを理解している。ファンダメンタリストは，事実をアンカーとすることにより，そのことを理解するのである。価値評価モデルが有効となり，その潜在的な力を発揮するのは，まさにここである。それでは，価値評価モデルを使って，ゲーム，すなわち他の投資家とのゲームをしよう。

2　市場価格に織り込まれた推測を吟味する

　本書第2部で扱う財務諸表分析では，通常，簿価とともにアンカーとなる短期の予測が与えられる。ここで残されるのは，価値評価モデルにおける2つの未知数，すなわち成長率と要求リターンである。このゲームの相手は他の投資家なので，アクティブ投資では，ρ と g の数値を代入して「内在価値」を入手したふりはせず，価値評価モデルの見方を変えて，市場価格に織り込まれている成長率あるいは要求リターンがいくらかを問題にする。この作業はリバース・エンジニアリングと呼ばれる。すなわち，株式価値を入手するために価値評価の公式にデータを入れるのではなく，株式価値が市場価格と等しいとすると，現在の市場価格を説明するデータはいくらであるかを問うのである。

　まず，前の2つの章で価値評価モデルを導入した際に扱った単純な例で示そう。単純な残余利益モデルは次の通りである。

$$\text{株式価値}_0 = \text{簿価}_0 + \frac{\text{残余利益}_1}{\rho - g} = \$100 + \frac{\$2.36}{1.10 - 1.03} = \$133.71$$

　簿価は100ドルであり，予想残余利益は予想利益12.36ドルから簿価に対する10％の要求利益を控除したものである。すなわち，残余利益$_1$ ＝ \$12.36 － (0.10×100) ＝ \$2.36である。標準的な価値評価の手順に従えば，残余利益の成長率を3％とすると133.71ドルの価値が導出される。これに対して今度はリバース・エンジニアリング方式でこのモデルを適用しよう。この投資に対するあなたの個人的なハードル・レートが10％であり，かつ，この株式が133.71ドルで取引されているとする。そして，リバース・エンジニアリング方式で価値が価格と等しいとすると，式は次のようになる。

$$\text{価格}_0 = \$133.71 = \$100 + \frac{\$2.36}{1.10 - g}$$

　この式は，すぐに g について解くことができる。価格が133.71ドルのとき $g = 1.03$ であり，（もちろん）成長率は3％である。もし価格が147.2ドルであれば，$g = 1.05$，

あるいは成長率 5 ％である。すなわち，現在の簿価と 1 期先の利益の予想のもと，市場は残余利益の長期成長率が 5 ％であると予想していることになる。これが，市場の**インプライド残余利益成長率**である。

ここでは，成長率を推測するのではなく，ミスター・マーケットの成長率を把握するために逆向きに解いた。そのため，(7.2) 式のように，まず「わかっていることを拠りどころとした」。私たちは簿価を知っており，また，（たとえば）1 期先の利益についてよい情報を持っているので，それら 2 つの数値をアンカーとする。ただし，成長率については私たち自身の推測を加えるのではなく，むしろ問題の見方を変えて，ミスター・マーケットの成長率予測を発見するために，アンカーとした数値を使う。

また，市場の**インプライド期待リターン**を発見するために，リバース・エンジニアリングを適用することもできる。成長率を 3 ％とすると，

$$価格_0 = \$133.71 = \$100 + \frac{残余利益_1}{(1+期待リターン)-1.03}$$

より，期待リターンは 10 ％である。これは，次の簡単な公式によって得られる。

$$期待リターン = \left[\frac{簿価_0}{価格_0} \times 予想普通株主資本利益率_1\right]$$
$$+ \left[\left(1 - \frac{簿価_0}{価格_0}\right) \times (g-1)\right] \tag{7.3}$$

この公式は，簿価・時価（価格）比率をウェイトとした，予想普通株主資本利益率（ROCE）と成長率の加重平均なので，*加重平均期待リターン式*と呼ばれる[1]（もちろん，簿価・時価比率は単に PBR の逆数である）。簿価・時価比率が $\$100/\$133.71 = 0.748$ であり，予想 ROCE が $\$12.36/\$100 = 12.36$ ％であるとき，期待リターンは次の通りである。

$$期待リターン = (0.748 \times 12.36\ ％) + (0.252 \times 3\ ％) = 10.0\ ％$$

重要なことだが，期待リターンは要求リターンではなく，現在の市場価格で株式を買うことによる*期待リターン*であることに注意しよう。もし市場価格が 147.2 ドルであれば，現在の市場価格で株式を買うことに対する期待リターンは（成長率が同じく 3 ％であるとすると），9.36 ％である。これは理に適っている。なぜなら，同じ期待のもとで価格がより高いということは，より低い期待リターンしか得られないからである。

原注 1)　この公式は，予想 ROCE が成長率より大きいときにのみ機能する（通常はそうなっている）。

202　第1部　財務諸表とバリュエーション

　アクティブ投資家には市場価格を吟味するための方法が2つあることがわかるだろう。

　第1に，市場の成長率予測を把握した上で，その成長率が妥当か，高すぎないか，低すぎないかを問う。自分の答えに安心するためにはより分析を深めなければならないだろうが，本書第2部で扱う財務諸表分析は，この問いに取り組めるよう準備されている。ただし，投資家が成長率（または価値評価額）を導出する必要はなく，市場の成長率予測を妥当なものとして受け入れるか却下するかを決めるだけでよいことを理解しよう。市場の成長率予測を確認した後で，（その後の分析の助けを借りて）インプライド成長率を達成するのは困難だと結論づける場合もあるだろう。その際には，その株を買うことは対価を払いすぎるリスクを冒すことであると結論づけられるであろう。あなたは内在価値を知らないが，知る必要はない。やるべきことは，払いすぎのリスクを評価することだけである。また，インプライド成長率が低いと思われる場合には，大きなリターンを獲得できるかもしれない。

　第2に，投資家は，株式を市場価格で買うことに対する期待リターンを計算することにより，払いすぎのリスク（または割安株によって提供される機会）を評価してもよい。もし，その株式の価格が高ければ期待リターンは低いだろうし，価格が安ければ期待リターンは高いだろう。

　これらの2つの方法は，単純すぎるとみなした第3章のスクリーニング分析に対して，改良されたスクリーニングを提供するものである。すなわち，PERやPBRによって株式を選別するのではなく，それらのインプライド成長率や期待リターンによってスクリーニングするのである。本書の後半で改良に着手するが，基本的な考え方はここでわかるだろう。

　しかし問題がある。インプライド成長率を入手するためには，要求リターンを入力しなければならないし，期待リターンを入手するためには，成長率を入力しなければならない。けれども，ここでは，要求リターンも成長率も通常かなり不確かな数値であると結論づけた。常に自分自身のハードル・レートあるいは成長率の上限（たとえばGDP成長率）を入力することはできるものの，この問題は解決される必要がある。より多くのツールを学んだ上で，本書の後半においてこの問題に取り組むことにしよう。さしあたり，以下ではいくつかの実例とともに話を進める。

S&P500のリバース・エンジニアリング

　2011年5月，S&P500インデックスは，簿価588に対し1357で取引されており，PBRは2.3倍であった。（スタンダード＆プアーズのウェブサイトで提供される）S&P500インデックスの予想利益は98.76であり，したがって，予想ROCEは98.76/588＝16.8％であった。インデックスが1357の水準であるとき，市場がS&P500につい

て予測していた長期成長率はいくらだろうか。当時，リスクフリーの 10 年物米国債が 3.3 %，マーケット・リスク・プレミアムについてのコンセンサス予想が 5.7 %であった。したがって，要求リターンを 3.3 % + 5.7 % = 9 %に設定した上で，リバース・エンジニアリングを行おう。簿価の 2.3 倍の価格が付けられていることから，市場は簿価 1 ドルを次のように価格付けしていたことになる。

$$2.3 = 1.0 + \frac{(0.168 - 0.09) \times 1.0}{1.09 - g}$$

（分子は簿価 1 ドル当たりの残余利益である。）g の解は 1.03 であり，成長率は 3 %である。もし残余利益が過去の GDP 成長率 4 %で長期にわたって成長すると期待されるならば，S&P 500 は割安だと判断されるだろう。

GDP 成長率 4 %というのが妥当な基準なのかについて，疑問を持つかもしれない。しかしながら，インデックスについて行われるリバース・エンジニアリングでは，平均成長率は，いくらかの変動はあるものの，通常は平均 GDP 成長率に近い。図 7.1 は，1982〜2008 年の各年度末の S&P 500 の PBR を，インプライド成長率とともにプロットしたものである。インプライド成長率の計算は前述の通りであるが，ここでは，インデックスについてのアナリストのコンセンサス利益予想に基づく予想 ROCE を使って計算している。インプライド成長率は，1982 年の − 11.2 %から 2001 年の 8.0 %にまで分布しているが，平均は 4.2 %であり，典型的な GDP 成長率とほぼ同じである。インプライド成長率は，とりわけ 1990 年代のバブル期に，平均 4.2 %から外れているが，その後，平均に戻っている。よって，4 %という成長率はよい代表値であるように思われる。

この分析は，いつ市場が成長を過小評価，あるいは過大評価しているかを，見抜いているのだろうか。もしそうであれば，それは将来のリターンを予測することになろう。図 7.2 はそのことを示唆している。この図は図 7.1 と同じインプライド成長率をプロットしたものだが，ここでは，次年度以降の S&P 500 のリターンを重ねている。これによると，高い成長率はその後の低いリターンを，低い成長率はその後の高いリターンを予想しており，インプライド成長率がインデックスのリターンを予測しているように見える。相関は − 0.25 であり，2 年先のリターンとの相関は − 0.26，3 年先のリターンとの相関は − 0.33 である[2]。この期間に市場の成長率予測を吟味すれば利益が出ていただろう。

もし期待長期成長率として GDP 成長率を受け入れるならば，期待リターンについてのリバース・エンジニアリングを適用することができる。2011 年 5 月のインデッ

原注 2）　成長率と 10 年物米国債の利回りを超える 1 年先のリターンとの相関は − 0.14 である（超過リターンは金利の変化を調整している）。

● 図 7.1　S&P 500 の PBR とインプライド残余利益成長率（1982〜2008 年）

　これらは各年の 12 月末時点の数値である。インプライド成長率は左軸に，PBR は右軸に示されている。インプライド残余利益成長率は，各年度末の S&P 500 インデックスを，9 % の要求リターンおよび次年度の利益予想についてのアナリスト・コンセンサスに基づく予想利益でリバース・エンジニアリングすることによって計算される。

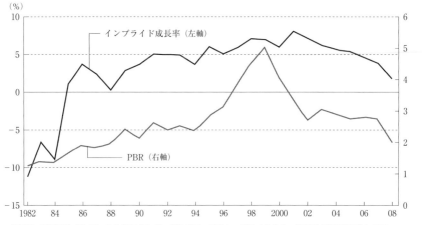

（出所）　S&P 500 インデックスはスタンダード&プアーズのウェブサイトから，簿価は WRDS を通して Compustat® のデータから，アナリスト予想は WRDS を通して I/B/E/S から入手している。

● 図 7.2　S&P 500 のインプライド成長率と 1 年先のリターン（1982〜2008 年）

　インプライド成長率は左軸に，1 年先のリターンは右軸に示されている。

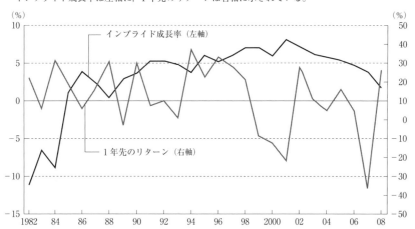

● 図7.3　S&P500の1年先の期待リターンと実際リターン（1982〜2008年）

期待リターンは，4％のGDP成長率とともに，各年の12月末時点の簿価および次年度の利益予想についてのアナリスト・コンセンサスを使用することにより，その時点のインデックスの水準から推定される。実際リターンは，次の1年間のインデックスのリターンである。期待リターンは左軸に，実際リターンは右軸に示されている。

（出所）S&P500インデックスとそれに関する配当はスタンダード＆プアーズのウェブサイトから，簿価はWRDSを通してCompustat®のデータから，アナリスト予想はWRDSを通してI/B/E/Sから入手している。

クスの簿価・時価比率は，そのPBRが2.3倍であったので，0.435である。(7.3)式で示した加重平均期待リターン式を適用すると，期待リターンは次のようになる。

$$期待リターン = (0.435 \times 16.8\%) + (0.565 \times 4\%) = 9.57\%$$

株式を買う際の投資家のハードル・レートが9％であるとすれば，S&P500への投資は合理的に見えるだろう。

この期待リターンという尺度は，実際に稼得されるリターンをうまく予測するものだろうか。図7.3はそれを示唆している。図は，GDP成長率4％のもとでのインデックスのインプライド期待リターンをプロットしたものである。図において，インプライド期待リターンは実際の1年先のリターンを予測しており，その相関は0.29である。1982〜2008年の平均期待リターンは8.8％であり，9％に近い。この期間には，高価格のために期待リターンが低かった1990年代のバブル期（たとえば，1998年の期待リターンは6.8％であり，1999年のそれは6.6％であった）が含まれている。それらの年における低期待リターンは，その後の実際の低リターンを警告していたのである。

これらの図は，アクティブ投資にとっていくらか励みになる。それらはまた，おそらく市場指数と連動するインデックス・ファンドや上場投資信託（exchange traded fund：ETF）で市場ポートフォリオを買うだけのパッシブ投資家に警告を発している。

206 第1部 財務諸表とバリュエーション

すなわち，対価を払いすぎているかもしれないことに注意しなければならない，という警告である。

　ここで，これまでと同様，機械的なスキームに注意すべきであることを指摘しておきたい。それらは最初の作業としてはよいが，限られた情報しか使用していない。経済が不況に入ったり，金融危機に陥ったりすれば，リスクは変化しうる。投資家は，ときどき，市場の不確実性の変化を理由に，より高いあるいはより低いリターンを要求するかもしれない。これまでの例では，常に9％のリターンを基準としており，リスクの変化を考慮してこなかった。リスクのファンダメンタル分析を含め，やらなければならないことはもっとある。

株価を吟味する

　2011年5月，グーグルは1株当たり535ドル，すなわち2010年度末の1株当たり簿価143.92ドルの3.7倍の価格で取引されていた。アナリストは，2011年の1株当たり利益（EPS）の予想コンセンサスを33.94ドル，2012年のそれを39.55ドルと予測していた。これらの短期予測にかなりの自信が持てるならば，(7.2) 式に従って，価値評価を2つの要素に分解できるだろう。

$$\text{価値} = \underset{①}{\text{簿価と短期予測に基づく価値}} + \underset{②}{\text{推測成長による価値}}$$

　残余利益モデルにより，アンカーとなる価値（成長がないときの価値）が得られる。

$$\text{株式価値}_0 = \text{簿価}_0 + \underset{①}{\underbrace{\frac{\text{残余利益}_1}{\rho} + \frac{\text{残余利益}_2}{\rho(\rho-1)}}} + \underset{②}{\underbrace{\text{推測成長による価値}}}$$

　構成要素①は，単にモデル (7.1) における成長がないときの評価（すなわち，gを1.0としたときの価値）である。成長からの価値は構成要素②である。したがって，構成要素①は**ゼロ成長評価**と呼ばれる。2年先までの予想をアンカーとするためには，その予測にかなりの自信がなければならない。そうでなければ，（S&P500の例のように）1年先の予想のみが使用される。本書第2部で扱う財務諸表分析により，これらの予想が得られる。

　グーグルのゼロ成長評価を導出する試算は例7.1に示されている。ハードル・レートは10％とする。もちろんこれは，2年後以降の残余利益が同一水準で成長する（すなわち，ゼロ成長）と予測した，第5章におけるケース2の評価である。

　推測成長によって認識される価値がなければ，市場価格535ドルのうち359.54ドルを説明することができる。すなわちそれは，簿価143.92ドルと，短期予測からの

● 例 7.1　グーグルのゼロ成長評価

残余利益の計算にあたっては 10％の要求リターンを使用している。

	2010A	2011E	2012E
EPS		33.94	39.55
DPS		0.00	0.00
BPS	143.92	177.86	217.41
残余利益（10％チャージ）		19.548	21.764
残余利益の成長（％）			11.3
EPS の成長（％）			16.5

$$株式価値_0 = 簿価_0 + \frac{利益_1 - r \times 簿価_0}{1+r} + \frac{利益_2 - r \times 簿価_1}{(1+r) \times r} + 推測成長による価値$$

$$= \$143.92 + \frac{19.548}{1.10} + \frac{21.764}{1.10 \times 0.10} + 推測成長による価値$$

$$= \$143.92 + 17.77 + 197.85 + 推測成長による価値$$

$$= \$359.54 + 推測成長による価値$$

● 図 7.4　グーグルに対する市場の評価の構成要素（2011 年 5 月）

ゼロ成長のもとでの価値は構成要素①②の合計であり，359.54 ドルである。そして，成長に対する推測価値が構成要素③であり，175.46 ドルである。

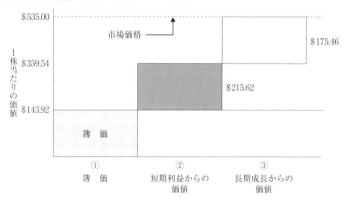

17.77 ドル＋197.85 ドル＝215.62 ドルで，構成されている。したがって，これらによって説明できない市場価格の大きさは 175.46 ドルである。それは，市場が推測成長に置いた価値である。

図 7.4 は，どのようにして市場価格を 3 つの構成要素に分解したかを示している。すなわち，①簿価，②短期利益からの価値，そして③市場がその後の成長に置いた推測値，である。これらは，私たちを取り巻く不確実性について理解するのに役立つ構成要素である。3 つの構成要素は，不確実性を，私たちが確実に知っている簿価，私たちが多少自信を持って知っている短期予測からの価値，および，私たちにはまったく不確かな長期の成長予測からの価値，によって説明している。深刻な不確実性が

208　第1部　財務諸表とバリュエーション

存在するのは最後の構成要素である。また，成長に対価を払いすぎるリスクがあるのも最後の構成要素である。この図式は私たちに，リスクを伴う成長に175.46ドルを支払いたいと思うか，という問いを突きつけているのである。

　私たちは，いま，ミスター・マーケットに彼自身の成長率を問う立場にある。価値評価式に成長を戻し入れ，価値の代わりに価格を使い，それを逆向きに解くことによって，答えはすぐに得られる。

$$\text{株式価格}_0 = \$535 = \$143.92 + \frac{\$19.548}{1.10} + \frac{\$21.764}{1.10 \times (1.10 - g)}$$

　価値をグーグルの市場価格535ドルとすると，市場の長期成長率が推論できる。すなわち，2012年より先のグーグルのインプライド成長率は年率4.7％である。

　この成長率は残余利益成長率であり，理解するのがやや難しい。しかし，残余利益の計算式を逆向きに解くことによって，この成長率を**インプライド利益成長率**に変換することができる。

$$\text{予想利益}_t = (\text{簿価}_{t-1} \times \text{要求リターン}) + \text{残余利益}_t \tag{7.4}$$

　例7.1において，グーグルの2年先（2012年）の残余利益は1株当たり21.764ドルであるので，成長率4.7％のもとで予想される3年先（2013年）の残余利益は22.787ドルである。したがって，2012年度末について予想される1株当たり簿価217.41ドル（例7.1参照）のもと，2013年のEPSの予想は44.53ドル，2012年のEPSからの予想成長率は12.6％となる。その後の年度についても同じように推定すると，図7.5に示されるような，市場が予測している利益成長経路を描くことができる。成長経路はバイ（BUY）・ゾーンとセル（SELL）・ゾーンに分けられる。すなわち，もしアナリストがこの経路より高い率で成長すると見るならば，買い（BUY）推奨を出し，低い率で成長すると見るならば，売り（SELL）推奨を出す。

　4.7％の残余利益成長率は長期の平均である。時間とともに成長率が低下していく，より現実的な状況に修正することもできる。4.7％は，GDP成長率か，それより少し高い率のように見える。例7.1は，グーグルが2012年に残余利益を11.3％成長させていることを示しており，それは，この企業が何年かにわたって4.7％を上回る成長率を維持できるかもしれないということを示唆している。一方，すべての企業は，超長期的にはGDP成長率で成長する平均的な企業のようになると予想するかもしれない。これは，グーグルのような例外的な成長は，最終的には浸食されるという見方に基づくものである。2012年の成長率が11.3％であるとき，長期GDP成長率（たとえば）4％への回帰は，この2つの率を合計1のウェイトで加重することによって得られる。

●図7.5　グーグルの市場価格535ドルから読み取れるEPS成長経路（2013〜2018年）

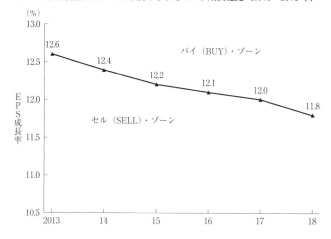

●図7.6　短期成長率および長期成長率に適用されるウェイトの選択とグーグルの残余利益成長経路

(0.684, 0.316)が市場価格535ドルから読み取れるウェイトである。

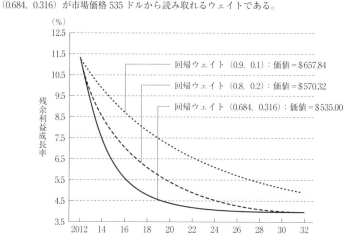

$$2013年の成長率 = (0.8 \times 11.3\%) + (0.2 \times 4.0\%) = 9.84\%$$

(2013年より先についても再帰的に計算される。)長期にわたって4％まで低下する経路上にあるので，2013年の成長率は2012年の11.3％よりも低い。次年度以降についてもこのウェイトを適用すると，2014年の予想成長率は8.67％であり，最終的には4％に低下する。そして，図7.6に描かれた成長経路により成長の**減衰パターン**が明らかになる。この経路は570.32ドルの価値を生むものである。図では，この減衰パターンを，657.84ドルの価値を生む(0.9, 0.1)のウェイトによる経路と比較している。

210 第1部 財務諸表とバリュエーション

このウェイトはやや恣意的であるが，535ドルという市場価格を吟味する上での試行の手段である。ここでの情報を踏まえると，どれがグーグルについて最も起こりそうな経路だろうか。それは，平均を上回る成長がどれくらいの期間持続するかという問いである。それは「持続可能な競争優位」の問題であるが，数値を用いることにより，長期間続く競争優位の評価にいくらかの具体性を持たせられる。

　市場価格における暗黙のウェイトを「引き出す」ことによって，直接，市場価格を吟味することができるようになる。暗黙的なウェイトは（0.684, 0.316）であり，それは，図7.6において，成長率がはるかに速く4％に低下する3番目の成長経路を意味する。この経路は，図7.5のようなEPSの成長経路に変換することができる。これは，市場がグーグルの成長率は長期的にはGDP成長率に回帰すると見た経路である。この経路は妥当だろうか。あるいは，アナリストはグーグルがもっとずっと長い間競争優位と高い成長を維持すると見るだろうか。535ドルは成長への対価として高すぎるだろうか，安すぎるだろうか。

　こうした分析を踏まえることにより，市場価格を吟味したことになるといえる。ただし，ここでは市場の成長経路予測を疑うことによって価格を吟味したのである。私たちには，もっとやるべきこと，すなわち，アンカーとなるゼロ成長価値を明らかにする作業，および，市場の成長予測が妥当かどうかについての問いに対処する作業がある。とはいえ，私たちはいまや他の投資家とのゲームをプレイする，すなわちアクティブ投資に取り組むためのスキームを手に入れた。

　もう1つのスキームは，加重平均期待リターン式を適用して，現在の市場価格でグーグルの株式を買うことに対する期待リターンを推定することである。

異常利益成長モデルでのリバース・エンジニアリング

　これまでの例は，第5章の残余利益モデルを適用したものである。別の方法として，こうした分析を第6章の異常利益成長モデルで行うこともできる。2期先までの予想に基づく価値は次のようになる。

$$株式価値_0 = \frac{1}{\rho - 1}\left(1株当たり利益_1 + \frac{異常利益成長_2}{\rho - g}\right) \tag{7.5}$$

このモデルをゼロ成長要素と成長要素に分解すると次のようになる。

$$株式価値_0 = \underbrace{\frac{1}{\rho - 1}\left(1株当たり利益_1 + \frac{異常利益成長_2}{\rho - 1}\right)}_{①} + \underbrace{推測成長による価値}_{②}$$

$$\tag{7.5a}$$

インプライド成長率は，（7.5）式における g を解くことによって得られる。それは，異常利益成長の成長率を意味するが，異常利益成長の計算式を逆向きに解くことによって利益成長に容易に変換できる。

$$予想利益_t = 予想正常利益_t + 異常利益成長_t$$
$$- 前年度配当の再投資からの予想利益 \qquad (7.6)$$

これらの利益予想により，図7.5のように，市場の EPS 成長経路をプロットすることができる。

3　自分用のアクティブ投資ツールをつくろう

第5章と第6章では，簿価，予想利益，成長率，要求リターンといったインプットから価値を導出するスプレッドシートを構築することが推奨された。これらのスプレッドシートは簡単にアクティブ投資に適合させることができる。

その方法は次の2つである。第1に，現在の価格をインプットとしてインプライド成長率を直接解くためのプログラムをつくる。加重平均期待リターン式（7.3）がインプライド期待リターンを導出するためのテンプレートを規定する。あるいは第2に，すでにつくり上げたスプレッドシートを使い，現在の市場価格と等しい価値を生む成長率または要求リターンを入力してみるだけでよい。いずれのケースにおいても，（7.4）式および（7.6）式に従って残余利益成長率あるいは異常利益成長の成長率を予想利益に変換する機能を加える必要がある。もしグラフィック機能が使えるのであれば，図7.5や図7.6のようにプロットを示してもよい。

要　約

価値評価モデルは有用なツールではあるものの，投資家はそのツールを効果的に扱う方法について理解しなければならない。価値評価モデルは単純に使用することができるが，そこで導出される評価は推測的なインプットの産物でしかない。それは推測を吟味するためのツールではなく，むしろ推測に強く依存しているのである。

本章では，アクティブ投資において価値評価モデルを扱う方法を示した。価値評価モデルは，信頼できる内在価値を導出することはできない。しかし，それは問題ではない。というのも，アクティブ投資では，内在価値を発見する必要はないからである。必要とされるのは，市場の評価を受け入れるか，却下するかである。そのためにリバース・エンジニアリングというツールが登場するのだが，そこでは，異議のありうる市場の成長予測を推論するために価値評価モデルが使用される。また，ある成長予測のもと，現在の市場価格で株式を買うことに対する期待リターンを推定するために価値評価モデルを適用することもできる。

アクティブ投資の完全なツールをつくり上げるためには，もっとやるべきことがある。最も重要

212　第1部　財務諸表とバリュエーション

なことだが，私たちは市場価格を吟味する上でアンカーとなる情報およびその価格に織り込まれている成長率を分析しなければならない。それが本書第2部の主題である[3]。

キー・コンセプト

- **インプライド期待リターン**は，現在の市場価格での購入から期待される投資収益率である。[201]
- **インプライド残余利益成長率**は，市場価格に織り込まれている残余利益成長率の予測である。[201]
- **インプライド利益成長率**は，市場価格に織り込まれている利益成長率の予測である。[208]
- **減衰パターン**とは，ある指標が現在または近い将来から超長期にわたって示す変化のパターンである。[209]
- **ゼロ成長評価**は，現在または近い将来の会計数値が成長しないものとした価値評価である。[206]
- **リバース・エンジニアリング**は，価値評価式を逆向きに解くことにより現在の市場価格から情報を推論する作業である。[200]

演習問題

1 成長率のリバース・エンジニアリング

 a. ある株式が第1期末に26ドルで取引され，株価・簿価倍率が2.0倍であったとする。また，アナリストは第2期の1株当たり利益を2.60ドルと予想しているとしよう。あなたの要求リターンは10％である。市場が期待している第3期以降の残余利益成長率はいくらになるか。

 b. 第1期末における1株当たり簿価が27.40ドルの企業が，第2期に4.11ドルの1株当たり利益を稼得すると期待されている。この企業の株式への投資に対するあなたの要求リターンは9％である。市場価格54ドルから読み取れる第3期以降の残余利益の期待成長率はいくらになるか。

 （1 と 2 は一緒に解くことができる。）

2 期待リターンのリバース・エンジニアリング

 a. ある株式が第1期末に26ドルで取引され，株価・簿価倍率が2.0倍であったとする。また，アナリストは第2期の1株当たり利益を2.60ドルと予想しているとしよう。あなたの要求リターンは10％である。もしあなたが第3期以降の残余利益成長率をゼロと期待しているならば，この株式を買うことによる期待リターンはいくらになるか。

 b. 第1期末における1株当たり簿価が27.40ドルの企業が，第2期に4.11ドルの1株当たり利益を稼得すると期待されている。もしあなたが，その後の残余利益成長率を年4％と期待しているとすると，1株当たり54ドルの市場価格でこの株式を買うことによる期待リターンはいくらになるか。

 原注3）　本章のアクティブ投資については，S. Penman, *Accounting for Value*（Columbia University Press, 2011）において，より詳細に扱われている。

第 **7** 章　バリュエーションとアクティブ投資　213

③　利益予想のリバース・エンジニアリング

　ある企業の株式が第 1 期末に簿価 239.0 百万ドルの 2.6 倍で取引されており，あなたの要求リターンが 9 ％であったとする。第 2 期の予想利益は 33.46 百万ドルであり，企業は配当を支払わない。

　a.　市場価格から読み取れる第 3 期以降の残余利益の成長率はいくらになるか。

　b.　市場価格に織り込まれた第 3 期の予想利益はいくらになるか。

④　異なる成長率に対応する期待リターン

　ある企業の株式が簿価の 2.2 倍で取引されており，この企業は次期に簿価に対して 15 ％の利益率を稼得すると予想されている。次期より先の残余利益成長率予想の各水準，すなわち，3 ％，4 ％，6 ％のそれぞれに対応する，この株式への投資の期待リターンを計算しなさい。また，成長率がゼロと予想されている場合，期待リターンはいくらになるか。

第2部　財務諸表分析

　本書第1部は，諸概念および価値評価に適した思考を展開することを主要なテーマとしていた。第2部と第3部は，実際の分析を進めるためにこの思考を適用する。

　第3章で説明された価値評価分析における5つのステップ（図3.1）を再度確認してもらいたい。ステップ3における予測がこのプロセスの核心であり，本書第3部は予測に焦点を合わせている。ただし，予測を行うために，予測者はまずステップ2で情報を分析しなければならない。この第2部は，ステップ3における予測のための基盤として，ステップ2の財務諸表分析を展開する。

　第5章と第6章で概説された価値評価モデルが予測の指針となる。簿価に価値を付加するためには（そしてPBRを決定するためには），将来の残余利益を予測しなければならない。また，資本化された利益に価値を付加するためには（そしてPERを決定するためには），異常利益成長を予測しなければならない。残余利益と異常利益成長は同じところに帰着することから，それらの予測を支える分析も同じものとなる。

　したがって，この第2部のハイライトは，2つのドライバー，すなわち普通株主資本利益率（ROCE）とROCEに見合う利益を稼得する投資の成長についての分析である。財務諸表分析では，現在のROCEと成長をもたらす要因を明らかにし，それらを将来のROCEと成長を予測するための出発点として利用する。そして，予測は，将来のROCEおよび成長が現在のROCEおよび成長とどれほど異なるのかを問う作業となる。

　価値評価プロセスのステップ1でアナリストに要求されるのは，ステップ2に進む前に「事業の内容を知る」ことである。財務諸表分析を始めるにあたって，アナリストは，自分の理解した事業が財務諸表にどのように反映されるのか知らなければならない。「図：企業のすべてのストックとフロー（原書Figure 8.3）」は，価値をもたらす事業活動が財務諸表でどのように表現されるのか，また，それらの活動を強調するために公表財務諸表がどのように修正されるのかを示している。その修正により財務諸表は分析に向けた形式に組み替えられることになる。

　第8, 9, 10章で財務諸表を分析する。第8章は，包括的な利益および包括的なROCEを明らかにすることに重点を置いて，株主持分計算書を扱う。というのも，利益が包括的である場合にのみ，正しい分析を進めることができるからである。第9章は，損益計算書と貸借対照表を分析する。ここでの焦点は，企業の事業活動と資金調達活動を区別し，2つの活動の収益性を明確にすることにある。第10章は，事業活動からのフリー・キャッシュフローと資金調達活動に伴うキャッシュフローを識別するために，キャッシュフロー計算書を分析する。

　第11章と第12章が第2部のクライマックスである。そこでは，ROCEと利益成長のドライバーを明らかにするために財務諸表を詳細に分析し，予測のための基盤を確立する。

216　第**2**部　財務諸表分析

　財務諸表分析は目的を持って行われる。すなわち，財務諸表分析は，企業の価値を決定づける事業の特徴を知る上で，財務諸表のどこに注目すればよいのか明らかにするために行われる。これまでに，流動比率や棚卸資産回転率といった比率を計算して「比率分析」をしたことがあるかもしれない。しかし，計算をした後で，これらの比率を使って何をするのか，とくに，これらの比率から企業の価値について何がわかるのか，という疑問を感じたかもしれない。この第2部では，その疑問に対する答えを得るために，どのように財務諸表分析を体系的に行えばよいのかを概説する。

図：企業のすべてのストックとフロー（原書Figure 8.3）　217

（訳注）　本日本語版では紙幅の都合上，原書のChapter 8を割愛しているが，原書のFigure 8.3は，本書を理解する上で必要不可欠な図であるため，以下に訳出し，解説しておく。これは，企業の営業活動・投資活動・財務活動を図示したものである。通常（米国基準でも日本基準でも），キャッシュフロー計算書で企業の活動を捉える際には，株主や債権者からの資金調達である財務活動，それを事業資産や金融資産に投資する投資活動，そしてそれらの投資の回収過程である営業活動に区別される。しかし，本書では，「金融資産への投資」を負の資金調達活動と捉えて，通常の財務活動とともにfinancing activitiesとし，事業投資とその成果の回収過程を合わせてoperating activitiesと呼んでいる。第2部からは一貫してこの2つの観点から企業を捉え，それに基づいて財務諸表の組み替えがなされている。そこで，キャッシュフロー計算書における企業活動を示す用語との混同を避けるため，本日本語版では，金融資産への投資を含むfinancing activitiesを「資金調達活動」と訳し，事業投資とその成果の回収過程（いわゆる営業活動）を「事業活動」と訳すことにした。この観点から，それぞれの活動のストックとフローについて説明する際は一貫して，事業活動——事業投資——事業資産／負債——事業収益／費用／利益，資金調達活動——金融投資——金融資産／負債——金融収益／費用／利益，と訳している。

● 図：企業のすべてのストックとフロー（原書Figure 8.3）

　事業に用いられている正味事業資産は（顧客に財・サービスを販売することで）事業収益を生み出し，（サプライヤーからインプットする原材料を購入することで）事業費用が発生する。Δは変化分を表す。

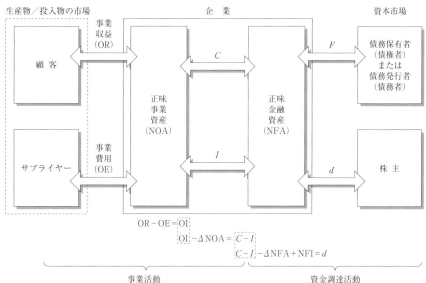

OR − OE = OI
OI − ΔNOA = C − I
C − I − ΔNFA + NFI = d

事業活動　　　　　　　　　資金調達活動

ポイント：F = 債務保有者／発行者への正味キャッシュフロー　　　NOA = 正味事業資産
　　　　　d = 株主への正味キャッシュフロー　　　　　　　　　　OR = 事業収益
　　　　　C = 事業活動によるキャッシュフロー　　　　　　　　　OE = 事業費用
　　　　　I = 投資支出　　　　　　　　　　　　　　　　　　　　OI = 事業利益
　　　　　NFA = 正味金融資産　　　　　　　　　　　　　　　　　NFI = 正味金融収益

第 **8** 章

株主持分計算書の分析

　株主持分計算書は，通常，財務諸表の最も重要な部分とはみなされておらず，分析において無視されていることが多い。しかしながら，アナリストは他の計算書よりも先に，まず株主持分計算書を分析すべきである。これは要点がまとめられた計算書であり，株主持分に影響を与えるすべての取引がまとまっている。アナリストは，この計算書を分析することにより，株主持分に影響を与える事業のあらゆる側面を株式価値評価に取り込むことができるようになる。

　本書第 1 部において，私たちは，会計利益を価値評価に使う場合，その利益は包括的な利益でなければならないことを理解した。そうでなければ，計算上，価値が失われてしまう。会計上のストックとフローの関係は，利益が包括的である場合にのみ成立する。本書の後の章における分析ツールとしてこれらの関係を使用するが，そのツールは利益が包括ベースであるときにのみ機能する。残念ながら，ほとんどの国において，大抵の損益計算書で報告される利益は包括的ではなく，それは米国（会計）基準（U. S. Generally Accepted Accounting Principles：U. S. GAAP）や国際財務報告基準（International Financial Reporting Standards：IFRS）に従って作成される計算書上の利益についても同様である。株主持分計算書の分析が，それを修正するのである。

　株主にとっての価値は，事業活動を通して生み出されるのであり，株式発行による資金調達活動を通して生み出されるのではない。第 3 章で見た通り，効率的な資本市場における時価での株式の発行や買い戻しは価値を創造しない。ただし，ときどき，事業上の財やサービスと交換に（大抵は従業員の報酬として），株式が発行される。残念ながら，米国基準および IFRS は，これらの取引について，資金調達としての側面と事業としての側面を混同している。すなわち，資金調達活動によって調達した資金と事業活動において発生した費用の区別ができていないのである。株主持分計算書の分析により，この会計が区別されることになる。

220　第2部　財務諸表分析

> **アナリストのチェックリスト**
>
> 　本章を読めば，以下のことがわかるだろう。
>
> ・通常，株主持分計算書はどのように示されるか。
> ・なぜ株主持分計算書の組み替えが必要なのか。
> ・何が「その他の包括利益」に報告され，それはどこに報告されるのか。
> ・どのような「ダーティー・サープラス」項目が株主持分計算書に表れるのか。
> ・従業員への報酬としてストック・オプションはどのように機能するのか。
> ・ストック・オプションやその他の条件付持分請求権はどのようにして隠れた費用を生じ
> 　させるのか。
> ・経営者は，どのようにして株式取引で株主の価値（や損失）を生み出しうるのか。
> ・会計は，どのようにして株式取引からの損失を隠すのか。
>
> 　本章を読めば，以下のことができるようになるだろう。
>
> ・株主持分計算書の組み替え。
> ・株主持分計算書において，価値の創造と価値の分配を区別すること。
> ・株主への正味支払の計算。
> ・株主持分計算書から包括的な利益および包括的な ROCE を計算すること。
> ・還元性向および内部留保率の計算。
> ・ストック・オプションの行使による費用の計算。
> ・プット・オプションによる利得・損失の計算。
> ・証券から普通株式への転換によって生じる損失の計算。

1　株主持分計算書の組み替え

　株主持分計算書は，第2章で導入されたストックとフローの等式に従って，期首から期末にかけての株主持分の変動を説明するものである。すなわち，株主持分の変動は，当期の包括的な利益に株式発行によって払い込まれた資本を加算し，そこから現金配当および自社株買いを控除したものとして説明される。米国基準による計算書は，しばしば（また不必要に）これより複雑であるが，それを単純化することも，ここでの分析の一環である。1会計期間の単純化された計算書の様式は，次ページに示す通りである。

　この計算書について以下の3点に注意しよう。

1.　普通株持分を評価するために，組み替え後の計算書では優先株式が除かれている。普通株主の観点からは，優先株式は，自分たちより前に他の請求権者に支払をしなければならない義務であり，負債として処理される。よって，期首と期

第 **8** 章　株主持分計算書の分析　221

組み替え後の株主持分計算書

期首普通株主持分簿価

＋普通株主との取引による正味の影響

　＋資本拠出（株式発行）

　－自社株買い

　－配　当

　＝正味資本拠出（負の正味配当）

＋事業活動および株式以外による資金調達活動の影響

　＋純利益（損益計算書より）

　＋その他の包括利益

　－優先配当

　＝普通株主に帰属する包括的な利益

期末普通株主持分簿価

末の残高は普通株主持分の残高のみを示している。

2.　株主との取引から生じる普通株主持分の正味増分，すなわち負の正味配当は，
事業活動から生じる普通株主持分の増分とは区別される。

3.　事業活動および株式以外による資金調達活動が普通株主に与える正味の効果は，
*包括的な利益*として区分される。これは 3 つの要素から構成される。すなわち，
損益計算書で報告される純利益，損益計算書の外で報告される*その他の包括利益*，
および，優先配当である。優先株式は，普通株主の観点からは，事実上の負債な
ので，包括的な利益の計算においては，優先配当も支払利息と同じように「費
用」として処理される。

ナイキの分析

　本章および次章における財務諸表の分析は，第 2 章の例 2.1 で示されたナイキの
2010 年度の財務諸表を使って説明される。先に進むにつれ，この企業の完全な分析
が理解できるだろう。本書のウェブサイト上の BYOAP の機能を用いることで，さ
らに前の年度に遡ってナイキを分析することができる。本書およびウェブサイト上の
資料を活用すれば，1996～2010 年度の 15 年間にわたるナイキの完全な分析を行うこ
とができる。あらゆる企業を分析する上で，本書および BYOAP におけるナイキの
分析を手本とし，BYOAP を利用して具体的な分析と価値評価の結果を提供するスプ
レッドシートを開発しよう。

　第 1 章において，分析と価値評価の第 1 段階は「事業内容を知ること」であると強
調した。第 2 章の Box 2.1 では，同社についていくつかの背景を説明した。しかし
ながら，実務上，優れた分析を実施するためには，企業についてもっと深く理解する
必要がある。まずは，EDGAR で公開されているその企業の 10-K 年次報告書のビジ
ネス・セクション（アイテム 1）をチェックしよう。

222　第**2**部　財務諸表分析

組み替えの手順

　例8.1には，米国基準によるナイキの株主持分計算書と前ページに示した様式による組み替え後の計算書が示されている。

　組み替えは以下の3つのステップで行われる。

1.　普通株主持分の一部ではない項目の期首残高と期末残高を修正する。

　a.　*優先株式*　　優先株式は，米国基準による計算書では株主持分に含められるが，普通株主にとっては負債である。よって，優先株式の金額だけ株主持分の残高を減少させる（そして，組み替えでは当期中の優先株式を伴う取引を無視する）。例外は，米国基準のもと，株主持分の一部ではなく，貸借対照表上の負債と持分の「中間」（メザニン）で報告される強制償還可能優先株式である。ナイキの優先株式は償還可能であるため（例2.1の貸借対照表のメザニンで報告されている），調整の必要はない。

　b.　*非支配株主持分*　　米国基準でもIFRSでも，非支配株主持分（少数株主持分とも呼ばれる）は株主持分計算書において報告される。子会社の非支配株主持分は，明らかに普通株主持分ではないため，期首と期末の残高から控除されなければならない。

　c.　*未払配当金*　　米国基準では，普通株主に対する未払配当金は負債として報告されることになっている。しかし，株主は配当を自身の負債とすることはできない。また，未払配当金は負債による資金調達ともいえない。普通未払配当金は，普通株主が企業に対して保有している持分の一部である。よって，それらを負債として報告するのではなく，例8.1において，ナイキの組み替え後の計算書の注記で計算されているように，株主持分の残高に再分類する。

2.　*株主との正味の取引*（正味配当）を計算する。この計算は，例に示されている通り，株式発行による調達資金から配当と自社株買いを控除するものである。配当は，（以下の計算の通り）現金配当でなければならず，配当宣言がなされ未払配当金として処理されているものは含まない。

　　　　　現金配当＝報告された配当－未払配当金の変動額

　　2009年度末および2010年度末の未払配当金がそれぞれ1億2140万ドルおよび1億3070万ドルであるので，ナイキの現金配当は，514.8－130.7＋121.4＝505.5（単位：百万ドル）であり，これがキャッシュフロー計算書における現金配当の数値である。

3.　*包括的な利益*を計算する。包括的な利益は，純利益と株主持分計算書で報告されたその他の利益を合わせたものである。純利益に加えて，米国基準によるナイキの計算書では，外貨換算差額[1]およびヘッジ手段に係る利得損失が報告されて

第 8 章　株主持分計算書の分析　　223

● 例 8.1　2010 年 5 月 31 日時点のナイキの普通株主持分についての米国基準による計算書と組み替え後の計算書

組み替え後の計算書では，株主との取引と包括的な利益とが区別されている。

ナ　イ　キ
米国基準による株主持分計算書

（単位：百万ドル，ただし 1 株当たりデータを除く）

	普通株式				券面額超過額	その他の包括利益累計額	留保利益	合　計
	クラス A		クラス B					
	株式数	金　額	株式数	金　額				
2009 年 5 月 31 日における残高	95.3	0.1	390.2	2.7	2,871.4	367.5	5,451.4	8,693.1
ストック・オプション権利行使			8.6		379.6			379.6
クラス B への転換								
普通株式	(5.3)		5.3					―
クラス B の買い戻し								
普通株式			(11.3)		(6.8)		(747.5)	(754.3)
普通株式の配当（1 株当たり 1.06 ドル）							(514.8)	(514.8)
従業員持株発行			1.3		40.0			40.0
株式報酬（注 11）：					159.0			159.0
失効株式								
従業員分			(0.1)		(2.6)		(0.3)	(2.9)
包括利益（注 14）：								
純利益							1,906.7	1,906.7
その他の包括利益：								
為替換算及びその他（正味節税額 71.8 百万ドル）						(159.2)		(159.2)
キャッシュフロー・ヘッジによる正味利得（正味支払税額 27.8 百万ドル）						87.1		87.1
純投資ヘッジによる正味利得（正味支払税額 21.2 百万ドル）						44.8		44.8
ヘッジに関する正味繰延利得の純利益へのリサイクリング（正味支払税額 41.7 百万ドル）						(121.6)		(121.6)
ヘッジ利得の未実現分の純利益へのリサイクリング（正味支払税額 1.4 百万ドル）						(3.8)		(3.8)
包括利益合計						(152.7)	1,906.7	1,754.0
2010 年 5 月 31 日における残高	90.0	0.1	394.0	2.7	3,440.6	214.8	6,095.5	9,753.7

（注）　10-K 年次報告書の注記には，ナイキの未払配当金残高が，2010 年度末は 130.7 百万ドル，2009 年度末は 121.4 百万ドルであることが示されている。

224　第 2 部　財務諸表分析

(例 8.1 続き)

組み替え後の普通株主持分計算書

2009 年 5 月 31 日時点の残高		8,814.5
株主との取引		
ストック・オプションによる株式発行	379.6	
従業員への正味株式発行	37.1	
株式買い戻し	(754.3)	
現金配当	(505.5)	(843.1)
包括的な利益		
報告された純利益	1,906.7	
正味換算利得（損失）	(159.2)	
正味ヘッジ利得（損失）	6.5	1,754.0
株式報酬費用		159.0
2010 年 5 月 31 日時点の残高		9,884.4

(注)　組み替え後の計算書における期首残高は次のように計算される。

報告された残高	$8,693.1
未払配当金	121.4
	$8,814.5

期末残高は次のように計算される。

報告された残高	$9,753.7
未払配当金	130.7
	$9,884.4

いる。米国基準による計算書では，これらの項目の後で包括利益の合計が導出されている。純利益の外で報告された利益は*その他の包括利益*と呼ばれており，（組み替え後の計算書における）包括的な利益は純利益にその他の包括利益を加算したものである。その他の包括利益のすべての項目は税引後であることに注意しよう。すなわち，それらはあらゆる税を控除した金額で報告されている[1]。また，非支配株主持分に帰属する利益を控除するように注意しよう。

組み替え後の計算書の最後のほうに，株主との取引にも包括的な利益にも含まれない株式報酬費用 1 億 5900 万ドルという項目があるのがわかるだろう。企業がストック・オプションを発行すると，米国基準および IFRS は，そのオプションの価値を報酬として記録するよう（正しく）要求している。そしてこれは損益計算書に賃金費用として報告される。しかし，奇妙なことに，同額だけ株主持分が増加し，それは，株主持分に加算された純利益の要素である費用を相殺する効果がある。これは明らかに間違っている。それは，賃金費用の発生が株主持分に影響しないことを示唆している。ストック・オプションは，株主にとって（偶発）負債であり持分ではない。すなわち，オプションが行使され，株式が市場価格より低い価格で発行されると，株主はその持

訳注 1)　日本の会計基準では「為替換算調整勘定」と呼ばれている。

原注 1)　利益が，株主持分計算書において包括利益とは別の箇所で報告されることがある。その例は，過年度の利益の修正再表示から生じる利益である。これは包括的な利益に含められるべきである。

第 8 章 株主持分計算書の分析 225

分を減らすことになるだろう。よって，株主持分を 1 億 5900 万ドル増加させること
は適切ではない。ストック・オプションをめぐる会計は混乱しており，本章の後半で
整理する。さしあたり，組み替え後の計算書において株式報酬費用 1 億 5900 万ドル
は差額として残るものとしよう。

　この組み替えでは，株式の額面金額と資本剰余金とが区別されていないことに気づ
くだろう。それは持分の分析にとっては重要ではない。言ってみれば，株式の額面金
額よりも会社の電話番号を知るほうがましなのである。留保利益は，組み替えにおい
てすでに確認された，累積利益，配当，自社株買い，株式配当が混じり合ったもので
あり，分析には影響しない。普通株式について，ある内訳区分を別の内訳区分に変更
しても，（ナイキの例の通り）株主持分の簿価は変化しない。実際に，普通株主が利益
を平等に分かち合うとすれば，普通株式の内訳区分の違いは無視してよい。このこと
は，株式分割や株式配当についてもいえる。株式分割によって株式数は変化するもの
の，株主に与えられた請求権は変化しないのである。

2 ダーティー・サープラス会計

　利益の項目を損益計算書上ではなく，むしろ株主持分の一部として報告することを
*ダーティー・サープラス会計*という。損益計算書からの純利益以外に報告される利益
がない株主持分計算書は，**クリーン・サープラス会計**による計算書である。ダーティ
ー・サープラスという用語は軽蔑的であるが，まさにその通りなのである。ダーティ
ー・サープラス会計のもとでは，損益計算書における利益は「クリーン」でなく，ま
たそれは完全でない。米国基準や IFRS で使用される「純」利益というのは，実は誤
った名称なのである。

　表 8.1 は，米国で見られる**ダーティー・サープラス項目**の一覧表である[2]。利益の
項目は，（後で示される）組み替え後の損益計算書において，事業利益もしくは金融
収益（費用）の要素に分類される。いくつかの項目は滅多に見ないかもしれないが，
最も一般的な 3 項目は，有価証券に係る未実現利得損失，外貨換算差額，そして，特
定のデリバティブに係る未実現利得損失である。

1. *売却可能有価証券に係る未実現利得損失*　　FASB 基準書第 115 号では，有価
　証券が以下の 3 つのタイプに区分されている。
　　　・売買目的有価証券

　訳注2）　本節の記述および表 8.1 には旧基準の内容が含まれている。具体的には，FASB 基準書第 87 号は
　　　2006 年に基準書第 158 号によって改訂され，そこでは，追加最小年金負債の会計処理は廃止されて
　　　いる。なお，現在，米国基準はコード化されており，たとえば年金会計に関する基準については，
　　　FASB 会計基準編纂書トピック 715 を参照されたい。

226 第 **2** 部 財務諸表分析

● 表 8.1 ダーティー・サープラス会計：米国基準

すべてのダーティー・サープラス利益項目は税引後の金額で報告される。

事業利益項目
　偶発事象の会計の変更（FASB 基準書第 11 号）
　追加最小年金負債（FASB 基準書第 87 号）
　繰越欠損金に係る節税効果（FASB 基準書第 109 号）
　ESOP（従業員持株制度）への支払配当金に係る節税効果（FASB 基準書第 109 号）
　売却可能持分証券の未実現利得損失（FASB 基準書第 115 号）
　外貨換算差額（FASB 基準書第 52 号）
　キャッシュフロー・ヘッジとして指定されたデリバティブ商品の利得損失（FASB 基準書第 133 号）
　繰延税金に係る評価性引当額の調整（FASB 基準書第 109 号）
　年金制度の積み立て状況の変化（FASB 基準書第 158 号）
　会計原則の変更による前年利益の再表示（FASB 基準書第 154 号）
金融収益（または費用）項目
　優先配当
　売却可能負債証券の未実現利得損失（FASB 基準書第 115 号）

　　・売却可能有価証券

　　・満期保有目的有価証券

　売買目的有価証券は，活発に取引されるポートフォリオにおいて保有される証券である。これらの証券は貸借対照表で時価評価され，時価の変動による未実現の利得損失は損益計算書で報告される。活発に取引されないものの，満期前に売却されるかもしれない証券が売却可能有価証券である。これらもまた「公正な」時価で評価されるが，未実現の利得損失はその他の包括利益の一部として報告される。経営者が満期まで保有する意図のある証券は，貸借対照表上，原価で記録され，未実現の利得損失は報告されない。すべてのタイプの証券に係る実現利得損失は，純利益の一部として損益計算書で報告される。このルールは，負債証券にも持分比率 20 ％未満の持分証券にも適用される。

2. *外貨換算差額*　　過半数所有の在外子会社の資産および負債は外貨で測定されるが，それらは米国の親会社の財務諸表に米ドルで連結されなければならない。報告期間中に為替レートが変動すれば，資産および負債の米ドルでの価値も変動する。それによる利得または損失が換算利得または損失であり，外貨建取引に係る利得損失とは区別される。取引に伴う利得損失のほとんどは純利益の一部として報告されるが，換算に伴う利得損失はその他の包括利益の一部となる。

3. *デリバティブに係る利得損失*　　FASB 基準書第 133 号によれば，ほとんどのデリバティブは，資産または負債のどちらかとして，貸借対照表上で公正価値評価される。もしデリバティブが既存の資産ないし負債あるいは会社による確定約定をヘッジするならば，すなわち，いわゆる*公正価値*のヘッジにおいては，デリバティブを公正価値評価することによる利得または損失は，純利益の一部として記録される（ある状況では，その利得または損失がヘッジ対象の利得または損失によ

って損益計算書上相殺される）。もしデリバティブが将来の予定取引によるキャッシュフローをヘッジするならば，すなわち，いわゆるキャッシュフローのヘッジにおいては，利得または損失は株主持分計算書に記録され，ヘッジされた取引が利益に影響を与えるとき，ヘッジの終了に伴って株主持分計算書から除外され，純利益に反映される[2]。

米国基準および IFRS における包括利益の報告

FASB 基準書第 130 号は，包括利益を財務諸表において明らかにするよう要求している。そこでは，純利益を*その他の包括利益*と区別し，それら 2 つの合計，すなわち*包括利益を*，以下の 3 つの方法のうちのいずれかで報告することになっている。

1. 株主持分計算書で報告されるその他の包括利益項目に純利益を加算することにより，株主持分計算書において包括利益を報告する。
2. 損益計算書における純利益にその他の包括利益を加算し，包括利益合計を株主持分に振り替える。
3. 損益計算書とは別にその他の包括利益の計算書を示し，損益計算書上の純利益とともに株主持分に振り替える。

ほとんどの企業は，ナイキと同じく，第 1 のアプローチに従っている。したがって，ダーティー・サープラスの利益項目は「その他の包括利益」として集計され，その他の包括利益と純利益の合計が「包括利益合計」となる。これらがすべて株主持分計算書で報告されるのである。この表示方式により，包括利益を確認するのが容易になる。しかしながら，実際には包括利益は，普通株主の観点からすると包括的でない。第 1 に優先配当が除外されており，第 2 に特定の隠れた項目（本章の後半で明らかにされる）が含まれていないためである。

IFRS のもとでのその他の包括利益は，米国におけるものと類似の項目によって構成されているが，年金資産に係る数理計算上の利得損失および資産再評価に伴う利得損失が追加的に含まれている。IAS 第 1 号（2007 年改訂）のもとで，企業は，単一の包括利益計算書を報告するか，2 つの計算書，すなわち損益計算書と包括利益計算書を報告するかを選択する。包括利益を（米国基準のように）株主持分計算書で表示することはできない。

原注2）　デリバティブの会計処理についての入門書として，M. A. Trombley, *Accounting for Derivatives and Hedging*（New York: McGraw-Hill/Irwin, 2003）を参照。ヘッジ手段の利得損失は，その後の損益計算書でヘッジ対象の実現利得損失に対応させられるため，貸借対照表の負債の部または資産の部に繰延損益として分類されるのがより適切である。ここでは，報告される包括利益の数値と合致するように，それらを株主持分計算書に計上する。ただしそれらは，ヘッジの終了に伴って，対応するヘッジ対象の利得損失が認識される会計期間に消去されうる損益を表していることに注意しよう。

228 第2部 財務諸表分析

2011年6月（原書第5版の執筆時），FASBはIFRSの表示方式に合わせることを決定し，米国基準として2012年12月15日以後に終了する事業年度から実施されることとなった。したがって，ナイキは，例8.1の株主持分計算書における包括利益の部分を，損益計算書に追加して表示するか，もしくは，損益計算書の後に別個の計算書で表示するか選択しなければならない。第1の選択肢では，包括利益が損益計算書のボトムラインとなり，その合計が株主持分に振り替えられる。第2の選択肢では，（現在と同じく）純利益が損益計算書のボトムラインとなるが，それはまた，別個の包括利益計算書のトップラインとなり，それにその他の包括利益が加算されて包括利益が集計される（その包括利益がさらに株主持分に振り替えられる）。しかしながら，ここで示したどちらの選択肢でも組み替え後の計算書はまったく同じになる。IFRSの表示方式と新しい米国基準の表示方式の例は，本章のウェブサイトに掲載されている。

米国基準とIFRSは異なる用語を使うことがあることに注意しよう。*stock*（株式）はIFRSでは*share*（株式）であり，*common stock*（普通株式）は*share capital*（株式資本），*additional paid-in capital*（資本剰余金）は*share premium*（株式プレミアム）と呼ばれている（しかし，これらの項目についての会計処理は同一である）。

3 比率分析

組み替え後の株主持分計算書は，1期間における持分の成長を示している。そしてそこでは，株主による新規の出資や資金の引き出しによる持分の成長と事業運営による持分の増加とが明確に区別されている。したがって，組み替え後の計算書では，価値の創造と価値の分配が区別されている。たしかに，普通株主資本利益率（ROCE）と持分の成長，すなわち残余利益の2つのドライバーが，この計算書で確認できるのである。一連の比率を使ってこの計算書を分析し，その情報を洗練させることができる。

還元性向と内部留保率

株主による資金の引き出しは還元性向と内部留保率によって表される。標準的な*配当性向*は現金配当で還元された利益の比率である。

$$配当性向 = \frac{配当}{包括的な利益}$$

通常の計算では，配当が包括的な利益ではなく純利益と比べられる。配当性向は配当での還元に関するものであるが，**総還元額**は配当と自社株買いを合わせたものであ

第 8 章　株主持分計算書の分析　　229

る。一部の企業は，配当は支払わないが，定期的に自社株買いを実施している。*総還元性向*は次の通りである。

$$総還元性向 = \frac{配当 + 自社株買い}{包括的な利益}$$

これは 1 株当たりの金額ではなく総額で計算される。この比率と配当性向との差異から，自社株買いによって還元された利益の比率がわかる。

株式配当と株式分割は総還元額に含まれないことに注意しよう。これらは，株式数を変化させるだけで，各株主の請求権には影響を与えない。株式分割や株式配当の中には，留保利益から資本剰余金への再分類を伴うものもあるが，これもまた請求権の価値には影響を与えない。

配当性向は配当が利益から支払われることを示唆しているが，実際には，簿価すなわち資産から支払われる。そのため，企業は損失を計上したとしても，配当を支払うことができるのである。簿価に対する還元額の比率は，株主による資金の引き出しの比率である。

$$配当・簿価比率 = \frac{配当}{普通株主持分簿価 + 配当}$$

$$総還元・簿価比率 = \frac{配当 + 自社株買い}{普通株主持分簿価 + 配当 + 自社株買い}$$

通常，これらの計算の分母には普通株主持分の期末簿価を使う（しかし，配当が 1 年にわたって支払われるならば，平均普通株主持分も適切である）。

内部留保率は，還元される利益ではなく留保される利益に焦点を合わせている。*標準的な内部留保率*は現金配当のみ考慮している（しかし，自社株買いを含むよう修正することができる）。

$$内部留保率 = \frac{包括的な利益 - 配当}{包括的な利益}$$

$$= 1 - 配当性向$$

株主にとっての収益性

組み替え後の計算書では，普通株主持分に対する包括的な利益率（return on common equity：ROCE），すなわちその期間の株主の投下資金に対する利益率が明らかになる。ROCE は事業活動による持分の成長率でもある。ナイキについて，2010 年度の ROCE（その年の平均普通株主持分を使用）は次の通りである。

230 第2部 財務諸表分析

$$普通株主資本利益率_t = \frac{包括的な利益}{\frac{1}{2}(普通株主持分_t + 普通株主持分_{t-1})}$$

$$= \frac{1{,}754.0}{\frac{1}{2}(9{,}884.4 + 8{,}814.5)} = 18.8\ \%$$

なお，期首普通株主持分を使って計算された ROCE は 19.9 % である。

ROCE を計算するためには，損益計算書と貸借対照表は必要ないことに注意しよう。むしろそれらは，ROCE を分析するための詳細を提供するものである。

成　長　率

株主持分の成長は，単に期首から期末までの残高の変化である。成長率は，その成長を比率で説明するものである。

成長率のうち株主との取引から生じる部分は正味出資比率である。

$$正味出資比率 = \frac{株主との正味の取引}{期首普通株主持分簿価}$$

ナイキの正味出資比率は，正味で現金が支払われたため，−9.6 % であった。すなわち，株主が資金を引き出したのである。成長率のうち事業活動から生じる部分は，期首株主持分についての ROCE によって与えられ，ナイキの例では 19.9 % である。両方の源泉，すなわち株主の新規出資と事業活動による株主持分の成長率が，普通株主持分の成長率である。

$$\begin{aligned}普通株主持分成長率 &= \frac{普通株主持分の変動}{期首普通株主持分} \\ &= \frac{包括的な利益 + 株主との正味の取引}{期首普通株主持分}\end{aligned}$$

ナイキの 2010 年度の成長率は 10.3 % であった。

期首の普通株主持分を分母として ROCE が計算される場合，次のようになる。

$$普通株主持分成長率 = 普通株主資本利益率 + 正味出資比率$$

ナイキの例では，普通株主持分成長率は，19.9 % − 9.6 % = 10.3 % である。

4 隠れたダーティー・サープラス

　組み替え後の株主持分計算書において包括的な利益と株主との取引を区別することは，価値の創造を，資金調達や株主への価値の分配から区分することを意味する。その前提は，株主との取引は価値を創造しないということである。このことは株式取引が時価で行われていればその通りであるが，株式が時価より低い価格で発行される場合には，株主は損失を被ることになる。この点について，米国基準やIFRSによる財務諸表にはこれらの損失が表れない，という問題がある。

事業活動における株式発行

　企業が株式を市場価格より低い価格で従業員に付与した場合，米国基準およびIFRSでは，市場価格と発行価格との差額が，従業員に対する（繰延）報酬として処理され，最終的には償却されて損益計算書上の費用となる。これは妥当な処理である。というのも，時価からのディスカウントは，従業員にとっては報酬であり，株主にとっては価値の喪失だからである。しかし，株式が従業員に付与されることはそれほど多くない。むしろ，ストック・オプションが付与され，その後オプションが行使されたときに株式が発行される。残念ながら，米国基準とIFRSの会計処理では，株式価値に対するストック・オプションの影響がうまく報告されない。

　ストック・オプションの付与をめぐるイベントは，権利の付与，権利の確定，権利の行使，権利の失効，の4つである。付与日に，従業員は行使価格で株式を購入する権利を付与される。確定日は，彼らが権利を行使できる最初の日である。行使日は，彼らが実際に行使価格で権利を行使する日である。そして失効日は，彼らが権利を行使しないという選択をした場合に，権利が失効する日である。もし行使日に株式が「イン・ザ・マネー」，すなわち市場価格が行使価格よりも高ければ，明らかに彼らは権利を行使する。

　（行使価格が付与日の市場価格よりも低い価格に設定され，）コール・オプションがイン・ザ・マネーで付与された場合には，市場価格と行使価格との差額は報酬として会計処理される。そしてその報酬は，株式が市場価格より低い価格で付与されたケースと同じように，権利確定までの期間にわたって損益計算書で認識される。しかしながら，大部分のオプションは，行使価格が付与日の市場価格と等しく，「アット・ザ・マネー」で付与される。時が経過し，株式の市場価格が「イン・ザ・マネー」に変化しても，追加的な報酬費用は記録されない。さらに，権利が実際に行使されたときも，報酬費用は記録されない。ナイキの株主持分計算書の1行目には，行使日に受け取った金額が発行株式として記録されているが，株式が付与されるケースと違い，市場価

格と発行価格との差額は費用として記録されていない。

　適切な会計処理は，株式の発行を市場価格で記録し，市場価格と発行価格との差額を費用として認識することである。この会計処理が行われていないことにより，**隠れたダーティー・サープラス費用**が生じる。ここで生じる費用は，損益計算書にも株主持分計算書にもどこにも記録されていない。しかし，従業員に富が分配され，その分配は株主を犠牲にして行われている。すなわち，株主が保有する株式の価値は彼らの持分の**希薄化**を反映して下落することになる。米国基準では，資金調達取引（現金の調達）と事業取引（従業員への支払）の両面を持つこの取引が，あたかも単なる資金調達取引であるかのように処理される。この隠れたダーティー・サープラス会計が隠れた費用を生むのである。Box 8.1 では，ストック・オプションの行使によるナイキの 2010 年度中の損失が計算されている。

　評論家の中には，オプションがアット・ザ・マネーで付与されることを理由に，費用は生じないと主張する者もいる。従業員，とりわけ最も利益を得る経営者は，断固としてそういう。しかし，費用が生じないのは，オプションがイン・ザ・マネーにならない場合のみである。彼らはまた，権利行使は企業による現金の支払を伴わないため，費用は生じないという。しかしながら，企業は，従業員への報酬を現金で支払う代わりにストック・オプションで支払っているのであり，その費用を記録することは現金同等物の報酬を記録することに等しい。すなわち，企業は，株式を従業員に市場価格で発行し，その代金が支払われるよう，彼らに市場価格と行使価格との差額に見合う現金額を与えているということである。株主の観点からすると，従業員への報酬が現金で支払われようと，株主が放棄しなければならない株式の価値で支払われようと，違いはない。株主は，現金ではなく自分自身の株券で従業員に報酬を支払っているだけなのである。この費用を認識することは，株主価値のための発生主義会計の核心である。というのも，発生主義会計は，フローを評価するために過去のキャッシュフローを見るからである。そこでは，賃金としての有価証券の付与は現金給与と異ならないとみなされる。もし株式報酬を費用とみなすことに躊躇するならば，企業がすべての事業（原材料，広告，設備）の支払をストック・オプションで行うケースを考えるとよい（実際，有名スポーツ選手の中には，昇格にあたってストック・オプションでの支払を要求する者もいる）。もし，それらの隠れた費用が認識されないとしたら，その損益計算書には，収益のみで費用がまったく認識されないということになるだろう。ストック・オプションは，それが従業員や経営者にとってのインセンティブとなれば，株主にとっての収益および利益を生むことにつながる。しかし，米国基準では，それらの収益および利益にオプションの費用が対応しない。付加された価値には失われた価値を対応させなければならない。

第 **8** 章　株主持分計算書の分析　　233

Box 8.1　ストック・オプションの行使から生じる損失の測定

ストック・オプション損失は，行使価格と行使日における株式の市場価格との差額である。これは，市場価格で株式が発行されないことによる株主の損失額である。その金額は 2 つの方法で計算することができる。

方　法　1

オプションが**税制非適格オプション**である場合，企業は市場価格と行使価格との差額について税額控除を受ける（従業員はその差額に課税される）。企業はオプションの行使から生じる**節税効果（タックス・ベネフィット）**をキャッシュフロー計算書で報告するため，税額控除の金額，すなわちストック・オプション損失の金額は，企業の税率を使って推定することができる。ナイキの税率は，財務諸表の税に関する注記から入手でき，36.3 ％である。したがって，キャッシュフロー計算書で報告された節税効果 58.5 百万ドル（第 2 章の例 2.1 を参照）から，ストック・オプション損失は 58.5/0.363＝161.1 百万ドルである。その費用は損金算入されるため，税引後ストック・オプション損失は次のように計算される。

（単位：百万ドル）

ストック・オプション損失　$58.5/0.363	161.1
節税効果（税率 36.3 ％）	(58.5)
税引後ストック・オプション損失	102.6

方　法　2

節税効果の金額が報告されていない場合，行使日における市場価格を推定しなければならない。2010 年度のナイキの平均株価は 64 ドルであった。8.6 百万のオプションが行使されると，計算は次のようになる。

発行株式の推定時価　　8.6× $64	550.4
株主持分計算書上の行使（発行）額（$58.5 の節税効果を控除）	321.1
税引前ストック・オプション損失	229.3
節税効果（税率 36.3 ％）	83.2
税引後ストック・オプション損失	146.1

この計算は暫定的なものである。株価が 64 ドルより安いときに従業員が権利行使するならば，費用はより小さくなるだろう（ここでは，税金の配分は無視している）。たしかに，方法 2 の数値は方法 1 の数値より大きくなっている。

方法 2 は，**税制適格オプション**に対して適用されるべきである。そこでは，企業は節税効果を受けない（また，従業員は株式を売却するまで課税されない）。

1990 年代に株式報酬が大きく増加すると，とりわけハイテク産業で，隠れた費用がきわめて顕著となった。米国財務会計基準審議会（FASB）はこの問題に取り組んだものの，基準書第 123 号改訂版の作成において不十分な結果に終わった。この基準書は，付与日にオプション評価式を使って評価されたオプション価値と等しい金額で報酬を認識するよう要求している。そして，その報酬は対象勤務期間（通常，権利確

234 第2部 財務諸表分析

定までの期間）にわたって損益計算書で認識される[3]。貸方の金額は株主持分に算入されるが，ナイキのケースで見た通り，それは誤りである。この問題について，国際会計基準のIFRS第2号は類似の処理を要求している。この処理は*付与日会計*と呼ばれる。しかし，権利の付与は，行使の可能性が認識される場合にのみ，費用を生じさせる。（株式がイン・ザ・マネーにならないために）権利が失効したとすれば，費用は生じないが，会計上は費用が認識されたままとなる。費用は，権利が行使されたときにのみ実現する。行使日における市場価格と行使価格との差額が株主にとっての損失である。Box 8.1のように，この費用を認識する処理を*行使日会計*と呼ぶ。2010年，ナイキは，付与日会計により税引前ストック・オプション費用1億5900万ドルを報告した。Box 8.1では，2010年度中の権利行使による税引前費用1億6110万ドルが計算されている。

　重要なことに，内国歳入庁は，費用は権利が行使されたときに生じると認めており，また，（一定の条件を満たせば）企業にその費用に対する税額控除を与えている。企業は，その税額控除による利得を，株式発行による収入に加えて株主持分に計上することが多い。したがって，ナイキがストック・オプションの行使から受け取った3億7960万ドル（例8.1）は，株式発行によって受け取った3億2110万ドルと税額控除による利得5850万ドルの合計を表している。よって，会計上，費用の節税効果，つまり株主持分の増加が認識されているにもかかわらず，それに関連する費用が認識されていないのである。

　例8.2では，ストック・オプションの行使による損失を包括的な利益の一部として報告した，組み替え後のナイキの株主持分計算書が示されている。米国基準では付与日会計に基づいて費用が記録されるため，二重計上しないよう注意しなければならない。したがって，組み替え後の計算書では，ストック・オプションの行使による税引後損失1億260万ドルから，付与日会計のもとで認識されていた1億5900万ドルが差し引かれているのがわかるだろう。もちろんそれは，例8.1の組み替え後の計算書において「差額」としていた厄介な1億5900万ドルを取り除くということである。市場価格と行使価格との差額1億6110万ドルは株式発行に加算され，あたかも株式が時価で発行された（したがって価値は付加されない）かのように報告される。いま，組み替え後の計算書には，時価より低い価格で株式を発行したことによる損失が適切に包括的な利益に認識されているとともに，時価での株主との取引が記録されている。それはやや面倒な処理だが，米国基準が不十分であることにより生じた作業なのである。付与日後，オプションが順調にイン・ザ・マネーになるとすれば，付与日と行使日の費用の差額はきわめて大きくなりうる[4]。

原注3）　その費用に税が割り当てられるため，税引後の金額だけ利益が減少することになる。

第 **8** 章　株主持分計算書の分析　　235

● 例 8.2　ストック・オプション行使による損失を認識したナイキの組み替え後普通株主持分計算書

（単位：百万ドル）

2009 年 5 月 31 日時点の残高			8,814.5
株主との取引			
ストック・オプションによる株式発行（321.1 + 161.1）		482.2	
従業員への正味株式発行		37.1	
株式買い戻し		(754.3)	
現金配当		(505.5)	(740.5)
包括的な利益			
報告された純利益		1,906.7	
正味換算利得（損失）		(159.2)	
正味ヘッジ利得（損失）		6.5	
ストック・オプション行使による税引後損失	102.6		
減算：報告された株式報酬費用	159.0	56.4	1,810.4
2010 年 5 月 31 日時点の残高			9,884.4

　当期の権利行使による損失は報告されるべき当然の損失である。ただし，投資家が株式を買う場合には，投資家の関心は，将来その証券からどれほどの損失を被ることになりそうかということにある。したがって，価値評価は，将来の権利行使による期待損失に焦点を合わせることになる。この期待損失は，**オプション・オーバーハング**といわれており，未行使のオプションが現在の市場価格のもとで行使されたと仮定した場合に生じる損失として見積もられるものである。2010 年度末，ナイキには加重平均行使価格 46.60 ドルの未行使オプションが 3600 万あった。年度末の同社の株式の終値は 72.38 ドルであった。したがって，オプション・オーバーハングは次のように見積もられる。

（単位：百万ドル）

オプション行使によって発行される株式の市場価格	36.0 × $72.38 =	2,606
行使価格	36.0 × $46.60 =	1,678
		928
節税効果（36.3 %）		337
偶発負債（オプション・オーバーハング）		591

　これは株式価値の足を引っ張るものであり，（発行済株式数 4 億 8400 万株のもとで）1 株当たり 1.22 ドルに相当する。期待損失に対応する負債は，権利行使に伴う節税効果の期待額だけ減ることに注意しよう。ここでのオプション・オーバーハングの尺度は最低評価額であるが，それが上昇する可能性によるオプション価値も考慮すべきである。第 13 章では，条件付請求権を正式に株式価値評価に組み込む際に完全な処理

　原注 4)　「株式報酬」として認識された 1 億 5900 万ドルを株主持分計算書において差し引くのは，実に厄介な解決法である。その数値は，実際には偶発負債であり，そのように分類されるべきである。しかし，その負債と行使日におけるその消滅を認識するよう米国基準のもとでの会計処理を置き換えることはほとんど不可能である。

236　第**2**部　財務諸表分析

を行う。

資金調達活動における株式発行

　隠れた損失は，従業員ストック・オプションのみならず，すべての**条件付持分請求権**の行使に伴って生じる。自社の株式に対するコール・オプション，プット・オプション，ワラント，新株予約権，転換社債，転換優先株式はすべて，行使時に時価とは異なる価格で株式を発行（または買い戻し）しなければならない条件付持分請求権である。

　Box 8.2 では，転換社債と転換優先株式の会計処理が扱われており，米国基準およびIFRS による会計処理においては，これらの証券による資金調達活動のコストがすべて認識されるわけではないことが示されている。名目上，包括利益の数値が報告されるとしても，その会計処理は包括的ではないのである。

希薄化後1株当たり利益の取り扱い

　企業は2つの1株当たり利益（earnings-per-share：EPS），すなわち基本 EPS と希薄化後 EPS を報告する。基本 EPS は，単に普通株主に帰属する利益（優先配当控除後）を発行済株式数で割ったものである。希薄化後 EPS は，ストック・オプション，ワラント，転換社債，転換優先株式などの保有者が，それらの請求権を普通株式に転換するために権利を行使するとした場合の1株当たり利益の金額を見積もった「仮定の」数値である。その分母は，発行済株式数ではなく，発行済株式数に転換が行われたと仮定した場合に発行される株式数を加えたものである。

　希薄化後 EPS は注意して扱うべきである。希薄化後 EPS は，予想される希薄化を普通株主に示すものだが，普通株主持分を評価するときに使われるべき数字ではない。そうすることは，利益に対する現在の株主の請求権と将来見込まれる株主のそれとを混同していることになる。現在の株主の請求権と将来の株主の請求権はきわめて異なる。権利が行使されれば，どちらも将来の利益を共有することになるが，現在の株主だけが現在の利益を共有する。さらに，彼らは将来の利益を異なる形で共有する。請求権が普通株式に転換されると，現在の株主は事実上その企業を新しい株主に市場価格より低い価格で売却することになるため，新しい株主が利益を得る一方で，現在の株主は損失を負担する。2つの利益請求権は区別されなければならないが，希薄化後 EPS はそのようにはしていない。現在の発行済株式の評価に焦点を合わせるならば，請求権が普通株式に転換されたときに（現在の株主に生じる）損失を記録しない会計処理を当然調整した上で，基本 EPS に焦点を合わせなければならない。

第 **8** 章　株主持分計算書の分析　237

Box 8.2　転換証券の会計

　転換証券は，条件が満たされると普通株式に転換することができる社債や優先株式のような証券である。教科書では，転換社債や転換優先株式の普通株式への転換を記録する方法として，次の 2 つが提示されている。

1. *簿価法*では，株式発行が社債や優先株式の簿価で記録される。その金額だけ普通株主持分が増加し，負債や優先株式が減少する。したがって，利得損失はまったく記録されない。
2. *時価法*では，株式発行が転換時に発行された株式の時価で記録される。この時価と転換された証券の簿価との差額は，転換損失として記録される。

　実務では，ほぼ例外なく簿価法が使用されている。それにより，隠れたダーティー・サープラス損失が生じることになる。時価法ではその損失が報告される。転換証券を転換不能証券と同じように処理するのである。満期前の転換不能証券の償還にあたっては，損失（または利得）が認識される。転換証券が転換不能証券と異なる唯一の点は，返済のためにキャッシュではなく株式が使用される点である。どちらのケースも，既存株主に損失が生じる。

　転換社債の利子率は，転換オプションが付いているため，転換不能社債の利子率よりも低い。米国基準の会計処理では，この利子費用のみが資金調達コストとして記録されるため，あたかもその資金調達がより低コストであるかのように見える。しかし，株主にとっての総資金調達コストは，社債から普通株式への転換によって生じる損失を含む。にもかかわらず，その損失が記録されないのである。

　1990 年代に転換優先株式による資金調達が普及した。そこでは，優先株式の配当だけが資金調達コストとして記録され，転換による損失は記録されなかった。転換優先株式に配当請求権がなく，しかしそれを埋め合わせるために買い手に有利な転換価格が設定されているとしよう。米国基準の会計処理のもとでは，この資金調達にはまったくコストがかかっていないように見えるだろう。

　2008 年 9 月，ウォール・ストリートの信用危機の最中にゴールドマン・サックス（Goldman Sachs）は，伝説的なファンダメンタル投資家であるウォーレン・バフェットに，切望されていた出資を要請した。バフェットは非常にうまい取引をしたように見える。50 億ドルのキャッシュを注入するのと引き換えに，彼は配当利回り 10 ％の永久優先株式（ゴールドマン・サックスにより償還可能）と 4350 万株の普通株式を 1 株 115 ドルで購入できるワラント（計 50 億ドル）を受け取った。115 ドルという転換価格は，当時のゴールドマンの株価すなわち過去 3 年間の最安値に照らして設定された。その直後 3 日以内に株価は 135 ドルまで上昇し，それによりバフェットのワラントはかなりのイン・ザ・マネーとなった。

　株価がいくらの時点でバフェットが権利行使をするのかはまだわからない[3]。しかし，その時点の市場価格と行使価格との差額は株主にとっての損失となる。しかしながら，米国基準の会計処理では，その損失が記録されない。株価が 1 株 135 ドルのとき，予想される損失すなわちワラント・オーバーハングは 1 株 20 ドルであり，4350 万株では計 8 億 7000 万ドルとなる。

　訳注 3)　2013 年 10 月 1 日にバフェットは権利行使をしている。2013 年 10 月 1 日までの 10 営業日のゴールドマン・サックスの株価（終値）の平均は 1 株 164 ドルであった。

非効率的市場における株式取引

　時価での株式発行および買い戻しは価値を創造しないという原則は，効率的な株式市場では，受け取った価値は手放した価値に等しいということを認めるものである。すなわち，取引当事者の双方が自分の支払に見合うものを手に入れるのである。たとえば，自社株買いでは，企業はその株式の価値に等しい現金を手放し，売り手がそれを受け取る。

　しかし，第3章で解説した通り，株式市場が非効率であるとすれば，企業は株式をその価値より低い価格で買い戻すことができ，また，その価値より高い価格で発行することができる。取引当事者の他方，すなわち株式を売却する株主または購入する新株主は，価値を失うのである。しかし，その取引に参加しない既存株主は得をする。これらの利得（取引によって株主が損をした場合には損失）は，財務諸表では明らかにされない。

　株式市場が公開情報に関して効率的であったとしても，企業の経営者は，株式の価値について私的情報を持っており，そうした情報がその後公開されたとしたら広く成立するだろう価格とは異なる価格で，その株式を発行したり買い戻したりするかもしれない。そのような取引もまた既存株主にとって価値を生むことになる（ただし米国では，この実務について法的制約がある）。

　市場が非効率的なこともあるかもしれないと考えるアクティブ投資家は，企業との株式取引に慎重になる。株式市場で行うすべての取引と同じように，彼は内在価値の見積もりに照らして市場価格を検証する。しかしこのとき，企業の経営者は内在価値について，投資家よりも理解しているかもしれないので，投資家はとくに注意を払う。

　株式の内在価値を理解しているアクティブ投資家は，その株式がいつ過大評価ないし過小評価される可能性があるのかを理解している。アクティブ投資家はまた，経営者が都合よくミスプライシングを利用することも理解している。たとえば経営者は，企業買収を行うために，過大評価された株式を使って他の企業を安く取得しようとするかもしれない。これによって，過大評価された株式を買う投資家も出てくるだろう。その投資家は，買収にあたって株式を通貨として使用することにより価値が生まれうると考えるのである。しかし，これは油断のならない取引である。もし投資家が，すでに過大評価された株式の価格を吊り上げるならば，バブルが起こりかねない。ファンダメンタル投資家は，企業買収の可能性とその戦略に関する十分な理解に基づいて行動する。

　経営者はどうかというと，彼らは株式取引で株主にとっての価値を創造するために，株式のミスプライシングを巧みに利用することができる。彼らは，株式価格が「安すぎる」と感じたら，株式よりもむしろ負債によって新事業の資金を調達することを選択できる。しかし，彼らはまた，株価が高いときに自身のストック・オプションを行

使する選択もできる。このことは，株主にとってダブルパンチとなる。彼らはまた，株式発行および買い戻しについて間違った考え方を持っているかもしれない。

5 株主の視点

本書では財務諸表を，ビジネスを見るレンズとして位置づけた。株式分析では，そのレンズを株主の視点に合わせなければならない。米国基準および IFRS の会計処理には，株主の視点がないため，株式分析には不十分である。それは，株主の利益を忠実に説明していないし，このことは株主持分計算書における会計処理に最も明白に表れている。

米国基準と IFRS は，株主持分計算書において，優先持分および非支配株主持分を普通持分と混同している。米国基準と IFRS は，時価より低い価格での株式売却を，株主にとっての損失とは見ていない。そうした取引を株主が自分で行ったとしたら，彼らは確実に損をするだろう。企業がそうした取引を株主に強要してきた場合にも，やはり彼らは損をすることになる。米国基準および IFRS の会計処理は，（資金調達活動の一環として現金を調達したり不要な現金を分配したりするための）株主との現金取引と，株式発行の背後にある事業による価値の付加（または喪失）との区別を理解していない。そこではまた，請求権者間の取引，たとえば転換社債権者と普通株主との間の取引によって普通株主に損失が生じうることも理解されていない。

要するに，米国基準および IFRS の会計処理は，普通株主の財産権を尊重していないのである。財務諸表は名目上株主のために作成され，会社の取締役（監査委員会を含む）は株主に対して信認義務を負い，経営者と監査人は年次総会で正式に株主に財務諸表を提示しているという事実にもかかわらず，そうなのである。ここでの会計処理は，企業の所有者としての株主を尊重していない。その結果，本章で行ってきたように，また後の章で価値評価に進んだ際にも続けて行うように，株式アナリストは会計処理を修正しなければならないのである。

6 自分用のバリュエーション・ツールをつくろう

完全な分析と価値評価のスプレッドシートを構築する最初のステップとして，企業の株主持分計算書をダウンロードし，それを本章の様式で組み替えてみよう。株主持分計算書は SEC の EDGAR ウェブサイト上の 10-K 年次報告書，もしくは企業自体のウェブサイトからダウンロードできる。財務諸表は，通常，企業のウェブサイト上のインベスター・リレーションズのコーナーにあり，しばしばダウンロード可能な形式で入手できる。株主持分計算書を自動的に組み替えてくれるプログラムは存在しな

240　第2部　財務諸表分析

いので，手作業で行わなければならない。

　学習のため，まず本章の例を参考にナイキの当年度のケースを扱うとよいだろう。また，本書のウェブサイトに解答が掲載されているキンバリー・クラークのケースに取り組むこともできる。もちろん，ナイキを取り上げている本書ウェブサイト上の分析と価値評価の完全版であるBYOAPの株主持分計算書のページに行くこともできる。そこでテンプレートを使用することができるが，自分で完全版を構築すれば，より学習効果が高いだろう。

　ここまで読み進めれば，例8.1の様式で株主持分計算書を組み替えることができるはずだ。これは，企業にストック・オプションやその他の条件付持分請求権がほとんどない場合には，近似値として機能する。そうでない場合は，例8.2の様式を適用しよう。Box 8.1がストック・オプションの行使による損失の計算の指針となり，株式報酬に関する財務諸表の注記を見ることでより多くの情報を得ることができるだろう。その他の条件付請求権が含まれていないかどうか確かめるために，株主持分計算書の注記をチェックしよう。

7　会計の質に気をつけよう

　本書第2部で財務諸表分析を進めるにあたり，私たちはそのつど会計問題に取り組むことになる。本章の市場性のある有価証券や従業員ストック・オプションのケースと同じように，各章では，関連する会計処理がどう機能するのか，その概要が示される。

　会計がどのように機能するのか理解する必要があるが，それとともに，どのような場合に会計が株式アナリストにとって機能しないのか理解する必要もある。会計の質の問題がアナリストの障害となるのはいつなのか。そうした質の問題には，単に会計測定の実務上の困難さから生じるものもあるが，本章で見た通り，会計基準設定主体が正しい理解をしていないために生じるものもある。そしてさらに，企業が会計基準の範囲内で認められている会計操作の手段を利用するために生じるものもある。

　Box 8.3から会計の質への注視を始めよう。そこには，本章で直面した会計の質の問題が列挙されている。とりわけ第16章で会計の質の分析に着手する際に，考慮すべき重要な背景知識を備えていられるように，以降ではこのリストに項目を追加していこう。

第 8 章　株主持分計算書の分析　　241

Box 8.3　会計の質に気をつけよう：株主持分計算書

　本章では，米国基準および IFRS による会計の質に関する問題を明らかにした。株主の視点から，アナリストは次の項目に注意し続ける必要がある。問題は，米国基準による会計処理でも IFRS による会計処理でも生じる。

会計項目	質に関する問題点
未払配当金	米国基準では，未払配当金は負債として処理される。しかし，むしろそれは株主持分の一部である。株主は，宣言されたがまだ支払われていない配当に対して請求権を有している。彼らはそれを他人に借りているわけではない。
有価証券に係る未実現利得損失	売却可能な負債および持分証券に生じる未実現の利得損失は，損益計算書ではなく株主持分計算書におけるその他の包括利益の一部として報告される。したがって，投資ポートフォリオの完全な業績が損益計算書で報告されるわけではない。さらに悪いことには，企業は，実現した利得損失については損益計算書で報告するので，損失が生じた証券は保有したままその未実現損失を株主持分計算書で報告する一方，値上がりした証券は売却することにより，「いいとこどり」をして，利得を損益計算書（および 1 株当たり利益）に反映させることができる。
外貨換算差額	為替レートの変動により，保有する外貨建資産負債から生じる利得または損失は，損益計算書で報告されない（この影響は，損益計算書をバイパスして株主持分計算書上の持分に計上される）。
優先配当	優先配当は，（普通）株主にとってのコストではなく持分の分配として処理される。
株式報酬の持分への算入	米国基準では，まるで従業員に対する報酬によって株主持分が増加するかのように，ストック・オプションの付与による繰延報酬が持分に算入される。これは，オプションの行使時に価値を引き渡す負債であり，持分の増加ではない。
ストック・オプションの付与日会計	米国基準では，ストック・オプション報酬がオプション付与日に認識される。しかしながら，（株主にとっての）費用は，行使日に市場価格より低い価格で株式が発行されたときに生じる。もし付与されたオプションが行使されなければ，米国基準は賃金費用を過大計上することになる。もしオプションが行使されれば，通常，米国基準は賃金費用を過小計上することになる。
ワラントおよびオプションの会計	米国基準では，企業の株式に対するワラントおよび（コールやプット）オプションが行使され，株式が市場価格と異なる価格で発行または買い戻されたとき，株主に生じる損失が報告されない。
転換社債および優先株式の会計	米国基準では，これらの請求権は簿価で持分に算入される。したがって，転換時に損失が認識されない。
除外された借入コスト	（転換社債のような）非持分金融商品が持分に転換される際には損失が認識されないため，借入コストが過小計上されることになる。
除外された（オフバランスシート）負債	市場価格よりも低い価格で株式を発行する債務の残高が貸借対照表で認識されない。これには発行済ストック・オプションから生じるオプション・オーバーハングも含まれる。

242 第**2**部 財務諸表分析

要 約

　財務諸表上の誤った分類は，誤った財務諸表分析と誤った価値評価につながりうる。財務諸表の組み替えは，項目を正しく分類するものである。米国基準による株主持分計算書は，事業の成果と事業の資金調達を混同している場合がある。本章では，企業における価値の創造と正味配当による株主への価値の分配とを区別するために，株主持分計算書を組み替えた。この組み替えにより，株主持分計算書におけるダーティー・サープラス項目が識別でき，包括的な利益と包括的な ROCE を計算することができる。

　財務諸表における認識漏れは誤った分類よりも悪質であり，本章では，条件付請求権の行使に伴って生じるにもかかわらず，米国基準および IFRS の会計処理によって隠される費用に対して，アナリストに注意を促した。予測においてこれらの費用を認識しないことは，企業価値の過大評価につながりうる。

　これまでと同様に，株主持分計算書の分析においては物事を冷静に見る目を保たなければならない。ダーティー・サープラス項目がほとんどなく，株式報酬もないいくつかの企業については，すべきことがほとんどないのは明らかである。損益計算書の外に表れるのは，外貨換算差額および有価証券に係る未実現利得損失の 2 項目だけであるという企業が多い。そして多くの企業において，これらの項目の金額は小さい。米国では，株主持分計算書を一瞥して，そうした項目を重要性のないものとして片づけることができる場合もある。ただし，他の国では，ダーティー・サープラス会計の実務はきわめて広範囲に及ぶ。米国でも，報酬としてのストック・オプションの利用が広まっている。

キー・コンセプト

- **オプション・オーバーハング**は，未行使のストック・オプションの価値である。［235］
- **隠れたダーティー・サープラス費用**は，株式の発行から生じ，財務諸表に計上されない費用である。［232］
- **還元額**は，株主への支払額である。この用語は，配当のみを意味することもあれば，配当と自社株買いを意味することもある。**内部留保**と比較しよう。［228］
- **希薄化**（既存株主にとっての）は，株式が市場価格を下回る価格で新株主に発行された場合に生じる。［232］
- **クリーン・サープラス会計**では，株主持分計算書に含まれる項目は純利益（損益計算書の末尾）と株主との取引のみである。［225］
- **コール／プット・オプション**は，その保有者に特定の価格（権利行使価格）で株式を買う／売る権利（義務ではない）を与える請求権である。［231］
- **償還可能優先株式**は，特定の条件のもとで発行者によって買い戻されうる優先株式である。［222］
- **条件付持分請求権**は，条件が満たされると普通株式に転換されるかもしれない請求権である。その例は，**コール・オプション，プット・オプション，転換証券**である。［236］
- **税制適格オプション**は，権利行使時に従業員への課税がなく，発行企業にとって損金算入項目とならない従業員ストック・オプションである。［233］
- **税制非適格オプション**は，権利行使時に従業員への課税があり，発行企業にとって損金算入項目となる従業員ストック・オプションである。［233］

第8章 株主持分計算書の分析 **243**

・**節税効果（タックス・ベネフィット）**とは，特定の取引について認められた損金算入や税額控除のことである。[233]
・**ダーティー・サープラス項目**とは，株主持分における会計項目のうち，株主との取引と損益計算書末尾の純利益以外の項目のことである。[225]
・**転換証券**は，条件が満たされると普通株式に転換されるかもしれない証券（社債や優先株式など）であるが，それ以外の請求権も付いている。[237]
・**内部留保**とは，利益のうち100％未満を（株主に）支払うことである。**還元額**と比較しよう。[229]

演習問題

1 **基本的な計算**

a. ある企業の貸借対照表上の株主持分合計が237百万ドルであったとする。優先株主持分は32百万ドルであった。普通株主持分の金額はいくらか。

b. 次の情報から，株主への正味配当および包括的な利益を計算しなさい。

（単位：百万ドル）

期首普通株主持分	1,081
普通株式発行	230
普通株式買い戻し	45
普通配当	36
期末普通株主持分	1,292

c. ある企業が，株主持分計算書で包括利益62百万ドルを報告する一方，損益計算書では純利益87百万ドルを報告したとする。この差額の理由を説明しなさい。

2 **株主持分計算書からのROCEの計算**

次の情報から，第2期の普通株主資本利益率を計算しなさい。ただし，株式の買い戻しはないものとする。

（単位：百万ドル）

第1期末の普通株主持分	174.8
普通株主に支払われた配当	8.3
第2期における株式発行	34.4
第2期末の普通株主持分	226.2

3 **株主持分計算書の簡単な組み替え**

次の情報から，組み替え後の第2期普通株主持分計算書を作成しなさい。

（単位：百万ドル）

第2期首の残高	1,206
純利益	241
外貨換算損失	(11)
保有負債証券に生じた未実現利得	24
株式発行	45
普通配当	(94)
優先配当	(15)
第2期末の残高	1,396

なお，期首と期末の残高には200百万ドルの優先株式が含まれている。

244 第2部 財務諸表分析

4 ストック・オプションの行使によって生じる株主の損失

第1期に，ある企業の従業員が1単位当たり20ドルの行使価格のストック・オプションを305単位付与されたとする。第6期，権利確定後にこの企業の株式は1株当たり35ドルで取引されており，そこでこの従業員は権利行使したとしよう。この企業の法人税率は36％である。この従業員にストック・オプションで報酬を支払うことにより，株主に生じる税引後コストはいくらになるか。

第**9**章

貸借対照表と損益計算書の分析

前章で扱った組み替え後の株主持分計算書は，総合的な収益性の指標である株主持分に対する包括的な利益率を導き，成長性を考慮することで残余利益や価値を導出した。一方で貸借対照表と損益計算書は収益性や成長性の源泉を見つけるための詳細な情報を提供してくれる。本章では，第11章と第12章で収益性と成長性について分析するための準備となる，2つの計算書の組み替えについて説明する。

価値を生み出す収益性は企業のビジネスから生じる。それゆえ，第2部の扉で説明したように，資金調達活動から事業活動を区別するために計算書を組み替えるところから分析を始める。この組み替えは，企業のビジネスを知ることなしには企業を評価することができない，というルールを強いる。というのも，事業活動を区別することは，企業が携わっているビジネスを識別することになるからである。また財務諸表において資金調達活動による金融項目から事業項目を区別するには，そのビジネスにおける各項目の役割を理解し，また，それがどのように収益性に貢献するのかを理解することが求められる。ビジネスのレンズともいえる財務諸表の組み替えによって，事業活動の焦点を絞ることができる。本章では，組み替え後の財務諸表というレンズを通してビジネス，戦略，そしてそれが生み出す価値を理解する。この章を読み始める前に，217ページの「図：企業のすべてのストックとフロー」をもう一度見よう。これが指針となるだろう。

しかし，貸借対照表と損益計算書を組み替える主な目的は，予測や価値評価の準備段階として，普通株主資本利益率（ROCE）や成長のドライバーを見つけることである。これらは比率分析を通じて発見されるが，ビジネスをよく理解していることが常に求められる。本章ではこれらの計算書から計算される比率を紹介する。これらの比率は第11章や第12章で収益性や成長性の分析に用いられる。

246 第**2**部 財務諸表分析

アナリストのチェックリスト

　本章を読めば，以下のことがわかるだろう。

・なぜアナリストは損益計算書と貸借対照表を組み替えるのか。
・2つの表からどのように事業項目と金融項目を区別するのか。
・一般的にはどの資産，負債が事業活動に分類されるのか，または資金調達活動に分類されるのか。
・なぜ法人税を損益計算書の異なる箇所に配分するのか。
・貸借対照表や損益計算書を用いて計算した比率からわかることは何か。
・組み替え後の財務諸表から企業の戦略をどのように読み解くか。
・企業がどのようにして「キャッシュ」をやりくりしているのか。

　本章を読めば，以下のことができるようになるだろう。

・損益計算書と貸借対照表の組み替え。
・組み替え後の計算書に注記情報を加えること。
・包括利益ベースの組み替え後損益計算書の作成。
・事業利益と金融収益（ないし費用）への法人税の配分。
・事業活動に対する実効税率の計算。
・百分率分析，その比較分析の準備と解釈。
・トレンド分析の準備と解釈。
・売上の収益性を明らかにする比率を含む，損益計算書から計算される比率の計算。

1　貸借対照表の組み替え

　典型的な貸借対照表は，大抵，資産と負債を流動と固定とに分類している。資産については流動性に基づいて，負債については償還期限に基づいて分類することで，企業が債権者のキャッシュの請求に応えることができるかどうかについての指標を提供する。ここでは，「図：企業のすべてのストックとフロー」で説明したように，収益性の源泉の違いを認識するために事業活動と資金調達活動という流動・固定の区別を超えた分類を採用している。企業が利益を生み出す能力をよく理解するためには，貸借対照表を事業活動と資金調達活動とに分けて資産・負債を表すように組み替える必要がある。「図：企業のすべてのストックとフロー」に従えば，事業資産と事業負債を純額で表したものを**正味事業資産**，金融資産と金融負債を純額で表したものを**正味金融資産**（負債），あるいは**正味負債**と呼ぶ。

　例9.1に典型的な貸借対照表を示している。これは公開されている貸借対照表の標準的な項目を並べたものである。もちろん，特定の企業の貸借対照表にはこれらのす

● 例 9.1　典型的な貸借対照表

資　産	負債及び純資産
流動資産：	流動負債：
現　金	買掛金
現金同等物	未払費用
短期投資（市場性のある有価証券）	繰延（未実現）収益
保証金及び前払金	顧客からの前払金
売掛金（貸倒引当金を控除）	保証債務
短期受取手形	短期支払手形
その他の債権	短期借入金
棚卸資産	繰延税金負債（短期に解消するもの）
前払費用	1 年内償還長期負債
繰延税金資産（短期に解消するもの）	
固定資産：	固定負債：
長期貸付金	銀行借入
債券への長期投資	社　債
株式への長期投資——20 ％未満の所有	長期支払手形
株式への長期投資——持分法	リース債務
有形固定資産（減価償却累計額を控除）	契約債務及び偶発債務
土　地	繰延税金負債（長期）
建　物	年金負債
設　備	退職後給付債務
リース資産	償還優先株
リース物件改良のための設備等	
建設仮勘定	
無形資産	
特　許	
ライセンス，フランチャイズ，営業権	
著作権，商標権	
のれん	純資産：
ソフトウェア開発費	非支配（少数）株主持分
繰延税金資産（長期）	優先株
繰延資産	普通株主持分

べての項目が含まれるわけではないし，合算されてしまう項目もあれば「その他の資産」「その他の負債」に分類されてしまうものもある。また，産業によっては，ここにリストアップされていない特別な項目を目にすることもあるだろう。

　事業資産と事業負債は，財・サービスを売る事業にかかわるものである。また，金融資産と金融負債は，事業のための資金調達や事業活動からの余剰資金の分配にかかわるものである。貸借対照表を組み替える前に，「この企業のビジネスは何か」という問いに対する答えを確認しておこう。なぜならこの問いに対する答えが，事業資産と事業負債が何であるかを決めるからである。また，事業資産と事業負債は事業利益を生み，金融資産と金融負債は金融収益や金融費用を生じさせるという損益計算書の分類も，合わせて心に留めておくようにしよう（後で議論する）。

248　第2部　財務諸表分析

● 例9.2　非金融会社の貸借対照表における事業項目と金融項目の分類

組み替え後の貸借対照表

資　産	負債及び純資産
金融資産：	金融負債：
現金同等物	短期借入
短期投資	1年内償還長期負債
短期受取手形（？）	短期支払手形（？）
長期債券投資	長期借入（銀行借入，社債，買掛金，支払手形）
	リース債務
	優先株式
事業資産：	事業負債：
その他すべて	その他すべて
	非支配（少数）株主持分
	普通株主持分

組み替え後の貸借対照表に関する論点

　非金融業の米国基準に基づく貸借対照表は，例9.2のように事業項目と金融項目とに組み替えられる。このとき，次のような問題が生じる。注記情報はこれらの問題を整理するのに役に立つだろう。

- ・キャッシュ　　**運転資金**は，支払期限がきたときに支払えるようにバッファとして必要とされるもので，事業資産である。これは利子を生まず，手元現金や当座預金口座の形態をとる。企業は事業を実行するために有形固定資産に投資するように，運転資金にも投資する。しかし，利子を生む現金同等物（3カ月未満に満期となる投資）や短期間の証券投資は金融資産である。というのも，それらは企業の現金需要額を上回る現金の投資だからである。一般的には，企業は現金と現金同等物をまとめてしまうので，運転資金を識別するのは難しい。もしアナリストがビジネスのタイプをよく理解していれば，要求されている運転資金を（たとえば売上の0.5％というような形で）計算できるだろう。しかし，多くの企業は現金を利子が付く口座に入れており，その場合にはすべての現金を金融資産に分類してよいだろう。

- ・*短期の受取手形*　　手形は取引時に顧客が商品の受取に対して発行するものであり，利子が付くものと付かないものとがある。もし手形が余剰資金の一時的な投資なら，それは金融資産に分類されるだろう。もし商業手形なら，それは事業資産に分類される。それが市場金利分の利息を生む場合は，金融資産として扱われうる。その受取手形は金銭的な請求権に転換されているからである。しかし，企業が顧客を引きつけるために信用販売を行っている場合には，手形は事業資産として扱われる。企業は出荷された商品を安い価格で提供するのではなく，実際には低い金利で資金を提供しているのである。これに対応して，受取利息は商品の売上からの収益の一部として，適切な信用期間に事業収益として計上される。

（製品の販売によって生じる）貸出債権も同じカテゴリーに分類される。

・*債券への投資*　　非金融会社にとって，債券やその他の利子が付く対象への投資は金融資産である。FASB 基準書第 115 号では，流動資産であっても固定資産であっても，それらが売却可能であれば時価評価が求められている（そして貸借対照表上は時価で認識される）。もし満期まで保有するのであれば原価で記録される。注記では，包括利益に計上される未実現の利得損失と合わせて，すべての証券の取得原価および公正価値とともに償還のスケジュールが開示されている。銀行は借入利子率と貸出利子率のスプレッドで稼いでいるが，その場合，借入負債（債権）や負債証券（債券）への投資は事業項目となる。

・*長期の株式投資*　　長期の株式投資（他社の株式への投資）は他企業の事業への投資であるため，事業投資に分類される。もし他社の株式の 20 ％未満を保有している場合，それが「売却可能」であるなら時価で，「満期保有」であるなら原価で貸借対照表に記録する。保有比率が 20 ％以上 50 ％未満の場合，*持分法*のもと株式投資として記録する。持分法はこれらの投資について，原価に関連会社の利益の自社の取り分を足し，関連会社によって支払われた配当や株式取得にかかるのれんの減損分を控除して評価する。保有率が 50 ％を超える場合，**連結会計**によって関連する企業の財務諸表を 1 つの財務諸表にまとめるため，株式投資は連結財務諸表には表れない。

　　子会社への株式投資には，子会社の正味金融資産に対する親会社の持分もある。したがって，それは事業資産への投資であるだけでなく子会社の金融資産と負債への投資でもある。理想をいえば，子会社の財務諸表まで遡って事業活動と資金調達活動を整理し，それに従ってその株式投資も区別するのが望ましい。しかし，子会社が公開企業でなければそれも難しいので，便宜上，その投資全体を事業子会社への投資として扱うのである。

・*短期の株式投資*　　株式は事業資産に分類されるが，短期で保有する市場性のある株式への投資は例外である。もしそれらがトレーディング目的のポートフォリオの一部である場合は，事業資産に分類される。一時的な余剰資金の運用として投資される場合は，金融資産となる。これらの投資は時価で評価される。

・*短期の支払手形*　　現金を生み出すために振り出された手形であれば，金融負債に分類される。しかし，たとえば在庫の購入などのために，手形が取引上の債務として振り出されることもありうる。それらが利子付きでない，あるいは，このタイプの信用に対する市場金利よりも低い金利であれば，事業負債に分類される。もし市場金利分の利子を負う場合には，金融負債に分類される。取引から生じた負債を支払うために振り出された手形は，事業活動から生じたものであるが，もしそれが市場金利分の利子を負う場合，事業負債（買掛金）は実際には金融負債

250　第2部　財務諸表分析

（支払手形）に転換されている。

- **未払費用**　　さまざまな種類の事業費用（家賃，保険料，賃金，税金など）を支払うために生じる負債を含む。事業負債として取り扱う。しかし，金融負債に対する未払利息は金融項目である。

- *繰延収益（未実現収益）*　　（企業が販売を遂行していないために）まだ収益として認識されていない顧客からの受取であり，保証などを完遂する債務である。これらは事業負債として取り扱う。

- **リース**　　資本化されるリースは，リース契約のもとで期待される支払の割引現在価値で，リース資産として貸借対照表に計上される。リース資産は事業資産である。リース債務は負債として報告され，組み替え後の財務諸表では金融負債に分類される。リース債務にかかる利子費用は損益計算書において，他の利子費用とともに報告される。資本化され，貸借対照表に計上されるリース取引は，**キャピタル・リース**と呼ばれる。キャピタル・リースは，本質的には，耐用年数のほとんどの期間について，企業にその資産を利用する権利を付与するものであり，実質的な購入であるといえる。したがって，その資産が実質的に購入であるという規準を満たす場合には，リース資産は他の有形固定資産と似たように取り扱われる。リース・サービスを利用することで生じる債務は，借金をして資産を購入したとして取り扱う。リース債務は，実質的には資産を購入するために資金調達したローンである。実質的な購入とはみなせないリースは**オペレーティング・リース**と呼ばれる。それらは貸借対照表には計上されないが，支払リース料は損益計算書に賃借料として計上される。

- *繰延税金資産／負債*　　繰延税金は，課税所得と報告された帳簿上の利益とで，そこに含まれる事業利益にかかわる構成要素の計算の仕方が異なるために生じる。そのためこれらは事業資産ないし事業負債に計上される。

- **未払配当金**　　負債ではなく株主持分に分類する。

- **優先株式**　　普通株主の観点からは，優先株式は金融負債である。

- **「その他」の項目**　　貸借対照表には一般的に「その他の資産」や「その他の負債」という項目がある。その詳細は注記や，時には「経営者による財政状態および経営成績の検討と分析」（management discussion and analysis：MD&A）から読み取ることができる。もしこれらの資源が重要ではないと判明すれば，それらの項目は事業活動に分類しておけばよいだろう。金額が重要な負債があるとき，企業はそれらを開示することが求められている。

- *非支配（少数）株主持分*　　普通株主の観点から，連結子会社における**非支配株主持分**を金融負債，すなわち支払義務として認識しようとする考えもある。しかし非支配株主持分は，負債のようにフリー・キャッシュフローから生み出された

キャッシュで支払わなければならない債務ではない。むしろ連結された事業の成果を分け合う持分である。組み替え後の貸借対照表では，これを負債とは区別した項目として取り扱う。非支配株主持分のある組み替え後の貸借対照表は，次のような形になる。

正味事業資産－正味金融負債＝普通株主持分＋非支配（少数）株主持分

　事業負債を，金融負債ではなく事業活動の一部とみなすことが問題視される場合もある。たしかに，他の書籍ではこれらが負債や負債比率に含められているのを目にしてきたかもしれない。債権者に対する債務であるため，これらは負債であり，信用リスクや借入金の支払能力を評価する場合には，事業負債をそれらの指標の計算に組み込むだろう。しかし，ここでの目的は正味資産に対する事業の収益性を把握することである。企業が保有する事業負債の分だけ，事業活動の正味投資，すなわち正味事業資産は減少する。たとえば，企業がサプライヤーに信用販売するように促した分だけ，株主が求める投資を減少させる。次の例はこのことを表している。

- ・デルはコンピュータ事業において，在庫投資を少なく保つために受注生産システムを導入していることで有名である。デルの2011年度の貸借対照表は13億100万ドルの棚卸資産を報告しているが，それは売上のわずか2.1％である。しかし，デルは112億9300万ドルの買掛金を計上している。デルは在庫のサプライヤーに対して，在庫（やその他の供給）を「ファイナンス」するために信用を供与してくれるよう交渉し，その結果として，同社の在庫への投資は負になっている。こうすることで，在庫を購入するのに株主の資金を使わなくてもよくなり，株主に対して価値が生み出されるのである。実際に，これらの信用供与者は，在庫だけでなく他の事業資産を調達する資金をも提供してきたのだ。そのおかげで，株主は金融負債にかかる利息を支払わなくて済んでいるのである。
- ・オラクル・コーポレーション（Oracle Corporation）は，ソフトウェアと情報管理の大企業であり，2011年の貸借対照表に68億200万ドルの繰延収益を負債として報告している。これは，顧客が同社からサービスを受け取るのに先立って支払ったキャッシュである。このキャッシュは，それがなければ株主が資金を提供しなければならなかったであろう資産の購入に使われるので，株主に価値をもたらす。株主は自分たちのキャッシュをほかのことに使えるのである。
- ・家電メーカーのワールプール・コーポレーション（Whirlpool Corporation）は，2010年に2億1700万ドルの製品保証を未払費用として計上している。これらのサービスの販売に伴う債務は，実質的には売掛金から控除されている。つまり売掛金は，支払われるだろう保証請求の期待値分だけ実際には減額される。

　例9.3では，2008年から2010年にかけてナイキが公表した貸借対照表を組み替え

252　第**2**部　財務諸表分析

● 例9.3　**ナイキの米国基準に基づく連結貸借対照表と組み替え後の貸借対照表（2008〜2010年）**

　　組み替え後の貸借対照表は，米国基準の貸借対照表を，正味事業資産（事業資産－事業負債），正味金融資産（金融資産－金融負債），普通株主持分（正味事業資産＋正味金融資産）に組み替えたものである。組み替え後の貸借対照表にある括弧数字は，本文で説明しているポイントに対応している。

ナ　イ　キ
連結貸借対照表　　　　（単位：百万ドル）

	2010	2009	2008
		（期末：5月31日）	
資　　産			
流動資産：			
現金及び現金同等物	3,079.1	2,291.1	2,133.9
短期投資（注6）	2,066.8	1,164.0	642.2
正味売掛金（注1）	2,649.8	2,883.9	2,795.3
棚卸資産（注1, 2）	2,040.8	2,357.0	2,438.4
繰延税金資産（注9）	248.8	272.4	227.2
前払費用及びその他の流動資産	873.9	765.6	602.3
流動資産合計	10,959.2	9,734.0	8,839.3
正味有形固定資産（注3）	1,931.9	1,957.7	1,891.1
識別可能正味無形資産（注4）	467.0	467.4	743.1
のれん（注4）	187.6	193.5	448.8
繰延税金及びその他の資産（注9, 18）	873.6	897.0	520.4
資産合計	14,419.3	13,249.6	12,442.7
負債及び純資産			
流動負債：			
1年内返済（または償還）長期負債（注8）	7.4	32.0	6.3
支払手形（注7）	138.6	342.9	177.7
買掛金（注7）	1,254.5	1,031.9	1,287.6
未払費用（注5, 18）	1,904.4	1,783.9	1,761.9
未払税金（注9）	59.3	86.3	88.0
流動負債合計	3,364.2	3,277.0	3,321.5
長期負債（注8）	445.8	437.2	441.1
繰延税金及びその他の負債（注9, 18）	855.3	842.0	854.5
契約債務及び偶発債務（注15）	—	—	—
償還優先株（注10）	0.3	0.3	0.3
純資産：			
普通株式券面額（注11）：			
クラスA転換可能——発行済株式数90.0, 95.3, 96.3	0.1	0.1	0.1
クラスB——発行済株式数394.0, 390.2, 394.3	2.7	2.7	2.7
券面額超過分	3,440.6	2,871.4	2,497.8
その他の包括利益累計額（注14）	214.8	367.5	251.4
留保利益金	6,095.5	5,451.4	5,073.3
純資産合計	9,753.7	8,693.1	7,825.3
負債及び純資産合計	14,419.3	13,249.3	12,442.7

　（出所）　注は公表財務諸表の注記に対応している。2010年の10-K年次報告書参照。

第 **9** 章　貸借対照表と損益計算書の分析　　253

(例 9.3 続き)　　　　　　　　**組み替え後の貸借対照表**　　　　　　(単位：百万ドル)

	2010		2009		2008	
正味事業資産						
事業資産						
運転資金[1]		95.1		95.9		93.1 (4)
売掛金－貸倒引当金		2,649.8		2,883.9		2,795.3
棚卸資産		2,040.8		2,357.0		2,438.4
前払費用及びその他の流動資産		873.9		765.6		602.3
正味有形固定資産		1,931.9		1,957.7		1,891.1
のれん		187.6		193.5		448.8
識別可能正味無形資産		467.0		467.4		743.1
繰延税金及びその他の資産		1,122.4		1,169.4		747.6
事業資産合計		9,368.5		9,890.4		9,759.7
事業負債						
買掛金（利子が生じないもの）[2]	1,166.3		953.4		1,221.7	(7)
未払費用[3]	1,773.7		1,662.5		1,790.0	(6)
未払税金	59.3		86.3		88.0	
繰延税金及びその他の負債	855.3	3,854.6	842.0	3,544.2	854.5	3,954.2
正味事業資産		5,513.9		6,346.2		5,805.5 (2)
正味金融資産						
金融資産						
現金同等物[1]		2,984.0		2,195.2		2,040.8 (4)
短期投資		2,066.8		1,164.0		642.2
金融資産合計		5,050.8		3,359.2		2,683.0
金融負債						
1年内返済（または償還）長期負債		7.4		32.0		6.3
支払手形[4]		138.6		342.9		177.7
買掛金（利子が生じるもの）[2]		88.2		78.5		65.9 (7)
長期負債		445.8		437.2		441.1
償還優先株		0.3		0.3		0.3 (5)
金融負債合計	680.3	4,370.5	890.9	2,468.3	691.3	1,991.7 (3)
普通株主持分[3]		9,884.4		8,814.5		7,797.3 (1) (6)

(注)　1)　現金及び現金同等物はキャッシュと投資支出とに分けている。運転資金は売上の 0.5 % として
　　　　　見積もっている。
　　　2)　利子が生じる買掛金は金融負債に分類している。
　　　3)　未払費用は普通株主持分に含めた未払配当金を除いている。
　　　4)　支払手形には利子が生じる。

後の貸借対照表と比較できるように並べてある。第 2 章ではナイキについて紹介し，
第 8 章ではナイキの組み替え後の株主持分計算書を用いた分析を行った。組み替え後
の計算書からいくつかのことに気づくだろう（以下の番号は組み替え後の計算書の右に
記した括弧数字に対応する）。

(1)　組み替えても貸借対照表等式（普通株主持分＝正味事業資産－正味金融負債）
　　　は成り立つ。普通株主持分の残高は，組み替え後の株主持分計算書のそれと一
　　　致する（第 8 章参照）。

(2)　正味事業資産は事業資産と事業負債の差である。

254　第**2**部　財務諸表分析

(3)　正味金融資産は金融資産と金融負債の差である。

(4)　現金及び現金同等物は運転資金と金融資産とに分けられる。運転資金は売上の0.5％として見積もった。

(5)　償還優先株は金融負債である。

(6)　未払配当金は米国基準に基づく計算書では未払費用として報告されるが，（第8章で組み替え後の株主持分計算書に入れたように）株主持分として扱う。

(7)　熱心なアナリストは財務諸表の注記を見直し，組み替え後の財務諸表に追加的な情報を加える。「その他の資産」と「その他の負債」をとくに，また「未払費用」をよく見る。もし長期の投資が報告されていたら，それが株式投資（事業資産）なのか，債券投資（金融資産）なのかを確認するために注記をチェックする。

戦略的貸借対照表

　組み替え後の貸借対照表によって，企業が事業をどのように編成しているかについて洞察を得ることができる。そこで，これを**戦略的貸借対照表**と呼ぶことにしよう。

　ナイキの組み替え後の貸借対照表から，株主持分を正味事業資産として投資し，追加的に正味金融資産に投資をすることで事業を営んでいることがわかる。また，事業資産と金融資産の内訳が前年度からの変化とともに開示されている。正味金融資産が正であることから，ナイキの現在の資金調達に関する戦略が明らかになる。すなわち，ナイキは借入ではなく株式で資金調達を行っているため，実際には債務者ではなく正味では債権者の立場であるといえる。事業資産には，企業が事業を営むために投資している資産の種類を列挙し，事業負債のリストは，サプライヤーが資産を調達するための信用をどれだけ供与しているかを表している。これらの債務は金融負債ではない。というのも，これらは事業活動から生じたものであり，ナイキが事業の資金を調達するのに金融負債を発行する必要がないことを意味するからである。これらは株主が提供せずに済んだ資金である。実際一部はサプライヤーの掛けに対して支払われるが，ナイキは配当を支払ったり株式を買い戻したりするために，かなりの金融資産を保有している（そして実際そうしている）。

　例9.4，例9.5は，デルとゼネラル・ミルズ（General Mills）の戦略的貸借対照表である。これらの表から企業の戦略について何が読み取れるだろうか。

デ　ル

　デルは多額の金融資産を保有しており，金融負債はほとんど保有していない。そのため，ナイキと同様，正味金融負債ではなく正味金融資産を有している状況である。つまり，生み出した多額のキャッシュフローを利付債に投資しているということである。しかし，デルの戦略的貸借対照表の際立った特徴は，正味事業資産が負だという

第9章　貸借対照表と損益計算書の分析　255

●例9.4　デルの組み替え後の戦略的貸借対照表（2011年度）

デル
戦略的貸借対照表　　（単位：百万ドル）

		2011		2010
事業資産				
運転資金		40		40
売掛金		6,493		5,837
貸付金		4,442		3,038
棚卸資産		1,301		1,051
有形固定資産		1,953		2,181
のれん		4,365		4,074
無形資産		1,495		1,694
その他の資産		3,481		3,988
		23,570		21,903
事業負債				
買掛金	11,293		11,373	
未払費用	4,181		3,884	
繰延収益	6,676		6,069	
その他の負債	2,686	24,836	2,605	23,931
**　　正味事業資産**		(1,266)		(2,028)
正味金融資産				
現金同等物	13,873		10,595	
短期投資	452		373	
長期投資	704		781	
	15,029		11,749	
短期借入	(851)		(663)	
長期負債	(5,146)		(3,417)	
		9,032		7,669
普通株主持分		7,766		5,641

点である。具体的には，2011年の株主持分は，金融資産への正味の投資90億3200万ドルと事業への負の投資−12億6600万ドルである。これは製造業の企業としては珍しいことである。どうしてそれが可能なのだろうか。それは，デルの戦略を見るとわかる。すなわち，ジャスト・イン・タイムの在庫管理によって在庫を少なく保ち，小売客に出荷する前にクレジットカードを要求し（それゆえ売掛金も少なく保てる），生産は外注し（有形固定資産への投資を減らす），サービス契約については前払してもらい（ゆえに多額の繰延収益が蓄積される），そして重要なのは，サプライヤーにはデルの買入債務を持ち越すことで営業信用を供与するように要求することである。したがって，株主は企業内で負の投資をすることになる。負の投資とは，株式の買い戻しなどのように，株主が企業からキャッシュを引き出して，ほかのところに投資することができる，ということを意味する。要するに，デルの株主は余剰資金に投資している。デルの評価をする際に理解することになるが，この投資は価値を付加する。ここで重要なのは，組み替え後の戦略的貸借対照表が，私たちが評価しようとしている価

256　第2部　財務諸表分析

● 例 9.5　ゼネラル・ミルズの組み替え後の戦略的貸借対照表（2010 年度）

ゼネラル・ミルズ
戦略的貸借対照表　　　　　　　（単位：百万ドル）

		2010		2009
事業資産				
運転資金		60		60
売掛金		1,042		953
棚卸資産		1,344		1,347
前払費用		379		469
有形固定資産		3,128		3,035
のれん		6,593		6,663
無形資産		3,715		3,747
繰延税金資産		43		16
その他の資産		762		895
		17,066		17,185
事業負債				
買掛金	850		803	
繰延税金負債	875		1,165	
その他の負債	3,880	5,605	3,414	5,382
**　正味事業資産**		11,461		11,803
正味金融負債				
1 年内返済（または償還）負債	107		509	
支払手形	1,050		813	
長期負債	5,269		5,754	
現金同等物	(613)	5,813	(690)	6,386
		5,648		5,417
非支配株主持分		245		244
普通株主持分		5,403		5,173

値生成についての洞察をいかに与えてくれるか，ということである。

　ゼネラル・ミルズ

　ナイキとデルは両方とも正の正味金融資産（負の正味金融負債）を保有していた。
例 9.5 のゼネラル・ミルズは負債性金融資産（債券）を保有するのではなく，負債に
よって資金調達している点において，より典型的だといえる。それゆえ正味金融負債
が 56 億 4800 万ドルとなり，正味の債務者の立場である。借入を通じてレバレッジを
効かせる資金調達戦略をとっているといえよう。この企業は 170 億 6600 万ドルの事
業資産を調達しているが，かなりの額を土地，建物設備，そして無形資産（ピルズバ
リー，プログレッソ，グリーン・ジャイアント，オールド・エル・パソ，ハーゲンダッツ，
アンクル・トビーズのような多くのブランド）に投資している。また，65 億 9300 万ド
ルというのれんの額が示すように，かなりの額を企業買収に投資している。56 億 500
万ドルの事業負債を控除した後の正味事業資産は 114 億 6100 万ドルであり，この半
分は借入によって調達され，残りの半分は普通株主と子会社の少数の非支配株主から
調達されている。子会社の非支配株主持分は金融負債ではなく，むしろゼネラル・ミ

第 9 章　貸借対照表と損益計算書の分析　　257

Box 9.1　戦略的キャッシュ

　（現金及び現金同等物，または，短／長期の負債証券への投資の形をとった）金融資産は，単に「キャッシュ」とのみ呼ばれることがある。これらの金融資産を識別しながら，アナリストは次のように尋ねる。「企業はその"キャッシュ"をどうするつもりだろう」。基本的なルールとしては，企業は目的なくキャッシュを保有してはならず，むしろ株主に分配すべきである。キャッシュは，株主が自分の口座に持っているのとまったく同様の残余利益がゼロの（価値を付加しない）資産だからである。金融資産は次のような（財務，投資，営業）目的で保有される。

1. 近い将来（配当や株式の買い戻しによって）株主に払い戻すため。
2. 満期が近い負債を支払うため（この支払は正味金融資産の額には影響しない）。
3. 近い将来の資本的支出，あるいは資産取得のため。
4. 事業活動がうまくいかないときの「保険」として。もしキャッシュフローが悪化すると，企業は資金不足を緩和するために金融資産を保有する。

　1つ目，株主への支払は目的としては標準的である。2008年の貸借対照表で多額の金融資産を報告した後，ナイキは2010年までの株式買い戻しプログラムを発表した。多くの金融資産を有するデルは，継続的な株式買い戻しプログラムを実施している。デルはいくつかの買収を行ったが，どの企業も償還しなければならない重要な負債を有していなかった。もし現金が事業活動への投資のために保有されていたのであれば，アナリストは投資戦略を熱心に見出そうとしただろう。

　金融資産の4番目の利用目的については賛否が分かれるところである。借入金を裏づけるだけの企業価値があれば，企業は景気の悪いときでも借入ができるだろう。もし，価値がなければ，株主にとっては，会社を清算させて，早いうちに確実に金融資産からキャッシュが支払われるほうがよい。金融資産は株主ではなく経営者の緩衝材であると文句をいう人もいる。そうはいっても，景気の悪いとき，とりわけ2008年の金融危機のように信用取引がおおむね縮小するときの借入は難しく，そのため企業は倒産しないようにキャッシュを保有する。ゼネラル・モーターズ，フォード，クライスラーなどといった米国の自動車会社は伝統的に多額のキャッシュを保有し，怒った株主がしばしば支払を要求した。それらの企業はいつも，キャッシュは「雨の日」のために必要だ，と返答したものである。ゼネラル・モーターズは2005年に5260億ドルのキャッシュを保有していたが，事業上の多額の損失を報告したときに「キャッシュ・バーン」（キャッシュの消滅）が引き続いて生じ，2008年にはほとんどキャッシュのない状態になって倒産した。もし金融資産がこのような形で事業に使われてしまうと，それらの資産は事業資産に分類されることとなり，価値評価の際に要求リターンが（リスキーだということで）上昇する。キャッシュは事業活動のリスクとしてみなされるのだ。

　米国の貸借対照表で多額のキャッシュを目にするのには，ほかにも理由がある。米国の税法では米国企業の海外子会社が稼得した収益は本国に送金されるまで課税されない。これは，課税を回避するために企業が海外子会社でキャッシュを保有することを意味する。もし海外子会社に投資の機会がほとんどないなら，キャッシュはそこに蓄積されるが，米国の連結貸借対照表には表れる。2004年に米国は，企業がきわめて低い税率で本国に送金することを認める1年間の「タックス・ホリデイ」を宣言した。

株式の最低評価額としての金融資産

　ベンジャミン・グレアムは1930年代の不況のどん底のときに，企業が有するキャッシュの価値より株価の低い企業（当時は今よりも一般的であった）を買うように助言した。正味金融資産と正

258 第**2**部 財務諸表分析

味事業資産を識別したことによって，普通株主持分の評価を次のように捉えることができる。

普通株主持分の価値＝正味事業資産の価値＋正味金融資産の価値

　もし株式が正味金融資産の価値より低い価格で取引されているなら，事業価値は負であると市場が暗にいっているのである。一般的には，株式は正味金融資産の価値を下回らず，キャッシュは（事業の価値を加算する前の）最低限の評価額を提供する。2011 年 2 月にデルは 14.25 ドルで取引されていた。戦略的貸借対照表に計上されている 90 億 3200 万ドルの正味金融資産と 19 億 1800 万ドルの発行済株式からわかるように，1 株当たりの最低評価額は 4.71 ドルである。市場はデルの事業を 9.54 ドルと評価していたのである。

ルズの普通株主とともに子会社の株式を共有する株主持分であるといえる。

　正味金融資産（「キャッシュ」）はまた，戦略的な資産でもある（Box 9.1 を参照）。

2　損益計算書の組み替え

　損益計算書は，正味事業資産と正味金融資産が生み出す利益と損失を報告する。米国基準と IFRS では表示に違いはあるが，損益計算書に表れる典型的な項目は例 9.6 に示した通りである。

　組み替え後の損益計算書は，これらの項目を事業活動と資金調達活動とに分類する。しかし，組み替え後の計算書は包括利益ベースなので，株主持分計算書で報告されるダーティー・サープラスも含まれる。例 9.7 はその雛型である。2 つの構成要素である**事業利益**と**正味金融費用**が確認されるだろう。また，その中には株主持分計算書の組み替えにおいて見つけられたダーティー・サープラスの収益と費用が含まれている。事業利益は，企業利益や**税引後正味事業利益**と呼ばれることもある。事業利益はさらに，次のように分類される。顧客との取引の収益性を理解するために，販売活動からの事業利益を販売活動以外からの事業利益と区別する。たとえば，関連会社の持分法投資損益は持分法により記録されるが，それは関連会社の売上から事業費用を控除した正味の値であり，表の 1 行目に売上高として示される販売活動が生み出したものではない。合併費用や資産を売却したことによる損益なども，同様である。最後に，組み替え後の損益計算書では，損益計算書の各パートの利益が，それに課される税を控除した後の利益となるように，税が配分されている。

税 の 配 分

　法人税は 2 つの方法で報告される。損益計算書で報告される税費用は，損益計算書の税金の行の上にある利益に対して課せられたものである。企業は税の行より下の項目（株主持分計算書に報告されている利益を含む）に対しても税金を支払うことがある。

第**9**章　貸借対照表と損益計算書の分析　　259

● 例 9.6　典型的な損益計算書

> 正味売上高（売上高 − 貸倒引当金）
> ＋その他収益（ロイヤリティ，賃借料，ライセンス料）
> − 売上原価
> ＝ 売上総利益
>
> − マーケティングと広告費用
> − 一般管理費
> ± 特別項目および非経常項目
> 　　リストラ費用
> 　　合併費用
> 　　資産売却にかかる損益
> 　　資産の減損
> 　　和解金
> 　　環境改善費
> − 研究開発費
>
> ＋ 利息収益
> − 利息（費用）
> ± 証券の実現損益
> ± トレーディング証券の未実現損益
> ＋ 持分法投資利益
>
> ＝ 税引前利益
> − 法人税
>
> − 異常項目および非継続事業控除前利益
> ± 非継続事業
> ± 異常項目
> 　　異常損益
> ＝ 純利益／損失
> − 非支配株主損益
> ＝（親会社）株主に帰属する純利益／損失

しかし，税の行の下にある異常項目[1]とその他の項目は，ダーティー・サープラスと同様に，税額を控除して報告されている。それゆえ，それらに税を配分する必要はない。例 9.7 の雛型にあるように，これらの税引後項目は，報告された税費用を，事業項目と金融項目とに振り分けた後の行に表れる。

　利益の 2 つの構成要素である事業利益と金融利益とには，いずれにも税効果がある。課税所得としての数値が 1 つだけ損益計算書で報告されるため，この数値を 2 つの構成要素に配分することで，利益を税引後ベースにしなければならない。これは**税の配分**と呼ばれ，まず，税務上損金算入される負債にかかる正味利息費用を控除した節税効果を計算し，それを事業利益に配分する。**節税効果**は次のように計算される。

　訳注 *1*）　2015 年 12 月 15 日から始まる決算年度より，米国基準の損益計算書から異常項目の区分はなくなった。

260　第2部　財務諸表分析

●例9.7　組み替え後の包括的な利益の計算書の雛型

(1)　事業項目は金融項目から分離される。
(2)　販売活動からの事業利益はその他の事業利益から分離される。
(3)　税は計算書の構成要素に配分される。税引後ベースで報告されている項目には配分しない。

組み替え後の包括的な利益の計算書

正味売上高
−売上を生み出した費用

（税引前）販売活動からの事業利益
−販売活動からの事業利益に課せられる税
　　＋報告された税
　　＋正味金融費用からの節税効果
　　−その他の事業利益に配分された税

（税引後）販売活動からの事業利益
±税の配分が必要なその他の事業利益（費用）
　　　リストラ費用と資産の減損
　　　合併費用
　　　資産の売却損益
　　　証券取引の損益
−その他の事業利益に課せられる税
±税引後事業項目
　　　持分法損益
　　　異常項目における事業項目
　　　表8.1におけるダーティー・サープラスの事業項目
　　　隠れたダーティー・サープラスの事業項目

（税引後）事業利益
−税引後正味金融費用
　　＋利息費用
　　−利息収益
　　±金融資産の実現損益

　　＝税引前正味課税金融費用
　　−正味金融費用からの節税効果

　　＝税引後正味課税金融費用
　　±債務償還損益
　　±表8.1におけるダーティー・サープラスの金融項目（優先配当を含む）
　　±隠れたダーティー・サープラスの金融項目
−非支配（少数）株主利益（損失）
＝（親会社の）普通株主に帰属する包括的な利益

節税効果＝正味利息費用×税率

そして，税引後正味利息費用は，次のように計算される。

税引後正味利息費用＝正味利息費用×（1−税率）

企業は課税所得の大きさに従って決められた税率により課税される。この計算に用いられる税率は**限界税率**と呼ばれ，税率が段階式になっている場合は，実際に所得に課税される最高の税率である。なぜなら，利息費用はこの比率の分だけ税を減らすか

らである。限界税率を，**実効税率**と混同してはならない。実効税率とは，税費用を損益計算書における税引後利益（企業が生み出した節税効果がすべて含まれている）で割ったものである。実効税率は注記に報告されているが，税を配分する際には用いられない。米国では税率にほとんど段階がないので，限界税率はほぼ常に連邦税および州税を合わせた最高の**法定税率**と等しくなる。これらの税率は税に関する注記で報告されているか，注記情報から推定することができる。

借入による節税効果がなければ，事業利益に課せられる税は本来より高いはずなので，正味利息費用を減らす節税額を事業利益に振り分ける。したがって，事業利益に課せられる税費用は次のように計算される。

事業利益に課せられる税＝報告された税費用＋（正味利息費用×税率）

もし，正味の利息収益があれば（金融負債より金融資産のほうが多ければ），資金調達活動によって税金が減るのではなくむしろ増えることになり，（振り分けにおいては）この税金分だけ，事業活動に課せられる税を減らす。いずれにしても，「資金調達活動がなければ税引後事業利益はいくらだろうか」という問いに答えるべく，資金調達活動の影響を受けない税引後事業利益を計算するという発想である。これにより，事業を営むことによる税の帰結を考慮した，事業活動の収益性が測定される。

このような税計算をしなくて済む状況の1つとして，課税所得計算において損失が出ているために，利息費用による税の軽減というベネフィットを企業が受けることができないときがある。このケースにおいては，限界税率がゼロとなるからである。しかし，これは米国ではよくあることではない。課税所得計算上の事業損失（あるいは正味事業負債）は前期に戻し入れて過去2年間の課税所得から減らす，あるいは，向こう20年の利益に対して繰り延べることができるからである。そのため，企業が節税効果を得られないのは，損失を過去にも将来にも負担させることができないときだけである。

優先配当は通常課税所得計算において損金算入されないため，節税効果はない。例外は，ESOP（employee stock ownership plan；従業員へのストック・オプション）に対する優先配当であり，これによる節税効果はダーティー・サープラスとして認識され，損益計算書に計上される。また，昨今のイノベーションにより，企業は自社で100％所有している信託を通じて優先株式を発行し，その信託が優先株を売却した収益を借り入れることができる。その信託を連結会計の対象に含めるとき，企業は信託に支払った利息分の節税効果を得るとともに，信託によって支払われる優先配当を認識する。こうすることで，支払われた優先配当に関する節税効果を効果的に得ることができる。

例9.7に戻ると，資金調達活動に課せられる税金は，税を増減させる項目（利息）に基づいて計算されているが，優先配当のような税に影響しない項目や税引後の項目

262　第2部　財務諸表分析

Box 9.2　税の配分：トップダウン方式とボトムアップ方式

　以下は，単純な損益計算書の右に，トップダウン方式とボトムアップ方式を用いて，税引後事業利益を計算するための税の配分を実施した結果を示している。企業の法定税率は35％とする。

米国基準 損益計算書		トップダウン方式の 税の配分			ボトムアップ方式の 税の配分		
収　益	$4,000	収　益		$4,000	純利益		$350
事業費用	(3,400)	事業費用		(3,400)	利息費用	$100	
利息費用	(100)	税引前事業利益		600	節税効果	35	65
税引前利益	500	税費用：			税引後事業利益		$415
税費用	(150)	報告された税	$150				
純利益	$　350	利息の節税効果 　（100ドル×0.35）	35	(185)			
		税引後事業利益		$　415			

　トップダウン方式では報告された税のうち資金調達活動に課せられた税を調整する。ボトムアップ方式ではボトムラインの純利益から積み上げて，純利益のうちの税引後金融項目を調整した純利益として税引後事業利益が計算される。

　事業利益に対する実効税率は$185/$600＝30.8％である。なぜこの税率は法定税率の35％より低くなっているのだろうか。それは，事業活動が節税効果を生み出しているからである。つまり，もし企業がある工業地帯で研究開発に関する税額控除，あるいは投資税額控除を受けていると，それにより税率が下がる。これらの税額控除は事業活動から生じたものであるため，その節税効果は事業活動に配分される。資金調達活動はそのような節税効果を引き出さないので，法定税率分の税を支払うことになるのである。

には基づいていないことに気づくだろう。そうして，事業利益に課せられた税を計算するために，資金調達活動からの節税効果を報告された税金に加算する。さらに，販売活動からの事業利益に課せられる税から，その他の事業利益に起因する税額分が控除される。このようにして損益計算書内で，税を，それをもたらした収益に配分していくのである。Box 9.2は単純な例ではあるが，以上で概要を説明したトップダウン方式を，ボトムアップ方式と対比させている。

　税を配分することによって，事業活動に適用される実効税率は，以下のように改訂される。

$$事業に課せられる実効税率＝\frac{事業利益に課せられる税金}{税，持分法利益，異常項目，ダーティー・サープラス項目加減前事業利益}$$

　投資税額控除を利用したり税率の低い法域に事業拠点を置くなどするタックス・プランニングによる節税効果は，事業活動から生じる。実効税率はそうした節税効果の尺度となる。持分法適用会社からの利益，異常項目やダーティー・サープラス項目は

税引後に報告されるので，分母からこれらの利益項目を除くのである。

組み替え後の損益計算書に関する論点

損益計算書の組み替えも，税の配分は別として，貸借対照表と同様に機械的な再分類の作業である。しかし，貸借対照表と同様に，アナリストはビジネスについて知らなければならない。たとえば，利息収益は通常金融資産から獲得されるが，購入者から獲得した金融債権からの利息収益は事業利益となる。以下は，組み替えの際の論点である。

・開示不足がしばしば問題となる。

　　持分法適用会社からの利益は金融利益にも事業利益にも含まれうるが，この2つの要素は識別できないことが多い。持分法適用会社への投資は，貸借対照表上は事業項目に認識されるので，損益計算書上も同様にすべきである。

　　いくつかの費用の詳細についても，よくもどかしい思いをさせられる。とくに，販売費及び一般管理費は額が大きいのが一般的であるにもかかわらず，注記にはほとんど説明がない。

　　利息収益は，事業からの「その他の収益」と一緒にされてしまうことが多い。この場合，当該期間の金融資産の平均残高に対してある利子率を掛けることで利息収益を推定する。金融資産がすべて流動資産であれば，用いるレートは短期の金利となる。

・米国基準では，建設費の調達にかかる利息費用は，貸借対照表において資産の取得原価に算入することになっている。そこでは利息費用を，資産に置き換わる労務費や材料費と同じように建設費用として扱っている。労務費や材料費は資産への投資であるが，利息費用は金融資産の費用であるため，この会計実務は，事業活動と資金調達活動を混同している。その結果，損益計算書には，貸借対照表に計上されている負債に対する利息費用がほとんど表れないことになる。しかし，この資本化された利息を元に戻すのは難しいし，また他の建設費用とともに損益計算書において減価償却されているため，追跡が困難である。利息費用を含む減価償却費が事業費用となるので，この実務は事業の収益性を歪めてしまう。

・組み替え後の損益計算書は企業のセグメントごとに作成することができる。詳細は注記から入手すれば，事業に関するより多くのことが明らかになる。

株主持分計算書の分析は，損益計算書の組み替えの必要条件となる。というのも，組み替えによって損益計算書に計上しなければならないダーティー・サープラス項目を特定できるからである。例9.8はナイキの包括的な利益が示されていた組み替え後の株主持分計算書である。そこに，組み替え後の損益計算書の総計と一致する包括的な利益が計上されている。

264 第2部 財務諸表分析

● 例 9.8 ナイキの組み替え後の株主持分計算書

この表から 18 億 1040 万ドルの包括的な利益があることがわかる。

(単位：百万ドル)

残高（2009年5月31日）			8,814.5
株主との取引			
ストック・オプションによる株式発行		482.2	
従業員への正味株式発行		37.1	
株式買い戻し		(754.3)	
現金配当		(505.5)	(740.5)
包括的な利益			
報告された純利益		1,906.7	
正味換算利得（損失）		(159.2)	
正味ヘッジ利得（損失）		6.5	
（税引後）ストック・オプション行使による損失	102.6		
－税引後純利益におけるストック・オプション費用	159.0	56.4	1,810.4
残高（2010年5月31日）			9,884.4

● 例 9.9 ナイキの米国基準の損益計算書と組み替え後の損益計算書（2008～2010年）

組み替え後の損益計算書は米国基準の計算書を事業利益（事業収益－事業費用）と正味金融収益（金融収益－金融費用）に分けて，ダーティー・サープラス利益項目を追加し，適切な税の配分を行ったものである。組み替え後の計算書にある括弧数字は，本文で説明に用いた番号に対応している。

ナ イ キ
米国基準の損益計算書

(単位：百万ドル，ただし1株当たりデータを除く)

	2010	2009	2008
	（期末：5月31日）		
収 益	19,014.0	19,176.1	18,627.0
売上原価	10,213.6	10,571.7	10,239.6
売上総利益	8,800.4	8,604.4	8,387.4
販売費及び一般管理費	6,326.4	6,149.6	5,953.7
リストラ費用（注16）	—	195.0	—
のれん減損損失（注4）	—	199.3	—
無形資産及びその他の資産の減損損失（注4）	—	202.0	—
正味支払（受取）利息（注6,7,8）	6.3	(9.5)	(77.1)
正味その他の（収益）費用（注17,18）	(49.2)	(88.5)	(7.9)
税引前利益	2,516.9	1,956.5	2,502.9
法人税（注9）	610.2	469.8	619.5
純利益	1,906.7	1,486.7	1,883.4
普通株1株当たり利益（注1, 12）	$3.93	$3.07	$ 3.80
希薄化後普通株1株当たり利益（注1, 12）	$3.86	$3.03	$ 3.74
配当公表後普通株1株当たり利益	$1.06	$0.98	$0.875

（出所）　注は公表財務諸表の注記に対応している。2010年の10-K年次報告書参照。

（例9.9続き） **組み替え後の損益計算書** （単位：百万ドル）

	2010		2009		2008	
			（期末：5月31日）			
事業収益		19,014.0		19,176.1		18,627.0
売上原価		10,213.6		10,571.7		10,239.6
売上総利益		8,800.4		8,604.4		8,387.4
事業費用						
管理費用[1]		3,970.0		3,798.3		3,645.4 (4)
広告費[1]		2,356.4		2,351.3		2,308.3 (4)
その他の費用（利益）[2]		(49.2)		(88.5)		68.5 (4)
（税引前）販売活動からの事業利益		2,523.2		2,543.3		2,365.2
税						
報告された税	610.2		469.8		619.5	
金融項目とその他の事業利益に課せられる税	2.3	612.5	213.1	682.9	(50.2)	569.3 (3)
（税引後）販売活動からの事業利益		1,910.7		1,860.4		1,795.9 (2)
（税引前項目）その他の事業利益						
会社分割による利益[2]					60.6	
リストラ費用			(195.0)			
のれん減損損失			(199.3)			
無形資産の減損損失			(202.0)			
			(596.3)			
その他の事業利益に課せられる税		216.5	(379.8)		22.1	38.5 (2)(3)
（税引後項目）その他の事業利益						
外貨換算利得（損失）[4]		(159.2)		(335.3)		165.6 (1)(2)
ヘッジ利得（損失）ほか[4]		6.5		451.4		(117.3)(1)(2)
ストック・オプション行使の影響		56.4		126.4		30.9
（税引後）事業利益		1,814.4		1,723.1		1,913.6
金融収益（費用）						
利息収益[5]		30.1		49.7		115.8 (4)
利息費用		36.4		40.2		38.7
正味利息収益（費用）		(6.3)		9.5		77.1
税効果（税率36.3％）[3]		2.3		3.4		28.1 (3)
税引後正味利息収益（費用）		(4.0)		6.1		49.0
優先配当[6]		0.0		0.0		0.0
税引後正味金融収益（費用）		(4.0)		6.1		49.0
包括的な利益		1,810.4		1,729.2		1,962.6 (1)

（注） 1） 販売費及び一般管理費から抜き出した。
　　　 2） 米国基準の報告書における2008年のその他の費用は会社分割による利益に含めている。
　　　 3） 法定税率36.3％は連邦税と州税を含んでいる。10-K年次報告書の税に関する注記を参照。
　　　 4） これらの項目は株主持分計算書に報告されているダーティー・サープラスである。
　　　 5） 利息収益は米国基準の報告書では利息費用と相殺されている。
　　　 6） 優先配当は0.5百万ドル未満。
　　　　　四捨五入による誤差のため計算の合わない列がある。

266　第2部　財務諸表分析

　例9.9は2010年のナイキの米国基準による損益計算書と組み替え後の損益計算書を並べたものである。組み替え後の損益計算書における次の点に気をつけよう（番号は，組み替え後の計算書の右に記した括弧数字に対応する）。

(1)　ダーティー・サープラス項目が損益計算書に移されているので，2010年の「ボトムライン」は例9.8で計算した包括的な利益になっている（2008, 2009年も同様）。

(2)　組み替えは販売活動からの事業利益と，販売に由来しない事業利益とを区別する。この区別によって販売活動からの売上高総利益率や事業利益に課せられる実効税率が明確な指標となる。税引後の箇所で報告される項目に由来する事業利益は区別して認識される。

(3)　税は連邦と州の法定税率を用いて，ここでは連邦税35％に1.3％の州税が加算された税率を用いて配分されている。この税率は，税に関する注記から確認できる。2010年のナイキの販売活動からの事業利益に課せられる実効税率は24.19％（612.5/2532.2 = 24.19％）である。事業活動により税が軽減されたため，法定税率よりも低くなっていることに注意しよう。

(4)　費用の詳細は注記に記載されている。たとえば，販売費及び一般管理費のうち，広告費は組み替え後の損益計算書に記載されている。しかし，多額の一般管理費のより詳細な情報は入手できない。このような開示不足をしばしば不満に思うだろう。

　ナイキの組み替え後の財務諸表の，さらに過去のものは，ウェブサイトのBYOAPで見ることができる。

戦略的貸借対照表への付加価値

　組み替え後の損益計算書は，戦略的貸借対照表から生み出される利益を認識する。事業利益は正味事業資産から生み出される利益を報告し，正味金融収益（費用）は正味金融資産（負債）から生み出される利益を報告する。

　例9.10と例9.11は，デルとゼネラル・ミルズの組み替え後の損益計算書である。デルは戦略的貸借対照表上の正味金融資産から生じる金融収益を報告しているのに対し，ゼネラル・ミルズは多額の正味金融負債から生じる金融費用を報告している。デルは多額の正味金融資産を保有しているが，当時の金融資産の利回りが非常に低かったので，損益計算書には正味利息費用が計上されている。どちらの企業も，正味事業資産に付随する事業利益は金融利益から区別され，その事業利益は販売活動によるものとその他の事業利益とに区別される。デルのその他の事業利益には税引後項目しか計上されていないが，ゼネラル・ミルズのその他の事業利益には，税引前項目に税を配分した項目が含まれている。たとえば，リストラ費用は損金算入されるので税金を

第 **9** 章　貸借対照表と損益計算書の分析　　267

● 例 9.10　デルの組み替え後の損益計算書（2011 年度）

　　デルの包括的な利益は，顧客からの収益，その他の事業利益，正味金融資産からの正味金融収益よりなる。損益計算書の各構成要素には適切な税の配分を施している。

デ　ル
組み替え後の損益計算書　（単位：百万ドル）

		2011		2010
		（期末：5 月 31 日）		
事業収益		61,494		52,902
売上原価		50,098		43,641
売上総利益		11,396		9,261
事業費用				
管理費用		6,572		5,846
広告費		730		619
研究開発費		661		624
（税引前）販売活動からの事業利益		3,433		2,172
税				
報告された税	715		591	
正味金融費用からの節税効果	29	744	52	643
（税引後）販売活動からの事業利益		2,689		1,529
その他の事業利益（すべて税引後）				
外貨換算利得（損失）		79		(29)
デリバティブの未実現利得（損失）		(112)		(323)
（税引後）事業利益		2,656		1,177
金融収益（費用）				
利息収益		116		71
利息費用		199		219
正味利息費用		83		148
税効果（税率 35 %）		29		52
税引後正味利息収益（費用）		54		96
金融資産の未実現損益		(2)		6
税引後正味金融費用		56		90
包括的な利益		2,600		1,087

減らす一方で，会社分割による利益は税金を増やす。

事業活動からの残余利益

　組み替え後の損益計算書と組み替え後の貸借対照表は，戦略的貸借対照表に対する付加価値を認識できるように設計されている。そこでの焦点は，事業活動に当てられている。というのも，企業が顧客やサプライヤーと取引することで，付加価値が生まれるからである。第 5 章では株主持分に帰属する残余利益を計算したが，ここでは株主持分に帰属する事業活動部分からの残余利益を識別する。付加価値の尺度は**残余事業利益**と呼ばれる。これは次のように計算される。

268　第 2 部　財務諸表分析

● 例 9.11　ゼネラル・ミルズの組み替え後の損益計算書（2010 年度）

　ゼネラル・ミルズの包括的な利益は，顧客からの収益とその他の事業利益（税引前および後項目）から，正味金融負債にかかる正味利息費用を控除した額である。

ゼネラル・ミルズ
組み替え後の損益計算書　　　　（単位：百万ドル）

	2010		2009	
	（期末：5 月 25 日）			
事業収益		14,797		14,691
売上原価		8,923		9,458
売上総利益		5,874		5,233
管理費用		2,109		2,012
広告費		909		732
研究開発費		219		207
（税引前）販売活動からの事業利益		2,637		2,282
税				
報告された税	771		720	
その他の事業利益に課せられる税	12		(16)	
正味利息費用からの節税効果	151	934	144	848
（税引後）販売活動からの事業利益		1,703		1,434
（税引前項目）その他の事業利益				
会社分割による利益（リストラ費用）	(31)		43	
税効果（税率 37.5 %）	12	(19)	16	27
（税引後項目）その他の事業利益				
ジョイント・ベンチャーからの利益		102		92
外貨換算利得（損失）		(163)		(288)
デリバティブ及び証券のヘッジ利得（損失）		14		(3)
年金費用		(460)		(761)
（税引後）事業利益		1,177		501
金融収益（費用）				
利息費用		409		405
利息収益		7		22
正味利息費用		402		383
税効果（税率 37.5 %）		(151)		(144)
税引後正味金融費用		251		239
非支配株主持分		5		9
包括的な利益		921		253

$$\text{残余事業利益}_t = \text{事業利益}_t - (\text{要求リターン} \times \text{正味事業資産}_{t-1})$$

　ここで事業利益は，組み替え後の損益計算書の数値を用いる。また，正味事業資産は期首の数値であることに注意しよう。もしゼネラル・ミルズに対する要求リターンが 8 ％なら，2010 年の残余事業利益は $1,177 -（0.08× $11,803）= $232.8 百万となる。すなわち，ゼネラル・ミルズは事業資産の簿価に正常リターンを掛けることで得られる事業利益を上回る，232.8 百万ドルの価値を生んでいるといえる。

　デルの例には，組み替え後の戦略的貸借対照表と組み替え後の損益計算書が価値を

第9章 貸借対照表と損益計算書の分析　269

生み出す源泉をどのように識別するかが，わかりやすく示されている。戦略的貸借対照表の項で指摘したように，デルの負の正味事業資産は，株主が事業において負の投資を行っていることを，また，その負の投資は，株主が事業からキャッシュを引き出してほかへ投資していることを意味している。デルの2011年の残余事業利益（要求リターンは9％）は次のように計算される。

$$残余事業利益_{2011} = \$2,656 - [0.09 \times (-\$2,028)] = \$2,839（百万）$$

　たしかに，デルの事業活動からの残余事業利益は，事業利益よりも大きくなっているのである。なぜなら，負の正味事業資産によって，デルの株主は9％でほかに投資できる効果的な余剰資金を得ており，その価値付加的な側面を残余事業利益の計算が捉えているからである。組み替え後の計算書は残余事業利益の2つの側面，すなわち，顧客との取引からの事業利益に加えて，余剰資金をもたらすために戦略的に構成された事業の価値を明らかにしているのである。デルの価値評価にあたっては，この2つのドライバーを心に留めておこう。デルは損益計算書における事業利益を生むために売上と利鞘を増やし，また，資産のやりくりや顧客およびサプライヤーとの関係から余剰資金を増加させることで，残余事業利益を成長させることができる。振り返ってみると，近年のデルの株価の下落は，売上成長が鈍化したこと，利鞘が縮小したこと，余剰資金が減少したことに，帰着させることができる。

3　貸借対照表と損益計算書の比較分析

　アナリストが企業の業績について判断を下すには，ベンチマークが必要である。ベンチマークは，（通常は同じ産業の）他の企業を参照するか，同じ企業の過去の歴史を参照することでつくられる。他の企業と比較することを，クロスセクション分析という。自社の履歴と比較することをトレンド分析という。財務諸表は，百分率分析の手法を使ってクロスセクション分析ができるようにつくられている。また，トレンド分析を用いることで，財務諸表の経時的な比較ができる。

百分率分析
　百分率分析は，規模の影響を除去するために，項目を単純に標準化する。各項目が，事業の規模を反映する，何らかの属性1ドル当たりで表される。この属性を慎重に選択し，組み替え後の財務諸表に適用すると，このスケーリングによって企業の事業の本質的な特徴が明らかになる。また，企業間のあるいは経時的な比較をする場合に百分率分析を用いれば，さらなる精査を必要とする際立った特徴を識別することができるだろう。

270　第2部　財務諸表分析

百分率損益計算書

　例9.12では，ナイキとゼネラル・ミルズの百分率ベースの組み替え後の損益計算書を示している。収益と費用が，正味の包括的な利益とともに，売上に対する比率（％）で表されている。

　百分率計算書の比較によって次の2つのことがわかる。

- ・企業のビジネスの違い，また，その結果生じる収益と費用の構造の違いがわかる。事業費用を見ると，どちらの企業も似たような構成だが，ナイキは費用項目のうち売上原価の売上高に対する比率が最も低く（53.7％），それゆえ売上総利益の割合が高く（46.3％）なっている。一方，ゼネラル・ミルズは売上高に対する管理費用の割合が14.3％と最も低く，広告費用も低くなっている（対売上6.1％）。
- ・売上1ドル当たりの事業の収益性がわかる。それぞれの事業項目は，売上高で割られていて，百分率の値はその項目の売上1ドルに対する割合を表している。それゆえ，事業費用の百分率は，その費用によって吸収された売上の割合を表し，事業利益の百分率は，最終的に利益になる売上の割合を表している。後者はとくに重要である。

$$販売活動からの売上高事業利益率 = \frac{（税引後）販売活動からの事業利益}{売上高}$$

　ナイキの（税引後）販売活動からの売上高事業利益率10％と，ゼネラル・ミルズの11.5％とを比べてみよう。例では，税引前の事業利益と税引後事業利益の比率も計算されている。費用の比率を見てみると，ナイキは，売上高総利益率は高いものの，主としてより高い管理費用と広告費用のために，販売活動による売上高事業利益率がゼネラル・ミルズよりも低くなっている。

　最後の包括的な利益の値は，やはり売上に対する比率（％）で表されており，これは売上高に対する正味の（包括的な）利益率を表す。これを売上高事業利益率と比較すると，企業がどれだけ資金調達活動を通じて利益を増やしたか，ないし減らしたかがわかる。ナイキが売上1ドルに対し正味9.2％の包括的な利益を稼いだのに対し，ゼネラル・ミルズは6.2％であった。

百分率貸借対照表

　百分率貸借対照表はしばしば総資産で標準化されるが，より情報量を豊富にするためには，組み替え後の財務諸表を用いて，事業資産や事業負債をそれぞれの総額で標準化する。2つの企業の百分率貸借対照表の比較が，例9.13に示されている。百分率は，事業活動における正味資産の相対的な構成を表している。貸借対照表がこの形式になっていれば，売掛金，在庫，有形固定資産などへの投資の相対的な額が比較できて，2つの企業の違いに焦点を当てることが容易になる。

第9章 貸借対照表と損益計算書の分析　271

● 例 9.12　ナイキとゼネラル・ミルズの百分率損益計算書の比較（2010 年度）

百分率損益計算書は，売上の収益性や，各費用項目の売上の収益性への影響を明らかにする。

（単位：百万ドル，％は売上 1 ドル当たりの割合を表す）

	ナ　イ　キ		ゼネラル・ミルズ	
	$	%	$	%
収　益	19,014	100.0	14,797	100.0
売上原価	10,214	53.7	8,923	60.3
売上総利益	8,800	46.3	5,874	39.7
事業費用				
管理費用	3,970	20.9	2,109	14.3
広告費	2,356	12.4	909	6.1
その他の費用（収益）	(49)	(0.3)	219	1.5
（税引前）販売活動からの事業利益	2,523	13.3	2,637	17.8
販売活動からの事業利益に課せられる税	612	3.2	934	6.3
（税引後）販売活動からの事業利益	1,911	10.0	1,703	11.5
その他の事業利益（費用）	(154)	(0.8)	(526)	(3.6)
税引後事業利益	1,757	9.2	1,177	7.9
正味金融収益（費用）	(4)	0.0	(256)	(1.7)
普通株主に帰属する包括的な利益	1,753	9.2	921	6.2

● 例 9.13　ナイキとゼネラル・ミルズの百分率貸借対照表の比較（2010 年度）

百分率貸借対照表は，事業資産や事業負債の構成要素の比率を明らかにする。

（単位：百万ドル）

	ナ　イ　キ		ゼネラル・ミルズ	
	$	%	$	%
事業資産				
運転資金	95	1.0	60	0.4
売掛金	2,650	28.3	1,042	6.1
棚卸資産	2,041	21.8	1,344	7.9
前払費用	874	9.3	379	2.2
有形固定資産	1,932	20.6	3,128	18.3
のれん	188	2.0	6,593	38.6
識別可能無形資産	467	5.0	3,715	21.8
繰延税金資産及びその他の資産	1,122	12.0	805	4.7
	9,369	100.0	17,066	100.0
事業負債				
買掛金	1,166	30.2	850	15.2
未払費用	1,774	46.0	3,880	69.2
未払税金	59	1.5	—	—
繰延税金及びその他の負債	855	22.2	875	15.6
	3,855	100.0	5,605	100.0
正味事業資産	5,514		11,461	

272　第 **2** 部　財務諸表分析

トレンド分析

　例 9.14 はナイキの 2006 年から 2010 年のトレンドを表している。この分析のベースとなっている数値は，本書のウェブサイトの BYOAP ツールに基づいている。トレンド分析は，財務諸表項目を，基準年に対する指数で表している。ナイキのケースでは，2005 年を基準年としその指数を 100 とする。

　トレンド分析は，財務諸表項目が時間の経過とともにどのように変化したのかを描く。正味事業資産の指数は，企業が事業への投資を成長させているか，またどのような成長率で成長させているのか，あるいは事業を清算してしまっているのか，などを表している。普通株主持分の指数によって，株主の投資の成長，あるいは引き上げを追うことができる。正味金融負債の指数では，正味負債の変化を追うことができる。同様に，損益計算書の指数では，利益とそれに影響する要因について，経時的に追跡することができる。とくに注目すべきは売上，販売活動からの事業利益，および包括的な利益である。

　ナイキのトレンド分析により，同社が売上を伸ばしてきた中でもこの 5 年間において，（税引後）販売活動からの事業利益は 57.3 ％，包括的な利益は 39 ％の成長を遂げたことがわかる。特定の項目に関する指数は，その成長が何に由来しているのかを示し，また，前年度に対する変化は成長に最も寄与した年度を示してくれる。売上原価は売上の成長に比べて緩やかであり，したがって，売上総利益の成長は売上よりも大きくなっている。貸借対照表のトレンドから，正味事業資産の成長が売上よりも緩やかであることがわかるが，このことは，時間を追うごとに，これらの資産に投資された額を上回る売上を獲得することを意味している。

　指数の前年度に対する変化は，各年の成長率を表している。たとえば，ナイキの 2009 年の売上高成長率 $(139.6-135.6)/135.6=2.9$ ％と，2008 年の売上高成長率 $(135.6-118.8)/118.8=14.1$ ％とを比較してみよう。この比較から，アナリストは，「なぜ 2009 年の売上は 2.9 ％の成長だったが，正味事業資産は 6.4 ％と，より大きく成長したのか」という疑問を持つだろう。それについては，貸借対照表における正味事業資産の内訳に関する詳細が答えてくれる。正味事業資産の成長は，積み上がった在庫のせいだろうか。それとも設備への新しい投資だろうか。2010 年にはなぜ，正味事業資産が減少しているのだろうか。なぜ 2010 年に事業費用は売上収益よりも増えているのだろうか。このような疑問を持つことによって，アナリストはさらなる調査を行うことになる。

　百分率分析とトレンド分析は百分率ベースのトレンド財務諸表を準備することによって組み合わせることができる。これによって，ある企業のトレンドと比較可能な企業のトレンドとを比較することが容易になる。

第9章　貸借対照表と損益計算書の分析　　273

● 例9.14　ナイキの財務諸表（一部）のトレンド分析（2006～2010年，基準年2005年を100とする）

トレンド分析は，財務諸表項目の経時的な成長，減衰を明らかにする。

	2010	2009	2008	2007	2006	基準年（2005）（百万ドル）
損益計算書						
売上高	138.4	139.6	135.6	118.8	108.8	13,740
売上原価	134.0	138.7	134.3	120.2	109.8	7,625
売上総利益	143.9	140.7	137.2	117.1	107.7	6,115
事業費用	147.7	142.6	138.8	118.3	105.5	4,250
（税引前）販売活動からの事業利益	135.3	136.4	126.8	114.4	112.9	1,865
（税引後）販売活動からの事業利益	157.3	153.1	147.8	119.3	112.9	1,215
事業利益	139.0	131.4	147.3	118.8	104.7	1,264
普通株主に帰属する包括的な利益	139.0	132.2	151.5	122.4	106.7	1,261
貸借対照表						
事業資産	132.9	140.3	138.5	112.4	108.5	7,049
事業負債	171.0	156.9	168.2	131.6	120.2	2,267
正味事業資産	114.8	132.4	124.4	103.3	102.9	4,782
正味金融資産	467.8	264.2	212.1	232.1	154.3	939
普通株主持分	172.8	154.1	138.8	124.4	111.3	5,721

4　比率分析

　組み替え後の財務諸表から，事業活動の収益性と資金調達活動の収益性を要約する2つの比率を計算することができる。1つは，正味事業資産に対する税引後事業利益の比率を表す正味事業資産利益率（rerurn on net operating assets：RNOA）であり，もう1つは，正味金融負債に対する税引後正味金融費用の比率を表す正味借入コストである。もし企業が，ナイキのように（正味金融負債でなく）正味金融資産を保有していれば，資金調達活動からの収益性は正味金融資産リターンで測定される。

　ナイキのケースでは，2010年の正味事業資産利益率（RNOA）は，

$$正味事業資産利益率（RNOA）= \frac{1,814}{\frac{1}{2}(5,514+6,346)} = 30.6\%$$

となる。また，ナイキの2008年の正味金融資産リターンは，

$$正味金融資産リターン = \frac{49}{\frac{1}{2}(1,992+2,179)} = 2.3\%$$

274 第2部 財務諸表分析

となる。販売活動からの事業利益を分子に用いて計算した RNOA は 32.2 % である。

一方，ゼネラル・ミルズの 2010 年の RNOA は，

$$RNOA = \frac{1,177}{\frac{1}{2}(11,461 + 11,803)} = 10.1 \%$$

である。販売活動からの事業利益を分子に用いて計算した RNOA は 14.6 % である。また，ゼネラル・ミルズの 2010 年の正味借入コストは，

$$正味借入コスト = \frac{251}{\frac{1}{2}(5,813 + 6,386)} = 4.1 \%$$

である。これらの収益率はもちろん税引後（そして負債の節税効果控除後）の値である。この計算の分母には，期首と期末の残高の平均を用いている。1 年の途中ではない段階，すなわち期首や期末付近で貸借対照表項目に大きな変化があった場合には，これらの値は不正確になってしまうことに気をつけよう。とりわけ正味借入コストは負債の大きな変化に反応しやすい。そのため，注記で報告されている負債のコストと正味借入コストを常に比較しよう。

これらの収益性の比率は第 11 章で詳細に分析する。財務諸表の百分率分析によって，そこでの分析に使われる比率が得られる。

Box 9.3 は，前の章から始めている「会計の質に気をつけよう」の続きである。

5 自分用の分析ツールをつくろう

読者は，ここまでの章で，ナイキの財務諸表数値を要約したものをスプレッドシートに入力し，それらの数値をどのように統合するかについて学習してきた。ここまできて，そのスプレッドシートに，より詳細を入力できるようになった。本章で説明したナイキの組み替え後の貸借対照表と組み替え後の損益計算書を用いて，その作業をしてみよう。

これらの企業の財務諸表を 10-K 年次報告書からダウンロードし，財務諸表に付加するより詳細な情報を見つけるために，財務諸表の注記を読もう。財務諸表を自動的に組み替えるプログラムはない。すなわち，ビジネスを理解し，何が事業活動と資金調達活動に属するのかを判断したら，これを自分の手で行わなければならない。読者が自分の責任で分析を行うのである。10-K のビジネス・セクションや MD＆A のセクションが分析の助けになるだろう。

第9章　貸借対照表と損益計算書の分析　　275

Box 9.3　会計の質に気をつけよう

　前章の Box 8.3 から始まった「会計の質に気をつけよう」に続いて，ここでは貸借対照表における質の問題をリストアップしている。貸借対照表の会計数値の質は，下記のように損益計算書にも影響する。この Box は，次章でキャッシュフローの質を見るまで続く。利益の質に関するさらなる論点は，持続的利益に焦点を当てる第 12 章の Box 12.7 で明らかにする。

会計項目		質に関する問題点
資産	満期保有目的負債性証券	満期保有目的負債性証券（典型的には金融資産に分類される）は取得原価で評価される。これは現金化した場合の価値を表さない。もし入手可能であれば注記から時価を特定しよう（取得原価はたいてい時価の合理的な概数となっている）。
	満期保有目的の株式	「満期保有目的」の株式投資（つまり永久投資）は他社の株式の 20％未満を保有するときには取得原価で評価される。したがって貸借対照表上では投資の価値を表さない。損益計算書においても同様である。なぜならそこには投資からの配当のみが記録されるが，配当は価値の指標にはならないからである。アナリストはその証券の時価（取引されていれば）を探したり，持分法で行うように被投資会社の利益の割合を特定する必要がある。
	時価評価の売買可能有価証券	株式投資を時価で評価すれば，満期保有目的証券で生じる問題は解決する。しかし，さらなる問題が生じる。1 つ目は，時価評価から生じる未実現利得損失が損益計算書に報告されないが，株主持分計算書では報告される点である。これは損益計算書における株式ポートフォリオの業績を誤って報告するだけでなく，企業が実現利益を損益計算書に計上し，未実現損失を株主持分計算書で報告するという，「いいとこどり」を認めることになる（包括利益ベースで損益計算書を組み替えることでこの問題は解決する）。2 つ目は，市場価格はバブル価格の可能性があり，バブルが財務諸表に持ち込まれてしまう点である（非流動的な市場では，抑えた価格もとりうる）。3 つ目は，公正価値会計は，時価が入手できない場合に市場価格を見積もる（いわゆるレベル 3 の見積もり）ことを認めてしまい，これらの見積もりが疑わしいこともあるという点である。
	売掛金の貸倒引当金	貸倒引当金の見積もりにはバイアスがかかる可能性がある。引当金の減少は（貸倒引当金繰入額を減少させることで）利益を増加させ，引当金の増加は利益を減少させる。同じ問題は他の資産の引当金，たとえば銀行の貸付金の回収不能額を見積もった引当金などにも生じる。
	繰延税金資産	繰延税金資産の評価性引当額も，繰り延べられたことによるベネフィットが実現しない可能性に対して繰延税金資産を減少させるために設定される。この見積もりも疑わしく，引当額を変化させることによって利益を増加させることができる。この評価性引当額の詳細を繰延税金に関する注記で確認しよう。
	の れ ん	買収時に支払った価格は識別可能な（有形および無形の）取得資産とのれんとに分けられる。有形・無形資産はその後償却されて利益に負担させるので，企業はより多くの支払額を（非償却だが減損は認識される）のれんに配分するかもしれない。

負債	繰延（未実現）収益	収益は財が出荷されたとき，あるいはサービスが履行されたときに認識しなければならない。複数年契約では，企業は履行するまで収益を後の年度に繰り延べて，繰延収益という負債が計上される。繰り延べられる額は判断の影響を受ける。企業は過小に繰り延べる（積極的収益認識）あるいは過大に繰り延べる（保守的収益認識）ことができる。いずれの場合も，当期の収益は将来の収益のよい指標にならないだろう。
	未払費用	これらはバイアスがかかっている可能性が高い見積もりである。とくに（保証サービスや製品保証に関する）保証債務，見積リストラ費用に気をつけよう。
	リース債務	資本化されたリース取引のリース債務は貸借対照表に認識されるが，オペレーティング・リースは認識されない。オフバランスのリース負債に関する注記をチェックしよう。
	年金債務	これには多くの数理計算上の前提や割引率の選択がかかわっており，そのため「ソフト」な数値である。（損益計算書上の）年金費用はこれらの前提の変更による見積もり債務の変化の影響を受ける。
	未払配当金	これは負債ではなく，株主持分に分類されるべきである。
	偶発債務	（製造物責任や環境浄化に関する訴訟などの）オフバランスの偶発債務を注記で確認しよう。
	その他の債務	何にかかわるものなのか注記をよく検証しよう。
	優先株式	米国基準は優先株を純資産に分類している。普通株主の観点に立つとこれは負債である。

これらの完全に組み替えられた財務諸表に，前章の株主持分計算書を加えれば，完全な財務諸表分析を始めるための形式を整えた財務諸表を手にしたことになる。もしこれらの財務諸表を作成するためにさらなる助けが必要であれば，本書のウェブサイトのBYOAPガイドを参照してもらいたい。

要　約

財務諸表分析のための8つのステップをあげることで，本章で学習した全体像を確認しよう。

1. 株主持分計算書は包括利益ベースで組み替えよう。
2. 組み替え後の株主持分計算書から普通株主持分に対する包括的な利益の割合，すなわちROCEと，株主持分の成長を計算しよう。
3. 事業資産と金融負債を区別するために貸借対照表を組み替えよう。
4. 事業活動の利益と資金調達活動の利益を区別するために損益計算書を包括利益ベースで組み替えよう。税金が配分されていることを確認しよう。
5. 百分率分析やトレンド分析によって組み替え後の貸借対照表と組み替え後の損益計算書を，比較対象企業のものと比較しよう。
6. キャッシュフロー計算書を組み替えよう。

第 **9** 章　貸借対照表と損益計算書の分析　　277

7.　ROCE 分析を実行しよう。

8.　成長性分析を実行しよう。

第 8 章では最初の 2 つのステップを学習した。本章はステップ 3.～5. をカバーしており，次の章はステップ 6. を，そしてステップ 7. および 8. となる ROCE の分析と成長性の分析は第 11 章と第 12 章で学習する。

損益計算書と貸借対照表の組み替えは，企業の活動の結果を正しく測定する比率を計算するのに必要である。もし金融項目が事業項目として分類されていたら，事業活動の収益性（RNOA）や資金調達活動の収益性（正味借入コストや正味金融資産リターン）のいずれについても誤った指標を得てしまう。本章では，組み替えを通じて読者にこの点を説明した。組み替えは機械的な作業に見えるかもしれないが，ビジネスについて，そして当該企業がどのように稼いでいるかについて，よく理解することが必要とされる。実際，組み替えの作業によってアナリストはビジネスをより理解することになる。アナリストは米国基準の財務諸表をよく理解し，組み替え後の財務諸表により多くの詳細を組み入れるために，注記や MD&A を掘り下げる必要がある。百分率分析やトレンド分析とともに質の高い組み替え後の財務諸表のセットによって，アナリストは第 11 章や第 12 章における収益性や成長性の分析に進む準備ができるのである。

読者は，開示が不十分であるために事業項目と金融項目に分類することが難しいと気づくこともあるだろう。利益の大部分が（当該企業が関連会社の 50 ％未満の株式を保有している場合に適用される）持分法によって測定された関連会社の利益による場合などは深刻な問題となりうる。連結財務諸表を組み替えたり，セグメントに基づく財務諸表を作成することは問題を修正するのに役に立つ。しかし，開示が不十分である限り，収益性の測定値は不正確になる。また一方で，たとえばセグメント別の収益性の開示などが十分になされていると，分析はよりよいものになる。

キー・コンセプト

- **運転資金**とは，事業活動に使われているキャッシュのことである（金融資産に投下されているキャッシュと比較しよう）。[248]
- **オペレーティング・リース**とは，実質的に資産の耐用年数にわたってレッシー（借り手）に当該資産を使用する権利を与えるリース取引ではないリース取引であり，資産や負債は貸借対照表に認識されない。[250]
- **キャピタル・リース**とは，実質的に資産の耐用年数にわたるリース取引で，リース資産とリース債務が貸借対照表に認識される。[250]
- **限界税率**とは，課税所得の最後の 1 ドルに対して課せられた税率である。[260]
- **残余事業利益**とは，正味事業資産に対して要求されるリターンを上回る事業利益である。[267]
- **事業利益**とは，企業が製品やサービスを販売する事業活動からの利益である。**企業利益**または**税引後正味事業利益**ともいう。[258]
- **実効税率**とは，利益に対して課せられた平均的な税率である。[261]
- **正味金融資産（負債）**とは，資金調達活動に使われている正味資産（負債）のこと。**正味事業資産**と区別される。[246]
- **正味金融費用**とは，企業の資本取引によらない資金調達活動から生じる費用である。[258]
- **正味事業資産**とは，事業を営むのに使われる正味の資産のことである。**正味金融資産（負債）**と区別される。[246]

278　第2部　財務諸表分析

・**税の配分**とは，法人税を，それが課せられる原因となった利益の構成要素に適切に配分することである。[259]
・**節税効果（タックス・シールド）**とは，負債にかかる利息が法人税を減らす効果のこと。[259]
・**戦略的貸借対照表**とは，事業がどのように営まれているかについての知見が得られるように組み替えた貸借対照表のことである。[254]
・**トレンド分析**とは，財務諸表項目を基準となる年度に対して指数化することである。[272]
・**非支配株主持分**とは，子会社の株主持分のうち親会社が保有する普通株式に相当する持分以外の持分である。**少数株主持分**ともいう。[250]
・**百分率分析**とは，規模を標準化し，財務諸表の内訳に焦点を当てるために，財務諸表の個別の項目を総額と比較する分析である。[269]
・**法定税率**とは法律によって定められた，企業の所得に適用される税率のことである。[261]
・**連結会計**とは，1つ以上の関連する企業の財務諸表を1つの財務諸表に統合する会計プロセスである。[249]

演習問題

① **基本的な計算問題**

　a.　次の数値は貸借対照表から抜き出したものである。

（単位：百万ドル）

事業資産	547
金融資産	145
総負債	322

　　総負債のうち，190百万ドルが金融負債であると判断される。資金調達活動から事業活動を区別した組み替え後の貸借対照表をつくりなさい。

　b.　以下の項目からなる損益計算書がある。

（単位：百万ドル）

収益	4,356
売上原価	3,487
事業費用	428
利息収益	56
利息費用	132

　　この企業は税の支払はない。資金調達活動から事業活動を区別した組み替え後の損益計算書をつくりなさい。

② **税の配分**

　ある企業が損益計算書に140百万ドルの正味利息費用と402百万ドルの法人税を支払った後の純利益818百万ドルを報告している。法定税率を35％として税引後事業利益と税引後正味金融費用を計算しなさい。

③ **税の配分：トップダウン方式とボトムアップ方式**

　以下の損益計算書から，トップダウン方式とボトムアップ方式の両方を用いて，税引後事業利益を計算しなさい。税率は37％とする。

第9章 貸借対照表と損益計算書の分析　　279

（単位：百万ドル）

収　益	6,450
売上原価	(3,870)
事業費用	(1,843)
利息費用	(135)
法人税	(181)
純利益	421

4 　組み替え後の貸借対照表と損益計算書

　以下の製造業を営む企業の貸借対照表と損益計算書を組み替えなさい。この企業の法定税率は36％である。

貸借対照表　　（単位：百万ドル）

資　産		負債及び純資産	
運転資金	23	買掛金	1,245
現金同等物	435	未払費用	1,549
売掛金	1,827	繰延税金負債	712
棚卸資産	2,876		
有形固定資産	3,567	長期借入金	3,678
		優先株	432
		普通株主持分	1,112
総資産	8,728	負債・純資産合計	8,728

損益計算書

収　益	7,493
事業費用	6,321
利息費用	221
税引前収益	951
法人税	295
純利益	656
優先配当	26
普通株主に帰属する純利益	630

第10章

キャッシュフロー計算書の分析

　本章でキャッシュフロー計算書の組み替えを学ぶことによって，分析に用いるための財務諸表の準備が完了する。キャッシュフロー計算書にはビジネスからキャッシュが生成される様子が描かれており，組み替えは分析に用いる上で重要となるキャッシュフローを強調する。

　株式アナリストが，割引キャッシュフロー（DCF）・モデル（第4章で説明）を用いる場合には，キャッシュフロー計算書が最も重要なポイントとなるだろう。その場合，アナリストの仕事はフリー・キャッシュフローを予測することであり，そのためには，企業のキャッシュフローの生成とそれが報告されている計算書についてよく理解する必要がある。

　もし株式アナリストが，発生主義会計（第5, 6章で説明）に基づく評価モデルを用いるのであれば，キャッシュフローよりも収益性に関心を持つことになる。その場合の最も重要なポイントは，貸借対照表と損益計算書である。しかし，キャッシュフロー計算書も無視することはできない。株式の価値評価は，発生主義会計の数値に基づくが，発生主義会計の数値は歪められている可能性がある。発生主義会計に基づく利益と，事業活動によるキャッシュフローとの違いは，利益操作を示す「危険信号」になるので，アナリストは発生主義会計に基づく利益と同様にキャッシュフローも詳細に見なければならない。実際には，第16章で解説する利益の質の分析において，利益とキャッシュフローとを比較する。

　株式分析はひとまずおいておくと，キャッシュフロー計算書の分析は*流動性分析*や*財務計画*にも必要である。**流動性分析**とは負債のリスクを評価することである。なぜなら，流動性（キャッシュ）は負債を清算するのに必要だからである。つまり，流動性分析はまさしく信用アナリストのツールなのだ。**財務計画**は財務部長のツールである。財務部長は，利払や投資，配当支払といったキャッシュのニーズを満たすように，

282　第**2**部　財務諸表分析

適切な資金調達が行われることを保証しなければならない。キャッシュのニーズを理解するためには，その企業のキャッシュ生成能力を分析しなければならない。価値評価分析と同様に，流動性分析と財務計画は将来の予測である。信用アナリストや財務部長は企業の将来のキャッシュ生成能力に関心があり，将来のキャッシュフロー計算書を予測するために，現在のキャッシュフロー計算書を使うのである。ここでは他の計算書の分析と同様に，予測のための準備を行う。

　残念なことに，米国基準とIFRS，どちらのキャッシュフロー計算書も，これらの分析で使われるキャッシュフローを識別する形式になっていないばかりか，実は一部のキャッシュフローについては誤った分類がなされている。本章ではキャッシュフローを適切に識別するために，キャッシュフロー計算書を組み替える。

　本章からは重要な教訓が得られるだろう。キャッシュフロー計算書よりも，むしろ組み替え後の損益計算書や組み替え後の貸借対照表を用いることで，フリー・キャッシュフローを予測しやすくなる。キャッシュフロー計算書の予測は可能だが，それにはまず，損益計算書や貸借対照表から知ることができる事業活動の成果を予測しなければならない。一旦これらの計算書の予測ができれば，本章第1節で説明するように，予想フリー・キャッシュフローはすぐに計算することができる。

アナリストのチェックリスト

　本章を読めば，以下のことがわかるだろう。

・どのようにしてキャッシュフロー計算書を用いずに，組み替え後の損益計算書と貸借対照表からフリー・キャッシュフローを計算するか。
・キャッシュ保存の等式が，どのようにしてキャッシュフロー計算書を，フリー・キャッシュフローと資金調達活動のキャッシュフローが等しくなるようにまとめているか。
・営業活動によるキャッシュフローの計算における直接法と間接法の違い。
・米国基準のキャッシュフロー計算書を分析する際の問題点。
・組み替え後のキャッシュフロー計算書から何を読み取れるか。
・報告されたキャッシュフローの質をどのように分析するか。

　本章を読めば，以下のことができるようになるだろう。

・組み替え後の損益計算書と貸借対照表からフリー・キャッシュフローを計算する。
・米国基準のキャッシュフロー計算書を調整してフリー・キャッシュフローを計算する。
・営業活動，投資活動，財務活動を明確に区別するために米国基準のキャッシュフロー計算書を組み替えること。
・米国基準の財務諸表から計算したフリー・キャッシュフローと組み替え後の損益計算書と貸借対照表から計算したフリー・キャッシュフローの調整。

第10章　キャッシュフロー計算書の分析　283

1　フリー・キャッシュフローの計算

　フリー・キャッシュフローは，事業活動によるキャッシュフローと事業投資したキャッシュの差であるが，これは DCF モデルや，流動性分析，財務計画における中心的な概念である。フリー・キャッシュフロー，すなわち事業活動から生成された正味のキャッシュ（投資支出控除後）は，企業が負債を返済したり株主にキャッシュを払い戻したりする能力を決定づける。

　もしアナリストが第9章で説明した貸借対照表と損益計算書の分析を終えているならば，フリー・キャッシュフローを入手するためにキャッシュフロー計算書は必要ない。これらの計算書（貸借対照表と損益計算書）が適切な形式になっていれば，フリー・キャッシュフローはすぐに計算できる。

$$\text{フリー・キャッシュフロー} = \text{事業利益} - \Delta\text{正味事業資産} \qquad (10.1)$$

　ここで，フリー・キャッシュフローは，事業活動によるキャッシュフロー−投資支出である。すなわち，フリー・キャッシュフローは，（組み替え後の損益計算書における）事業利益から貸借対照表における正味事業資産の変化分を引いたものである。

　この簡単な計算をするためには，事業利益は当然包括ベースでなければならない。包括利益と株主持分簿価の変化分によって株主への配当が説明できるように，包括事業利益と正味事業資産の簿価の変化分によって事業活動から資金調達活動への「配当」すなわち，フリー・キャッシュフローが説明できるのである。

　第9章の例9.3と例9.9におけるナイキの事業利益と正味事業資産の数値を Box 10.1 に示し，まず，これらの数値からフリー・キャッシュフローをボトムアップ方式に基づいて計算した（方法1）。ナイキは事業活動から 18 億 1400 万ドルの利益を上げているが，正味事業資産への投資は 8 億 3200 万ドル減っているので，フリー・キャッシュフローは 26 億 4600 万ドルとなる。

　組み替え後の財務諸表からフリー・キャッシュフローを計算する2つ目の方法を紹介しよう。フリー・キャッシュフローは次のようにも計算できる。

$$\begin{aligned}&\text{フリー・キャッシュフロー}\\&= \text{正味金融費用} - \Delta\text{正味金融負債} + \text{正味配当}\end{aligned} \qquad (10.2)$$

　すなわち，フリー・キャッシュフローは，正味金融費用を支払い，負債を減らし，正味配当を支払うために使われる。もし非支配株主持分がある場合，上記の計算は下記のようになる。

284　第2部　財務諸表分析

Box 10.1　ナイキ：フリー・キャッシュフローの計算

（単位：百万ドル）

方法1（ボトムアップ方式）： フリー・キャッシュフロー＝事業利益−Δ正味事業資産		
事業利益 (2010)		1,814
正味事業資産 (2010)	5,514	
正味事業資産 (2009)	6,346	832
フリー・キャッシュフロー (2010)		2,646
方法2（トップダウン方式）： フリー・キャッシュフロー＝Δ正味金融資産−正味金融収益＋正味配当		
正味金融収益 (2010)		(4)
正味金融資産 (2010)	4,370	
正味金融資産 (2009)	2,468	1,902
正味配当 (2010)		740
フリー・キャッシュフロー (2010)		2,646

$$\text{フリー・キャッシュフロー}=\text{正味金融費用}-\varDelta\text{正味金融負債}+\text{正味配当}$$
$$+\text{損益計算書における非支配株主利益}$$
$$-\varDelta\text{貸借対照表における非支配株主持分}$$

(10.2a)

　繰り返しになるが，正味金融費用は包括ベース（たとえば金融資産の未実現利得損失や利息費用からの節税効果を含む）でなければならない。Box 10.1 には，ナイキについてこの2つ目のトップダウン方式（方法2）で計算したものが示されている。正味配当は第8章の例8.2における組み替え後の（普通）株主持分計算書に記載されているものである。ナイキは（正味金融負債ではなく）正味金融資産を保有しているので，計算する際は符号を変える必要がある。つまり，(10.2)式は次のようになる。

$$\text{フリー・キャッシュフロー}=\varDelta\text{正味金融資産}-\text{正味金融収益}+\text{正味配当}$$

(10.2b)

　もし，貸借対照表と損益計算書が組み替えられているなら，計算は簡単である。この2つの方法は，第4章で見た代替的なフリー・キャッシュフローの計算方法よりも簡単であることがわかるだろう。しかし，「キャッシュフロー計算書からキャッシュを簡単に読み取れないだろうか」と考えるかもしれない。ところがこれが，思ったよりも簡単ではないのである。

2 米国基準のキャッシュフロー計算書と 組み替え後のキャッシュフロー計算書

　キャッシュフローを予測するためには，事業から生じた正味キャッシュ（フリー・キャッシュフロー）と企業の請求権者に支払ったキャッシュフローを区別する必要がある。もし，事業でキャッシュを使うならば（そしてそのためにフリー・キャッシュフローが負になるならば），負のフリー・キャッシュフローと，フリー・キャッシュフローの不足分をカバーするために請求権者から企業に支払われるキャッシュとを区別しなければならない。DCF モデルを使うためにフリー・キャッシュフローを予測するアナリストは，フリー・キャッシュフローと資金調達活動のキャッシュフローを混同してはならない。またビジネスに必要なキャッシュを予測する財務部長は，キャッシュの余剰分ないし不足分を，余剰資金を処理したり不足分を補うために必要とされる資金調達活動のフローから明確に区別して予測しなければならない。

　キャッシュフローを適切に識別するためにキャッシュフロー計算書を組み替えるには，キャッシュフローを 4 つのタイプに識別する必要がある（本章を読む前に，「図：企業のすべてのストックとフロー」を復習しよう）。そのうち 2 つは企業内の事業活動から生じたキャッシュフローにかかわるものであり，*事業活動によるキャッシュ*（*C*）とそれらの*事業への投資支出*（*I*）である。また他の 2 つは企業とその請求権者間の資金調達活動にかかわるものであり，*株主への正味配当*（*d*）と*債権者への支払から債務者からの受取を控除した正味支払分*（*F*）である。組み替え後のキャッシュフロー計算書には，この 4 つのフローの詳細が示されている。

　4 つのキャッシュフローはキャッシュ保存の等式に従ってまとめることができる。

$$\text{フリー・キャッシュフロー}\ (C-I)$$
$$=\text{株主への正味支払}\ (d)+\text{債権者・債務者への正味支払}\ (F)$$

　事業活動によるフリー・キャッシュフロー（左辺）は，資金調達のために生じる株主への支払（正味配当；*d*）や債務者からの受取を控除した正味の債権者への支払（利息や元本の支払；*F*）（右辺）に当てられる。フリー・キャッシュフローは負になる場合があるが，その際，資金調達の結果として請求権者に対して生じるフローのうちの少なくとも 1 つは負になるはずである。それは，新株発行や負債発行，あるいは金融商品の清算によるキャッシュの流入といった形をとる。

　米国基準のキャッシュフロー計算書は，一見フリー・キャッシュフローと資金調達活動のためのフローを提供してくれるように見えるが，この 2 つが若干混同されている。米国基準のキャッシュフロー計算書の様式を，キャッシュ保存の等式に従った組

286 第**2**部 財務諸表分析

米国基準のキャッシュフロー計算書

　営業活動によるキャッシュフロー
－投資活動に使ったキャッシュ
＋財務活動によるキャッシュ
＝現金及び現金同等物の変化分

組み替え後のキャッシュフロー計算書

　事業活動によるキャッシュフロー
－投資支出
＝事業活動によるフリー・キャッシュフロー

　株主に支払われたキャッシュ
＋債権者（債務者）に支払われた（から受け取った）キャッシュ
＝資金調達活動のために支払われたキャッシュ

み替え後のキャッシュフロー計算書とともに，上に示す。

　米国基準の計算書には2つの形式があり，1つは直接法，もう1つは間接法である。IFRSのもとでのキャッシュフロー計算書の開示は米国基準と似ているが，いくつかの点で異なっている。より詳しくは，本書のウェブサイトを参照してもらいたい。

現金取引の再分類

　例10.1には，ナイキの2010年の比較キャッシュフロー計算書が示されている。この計算書は間接法による表示方法が用いられている。ナイキは2010年には31億6420万ドルの営業活動によるキャッシュフロー，12億6750万ドルの投資支出を報告しているので，フリー・キャッシュフローはその差の18億9670万ドルであるといえる。この数値は，先のBox 10.1で示した26億4600万ドルとは異なっている。どちらが正しいのだろうか。

　米国基準による計算書には，株式分析の観点からは，明らかな誤分類を含むいくつかの欠点がある。ここでは，米国基準による計算書からフリー・キャッシュフローを計算しようとするときに直面するいくつかの問題を紹介しよう[1]。これについての事例は，以下の箇条書きの番号と同じ番号が付されている「ケース(1)～(5)」に示してある。いくつかの点は第4章ですでに紹介したものである。

(1) **現金及び現金同等物の変化分**　　米国基準による計算書は，現金及び現金同
　　等物の変化分（例10.1ナイキの計算書(1)参照）を説明するためにつくられて

原注1)　より詳細なレビューは，H. Nurnberg "Perceptions on the cash flow statement under FASB statement No. 95," Occasional Paper, Center for Excellence in Accounting and Security Analysis, Columbia Business School, October 2006 を参照[1]。

訳注 1)　http://www8.gsb.columbia.edu/sites/ceasa/files/files/CashFlows-with-Disclaimer.pdf にて閲覧可能。

● 例 10.1　ナイキの連結キャッシュフロー計算書（2008～2010年度）

右端に振られた括弧数字は本文中の番号に対応している。

ナ イ キ
米国基準のキャッシュフロー計算書　　　（単位：百万ドル）

	2010	2009	2008	
		（期末：5月31日）		
営業活動によるキャッシュフロー：				
純利益	1,906.7	1,486.7	1,883.4	
キャッシュに影響しない利益減少項目：				
減価償却費	323.7	335.0	303.6	
繰延税金	8.3	(294.1)	(300.6)	
株式報酬費用（注11）	159.0	170.6	141.0	
のれん，無形資産，その他の資産の減損損失（注4）	—	401.3	—	
会社分割による利益（注17）	—	—	(60.6)	
償却費その他（注17）	71.8	48.3	17.9	
買収・分割による影響を除く，運転資本項目及びその他の資産と負債の変動額：				
売掛金の減少（増加）	181.7	(238.0)	(118.3)	
棚卸資産の減少（増加）	284.6	32.2	(249.8)	
前払費用及びその他の流動資産の減少（増加）	(69.6)	14.1	(11.2)	
買掛金及び未払費用，未払税金の増加（減少）	298.0	(220.0)	330.9	
営業活動によるキャッシュフロー	3,164.2	1,736.1	1,936.3	(3)(4)
投資活動によるキャッシュフロー：				
短期投資	(3,724.4)	(2,908.7)	(1,865.6)	(2)
短期投資の償還及び売却	2,787.6	2,390.0	2,246.0	(2)
有形固定資産の購入	(335.1)	(455.7)	(449.2)	
有形固定資産の除却	10.1	32.0	1.9	
その他の資産及び正味その他の負債の増分	(11.2)	(47.0)	(21.8)	
純投資ヘッジの決済分	5.5	191.3	(76.0)	
子会社取得による正味支出（注4）	—	—	(571.1)	
分割による売却収入（注17）	—	—	246.0	
投資活動によるキャッシュフロー	(1,267.5)	(798.1)	(489.8)	
財務活動によるキャッシュフロー：				
長期負債（1年内返済予定を含む）の減少	(32.2)	(6.8)	(35.2)	
支払手形の増加（減少）	(205.4)	177.1	63.7	
ストック・オプション権利行使及びその他の株式発行に伴う収入	364.5	186.6	343.3	
株式報酬契約による超過節税額[2)]	58.5	25.1	63.0	
普通株主の買い戻し	(741.2)	(649.2)	(1,248.0)	
配当（普通株式及び優先株式）	(505.4)	(466.7)	(412.9)	
財務活動によるキャッシュフロー	(1,061.2)	(733.9)	(1,226.1)	
為替レートの変動による影響	(47.5)	(46.9)	56.8	
現金及び現金同等物の正味増分	788.0	157.2	277.2	(1)
期首の現金及び現金同等物	2,291.1	2,133.9	1,856.7	
期末の現金及び現金同等物	3,079.1	2,291.1	2,133.9	
キャッシュフロー情報に関する補足開示事項：				
当期のキャッシュの支払額：				
利息及び正味の資本化された利息	48.4	46.7	44.1	
法人税	537.2	765.2	717.5	
未払配当額	130.7	121.4	112.9	

訳注 2)　権利行使日における権利行使価格と市場価格との差から得られる節税効果のこと。

288 第**2**部 財務諸表分析

● **ケース(1) 現金の変化分：ナイキ**

> ナイキの現金及び現金同等物は 2010 年に 7 億 8800 万ドル増加した。例 9.3 で示した組み替え後の貸借対照表では，これを，7 億 8880 万ドルの現金同等物（金融資産）への投資と 80 万ドルの運転資金の減少に起因するとした。そのため，80 万ドルを減らされた事業への投資支出として，7 億 8880 万ドルを金融資産購入のための負債による資金調達のフローとして再分類した。

いる。しかし，生成されたキャッシュはどこかに処分される。事業に必要なキャッシュ（運転資金）の変化分はすべて，投資活動のセクションに含めるべき事業資産への投資である。一方，利息を生む現金同等物の変化分は，余剰資金（事業に必要な分を上回る分）を金融資産に投資したものであり，これは財務活動のセクションに（マイナス項目として）分類されるべきである。

(2) **金融資産の取引**　短期の市場性のある証券や長期の債券などといった金融資産への投資は，米国基準や IFRS の計算書では，財務活動のセクションではなく投資活動のセクションに含まれている。例 10.1 におけるナイキの金融資産の売買については注意しよう。これらの投資はフリー・キャッシュフローの処分であり，減少ではない。もし企業が事業活動による（余剰）フリー・キャッシュフローを金融資産に投資した場合，米国基準の分類だと，企業がさらにフリー・キャッシュフローを減らしたように見えてしまう。同様に，事業のために（あるいは配当を支払うために）金融資産を売却した場合，米国基準の計算書では財務活動によるフローではなく投資活動によるフローを減らすものとして分類されてしまう。こうした売却は，フリー・キャッシュフローの不足を満たしているだけで，それを創出しているわけではない。結果として，米国基準の計算書は企業の流動性について誤った印象を与えてしまう可能性がある。本項のケース(2)でルーセント・テクノロジー（Lucent Technologies）を見てみよう。また，ナイキの金融資産の正味購入額（購入額－売却額）は 9 億 3860 万ドルで，事業への投資額がこの額だけ過大に報告されていたことになる。

(3) **現金による正味利息**　資金調達活動のための現金による利息の支払や受取は，米国基準のもとでは，財務活動によるキャッシュフローではなく，営業活動によるキャッシュフローに含まれる。ケース(4)では，関連する税の調整についてのナイキの例を見ることにするが，さらに，もっと極端な例として，ケース(3)を見てもらいたい。なお，IFRS では，正味利息の支払について，営業活動のセクションか財務活動のセクションかを，企業が選べるようになっていることに気をつけよう。

　正味利息を営業活動に含める例外として，資本化された建設期間の利息がある。これは不適切ではあるが，米国基準では建設された資産への投資支出とし

第 **10** 章　キャッシュフロー計算書の分析　　289

● ケース(2)　金融資産の取引：ルーセント・テクノロジー

　ルーセント・テクノロジーは電気通信網の供給業者で，1996 年に AT&T からスピンオフして創られた会社である。この会社には元ベル研究所の研究機能が取り込まれている。1990 年代後半のテレコム・バブルの間にかなり多くのネットワークへの投資をしたために，ルーセントは「注目株」となり，株価は 1999 年の終わりには 60 ドルまで上昇し，PER は 52 倍にもなった。同社はテクノロジー・アナリストのお気に入りとなったが，営業活動によるキャッシュフローの減少に懸念を抱くアナリストもいた。1997 年から 1999 年にかけての純利益，営業活動によるキャッシュフロー，およびキャッシュフロー計算書の投資活動のセクションを，以下に示す。

（単位：百万ドル）

	1999	1998	1997
純利益	4,766	1,035	449
アクルーアルズ	(5,042)	825	1,680
営業活動によるキャッシュフロー	(276)	1,860	2,129
投資活動によるキャッシュフロー			
資本支出	(2,215)	(1,791)	(1,744)
有形固定資産の除売却収入	97	57	108
株式購入	(307)	(212)	(149)
投資株式の売却	156	71	12
証券購入	(450)	(1,082)	(483)
投資証券の売却または満期を迎えた証券	1,132	686	356
事業の処分	72	329	181
事業の買収——正味現金取得分	(264)	(1,078)	(1,584)
合併からのキャッシュ	61	—	—
その他の投資活動——正味	(69)	(80)	(68)
投資活動に使われた正味キャッシュ	(1,787)	(3,100)	(3,371)

　3 年間とも，利益が増えているにもかかわらず，フリー・キャッシュフロー（営業活動によるキャッシュフローと投資活動によるキャッシュフローの差）は負の値となっている。これは会社が利益を生む投資を増やしているとすれば，そうおかしなことではない。しかし，ルーセントは 1999 年には投資を考慮する前の営業活動によるキャッシュフローが−276 百万ドルであると報告している（税引後正味支払利息を足し戻しても−191 百万ドル）。投資支出も 1999 年には減少しているが，1787 百万ドルという数値は誤解を招く恐れがある。これは上表の投資活動のセクションにあるように，利息を生む投資 1132 百万ドルを売却した後の値である。これに証券購入を加えた投資の正味代金は 682 百万ドルである。それゆえ，事業活動への実際の投資は $1,787 + $682 = 2469 百万ドルとなり，1787 百万ドルではない。そして，営業活動によるキャッシュフローとして報告されている額の実際の事業活動への投資額に対する不足額は 2745 百万ドルである。

　米国基準の数値に基づくフリー・キャッシュフローも誤解を生じさせる可能性がかなりある。ルーセントのような企業は，キャッシュ不足に直面すると，それを補うために余剰資金を貯める役割を果たしていた証券を売却することができる。米国基準報告のもとでは，そのようにすることでフリー・キャッシュフローが増え，実際よりも問題が深刻でないように見えてしまう。米国基準による報告は，キャッシュフローの不足とその不足を埋めるための手段を混ぜてしまっているのである。

　　付記：1999 年のルーセントの負のキャッシュフローは後に起きることの指針となっている。テレコム・バブ
　　　　　ルの崩壊に伴い，ルーセントの株価は 2003 年までに 1 株当たり 2 ドルにまで下がり，この企業の会計
　　　　　処理が問題視された。

290　第**2**部　財務諸表分析

● ケース(3)　利息の支払：ウェスティングハウスとターナー・ブロードキャスティング・システム

　営業活動によるキャッシュフローを歪める極端な例として，ウェスティングハウス（Westing-
house）の 1991 年のキャッシュフロー計算書がある。報告されたキャッシュフローは 7 億 300 万
ドルだったが，それは 10 億 600 万ドルの利息の支払を控除した後の額であった。もし，これらの
利息の支払が財務活動によるキャッシュフローに分類されていれば，営業活動によるキャッシュフ
ローは税引前で 17 億 900 万ドルとなり，243 ％ も高い値となる。

　利息の支払を営業活動によるフローとして取り扱うことのおかしさは，ゼロクーポン債あるいは
割引債を考えてみるとわかりやすいだろう。額面による元本の返済は財務活動のフローであるが，
米国基準は額面と発行額の差（割引発行）を元本の返済の一部ではなく，満期までの営業活動によ
るキャッシュフローとして取り扱うように求めている。つまり，負債の返済が営業活動の一部とな
るのである。そうすると 1990 年のターナー・ブロードキャスティング・システム（Turner
Broadcasting System）は，ゼロクーポンの優先債券の返済 2 億 610 万ドルを差し引いて，営業活
動によるキャッシュフロー 2580 万ドルを計算している。これは米国基準に従った正しい会計処理
なのだが，この報告された営業活動によるキャッシュフローは，実際の数値である 2 億 3190 万ド
ルの 89 ％ も歪められてしまっている。

● ケース(4)　正味利息の支払への税：ナイキ

　ナイキの 2010 年の税引後正味利息の支払は次のようになる。

（単位：百万ドル）

利息の受取	42.1
利息の支払	48.4
税引前正味利息の支払	6.3
税 （36.3 ％）	2.3
税引後正味利息の支払	4.0

　400 万ドルの税引後正味利息の支払は，組み替え後の計算書では事業活動によるキャッシュフロ
ーに足し戻され，資金調達活動によるキャッシュ・アウトフローに分類される。

　利息の受取や支払は，損益計算書における（アクルーアルズを含む）受取利息や支払利息と同じ
ではないことに気をつけよう。利息の支払は，キャッシュフロー計算書の一番下に記載されている
か，注記に開示されている（しかし，利息の受取は開示されていない）。

て分類される（例 10.1 でナイキのキャッシュフロー計算書の下のほうにある支払
利息の記載を参照）。しかし，建設プロジェクト資金を借り入れたことで生じた
利息は，建設費用の一部ではなく，財務活動によるキャッシュフローに分類さ
れるべきである。残念ながら，開示情報は大抵これを識別するには不十分であ
る。

(4)　**正味利息に課せられる税**　　受取利息と支払利息からのキャッシュが営業活
動によるキャッシュフローと混同されているのと同様に，資金調達活動と事業
活動の利益に課せられる税の支払も混同されている。税にかかわるキャッシュ

第**10**章 キャッシュフロー計算書の分析 **291**

● ケース(5)　非資金取引：ナイキ

> 2000 年のキャッシュフロー計算書の末尾を見ると，ナイキは次のように報告している。
>
> 　有形固定資産を取得するための長期債務の引受　　108.9（百万ドル）
>
> 　この取引は，米国基準のキャッシュフロー計算書には認識されない。これを調整するために，1億 890 万ドルを投資支出に加え，財務活動のセクションで 1億 890 万ドルの負債の発行として認識する。この取引は，キャッシュのために負債を発行して，そこで得たキャッシュで有形固定資産を買ったのと同等である。

　フローは，金融収益に適用されているものや，金融費用によって減少させられているものもあるにもかかわらず，すべて営業活動によるキャッシュフローに含まれている。税引後の資金調達活動によるキャッシュフローと税引後の事業活動によるキャッシュフローを区別したいのだが，米国基準の計算書ではそれが不明確である。ケース(4)では，米国基準の営業活動によるキャッシュフローを調整するために，ナイキの税引後正味利息を計算している。

　現金による利息の支払は注記に開示されなければならない。ナイキが支払った利息に関する開示は，例 10.1 にあるようにキャッシュフロー計算書の一番下にある。これらの利息の支払を，限界税率を用いて税調整後ベースのものに変換しよう。現金による利息の受取は通常注記には報告されていない。損益計算書では，アクルーアルズ数値は利息の受取とされているが，この数値は，期首と期末の利息のアクルーアルズが一致したときにしか，現金による利息の受取と一致しない。

(5)　**非資金取引**　　2010 年にはナイキに非資金取引はないが，2000 年には報告している。ケース(5)を見てみよう。**非資金取引**では，企業が負債を負う（たとえば支払手形を振り出すなど），あるいは株式を発行することにより，資産を取得したり費用が発生したりする。株式による他社の買収は非資金取引である。資本化されたリースは資産や負債として記録されるが，購入の際にキャッシュフローは生じない。非資金取引には，資産の交換（ある資産をほかのものと交換する，というような）および負債の交換や，負債の持分（資本）への転換あるいはその逆なども含まれる。事業活動，資金調達活動という分類においては，これらの非資金取引は正味事業資産あるいは正味金融負債に影響を及ぼす（資産と負債の交換という例外はある）ので，ボトムアップ方式とトップダウン方式によるフリー・キャッシュフローの計算にも影響を与える。暗黙のうちに，これらは現金と何かを交換し，即時にその現金で別のものを買ったかのように捉えられている。米国基準の計算書はこれらの取引を，キャッシュフローを伴う取引として認識していない。これはもちろん厳密には正しいのだが，そのことは投

資と資金調達を不明瞭にしてしまうので，これを「キャッシュの出入りがあったかのように」捉える会計処理が，それらを明らかにしてくれる。以下の追加的な例を考えよう。

・持分に転換される負債に関して，米国基準の計算書では，負債が発行された年のローンからの収入は財務活動のセクションに記録されるのに，支払は財務活動のセクションに表示されない。これでは，借入金が返済されないように見える。

・企業が手形によって資産を購入すると，その後の年度には手形の支払が記録されるが，支払われようとしている元の金額は記録されない（そしてその資産に対する投資も記録されない）。

・リース取引に関して，米国基準の計算書では，取引開始時にキャッシュフローが認識されないが，その後生じるリース料は利息と元本の支払とに分けられ，それぞれ営業活動と財務活動のセクションに記録される。企業は実在しないローンを払っているように見えてしまう。

・設備の割賦購入について，最初の支払分だけ投資活動に分類されてしまう。その後の支払は財務活動によるキャッシュフローとして分類される。しかし，企業が資産を売却すると，割賦支払した全額分が清算による投資活動のインフローになってしまう。

　まとめると，米国基準の計算書では，企業の投資と資金調達について完全な形で情報を得ることができない。ただし，非資金取引は，補足開示で報告されることが多いため，潜在的なキャッシュフローを取り出すことができるのである。

実際の数値と照合しよう

　Box 10.2 には，米国基準のキャッシュフロー計算書に施すべき調整と，ナイキの計算書でその調整を行ったものがまとめられている。項目に付されている番号は，前項で説明した5つの調整に対応している。

　ナイキの組み替え後の計算書における 28 億 3600 万ドルのフリー・キャッシュフローは，Box 10.1 の方法1と方法2によって計算した 26 億 4600 万ドルと若干異なっている。これは珍しいことではない（しかも，その差が大きいものとなることもある）。なぜかというと，情報開示が不完備であるため，キャッシュフロー計算書と貸借対照表，損益計算書の帳尻を合わせるのは不可能なことが多いからである。その計算において違いの生じた理由として考えられるのは，次のようなものである。

・「その他の資産」と「その他の負債」が，事業活動と資金調達活動とに適切に分類されていない。とくに，これらの「その他」のカテゴリーにおいて，（金融

第 **10** 章　キャッシュフロー計算書の分析　　293

Box 10.2　米国基準のキャッシュフロー計算書の調整：要約と例

米国基準のキャッシュフロー計算書の組み替え

米国基準のフリー・キャッシュフロー	
－運転資金の増加	(1)
＋金融資産の購入	(2)
－金融資産の売却	(2)
＋（税引後）正味利息の支払	(3)(4)
－非現金投資	(5)
＝フリー・キャッシュフロー	
米国基準の財務活動のフロー	
＋現金同等物の増加	(1)
＋金融資産の購入	(2)
－金融資産の売却	(2)
＋（税引後）正味利息の支払	(3)(4)
－現金によらない財務活動	(5)
＝資金調達活動によるキャッシュフロー	

ナ　イ　キ
組み替え後のキャッシュフロー計算書（2010年度）

（単位：百万ドル）

フリー・キャッシュフロー			
報告された営業活動によるキャッシュフロー		3,164	
（税引後）正味利息の支払		4	(3)(4)
		3,168	
報告された投資支出	1,268		
運転資金への投資	1		(1)
金融資産への正味投資	(937)	332	(2)
フリー・キャッシュフロー		2,836	
請求権者への資金調達活動のフロー			
負債による資金調達			
支払手形の減少	205		
長期負債の減少	32		
金融資産の正味購入額	937		(2)
（税引後）正味利息の支払	4		(3)(4)
現金同等物への投資（為替レートの影響分を控除）	835	2,013	(1)
株式による資金調達			
株式発行	(423)		
株式の買い戻し	741		
配　当	505	823	
資金調達活動による総フロー		2,836	

294 第2部 財務諸表分析

項目である）未収利息や未払利息を，事業活動の項目から区別することができない。

・（キャッシュフロー計算書における）現金配当が組み替え後の株主持分計算書の配当額と異なっており，認識されていない未払配当金があることを意味する（通常「その他の負債」と一緒にされている）。

・（キャッシュフロー計算書に計上されている）株式発行の際に受け取った現金，または買い戻しの際に支払った現金が，ナイキのケースにあるように，株主持分計算書におけるそれらの取引額とは異なっている。これらの違いは，分析者には発見できない（株式を発行しているがまだ払い込まれていない）受取分や未払分があることを意味する。

・前項のケース(3)(4)(5)の詳細は入手できない。非資金取引，とくに現金ではなく株式による買収には注意しよう。

・米国基準は，権利行使の税効果を含む従業員へのストック・オプションの影響を正しく処理できていないため，この欠陥によっても違いが生じている（キャッシュフロー計算書では，営業活動のセクションではなく財務活動のセクションに記録されている）。

・海外子会社がある場合，貸借対照表項目としては期首および期末の為替レートで換算されるのに，キャッシュフロー計算書においては期中の平均レートで換算される。その結果，貸借対照表項目の数値の変動と，それに対応するキャッシュフロー計算書項目の数値の変動に違いが生じる。

木を見て森を見ず，にならないように気をつけよう。計算はさておき，ここで描かれている全体像は理解できただろうか。組み替え後の計算書によれば，ナイキは投資支出が事業活動によるキャッシュフローより少ないので，28億3600万ドルのフリー・キャッシュフローを得ている。同社は余剰資金を分配するために，株主に正味8億2300万ドルを払い出し，20億1300万ドルを正味負債取引（負債の返済）に用いている。

本書を読み進めながら分析ツールとなるスプレッドシートを自分でつくってきた読者は，この段階が最後であることにおそらく気づくだろう。前2章で扱った組み替え後の株主持分計算書，貸借対照表，損益計算書のスプレッドシートを作成してあれば，Box 10.1の方法1（ボトムアップ方式）および2（トップダウン方式）の根底にある会計の関係式を織り込むことによって，フリー・キャッシュフローを計算するためのツールを得ることができる。

3 営業活動によるキャッシュフロー

　ボトムアップ方式やトップダウン方式に従った計算によってフリー・キャッシュフローを算定することはできても，そのフリー・キャッシュフローは事業活動によるキャッシュフローと投資支出とに区別されてはいない。これが，キャッシュフロー計算書が必要となる理由である。しかし，繰り返しになるが，報告書の問題にぶつかる。投資フローとして見なければならないキャッシュフローの一部が，米国基準の計算書では営業活動によるキャッシュフローに分類されるからである。研究開発投資は，投資活動のセクションではなく営業活動によるキャッシュフローの一部に含まれている。また，資産への短期投資も，営業活動によるキャッシュフローに分類される。在庫を考えてみよう。在庫への投資は，工場や設備と同様に事業を営む上で必要なものである。しかし，これらは投資として扱われない。むしろ，在庫に使われたキャッシュは，顧客に配送された在庫と同様に米国基準の営業活動によるキャッシュフローを減少させる。

　可能性としては，営業活動によるキャッシュフローに対してこれらの投資についての調整をすることもできる。しかし，この調整を行うのはその目的が明らかになっている場合に限るべきである。多くの分析作業において，必要なのはフリー・キャッシュフローであり，投資が営業活動に誤分類されていてもフリー・キャッシュフローの額には影響しない。R&D活動への支出は長期的な投資であるが，財務諸表においては営業活動によるキャッシュの減少として分類されているので，適切な事業活動によるキャッシュを計算するためには戻し入れられる。しかし，この誤分類もフリー・キャッシュフローの計算には影響しない。広告を通じたブランドネームへの投資もやはり，米国基準の営業活動によるキャッシュフローを減らすが，同様である。

　営業活動によるキャッシュフローは，発生主義会計の質に疑いを持って診断するのには最もよい題材である。これは第16章で扱う。それにつけても，アナリストは「営業活動によるキャッシュフロー」の数値を気をつけて取り扱わなければならない。Box 10.3はキャッシュに焦点を当てた「会計の質に気をつけよう」の続きである。

296　第**2**部　財務諸表分析

Box 10.3　会計の質に気をつけよう

　第8章 Box 8.3と第9章の Box 9.3の「会計の質に気をつけよう」の続きとして，ここでは報告されたキャッシュフローの質の問題を扱う。本章では下表の3つの項目をカバーした。営業活動によるキャッシュフローの質に関するさらなる議論と，分析におけるその使い方については，表の後で解説する。

会計項目	質に関する問題点
営業活動によるキャッシュフロー	米国基準のもとで報告された営業活動によるキャッシュフローは，利息の支払と受取を含んでいる。これらは営業活動によるキャッシュフローではなく，むしろ財務活動によるキャッシュフローである（IFRS は正味支払利息の報告を営業活動のセクションにするか財務活動のセクションにするかを企業が選択することを認めている）。
正味利息に課せられる税	これらの税は正味利息とともに，営業活動によるキャッシュフローに含まれている。これらは財務活動のセクションに分類し直さなければならない。
金融資産の取引	これらの「投資」の売買は（米国基準でも IFRS でも）投資活動のセクションに不適切に分類されている。これらは財務活動によるキャッシュフローである。

営業活動によるキャッシュフローの質

　コメンテーターは「営業活動によるキャッシュフロー」を企業の業績を判断するための純粋な数値と指摘することもある。しかし，ファンダメンタル分析を行うアナリストは冷やかに捉えている。

キャッシュフローと非現金費用

　営業活動によるキャッシュフローは，減価償却のような現金支出を伴わない費用が除かれているので利益よりも信頼できる数値であると推奨されることが多い。アナリストは大抵これらの費用をキャッシュを生み出さない「簿記の規則」から生じた費用として見ることが多い。とはいえ，減価償却を無視することはある種の危険を冒すことである。減価償却はそれが費用計上されるときのキャッシュフローではないが，それ以前の投資としてのキャッシュ・アウトフローから生じた費用であることは確かである。そしてそれらの投資は，営業活動によるキャッシュを維持するために必要なものである。もし利益よりキャッシュフローを参照するなら，正味キャッシュフロー（営業活動によるキャッシュフローから，それを生み出す投資支出を引いたもの），すなわちフリー・キャッシュフローを参照すべきだろう。

　2007年にキャタピラー（Caterpillar；建設・工業機械の製造企業）は，営業活動によるキャッシュフローを79億3500万ドルと報告している。これは報告利益より35億4100万ドル大きい。しかし，このキャッシュフローの数値は工場や設備の減価償却費を17億9700万ドル分，利益から戻し入れた額である。キャッシュフロー計算書の投資活動のセクションを見ると，その年の工場や設備への支出は30億4000万ドルであることがわかる。これらは将来営業活動によるキャッシュを生み出すために必要な支出であった。営業活動によるキャッシュを維持するために必要な現金支出（あるいは減価償却）を考慮せずに営業活動によるキャッシュフローを持ち上げると，営業活動によるキャッシュフローを生み出す企業の能力について誤った印象を与えてしまう。

第 10 章　キャッシュフロー計算書の分析　　297

支払の先延ばし

　企業は，買掛金やその他の事業負債の支払を先延ばしにすることで，キャッシュフローを簡単に増加させることができる。この先延ばしは利益に影響しない。倉庫型店舗小売業であるホーム・デポは 2002 年度に 59 億 4200 万ドルの営業活動によるキャッシュフローを報告し，前の年より 29 億 7700 万ドルの増加となっている。しかし，2002 年に報告された額のうち 16 億 4300 万ドルは，買掛金や未払法人税の増加によるものである。

広告費や R&D 支出

　広告費や研究開発支出は米国基準のもとでは投資支出ではなく営業活動によるキャッシュフローとして扱われるので，これらの支出を減らせば営業活動によるキャッシュフローを増やすことができる（しかし，これらの支出の減少によって，逆に将来のキャッシュフローは減少する結果となる）。

債権の現金化

　企業は債権を売却したり証券化することでキャッシュフローを増加させることができる。しかし，これは製品の販売からキャッシュを獲得する能力を表しているわけではない。TRW 社の利益は 2000 年の 4 億 3800 万ドルから 2001 年には 6800 万ドルへと下落したが，営業活動によるキャッシュフローは 3 億 3800 万ドル増加した。この増加のほとんどは売掛金 3 億 2700 万ドルの売却によるものである（同社はこれを注記に開示している）。

非資金取引

　企業は負債や株式発行を用いてサービスへの支払をすることにより，営業活動によるキャッシュフローを増やすことができる。賃金の支払を負債や年金契約により先延ばししてキャッシュフローを増加させる。現金ではなくストック・オプションで「支払われた」報酬も同様である。

ストラクチャード・ファイナンス

　親切な銀行員の助言によって，企業は借入によるキャッシュの受取を財務活動のキャッシュフローではなく営業活動のキャッシュフローとして見せるように借入を構築するかもしれない。エンロン（Enron）はこのケースに当たる。オフバランスの媒体を通じて資金を注ぎ込み，ローンはエンロンと銀行との間の天然ガス取引のように偽装され，その事実上のローンからの受取が営業活動によるキャッシュフローとして報告されたのである。

資本化のポリシーが営業活動によるキャッシュフローに影響を及ぼす

　もしキャッシュ・アウトフローが投資として扱われ，それゆえ貸借対照表に資本化されて認識されたら，それはキャッシュフロー計算書において営業活動によるキャッシュフローとしてではなく投資活動のセクションに計上される。だから，もし，企業が資本化しなければ営業費用となるものを積極的に資本化すると，営業活動によるキャッシュフローを増加させることになる。たとえば有形固定資産の定期的な維持費用などである。

ミスマッチング

　営業活動によるキャッシュフローの基本的な問題は，インフローとアウトフローが対応していない点にある。前出のキャタピラーの例を見ればわかるであろう。他の例としては，買収をした企業は新たに増えた顧客によって営業活動によるキャッシュフローを増加させる。しかし，これらのキャッシュフローを獲得するためのコストはこの企業の財務諸表のキャッシュフローのセクションには開示されない。

298　第**2**部　財務諸表分析

要　約

アナリストは，企業のキャッシュ生成能力を評価するためにキャッシュフロー計算書を見る。とりわけフリー・キャッシュフローに焦点が当てられるが，それは，フリー・キャッシュフローが流動性や将来の財務上必要となる額を予測するために必要だからである。また，フリー・キャッシュフローの予測は，アナリストが評価の際に割引キャッシュフロー・モデルを採用した場合に必要となる。キャッシュの予測にかかわる後続の章では，ここでの分析が基礎となる。

残念なことに，米国基準のキャッシュフロー計算書は少々厄介である。しかし，損益計算書と貸借対照表を適切に組み替えていれば，フリー・キャッシュフローは本章で例示した方法1や2によって簡単に計算することができる。後に予測を扱う第3部で見るように，予測された（組み替え後の）損益計算書と貸借対照表が一旦用意されれば，フリー・キャッシュフローの予測はこれらの計算書に基づいて簡単な計算をするだけである。損益計算書や貸借対照表に計上されるであろう将来の売上や収益性，投資を予測せずに，将来のフリー・キャッシュフローを考えるのは困難である。フリー・キャッシュフローを予測するためには，これらの計算書を予測する必要がある。そして，これらの計算書が組み替えられた形式で用意されていれば，予想フリー・キャッシュフローはすぐに計算できるのである。これにより，分析の手続きが非常に効率的になる。

本章では，米国基準のキャッシュフロー計算書から，フリー・キャッシュフローを読み解くために必要な調整を解説した。これらの調整は，キャッシュフローを正しく分類するように計算書を組み替えるので，フリー・キャッシュフローが識別され，それが資金調達活動によるフローと一致することが示されるのである。

キー・コンセプト

- **財務計画**とは，事業に必要な将来のキャッシュフローを調達するための資金繰り計画のことである。[281]
- **非資金取引**とは，現金を一切伴わず，負債を負うか，株式を発行することで資産を取得したり費用が発生したりすることである。[291]
- **流動性分析**とは現金の請求に対応するための，現在および将来のキャッシュがどの程度あるかについての分析である。[281]

演習問題

① キャッシュフロー計算書の分類

以下の取引が事業活動によるキャッシュフロー，フリー・キャッシュフロー，資金調達活動によるフローに影響するか，それともどれにも影響しないか説明しなさい。

- a．顧客による売掛金の支払
- b．顧客に対する信用による売上
- c．工場への支出
- d．研究開発支出
- e．利息の支払
- f．余剰資金による短期証券の購入
- g．売掛金の売却

第 **10** 章　キャッシュフロー計算書の分析　　299

2 　貸借対照表と損益計算書を用いたフリー・キャッシュフローの計算

　ある企業は第 2 期に包括利益 376 百万ドルを報告しており，その内訳は 500 百万ドルの税引後事業利益とそれから控除された 124 百万ドルの税引後正味金融費用であった．さらに以下のような比較貸借対照表を報告している．

貸借対照表　　　　　(単位：百万ドル)

	第 2 期	第 1 期		第 2 期	第 1 期
運転資金	60	50	買掛金	1,200	1,040
短期証券（時価）	550	500	未払費用	390	450
売掛金	940	790	長期借入金	1,840	1,970
棚卸資産	910	840			
有形固定資産	2,840	2,710	普通株主持分	1,870	1,430
	5,300	4,890		5,300	4,890

　ボトムアップ方式とトップダウン方式を用いて，フリー・キャッシュフローを計算しなさい．

3 　純資産しかない企業のフリー・キャッシュフロー

　以下は純資産しかない（正味負債がない）企業の財務報告からの情報である．

(単位：百万ドル)

第 1 期 12 月 31 日の普通株主持分	174.8
第 2 期 12 月に支払われた普通株式への配当	8.3
第 2 期 12 月に発行された普通株式	34.4
第 2 期 12 月 31 日の普通株主持分	226.2

　この企業は第 2 期の間には株式の買い戻しは行わなかった．

　この企業の第 2 期のフリー・キャッシュフローを計算しなさい．

4 　負債を負っている企業のフリー・キャッシュフロー

　以下は負債を負っている企業の財務報告からの情報である．

(単位：百万ドル)

第 1 期 12 月 31 日の普通株主持分	174.8
第 2 期 12 月に支払われた普通株式への配当	8.3
第 2 期 12 月に発行された普通株式	34.4
第 2 期 12 月 31 日の普通株主持分	226.2
第 1 期 12 月 31 日の正味負債	54.3
第 2 期 12 月 31 日の正味負債	37.4

　第 2 期の間に株式の買い戻しはなかった．この企業は第 2 期の損益計算書に 4 百万ドルの正味利息費用を報告しており，これは現金で支払われている．

　この企業の第 2 期のフリー・キャッシュフローを計算しなさい．

5 　キャッシュフローの関係式を適用しよう

　ある企業が 430 百万ドルのフリー・キャッシュフローと 390 百万ドルの事業利益を報告した．

　a．この期間の正味事業資産はいくら変化したか．

　b．この企業はこの期間に 29 百万ドルのキャッシュを新しい事業資産に投資した．事業活動のアクルーアルズはいくらになるか．

　c．この企業は税引後の正味金融費用が 43 百万ドル発生しており，20 百万ドルの配当を支払い，新株発行により 33 百万ドルの資金を集めた．この期間の正味負債はいくら変化したか．

第**11**章

収益性の分析

　第5章で見たPBRに基づく評価は，株式を評価するために将来の残余利益を予測するように導いてくれている。第6章で見たPERに基づく評価は，異常利益成長（残余利益の成長と同じことだが）を予測するよう導いている。残余利益は株主の投資の収益性である普通株主資本利益率（ROCE）と投資の成長によって決まる。それゆえ，予測には，収益性と成長性の予測が含まれる。予測するためには，収益性と成長性のドライバーを理解する必要がある。ROCEのドライバーの分析を**収益性分析**，成長性に関する分析を**成長性分析**という。本章で収益性分析を，次章では成長性分析について扱う。

　前章まで説明してきた組み替え後の財務諸表は，分析に必要な財務諸表の準備であった。本章と次章で財務諸表分析が完成することになる。

　収益性分析は，いま企業がどのような状態にあるかを明確にする。これにより，現在のROCEは何が決め手となっているのかがわかる。このように現状を理解した上で，将来のROCEが現在のROCEからどのように変わるのかを考えることから，予測を始める。そのためにアナリストは，本章で提示されているドライバーを予測する。次に，その予測は価値を決定する。だからこそ，本章で扱う収益性のドライバーは，バリュー・ドライバーとも呼ばれるのである。本書の第3部では，本章の分析を予測や価値評価に広げている。

　価値はもちろん経済的要因によって生み出される。会計上の測定値はこれらの要因を捉えたものである。収益性ドライバーを識別する際には，それらを決定づけるビジネスの特徴を理解することが重要である。収益性分析は機械的な側面もあり，ここでの分析は，組み替え後の財務諸表が入力され多くの比率が計算された表計算プログラムで書き表すことができる。しかし，目的は価値創造の源泉を識別することである。それゆえ機械的に進めるにしても，常にその比率を生み出す企業の活動について考え

302　第**2**部　財務諸表分析

なければならない。収益性分析はビジネスのレンズに焦点を当てているのである。

　このように考えると，収益性分析は価値評価と同様に，経営計画や戦略分析，意思決定のツールにもなる。経営者はより高い収益性を生むことが価値を創造することだと認識している。そこで経営者は，次のような疑問を持つだろう。収益性の要因は何だろうか。特定の意思決定によって収益性はどのように変化するだろうか，また，その変化は株主のために創り出された価値に転換されるのだろうか。もし小売業者が広告を削り，代わりに優良顧客優待プログラムを採用したら，ROCE や株式の価値にどのような影響が及ぶだろうか。小売の売場面積を広げた場合の影響はどうだろうか。他社を買収したらどうだろうか。

　分析の目的は，このような問いに対する答えを得ることである。それゆえ，読者は本章で多くの「What-if」問題に出会うだろう。そしてこれらの問いに対し，分析がどのように答えを提供するかを理解することだろう。

アナリストのチェックリスト

　本章を読めば，以下のことがわかるだろう。

・普通株主資本利益率（ROCE）とそれを説明する他の比率との関係。
・財務レバレッジがどのように ROCE に影響を及ぼすか。
・事業負債レバレッジがどのように ROCE に影響を及ぼすか。
・正味事業資産利益率（RNOA）と総資産利益率（ROA）の違い。
・売上高利益率，資産回転率，そしてそれらの構成要素がどのように RNOA を生み出すか。
・借入コストの分析の仕方。
・企業の活動に関するより詳細な疑問について答えるために，どのように収益性分析を行えばよいか。

　本章を読めば，以下のことができるようになるだろう。

・ROCE を生み出す比率の計算。
・その比率を組み合わせて ROCE を導出すること。
・組み替え後の財務諸表を使って収益性分析を完遂すること。
・本章で示された設計に基づく表計算プログラムを使えるようにすること。本書ウェブサイトの BYOAP を参照すること。
・本章での分析を使って企業についての「What-if」問題について答えること。

1　普通株主持分の収益性の分析

これまで見てきたように，普通株主持分の利益率は次のように計算される。

● 図 11.1　収益性の分析

普通株主資本利益率（ROCE）の分解。

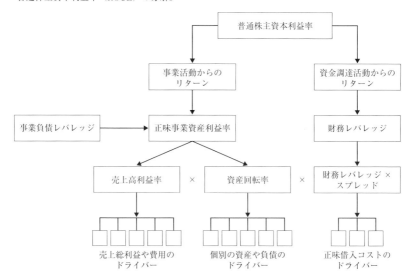

$$\text{普通株主資本利益率（ROCE）} = \frac{\text{包括的な利益}}{\text{普通株主持分の期中平均}}$$

　すでに第9章において，組み替え後の財務諸表が，どのように企業の事業の収益性の指標である正味事業資産利益率（RNOA）や，資金調達活動の指標である正味借入コスト，あるいは正味金融資産リターンをつくり出すかを見てきた。

　図 11.1 は ROCE がどのようにドライバーに分解されるかを表しており，以下はこの図に従って分析を進めていく。分析は3段階で進める。第1段階では，事業活動と資金調達活動の影響を分析する。第2段階では，売上高利益率や資産回転率が事業活動の収益性に与える影響を識別する。第3段階では，図の一番下に描かれている売上高利益率，資産回転率，正味借入コストのドライバーを計算する。

2　分解の第1段階：資金調達活動と事業活動の区別とレバレッジ効果

　ROCE の分解の第1段階は，事業活動と資金調達活動の貢献を区別することである。これにはレバレッジの効果，すなわち負債を「梃子のように」用いることで ROCE を大きくしたり小さくしたりする効果も含まれる。レバレッジは「ギアリング」と呼ばれることもある。

304　第2部　財務諸表分析

財務レバレッジ

　財務レバレッジとは，正味事業資産が正味金融負債によってどの程度調達されているかを表すものであり，財務レバレッジ＝正味金融負債／普通株主持分がそれを捉えている。正味事業資産が株式だけではなく正味金融負債で調達されている限りにおいて，株主資本利益率は影響を受ける。一般的に財務レバレッジはおよそ 0.4 であるが，企業間でかなりばらつきがある。

　財務レバレッジは ROCE に以下のように影響を及ぼす。

$$ROCE = RNOA + （財務レバレッジ × 事業スプレッド）$$
$$= RNOA + [財務レバレッジ × （RNOA － 正味借入コスト）]　（11.1）$$

　この式は ROCE が 3 つのドライバーに分解できることを示している。

1. RNOA（＝事業利益／正味事業資産）
2. 財務レバレッジ（＝正味金融負債／普通株主持分）
3. RNOA と正味借入コストの差である事業スプレッド（スプレッド＝RNOA－正味借入コスト）

　第 9 章で見たように，事業利益と正味金融費用のどちらも，税引後のものであり，かつすべての要素を包括的に含んだものでなければならない。そうでなければこの分解はうまくいかない。

　この式から，企業に財務レバレッジがあり，事業活動のリターンが借入コストを上回っていると，ROCE が事業活動からのリターンを上回る形で上昇することがわかる。正味事業資産が正味負債で調達されていて，これらの資産が借入コストを上回って稼いでいれば，企業の株主資本利益率はより高くなるのである。

　図 11.2 は，ROCE と RNOA の差が，財務レバレッジが変化すると式に従ってどのように変化するかを示している。もし企業の財務レバレッジがゼロならば，（11.1）式より ROCE と RNOA は等しくなる。企業に財務レバレッジがあれば，ROCE と RNOA の差はレバレッジと，RNOA と正味借入コストの差である**事業スプレッド**の大きさによって決まる。ここでは事業スプレッドを単にスプレッドと呼ぼう。企業が RNOA を税引後正味借入コスト以上に稼いでいれば，**好ましい財務レバレッジ**，または**好ましいギアリング**を持っていることになる。すなわち RNOA が「梃子の原理で押し上げられ」あるいは「高速ギアにシフトアップされ」，より高い ROCE を生み出すのである。スプレッドが負の値をとる場合には，レバレッジ効果は好ましくないものになる。Box 11.1 は，第 9 章の例 9.5 で組み替え後の貸借対照表を取り上げた，ゼネラル・ミルズの例である。この例では，財務レバレッジの「よいニュース／悪いニュース」の性質に焦点が当てられている。財務レバレッジは，企業が事業資産によって借入コストより多く稼いでいる場合には株主により多くのリターンをもたらし，

● 図11.2　異なる事業スプレッドにおける，財務レバレッジがROCEとRNOAの差に与える影響

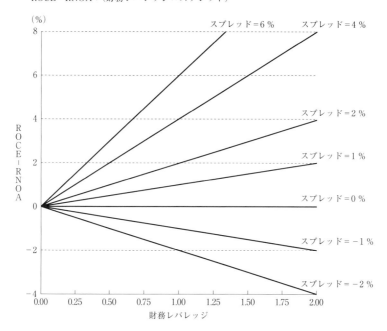

そうでない場合には株主のリターンを損なう。したがって第13章で見るが，レバレッジは株式の収益性の要素であると同時にリスクの要素でもあるのである。第13章では，企業は財務レバレッジによってROCEを上昇させ，ひいては株式価値を増大させることはできるだろうか，それともリスクが増大して株式価値は縮小してしまうのだろうか，といった疑問について考える。

ナイキのように企業が正味金融負債ではなく正味金融資産を保有している場合には，この分析はどのように変わってくるだろうか。この場合には，金融収益は金融費用より大きくなり，企業は正味借入コストではなく資金調達活動からの正のリターン（正味金融資産リターン）を得ることになる。ROCEとRNOAの関係は次のように表せる。

$$\text{ROCE} = \text{RNOA} - \left[\frac{\text{正味金融資産}}{\text{普通株主持分}} \times (\text{RNOA} - \text{正味金融資産リターン}) \right] \tag{11.2}$$

ここで，正味金融資産リターン＝正味金融収益／正味金融資産であり，これは正味金融資産に対する利益率である。この場合，正のスプレッドがROCEを減少させる。

306 第**2**部 財務諸表分析

Box 11.1 財務レバレッジの影響：ゼネラル・ミルズ

ゼネラル・ミルズは加工食品製造の大企業だが，何年にもわたって株式の買い戻しを相当程度行っているため，レバレッジがかなり高くなっている。第9章の例9.5で見たように，2010年度は普通株主持分の期中平均が55億3300万ドルで，正味金融負債の期中平均は61億ドルだった。

この企業の2010年度のROCEは16.7%であった。さらに分析すると，この数値が高いレバレッジから導出されていることがわかる。

ROCE＝RNOA＋[財務レバレッジ×（RNOA−正味借入コスト）]
16.7%＝10.1%＋[1.102×(10.1%−4.1%)]

ROCEは事業収益性に対して過大であるといえる。RNOAは10.1%だが，借入コスト4.1%を上回るスプレッドとともに高い財務レバレッジがより高いROCEを生み出している。これはビジネスからではなく財務レバレッジから引き出されたのだろうか。

「What-if」問題

ゼネラル・ミルズのRNOAが2%まで下がったらどうなるだろうか。ROCEにどのような影響が及ぶだろうか。

答えは，ROCEが負の値をとるだろう，である。

−0.3%＝2.0%＋[1.102×(2.0%−4.1%)]

好ましくないレバレッジが損失と，正のRNOAに対する負のROCEを生み出している。これはレバレッジの「悪いニュース」の一面を表している。

ゼネラル・ミルズは貸借対照表に非支配株主持分を計上していた。これを考慮することでROCEの計算は完了する。Box 11.4を参照のこと。

つまり，株主持分の一部が金融資産に投資されており，金融資産の稼ぎが事業資産より少ないと，ROCEはRNOAより低くなるのである。Box 11.2はこの問題に関するナイキのケースを扱っている。

事業負債レバレッジ

財務レバレッジがROCEを梃子を押し上げるようにして上昇させたように，事業負債も正味事業資産の利益率を押し上げることができる。事業負債は事業活動の過程で発生した負債であり，資金調達活動から生じた金融負債とは区別される。正味事業資産のうち，事業負債が占める程度を表す指標を，事業負債レバレッジという。

$$事業負債レバレッジ＝\frac{事業負債}{正味事業資産}$$

典型的な事業負債レバレッジの値は約0.4である。事業負債は企業が用いている正味事業資産を減らすことにより，RNOAを押し上げる。事業に関して明示的な

第 11 章　収益性の分析　307

Box 11.2　負の財務レバレッジの影響：ナイキ

　ナイキの収益性は非常に高い。2008 年度は普通株主持分の期中平均 74 億 5800 万ドルに対して 25.9 ％の ROCE を報告した。しかしナイキは，事業が生み出したかなりの額といえる 20 億 8600 万ドルのキャッシュからなる金融資産（期中平均）を有しており，そのため負の期中財務レバレッジ－0.280 となっていた。同社の正味金融資産の期中平均額に対するリターンは 2.3 ％であった。

　この ROCE は，35.0 ％という事業活動の収益性を覆い隠してしまう。

$$ROCE＝RNOA－[財務レバレッジ×（RNOA－正味金融資産リターン）]$$
$$25.9 ％＝35.0 ％－[0.280×（35.0 ％－2.3 ％）]$$

　35.0 ％の RNOA は，ROCE 全体で見ると資金調達活動の低い収益性に足を引っ張られてしまっているのである。

「What-if」問題

　もし同社が特定の配当を支払うのに 10 億ドルの金融資産を用いたらどうなるだろうか。ROCE にどのような影響が及ぶだろうか。

　答えは，10 億ドルを期中平均金融資産と株主持分から引いて，期中財務レバレッジが－0.280 ではなく－0.168 になり，ROCE を次のように算出することによって得られる。

$$29.5 ％＝35.0 ％－[0.168×（35.0 ％－2.3 ％）]$$

　注：配当（や株式買い戻し）は ROCE を上昇させる。

　利子なしで信用取引を行える範囲では，企業が正味事業資産への投資を減らすと，RNOA は押し上げられる。しかし，信用には価格が付いている。利子なしで信用を供与したサプライヤーは，提供する財・サービスに対して，企業が現金で支払う場合よりも高い価格を付けるだろう。財務レバレッジと同様に，事業負債レバレッジにも好ましくないレバレッジと好ましいレバレッジとがある。

　レバレッジ効果を計算するために，まず，サプライヤーが信用に課すであろう計算上の内在利子を，企業の金融負債にかかる短期借入利子率を利用して見積もる。

$$事業負債に内在する利子＝（税引後）短期借入利子率×事業負債$$

　次に，事業資産利益率を，事業負債がないと仮定して計算する。

$$事業資産利益率＝\frac{事業利益＋（税引後）事業負債に内在する利子}{事業資産}$$

　RNOA は事業負債レバレッジによって次のように導かれる。

308　第**2**部　財務諸表分析

　　　RNOA＝事業資産利益率

　　　　　＋（事業負債レバレッジ×事業負債レバレッジ・スプレッド）

$$(11.3)$$

　事業負債レバレッジ・スプレッドとは，事業資産利益率が税引後短期借入利子率を超える分であり，以下のように書ける。

　　　事業負債レバレッジ・スプレッド

　　　＝事業資産利益率－（税引後）短期借入利子率

　このRNOAについてのレバレッジの式は，ROCEについてのレバレッジの（11.1）式と似ている。つまり，RNOAは事業負債レバレッジがなかった場合の事業資産利益率に，事業負債レバレッジと，事業負債レバレッジ・スプレッドの大きさで決まるレバレッジ・プレミアムを足したものである。この効果は，事業資産利益率が短期借入利子率を上回る場合には**好ましい事業負債レバレッジ**となる。また，事業資産利益率が短期借入利子率を下回る場合には好ましくないものとなる。ゼネラル・ミルズの事業負債レバレッジについて分析したBox 11.3を参照しよう。

　事業負債レバレッジは株主に価値を付与するので，アナリストがこの価値を生み出す源泉を識別することは重要である。4億ドルの在庫を保有しているものの，その在庫について4億ドルの買掛金を負っている企業は，実質的には在庫の正味投資額がゼロとなる。在庫のサプライヤーが，事業投資として表示される在庫投資を行っていることになり，その分の投資を株主は行う必要がない（そして株主は，その分をリターンを生み出す他のものに投資している）。第9章の例9.4と例9.10で組み替え後の貸借対照表と損益計算書を見たデルは，事業負債レバレッジを利用しているケースである。まさに，デルは正味事業資産が負となるような多くの事業負債を保有している。デルのこの極端な事業負債レバレッジが，どのように株主に価値を付与しているのかを確認するために，デルのこれらの例に関する議論を思い起こしてもらいたい。そう，事業負債レバレッジは事業利益を上回る事業活動からの残余事業利益を生み出していたのである。

財務レバレッジと事業負債レバレッジの株主資本利益率への影響を足し合わせよう

　ROCEは，財務レバレッジと事業負債レバレッジの両方の影響を受ける。2つのレバレッジがなければ，ROCEは事業資産利益率と一致するだろう。事業負債レバレッジはRNOAを事業資産利益率以上に上昇させ，財務レバレッジはROCEをRNOA以上に上昇させる。このことは，次のように書ける。

Box 11.3　事業負債レバレッジの影響：ゼネラル・ミルズ

　ゼネラル・ミルズは2010年度，期中平均116億3200万ドル，うち54億9400万ドルが事業負債である正味事業資産を有していた。それゆえ事業負債レバレッジは0.472だった。この企業の短期支払手形の借入利子率は1.1％，税引後だと0.7％だった。11億7700万ドルの事業利益が報告されているが，この事業利益には3800万ドルの明示されていない税引後利息費用が含まれている。それゆえ171億2600万ドルの期中平均事業資産に対して，

$$事業資産利益率＝(1,177＋38)/17,126＝7.09％$$

となる。

　事業負債レバレッジの影響は好ましいといえる。

$$RNOA＝10.1％＝7.09％＋[0.472×(7.09％－0.7％)]$$

「What-if」問題

　サプライヤーが買掛金に対して短期の借入利子率1.1％を明示してきたらどうなるだろうか。ゼネラル・ミルズの価値への影響はどうだろうか。

　答えは，「おそらく何もない」である。利息は追加的な費用となりうる。しかしサプライヤーは競争力を保つために，トータルの価格（製品価格に内在する利子と明示されている利子とを加えたもの）が同じになるように，販売する製品の価格を下げてくるだろう。ただし，サプライヤーの市場がこの前提のように競争的でないかもしれず，企業がサプライヤーより強い交渉力を有していると，事業負債レバレッジをさらに大きくできるかもしれない。そのような企業はデルのように，サプライヤーとの関係によって，すなわち事業負債レバレッジを通じて，価値を付加することができるのである。第9章のデルの議論を参照のこと。

$$ROCE＝事業資産利益率＋(RNOA－事業資産利益率)＋(ROCE－RNOA)$$

　よって，Box 11.1とBox 11.3のゼネラル・ミルズの例では，ROCEの値である16.7％は，次のように決定される。

$$\begin{aligned} ROCE &＝7.1％＋(10.1％－7.1％)＋(16.7％－10.1％) \\ &＝7.1％＋3.0％＋6.6％ \\ &＝16.7％ \end{aligned}$$

　レバレッジ効果を分析する際には，いくつかの複雑な問題が生じる。まず，非支配株主持分がある場合には変形する必要が出てくる（Box 11.4参照）。次に，正味借入がゼロに近い，あるいは借入利子率が貸出利子率よりかなり高い場合には，企業は正味利息費用（利息費用が利息収益を上回る分）を損益計算書に認識する一方で，貸借対照表には平均的には正味金融資産が計上される（逆の状況も生じる）ことがある（2010年のナイキでは正味金融資産が計上されている）。さらに，（分母の）平均正味金

310 第**2**部 財務諸表分析

Box 11.4　非支配株主持分の取り扱い

　非支配（少数）株主持分の存在によって，財務レバレッジの計算には，若干の修正が必要になる。非支配株主持分は債権者とは異なり，株主持分の収益性全体，レバレッジ，およびスプレッドには影響しない。純資産に対する異なる請求権者間の報酬の分配に影響を及ぼすだけである。非支配株主持分に関する追加的なステップは，連結における親会社の（多数）普通株主（支配株主）に対するROCEからすべての普通請求権者に対するROCEを区別することである。

$$\text{ROCE} = \text{非支配株主持分控除前 ROCE} \times \text{非支配株主との分配比率}$$

ROCE：親会社の株主（支配株主）に帰属する普通株主持分に対するリターン

$$\text{非支配株主持分控除前 ROCE} = \frac{\text{非支配株主損益控除前包括的な利益}}{\text{普通株主持分} + \text{非支配株主持分}}$$

$$\text{非支配株主との分配比率} = \frac{\text{包括的な利益／非支配株主損益控除前包括的な利益}}{\text{普通株主持分／（普通株主持分} + \text{非支配株主持分）}}$$

　最初の比率は非支配株主と支配株主を合わせたトータルの普通株主持分に対するリターンである。2つ目はリターンの分配割合を表す。Box 11.1においてゼネラル・ミルズのケースで計算したように，（11.1）式の財務レバレッジを適用するときに，非支配株主持分控除前のROCEを用いてみよう。

　この計算は厄介である。米国では，非支配株主持分は一般的には割合が小さいので，大抵（近似として）非支配株主持分を連結事業利益や正味事業資産からの減少として取り扱ってよい。

融負債の値が小さいと，正味借入コストが非常に大きくなってしまうこともある。これは，厳密には平均正味金融負債を日々の平均残高で計算すべきところを，期首と期末の平均で計算してしまうからである。アナリストは通常日々の会計数値にはアクセスできない，とはいえ，四半期報告の数値を利用することでこの問題は少し緩和できる。また，借入コストに関しては負債の注記情報をいつでも参照できる。

正味事業資産利益率と総資産利益率

　事業の収益性に関する一般的な指標に*総資産利益率*（return on assets：ROA）がある。

$$\text{ROA} = \frac{\text{純利益} + \text{（税引後）利息費用}}{\text{平均総資産}}$$

（非支配株主損益がある場合は，分子に足す。）

　分子の純利益には，通常は包括利益ではなく報告された純利益が用いられる。しかし，純利益と包括利益のいずれを用いるかは一旦置いておくとして，ROAの計算では資金調達活動と事業活動が混ざってしまっている。資金調達活動の一部である受取利息は，分子に含まれている。総資産は事業資産に金融資産を足し合わせたものなの

● 表 11.1　代表的な企業の RNOA と ROA （2007 年度）

ROA は一般的に，事業負債レバレッジを組み込まずに，金融資産の収益性を組み込んでいるため，事業活動の収益性を過小評価している。

産業と企業		RNOA	ROA	事業負債レバレッジ	金融資産総資産
バイオテクノロジー	ジェネンテック	40.4 %	20.9 %	0.44	30.2 %
	アムジェン	15.3	9.9	0.25	19.6
ハイテク	マイクロソフト	134.3	21.2	2.86	43.4
	オラクル	27.8	14.1	0.59	23.0
	シスコシステムズ	49.1	14.8	1.02	41.4
小　売	ウォルマート・ストア	14.4	8.9	0.50	4.2
	ギャップ	25.5	11.1	1.12	27.9
石油生産，精製	エクソンモービル	41.4	17.7	0.95	14.6
	シェブロン	26.0	13.4	0.82	6.9
ナイキとゼネラル・ミルズ	ナイキ	35.0	16.5	0.65	23.6
	ゼネラル・ミルズ	15.1	8.5	0.44	2.5

で，分母には金融資産が含まれる。そのため，この指標では，事業活動からのリターンと，（大抵それより低い）余剰資金を金融資産に投資することによるリターンが，混ざってしまうのである。事業負債はこの計算の分母では考慮されていない。そのため，この指標の分子には事業負債にかかる費用が（信用にかかる費用の分，高い仕入価格になるという形で）含まれているにもかかわらず，分母からは事業負債レバレッジの効果が除かれている。一方，RNOA の計算においては，事業項目と金融項目が適切に区別されている。利子を生む金融資産は負の金融負債であるから，それらは事業活動からのリターンに影響しない。事業負債は，事業負債レバレッジを提供しながら必要とされる事業資産への投資を減らすので，分母から差し引かれる。

　このように，ROA は通常は RNOA より低い利益率となる。1963 年から 2010 年における米国の非金融会社の ROA の中央値は 7.1 ％である。これは，リスクのある事業投資の期待リターンより低いであろう。むしろ債券のレートに近い。RNOA の中央値は 10.5 ％であり，これは，一般的に事業を営むことで得られると期待されるリターンに近い。ROA は事業の収益性の指標としては不十分なのである。

　表 11.1 は，2007 年における各企業の ROA と RNOA を比較したものである。ROA が事業収益率を過小に評価していることがわかるだろう。とくにナイキとゼネラル・ミルズをよく見てみよう。また，RNOA はマイクロソフト，ジェネンテック，シスコシステムズを，非常に優れた会社として識別している（実際にもそれらは非常に優れた会社である）。

　また，事業負債レバレッジと総資産に対する金融資産の割合が，RNOA と ROA の差を説明している。表の中で，この差が大きい企業は事業負債レバレッジと総資産

312 第2部 財務諸表分析

に対する金融資産の割合が高いことがわかるだろう。2007年，マイクロソフト（Microsoft）の RNOA は 134.3％であるが，ROA の測定においては金融資産（総資産の43.4％）が含まれており，事業負債レバレッジ 2.86 が除かれているから，収益性は21.2％まで低下してしまう。

これらの観察より，次の2点が明らかになる。収益性を効果的に分析するには，次の2つの手続きが必要となる。

1. 利益は包括ベース（クリーン・サープラス）で計算されなければならない。
2. 損益計算書と貸借対照表において，事業項目と金融項目は明確に区別されなければならない。

この2点を実行すれば，「クリーン」な指標を入手することができる。本章以降で，そのようにすることの利点を理解できるはずである。

財務レバレッジと負債比率

財務レバレッジの一般的な指標に，総負債額を株主持分で割った*負債比率*（debt-to-equity ratio）がある。この指標は信用分析には有用であるが，収益性分析においては，（事業負債レバレッジを生み出す）事業負債を，（財務レバレッジを生み出す）金融負債と混同してしまっている。そして，通常の定義では，金融負債と金融資産を純額で捉えていない。

負債比率と財務レバレッジの差はかなり大きい。1963年から2004年における米国企業の負債比率の中央値は 1.22 であるのに対し，財務レバレッジは 0.43 である。マイクロソフトは 2007年末には総資産に対して 43.4％の金融資産を保有しており，事業負債レバレッジは 2.86 であるが金融負債は保有していない。同社の負債比率は 1.02 であるが，負債比率の計算に用いられた負債はすべて事業負債である。そのため，負債比率を財務レバレッジとして用いると，きわめてミスリーディングになってしまう。（金融資産を負の負債と捉えれば）マイクロソフトの財務レバレッジは −0.619 となる。

3 分解の第2段階：事業収益性のドライバー

分解の第1段階では，ROCE の重要なドライバーとして RNOA のみを析出した。図 11.1 のスキームに従って，RNOA をさらに次のようなドライバーに分解していこう。

$$\text{ROCE} = \text{RNOA} + [財務レバレッジ \times (\text{RNOA} - 正味借入コスト)]$$
$$= (売上高事業利益率 \times 資産回転率)$$
$$+ [財務レバレッジ \times (\text{RNOA} - 正味借入コスト)] \qquad (11.4)$$

RNOA のドライバーは以下の 2 つである。

1. 売上高事業利益率（operating profit margin：PM）：

$$売上高事業利益率 = \frac{（税引後）事業利益}{売上高}$$

これは第 9 章の百分率分析で計算した。売上高事業利益率は売上 1 ドル当たりの収益性を明らかにする。

2. 資産回転率（asset turnover：ATO）：

$$資産回転率 = \frac{売上高}{正味事業資産}$$

資産回転率は，正味事業資産 1 ドル当たりの売上収益を測定する。これは正味事業資産が売上を生み出す能力を測っている。逆数である 1/資産回転率 = 正味事業資産/売上高が用いられる場合もあり，それは売上 1 ドルを生み出すために使われた正味事業資産の額を意味する。その場合，たとえば資産回転率が 2 のとき，企業は 1 ドルの売上を生み出すのに 50 セントの正味事業資産を使っているのである。

ナイキは 2010 年に，18 億 1400 万ドルの事業利益と 59 億 3000 万ドルの平均正味事業資産によって 30.6 ％の RNOA を実現した。また，190 億 1400 万ドルの売上収益により，事業利益は 9.54 ％の売上高事業利益率を達成している。売上は，事業資産59 億 3000 万ドルに対して資産回転率 3.21 を実現している。それゆえ，RNOA = 売上高事業利益率 × 資産回転率 = 9.54 ％ × 3.21 = 30.6 ％となる。

2010 年に，ゼネラル・ミルズの売上 147 億 9700 万ドルは，116 億 3200 万ドルの平均正味事業資産に対して 11 億 7700 万ドルの事業利益を生み出している。そのため，RNOA は売上高事業利益率 7.95 ％と資産回転率 1.27 から，10.1 ％となる。これらの計算から，ナイキの高い RNOA は，売上高事業利益率，資産回転率がともに高いことに起因していることがわかるだろう。すなわち，ナイキは，売上 1 ドル当たりにつきより多くの利益を得るだけでなく，正味事業資産 1 ドル当たりにつきより多くの売上を獲得しているのである。売上 1 ドル当たりの投資額を見ると，ゼネラル・ミルズは 78.7 セント必要であるのに対し，ナイキは 31.2 セントで済んでいる。

事業の収益性についてのこの分解は，デュポン・モデルとして知られている。これによれば，事業の収益性は 2 つの源泉から生じているといわれている。第 1 に，売上1 ドル当たりの事業利益が多くなるほど RNOA が高くなり，第 2 に，正味事業資産からより多くの売上が生み出されるほど RNOA は高くなる。1 つ目は収益性の指標，2 つ目は効率性の指標である。企業は，利益率を上げることで収益性を生み出し，売上を生み出すために事業資産と事業負債をより効率的に利用することで，その利益率

● 図11.3 さまざまな産業における売上高利益率と資産回転率の組み合わせ（1963～2000年）

売上高利益率が高い産業は資産回転率が低く，売上高利益率が低い産業は資産回転率が高い傾向にある。

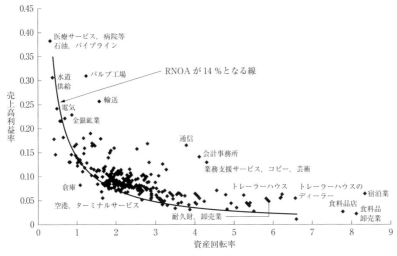

（出所） M. Soliman, "Using industry-adjusted DuPont analysis to predict future profitability," working paper, Stanford University, 2003.

を梃子を使って押し上げるように上昇させることができるのである。

　（税引後）売上高利益率の平均は約5.3％，資産回転率の平均は約2.0である。しかし，企業が所与のRNOAを生み出すには，売上高事業利益率が相対的に高ければ資産回転率は低くなり，回転率が相対的に高ければ売上高事業利益率は低くなることは明らかである。図11.3は，1963年から2000年におけるさまざまな産業の売上高事業利益率と資産回転率の中央値をプロットしたものである。この図から，資産回転率の低い産業は売上高利益率が高く，資産回転率の高い産業は売上高利益率が低いことがわかるだろう。RNOAが14％となる売上高事業利益率と資産回転率の組み合わせの点を結んだ曲線は，右下がりになっている。売上高事業利益率が30％で資産回転率が0.47の（水道供給などの）産業と，売上高事業利益率が2％で資産回転率が7.0の（食料品店のような）企業のRNOAが同じになるのである。

　表11.2に多くの産業におけるRNOA，売上高事業利益率，資産回転率の中央値を示している。表はROCEの中央値の大きい順に並べてあり，さらに財務レバレッジの中央値と事業負債レバレッジの中央値も掲載されている。この表から，これらの指標の一般的な水準についての感覚が得られるであろう。すべての産業のROCEの中央値は12.2％であり，RNOAの中央値は10.3％である。この違いは，財務レバレッジと正のスプレッドによる。産業全体の財務レバレッジの中央値は0.403であるが，

第 11 章　収益性の分析　315

● 表 11.2　代表的な産業の ROCE，財務レバレッジ，事業負債レバレッジ，RNOA，売上高利益率，および資産回転率の中央値（1963〜1996 年）

産　業	ROCE	財務レバレッジ	事業負債レバレッジ	RNOA	売上高利益率	資産回転率
パイプライン	17.1 %	1.093	0.154	12.0 %	27.8 %	0.40
タバコ	15.8	0.307	0.272	14.0	9.3	1.70
レストラン	15.6	0.313	0.306	14.2	5.0	2.83
印刷，出版	14.6	0.154	0.374	13.6	6.5	2.20
業務支援サービス	14.6	0.056	0.488	13.5	5.2	2.95
化　学	14.3	0.198	0.352	13.4	7.1	1.91
食料品店	13.8	0.364	0.559	12.0	1.7	7.39
トラック運送	13.8	0.641	0.419	10.1	3.8	2.88
食　品	13.7	0.414	0.350	12.1	4.4	2.74
電気通信	13.4	0.743	0.284	9.1	12.5	0.76
総合スーパー	13.2	0.389	0.457	11.3	3.5	3.55
石油精製	12.6	0.359	0.487	11.2	6.0	1.96
輸送機器	12.5	0.369	0.422	11.2	4.5	2.47
航　空	12.4	0.841	0.516	9.0	4.3	1.99
電気・ガス・水道	12.4	1.434	0.272	8.2	14.5	0.59
卸売，非耐久財	12.2	0.584	0.461	10.2	2.3	3.72
製　紙	11.8	0.436	0.296	10.2	5.9	1.74
製　材	11.7	0.312	0.384	10.4	4.0	2.60
アパレル	11.6	0.408	0.317	10.1	4.0	2.55
ホテル	11.5	1.054	0.201	8.5	8.2	1.04
海　運	11.4	0.793	0.205	9.1	12.6	0.61
アミューズメント	11.4	0.598	0.203	10.1	9.5	1.10
建　設	11.4	0.439	0.409	10.6	4.5	2.06
卸売，耐久財	11.2	0.448	0.354	9.9	3.4	2.84
繊　維	10.4	0.423	0.266	9.3	4.3	2.09
第一次金属	9.9	0.424	0.338	9.4	5.0	1.80
石油ガス採掘	9.1	0.395	0.263	8.3	13.0	0.57
鉄　道	7.3	0.556	0.362	7.1	9.7	0.78

（出所）　スタンダード＆プアーズ Compustat® のデータ。

　これにはかなりのばらつきがある。パイプライン，公共事業やホテルなどの産業においては，高く好ましい財務レバレッジによって ROCE が生み出されている。一方，その他の産業，業務支援サービス，印刷・出版，化学などは，非常に小さな財務レバレッジによって高い ROCE を生み出している。業務支援サービスなどの一部の産業では，ROCE を押し上げるために，財務レバレッジよりもむしろ事業負債レバレッジを用いた企業も見られる。トラック運送，航空などはどちらのレバレッジも利用している。

　表から，売上高事業利益率と資産回転率の間にトレードオフがあることは明らかである。印刷・出版業や化学産業は，高い売上高事業利益率と高い資産回転率によって平均より高い RNOA を生み出している。しかし，一般的には売上高利益率の高い産業の資産回転率は低く，その逆も成り立つ。パイプラインと食料品店を比べてみよう。ここでは，まったく異なる売上高利益率と回転率によって同じくらいの RNOA が生

316　第2部　財務諸表分析

み出されている。パイプラインや海運，公共事業や通信のような資本集約的な産業は，回転率は低いが売上高利益率は高い。競争の激しいビジネス，食料品店や卸売，アパレル，一般小売などは，売上高利益率は低いことが多いが，高い回転率でRNOAを生み出している。

　売上高事業利益率と資産回転率は，その産業が提供する製品の技術を反映している。大規模な資本投資が必要な産業，たとえば電気通信産業は，一般的に回転率は低く売上高利益率は高い。広告によって顧客を創出するような産業，たとえばアパレルなどは，（広告費控除後の）売上高利益率は低いが，広告の結果として回転率は高くなる。売上高利益率と回転率は競争の状態も反映する。回転率の高い産業，たとえば売場面積1平方フィート当たりで多くの売上を上げることができる食料品店は，競争にさらされている。参入障壁が低い場合には，（食料品店のように）回転率を維持するために売値を下げなければならなくなり，競争が売上高利益率を蝕むことになる。

4　分解の第3段階

売上高利益率のドライバー

　それでは，図11.1のスキームの最終ステップへと進み，売上高事業利益率と資産回転率を，それぞれのドライバーに分解しよう。第9章における損益計算書の百分率分析から，売上高事業利益率が次のように2つの構成要素に分解されることがわかる。

> 　売上高事業利益率
> 　＝販売活動からの売上高事業利益率
> 　　＋その他の項目からの売上高事業利益率　　　　　　　　　　(11.5)

　損益計算書のその他の項目には，持分法投資利益，特別項目，そして資産の売却による損益などが含まれる。これらの収益の源泉は，損益計算書の一番上の行にある売上収益の結果ではない。そのため，これらの項目を含めて売上高事業利益率を計算すると，売上の収益性が歪められてしまう。その他の項目考慮前の事業利益に基づく販売活動からの売上高事業利益率には，売上を生み出すための費用だけが含まれているので，売上に関する収益性だけを取り出せるのである。

　売上高利益率の2つの構成要素は，それぞれさらに次のような構成要素に分解できる。

販売活動からの売上高事業利益率

＝売上高総利益率－費用比率

$$= \frac{売上総利益}{売上高} - \frac{管理費}{売上高} - \frac{販売費}{売上高} - \frac{R \& D}{売上高} - \frac{事業活動に課せられる税}{売上高}$$

(11.6)

その他の項目からの売上高事業利益率

$$= \frac{持分法投資利益}{売上高} + \frac{その他の株式利益}{売上高} + \frac{特別項目}{売上高} + \frac{その他の損益}{売上高}$$

(11.7)

　これらの構成要素の比率は，*売上高利益率のドライバー*として知られている。このドライバーは，セグメント情報が入手可能であれば，事業セグメントごとにさらに分析することができる。上式から，売上高利益率は，売上総利益を増やす（売上原価を減らす）か，その他の利益を増やす，または売上1ドル当たりの費用を減らすことによって，上昇させることができることが明らかであろう。

回転率のドライバー

　正味事業資産は多くの事業資産と負債で構成されているので，全体の資産回転率を，個別の資産と負債の比率に分解していく。

$$\frac{1}{資産回転率} = \frac{現金}{売上高} + \frac{売上債権}{売上高} + \frac{棚卸資産}{売上高} + \cdots + \frac{有形固定資産}{売上高}$$
$$+ \cdots - \frac{仕入債務}{売上高} - \frac{年金債務}{売上高} - \cdots$$

(11.8)

　ここでも，貸借対照表項目は年間の平均値を用いる。ここでは回転率を，売上1ドルを生み出す正味事業資産額である資産回転率の逆数で表し，個々の回転率も同様にする。したがって，都合のよいことに，個々の回転率を合計すると全体の回転率と等しくなる。しかし慣例的には，個々の回転率は資産への投資1ドル当たりの売上で表される。たとえば，

$$売上債権回転率 = \frac{売上高}{（正味）売上債権}$$

また，

318　第2部　財務諸表分析

$$有形固定資産回転率 = \frac{売上高}{(正味)\ 有形固定資産}$$

である（有形固定資産回転率は*固定資産回転率*と呼ばれることも多い）。

　企業は売上を増加させながら事業資産を最小限に維持することで，回転率を（したがってRNOAも）上昇させる。しかし，資産回転率は事業負債回転率からも影響を受け，事業負債回転率は事業負債レバレッジにも影響を及ぼす。すなわち，事業負債レバレッジは資産回転率を上昇させ，もし事業負債レバレッジが好ましいものであれば，RNOAも上昇させる。

　回転率は，*使用率*や*資産活用率*などと呼ばれることもある。異なる方法で計算される使用率もあるが，念頭に置いているコンセプトは同じである。たとえば，

$$売上債権回転日数 = \frac{365}{売上債権回転率}$$

がある（売上債権回収日数とも呼ばれる）。この数値は，売上から現金を回収するのに要する平均的な日数を示す。これは，売上を早く現金に換えることによって効率性が増加している点に着目し，しばしば回収部門の評価基準として用いられる。一般的には35日であるが，デパートやホテルなどは15日以下であるのに対し，製薬会社は50日を超えるなど，産業ごとにかなりばらつきが見られる。ナイキの売上債権回転日数は53日である。ゼネラル・ミルズは，売上債権回転率が15.15倍，売上債権回転日数は24日である。

　棚卸資産回転率は次のように測定されることもある。

$$棚卸資産回転率 = \frac{売上原価}{棚卸資産}$$

これは売上高利益率の変化の影響を受けないという点で，売上高/棚卸資産とする方法とは異なる。この定義を使うと，棚卸資産が在庫として保有されている平均的な期間という観点から，次のように棚卸資産管理の効率性を表すことができる。

$$棚卸資産回転日数 = \frac{365}{棚卸資産回転率}$$

　棚卸資産回転率は，売上が低迷していて在庫が嵩むときに低下するので，需要が下落しているときの危険信号として用いられる。しかし，この測定値は，企業がより多くの売上を見込んで在庫を増やすときにも低下する。この比率は卸売業や小売業など，在庫の種類が1種類か，完成品を扱う事業に適用するのが最適である。製造業に関し

ていうと，棚卸資産には原材料や仕掛品など，完成品になるまでにかかる時間が異なるものも含まれている。注記を見ると棚卸資産が完成品とそれ以外に分類されていることがあり，完成品の比率が計算できることもある。広告や販売促進は棚卸資産回転日数を短くするが，追加的な費用も発生するので，売上高事業利益率も減少させてしまう。経営者の関心は，RNOAの正味の影響にあるのだ。

サプライヤーからの信用供与を増やすことによって事業負債レバレッジを獲得する能力は，次の指標で測ることができる。

$$仕入債務回転日数 = \frac{365 \times 仕入債務}{仕入}$$

ここで，

$$仕入 = 売上原価 + \Delta 棚卸資産$$

である。

ただし，サプライヤーによる信用供与にはコストがかかることに気をつけよう。サプライヤーはその分価格を上げるはずである。そのため経営者は，事業負債レバレッジが好ましいものかを確認する必要がある。

表11.3には，ナイキやゼネラル・ミルズの売上高利益率と資産回転率がそのドライバーとともに表示されている。売上高事業利益率のドライバーの合計は全体の売上高事業利益率に一致し，回転率のドライバーの逆数の合計は，全体の資産回転率の逆数に一致している。

表11.3を子細に見ることで，収益性についてさらに細かい観点が得られる。とくに経年変化は，RNOAがどのように変化し，この先どのような経路を辿りそうかを示してくれるので，将来を予測するアナリストに豊富な情報をもたらすだろう（よい展望を得るためには2年を超える情報が必要である）。表11.3から，2010年のゼネラル・ミルズを上回るナイキの高い収益性は，売上を維持するための高い割合を占める広告費や管理費が全体の売上高事業利益率を削っているにもかかわらず，売上総利益がより大きいために達成されているということがわかる。売上総利益には，もちろん生産費用が反映されている。ゼネラル・ミルズが売上を維持するためには，売上債権と在庫は少なくて済む一方で，有形固定資産への投資を多く必要とする。ナイキが広告によってブランドを維持しているのに対し，ゼネラル・ミルズは売上を伸ばすために，買収（のれん）やブランド（無形資産）への投資によって，資産回転率が低くなっている。ナイキのRNOAの上昇は，売上が伸びていないにもかかわらず売上総利益が拡大している点に大きく依拠しており，これはよい兆候である。また，すべてのドライバーがかなり安定的である。同様に売上が伸びないながらも，売上総利益が増

320　第2部　財務諸表分析

● 表11.3　分解の第2段階と第3段階：ナイキとゼネラル・ミルズ（2009〜2010年）

		ナイキ				ゼネラル・ミルズ			
		2010		2009		2010		2009	
第2段階	RNOA		30.6 %		28.4 %		10.1 %		4.1 %
	売上高事業利益率		9.54 %		8.99 %		7.95 %		3.41 %
	資産回転率		3.21		3.16		1.27		1.19
売上高利益率のドライバー（%）	売上高総利益率	46.3		44.9		39.7		35.6	
	販売費比率	(20.9)		(19.8)		(14.3)		(13.7)	
	広告費比率	(12.4)		(12.3)		(6.1)		(5.0)	
	その他の費用比率	0.3		0.5		(1.5)		(1.4)	
	販売活動からの税引前売上高事業利益率	13.3		13.3		17.8		15.5	
	税費用比率	(3.2)		(3.6)		(6.3)		(5.8)	
	販売活動からの売上高事業利益率	10.0		9.7		11.5		9.8	
	その他の項目からの売上高事業利益率	(0.5)	9.5	(0.7)	9.0	(3.6)	7.9	(6.4)	3.4
第3段階 資産回転率のドライバー（逆数）	現金回転率	0.005		0.005		0.004		0.004	
	売上債権回転率	0.146		0.148		0.066		0.069	
	棚卸資産回転率	0.116		0.125		0.090		0.093	
	前払費用回転率	0.043		0.036		0.029		0.033	
	有形固定資産回転率	0.102		0.101		0.208		0.209	
	のれん及び無形資産回転率	0.036		0.048		0.700		0.715	
	その他の資産回転率	0.060		0.050		0.058		0.091	
	事業資産回転率	0.506		0.512		1.157		1.212	
	仕入債務回転率	(0.056)		(0.057)		(0.056)		(0.059)	
	未払費用回転率	(0.090)		(0.090)		—		—	
	未払法人税回転率	(0.004)		(0.005)		—		—	
	その他の負債回転率	(0.045)	0.311	(0.044)	0.316	(0.314)	0.787	(0.314)	0.839

（注）　四捨五入による誤差のため，各列の数値を足し合わせても必ずしも正確には合計と一致しない。

加し，かつ資産回転率がきわめて安定的であるゼネラル・ミルズのRNOAは，2009年から2010年にかけてかなり伸びている。しかし，この上昇は2009年の（その他の項目に分類される）年金プランの変更と為替差損によっても説明される。

鍵となるドライバー

どちらの企業にとっても，売上総利益を拡大し続けながら売上を成長させることはできるのか，それを広告費率を大幅に増加させずに達成できるのか，資産回転率を落とすような大きな投資をせずに達成できるのか，といった大きな課題がある。これらの疑問やここでの分析は3つの鍵となるドライバー，すなわち売上，売上高事業利益率，資産回転率への注意を促す。単純に，企業は売上を成長させ，売上1ドル当たりに対して高い利益（売上高事業利益率）を稼ぎ，売上を生み出す正味事業資産をで

第11章 収益性の分析 321

Box 11.5 ナイキとゼネラル・ミルズの「What-if」問題

What-if ナイキが売上を現在の水準に保ちながら，売上債権回転率を 6.87 からゼネラル・ミルズのレベルの 15.15 まで上げたらどうなるだろうか。RNOA はどのように変化するだろうか。

答え この増加は平均売掛金を 27 億 6700 万ドルから 12 億 550 万ドルに減少させ，全体の資産回転率を 3.21 から 4.30 に上げ，RNOA を 30.6 ％から 41.1 ％に上げるだろう。しかし，顧客の支払期間が短くなったことが売上や売上総利益に影響を与えないときに限り，そうなるといえる。完全な感応度分析は RNOA のすべての決定要因を通じた影響を追わなければならない。売上，売上総利益，そして資産回転率はどのような影響を受けるだろうか。

What-if 2009 年のナイキの生産コストが増加して売上高総利益率を 46.3 ％から 44.9 ％に下げらどうなるだろうか。

答え 1.4 ％の売上高総利益率の低下は，ナイキの税率が 36.3 ％なので税引後の利益率を 0.89 ％低下させる。この結果は（税引後の）売上高事業利益率を 9.54 ％から 8.65 ％まで下げ，RNOA を 30.6 ％から 27.8 ％まで下げる。

What-if ゼネラル・ミルズが年間の広告支出を 2 億ドル追加して 11 億 900 万ドルまで増やし，その結果同じ売上高総利益率のもとで 12 億ドルの追加的な売上を得たらどうなるだろうか。

答え 広告支出の増加は，現在の売上高総利益率 39.7 ％のもと 4 億 7600 万ドルの追加的な売上総利益をもたらす。追加的な広告支出 2 億ドルを控除すると，追加的な税引前利益は 2 億 7600 万ドルになり，税引後は 1 億 7300 万ドルになる。したがって，売上高利益率は 8.4 ％まで増加する。もし売掛金，在庫，その他の正味資産が売上を支えるべく比例的に増加していると，資産回転率は変わらず，RNOA は 8.4 ％×1.27＝10.7 ％となる。もちろん，もし，広告によって増加した売上がより低い売上高利益率を生み出すとしたら，RNOA が低くなってしまう。

きるだけ少なく保ち続ける（資産回転率）ことによって価値を増大させるものとしよう。そうすると，これらのドライバーは，本書の第 3 部で価値評価をする段階に入ったときに，非常に重要であることがわかるだろう。

　分析は比率を計算することで終わるわけではない。たしかに，計算は分析ツールではある。アナリストはこれらのツールを利用し，起こりうる事態について「もし……だったら」（What-if）と問い，その答えを得るのである（Box 11.5 参照）。ナイキの収益性分析は本書ウェブサイトの BYOAP で続けられている。Box 11.6 には 2000 年から 2008 年にかけての要約があるので参照してもらいたい。

借入コストのドライバー

　ROCE の最後の構成要素は事業スプレッド，すなわち RNOA － 正味借入コストである。すでに，このスプレッドの構成要素である RNOA を分析してきたが，正味借入コストの分析，あるいは正味金融資産が生じている場合には正味金融資産リターンの分析が残っている。

322　第 **2** 部　財務諸表分析

Box 11.6　ナイキの収益性を時系列で追う：2000〜2008 年度

ナイキの収益性の分析は本書ウェブサイトの BYOAP で続けることができ，そこでは 2000〜2010 年度の同社に関するすべての分析が提供されている。以下では 2008 年度までの目立った数値を紹介しよう。

		2008	2007	2006	2005	2004	2003	2002	2001	2000
	売上収益（十億ドル）	18.6	16.3	15.0	13.8	12.3	10.7	9.9	9.5	9.0
収益性	普通株主資本利益率（%）	25.9	25.1	24.1	26.1	23.0	10.3	17.0	16.5	16.6
	正味事業資産利益率（%）	35.0	33.5	29.5	29.4	23.3	9.6	14.4	12.9	13.3
	売上高事業利益率（%）	10.1	10.1	9.6	10.0	8.4	4.0	6.5	6.1	6.2
	資産回転率	3.5	3.3	3.1	3.0	2.8	2.4	2.2	2.1	2.1
レバレッジ	財務レバレッジ	− 0.280	− 0.269	− 0.198	− 0.116	− 0.160	0.116	0.216	0.342	0.295
	事業負債レバレッジ	0.646	0.579	0.515	0.479	0.462	0.383	0.283	0.258	0.290

年々財務レバレッジは減少しているのにもかかわらず，ナイキの ROCE は上昇していることがわかるだろう。2000 年のレバレッジは正だったが，2004 年には正味金融資産を有する企業になっている。ROCE の上昇は事業によって説明される。RNOA は 2000 年の 13.3 ％から 2008 年には 35.0 ％にまで上昇している（すでに見たように 2010 年には 30.6 ％まで低下するが）。売上高事業利益率が上昇しているだけでなく，事業負債レバレッジの上昇を伴いながら，資産回転率が上昇している。かなりの売上成長と，その売上を支えるために企業が必要とする正味事業資産を抑えることで，資産回転率が上昇したのである。

これらの指標は成長のドライバーである。これらは表 11.3 で見たようなドライバーについてのより深い分析によって面白くなる。成長についてのフォーマルな分析は次章で扱う。

正味借入コストは，異なる資金調達活動によるコストの加重平均であり，次のように計算される。

$$
\begin{aligned}
\text{正味借入コスト} = &\left(\frac{\text{金融負債}}{\text{正味金融負債}} \times \frac{\text{金融負債の税引後利息}}{\text{金融負債}} \right) \\
&- \left(\frac{\text{金融資産}}{\text{正味金融負債}} \times \frac{\text{金融資産の税引後利息}}{\text{金融資産}} \right) \\
&- \left(\frac{\text{金融資産}}{\text{正味金融負債}} \times \frac{\text{金融資産の未実現利得損失}}{\text{金融資産}} \right) \\
&+ \left(\frac{\text{優先株}}{\text{正味金融負債}} \times \frac{\text{優先配当}}{\text{優先株}} \right) + \cdots
\end{aligned}
$$

2010 年のゼネラル・ミルズの税引後正味借入コスト 4.1 ％は，以下に示すように，税引後利息費用と利息収益の加重平均になっている。例 9.5 と例 9.11 の組み替え後の財務諸表を再度見てみよう。

$$正味借入コスト = \left(\frac{6{,}752 \times 256}{6{,}100 \times 6{,}752}\right) - \left(\frac{652}{6{,}100} \times \frac{5}{652}\right)$$

$$= (1.11 \times 3.79\,\%) - (0.11 \times 0.77\,\%)$$

$$= 4.1\,\% \quad (\text{四捨五入による誤差がある。})$$

　重み付けは貸借対照表の期中平均の値で計算する。この計算は負債にかかる税引後借入コスト（3.79 %）を金融資産からのリターン（0.77 %）から区別している。

　負債にかかる借入コストよりも金融資産のリターンが低いと，正味借入コストは負債にかかる費用よりも大きくなる。この２つの構成要素の比率の差を**貸出利子率と借入利子率のスプレッド**という（ここでは−3.02 %）。銀行は借入利子率より高い貸出利子率で稼ぎ，そのため（うまくいけば）全体の正味の利子率は借入利子率より高くなる。ゼネラル・ミルズは貸出利子率と借入利子率のスプレッドが負であり，典型的な非金融会社といえる。

　すべての計算と同様に，これらの数値についてもその妥当性を確認しなければならない。注記にはベンチマークとしていくつかの借入利子率が掲載されている。もし計算した借入コストが「ずれている」ように感じたら，事業項目と金融項目の分類を誤っているかもしれない（これは RNOA も正しくないことを意味する）。明確な区別をするのに十分な開示がなされていないために，このような問題が生じるのかもしれない。この問題の影響が重要である限り，正味借入コストだけでなく財務レバレッジや事業負債レバレッジにも影響する。資本化された利息費用を明らかにできないことも誤差を誘発するだろう。また，貸借対照表の数値が期中の変化のタイミングを反映していないために誤差が生じることもあるだろう。

5　自分用の分析ツールをつくろう

　ここに至って，ようやく本章の流れに沿った自分用の財務諸表分析ツールを構築する段階にきた。スプレッドシートは，包括的な利益を分離するための株主持分計算書の組み替え（第８章）に始まり，事業活動と資金調達活動を区別するための損益計算書と貸借対照表の組み替え（第９章）が続く。キャッシュフロー計算書が必要ならば，第 10 章で学んだことを思い出そう。一旦，適切な組み替え後の損益計算書と貸借対照表を手に入れれば，フリー・キャッシュフローはボタンを押すだけで出てくる。キャッシュフロー計算書の財務活動のセクションを加えるためには，株主持分計算書から株主への正味支払を抜き出し，フリー・キャッシュフローの残額として正味債権者へのキャッシュフローを特定すればよい。

　スプレッドシートの適切なセルに組み替えられた損益計算書と貸借対照表が得られ

324 第2部 財務諸表分析

れば，一旦計算の雛型に入力すると，ボタンを押すだけでROCEがそのドライバーである構成要素に分解される。何年分もの組み替え後の財務諸表を入力しておけば，企業の収益性や収益性のドライバーの詳細な履歴を得ることができるだろう。重要なドライバー，すなわち，売上の成長，売上高事業利益率，資産回転率に注目しよう。

スプレッドシートができ上がったら，感応度分析を試してみよう。感応度分析は，Box 11.5で見たように，異なるシナリオについての「What-if」問題に対する答えに影響を与える。特定のドライバーと同様に，RNOAやROCEがどのように変化するかも観察しよう。本書を読み進めれば，この演習を行うことでリスクについての理解がどれだけ進むかがわかるだろう。なぜならば，リスクの分析のためには異なるシナリオのもとでの結果を理解する必要があるからである。感応度分析が（机の上でできるにもかかわらず）経営のシミュレーションにどのように影響を及ぼすかもわかるだろう。いくつかのシナリオのもと，この企業の経営をどのように変えればよいか，収益性やそのドライバーにどのような影響が及ぶか，などを考えることになる。

図11.1のスキームにおいて構造的に重要なポイントを1つ注意しておこう。さまざまな測定値は，このシステム内で変化すると，それがすべて直接ROCEに辿り着くような入れ子構造になっている。たとえば，ROCEを最も細かく分解した売上高事業利益率のドライバーの変化がもたらす影響は，スプレッドシートが図11.1の構造に従っていれば，自動的にプログラムで導出することができる。そして，ROCEはもちろん，残余利益や企業価値を導出する。これが次に見ていく内容である。

この分析ツールによって，予測と価値評価の準備が整った。完全な分析をし，価値評価を行うためには，このプロジェクトの最後の段階として，価値評価の仕組み（第5，6章）と，ここでの分析ツールを組み合わせればよい。これは，本書第3部で行う。繰り返しになるが，ウェブサイトのBYOAPがよいガイドとなるだろう。

要 約

本章は収益性の分析を提示した。ここでの分析は図11.1にまとめられている。その方法は，順を追う形で，低いレベルでの分析が高いレベルでの分析の入れ子になっている。そして下から分析を積み上げてROCEに辿り着くようになっているため，シンプルなプログラミングに適している。一旦組み替え後の損益計算書と貸借対照表をスプレッドシートのプログラムに入力し，図11.1の雛型に重ねれば，分析は自動的に進む。

この分析は，ROCEの財務諸表上のドライバーを明らかにするが，各ドライバーは事業活動の状況を参照する。ここでの分析は，事業活動を観察するために財務諸表を理解する手段なのである。しかしまた，事業についての知識を整理し，事業活動が価値に及ぼす影響を理解する手段でもある。事業がどのように財務諸表のドライバーに影響を及ぼすかを理解すれば，アナリストは事業がROCEにどのような影響を及ぼし，次に，事業がどのように残余利益や事業の価値に影響を及ぼ

第11章　収益性の分析　325

すかについても理解できるようになるだろう。そのため，たとえばアナリストは，売上高事業利益率や資産回転率の変化が，残余利益にどのような影響を及ぼすのかを理解するのである。そして，アナリスト，あるいはビジネス・マネージャーは，計画された，または計画されていない売上高利益率や回転率の変化によって，ROCE や価値がどのように変化するのかについて，「What-if」という仮想の問答をすることができるのである。

キー・コンセプト

- 借入利子率と貸出利子率のスプレッドとは，金融負債に要求されるリターンと金融資産のリターンの差である。[323]
- 好ましい財務レバレッジ（ないし好ましいギアリング）とは，借入によって RNOA を上回るROCE の上昇が得られることである。[304]
- 好ましい事業負債レバレッジとは，事業負債によって事業資産利益率を上回る正味事業資産利益率の上昇が得られることである。[308]
- 事業スプレッドとは事業の収益性と正味借入コストの差である。[304]
- 事業負債レバレッジ・スプレッドとは，事業資産利益率と事業負債の計算上の潜在的な借入利子率との差である。[308]
- 収益性分析とは，ROCE の決定要因を分析することである。[301]
- スプレッドとは 2 種類のリターンの差のことである。たとえば，**事業スプレッド**，**事業負債レバレッジ・スプレッド**，**借入利子率と貸出利子率のスプレッド**など。[304]
- 成長性分析とは，残余利益の成長要因を分析することである。[301]

演習問題

① レバレッジ恒等式

以下は組み替え後の財務諸表からの情報である。

（単位：百万ドル）

	第 2 期	第 1 期
事業資産	2,700	2,000
短期の債券	100	400
事業負債	(300)	(100)
社　債	(1,300)	(1,400)
株主持分簿価	1,200	900
売上高	2,100	
事業費用	(1,677)	
利息収益	27	
利息費用	(137)	
法人税（税率 34 %）	(106)	
（純）利益	207	

a.　(1)　第 2 期の配当額（資本への正味の寄与分）を計算しなさい。

　　(2)　第 2 期の ROCE を計算しなさい。分母には株主持分簿価の期中平均を用いること。

　　(3)　第 2 期の RNOA を計算しなさい。分母には正味事業資産の期中平均を用いること。

326　第2部　財務諸表分析

(4)　下の式に数値を当てはめなさい。

$$ROCE＝売上高事業利益率×資産回転率$$
$$＋[財務レバレッジ×(RNOA－正味借入コスト)]$$

b.　この企業の税引後の短期借入利子率は4.5％であった。以下の式に数値を当てはめなさい。

$$RNOA＝事業資産利益率$$
$$＋(事業負債レバレッジ×事業負債レバレッジ・スプレッド)$$

c.　以下の情報を用いて，a. と同じ設問に解答しなさい。

（単位：百万ドル）

	第2期	第1期
事業資産	2,700	2,000
短期の債券	1,000	800
事業負債	(300)	(100)
株主持分簿価	3,400	2,700
売上高	2,100	
事業費用	(1,677)	
利息収益	90	
法人税（税率34％）	(174)	
（純）利益	339	

2　財務諸表分析の第1段階

　第2期末の株主資本簿価の3倍の額の株価で取引されていた企業の財務諸表がある。この企業の限界税率は33％である。株主持分計算書には，ダーティー・サープラス利益は報告されていない。

貸借対照表（第2期末）　　　　（単位：百万ドル）

資　産	第2期	第1期	負債及び純資産	第2期	第1期
運転資金	50	20	買掛金	215	205
短期の投資	150	150	長期の負債	450	450
売掛金	300	250			
棚卸資産	420	470	普通株主持分	1,095	1,025
（正味の）工場と設備	840	790			
	1,760	1,680		1,760	1,680

損益計算書（第2期）

売上高		3,295
利息収益		9
事業費用	3,048	
利息費用	36	
法人税	61	(3,145)
純利益		159

a.　この企業は第2期の間に，配当の支払も新株の発行も行わなかったが，株式の買い戻しは行った。買い戻された株式の額を計算しなさい。

b.　次の指標を計算しなさい。

ROCE

RNOA

財務レバレッジ

事業スプレッド

フリー・キャッシュフロー

c. この企業の株式が株主資本簿価の3倍で取引されていたことに納得したか。

第12章

成長性と持続可能利益の分析

　成長性の予測は，第5章で見たPBRによる価値評価，また，第6章で見たPERによる価値評価において，決定的に重要な観点である。しかし一方で，成長性の予測はおそらく最も不確実な観点でもある。第7章ではその問題を認識し，まず市場価格のうち成長性を予測した部分について理解した上で，自分で成長性を予測して，市場価格の予測を吟味する，という形で逆向きに検討した。本章では，その予測を発展させるための分析を解説する。

　アナリストはしばしば，成長性とは企業の利益を成長させる能力であるという。第5,6章で説明したように，価値を付加せずに利益を成長させることもできるので，価値評価において利益の成長は成長の概念として妥当でないことを確認することから，本章を始める。むしろ残余利益や異常利益の成長が，尺度として適切である。残余利益はPBRを評価するときに，異常利益はPERを評価するときに焦点となるが，これらは「利益の成長から付加価値分を見抜く」という同じ目的のための尺度である。

　残余利益の成長力は，企業が競争力のある優位性を維持できるか，すなわち，その企業は残余利益を接続・成長させることができるかという問いの，まさに核心となる。そこで本章では，持続可能利益の評価について深く掘り下げていく。

アナリストのチェックリスト

　本章を読めば，以下のことがわかるだろう。

- なぜ成長性の分析では利益の成長ではなく，残余利益の成長と異常利益の成長に着目するのか。
- 成長企業とはどういう企業か。
- 持続可能利益は何から構成されているのか。
- 一時的利益とは何か。

330 第 **2** 部 財務諸表分析

- ・持続可能な収益性の分析の仕方。
- ・企業が競争優位を持続できるかという問いに回答するために，持続可能利益と成長性の分析をどのように行えばよいか。
- ・普通株主持分の成長を生み出す要因は何か。
- ・PER と PBR がどのように関係しているのか。

　本章を読めば，以下のことができるようになるだろう。

- ・正味事業資産利益率（RNOA）の変化についての分析が完成する。
- ・投資の成長性の分析が完成する。
- ・残余利益の成長性の分析が完成する。
- ・損益計算書におけるコア利益すなわち持続可能利益を識別する。
- ・損益計算書における一時的すなわち非正常項目を識別する。

1　成長とは何か

　成長という言葉は，曖昧に用いられたり，多様な意味で用いられたりすることが多い。人々は「成長企業」について話し，そして成長企業に対してはより多く支払おうとするが，その意味は必ずしも明確ではない。売上の成長という意味で用いられる場合もあるし，利益の成長である場合も資産の成長である場合もある。一般に成長には，たとえば価値を生む能力といったように，肯定的な特性があるように思われる。しかしそれでは，成長とは何だろうか。また，**成長企業**とはどのような企業なのだろうか。

　第 5 章と第 6 章の評価モデルがこの問いに答えてくれる。

　第 5 章では，一般に企業が残余利益を獲得する能力に基づいて，簿価を上回るプレミアムが支払われることを示した。ここで残余利益とは，利益と株主持分簿価に対して要求されるリターンとの差のことである。いかなる第 t 期においても，次の式が成り立つ。

$$残余利益_t = 利益_t - [(\rho_E - 1) \times 普通株主持分の簿価_{t-1}]$$

　ここで，$\rho_E - 1$ は株主持分に対する要求リターンである。株主は企業に投資し，株主持分の簿価，すなわち企業の純資産は，その投資を測定したものである。企業は株主の価値を増やすために純資産を事業活動に振り向ける。残余利益は要求される資本コストを上回って簿価に付加される価値を測定する。そのため，価値創造に結びつく成長を捉えるには，残余利益の成長という観点が妥当である。つまり，成長企業を，残余利益を伸ばすことができる企業と考えるのである。

　第 6 章では，一般的には，企業の異常利益成長を生み出す能力に基づいて，正常

PER を上回るプレミアムが支払われることを示した。ここで異常利益成長とは，配当込み利益と前年度から要求リターンの分だけ成長した利益との差である。いかなる第 t 期においても以下の式が成り立つ。

$$異常利益成長_t = [利益_t + (\rho_E - 1) d_{t-1}] - \rho_E \, 利益_{t-1}$$

　ここで，d_{t-1} は前期の正味支払配当である。企業は，要求リターン分の利益成長ができない場合は，PER を増加させることができない。企業は要求リターンを上回る率で利益が成長するとき，すなわち異常利益成長をもたらすときに，価値を付加することができる。つまり，価値の創造に結びつく成長を妥当に捉えるためのもう 1 つの観点は，企業の異常利益成長を生み出す能力なのである。

　第 5 章でも第 6 章でも利益成長に対価を払いすぎることに注意を促した。利益成長は（価値を付加しないかもしれない）投資や（価値を付加しない）会計方法によって生み出されることもあるため，利益成長だけがよい尺度ではないことを強調した。また，残余利益および異常利益成長という尺度が，どのようにして利益成長のうちの評価される部分をそうではない部分から切り離すかを示した。利益から要求利益（残余利益の場合は株主持分簿価に対する要求利益，残余利益成長の場合は前期利益に対する要求利益）を控除することで，投資や会計方法によって生み出される利益成長に対価を払いすぎるのを防ぐことができる。要するに，価値評価を念頭に置くならば，残余利益と異常利益成長は，注目しなければならない成長の尺度なのである。

　残余利益は PBR を評価するのに適した成長の尺度である。異常利益成長は PER を評価するのに適した成長の尺度である。しかし，第 6 章（Box 6.2）で示したように，この 2 つの尺度は同じものを異なる観点から見ているだけである。すなわち，*異常利益成長は残余利益の変化分と等しい*。もし企業の残余利益が成長しないなら，異常利益成長はゼロでなければならない。その企業は「ゼロ成長」企業である。もし企業の残余利益が成長しているなら，異常利益成長があることになる。その企業は「成長企業」である。本章の大部分を割いて，残余利益を成長させる要因が異常利益成長をも生じさせるということを踏まえつつ，残余利益の成長について分析する。残余利益成長には貸借対照表と損益計算書両方の特性がかかわるので，残余利益の成長の分析を通じて成長の決定要因をより深く理解することができるだろう。

　Box 12.1 は成長しているケースとしていないケースを紹介している。それぞれのケースにおいて，異常利益成長が残余利益の変化分と等しくなっていることがわかる。

成長についての警告

　Box 12.1 で示されている成長の経緯は，将来を推定するのに役に立つが，成長のドライバーが明らかになれば，より一層役に立つだろう。しかし，この例はいくつか

332　第 **2** 部　財務諸表分析

Box 12.1　成長企業とゼロ成長企業

成長企業：ゼネラル・エレクトリック（1993〜2000 年）
（単位：百万ドル）

	2000	1999	1998	1997	1996	1995	1994	1993
売上高	129,853	111,630	100,469	90,840	79,179	70,028	60,109	55,701
売上高成長率（%）	16.3	11.1	10.6	14.7	13.1	16.5	7.9	5.0
普通株主持分	50,492	42,557	38,880	34,438	31,125	29,609	25,387	25,824
利　益	12,735	10,717	9,296	8,203	7,280	6,573	4,726	4,315
ROCE（%）	29.9	27.6	26.2	27.2	22.5	23.9	18.5	17.5
残余利益	7,628	6,065	5,221	4,994	3,190	3,273	1,653	1,358
異常利益成長	1,563	844	227	1,804	(83)	1,620	295	—

　2000 年までゼネラル・エレクトリックは普通株主資本利益率（ROCE）と株主持分を増加させながら，売上と利益の高い成長率を維持していた。それに従って（12 %の要求リターンに基づく）利益は成長経路を辿っており，異常利益成長は（主に）正である。

ゼロ成長企業：ゼネラル・エレクトリック（2001〜2010 年）
（単位：百万ドル）

	2010	2009	2008	2007	2006	2005	2004	2003	2002	2001
売上高	150,211	150,278	181,581	172,488	151,586	149,702	152,363	134,187	131,698	125,913
売上高成長率（%）	0.0	− 17.2	5.3	13.8	1.3	− 1.7	13.5	1.9	4.6	− 3.0
普通株主持分	118,936	117,291	104,665	115,559	111,509	108,633	110,181	79,180	63,706	54,824
利　益	11,644	11,025	17,410	22,208	20,742	16,720	16,593	15,589	14,118	13,684
ROCE（%）	9.9	9.9	15.6	19.6	18.8	15.3	17.5	21.8	25.8	27.1
残余利益	(2,463)	(2,198)	4,160	8,475	7,387	3,636	4,355	6,243	7,539	7,625
異常利益成長	(265)	(6,358)	(4,315)	1,088	3,751	(719)	(1,888)	(1,296)	(86)	(3)

　ゼネラル・エレクトリックは 2001 年以降，1990 年代の残余利益成長を維持できなかった。売上は緩やかながらも成長し続けていたが，その緩やかな売上成長は低い利益成長率へと転換していった。ROCE は株主持分が緩やかに増加するのに伴って著しく低下し，少ない残余利益と負の異常利益成長をもたらした。金融危機の間に金融部門がひどい打撃を受け，残余利益は実際この 10 年間の終わりには負になってしまった。1990 年代の成長企業は，ゼロ成長企業となり，さらには価値を失っていく企業になってしまったのである。2000 年に 52 ドルだった株価は 2010 年には 14 ドルにまで下がった。

成長企業：ナイキ（2001〜2010 年）
（単位：百万ドル）

	2010	2009	2008	2007	2006	2005	2004	2003	2002	2001
売上高	19,014	19,176	18,627	16,326	14,955	13,740	12,253	10,697	9,893	9,489
売上高成長率（%）	− 0.8	2.9	14.1	9.2	8.8	12.1	14.6	8.1	4.3	5.5
普通株主持分	9,884	8,815	7,797	7,118	6,365	5,721	4,840	4,028	3,839	3,495
利　益	1,753	1,667	1,911	1,695	1,452	1,433	1,019	406	599	495
ROCE（%）	18.9	20.1	25.6	25.1	24.0	27.1	23.0	10.3	19.1	18.8
残余利益	739	756	1,089	951	786	850	479	(31)	280	241
異常利益成長	(17)	(333)	138	165	(64)	371	510	(311)	39	31

　この 10 年間の終わりは別として，ナイキは，投資を増やし，残余利益を増加させ，正の異常利益成長を生み出しながら，売上を成長させ，高い ROCE を生み出していた。ナイキはこの成長を将来も維持できるだろうか。

の教訓ももたらしてくれる。

1. *成長は持続しにくい*　　ゼネラル・エレクトリック（GE）は 2000 年までの間に相当に成長し，継続して残余利益を増加させてきた。たしかに GE は 20 世紀後半に大きく成長した企業の 1 つである。しかし，Box 12.1 からわかるように，21 世紀の最初の 10 年はかなり様子が異なっている。ここでの教訓は，成長は持続しにくいということである。企業が明らかに持続可能な競争優位を持っていない限り，市場の力によって最終的には成長が損なわれてしまう。競争優位とは，マイクロソフトやシスコシステムズのような技術的な優位性かもしれないし，グーグルのような支配的な先行者としての地位かもしれないし，あるいはナイキのようなブランドかもしれない。しかしこれらの企業ですら，今日のマイクロソフトやシスコシステムズを見ればわかるように，絶えず苦戦している。競争優位という城を囲む堀は，最終的には埋められてしまうのである。

2. *成長はリスキー*　　市場価格が大きく成長している企業を買うのは危険である。成長は競り勝つこともあるが不況時には打撃を受けることもある。ナイキの残余利益は 2008 年から 2010 年の景気低迷期に縮小している。ゼネラル・エレクトリックの成長は金融部門によるものだったが，この時期の金融危機に著しく影響を受け，負の残余利益を生み出した。

これらの理由により，第 7 章では慎重に，市場の成長期待を特定し，ゼロ成長評価にアンカーを置いた。そこでは「成長に対価を払いたいか」ということが問われていた。この問いに答えるためには，何が成長のドライバーとなるかを理解しなければならない。

2　コアを切り出す：持続可能利益

　成長性の分析は，まず成長を可能にする利益の識別から始める。1 回限りの特別な契約からの利益は成長しようがない。たとえば，従業員のストライキによって減少した利益は持続的な成長のベースにはならないし，資産の売却やリストラから利益を得てもおそらくそれらが将来も繰り返されるということはないだろう。将来にも繰り返され，成長しうる利益は，**持続可能利益**，**コア利益**，あるいは**本源的利益**と呼ばれる。ここでは主に*コア利益*と呼ぼう。一時的な要因に基づく利益は，**一時的利益**あるいは**非正常項目**と呼ばれる。

　コア利益は成長のベースとなるので，成長性の分析をするにあたっては，一時的利益を除いたコア利益を区別することから始める。利益は事業活動からの事業利益と正味金融費用によって構成されるので，結局すべきことは，コア事業利益と正味コア借入コストの識別である。コア利益を識別することは，1 回限りの要素の影響を受けな

334　第2部　財務諸表分析

い「正常な」持続的利益を明確にすることなので，**利益の正常化**と呼ばれることもある。

こうしたコア利益（持続可能利益）の識別は，成長性の側面を評価するためだけでなく，「その企業が持続可能な競争優位を有しているか」という問いに答えるための第一歩となる。

コア事業利益

事業利益はコア（持続可能）事業利益と非正常（一時的）項目からなる。

事業利益＝コア事業利益＋非正常項目

販売活動からの事業利益とその他の事業利益の区別を組み込むと，以下のようになる。

事業利益＝販売活動からのコア事業利益＋その他のコア事業利益
　　　　　＋非正常項目

例12.1は，事業利益をコア（持続可能）利益と非正常項目とに区別するため，第9章の組み替え後の損益計算書に加筆した雛型である。典型的な非正常項目をあげてあるが，すべてを例示しているわけではない。標準的な損益計算書には「異常」（extraordinary）項目[1]が開示されており，これらはもちろん非正常項目となる。しかし，非正常項目には，損益計算書の異常項目より上に表れる項目が含まれることもある。手がかりを得るために，注記や「経営者による財政状態および経営成績の検討と分析」（MD&A）を読もう。ビジネスをよく理解すればするほど，これらの項目を識別しやすくなるだろう。

予測するということを念頭に置いた場合，この作業では，将来実を結ばない要素に関心を向けることになる。そのため，非正常項目に分類されるものには，将来繰り返されない項目だけでなく，毎期計上されるけれども予測できないものも含まれていなければならない。事業会社における為替差損益やデリバティブ取引からの損益はよい例である。これらの項目は事業活動において毎期正常に生じるものではあるが，おそらく予測することはできない。すなわち，将来生じるであろう損益ではあるものの，損失か利益かは予測できないため，その期待値はゼロとなる。為替差損益は一時的なものである。つまり，それが持続することは期待されない。また，貸借対照表で時価評価した結果生じる損益計算書項目も，時価の変動は通常は予測できないために同様である。これらの損益は，現在のコア事業利益から切り離そう。そうしないと，コア

訳注 *1)*　FASBは2015年に異常項目の区分を廃止する決定をしている。

第 12 章　成長性と持続可能利益の分析　　335

● 例 12.1　コア利益と非正常項目を識別するための損益計算書項目の事業利益項目の組み替え

　コア事業利益＝販売活動からの事業利益＋その他のコア事業利益である。税はそれぞれの項目に配分されている。

組み替え後の事業利益

コア事業利益
　　コア売上収益
　－コア売上原価

　＝コア売上総利益
　－コア事業費用

　＝（税引前）売上からのコア事業利益
　－販売活動からの事業利益に課せられる税
　　　＋報告された税
　　　＋正味金融費用からの節税効果
　　　－その他のコア事業利益に配分された税
　　　－非正常項目に配分された税

　＝販売活動からのコア事業利益
　＋コアその他の事業利益
　　　＋持分法投資利益
　　　＋年金資産の収益
　　　＋販売活動からではない継続的利益
　　　－コアその他の事業利益に課せられる税

　＝コア事業利益
　± **非正常項目**
　　　－特別費用
　　　－特別債務のアクルーアルズ
　　　±非経常項目
　　　－資産の減損
　　　±見積もりの変更
　　　－開業費用
　　　±資産の売却損益
　　　－リストラ費用
　　　±非継続事業からの損益
　　　±異常事業項目
　　　±会計方針の変更
　　　±株式投資の未実現損益
　　　＋子会社の株式発行による利益（持分変動損益）[2]
　　　±外貨換算差額
　　　±デリバティブ損益（事業活動）
　　　－非正常項目に割り当てられた税

　＝ **包括事業利益**

利益が将来を表さない項目の影響を受けてしまうことになる。このようにして明確になったコア利益が，将来の事業利益を予測するベースとなるのである。

───────────

　訳注 2)　現在の基準では資本剰余金として会計処理される。

336 第**2**部 財務諸表分析

コア事業利益の識別に関する論点

以下に，コア事業利益を識別する際の主な論点を紹介する。

1. *繰延（未実現）収益*　　一般的に企業は財・サービスを提供したときに収益を認識する。何年にもわたる売買契約（たとえば，継続的なサービス，コンサルティング，ソフトウェアのアップデートを伴うコンピュータの売買契約など）では，その契約からの収益がサービスを提供するまで繰り延べられており，その結果，負債として繰延（未実現）収益が計上される。見積もりが必要となるため，企業は積極的（当期の損益計算書に過大な収益を計上する）にも，保守的（過大な額を将来に繰り延べる）にもなりうる。どちらも利益の持続性に影響をもたらす。実際には，保守的に見積もりがちである。収益を繰り延べ，将来の損益計算書にそれを戻し入れることで，成長している様子を描いて見せることができるためである。

　マイクロソフトは多額の収益を繰り延べている。2010 年度の決算日，損益計算書に 624 億 8400 万ドルの収益が計上されているのに対し，148 億 3000 万ドルの未実現収益として負債が計上されている。キャッシュフロー計算書のアクルーアルズのセクション（純利益と営業活動によるキャッシュフローの間に表示されている）では，マイクロソフトは次のように報告している。

（単位：百万ドル）

	2010	2009	2008
繰延未実現収益	29,734	24,409	24,532
未実現収益の認識	(28,813)	(25,426)	(21,944)

　（ ）の中の数値は過去に繰り延べられた収益のうち，当該年度に認識されて「戻し入れられた」額である。これを見ると，当期の収益のうちどれだけが繰り延べられ，どれだけが戻し入れられたかがわかる。当期の収益のうち戻し入れられた分のほうが繰り延べられた分より多いか，収益を増加させる契約が増えているか，それとも逆なのか，などに関心が寄せられる。もし売上の成長が報告されていても，かなりの額の戻し入れがある場合には，その成長は持続しそうにない。未実現収益は「クッキー・ジャー」（クッキーの瓶）と呼ばれることもある。すなわち，企業は損益計算書により多くの利益を計上したくなったらクッキー・ジャーに手を突っ込むことができるのである。

　マイクロソフトはこの 2 つの項目については役立つ情報を報告しているため，この件は透明性が高い。多くの企業はこの詳細を報告しない。複数年にわたる収益契約のある企業には注意をし，収益認識についての注記を注意深く調査しよう。

2. *リストラ費用，資産の減損，非正常費用*　　これらはほとんどの場合特別な項目であるが，リストラ費用が繰り返し計上されることもありうることに気をつけよう。イーストマン・コダック（Eastman Kodak）は写真フィルム会社であるが，

第12章　成長性と持続可能利益の分析　　337

1992 年から 2003 年にかけてデジタル時代の到来にテクノロジーを適応させるために，リストラ費用を毎年報告していた。また，2004 年には，2004 年から 2006 年にかけて 1.5 億ドル以上のリストラ費用を計上するだろうと述べていた。

　リストラ費用と資産の減損は，注意深く扱わなければならない。この影響は，たった「1 回限り」ではないかもしれないからだ。企業が在庫の減損を認識すると，それ以降，在庫が販売されたときに将来の売上原価は低く計上されるだろう。企業が有形固定資産の減損を認識すると，将来の減価償却費は少なくなるだろう。費用が少ないということは，将来のコア利益が大きくなるということを意味する。察しのよいアナリストは，これに気づくと状況に応じて予測を調整する。さらに悪いことには，企業がリストラ費用を過大に見積もっていると，それが将来の利益に「戻し入れ」られて，利益が創出されてしまう。

　合併・買収にかかる取得関連手数料にもまた，吟味が必要である。当該企業が事業費用をこれらの費用にまとめてしまってはいないだろうか。合併したことによって収益性が高くなったように見せるために，将来の利益を増加させるべく，これらの費用を過大に見積もっていないだろうか。

3. *研究開発*　　研究開発（R&D）費の減少は現在の利益を増やすものの，将来の利益を損なうかもしれない。R&D の額の変化が一時的なものかどうか調査しよう。

4. *広告*　　広告費の減少も現在の利益を増やすものの，将来の利益を損なうかもしれない。広告費の額の変化が一時的なものかどうか調査しよう。

5. *年金費用*　　企業は事業費用の一部として確定給付年金に関する費用を報告している。しかし，年金費用は複合的な数値であり，アナリストはその構成要素に気をつけなければならない。以下は 2001 年から 2004 年の IBM の注記に書かれている年金費用を要約したものである。

IBM
年金費用の構成要素（2001～2004 年）　(単位：百万ドル)

	2004	2003	2002	2001
勤務費用	1,263	1,113	1,155	1,076
利息費用	4,071	3,995	3,861	3,774
年金資産の期待収益	(5,987)	(5,931)	(6,253)	(6,264)
会計基準変更時差異の償却	(82)	(159)	(156)	(153)
過去勤務費用の償却	66	78	89	80
数理計算上の差異	764	101	105	(24)
正味年金費用	95	(803)	(1,199)	(1,511)

　年金費用には 6 つの構成要素があるが，上の IBM の要約では，この 6 つの構成要素すべてを確認することができる。

　・*勤務費用*：従業員の今年度の勤務に対して支払われる将来の年金の保険数理

338 第2部 財務諸表分析

計算上の費用の現在価値である。この費用は事実上，従業員が退職したとき
に年金として支払われる賃金といえる。

- *利息費用*：給付を支払う義務に対して生じる利息費用であり，年金を支払う
 日が近づいてくるにつれて時間価値の影響を受け，負債の正味の現在価値が
 増加する。この費用は，賃金が将来支払われるために利息込みの賃金を払わ
 なければならないということを認識したものである。

- *年金資産の期待収益*：年金基金に拠出している資産の期待収益は，従業員へ
 の年金費用の減少項目である。年金資産の期待収益は，資産の時価に期待収
 益率を乗じることで測定される。財務諸表における年金費用の変動を小さく
 するために，実際の損益ではなく年金資産の期待収益が年金費用から減額さ
 れる。累積した実績値と期待損益の差がある限度を超えると，その差が償却
 され年金費用に計上される（これは IBM の年金費用には表れていない）。期待
 収益と実際収益の差はその他の包括利益に報告される。

- *過去勤務費用の償却*：年金制度適用ないし改正前の勤務期間にかかる給付費
 用の償却である。この償却費は，制度変更時より従業員の見積残存勤務年数
 にわたって行われる。

- *会計基準変更時差異の償却*：年金会計が最初に適用されたときに認識された
 年金資産，負債の償却である。

- *数理計算上の差異*：アクチュアリーが従業員の死亡率や離職率に関する見積
 もりを修正することによる年金負債の変化分である。

 勤務費用は従業員に支払われるコア費用の一部である。利息費用もコア費用で
ある。利息費用は，当期ではなく年金としてその後に受け取る賃金の時間価値を
補うために，実際に従業員に支払われる費用である。勤務費用と同様に利息費用
も繰り返し生じるものである。過去勤務費用と会計基準変更時差異の償却は，こ
れらの項目を平準化するために行っているので最終的には消滅する。しかし，非
常に長い期間にわたって平準化されるので，特別な項目というより繰り返し生じ
る項目として扱われるべきである。数理計算上の差異も平準化されるが，これは
ショックの影響を受けやすい。

 しかし，年金資産の期待収益は注意深く扱わなければならない。2001 年から
2003 年の IBM の正味年金費用が負（すなわち利益が出ている）であることに気づ
くだろうが，これは主にこの項目が原因となっている。年金資産に係るこれら
の利益は，退職した従業員を支えるための IBM の債務を減らすので，正当な収
益の一部ではある。しかし，これはコア事業からの利益ではない。アナリストは
注意深くこの利益を解きほぐして，事業の収益性ではなく年金基金の収益性に
よるものであると判断しなければならない。こうした理由から，これらの項目は

第12章 成長性と持続可能利益の分析　　339

Box 12.2　年金資産の収益に要注意

年金費用の構成要素である年金資産の期待収益は注意して扱う必要がある。以下に3点警告する。

1.　年金基金資産の収益が利益に対し重要な割合を占めることがある

年金費用は年金資産の期待収益を控除することで計算され，年金資産の期待収益は当然だが年金資産の額に基づいて測定される。年金基金が1990年代のような上げ相場のときの株式に投資すると，株価はかなり上昇し，基金におけるそれらの資産が増加し，年金資産の期待収益も増加する。一部の企業にとってその増加分がかなり大きいと，年金費用の控除項目として報告される年金資産の期待収益が企業の利益の重要な部分を占めることになる。

ゼネラル・エレクトリック

ゼネラル・エレクトリックは従業員のために多くの年金基金に出資している。2001年の年金に関する注記には，勤務費用が8億8400万ドルと報告されており，同時に20億6500万ドルの退職給付債務にかかる利息費用と，43億2700万ドルの年金資産の期待収益が報告されている。（すべての構成要素を考慮した）正味の年金費用は，実際には20億9500万ドルの利益を出している。この年金利益は損益計算書ではその他の費用と相殺されてしまっている。年金資産の期待収益43億2700万ドルは税引後利益の22％を占める。

IBM

IBMは1998年に勤務費用を9億3100万ドルと報告していた。しかし，34億7400万ドルの退職給付債務にかかる利息費用とともに48億6200万ドルの年金資産の期待収益を報告した。この年金資産の期待収益は税引後事業利益の53.1％を占めた。1999年から2001年にかけてのIBMの年金資産の期待収益はそれぞれ税引前利益に対して45.9％，51.5％，57.2％であった。

年金資産の利益は年金基金の維持から生じる利益であり，製品やサービスを販売することで得た利益ではない。例12.1で示したように，すべてのケースにおいて年金資産の期待収益はコア利益とは区別して開示されているので，利益率はこの構成要素を除いて計算することができる。

ゼネラル・モーターズ

2009年の倒産以前の長い間，ゼネラル・モーターズは一見利益を上げているような報告をしていた。しかし，その利益の多くは年金資産の期待収益に由来するものだった。損益計算書をよく見ると，ゼネラル・モーターズが自動車の生産からはそれほど稼いでいないことがわかる。年金基金の積み立て不足は2002年までに700億ドルを超えていた。自動車の生産から利益を生み出せていない会社にどうしてその不足分を埋めることを望もうか。しかし，損益計算書上は，年金資産の期待収益によって，分配できる利益が出ているかのように見えていたのである。

2.　年金資産の収益はチェーンレターを長期化させる

次のようなシナリオを考えてみよう。過熱した株式市場において，年金基金の資産がその内在価値を上回って上昇しているとする。それによって，従業員のために年金基金を拠出している企業の利益は，年金基金の利益の分だけ年金費用が減少することで膨らむ。そしてアナリストは，この膨らんだ利益をもとに，これらの企業の株価を高めに評価する。そうして吊り上げられた株価を餌に，その会社の株価も吊り上がるのである。こうしてチェーンレターが生み出されるのである。

極端なケースとして，株式市場がバブルの状態のときに，年金基金が拠出元である企業の株式にだけ投資している場合（つまり従業員はその企業の成功を共有することができる）を考えよう。その企業の利益は，急騰する株価から得られる年金基金の収益によってさらに過大になっている。ア

340　第2部　財務諸表分析

ナリストは市場価格と比較して企業の株式価値を評価するために利益を評価するが，利益に株式の市場価格が反映されてしまっていたら，その分析は，注意深く実施しなければ，堂々巡りになってしまう。よい分析をするには，企業の利益の源泉を見抜き，株価が，株価の高騰ではなく，企業のコアビジネスから利益を生み出す能力に基づいていることを理解する必要がある。

　米国における年金基金は，その資産のうち10％だけ自社の株を保有することが認められているが，自社の株とリターンに高い相関がある株式を持つことによって，似たような効果が狙われるだろう。

3.　年金資産の期待収益率に気をつけよう

　年金資産の期待収益は，期待収益率に年金資産の時価を乗じることで求められる。期待収益率はバイアスのかかりうる見積もりである。実際，1990年代の後半，企業は，1980年代初頭に用いられていた7％をはるかに上回る，10％以上の期待収益率を用いていた。エクソンモービルは1975年には7％の期待収益率を用いていたが，2000年には9.5％であった。ゼネラル・モーターズは6％から10％に，GEは6％から9.5％に，IBMは4.8％から10％になっている。同時期の長期の国債の利回りは8％から5.5％に低下している。この2000年における野心的な期待収益率は，おそらく1990年代のバブルによる高いリターンの影響を受けたものだったのだろうが，高い価値の付いた年金資産に適用されることで，より多くの年金資産運用益が計上されることとなった。

　その後に起きたバブルの崩壊は，かなり低いリターンにつながり（実際，大きな負のリターンもあった），企業は期待収益率を下方修正した。その結果，2002年には，資産価値の下落と低い期待収益率により，利益計上された年金運用益は大幅に縮小した。確定給付年金を持つ企業の実に多くが，年金債務が積み立て不足になり，振り返ってみると過去の年金運用益に組み込まれていた利益が過大であったことに気づいたのである。年金会計を理解しているアナリストは，バブル時にこのシナリオを予測していたであろう。

　例12.1の雛型にあるように，販売活動からのコア利益の外で識別されている。年金費用には，ほかにも潜在的に危険な点がある（Box 12.2参照）。

6.　*見積もりの修正*　貸倒引当金や保証費用，減価償却やその他の発生した費用は見積もりが計上される。過年度の見積もりが誤りであることが判明したときは，判明した期に修正がなされる。貸倒引当金は通常はある比率を債権勘定に乗じて，貸し倒れそうな額を見積もる。前期の見積もりが高すぎたとしたら（つまり，予想より貸し倒れが少なかった場合），当期の貸倒引当金繰入額に対して修正がなされる。したがって，報告される利益は当期の売上の信用にかかる費用を反映しない。また，企業はリース債権の残存価値の見積もりも変更する。これらの見積もりの修正による影響は非正常項目に分類されるべきだが，実際には当期の事業活動に影響するコア費用に計上されている。10-K年次報告書のスケジュールⅡが参考にはなるものの，残念ながら，公表されている財務報告には必要な詳細事項が開示されていないことが多い。とくに，重要な見積もりの修正はリストラ費用が計上された後に続いて生じうる。

7. *実現損益* 実現した損益（たとえば資産の売却など）は，損益計算書において詳細には開示されていない。しかしそれらは，キャッシュフロー計算書の純利益と営業活動によるキャッシュフローを調整している箇所で見つけることができる。「いいとこどり」には注意しよう。

8. *株式投資に関する未実現利得損失* この未実現利得損失は，発行済総株式数の20％未満を保有しているときに生じる。これらは貸借対照表において，保有株式を時価で評価するために生じる。保有株式の時価はそれらの価値を表すが，時価の変化は価値を表すわけではない。時価は「ランダムウォーク」に従うので，時価の変化が将来の時価の変化を予測を表すことはない。これらの未実現利得損失は，一時的な項目として扱おう。

9. *公正価値を適用したことによる未実現利得損失* 企業はFASB基準書第159号やIAS第9号のもとで，「公正価値オプション」を行使して特定の資産や負債を公正価値で評価するかもしれない。これに伴って生じる未実現利得損失は，コア利益の構成要素と相殺されるものを除けば，一時的なものである。

10. *法人税* 1回限りの，あるいは期限が切れる控除項目や繰越欠損金のような特別な税費用項目は，税に関する注記で確認することができる。

11. *その他の利益* 「その他の利益」の詳細は開示されていれば注記で確認することができる。利息収益は，しばしば事業利益の「その他の利益」に含まれている。

（株主持分計算書の）その他の包括利益に計上される事業項目のほとんどは，コア利益ではなく非正常項目である。コア利益を識別すべく，これらの項目を再び取り出すという目的のためだけに組み替え後の計算書にそれらを含めるのは的外れのように思えるかもしれないが，そうするのには4つの理由がある。第1に，すべての収益性の源を識別する，という原則は重要である。そうしないと，何かを見落としてしまうからである。たとえば，経営者の行動を完全に評価するためには隠れたダーティー・サープラス費用を識別しなければならない。また，「いいとこどり」は，利益が包括ベースであるときにのみ確認される。第2に，財務諸表分析に影響を与える会計関係式は，利益が包括ベースであるときにのみ機能する。たとえば，第11章のレバレッジの等式は，利益が包括的でなければ成り立たないし，第10章のフリー・キャッシュフローの簡便的な計算方法（フリー・キャッシュフロー＝事業利益－Δ正味事業資産）も，利益が包括ベースであるときのみ可能であった。第3に，その他の包括利益の項目は事業がさらされているリスクを明らかにしてくれる。たとえば，外貨換算差額は企業が為替レートの影響をどのように受けるかを表している。第4に，本書第3部における予測の箇所で確認するように，予測過程の完全性は，作成された（そして組み替え後の）財務諸表が包括利益ベースであることを前提としている。実際，そうでな

342　第2部　財務諸表分析

● 例12.2　ゼネラル・ミルズのコア事業利益と非正常項目の識別（2009, 2010年度）

　コア事業利益が継続的で持続的な利益によって構成されている一方で，非正常項目は1回限りの要素である。販売活動からのコア事業利益は販売活動に由来しないコア利益と区別される。すべての利益の構成要素は税引後の額である。

（単位：百万ドル）

		2010		2009	
		（期末：5月25日）			
コア事業収益			14,797		14,691
売上原価			8,923		9,458
売上総利益			5,874		5,233
一般管理費			2,109		2,012
広告費			909		732
研究開発費			219		207
			2,637		2,282
年金資産にかかる期待収益			(429)		(416)
（税引前）販売活動からのコア事業利益			2,208		1,866
税					
報告されている税額	771			720	
年金資産の収益に課せられる税	(161)			(156)	
子会社分割による節税	12			(16)	
正味利息費用に課せられる節税	151	773		144	692
（税引後）販売活動からのコア事業利益			1,435		1,174
その他のコア事業利益					
年金資産にかかる期待収益	429			416	
税（37.5%）	161	268		156	260
（税引後）ジョイント・ベンチャーからの利益		102			92
コア事業利益			1,805		1,526
非正常項目					
子会社売却益（リストラ費用）	(31)			43	
節税額（37.5%）	12	(19)		16	27
為替換算調整勘定外貨換算差額		(163)			(288)
デリバティブや証券のヘッジ損益		14			(3)
年金費用		(460)			(761)
（税引後）事業利益			1,177		501
正味金融費用					
支払利息		409			405
受取利息		7			22
正味利息費用		402			383
節税額（37.5%）		(151)			(144)
税引後正味金融費用		251			239
非支配株主持分		5			9
包括的な利益			921		253

第 **12** 章 成長性と持続可能利益の分析 **343**

ければ分析や価値評価のスプレッドシートは，BYOAPのスプレッドシートのように
は機能しない。

　多くの企業では，（第9章の組み替え後の損益計算書のように）事業利益を販売活動
からの事業利益とその他の事業利益とに分けることで，コア利益と，非正常あるいは
一時的な項目とが区別される。つまり，販売活動からの事業利益はコア利益であり，
その他の事業利益は非正常項目を表す。ナイキ（例9.9）とデル（例9.10）がその例
である。

　しかし，例9.11にあるゼネラル・ミルズはこれには当てはまらない。ゼネラル・
ミルズはジョイント・ベンチャーからの持分法投資利益を報告している。これらの利
益は，損益計算書の一番上に掲載される売上ではなく，その他の事業利益である。し
かし，それらはコア利益である。というのも，そのベンチャーは将来にわたって存続
するからである。ゼネラル・ミルズは確定給付年金制度も導入しており，年金資産か
らの期待収益が販売活動からの事業利益に含まれているが，もちろん，それは販売活
動からの利益の一部ではない。例12.2はゼネラル・ミルズの組み替え後の損益計算
書であるが，ジョイント・ベンチャーからの利益がコア利益（だが販売活動からのコ
ア利益ではない）に含まれており，年金資産からの利益は販売活動からの利益と区別
されている。年金資産からの収益は継続的（それゆえコア）なものだが，これを区別
することで年金収益の影響を受けない販売活動からの売上高コア事業利益率を計算す
ることができる[1]。一方で，1回限りの年金費用は非正常項目である。

　損益計算書の各構成要素の収益性を効果的に評価するには，例12.1，例12.2にあ
るように，法人税も，その税を生み出した利益の構成要素に配分されていなければな
らない。そのため，税は事業活動と資金調達活動とに配分されるだけでなく，事業活
動の項目内でも配分されなければならない（Box 12.3参照）。

コア事業利益率

　コア事業利益を識別することによって，アナリストは正味事業資産利益率（RNOA）
から一時的な影響を除いた正味事業資産に対するコア利益率を区別することができる。

　正味事業資産利益率＝正味事業資産コア利益率（コアRNOA）＋正味事業資産に対
する非正常項目の割合であり，以下のように表すことができる。

　原注1）　年金資産からの収益は，組み替え後の損益計算書では販売活動からのコア利益から1行で控除さ
　　　　れる。米国基準はこれらの収益をさまざまな箇所に貸方項目として表示することを認めており，そ
　　　　れは年金費用をどこに記録するかに依存する。残念なことに，企業はその貸方項目をどの項目に割
　　　　り振ったかを報告していない。

344　第**2**部　財務諸表分析

Box 12.3　包括的な税の配分

　もし損益計算書が利益の異なる源泉を識別するために組み替えられるのなら，それぞれのタイプの利益には，それぞれの利益の源の税引後の貢献度が特定できるように，その利益が呼び込んだ税を配分しなければならない。米国基準の損益計算書は以下のように組み替えられる。企業の法定税率は35％である。

米国基準の損益計算書		組み替え後の計算書		
収　益	$4,000	コア収益		$4,000
事業費用	(3,400)	コア事業費用		(3,400)
リストラ費用	(300)	税引前コア事業利益		600
利息費用	(100)	税：		
税引前利益	200	報告された税	$45	
法人税	45	利息による節税額	35	
純利益	$155	非正常項目による節税額	105	185
		税引後コア事業利益		415
		非正常項目：		
		リストラ費用	$300	
		税額控除	(105)	195
		事業利益		220
		利息費用	$100	
		利息に課せられる税	(35)	65
		純利益		$155

　純利益はもちろん税の配分をしてもしなくても同額である。利息費用と同様にリストラ費用は税を減らすので税引後の非正常項目は195ドルになる。リストラ費用による節税額は，やはり利息と同様に，事業利益に課せられる税を計算するために，報告された税に対する調整に用いられる。こうして事業利益に課せられる税の合計は185ドルとなり，これはすなわちその企業がリストラ費用と利息費用を計上していなければ支払ったであろう税額である。同様に例12.2は，ゼネラル・ミルズの損益計算書において，税を年金資産からの利益に配分している。

$$RNOA = \frac{\text{コア事業利益}}{\text{正味事業資産}}\ (=\text{コア RNOA}) + \frac{\text{非正常項目}}{\text{正味事業資産}}$$

　コア RNOA のうち，販売活動からの事業利益をその他の事業利益から分けると，以下のようになる。

$$RNOA = \frac{\text{販売活動からのコア事業利益}}{\text{正味事業資産}} + \frac{\text{その他のコア事業利益}}{\text{正味事業資産}}$$
$$+ \frac{\text{非正常項目}}{\text{正味事業資産}}$$

　RNOA が特別な，一時的な項目によって生み出されている限り，その RNOA は「質が低い」といわれる。それは持続的ではないからである。

第 **12** 章　成長性と持続可能利益の分析　　345

　ゼネラル・ミルズは，2010 年には平均 116 億 3200 万ドルの正味事業資産を保有して，10.1 ％の RNOA を生み出した。例 12.2 に示した利益の構成要素を用いると，この RNOA は，12.3 ％の販売活動からの（税引後）コア事業利益率に，3.2 ％のその他のコア事業利益率を足し，そこから 5.4 ％の 1 回限りの負のリターンを引いたものによって，生み出されていることがわかる。（販売活動とその他のコア事業利益からの）コア RNOA は 15.5 ％であった。明らかに，コア事業からのリターンはすべてを含めた RNOA の 10.1 ％より高いことがわかる。

　コア RNOA を識別したら，それを売上高事業利益率と資産回転率に分解しよう。

$$\text{RNOA} = \text{販売活動からの売上高コア事業利益率} \times \text{資産回転率}$$
$$+ \frac{\text{その他のコア事業利益}}{\text{正味事業資産}} + \frac{\text{非正常項目}}{\text{正味事業資産}}$$

ここで，

$$\text{販売活動からの売上高コア事業利益率} = \frac{\text{販売活動からのコア事業利益}}{\text{売上高}}$$

　この販売活動からの売上高コア事業利益率は，その他の利益や非正常項目の影響を受けないプロフィット・マージンを明確にする。そのため，たしかにこれは企業が販売活動から利益を生み出す能力の「コアを切り出す」ことになる。ゼネラル・ミルズの販売活動からの売上高コア事業利益率は 9.7 ％であり，資産回転率は 1.27 であるが，これは，販売活動からのコア RNOA が 12.3 ％であることを説明している。

コア借入コスト

　損益計算書の正味金融費用も，コア費用と 1 回限りの影響とに分解できる。この分解によって，将来の借入コストを予測する際に用いられる正味コア借入コストが求められる。

$$\text{正味借入コスト} = \text{正味コア借入コスト} + \text{特別借入コスト}$$
$$= \frac{\text{正味コア金融費用}}{\text{正味金融負債}} + \frac{\text{特別金融費用}}{\text{正味金融負債}}$$

　前述のように，特別な金融項目は，将来にわたって繰り返されそうにもなく，また予測も不可能である。これらには，金融項目の実現／未実現損益，特別な金融収益や金融費用が含まれている。税引前の正味コア借入コストは，負債に関する注記に報告されている借入利子率と，おおよそ一致するだろう。コア借入コストはこの利子率を反映しており，税引後のレートであるから税率の変更の影響も含んでいる。正味金融

資産が生じているケースの分析も同様に説明される。

3 成長性の分析

基礎となる持続的な収益性について学んだので、次は成長性の分析である。残余利益は、成長性に焦点を当てると、普通株主資本利益率（ROCE）と普通株主持分の額で決まる。

$$残余利益_t = (ROCE_t - 株主資本コスト) \times 普通株主持分の簿価_{t-1}$$

したがって、残余利益の成長は ROCE の上昇と普通株主持分の成長によって生み出される。次にこれらを1つずつ見ていこう。

収益性による成長

第11章の財務レバレッジの等式は、ROCE が、事業収益性である RNOA と財務レバレッジの大きさ、そして事業収益性の正味借入コストに対するスプレッドによって生み出されることを示している。

$$ROCE = RNOA + [財務レバレッジ \times (RNOA - 正味借入コスト)]$$

図12.1は、収益性のドライバーに即して持続可能な収益性の分析にこの分解を加えたものである。アナリストは、これらのドライバーが将来どのように変化すると考

● 図12.1 ROCE の持続可能なドライバー

ROCE はコア収益性、財務レバレッジ、正味借入コストによって生み出される。事業収益性を表す RNOA は、コアな（持続可能な）事業収益性と、1回限りの非正常項目によって生み出される。正味借入コストは、コア借入コストと1回限りの非正常項目によって決定される。

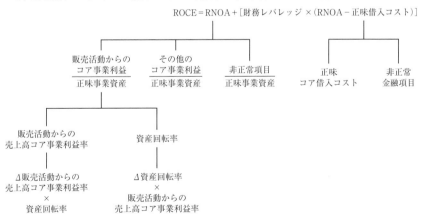

第 **12** 章 成長性と持続可能利益の分析 347

Box 12.4 RNOA の変化の分析：ナイキとゼネラル・ミルズ

RNOA の変化分＝前期の資産回転率のもとでの

販売活動からの売上高コア事業利益率の変化分

＋資産回転率の変化による変化分

＋その他のコア利益の変化による変化分

＋非正常項目の変化による変化分

ΔRNOA$_{2010}$＝（Δ販売活動からの売上高コア事業利益率$_{2010}$×資産回転率$_{2009}$）

＋（Δ資産回転率$_{2010}$×販売活動からの売上高コア事業利益率$_{2010}$）

＋Δ（その他のコア事業利益/正味事業資産）

＋Δ（非正常項目/正味事業資産）

　第 11 章の表 11.3 に，ナイキとゼネラル・ミルズの 2009 年および 2010 年の RNOA，売上高事業利益率，資産回転率を提示した。以下では前年度と比較した変化を分析している。ナイキのコア事業利益は，その他のコア利益がないため販売活動からの事業利益と等しい。ゼネラル・ミルズのコア事業利益は例 12.2 で求めたものである。

ナ　イ　キ

　ナイキの，2009 年の 28.4 ％から 2010 年の 30.6 ％という，2.2 ％の RNOA の上昇は，次のように説明される。

ΔRNOA$_{2010}$＝2.2 ％

＝（0.35 ％×3.16）＋（0.05×10.0 ％）＋0＋（−1.62 ％＋2.26 ％）

（四捨五入による誤差がある。）

　販売活動からの売上高コア事業利益率が 0.35 ％上昇して，RNOA の 1.1 ％の上昇を生み出していることに気づくだろう。0.05 の回転率の上昇も，0.5 ％の RNOA の上昇を生み出している。こうしてコア収益性は 1.6 ％上昇している。非正常項目は残りの 0.6 ％の上昇を説明する。

ゼネラル・ミルズ

　ゼネラル・ミルズの 4.1 ％から 10.1 ％の RNOA の上昇は，次のように説明される。

ΔRNOA$_{2010}$＝6.0 ％

＝（1.71 ％×1.19）＋（0.07×9.70 ％）＋（3.18 ％−2.85 ％）＋（−5.40 ％＋8.3 ％）

　RNOA 6.0 ％の上昇は，1 回限りの項目 2.9 ％の上昇と，販売活動以外によるコア利益 0.33 ％の上昇に起因する。販売活動からのコア利益により RNOA が 2.73 ％上昇し，そのうち 2.04 ％が販売活動からの売上高コア事業利益率の上昇により，0.68 ％が資産回転率の上昇により生じたものである。

えるだろうか。企業はコア収益率を増加させることができるだろうか、あるいは競争に打ち勝てそうか。売上高コア事業利益率や資産回転率はどのように変化していきそうか。これらの問いは、企業が持続的な競争優位を維持できるかどうかを検討するときのと同じ問いである。

　これらの予測に対する示唆を得るために、アナリストは収益性が当期にどのように変化したかを明らかにする。中でも圧倒的に重要な論点は、当期のコア収益性がどのように変化したかを説明することにある。Box 12.4 では、第11章で分析した2つの企業、ナイキとゼネラル・ミルズを図12.1に従って分析している。Box の冒頭に書かれている式に注意しよう（図12.1にも示されている）。販売活動からの売上高コア事業利益率の変化分の貢献度は、前期の資産回転率を一定とすることで評価され、資産回転率の変化分の貢献度は、当期の売上高事業利益率を一定とすることで評価される。Box 12.4 からはナイキの事業収益性が、コア売上高利益率と資産回転率双方の上昇を伴った販売活動からのコア利益の増加によって生み出されていることがわかる。ゼネラル・ミルズの収益性の上昇も、販売活動からの売上高コア事業利益率の2％の上昇と資産回転率の0.7％の上昇を伴うコア収益性による。しかし、RNOA 全体の大幅な上昇は非正常項目によるところが大きい。

事業レバレッジ

　販売活動からの売上高コア事業利益率の変化分は、売上の変化に対してどの程度費用が変化したかで決まる。費用の一部は**固定費**であり、これは売上が変化しても変わらない。それ以外が**変動費**で、これは売上が変化すると変化する。減価償却費やその他償却費（以下、合わせて償却費とする）、管理費用の多くは固定費であり、また売上原価に含まれる労務費や材料費のほとんどは変動費である。売上と変動費の差を*貢献利益*という。なぜなら固定費を回収し、利益をもたらすのに貢献するのが、この額だからである。したがって、以下の式のようになる。

$$\text{販売活動からの売上高事業利益率} = \frac{\text{売上高} - \text{変動費} - \text{固定費}}{\text{売上高}}$$

$$= \frac{\text{貢献利益}}{\text{売上高}} - \frac{\text{固定費}}{\text{売上高}}$$

　上式2行目の右辺第1項は、貢献利益率と呼ばれる。これは次のように計算されることもある。

$$\text{貢献利益率} = 1 - \frac{\text{変動費}}{\text{売上高}} = \frac{\text{貢献利益}}{\text{売上高}}$$

第 **12** 章　成長性と持続可能利益の分析　　349

　この比率は，売上 1 ドル当たりの変化に対する利益の変化分を測定する。変動費が
売上の 75 ％を占めている企業であれば，貢献利益率は 25 ％となる。つまりこの企業
は，売上 1 ドルの増加に対し 25 セントの利益を付加しているということである（そ
して固定費は売上高事業利益率の変化分を説明しない）。

　売上の成長率に対する利益の感応度を，*事業レバレッジ*という（事業負債レバレッ
ジと混同しないこと）。事業レバレッジは，変動費に対する固定費の割合で計算される
こともあるが，次のようにも測定される。

$$事業レバレッジ = \frac{貢献利益}{事業利益} = \frac{貢献利益率}{売上高事業利益率}$$

　（繰り返しになるが，事業レバレッジと事業負債レバレッジを混同しないこと！）コア
利益を扱っているなら，この計算にはコアな項目のみを入れるべきである。もし固定
費があるなら事業レバレッジは 1 より大きくなるだろう。この尺度は企業にとって絶
対的な値ではなく，売上の変化に伴って変化するものである。しかし，売上がどのよ
うな水準であったとしても，売上の変化分が事業利益に与える影響を示すのに有用で
ある。これをコア事業活動に当てはめると，以下のようになる。

$$コア事業利益の変化分（\%）= 事業レバレッジ × コア売上の変化分（\%）$$

　相対的には企業内のアナリストのほうが，固定費と変動費を容易に区別できるはず
だ。しかし，年次財務報告書の読み手にはそれが難しいとわかるだろう。固定費のう
ち償却費の内訳は 10-K 年次報告書に報告されるし，また，キャッシュフロー計算書
にも見つけることができる。しかし，その他の固定費（固定給，賃借料，管理費用な
ど）は，損益計算書の異なる項目の中に変動費と合算されてしまう。

資金調達活動の変化に関する分析

　ROCE の変化の一部は RNOA の変化によって説明された。この説明は資金調達活
動の分析によって完成する。ROCE に対するレバレッジ効果は，図 12.1 のレバレッ
ジの等式で与えられている。ROCE に対するレバレッジ効果は，2 つの源に由来する。
レバレッジの大きさと正味借入コストである。

　Box 12.5 は，レバレッジの変化が ROCE にどのような影響を与えうるのかを示し
たものである。ここでの分析には，「財務レバレッジを大きくするために時価で負債
を発行しても，価値は付加されないが，ROCE には重要な影響をもたらす」という
警告が伴う。たしかに，レバレッジによる ROCE の変化は，事業の収益性が価値創
造へもたらす貢献を隠してしまうが，価値を付加するのはあくまでも事業である。こ
の点については次章で取り上げる。

350 第 **2** 部 財務諸表分析

Box 12.5 資金調達が ROCE に及ぼす影響の分析と注意点

1996 年にリーボック（Reebok）は資金調達方法を大きく変化させた。およそ 6 億円を借り入れて，それを株式の買い戻す際の支払に当てたのである。以下に掲載した 2 年間の組み替え後の貸借対照表からは，正味金融負債が大きく増え，それに対応して株主持分が減少していることがわかる。これにより，財務レバレッジは 0.187 から 0.515 と大きく増大した（貸借対照表の期中平均値に基づく）。

リーボック・インターナショナル・リミテッド
要約組み替え後貸借対照表

（単位：百万ドル）

	1996	1995
正味事業資産	1,135	1,220
正味金融負債	720	287
普通株主持分	415	933
ROCE（%）	18.9	19.2
RNOA（%）	14.1	16.9
正味借入コスト（%）	4.9	4.8
財務レバレッジ	0.515	0.187

リーボックの ROCE は 1996 年に 0.3 %しか下落していないが，これは 2.8 %というかなり大きな事業の収益性の下落を覆い隠している。借入によって ROCE が維持されているのである。リーボックが 1995 年の 0.187 というレバレッジを維持していたとすると，14.1 %という RNOA のもとで ROCE は 15.8 %になる。

$$ROCE = RNOA + （財務レバレッジ \times スプレッド）$$
$$ROCE_{1996} = 14.1 + [0.187 \times (14.1 - 4.9)]$$
$$= 15.8 \%$$

しかし，実際にはリーボックの ROCE は 18.9 %であった。

企業は公正価値で負債証券を償還したり発行したりするが，ほとんどの企業の価値は，負債を増やすことによっては生まれない。価値は事業から生まれる。しかし，財務レバレッジは ROCE を，RNOA を上回る形で，梃子を押し上げるように上昇させる。こうして企業は，借入を増やすことで ROCE をつくり出すのである。だから ROCE の上昇には注意しよう。それがコア事業から生み出されているのか，それともレバレッジの変化によるものなのかを確認するために，収益性の変化を分析しよう。

企業はしばしば普通株主持分の収益性を高めるために借入を増やしたと説明する。しかし，ROCE の最大化が十分満足のいくものとは限らない。資本コストをカバーするという条件のもとで，RNOA を最大化し，事業活動によって ROCE が上昇するのが，望ましいゴールである。経営者の報酬を ROCE にリンクさせようとするのは間違いである。経営者は借入を増やすことで経営者報酬を増加させることができるからである。

すでに述べたように，残余利益の成長は価値を生む。しかし，残余利益が ROCE によって生み出され，その ROCE は（価値を生まない）借入によって上昇させられている可能性があることに気をつけよう。矛盾しているように思われるかもしれない。この謎の種明かしは次の章で行う。

第 **12** 章　成長性と持続可能利益の分析　　351

金融資産の流動性に要注意

　借入が ROCE を上昇させるのと同様に，金融資産の売却によっても ROCE は上昇する。金融資産は負の負債でありそれを売却することはレバレッジを増大させる。しかし，時価（ないし公正価値）による国債の売却は価値を生まない。RNOA が低下しているときに金融資産を売却する企業には気をつけよう。それによって事業の収益性の低下が覆い隠されている。米国基準のキャッシュフロー計算書では，金融資産の売却を事業への投資の減少項目として扱うので，それによってフリー・キャッシュフローが増加したようにも見える。第 10 章のルーセント・テクノロジーの例を参照してもらいたい。

　金融資産の売却の全般的な影響は，もちろん，それによる収入が何に使われたか，に依存する。もし事業資産に投資されたのなら，資金調達活動ではなく事業活動を通じて収益性が向上するだろう。もし債務を償還するのに使われたのなら，レバレッジに影響はないだろう。もし配当を支払うのに使われたのなら，レバレッジは増大するだろう。

株主持分の成長に関する分析

　残余利益は，普通株主持分に対する収益率だけでなく，その比率で稼ぎ出す普通株主持分の額によっても生み出される。

　株主による投資が必要とされるのは，正味事業資産への投資が必要となるからである。しかし，負債が正味事業資産を調達するために用いられている限り，株主の投資は減らされている。

$$\varDelta 普通株主持分 = \varDelta 正味事業資産 - \varDelta 正味金融負債$$

　正味事業資産は売上を生み出すために保有されているので，売上は正味事業資産と株主の投資のドライバーとなる。資産回転率は，売上を支えるために要求される正味事業資産の額を表す。資産回転率＝売上高／正味事業資産なので，以下のように書くことができる。

$$正味事業資産 = 売上高 \times \frac{1}{資産回転率}$$

　そして，以下のように表すことができる。

$$\varDelta 普通株主持分 = \varDelta \left(売上高 \times \frac{1}{資産回転率} \right) - \varDelta 正味金融負債$$

　売上は正味事業資産への投資を必要とする。資産回転率の逆数，1／資産回転率は，1 ドルの売上を生み出すために保有される正味事業資産の額である。ナイキの 2010 年の資産回転率は 3.21 であるから，1/3.21，すなわち 31.2 セントの正味事業資産が，1 ドルの売上を生み出すために保有されている。普通株主持分の変化は 3 つの要素で

352　第 **2** 部　財務諸表分析

説明される。

1. 売上の成長。
2. 売上 1 ドルを生み出す正味事業資産の変化。
3. 正味事業資産の変化を調達するために用いられる，株式ではなく，正味負債の額の変化。

売上の成長は主要なドライバーである。しかし，売上の成長には正味事業資産への投資がより多く必要とされ，その資金は正味負債か株式によって調達される。

ナイキの普通株主持分は 2009 年の 881 億 4500 万ドルから 2010 年には 988 億 4400 万ドルへと，106 億 9900 万ドル成長した。これは事業活動の成果というより，正味金融資産の増加によるものである。実際，16 億 2100 万ドルというわずかな売上の減少に対し，正味事業資産は 83 億 2300 万ドルも減少し，売上 1 ドルを生み出すために必要な正味事業資産は 2009 年に 31.7 セントだったものが，2010 年には 31.2 セントまで減少している（上の式を適用してこれらのドライバーを結びつけよう）。

4　成長，持続可能利益，および PBR と PER の評価

現在と過去の成長の分析は，PBR と PER を評価するために将来の成長を予測する準備である。本書の次の部では予測について話を進める。価格付けの基礎となる 2 つの比率に，PBR と PER がある。予測や評価に進む前に，これら 2 つの比率が互いにどのような関係にあり，それぞれどのように成長と関係するのか理解しなければならない。本節では，PBR と実績 PER の関係を見て，それらの比較からいくつかの教訓を引き出そう。

異常利益成長がゼロということは残余利益が成長しないことを意味しており，また，正の異常利益成長は残余利益が成長していることを意味していたことを思い出そう。この考え方をより確かなものにするために，Box 12.6 に，ベンチマークとなるケース，すなわち，正常予想 PER と正常実績 PER を持つ，ワールプール・コーポレーションのケースを示した。正常 PER は，異常利益成長がゼロと予測すること，あるいは成長のない残余利益を予測することを含意しているのである。

PBR と実績 PER の関係

ワールプールの例は，PER は正常だが PBR は正常ではないケースである。PER と PBR の関係に焦点を当てるために，次のようなことを考えてみよう。PBR の高い企業は PER も高くなければならないだろうか。PBR の高い企業の PER が低いということもありうるだろうか。

これら 2 つの比率の実証的な関係を理解するために，表 12.1 は，1963 年から 2001

第 12 章　成長性と持続可能利益の分析　　353

Box 12.6　ワールプール・コーポレーション：アナリストの予想が正常 PER を暗示する

下表は，1995〜1997 年のワールプールについてのアナリストの予想利益と，それに基づいて計算した予想残余利益を提示している。予想は 1994 年末のものである。

ワールプール・コーポレーション
アナリスト予想（1994 年 12 月）

要求リターン：10 ％　　　　　　　　　　　　　　　　　　　（単位：1 株当たりドル）

	1993A	1994A	1995E	1996E	1997E
EPS（1 株当たり利益）		4.43	4.75	5.08	5.45
DPS（1 株当たり配当）		1.22	1.28	1.34	1.41
BPS（1 株当たり純資産簿価）	22.85	25.83	29.30	33.04	37.07
残余利益		2.15	2.17	2.15	2.15
配当込み利益			4.87	5.21	5.58
正常利益			4.87	5.23	5.58
⊿ 残余利益			0.02	(0.02)	0.00
異常利益成長			0.02	(0.02)	0.00

予想残余利益に基づく残余利益の評価

1995 年の残余利益の予想がその後の残余利益の予測値とあまり変わらないので，1995 年の予想残余利益が永続するとし，10 ％の資本コストを用いてワールプールを 1 株当たり 47.53 ドルと評価する。

$$株式価値_{1994}＝普通株主持分_{1994}＋残余利益_{1995}/(\rho_E－1)$$
$$＝\$25.83＋\$2.17/0.10＝\$47.53$$

この評価額は，この時点でのワールプールの株価 47.25 ドルに近い値である。

予想利益に基づく価値評価

1995 年より先の残余利益は成長しないとの仮定で予想されている。しかし，残余利益が成長しないということは，予測の表に示されているように，異常利益成長が（およそ）ゼロであるということである。この期待のもと，株価は将来の利益を資本化することで評価され，予想 PER は 10 倍になり，要求リターン 10 ％のもとでの正常予想 PER と一致する。

$$株式価値_{1994}＝\$4.75/0.10$$
$$＝\$47.5，すなわち将来利益 4.75 ドルの 10 倍$$

実績残余利益に基づく価値評価

1994 年の残余利益の実績値は $\$4.43－(0.10×\$22.85)＝2.15$ ドルである。これは予想されている将来の残余利益と近い値である。そして残余利益は成長しないと予想されているので，1994 年の実績残余利益を資本化することで評価することができる。

$$株式価値_{1994}＝\$25.83＋\$2.15/0.10＝\$47.33$$

354 第2部 財務諸表分析

実績利益に基づく価値評価

当期以降の残余利益が成長しないと仮定しているので，異常利益成長はゼロとなり，株価は現在の利益を資本化することで評価される。（配当込み）実績 PER は 11 になり，要求リターン 10 ％に対する正常 PER と一致する。

$$株式価値_{1994}＋配当_{1994}＝11×\$4.43＝\$48.73$$

つまり，配当が 1.22 ドルなので配当調整後の価値は 47.51 ドルとなる（概算による誤差がある）。これは，実績 PER と予想 PER が正常だが，PBR は正常ではないケースである。

年における米国企業の各年度の（実績）PER と PBR を中央値で分け，高 PBR（中央値超）かつ高 PER（中央値超）企業，低 PBR（中央値未満）かつ低 PER（中央値未満）企業，等々というように，度数を数えたものである。PBR と PER に正の相関が見られることがわかるだろう。高 PBR の企業は高 PER である傾向にあり，また，低 PBR の企業は低 PER である傾向にある。たしかに，ケースの3分の2はこの対角線に含まれている。しかし，3分の1は反対の対角線に含まれる。すなわち，企業は高 PBR かつ低 PER，ないし，低 PBR かつ高 PER でも取引されるのである。これらのセルに分類される企業をどのように説明すればよいだろうか。

これに答えるために，表 12.2 に示した高，低，正常の PBR と PER を見てみよう。正常 PBR は 1.0 に等しく，正常 PER は $\rho_E/(\rho_E-1)$ に等しい。A から I までの9つのセルがあり，それぞれのセルに含まれる企業の条件を入力したい。三目並べのように，中央のセル E から始めよう。以下では残余利益を RE と記す。ここでは読者は，PBR が正常であるから，期待される将来の RE はゼロとなるはずだということを知っている。また，PER が正常であるとき期待される将来の RE は，現在 RE と一致するに違いないということも知っている。期待異常利益成長はゼロでなければならない。期待される将来 RE を略して $\overline{\overline{\text{RE}}}$，現在 RE を RE_0 と記すとすると，この中央のセルに入る企業は，$\overline{\overline{\text{RE}}}＝\text{RE}_0＝0$ となるはずである。つまり，PBR も PER も正常であるとき，企業の期待される将来 RE も現在 RE もゼロでなければならない（そして現在および将来の ROCE は資本コストに一致する）。この条件を，上記の問いに答えるべく，表 12.3 のセル E に記入しよう。

次に，PBR が正常な他のセル，B と H を見てみよう。ここでは予測される将来 RE はゼロである。しかし，セル B のような高 PER の場合，将来 RE は現在 RE よりも高くなると予想される（そして期待異常利益成長は正となる）。そのため，RE_0 は 0 未満（現在の ROCE は資本コスト未満）となる。同様に，現在 RE がゼロより大きいときには，セル H に当たる正常 PBR かつ低 PER の企業として取引される（そして現在の ROCE は資本コストを超えている）。正常 PER の他のセル（セル D とセル F）では，期待される将来 RE が現在 RE と同じ水準であるが，これらは PBR が正常ではない

第 **12** 章 成長性と持続可能利益の分析　　355

● 表 12.1　PBR と PER の高低の度数（1963〜2001 年）

		PBR	
		高	低
PER	高	23,146 34.0 %	10,848 16.0 %
	低	10,849 16.0 %	23,147 34.1 %

● 表 12.2　PBR と PER の関係についての
セル分析

		PBR		
		高	正常	低
PER	高	A	B	C
	正常	D	E	F
	低	G	H	I

● 表 12.3　PBR と PER の関係についてのセル分析
：セルを埋める

		PBR		
		高 ($\overline{RE}>0$)	正常 ($RE=0$)	低 ($\overline{RE}<0$)
PER	高	A $\overline{RE}>RE_0$	B $\overline{RE}>RE_0$ $RE_0<0$	C $\overline{RE}>RE_0$ $RE_0<0$
	正常	D $RE=RE_0$ $RE_0>0$	E $RE=RE_0$ $RE_0=0$	F $RE=RE_0$ $RE_0<0$
	低	G $RE<RE_0$ $RE_0>0$	H $RE<RE_0$ $RE_0>0$	I $\overline{RE}<RE_0$

ケースなので，現在 RE と将来 RE がともにゼロより大きい（セル D）か，ゼロより
小さい（セル F）かである。ワールプールはセル D に当てはまる。

　隣の 4 つのセルの条件も，同様のロジックで説明される。高 PER かつ高 PBR の企
業は（セル A），将来 RE がゼロより大きいと予想されており，この RE は現在 RE よ
り大きいはずである。企業はまた，高 PBR かつ低 PER にもなりうる。これはセル G
のケースであり，このとき将来 RE は正であるが現在 RE はさらにそれより大きい。
企業は高い PER と低い PBR もとりうる。これはセル C のケースであり，このとき
将来の RE は小さい（そして負）と予想され，現在の RE はさらに小さい。最後にセ
ル I は，将来 RE が小さくて負であり，現在 RE は長期的な水準より大きいような企
業を含む。

　以上をひとことでまとめると次のようになる。PBR は企業にもたらされると期待
される将来 RE で決まり，PER は現在 RE と予想される将来 RE の差，すなわち現時
点からの RE の成長で決まる。

　具体的な企業の PER と PBR を計算して，これらのセルを埋めてみよう。市場が企
業を適切なセルに分類するように思えるかもしれない。ところが，この分析によって，
ミスプライスされているかもしれない企業をスクリーニングすることができる。ある

356　第2部　財務諸表分析

PERとPBRの組み合わせでは，現在REと予想REがありえない値になる場合，ミスプライスされていることが示唆される。もし企業が高いROCEとREを報告しており，信頼できるアナリストが正の将来REを予測しているならば，その企業の株式はPBRが1を超える価格で取引されることが期待される。そして，アナリストの予測では，現在REがとりわけ高く，将来REがそれよりも低い場合，私たちは正常PERより低いPERを予想し，企業をセルGに分類するだろう。にもかかわらず，もし市場がその企業を高PBRかつ高PER（セルAの企業）と判断しているとすると，その企業はミスプライスされているはずである（もちろん，市場がアナリストの予測期間を超えた予測に基づいて利益を評価しているということもありうる）。

　株式分析とそれに基づく姿勢は，次のようにまとめることができる。企業を予想REに基づいた適切なセルに置いて，自分で行った分類と市場による分類を比較してみよう。1990年代後半，市場は多くの企業をセルAに分類した。当時の利益は例外的に大きかったが，持続可能なものではなかったとも主張されている。この主張に基づくと，企業はセルGに分類される。どちらが正しいのだろうか。歴史は多くの企業が後者であったことを示している。

実績PERと一時的な利益

　実績PERは現在と将来の収益性の差の指標なので，現在の収益性の影響を受ける。もし高いROCEを予想される企業の業績がある期に例外的によいと，1998年のUSエアウェイズのように，PERは低くなってセルGに分類されるだろう。ロッキー・シューズのように，当期の利益が一時的に落ち込んでPERが高くなり，弱い見通しを持たれる企業は，セルCに分類されることになるだろう。

　一時的な利益がPERに及ぼす影響は，アナリストのニコラス・モロドフスキーが1950年代にこの現象を強調して以来，長らく**モロドフスキー効果**と呼ばれている。表12.4にモロドフスキー効果が効いているケースを示している。この表は，1968年から2004年にかけてのPERを3つのグループに分け，グループごとに実績PERと利益成長の関係を示したものである。PERの平均値は，「高」PERのグループは49.8であり，「中」PERのグループは13.1，「低」PERのグループは6.5である。この表は，企業があるPERグループに割り当てられた年（第0期）と，それに続く4年間の配当込みEPSの，前年度比成長率を表している。中PERを見てみよう。これらの企業の，第0期に続く4年間の利益は毎年13〜15％台の間にある。次に，高PERと低PERを見てみよう。高PER企業の第0期に続く年度の利益成長は相対的に高いが，低PER企業の利益成長は低い。したがって，データはPERが将来の利益成長を示唆することを裏づけている。

　第0期，すなわち当該年度の成長率を見てみよう。PERは，将来の利益成長と正

第 12 章　成長性と持続可能利益の分析　357

● 表 12.4　異なる PER の水準におけるその後の利益成長（1968～2004 年）

基準年（第 0 期）に高 PER だった企業は続く年度において低 PER 企業よりも高い累積配当込み利益の成長が見られる。しかし基準年においては PER と成長は負の相関関係にある。

PER の水準ごとの累積配当込み EPS の成長

PER の水準	PER	基準年以降の年度（基準年：第 0 期）				
		0	1	2	3	4
高	49.8	− 35.8 %	54.1 %	16.6 %	19.1 %	17.2 %
中	13.1	18.4 %	14.8 %	13.1 %	14.8 %	15.6 %
低	6.5	23.9 %	2.2 %	7.1 %	11.5 %	14.4 %

（注）　利益成長は前年度の EPS（の絶対額）で割った EPS の年々の変化分である。EPS は前年度の支払を調整したものであり，そのため配当を 10 ％で再投資すると仮定した配当込みの値となっている。
（出所）　スタンダード＆プアーズ Compustat® のデータ。

の相関があるのに対し，現在の利益成長とは負の相関関係にある。典型的な高 PER 企業は，利益が減少してもまた将来には持ち直す。この表における低 PER 企業は，現在の利益はかなり増加しているがその後は持続しない。つまり，実績 PER は現在の利益という一時的な要素の影響を受けるのである。たしかに，この効果によって PER は高くなりうるが，その一時的な効果を除いた後は高い成長がなければその状況から抜け出せないのである。

PER と持続可能利益の分析

本章における持続可能利益の分析は，現在の利益から一時的な要素を識別し，そうすることで実績 PER へのモロドフスキー効果を確認するのに役立った。もし利益が一時的に高い（そして持続可能でない）ならば，利益 1 ドルに対してそれより少ない額しか支払うべきではない，すなわち，PER は低くなるだろう。一方で，もし利益が持続可能である，あるいは一時的に低いために成長できるとしたら，利益 1 ドルに対して高い倍率を支払うだろう。持続可能利益の分析は将来に焦点を当てている。というのも，投資家が買っているのは将来の利益であり，投資家が利益から持続しない部分を割り引くのに役に立つためである。

投資家が将来の利益を購入するように，PER の評価は将来の PER に焦点が当てられており，そのため次の年の利益とそれ以降の成長に焦点を当てるということにも納得がいく。将来の利益が，持続的な成長には貢献しない一時的な項目から受ける影響は，かなり小さなものである。予想 PER の評価には持続可能利益の分析が非常に重要であり，現在の利益が観察された後の将来利益を予想するためには，将来も持続するコア利益を識別することが望まれるのである。

358　第 **2** 部　財務諸表分析

PBR と成長

　一般に，高 PBR 株を成長株という。たしかに，ウォール・ストリートは高 PBR 株には「成長株」，低 PBR 株には「割安株」というレッテルを貼る。しかし，必ずしもそうとは限らない。表 12.1 は，高 PBR は高 PER（成長）と，低 PBR は低 PER（低成長）と関係がある傾向を示してはいる。しかし，全企業の 3 分の 1 は他の対角線に分類されていた。高 PBR 株が（残余利益の低下が予想される）セル G に分類されたり，低 PBR 株が（成長する残余利益を持つ）セル C に分類されることもあるのである。（R&D 資産が貸借対照表に計上されていないために）高 PBR を有するある製薬会社の成長が負になる（残余利益が減少する）こともある。成長について PBR は焦点とならず，PER が焦点となるのである（そして一時的な効果を除くために厳密には将来 PER が用いられるのである）。

要　約

　企業は時間を通じて変化し，その財務諸表もそれに従って変化する。本章では，成長の予測にとくに関連のある，財務諸表の変化の分析について例示した。ROCE の変化，残余利益成長を引き出す投資の成長，異常利益成長に，焦点が当てられた。

　ROCE の変化は，事業収益率（RNOA の変化）によるものと，事業のための資金調達の変化によるものとに区別して分析される。いずれのケースも，将来の収益性を引き出すようなコアな，あるいは持続可能な項目は，繰り返し生じることはない一時的あるいは特別な項目から，区別される。そのためにアナリストは，将来の収益性を引き出すことになる「コアを切り出す」のである。株式投資の成長は，残余利益の成長を生み出す ROCE と結びつけられて，主には売上の成長に，しかしそれのみならず，売上成長を支える正味事業資産投資，およびその投資のための資金調達の変化によっても決定づけられる。

　ここでの分析は，本章の冒頭で提示した「成長企業とはどのような企業か」という疑問に対する答えを提供する。成長企業は，残余利益を増加させる企業である。そうであるために，成長企業は次のような特徴を持っている。

1. 持続的な，成長する売上。
2. 高い，あるいは増加する売上高コア事業利益率。
3. 高い，あるいは改善される資産回転率。

　一方で，本章では財務レバレッジによる成長に警告を鳴らした。次の章では，このテーマを拡張する。

　持続的な競争優位は評価における重要な側面である。本章での持続可能利益や成長の分析が，企業がそのような優位性を持っているかどうかについての洞察を与えてくれる。持続的で高い売上高コア事業利益率は，競争優位を示す。売上の成長と高い売上高コア事業利益率による残余利益の成長も，同様に競争上の優位性を示す。そして，高い売上高コア事業利益率と高い資産回転率によって売上が成長していれば，投資が少なくて済むので，大きな残余利益が得られるのである。

　価値評価には将来期待される残余利益が含まれているので，ここでの分析を予測ツールとして捉えておこう。将来は現在とどのように異なるだろうか。本章の分析は，どのように将来の変化をも

第 **12** 章　成長性と持続可能利益の分析　　359

Box 12.7　会計の質に気をつけよう

　本章では，持続可能利益を識別する際に生じる数多くの会計問題について，アナリストに注意を促してきた。これらの論点は，会計の質と関係がある。なぜなら，これらの問題から，将来の利益の指標として「質の低い」利益が生じてしまうからである。そこで，第8章に始まり，第9章，第10章と続いてきた「会計の質に気をつけよう」に，この点を加えよう。質に関するすべての論点のリストを手にし，第16章で正式に会計の質についての分析に取り組む準備が整ったといえよう。

会計項目	質に関する問題点
繰延収益	企業は過大な将来の利益成長を生み出すために過大な利益の繰り延べをすることができる。逆に，企業は将来に繰り延べる利益を過小にすることで，当期に一時的利益を報告することになる。
リストラ費用	企業はある年にリストラ費用を過大計上し，将来の利益にそれを戻し入れて，成長しているように見せることができる。FASB基準書第146号は現在，実務でこれを行うことを制限している。
販売費及び一般管理費	販管費は多額の合算された数値なので多くの悪い点を隠すことができる。構成要素に分けて理解しよう。
資産の売却損益	これは販管費に計上されることが多いが，企業のコア事業の要素ではない。
研究開発と広告宣伝	企業は一時的に研究開発費や広告宣伝費を減らすことで，利益を増やすことができる。これは現在の利益を水増しするだけでなく，これらの支出をしていれば生み出されたであろう将来の利益を損なうことになる。
年金会計	年金会計は利益がバブル価格の影響を受けるという危険を伴って，市場価格を損益計算書に持ち込む。年金資産の収益はビジネスからのコア事業利益と混ざり，売上高事業利益率を不明瞭にしてしまう。年金資産の期待収益は過大に見積もられている可能性がある。
いいとこどり	企業は実現した投資の利益を損益計算書に都合よく算入したり，株主持分計算書に未実現の損失を報告したりすることができる。損益計算書を包括利益ベースに書き換えよう。
見積もりの修正	企業は（貸倒引当金や保証債務，また未払費用等の）見積もりを修正することで，利益を変えることができる。

たらすかを提示する，予測のためのツール，戦略分析，および価値評価のためのツールでもある。
　Box 12.7において，第8章から始まり，財務諸表分析を扱った各章にわたって続いてきたBox「会計の質に気をつけよう」が完成することになる。

キー・コンセプト

- **一時的利益**（または**非正常項目**）とは，将来には繰り返されない（維持されない）であろう現在の利益のことである。**持続可能利益**と比較しよう。[333]
- **固定費**とは，売上に伴って変化しない費用のことである。**変動費**と比較しよう。[348]
- **持続可能利益**（**持続的利益**，**コア利益**，または**本源的利益**ともいう）とは，将来まで維持される

360 第2部 財務諸表分析

であろう現在の利益である。**一時的利益**と比較しよう。[333]

・**成長企業**とは，残余利益が成長している（すなわち異常利益成長のある）企業のことである。[330]

・**変動費**とは，売上に伴って変化する費用のことである。**固定費**と比較しよう。[348]

・**（費用の）戻し入れ**とは，過年度の費用を戻し入れて利益を増やす実務上の手続きのことである。[337]

・**モロドフスキー効果**とは，一時的利益が PER に与える効果のことである。[356]

・**利益の正常化**とは，一時的，あるいは異常な要素を利益から取り除くプロセスである。[334]

演習問題

① 一時的項目を特定する

次の各項目をコア利益か非正常（一時的）利益かに分類しなさい。

a. 減価償却費

b. 株式の未実現利益

c. 株式の実現利益

d. 不動産の売却益

e. 持分法で処理している関連会社の利益

f. 研究開発費

g. 年金資産の期待収益

② コア事業利益率の変化の分析

以下の数値は第1期と第2期の財務諸表から計算したものである。

	第2期	第1期
コア売上高利益率	4.7 %	5.1 %
資産回転率	2.4	2.5

正味事業資産コア利益率（コア RNOA）を計算し，第1期から第2期にかけてのその変化分が，どの程度，売上高利益率の変化分と資産回転率の変化分によるものなのかを示しなさい。Box 12.4 を参考にしよう。

注意：② から ④ まではすべてつながっているので，1つの演習問題として解くこと。

③ 普通株主資本利益率の変化の分析

以下の数値は第1期と第2期の財務諸表から計算したものである。

	第2期	第1期
普通株主資本利益率（ROCE）	15.2 %	13.3 %
正味事業資産利益率（RNOA）	11.26 %	12.75 %
正味借入コスト	2.9 %	3.2 %
正味金融負債の期中平均（百万ドル）	2,225	241
普通株主持分の期中平均（百万ドル）	4,756	4,173

第1期から第2期にかけての ROCE の変化分がどの程度事業活動と資金調達活動の影響を受けているか説明しなさい。Box 12.5 を参考にしよう。

④ 普通株主持分の成長の分析

以下の数値は第1期と第2期の財務諸表から計算したものである。

第 **12** 章　成長性と持続可能利益の分析　　361

	第 2 期	第 1 期
普通株主資本利益率（ROCE）	15.2 ％	13.3 ％
正味事業資産利益率（RNOA）	11.28 ％	12.75 ％
売上高（百万ドル）	16,754	11,035
正味事業資産の期中平均（百万ドル）	6,981	4,414
正味金融負債の期中平均（百万ドル）	2,225	241
普通株主持分の期中平均（百万ドル）	4,756	4,173

　第 1 期から第 2 期にかけての普通株主持分の変化が，どの程度，売上の成長，売上を支えるために必要な正味事業資産，借入の影響を受けているかを説明しなさい。

⑤　**売上高コア事業利益率を計算する**

　ある企業が損益計算書に，売上高 667.3 百万ドルに対して 73.4 百万ドルの税引前事業利益を報告している。20.5 百万ドルの利息費用と 18.3 百万ドルの税を引くと，純利益は 34.6 百万ドルである。以下の項目が事業利益に含まれている。

（単位：百万ドル）

ベンチャー事業の開業費用	4.3
合併関連費用	13.4
工場の売却益	3.9

　この企業はさらにその他の包括利益として 8.9 百万ドルの外貨換算差額（貸方）を報告している。

　この企業の（税引後）コア事業利益と売上高コア事業利益率（％）を計算しなさい。企業の限界税率は 39 ％とする。

第3部　予測とバリュエーション

　本書第2部では，予測のための準備として，財務諸表を分析した。第3部では，企業，持分，そして戦略の評価へと導く予測を行う。これは，第3章図3.1に示したファンダメンタル分析のステップ3と4に関するものである。

　予測は基礎的要素が明確にわかるように徐々に展開される。それは単純な予測スキームを発見するために行われ，それによって作業はより簡単になるだろう。第13章ではまず，もし貸借対照表上で正味金融負債が市場価値で測定されている場合，資金調達活動を無視することで予測を単純化できることを示す。このことは，予測を単純化する以上にかなりの実践的な利点を持つ。これはつまり，もし財務レバレッジを無視できるのなら，アナリストはレバレッジの変化によって生じる株主資本コストの継続的な変化を考慮する必要がなくなるということなのである。アナリストは事業活動と事業リスクにだけ着目すればよい。そして，この点に着目することが，持分に対するPBRやPERではなく，事業に対するPBRやPERの評価へと，アナリストを向かわせる。

　アナリストは数多くの作業を行う前に，良質で素早く得られる近似を探す。第14章は，現在の財務諸表における事業活動の分析のみを基礎として，単純な予測を行うためのスキームを展開している。この単純な予測は，大抵は単なる近似であるものの，評価のよい出発点となることも多い単純な価値評価（バリュエーション）へと導く。これらの単純な予測と単純な評価はまた，「What-if」問題を提起するための，第7章で見たリバース・エンジニアリングのスキームを採用するための，そして，よりよい予測としっかりとした評価につながる広範な情報の収集へとアナリストを促すための分析ツールとして役立つものである。

　第15章では，アナリストのビジネスに対する最大限の知識を利用した予測，評価，および戦略分析のための包括的なスキームが展開される。その知識は，評価に変換可能な将来のすべてのプロ・フォーマ財務諸表一式に組み込まれる。その基礎的要素は，標準的なスプレッドシート分析に組み込むことのできるテンプレートの形式で列挙される。

　本書第2部における財務諸表分析は，企業の現状についての分析であった。予測には，企業の将来を示唆するプロ・フォーマ財務諸表を準備することが含まれる。予測の問題とは次のようなものである。将来において，残余利益や利益成長のドライバーは，現在の水準とどの程度異なるだろうか。

第**13**章

事業活動の価値と事業 PBR・事業 PER の評価

　第5章の残余利益モデルと第6章の異常利益成長モデルは，簿価または利益を価格付けすることで，財務諸表から株式価値を評価する2つのアプローチである。また，本書第2部の財務諸表分析は，残余利益や異常利益成長のドライバーを理解するためのものであった。本章では，残余利益モデルと異常利益成長モデルによる価値評価を行うために，第2部の分析ツールを適用することになる。

　価値評価を行う上で，価値を生み出すビジネスの側面を予測したい。本書の第2部では，価値を生み出すのは事業であるとして，事業活動と資金調達活動を区分することに注力してきた。本章では，この区分が価値評価のための予測にどのように組み込まれているかを示す。もし正味金融負債が貸借対照表において市場価値で測定されているのであれば，予測の際に資金調達活動は無視できる。これにより予測を単純化することができる。とくに，財務レバレッジが残余利益，異常利益成長，資本コストに与える影響によって生じる複雑性を，予測の際に無視することができるのである。また，この区分が，利益成長に対する過大な支払を防止することになることもわかるだろう。なぜなら，レバレッジは利益成長を生み出すが，大抵の場合，価値を生み出さないからである。この単純化によって，最終利益から事業利益に，また，貸借対照表の普通株主持分から正味事業資産に，焦点を移すことになる。

　事業に焦点を合わせることで，伝統的なレバード比率（levered ratio：レバレッジ考慮後の比率）より，事業 PBR（enterprise price-to-book ratio：レバレッジ考慮前の PBR でありアンレバード〔unlevered〕PBR とも呼ばれる）や事業 PER（enterprise price-earnings ratio：レバレッジ考慮前の PER でありアンレバード〔unlevered〕PER とも呼ばれる）といった比率へと，焦点を移すことになる。もし金融資産・負債が貸借対照表において市場価値で測定されているのであれば，それらは簿価を超えるプレミアムの獲得に寄与しない。プレミアムの獲得に寄与するのは正味事業資産である。したが

って，正味事業資産の価格を反映する（事業）PBRは，貸借対照表上認識されていない価値，または，一旦計算された上で簿価に加えられれば企業の価値を示してくれるような価値について，よりよい測定値を与えてくれる。同様に，価値を生み出す成長は事業活動によってもたらされるから，事業利益を価格付けする（事業）PERは，利益成長を通して価値を生み出す企業の能力に関して，よりよい指標を提供してくれる。

アナリストのチェックリスト

本章を読めば，以下のことがわかるだろう。

- ・貸借対照表において公正市場価値で評価されている資産について将来の期待残余利益がゼロであると強く推定されるのはなぜか。
- ・残余事業利益の予測を基礎とした評価は，完全な包括的な利益の予測を基礎とした残余利益評価とどう異なるか。
- ・金融資産・負債において，予測された残余利益（または費用）が通常ゼロになるのはなぜか。
- ・RNOAと正味事業資産成長が残余事業利益の2つのドライバーであるのはなぜか。
- ・異常事業利益成長の予測を基礎とした評価は異常利益成長評価とどう異なるか。
- ・事業に対する要求リターンと持分に対する要求リターンはどう関連しているか。
- ・財務レバレッジが，ROCE，利益成長，株主資本コストにどう影響するか。
- ・財務レバレッジが評価にどう影響するか。
- ・レバレッジによって創り出された利益成長はなぜ価値評価されるべきではないのか。
- ・自社株買いが価値に与える影響。
- ・事業（アンレバード）価格倍率とレバード倍率の違い。

本章を読めば，以下のことができるようになるだろう。

- ・残余事業利益の計算。
- ・異常事業利益成長の計算。
- ・残余事業利益モデルと異常事業利益成長モデルを用いた企業価値評価。
- ・残余事業利益のドライバーの識別。
- ・資金調達活動を価値評価するための組み替え後の貸借対照表の利用。
- ・財務レバレッジの変化が企業価値に与える影響の分析。
- ・財務レバレッジが，ROCE，利益成長，株主資本コスト，PBR，PERに与える影響の分析。
- ・負債と持分の市場価値を用いた加重平均資本コストの計算。
- ・事業資本コストと負債コストからの株主資本コストの計算。
- ・レバードPBRとアンレバードPBRの違いの説明。
- ・レバードPERとアンレバードPERの違いの説明。
- ・残余事業利益モデルを用いたアンレバードPBRの計算。
- ・異常事業利益成長モデルを用いたアンレバードPERの計算。

第 **13** 章　事業活動の価値と事業 PBR・事業 PER の評価　　367

・レバード倍率とアンレバード倍率の調整。

1　残余利益予測の修正：残余事業利益

株式価値を評価するための残余利益モデルについて確認しよう。

$$株式価値_0 = 普通株主持分_0 + 予想残余利益の現在価値$$

$$= 普通株主持分_0 + \frac{残余利益_1}{\rho_E} + \frac{残余利益_2}{\rho_E^2} + \frac{残余利益_3}{\rho_E^3} + \cdots$$

(13.1)

ここで,

$$残余利益 = 利益 - 普通株主持分に対する要求利益$$
$$残余利益_t = 利益_t - (\rho_E - 1)普通株主持分_{t-1}$$

この残余利益モデルは, 株式価値評価が, 普通株主持分をアンカーとして, 普通株主持分に対する要求利益を超える予想利益の価値を加えることを示している。その要求リターンは株主資本コスト $\rho_E - 1$ である。

このモデルから, もしある資産がその要求リターンの分だけ利益を稼得すると予測されたら, 予想残余利益はゼロとなり, その資産はその簿価と同じだけの価値があることがわかる。同様に, もしある資産の簿価がその内在価値と等しければ, そこから生じると予測される残余利益はゼロになるだろう。これらの特徴を, 株式価値を評価する際に利用することができる。もし貸借対照表において市場価値で測定されている資産があり, 市場価値が内在価値と等しければ, それらの資産が生み出す残余利益を予測する必要はない。なぜなら, それらの予想残余利益はゼロだからである。予測するのは, 市場価値で測定されていない資産からの残余利益だけでよい。したがって, 株式価値は次のように計算することができる。

株式価値_0
= 普通株主持分_0
＋公正な市場価値で測定されていない純資産が生み出す予想残余利益の現在価値

この価値評価を実行するためには, 市場価値で測定されている資産・負債からの利益と, それ以外の利益とを区分しなければならない。大抵の場合, 事業資産からの利益は資産を組み合わせて利用することで稼得されるので, 個々の資産からの利

368　第3部　予測とバリュエーション

●表13.1　利益と簿価の構成要素，および，それに対応する残余利益の測定値

利益の構成要素	簿価の構成要素	残余利益の測定値
事業利益	正味事業資産	残余事業利益 （事業利益$_t$－(ρ_F-1)正味事業資産$_{t-1}$）
正味金融費用	正味金融負債	残余金融費用 （正味金融費用$_t$－(ρ_D-1)正味金融負債$_{t-1}$）
利　益	普通株主持分	残余利益 （利益$_t$－(ρ_E-1)普通株主持分$_{t-1}$）

益を識別することはできない。しかし，（正味事業資産から生み出される）事業利益
と，（正味金融負債から生み出される）正味金融費用は，大抵の場合，区分できる。
そして，正味金融負債は典型的には貸借対照表上で市場価値に近い値で測定されて
いる。

　表13.1に，本書第2部で説明した，財務諸表の組み替えによって識別された利益
の2つの構成要素を，それらを生み出す貸借対照表の構成要素と併せて示した。各構
成要素の横には対応する残余利益を示している。残余利益を測定するために，各利益
の構成要素は対応する貸借対照表の構成要素と結びつけられ，各構成要素に対する要
求リターン（資本コスト）が課されている。資本コストについては次節で検討するが，
ここでは源泉の異なる利益に対する要求リターンは各活動のリスクに依存するという
ことを認識しておこう。ρ_Dは，1＋正味負債コスト（または，正味金融資産に対する要
求リターン）であり，ρ_Fは，1＋事業資本コストであることに，注意しよう。すべて
のケースにおいて，残余利益は，関連する資本コストに相当する利益，つまり，貸借
対照表上の資産（または負債）に対して要求される利益（または費用）を超える利益
なのである。

　正味事業資産から生じる残余利益を，*残余事業利益*という。

$$残余事業利益＝（税引後）事業利益－正味事業資産に対する要求利益$$
$$残余事業利益_t＝事業利益_t－(\rho_F-1)正味事業資産_{t-1}$$

残余事業利益は，事業利益に，正味事業資産を利用したことに対する請求金額を課
したものである。残余事業利益は「経済的利益」や「経済的付加価値」とも呼ばれ，
コンサルティング会社の中には，これらの用語を自社製の価値評価ツールのトレード
マークとして用いているところもある。ナイキのケースでは，2010年の税引後事業
利益1814百万ドルと期首の正味事業資産6346百万ドルを用いると，同年の残余事業
利益は9.1％の要求リターンに対し，残余事業利益$_{2010}＝1,814－(0.091×6,346)＝$
1236.5百万ドルとなった。

　同様に，正味金融負債から生じる残余利益を，*残余金融費用＝正味金融費用$_t$－$(\rho_D$*

-1）正味金融負債$_{t-1}$といい，もし企業が正味金融資産を保有していれば，*残余金融収益*という。したがって，残余金融費用は，正味金融費用から正味負債に要求されたコストを控除したものである。

残余事業利益と残余金融費用の予測とともに，正味事業資産と正味金融負債の価値（事業価値と負債価値）を評価することもできる。しかし，もし正味金融負債が市場価値で測定されていれば，予想残余金融費用はゼロにならなければならない。利子率5％の100百万ドルの債務に対して，利息費用は5百万ドルであり，残余金融費用＝5$-(0.05 \times 100)=0$となる。したがって，その負債価値＝正味金融負債の簿価となり，正味金融負債の簿価はその価値を示すことになる。

*事業価値*は，次のようになる。

$$事業価値 = 正味事業資産簿価 + 期待残余事業利益の現在価値$$

$$事業価値_0 = 正味事業資産簿価_0 + \frac{残余事業利益_1}{\rho_F} + \frac{残余事業利益_2}{\rho_F^2}$$

$$+ \frac{残余事業利益_3}{\rho_F^3} + \cdots + \frac{残余事業利益_T}{\rho_F^T} + \frac{継続価値_T}{\rho_F^T}$$

$$(13.2)$$

つまり，事業価値は，正味事業資産の簿価に，これらの資産から生じる予測期間にわたる期待残余事業利益の現在価値と，予測期間後の期待残余事業利益の価値である継続価値を加えたものである。このモデルは（13.1）式の残余利益モデルと同じ形をしているが，普通株主持分の代わりに正味事業資産が用いられている。

第5章の残余利益モデルにおける3つのケースに対応して，残余事業利益モデルにおける継続価値は，次のような3つの形式をとる。

ケース1：　継続価値$_T = 0$

ケース2：　継続価値$_T = \dfrac{残余事業利益_{T+1}}{\rho_F - 1}$

ケース3：　継続価値$_T = \dfrac{残余事業利益_{T+1}}{\rho_F - g}$

ケース1では，予測期間後の期待残余事業利益をゼロと予測する。なぜなら，ここでは正味事業資産が資本コストに相当する利益を稼得すると期待しているからである。ケース2では，残余事業利益を一定と予測し，ケース3では，残余事業利益が成長率gで永続的に成長すると予測する。このとき，アナリストの仕事は，予測期間における残余事業利益の水準と成長性を予測することである。

事業価値は*企業価値*とも呼ばれる。それはまた，**エンタープライズ・バリュー**（enterprise value：EV）と呼ばれることもある。株式価値$_0$＝事業価値$_0$－負債価値$_0$である。したがって，もし貸借対照表上，正味金融負債が市場価値で測定されていれば，つまり，期待残余金融費用がゼロであれば，（正味事業資産－正味金融負債＝普通株主持分であるから）株式価値は次のようになる。

$$株式価値＝普通株主持分＋期待残余事業利益の現在価値$$

$$株式価値_0＝普通株主持分_0＋\frac{残余事業利益_1}{\rho_F}＋\frac{残余事業利益_2}{\rho_F^2}$$

$$＋\frac{残余事業利益_3}{\rho_F^3}＋\cdots＋\frac{残余事業利益_T}{\rho_F^T}＋\frac{継続価値_T}{\rho_F^T}$$

(13.3)

このモデルが残余事業利益モデルである。

表13.2では，このモデルを用いてナイキの価値評価を行っている。予測は包括的な利益と普通株主持分ではなく，事業利益と正味事業資産に対してなされており，損益計算書と貸借対照表の金融に関する構成要素は無視されている。ここでの予測は，2014年まで収益性が低下することを示す正味事業資産利益率（RNOA）の数値を含んでおり，このような予測は常識的なものである。表の最終行に示したように計算される残余事業利益は，2014年以降，平均GDP成長率の4％で成長すると予測されている。この成長率によって推定された継続価値を用いると，2010年末の事業価値は322億7300万ドルとなり，株式価値（ナイキの2010年の正味金融資産を含む）は366億4400万ドル，1株当たり75.71ドルである。ナイキの株式はこのとき74ドルで取引されていたので，ここでの試算は，市場価格によって示唆される予測と（おおむね）整合的であると見ることができる。また，（現在の市場価格によって正当化された）この試算が，合理的かどうかを問うこともできるかもしれない。もし，分析を通じて将来の残余事業利益がもっと高く予測されるとしたら，9.1％の要求リターンが合理的であると認めたことを所与として，ナイキは割安であると結論づけることになるだろう。

残余事業利益モデルは理に適ったものである。もし負債と金融資産の稼得する残余利益がゼロであれば，そのときそれらは簿価に対してさらなる価値の増加をもたらさない。価値評価は，価値を増加させることになる事業活動の収益性を予測することでこそ行われる。また，このモデルは予測作業を単純化してくれる。それは，事業利益と正味事業資産の予測を必要とするが，正味金融費用と正味金融負債の予測は無視することができるからである。もちろん，金融項目が市場価値で測定されていなければ，(13.1) 式の残余利益モデルを利用しなければならない。しかし，もしこれらの項目の市場価値が利用可能であれば，簿価を市場価値に置き換え，残余事業利益による評

第13章　事業活動の価値と事業 PBR・事業 PER の評価　371

● 表 13.2　ナイキに対する残余事業利益による評価

事業に対する要求リターンは 9.1 ％である。

（単位：百万ドル，ただし 1 株当たりデータを除く）

	2010A	2011E	2012E	2013E	2014E
事業利益		1,950	2,042	2,102	2,146
正味事業資産	5,514	6,287	6,549	6,814	7,089
RNOA（％）		35.4	32.5	32.1	31.5
残余事業利益		1,448	1,470	1,506	1,526
割引率（1.091^t）		1.091	1.190	1.299	1.417
残余事業利益の現在価値		1,327	1,235	1,159	1,077
残余事業利益の現在価値合計	4,798				
継続価値					31,118
継続価値の現在価値	21,961				
企業価値	32,273				
正味金融資産	4,371				
株式価値	36,644				
1 株当たり価値（484 百万株）	$ 75.71				

継続価値の計算：

継続価値 ＝（1,526×1.04）/（1,091 − 1.04）＝ 31,118

継続価値の現在価値 ＝ 31,118/1.417 ＝ 21,961

残余事業利益は，事業利益$_{t}$ −（ρ_F − 1）正味事業資産$_{t-1}$ であるから，2012 年は，

残余事業利益 ＝ 2,042 −（0.091×6,287）＝ 1,470

（注）　四捨五入による誤差がある。

価を行うことができる。多くの金融項目の公正価値は，注記に記載されている（いずれにせよ，簿価は市場価値の合理的な近似値となることが多い）。もし事業活動と資金調達活動を区分できないような財務諸表であれば，残余利益モデルを利用しなければならない。

　金融業においては，形式的には有利子の金融資産・負債であっても，実際のところは事業資産・負債であることを覚えておこう。これらの企業は金融資産・負債から利益を生み出す。これらの資産・負債の市場価値は，通常はこれらの価値を反映しているが，ある特定の企業にとっての使用価値を反映していないことがある。アナリストは企業が金融項目からどのように利益を稼得するかについて注意深く調査し，これらが生み出す残余事業利益を予測しなければならない。

　最後の注意点として，貸借対照表での資産・負債の市場価値は，それが価値評価にとって有効なものである場合に限り，公正価値と考えることができる。

残余事業利益のドライバー

第 5 章で，残余利益が 2 つの構成要素に分解できることを説明した。

372 第3部 予測とバリュエーション

残余利益＝（ROCE－持分に対する要求リターン）×普通株主持分
残余利益$_t$＝[ROCE$_t$－(ρ_E－1)]普通株主持分$_{t-1}$
　　　　　　①　　　　　　　　　　　②

　2つの構成要素である，ROCEと普通株主持分の簿価は，残余利益ドライバーと呼ばれる。つまり，残余利益は，株主からの投資額と，株主資本コストと比較したこの投資の収益性によって，もたらされるのである。残余事業利益も同様に，2つの構成要素に分解できる。

残余事業利益＝（RNOA－事業に対する要求リターン）×正味事業資産
残余事業利益$_t$＝[RNOA$_t$－(ρ_F－1)]正味事業資産$_{t-1}$
　　　　　　　①　　　　　　　　　　　　②

　残余事業利益の2つの構成要素はRNOAと正味事業資産であり，これらは*残余事業利益ドライバー*と呼ばれる。つまり，残余事業利益は，保有している正味事業資産の額と，資本コストと比較したこれら資産の収益性によって，もたらされる。
　価値は事業活動を通じて簿価に対して追加される。この分解は，価値の追加が事業資本コストを超えるRNOAを稼ぐこと，および，この率で稼ぐための投資をすることによってなされることを示している。その組み合わせが残余事業利益の成長を生むのである。したがって，予測と評価には2つのドライバー，将来のRNOAと正味事業資産の予測が伴う。続く2つの章で，これらの予測がどのように展開されるかを見ていくことになる。

2　異常利益成長予測の修正：異常事業利益成長

株式価値評価を行うために，以下の異常利益成長モデルについて確認しよう。

株式価値$_0$
＝資本化された（次期利益＋異常利益成長の現在価値）
$$= \frac{1}{\rho_E - 1}\left(利益_1 + \frac{異常利益成長_2}{\rho_E} + \frac{異常利益成長_3}{\rho_E^2} + \frac{異常利益成長_4}{\rho_E^3} + \cdots\right)$$

(13.4)

ここで，異常利益成長は以下のように表される。

$$\text{異常利益成長}_t = \text{配当込み利益}_t - \text{正常利益}_t$$
$$= [\text{利益}_t + (\rho_E - 1)\text{配当}_{t-1}] - \rho_E\text{利益}_{t-1}$$
$$= (G_t^E - \rho_E) \times \text{利益}_{t-1}$$

ここで，G_t^E は第 t 期における配当込み利益の成長率である。異常利益成長モデルでは，（1期先の）利益を予測し，その上で，その後の期において，株主資本コストの率だけ成長した場合の利益額を超える分の予想配当込み利益の価値を追加する。このモデルから，利益成長それ自体は価値を追加せず，要求される成長を超える異常成長だけが価値を追加することがわかる。もし異常利益成長がゼロと期待されるのであれば，株主持分は，次期利益が資本化された分だけの価値を有することになるだろう。

ここで，異常成長がどこからくるのか考えてみよう。それは資金調達活動からはもたらされない。負債は常にその負債の要求リターンを獲得（または費用を負担）することが期待されているため，資金調達活動からの残余利益はゼロと期待される。したがって，期間をまたぐ残余利益の変動もまたゼロと期待され，異常利益成長は常に残余利益の変動と等しくなる。

異常利益成長は事業活動によって生み出されるが，このことは理に適っている。なぜなら，再度強調するが，価値を追加するのは事業活動だからである。資金調達活動は要求リターンを超える成長に寄与しないので，私たちは事業利益の異常成長に着目するのである。

異常事業利益成長と事業活動からの「配当」

第6章で利益成長を紹介した際に，よくアナリストが予測している（配当落ち）利益の成長には着目すべきではないことを学んだ。利益成長率は配当を支払うほど低くなるが，さらなる成長によってより多くの利益を稼得するために再投資することもできる。そのため，成長性分析では配当込み利益成長に着目しなければならない。利益のうち事業利益の構成要素の成長に着目する際も，もしそうでなければ事業活動に再投資することも可能なキャッシュが事業活動から支払われている場合に事業利益成長に着目してしまうミスを犯してはならない。配当は，株主に対する利益（再投資もできる）からの正味現金支出である。それでは，事業活動から支払われるキャッシュ（ほかの何かに再投資することもできる）とは何だろうか。また，事業活動からの「配当」とは何だろうか。

第2部の初め（217ページ）に掲載した「図：企業のすべてのストックとフロー」における事業活動の描写が，この質問に対する答えを提供してくれる。正味配当 d は，株主に対する資金調達活動からの配当である。債権者と債務者に対する正味支出 F は，これら請求権者に対する資金調達活動からの「配当」である。しかし，事業活動から

374 第3部 予測とバリュエーション

資金調達活動への「配当」はフリー・キャッシュフローである。事業は次のように機能する。すなわち，事業活動は資金調達活動に対してフリー・キャッシュフローの形で配当を支払い，資金調達活動はこのキャッシュを外部の請求権者に配当を支払うために利用するのである。実際，組み替え後のキャッシュフロー計算書は，事業活動からの配当（フリー・キャッシュフロー）と，それが資金調達活動によって債権者と株主にどのように配分されるかを報告する計算書であり，$C-I=d+F$ と表現される。

したがって，異常事業利益成長は次のように計算される。

異常事業利益成長$_t$
$=$ 配当込み事業利益$_t$ $-$ 正常事業利益$_t$
$=[$事業利益$_t+(\rho_F-1)$フリー・キャッシュフロー$_{t-1}]-\rho_F$事業利益$_{t-1}$

ここでフリー・キャッシュフローは，もちろん事業活動によるキャッシュフローから投資支出を控除したもの（$C-I$）である。この式と，上述の異常利益成長を比較しよう。事業利益は包括的な利益の代替であり，フリー・キャッシュフローは配当の代替である。そして，事業利益は事業活動からのものであるから，正常な成長と定義される要求リターンは，事業に対する要求リターンである。配当込みフリー・キャッシュフロー再投資後の事業利益成長が，事業に対して要求される正常な成長率よりも大きい場合，企業は異常事業利益成長を果たす。異常利益成長は残余利益の変動と同じであるため，異常事業利益成長は残余事業利益の変動と等しいことに注意しよう。

異常利益成長が要求リターンに対する配当込みの成長率として表現できるため，異常事業利益成長も次のように表現できる。

異常事業利益成長$_t=(G_t-\rho_F)\times$事業利益$_{t-1}$

ここで G_t は，配当込み事業利益の成長率である。

表13.3では，表13.1における残余利益の分解方法と同様に，利益における事業活動と資金調達活動の構成要素に対応する形で異常利益成長を並べている。すべてを網羅するために正味金融費用の異常成長の算式も含めているが，（残余金融費用と同様に）この測定値は利用されない。なぜなら，それはゼロであると期待されるからである（すべてを網羅しているため，債務による資金調達のための「配当」は債権者に対する現金支出 F であることに注意しよう）。

事業利益の異常成長を理解することで，事業活動と株主持分を評価するために*異常事業利益成長モデル*を用いることができるようになる。残余事業利益の予測が事業活動の価値をもたらすのと同様に，異常事業利益成長の予測も事業活動の価値をもたらす。そのため，事業価値は以下のように表現できる。

第 **13** 章　事業活動の価値と事業 PBR・事業 PER の評価　　**375**

● 表 13.3　利益の構成要素とそれに対応する異常利益成長の測定値

利益の構成要素	異常利益成長の測定値
事業利益	異常事業利益成長 $\left(\begin{array}{c}[\text{事業利益}_t + (\rho_F - 1)\text{フリー・キャッシュフロー}_{t-1}] - \rho_F\text{事業利益}_{t-1}\\ (G_t - \rho_F) \times \text{事業利益}_{t-1}\end{array}\right)$
正味金融費用	異常金融費用成長 $([\text{正味金融費用}_t + (\rho_D - 1)F_{t-1}] - \rho_D\text{正味金融費用}_{t-1})$
利　益	異常利益成長 $\left(\begin{array}{c}[\text{利益}_t + (\rho_E - 1)d_{t-1}] - \rho_E\text{利益}_{t-1}\\ (G_t^E - \rho_E) \times \text{利益}_{t-1}\end{array}\right)$

$$\text{事業価値} = \text{資本化された（次期事業利益} + \text{異常事業利益成長の現在価値）}$$

$$\text{事業価値}_0 = \frac{1}{\rho_F - 1}\left(\text{事業利益}_1 + \frac{\text{異常事業利益成長}_2}{\rho_F} + \frac{\text{異常事業利益成長}_3}{\rho_F^2}\right.$$
$$\left. + \frac{\text{異常事業利益成長}_4}{\rho_F^3} + \cdots\right) \tag{13.5}$$

　株式価値は，ここから正味金融負債を差し引いたものである。これは利益が事業利益に代わり，株主資本コストが事業資本コストに代わったことを除き，（13.4）式の異常利益成長モデルと同じ形式であることがわかるだろう。残余事業利益モデルと同様，この異常事業利益成長モデルも評価の作業を単純化する。なぜなら，ここでは事業利益を予測するだけでよく，将来利益のうち，資金調達の側面は無視することができるからである。このモデルは正味金融負債を差し引く前の事業，または企業の価値を評価するから，このモデルは（残余事業利益モデルと同様），*事業価値評価モデル*，または*企業価値評価モデル*と呼ばれる。

　表 13.2 と同じように，表 13.4 でナイキの価値評価にこのモデルを適用した。表の配置は第 6 章における異常利益成長の評価と同じである。残余事業利益モデルと同様，事業利益と正味事業資産を予測するが，正味事業資産の予測は，第 10 章で説明したフリー・キャッシュフローを計算する方法の 1 つ目に示したように，フリー・キャッシュフロー＝事業利益 − Δ 正味事業資産を予測するために行われる。フリー・キャッシュフローの予測に他の予測を追加する必要はない。それは，事業利益と正味事業資産の予測から直接的に計算される。期待異常事業利益成長は，表の最終行に記載したように，事業利益とフリー・キャッシュフローの予測から計算され，それらの予測はモデルで定められた通りに価値に変換される。各期間において，異常事業利益成長は（表 13.2 の）残余事業利益の変動に等しいことに注意しよう。その価値評価は，もちろん残余事業利益モデルを用いて得られる結果と同じになる。

376　第 **3** 部　予測とバリュエーション

● 表 13.4　**ナイキに対する異常事業利益成長による評価**

事業に対する要求リターンは 9.1 ％である。　　　　　　　　　　　（単位：百万ドル，ただし 1 株当たりデータを除く）

	2010A	2011E	2012E	2013E	2014E
事業利益		1,950	2,042	2,102	2,146
正味事業資産	5,514	6,287	6,549	6,814	7,089
フリー・キャッシュフロー		1,177	1,780	1,837	1,871
フリー・キャッシュフローの再投資からの利益（9.1 ％）			107.1	162.0	167.2
配当込み事業利益			2,149.1	2,264.0	2,313.2
正常事業利益			2,127.5	2,227.8	2,293.3
異常事業利益成長			21.6	36.2	19.9
割引率			1.091	1.190	1.299
異常事業利益成長の現在価値			19.8	30.4	15.3
異常事業利益成長の現在価値合計		65.5			
継続価値					1.197
継続価値の現在価値		921.4			
次期事業利益（2011 年）		1,950.0			
		2,936.9			
資本化率		0.091			
企業価値	32,273				
正味金融資産	4,371	◀			
株式価値	36,644				
1 株当たり価値（484 百万株）	$ 75.71				
配当込み事業利益成長率			10.2 %	10.9 %	10.0 %

継続価値の計算：

継続価値 $= 61.0/(1.091 - 1.04) = 1,196.9$

継続価値の現在価値 $= 1,196.9/1.299 = 921.4$

継続価値の計算における 61.0 という 2015 年の異常事業利益成長の予測値は，2014 年の残余事業利益 1526
　ドルが 4 ％の GDP 成長率で成長したものである（表 13.2 の残余事業利益による評価と整合させている）。

フリー・キャッシュフローの再投資からの利益は，前期フリー・キャッシュフローが要求リターン 9.1 ％を
　稼得したものである。そのため，2012 年におけるフリー・キャッシュフローの再投資からの利益は，
　$0.091 \times 1,177 = 107.1$ となる。

配当込み事業利益は，事業利益にフリー・キャッシュフローの再投資からの利益を加えたものである。した
　がって，2012 年における配当込み事業利益は，$2,042 + 107.1 = 2,149.1$ となる。

正常事業利益は，前期事業利益が要求リターンで成長したものである。そのため，2012 年における正常事
　業利益は，$1,950 \times 1.091 = 2,127.5$ となる。

異常事業利益成長は，配当込み事業利益から正常利益を控除したものである。そのため，2012 年における
　異常事業利益成長は，$2,149.1 - 2,127.5 = 21.6$ となる。異常事業利益成長はまた，事業利益$_{t-1} \times (G_t - \rho_F)$
　によっても与えられる。そのため，2012 年における異常事業利益成長は，$(1.102 - 1.091) \times 1,950 = 21.6$ と
　なる。

（注）　四捨五入による誤差がある。

将来を見据えて：持続可能利益

　価値評価を行う上で関心があるのは，将来の残余事業利益と異常事業利益成長であ
る。将来の利益として予測される数値はコア（持続可能な）事業利益である。

$$コア残余事業利益_t = コア事業利益_t - (\rho_F - 1)正味事業資産_{t-1}$$

　コア事業利益は，組み替え後の損益計算書で発見されたすべての非正常項目や一時的項目（もちろん税引後）を除いたものである。ナイキの 2010 年のコア事業利益は 1910.7 百万ドルである。そのため，ナイキの 2010 年の**コア残余事業利益**は $1,910.7 − (0.091×6,346) = 1333.2 百万ドルとなる。前章で定義したコア RNOA は，コア残余事業利益から生じる。ナイキはコア残余事業利益を成長させることができるだろうか。この問いが，予測の基礎となる。

3　資本コストとバリュエーション

　価値評価（バリュエーション）は，現在価値を計算するために，予測と資本コストを結びつける。先のモデルで，これをどのように行うかを示したが，そこで 3 つの資本コストに直面することになった。株主資本コスト ρ_E，負債コスト ρ_D，事業資本コスト ρ_F である。これらについて少し説明しておく必要があるだろう。なぜこれらは異なるのだろうか。これらは，第 3 章の補論（やコーポレート・ファイナンスのテキスト）に示されているベータの技法を用いて計算される。ここでの問題はファンダメンタル・アナリストがどのようにそれらを扱うかである。しかしまずは，この概念の理解を確実なものにしよう。

事業資本コスト

　残余利益は株主に対する利益であるから，株主資本コスト ρ_E を用いて計算され，割り引かれる。残余事業利益は事業に対する利益であるから，事業資本コスト ρ_F を用いて計算され，割り引かれる。ペイオフはそのリスクを反映する率で割り引かれなければならず，事業に対するリスクと株主持分に対するリスクは異なる可能性がある。事業活動におけるリスクは事業リスク，あるいは企業リスクと呼ばれる。事業リスクは事業利益を毀損する可能性のある要因から生じる。景気後退やその他のショックに対する売上高や事業費用の感応度が，事業リスクを決定づける。たとえば，空運業は相対的に高い事業リスクを持つ。なぜなら，景気後退期は人々の航空機利用が減るし，燃料費は原油価格のショックに依存するからである。このリスクを埋め合わせるだけの要求リターンを事業資本コスト，あるいは企業資本コストと呼ぶ。これが ρ_F（F は「firm（企業）」の頭文字）と表記した理由である。

　もしコーポレート・ファイナンスを学んだことがあれば，この概念には慣れ親しんでいるだろう。事業資本コストは，*加重平均資本コスト*，あるいは *WACC* と呼ばれることもある。なぜなら，次の関係が成り立つからである。

378 第 **3** 部 予測とバリュエーション

Box 13.1 事業資本コスト：ナイキ，ゼネラル・ミルズ，デル，および IBM

事業資本コスト（企業資本コストとも呼ばれる）は，株主資本コストと正味負債（正味金融負債）に対する（税引後）資本コストの加重平均として計算される。そのため，*加重平均資本コスト*（*WACC*）と呼ばれることも多い。計算は以下の 2 ステップで行われる。

1. 株主資本コストを見積もるために，CAPM のような資産評価モデルを適用する。CAPM のインプットは，リスクフリー・レート，企業の持分ベータ，そしてマーケット・リスク・プレミアムである。第 3 章の補論を参照しよう。
2. 株主資本コストを事業資本コストへ変換するために，(13.6) の WACC 公式を適用する。原則として，そのウェイトは（内在）事業価値と負債価値によって決められる。株式価値は未知であるから，通常は株式時価総額が用いられる。正味金融負債の簿価は負債価値を近似している。

ここでは 2010 年における 4 企業，IBM，デル，ナイキ，ゼネラル・ミルズについて計算している。このとき，10 年物国債利回りは 3.6 ％であり，マーケット・リスク・プレミアムは 5 ％と考えられた。持分ベータの見積もりはベータ提供サービスから得たものである。負債コストはそれ自体，正味負債のさまざまな構成要素にかかる利子率の加重平均であり，負債の注記や金融資産の利回りから確かめられる。デルとナイキの負債コストは，2 社それぞれの正味金融資産の利回りである。事業の市場価値は株式時価総額に正味金融負債の簿価を加えたものである。

(市場価値の単位：百万ドル)

	ナイキ	ゼネラル・ミルズ	デル	IBM
持分ベータ	0.9	0.4	1.4	0.7
株主資本コスト（％）	8.1	5.6	10.6	7.1
（税引後）負債コスト（％）	1.2	3.3	1.0	3.1
株式時価総額	35,816	23,634	30,688	193,600
正味金融負債	(4,371)	5,813	(9,032)	17,973
事業の市場価値	31,445	29,447	21,656	211,573
事業資本コスト（％）	9.1	5.1	14.6	6.8

正味金融負債を持つゼネラル・ミルズと IBM は，事業資本コストが株主資本コストを下回る一方，正味金融資産を持つナイキとデルは，事業資本コストが株主資本コストを上回っている。事業リスクの水準を所与としたとき，（低リスクの）金融資産の保有は，企業が借入を行う場合よりも株主資本コストを低くするのである。

ゼネラル・ミルズにおける WACC の計算は，以下のようになる。

$$\left(\frac{23,634}{29,447} \times 5.6\,\%\right) + \left(\frac{5,813}{29,447} \times 3.3\,\%\right) = 5.1\,\%$$

正味金融資産をマイナスの負債とすると，ナイキの WACC の計算は，以下のようになる。

$$\left(\frac{35,816}{31,445} \times 8.1\,\%\right) + \left(\frac{-4,371}{31,445} \times 1.2\,\%\right) = 9.1\,\%$$

この計算には注意を要する。Box 13.2 を参照しよう。

事業資本コスト（ρ_F）

＝株主持分のコストと正味負債のコストの加重平均

$$= \left(\frac{\text{株式価値}}{\text{事業価値}} \times \text{株主資本コスト} \right) + \left(\frac{\text{負債価値}}{\text{事業価値}} \times \text{負債コスト} \right)$$

$$= \frac{\text{株式価値}_0}{\text{事業価値}_0}\rho_E + \frac{\text{負債価値}_0}{\text{事業価値}_0}\rho_D \tag{13.6}$$

　つまり，事業への投資に対する要求リターンは，株主の要求リターンと負債に課された コストの加重平均であり，そのウェイトは，企業価値に占める株主持分と負債の 相対的な価値によって与えられる（計算例として Box 13.1 を参照）。

負債コスト

　負債コストは優先株式と金融資産を含む，正味金融負債のすべての構成要素の加重 平均である。それは単に負債コストと呼ばれるのが一般的であるが，すべての構成要 素を加減した正味金融負債に対する資本コストとして考えたほうがよい。

　第9章では，正味金融費用を税引後ベースで再表示するため，法人税等を損益計算 書の事業と金融の構成要素に配分した。そのため，正味負債のコストもまた税引後ベ ースで計算しなければならない。その計算は次のようになる。

税引後正味負債のコスト（ρ_D）＝名目正味負債のコスト×$(1-t)$

　ここで t は，第9章で用いた限界税率である。IBM（Box 13.1）は，その財務諸表 の注記において，2010 年の負債に対する平均借入利子率は年率約 4.8 ％であると示し ている。税率 36 ％を用いれば，税引後利子率は 3.1 ％となる。税引後負債コストは 正味金融費用が実効金融費用と呼ばれるのと同様に，**実効負債コスト**と呼ばれること もある。なぜなら，企業が利息として実質的に支払うのは額面通りの金額ではなく， 節税後の金額だからである。そのため，負債コストを示すために ρ_D を用いる場合に は，これが正味金融負債に対する実効資本コストであることを常に忘れないようにし よう。

事業リスク，財務リスクと株主資本コスト

　(13.6) 式における WACC の計算は少々誤解を生むかもしれない。なぜなら，事業 資本コストが負債コストと株主資本コストによって決まるように見えるからである。 しかし，事業活動は固有のリスクを持つが，それはその事業のリスクに依存するので あって，その事業資金がどのように調達されたかに依存するものではない。それゆえ に，ファイナンスにおける標準的な概念であるモジリアーニ＝ミラーの第三命題は，

事業資本コストは事業資産の資金調達における負債と株主持分の金額の影響を受けないと述べている。株主資本コストと負債コストによって事業に対する要求リターンが決まるのではなく，事業のリスクによって株式と社債の投資家が要求するリターンが決まるのである。事業は固有のリスクを持ち，これが株主と債権者に負わされる。それについて考える方法は，次の公式で規定される株主資本コストを見ることである。これは，(13.6) 式の WACC の計算を再整理し，左辺に事業資本コストではなく株主資本コストを置いただけのものである。

$$
\begin{aligned}
株主持分に対する要求リターン &（\rho_E）\\
= 事業に対する要求リターン &（\rho_F）\\
+（市場レバレッジ &\times 要求リターン・スプレッド）\\
= \rho_F + \frac{負債価値_0}{株式価値_0} &(\rho_F - \rho_D)
\end{aligned}
\tag{13.7}
$$

       ①   ②

IBM（Box 13.1）において，株主資本コストは 6.8 % + [17,973/193,600×(6.8 % − 3.1 %)] = 7.1 % である。株主に対するペイオフが 2 つの構成要素，事業と金融を持つように，これらのペイオフを見込んだ投資に対する要求リターンも 2 つの構成要素，**事業リスクと財務リスク**を持つ。構成要素①は，事業が株主に負わせるリスクであり，これが要求するリターンは事業資本コストである。もし企業が正味負債を持っていなければ，株主資本コストは事業資本コストに等しくなる。つまり，$\rho_E = \rho_F$ である。もし IBM が正味負債を持っていなければ，株主は CAPM の計算に従って，6.8 % のリターンを要求するだろう。これは，**純粋株主持分企業**のケースと呼ばれることもある。しかし，もし資金調達活動があれば，構成要素②が機能することになる。これは財務リスクのために株主持分に追加的に要求されるリターンである。見ての通り，この財務リスクに対するプレミアムは，株主持分に対する負債の金額（財務レバレッジ）と，事業資本コストと負債コストの間のスプレッドに依存する。これは理に適っている。財務リスクはレバレッジとそのレバレッジが不利に働く可能性から生じる。レバレッジは，事業からのリターンが負債コストを下回ったときに不利に働く。そのため，株主持分のリスクは，負債が多いほど，また，負債コストに比べて事業リスクが高いほど，高くなる。Box 13.1 において，事業に対して CAPM が要求したリターンは，デルより IBM のほうが低かった。しかし，株式投資家は IBM に対してデルよりも高い財務プレミアムを要求する。なぜなら，IBM のほうがレバレッジは高いからである。財務リスク・プレミアムは，IBM に対しては 0.3 %（7.1 % − 6.8 %）であり，デルに対しては −4.0 %（10.6 % − 14.6 %）となる。なぜなら，デルは負のレバレッジを持つからである。

第 **13** 章　事業活動の価値と事業 PBR・事業 PER の評価　　381

Box 13.2　資本コストに関する憶測

　ファンダメンタル分析（第 1 章で紹介した）の基本原則は，アナリストはわかっていることと推測とを区別することに，常に注意を払うべきであると指示している。ファンダメンタル分析は投機的な株価を吟味するために行われるから，あらゆる計算において憶測を組み入れることを避けなければならない。残念ながら，標準的な資本コストの測定には憶測が含まれているので，注意して取り扱わなければならない。第 3 章の補論では，洗練された資産評価モデルが利用可能であるにもかかわらず，現実には資本コストを見積もるための完全な方法がないことを説明した。

株主持分リスク・プレミアムに関する憶測

　Box 13.1 のような CAPM を利用した資本コストの測定は，マーケット・リスク・プレミアムの見積もりを必要とする。そこでは 5 ％という数値を利用したが，教科書や学術研究で見積もられた範囲は 3.0 ％から 9.2 ％である。この範囲に則れば，デルの株主資本コストは（ベータ 1.4 を用いると），7.8 ％から 16.5 ％の間ということになるだろう。

　真実は，マーケット・リスク・プレミアムが推測であるということである。つまり，それは投機的な数値である。実際のベータに関する不確実性をこれに追加しよう。そうすると，資本コストに関して多分に憶測を含んだ数値が算出されることになるだろう。この憶測を含んだ数値を評価に組み込むことは，結果として憶測を含んだ評価につながる。

加重平均資本コストの計算への投機的な価格の利用

　評価に（投機的な可能性のある）株価を組み込むことに対しては注意が促されてきた。それゆえ，第 12 章では，投機的な年金基金の利得を利益に算入することについて警告した。

　(13.6) 式の WACC 計算は，株主資本コストと負債コストをそれぞれの（内在）価値によって重み付けする。Box 13.1 での計算にあるように，標準的な実務では，重み付けに内在価値の代わりに市場価値を用いる。これは市場価格が効率的であるという仮定のもとで行われている。しかし，私たちは実際に市場価格が効率的であるかどうかを疑っているからこそファンダメンタルな評価を実行しているのである。もし投機的な価格を計算に組み込んだら，そういった価格を吟味する能力を傷つけてしまう。

　実際，WACC の計算が循環しているのを見ることができる。つまり，株式価値を見積もるために資本コストを見積もりたいのだが，その見積もりは株式価値を知っていることを必要とするのである！　投機的な市場価格を参照することなく，この循環を打ち破る方法が必要なのである。

　ここでのレバレッジは，負債と株主持分の価値を用いて測定される。それは第 11 章で論じた**簿価レバレッジ**（財務レバレッジ）と区別するため，**市場レバレッジ**と呼ばれる。

　これらの計算は，どの程度信用できるだろうか。Box 13.2 では，ファンダメンタル分析における資本コスト推定値の使用についての注意事項が示されている。この問題はうまく解決しておく必要があるが，そのためのアイデアは第 7 章に示してある。それは，憶測に基づいた「資本コスト」ではなく，現在の市場価格で購入した場合の期待リターンに着目せよというものである。

4 財務リスクとリターン，および株主持分のバリュエーション

レバレッジと残余利益によるバリュエーション

（13.7）式における株主資本コストの表記は，第11章におけるROCEのドライバーの表記と同形式であることに気づくであろう。2つの公式は以下のように与えられており，これらは比較することができる。

普通株主資本利益率（ROCE）
= 正味事業資産利益率（RNOA）
　+（簿価レバレッジ×事業スプレッド）
$$= \text{RNOA} + \frac{\text{正味金融負債}}{\text{普通株主持分}}(\text{RNOA} - \text{正味借入コスト})$$

株主持分に対する要求リターン（ρ_E）
= 事業に対する要求リターン（ρ_F）
　+（市場レバレッジ×要求リターン・スプレッド）
$$= \rho_F + \frac{\text{負債価値}_0}{\text{株式価値}_0}(\rho_F - \rho_D)$$

いずれのケースにおいても，株主持分のリターンは，事業活動からのリターンに資金調達活動によるプレミアムを加えることによってもたらされる。なお，資金調達活動によるプレミアムは財務レバレッジとスプレッドで与えられる。異なるのは，2つ目の式では会計上のリターンではなく要求リターンと表記されており，レバレッジも簿価レバレッジではなく市場レバレッジが用いられているという点のみである。

　この比較は洞察に満ちている。第11章で見たように，もしスプレッドがプラスであれば，レバレッジはROCEを上昇させる（したがって，残余利益を増大させる）。これはレバレッジの「よいニュース」の側面である。しかし同時に，レバレッジは株主資本コストも上昇させる。なぜなら，スプレッドがマイナスに転じると得られるROCEがより低くなるという意味で，リスクが増大するからである。これはレバレッジの「悪いニュース」の側面である。ここでは，「ハイリスク・ハイリターン」という古い格言が作用しているのを確かめることができる。また，残余利益モデルにおいても，これが作用しているのを確かめることができる。すなわち株式価値は，予想残余利益と，その現在価値計算に必要な割引率に基づいている。ROCEは残余利益を生み出す。RNOAと正味借入コストの間のスプレッドがプラスであることを所与とすると，レバレッジはより高いROCEを生み出し，それゆえ，より大きな残余利益を生み出すだろう。これは現在価値へのよいニュースの効果である。しかし同時に，

第 13 章　事業活動の価値と事業 PBR・事業 PER の評価　　383

割引率は財務リスクの増大を反映して上昇するだろう。これは現在価値への悪いニュースの効果である。計算される価値への正味の効果はどうなるだろうか。

　ファイナンスにおける標準的な概念では，レバレッジが持つ２つの効果はちょうど相殺され，レバレッジは株式価値に影響を与えないとされている。このことが表 13.5 に示されている。１つ目の評価（A.）は，将来正味事業資産の水準が毎期一定のもとで 135 百万ドルの事業利益を予測することから株式価値を評価している。永続的な 18 百万ドルの予想残余事業利益が９％の事業資本コストによって資本化され，１株当たり 2.00 ドル（株式数は 600 百万株）の評価を得る。表には続いて，残余利益モデルを用いた株主持分の評価（B.）が示されている。残余利益は９％の事業資本コストを超える 10 ％の株主資本コストを用いて計算され，資本化されるが，評価は同じままである。利払後のフリー・キャッシュフローは配当として支払われるから，単純化のため，債務の返済にフリー・キャッシュフローを使用することから予測されるレバレッジの変化はないものとする。しかし，最後の評価（C.）にはレバレッジの変化がある。それはデット・エクイティ・スワップを用いて資本構成を変更した同一企業の残余利益評価である。200 百万株が１株当たり２ドルで債務と交換され，株主持分は 400 百万ドル減少し，負債は 400 百万ドル増加する（正味事業資産は変動しない）。レバレッジが変動した結果，追加的な財務リスクに対する埋め合わせとして，表に示したように，株主が要求するリターンは 10 ％から 12.5 ％に上昇する。それはまた，ROCE を 12 ％から 16.7 ％に上昇させ，残余利益を 20 百万ドルから 25 百万ドルへ増加させる。しかし，株主持分の１株当たり価値は変化しない。

　第 12 章（Box 12.5）において，リーボックの 1996 年の残余利益と ROCE の変動は，その大部分が財務レバレッジの大変動によってもたらされたことを見た。ここで，Box 13.3 を見てみよう。これはリーボックの大規模な自社株買いが企業価値や株式価値に与えた影響を分析したものである。この取引によるレバレッジの大変動の結果，ROCE が大きく上昇したことに気づくだろう。企業はレバレッジを用いて ROCE を上昇させることができる。しかし，ROCE の上昇は企業価値に影響を与えない。

　表 13.5 の評価 A., B., C. の等価性は，株主持分を評価するにあたっては予想残余利益と予想残余事業利益のいずれをも用いることができることを示している。しかし，残余利益による評価はより複雑である。この例は，ただ一度のレバレッジの変動で構成されていた。現実には，利益，配当，社債の発行および償還が，株主持分と負債を変動させるから，予想レバレッジは毎期変動するだろう。よって，割引率を毎期調整しなければならない。この退屈なプロセスは追加的な作業を要求してくる割りには，計算される価値には何の影響も与えないだろう。しかし，もし残余事業利益モデルを適用すれば，資金調達活動を取り扱う必要はまったくなくなる。事業利益アプローチ

384　第3部　予測とバリュエーション

● 表 13.5　株式価値のレバレッジ効果：残余利益による評価

	第0期	第1期	第2期	第3期
A.　資本コスト9％，税引後負債コスト5％の企業の残余事業利益による評価				
正味事業資産	1,300	1,300	1,300	1,300→
正味金融負債	300	300	300	300→
普通株主持分	1,000	1,000	1,000	1,000→
事業利益		135	135	135→
正味金融費用（300×0.05）		15	15	15→
利　益		120	120	120→
残余事業利益（135−(0.09×1,300)）		18	18	18→
残余事業利益の現在価値（18/0.09）	200			
株式価値	1,200			
1株当たり価値（600百万株）	2.00			

$$PBR = \frac{1,200}{1,000} = 1.2$$

	第0期	第1期	第2期	第3期
B.　同一企業の残余利益による評価				
株主資本コスト＝9.0％＋[300/1,200×(9.0％−5.0％)]＝10.0％				
正味事業資産	1,300	1,300	1,300	1,300→
正味金融負債	300	300	300	300→
普通株主持分	1,000	1,000	1,000	1,000→
利　益		120	120	120→
ROCE		12％	12％	12％→
残余利益（120−(0.10×1,000)）		20	20	20→
残余利益の現在価値（20/0.10）	200			
株式価値	1,200			
1株当たり価値（600百万株）	2.00			

$$PBR = \frac{1,200}{1,000} = 1.2$$

	第0期	第1期	第2期	第3期
C.　デット・エクイティ・スワップ後の同一企業の残余利益による評価				
株主資本コスト＝9.0％＋[700/800×(9.0％−5.0％)]＝12.5％				
正味事業資産	1,300	1,300	1,300	1,300→
正味金融負債	700	700	700	700→
普通株主持分	600	600	600	600→
事業利益		135	135	135→
正味金融費用（700×0.05）		35	35	35→
利　益		100	100	100→
ROCE		16.7％	16.7％	16.7％→
残余利益（100−(0.125×600)）		25	25	25→
残余利益の現在価値（25/0.125）	200			
株式価値	800			
1株当たり価値（400百万株）	2.00			

$$PBR = \frac{800}{600} = 1.33$$

第 13 章 事業活動の価値と事業 PBR・事業 PER の評価 385

Box 13.3 リーボック：自社株買いと借入が事業価値と株式価値に与える効果

リーボックの 1996 年の財務諸表の注 2 では，以下のように記載されている。

2．ダッチ・オークションによる自社株公開買付

1996 年 7 月 28 日，取締役会はダッチ・オークションによる自社株公開買付に従って，当社の普通株式を 24.0 百万株まで，当社で購入することを決定した。公開買付価格の範囲は現金支払で正味 1 株当たり 30.00 ドルから 36.00 ドルであった。公開買付は 1996 年 7 月 30 日に開始され，同年 8 月 27 日に終了した。公開買付の結果，当社は約 17.0 百万株の普通株式を 1 株当たり 36.00 ドルで買い戻した。公開買付の前に，当社は 72.5 百万株の普通株式を発行していた。自社株公開買付の結果として，1996 年 12 月 31 日時点の，当社の発行済普通株式数は 55.8 百万株となった。当社はこの自社株買いと併せ，注 6 および 8 に記したように，主要銀行のシンジケートによって引き受けられた新規借入契約を結んだ。

1 株当たり 36.00 ドルの買付価格であるから，16.7 百万株の自社株買いで 601.2 百万ドルを支出した。リーボックはこの金額を現在の市場借入利子率で借り入れたから，株主持分の減少と負債の増加を伴い，レバレッジが大いに増大した。ここでは 1996 年の貸借対照表および財務レバレッジを，もし自社株買いとそれと同時の借入がなかったとした場合の貸借対照表および財務レバレッジと対比する形で示している。

(単位：百万ドル)

	自社株買いありの実際の 貸借対照表（1996 年）	自社株買いなしの「仮定の」 貸借対照表（1996 年）
正味事業資産	1,135	1,135
正味金融負債	720	119
総持分	415	1,016
非支配株主持分	34	34
普通株主持分	381	982
財務レバレッジ	1.73	0.12

(注) 財務レバレッジは年度末の数値ではなく，正味金融負債の年間平均と普通株主持分の年間平均をもとに計算している。

以下は，1997 年初頭におけるアナリストのコンセンサス EPS 予想である 2.56 ドルを基礎とした 1997 年の予測損益計算書である。これを資金調達取引なしの「仮定の」損益計算書と比較した。

(単位：百万ドル)

	自社株買いありの実際の プロ・フォーマ損益計算書（1997 年）	自社株買いなしの「仮定の」 プロ・フォーマ損益計算書（1997 年）
事業利益	187	187
正味金融費用（正味金融負債の 4％）	(29)	(5)
非支配株主損益	(15)	(15)
予想利益	143	167
発行済株式数（百万株）	55,840	72,540
予想 EPS	2.56	2.30
1997 年の予測値		
RNOA（％）	16.5	16.5
スプレッド（％）	12.5	12.5
ROCE（％）	37.5	17.0

386　第**3**部　予測とバリュエーション

　事業利益の予測値はレバレッジの変化によって変化することはない。なぜなら，正味事業資産は何の影響も受けないからである。予想 RNOA とスプレッドもまた変化のないままである。しかし，レバレッジの変化は予想 ROCE に大きな変化をもたらす。

　企業は単にレバレッジを増大させることによって（スプレッドが正であることを前提として）より高い ROCE を実現できることがわかるだろう。しかし，これは事業の本源的な収益性とは何の関係もない。資金調達活動は何の価値も追加しない。以下ではリーボックの株主持分に対する2542 百万ドルの評価を，レバレッジが変化しない場合の 72.54 百万株の「仮定の」評価と比較している。

	自社株買いありの 評価	自社株買いなしの「仮定の」 評価
正味事業資産の価値	3,472	3,472
正味金融負債の簿価	720	119
株主持分の価値	2,752	3,353
非支配株主持分の価値	210	210
普通株主持分の価値	2,542	3,143
1 株当たり価値	45.52	43.33

　事業は資金調達によって影響を受けないから，その価値も影響を受けない。しかしながら，その1 株当たり価値は増加しているように見える。しかし 1 株当たり 45.52 ドルの価値評価は，1996 年末のアナリスト予想を基礎としており，その日の市場価格に近い。しかしながら，その株式は1996 年 8 月に 1 株当たり 36 ドルで買い戻された。もし 16.7 百万株が最新のアナリスト予想における価値を反映した 43.33 ドルで買い戻されていれば，その取引前後の価値評価は以下のようになるだろう。

	1 株当たり 43.33 ドルで 自社株買いした場合の評価	自社株買いなしの 評価
正味事業資産の価値	3,472	3,472
正味金融負債の簿価	843	119
株主持分の価値	2,629	3,353
非支配株主持分の価値	210	210
普通株主持分の価値	2,419	3,143
1 株当たり価値	43.33	43.33

　自社株買いなしの評価は，もし以前に自社株買いがなかったとした場合の 1996 年末の評価である。自社株買いありの評価は，単に 43.33 ドル×16.7 百万株＝724 百万ドルで自社株買いしたことによる株主持分の減少を反映していて，同額の負債が増加している。第 3 章で，株式を時価で発行または買い戻すことは 1 株当たり価値に影響を与えないことを説明したが，ここで再びそのことを確認しているのである。しかし，ここではさらに，時価による負債の発行もまた 1 株当たり価値43.33 ドルに影響を与えないことを確認した。そして，レバレッジの変化は 1 株当たり価値に影響を与えないことも見た。

　もちろん，事後において，自社株買いに参加しなかった株主はそこから利益を得た。36.00 ドルは公正な価格であったかもしれないが，その後にその価値は増大した。計算された価値は 1 株当たり 45.52 ドルであり，これは 1997 年初頭の市場価値に近い。自社株買いがなくても，1 株当たり価

値は 36.00 ドルからアナリスト予想の修正をもとに 43.33 ドルまで上昇しただろう。しかし，1 株当たり価値は 45.52 ドルまで上昇した。この 2.19 ドルの差は，8 月に 43.33 ドルではなく 36.00 ドルで行われた自社株買いから生じた，自社株買いに参加しなかった株主の利得である。それは，残りの発行済株式に利得として拡散される，自社株買いに参加した株主の損失（43.33 ドルではなく 36.00 ドルで売却したことで生じた）でもある。

　リーボックは，その株式が割安であるとアナリストが主張したからこそ，大規模な自社株買いを行えたのではないだろうか。リーボックの株価は 1996 年 8 月の買い戻し価格 36 ドルから 1997 年初頭の 43 ドルまで上昇した。だから，事後において，自社株買いに申し込んだ株主は損失を被り，それに申し込まなかった株主は利得を獲得した。リーボックの経営者は，その価格が低いと考えたときに自社株買いを決定したのだろうか（リーボックの株価はその後かなり下落した）。繰り返しになるが，自社株買いへ参加するか否かは慎重に選択しよう！

は価値の計算を行うためのより効率的な方法である。それは，正味金融資産からの期待残余利益がゼロであることのみならず，レバレッジから生じる残余利益と株主資本コストの変動は評価の際に考慮する必要がないことを認めている。したがって，価値を生み出さない資金調達活動は無視され，価値を生み出す源泉である事業活動に集中することができるのである。

レバレッジと異常利益成長によるバリュエーション

　リーボック（Box 13.3）の自社株買いによって財務レバレッジが増加した結果，予想 EPS もまた，自社株買い前の 2.30 ドルから自社株買い後の 2.56 ドルに増加していることに気がつくことだろう。財務レバレッジが ROCE を上昇させる（スプレッドがプラスの場合）のと同様に，財務レバレッジは 1 株当たり利益も増加させる。異常利益成長の評価は，利益成長に対してより多く支払うべきことを示している。しかし，レバレッジから生じる EPS の成長に対価を払うべきだろうか。表 13.6 には，その答えがノーであることが示されている。

　この表は，表 13.5 と同様の企業に異常利益成長モデルを適用している。1 つ目の評価（A.）には，本章の異常事業利益成長モデルを適用している。正味事業資産が変動しないので，フリー・キャッシュフローは事業利益と同じであり，また配当込み事業利益（フリー・キャッシュフロー再投資後）は正常事業利益と等しいと予測される。それゆえ，第 2 期以降の異常事業利益成長はゼロと予測される。したがって事業価値は，事業に対する要求リターン 9％ で資本化される次期事業利益（135 百万ドル），すなわち 1500 百万ドルと等しくなる。正味金融負債を控除した株式価値は 1200 百万ドル，1 株当たり 2 ドルとなり，（当たり前だが）残余事業利益モデルを用いた場合と同様の評価となる。

　評価 B. では異常事業利益成長による評価ではなく異常利益成長による評価が適用

388　第 3 部　予測とバリュエーション

● 表 13.6　株式価値のレバレッジ効果：異常利益成長による評価

	第 0 期	第 1 期	第 2 期	第 3 期
A.　資本コスト 9 %，税引後負債コスト 5 %の企業の異常事業利益成長による評価				
事業利益		135	135	135→
正味金融費用（300×0.05）		15	15	15→
利　益		120	120	120→
EPS（600 百万株）		0.20	0.20	0.20→
フリー・キャッシュフロー		135	135	135→
フリー・キャッシュフローの再投資からの利益（9 %）			12	12→
配当込み事業利益			147	147→
正常事業利益（9 %）			147	147→
異常事業利益成長			0	0→
事業価値（135/0.09）	1,500			
正味金融負債	300			
株式価値	1,200			
1 株当たり価値（600 百万株）	2.00			

$$次期 PER = \frac{2.00}{0.20} = 10$$

	第 0 期	第 1 期	第 2 期	第 3 期
B.　同一企業の異常利益成長による評価				
**　　株主資本コスト＝9.0 %＋[300/1200×（9.0 %−5.0 %）]＝10.0 %**				
事業利益		135	135	135→
正味金融費用（300×0.05）		15	15	15→
利　益		120	120	120→
EPS（600 百万株）		0.20	0.20	0.20→
配当（＝利益−Δ 普通株主持分）		120	120	120→
再投資された配当（10 %）			12	12→
配当込み利益			132	132→
正常利益（10 %）			132	132→
異常利益成長			0	0→
株式価値（120/0.10）	1,200			
1 株当たり価値（600 百万株）	2.00			

$$次期 PER = \frac{2.00}{0.20} = 10$$

されている。それゆえ，その焦点は，事業利益とフリー・キャッシュフローではなく，利益と再投資された配当に合わせられている。すべて払い出されるため，配当と利益は一致する。しかしここで，株主資本コストは 10.0 %であるため，第 1 期より後の異常利益成長はゼロと予測される。それゆえ，株式価値は，以前と同様，次期利益 120 百万ドルを 10 %で資本化した 1200 百万ドルとなる。

　評価 C. は，表 13.5 と同様に，デット・エクイティ・スワップ後のものである。レバレッジの変化は利益を減少させる（ここでは同じ事業利益に対して多くの利息費用がかかるため）が，EPS を 0.25 ドルに押し上げる。その評価は，この EPS の上昇が株

第 **13** 章　事業活動の価値と事業 PBR・事業 PER の評価　　389

（表 13.6 続き）

C.　デット・エクイティ・スワップ後の同一企業の異常利益成長による評価
　　株主資本コスト＝9.0 ％＋[700/800×(9.0 ％－5.0 ％)]＝12.5 ％

事業利益		135	135	135→
正味金融費用（700×0.05）		35	35	35→
利　益		100	100	100→
EPS（400 百万株）		0.25	0.25	0.25→
配当（＝利益－⊿普通株主持分）		100	100	100→
再投資された配当（12.5 ％）			12.5	12.5→
配当込み利益			112.5	112.5→
正常利益			112.5	112.5→
異常利益成長			0	0→
株式価値（100/0.125）	800			
1 株当たり価値（400 百万株）	2.00			

$$次期 \, PER = \frac{2.00}{0.25} = 8$$

式価値を変化させないことを示している。なぜなら，レバレッジの増加の結果として株主資本コストが 12.5 ％まで上昇し，EPS の上昇を相殺するからである。株式価値は，0.25 ドルの次期 EPS を 12.5 ％の株主資本コストで資本化することで 2.00 ドルとなり，変化しない。

　この例は，利益成長に価格付けをするのに，異常利益成長モデルと異常事業利益成長モデルをどちらも使用できることを確認するものである。しかし，それはまた，事業からの成長に焦点を合わせる異常事業利益成長モデルを使用したほうがよいことを示唆している。実際には，レバレッジはそれぞれの期間で変動するから，もし異常利益成長モデルを使用すれば，各期間において株主資本コストを変動させなければならないだろう。レバレッジを無視して事業に焦点を合わせるほうが簡単である。事実，資金調達活動は異常利益成長を生み出さないのだから，レバレッジが異常利益成長を生み出さないときに，（レバレッジの変化による株主資本コストの変化を入れて）評価を複雑化させる必要がどこにあるのだろうか。

　もし，企業は社債を公正市場価値で発行することでは利益を稼得できないということを知っているのであれば，資金調達活動を無視することは理に適っている。なぜならば，これらの取引の NPV はゼロ（そして残余利益もゼロ）だからである。もし，ある企業が将来社債を発行して，そのレバレッジが変化し，かつ社債の発行の NPV がゼロであると予測するならば，現在価値がその影響を受ける可能性はない。同様に，自社株買いのための資金調達による負債の増加は，もし自社株買いが公正市場価値で行われているのであれば，価値に影響を与えることはできない。

390　第3部　予測とバリュエーション

レバレッジが利益成長を創造する

　表13.6で，増大したレバレッジはEPSを0.20ドルから0.25ドルに押し上げたが，1株当たりの価値は変化しなかった。この例は，「レバレッジによって生み出された利益成長に要注意」という警告を発している。レバレッジは利益成長を生み出すが，異常利益成長は生み出さない。そのため，レバレッジによって生み出された成長は評価されない。このポイントは，本書を通して示されている別のポイント「成長はリスキーである」という点を強調する。

　1990年代は，多くの企業が借入を増加させる一方で，かなりの自社株買いを行っていた。その効果はEPSの増加であった。以下の表は，IBMに関するいくつかの数値である。

IBM
自社株買いと財務レバレッジ（1995～2000年）

	2000	1999	1998	1997	1996	1995
正味自社株買い（単位：十億ドル）	6.1	6.6	6.3	6.3	5.0	4.7
正味負債の増加（単位：十億ドル）	2.4	1.2	4.4	4.6	0.8	2.3
財務レバレッジ	1.21	1.10	1.22	0.98	0.68	0.62
1株当たり利益（EPS）	4.58	4.25	3.38	3.09	2.56	1.81

　IBMは1990年代にかなりの1株当たり利益成長を達成した。第12章では，この成長の大部分が，年金基金からの利益，資産の売却，リストラ費用の戻し入れによって生じていることを見た。大規模な自社株買いや財務レバレッジの増大がEPSにもたらす効果は，IBMの1株当たり利益成長の質に関してさらなる疑念を抱かせる。

　1990年代の企業における負債の増加は，市場によって高い利益倍率で報いられた力強い利益成長に寄与した。図13.1は，1963年から2010年の米国企業の財務レバレッジを追跡したものである。IBMにとってその結果は，有利なレバレッジ・ポジションを維持できる，好ましいものであった。しかし，負債にはマイナスの側面があり，そのダウンサイド・リスクは要求リターンを上昇させる。もしレバレッジが不利な方向に働くと，利益はおそらく急激に減少するだろう。一部の企業では，負債の利払を覆い隠すことに苦心した結果，負債のマイナス面は，株主価値の大きな毀損を伴う形で2000年代初頭に明らかになった。ヴィヴェンディやクエスト（や多くの通信業者），ユナイテッド航空（と多くの空運業者）は，ほんの一例である。図13.1では，2000年以降にレバレッジが解消されていることを見て取れるであろう。このエピソードは，2008年の信用危機の際，とりわけレバレッジの高い金融業の中で繰り返された。多くのケースで，社債は疑わしい買収（これもまた利益成長を生み出すものである）を行うために発行された。アナリストは，買収による利益成長，とくにその成長が社債によって資金調達されている場合には，注意しなければならない。同様の警告は自社株買いにも当てはまる。なぜなら，自社株買いは常にレバレッジの増大をもた

● 図 13.1　米国企業の財務レバレッジの中央値（1963～2010 年）

財務レバレッジは，普通株主持分に対する正味金融負債の比率である。ここでの中央値は，2 億ドルを超える時価総額を持つ上場企業のものである。

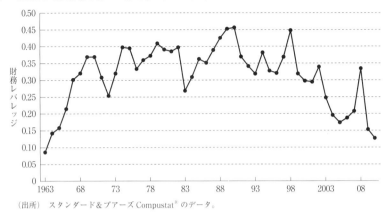

（出所）　スタンダード & プアーズ Compustat® のデータ。

らす，つまりそれは，借入か金融資産の流動化による資金調達を必ず伴うからである。

負債と税金

利息は企業によって支払われる場合には，所得から控除できるが，株主によって支払われる場合には控除できないため，企業の借入には節税効果があると主張する人がいる。株主は自らの持分にレバレッジを効かせるために個人勘定で借入を行うことができるが，彼らはまた企業内で借入することでもその持分にレバレッジを効かせることができる。もし企業内で借入を行えば，彼らは価値を増大させることができる。なぜなら，利息費用を負担することによる節税効果を得られるからである。

この主張は問題の多いものである。第 1 に，（米国では）利息は，投資利益と対応させられる部分であれば，株主自身の課税対象となるリターンから控除することができる。第 2 に，企業によって控除できる利息は，それを受け取る債権者の側で課税対象となる。彼らは税金を埋め合わせるため，より高い利子率を要求するだろう。それは社債の税金に対するアドバンテージを弱めることになる。（市債のような）免税負債と社債の利子率のスプレッドは，このシナリオが妥当であることを示唆している。第 3 に，フリー・キャッシュフローは $C-I=d+F$ であるから，企業の正味負債を減少させるか，株主に配当を行うために利用されなければならない。どちらの方法にも税負担がある。もしキャッシュフローが負債の減少に利用されれば，株主は想定していた負債の税金に対するアドバンテージを失うことになる。一方で，もし企業が負債の維持を望む場合，キャッシュフローは株主に分配されなければならず，その後，その配当には税金が課せられる。いずれの方法によってもフリー・キャッシュフローは

392　第**3**部　予測とバリュエーション

課税されるので，株主が個人レベルで税金を課せられることなく，負債の税金に対するアドバンテージを享受することはできない。

　これらの問題はコーポレート・ファイナンスのテキストで掘り下げて考えることができる。もし負債が価値をもたらすと確信しているのであれば，株主個人の税率と法人税率を考慮して，節税効果の現在価値を組み入れることで，ここでの価値計算を修正することもできる。しかし，株主の視点から，株主と債権者への配当に対する税金を考慮せずに，負債の税効果についてばかり考えるという罠に嵌まってはならない。

5　時価会計
：ストック・オプションの履行義務をバリュエーションに組み込む方法

　事業活動と資金調達活動の区分は，価値評価を行う2つの方法があることを示している。そこでは，資産や負債からの将来利益を予測することになる（そして，その簿価に期待残余利益の現在価値を加えることになる）。さもなければ，資産や負債を時価で評価することになる。時価評価は魅力的である。なぜなら，それによって予測の作業から解放されるからである。しかし，時価評価は，市場価値が公正価値の信頼できる測定値である場合に限って可能である。金融資産・負債の市場価値は，一般的にこの規準に耐える測定値であるから，資金調達活動から生じる収益費用を予測する必要はない。

　第8章では，従業員が報酬として受け取ったストック・オプションを行使したときに，株主が損失を被るということを説明した。今のところはまだ，米国基準はこの損失を認識しない。第8章では，ストック・オプションの行使による損失をどのように計算するかについて示した。しかし，問題はこれで終わりではない。現在の利益にはオプション行使の効果を認識する一方で，将来に行使されることで将来の包括的な利益を減少させるかもしれない発行済オプションが考慮されていない。これでは，米国基準における事業利益の予測をベースとした価値評価は，企業価値を過大推定することになるだろう。これは，株式に対価を払いすぎるリスクを投資家に残すことになる。アナリストはこの点を調整しなければならない。その解決法には，オプション行使による将来損失を予測することで，米国基準における利益の予測値を減少させることが含まれると考えられる。実際，これが解決法なのである。しかし，それらの損失を予測することは簡単な作業ではない。なぜなら，その損失は行使日における市場価格と行使価格の差額であるから，行使日を予測しなければならないだけでなく，行使日における株価も予測しなければならないからである。

　時価会計（予測を代替するもの）は，1つの解決法を示してくれる。発行済オプションの公正価値は，オプション評価モデルを利用することで，合理的な精度で推定す

第 13 章　事業活動の価値と事業 PBR・事業 PER の評価　　393

ることができる。第 8 章ではナイキを取り上げた。ナイキのストック・オプションに
関する注記には，2010 年末時点で 3600 万の発行済オプションがあり，その加重平均
行使価格は 46.60 ドルであることが示されている。期末において，ナイキの株式は
72.38 ドルで取引されているから，その加重平均行使価格は，大抵の発行済オプショ
ンがイン・ザ・マネーの状態であることを示している。これらオプションの価値（オ
プション・オーバーハング）は，市場価格未満で株式を発行することで株主が価値を
引き渡すことになる条件付債務になる。それは製造物責任や環境破壊訴訟のもとでの
義務が条件付債務となるのと同様である。条件付債務は，株式価値を計算する際には
控除しなければならない。

　条件付債務の価値は，発行済オプションに適用されたオプション評価モデルを利用
することで推定される。このオプション価値は，下表のように，表 13.2 や表 13.4 に
示した米国基準に基づく利益の予測を基礎とした評価を減少させる。

（単位：百万ドル，ただし 1 株当たり価値は除く）

オプション・オーバーハング前の株式価値（表 13.2 と表 13.4 から）		36,644
オプション・オーバーハングに対する負債		
発行済オプションのブラック＝ショールズ価値（36.0 × $ 41.50）	1,494	
節税効果（36.3 ％）	(542)	
税引後オプション負債		952
株式価値		35,692
1 株当たり価値（484 百万株）		$73.74

　オプション・オーバーハングはすべての発行済オプションの加重平均価値を基礎と
して，ここでは 1 個当たり 41.50 ドルと推定されている。オプション行使による損失
は所得から控除できるため，そのオーバーハングは税効果によって減少する。オプシ
ョン・オーバーハングを認識することで，表 13.2 と表 13.4 におけるナイキの 1 株当
たり価値は 75.71 ドルから 73.74 ドルへ減少する。

　ここでの調整は単なる近似である。第 1 に，ブラック＝ショールズのオプション評
価が近似に過ぎない。従業員オプションは，標準的に取引されるオプションとは異な
る特徴を持っている。たとえば，それらは付与されないかもしれないし，満期前に行
使されるかもしれない。そのため，変更されることも多い。第 2 に，米国基準と
IFRS が（「付与日の会計処理」の定めに従って）いくつかのオプション価値を付与日で
認識するため，ここで計算される金額は過大となる。理想的には，すでに認識された
アット・ザ・マネーのオプション価値を差し引き，イン・ザ・マネーのオプションに
対して追加された負債を認識したい。しかし，その履歴を解明することは非常に難し
い。第 3 に，市場価格を基礎としたオプション価値にすることは，その価格が価値を
表しているときに限って適切である。アナリストは，市場価格とは独立した内在価値
を知りたいと考える。そして，内在価値は発行済オプションに依存している。ところ

が，オプション価値と株式価値が連帯的に決まるため，このことが問題を引き起こしてしまう。反復法が適用されることになるが，これは，オプション考慮前の内在株式価値（75.71ドル）を基礎としたオプション価値からスタートし，その後，収斂するまで株式価値とオプション価値を繰り返し変化させていく方法である。ワラント評価モデルもまた，同じ問題を抱えている[1]。（希薄化しない）取引されているオプションに適用するオプション評価モデルと異なり，ワラント評価モデルは従業員オプションの希薄化効果を認識する。これらの問題を所与として，「その問題は重大か」という視点を保ち続ける必要がある。

オプションの条件付債務を時価評価する方法は，本質的には省略された負債に対して貸借対照表上の簿価を再表示するものである。時価会計は，他の条件付債務に対しても適用することができる。企業の株式に対する発行済プット・オプション，ワラント，その他の転換証券を価値評価に組み入れるため，上述の手続きを適用しよう。訴訟による条件付債務については，負担するかもしれない期待損失の現在価値を控除しよう。条件付債務の注記には，これらの負債についての情報がわずかに盛り込まれている。

6 事業倍率

表13.5のレバレッジ効果の例において，PBRはレバレッジの増大に伴い，1.2倍から1.33倍に上昇した。また，表13.6において，PERはレバレッジの増大に伴い，10倍から8倍に低下した。しかし，いずれのケースにおいても株式価値は変化しなかった。このことは，レバレッジの効果を無視したPBRとPERを考えたほうがよいことを示唆している。

事業PBR

株式価値は，事業価値から負債価値を控除したものである。そのため，内在PBRは以下のように表現できる。

$$\frac{\text{株式価値}_0}{\text{普通株主持分}_0} = \frac{\text{事業価値}_0 - \text{負債価値}_0}{\text{正味事業資産}_0 - \text{正味金融負債}_0}$$

もし正味金融負債が市場価値で評価されていれば，それらは簿価を超えるプレミアムに寄与しない。つまり，価格と簿価の違いは，市場価値で測定されていない正味事

原注 1) この適用については，F. Li and M. Wong, "Employee stock options, equity valuation, and the valuation of option grants using a warrant-pricing model," *Journal of Accounting Research*, March 2005, pp. 97-131 を参照。

業資産に起因するということである。しかしながら，ここでの式は，PBR が事業資産に対する正味金融負債の金額によって変わることを示している。つまり，この比率はレバレッジに対して敏感だということである。したがって，金融項目の価格が簿価と一致しているときでも，資金調達活動の違いによって PBR に企業間差異が生じる可能性がある。

この混乱を避けるため，事業資産簿価に対する事業価値に焦点を合わせるべきである。事業資産簿価に対する価値の比率は，**事業 PBR** または**アンレバード PBR** である。

$$\text{事業 PBR} = \frac{\text{事業価値}_0}{\text{正味事業資産}_0}$$

事業価値はもちろん，株式価値に正味金融負債を加えたものである。そのため，市場（で取引された）事業 PBR を計算するためには，単純に株主持分の市場価値に正味金融負債を加えるだけでよい。

株主持分に対する標準的な PBR は**レバード PBR** と呼ばれる。2 つの PBR は次のような関係にある。

$$\text{レバード PBR} = \text{事業 PBR} + [\text{財務レバレッジ} \times (\text{事業 PBR} - 1)]$$

$$\frac{\text{株式価値}_0}{\text{普通株主持分}_0} = \frac{\text{事業価値}_0}{\text{正味事業資産}_0} + \text{財務レバレッジ}\left(\frac{\text{事業価値}_0}{\text{正味事業資産}_0} - 1\right)$$

$$(13.8)$$

ここでの財務レバレッジは，以前示したように，簿価ベースの財務レバレッジ（正味金融負債/普通株主持分）である。この式は，それぞれの価値に市場価格を用いれば，市場 PBR にも当てはめることができる。2 つの PBR の差異は，レバレッジの大きさと，アンレバード PBR の正常値 1.0 倍からの距離とともに拡大する。たとえば，アンレバード PBR が 1.0 倍のとき，レバレッジの大きさにかかわらず，レバード PBR も 1.0 倍である。図 13.2 は，アンレバード PBR の 6 つの異なる水準において，レバレッジの大きさとともにレバード PBR がどのように変化するかを示している。

レバード PBR は一般的に用いられる指標である。しかし，注目すべきは事業 PBR のほうである。リーボックのレバード PBR は，大規模な自社株買いとレバレッジの変化（Box 13.3）の前には 3.3 倍であったが，その直後に 6.3 倍となった。この変化は，事業の期待収益性の変化や投資家が事業に対して支払うプレミアムの変化を反映したものではない。それはレバレッジに誘発された変化であり，リーボックの事業 PBR は同じ 3.0 倍のままである。そして，株価は約 36 ドルで変動しなかった。つまり，この自社株買いと金融取引は株主の 1 株当たり価値に何の影響も与えない。このこと

● 図 13.2 レバード PBR と財務レバレッジ

この図は，異なる水準のアンレバード PBR（事業価値/正味事業資産）を所与として，レバード PBR（株式価値/普通株主持分）が，財務レバレッジとともにどのように変動するかを示したものである。

$$\frac{株式価値}{普通株主持分} = \frac{事業価値}{正味事業資産} + 財務レバレッジ\left(\frac{事業価値}{正味事業資産} - 1\right)$$

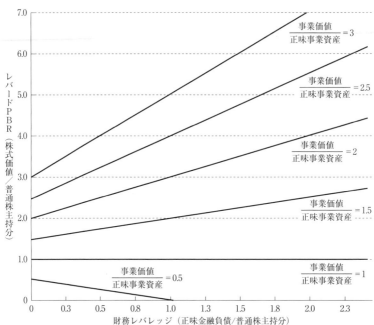

● 図 13.3 時価総額 2 億ドル超の米国上場企業のレバード PBR とアンレバード PBR の中央値（1963〜2010 年）

（出所）　スタンダード＆プアーズ Compustat® のデータ。

はまた，事業 PBR の変動がなかったことによっても示されている。

図 13.3 は，1963 年から 2010 年までの米国企業におけるレバード PBR とアンレバード PBR の中央値をプロットしたものである。1970 年代半ばに，アンレバード PBR が 1.0 倍前後だったときは，レバード PBR も 1.0 倍前後であった。しかし，アンレバード PBR が 1.0 倍を超えたとき，レバード PBR はアンレバード PBR より高くなり，アンレバード PBR が高くなるほど，その差は拡大した。

事業 PER

一般的に用いられる PER は，正味利息費用控除後の利益に対する倍率であるから，レバード PER である。レバード PER は利益成長を汲み取ったものである。しかし，利益成長はレバレッジの影響を受け，レバレッジから期待される成長は価値をもたらす成長ではない。なぜなら，それは何の異常利益成長も生み出さないからである。したがって，事業活動による利益の成長という観点から PER を考えることは，理に適っている。事業 PER またはアンレバード PER は，事業利益の期待成長を基礎として事業利益を価格付けするものである。

次期事業 PER は，予測された次期事業利益に対する事業価値である。

$$次期事業 PER = \frac{事業価値}{次期事業利益} = \frac{事業価値_0}{事業利益_1}$$

事業価値は，株式価値に正味金融負債を加えたものである。表 13.6 において，次期事業 PER は，第 1 期の事業利益 135 百万ドルに対する事業価値 1500 百万ドル，すなわち 11.11 倍である。この事業 PER は，表 13.6 にあるようなレバレッジの増大によっても変化しない。これに対し，事業利益成長がないにもかかわらず，レバード PER は 10 倍から 8 倍に低下している。レバード PER の減少は，レバレッジに起因する要求リターンの上昇を反映している。リーボックの自社株買いによるレバレッジの変化は，次期 1 株当たり利益を 2.30 ドルから 2.56 ドルに高め（Box 13.3），次期レバード PER を 18.8 倍から 16.9 倍に低下させたが，1 株当たり価値には何の影響も及ぼさず，事業 PER は変動しなかった。

実績事業 PER は，事業価値と当期事業利益を比較する。しかしながら，ここでは調整が必要である。実績レバード PER が配当込みである（分子に配当が加えられている）ので，アンレバード PER もそのようにしなければならない。事業からの配当はフリー・キャッシュフローであるから，以下のようになる。

$$\text{実績事業 PER} = \frac{\text{事業価値} + \text{フリー・キャッシュフロー}}{\text{当期事業利益}}$$

$$= \frac{\text{事業価値}_0 + \text{フリー・キャッシュフロー}_0}{\text{事業利益}_0}$$

事業価値はフリー・キャッシュフロー（資金調達活動に対する支払）によって減少し，事業利益の価値がキャッシュの支払と独立であることから，フリー・キャッシュフローは分子に加えられなければならない。

次期レバード PER とアンレバード PER は，次のような関係にある。

次期レバード PER

= アンレバード PER

　+［利益レバレッジ×（アンレバード PER − 1/正味借入コスト）］

$$\frac{\text{株式価値}_0}{\text{利益}_1} = \frac{\text{事業価値}_0}{\text{事業利益}_1} + \text{利益レバレッジ}_1\left(\frac{\text{事業価値}_0}{\text{事業利益}_1} - \frac{1}{\text{正味借入コスト}_1}\right)$$

$$(13.9)$$

*利益レバレッジ*は，正味金融費用が利益に及ぼす影響の程度，すなわち正味金融費用/利益である。2 式目の（　）内にある分数式を，それぞれの逆数である事業利益イールドと正味借入コストとして考えよう。もし事業利益イールド，すなわち事業利益$_1$/事業価値$_0$ が借入コストより高ければ，レバード PER はアンレバード PER より低くなり，その差異は利益レバレッジの大きさに依存する。2 つの比率は，事業利益イールドと正味借入コストが等しいときに同じになる。アンレバード PER が（大きな事業利益成長が期待された結果）とくに高いとき，レバード PER はアンレバード PER より高くなる。

似たような式によって，レバード利益・価格倍率とアンレバード利益・価格倍率の関係を示すと，以下のようになる（これはもちろん PER の単なる逆数である）。

$$\frac{\text{利益}_1}{\text{株式価値}_0} = \frac{\text{事業利益}_1}{\text{事業価値}_0} + \frac{\text{正味金融負債}_1}{\text{株式価値}_0}\left(\frac{\text{事業利益}_1}{\text{事業価値}_0} - \text{正味借入コスト}_1\right)$$

$$(13.10)$$

これらすべての式において，投資家は価値の代わりに市場価格を用いることができるため，市場で取引された事業 PER と株主持分 PER（レバード PER）の関係を表現することができる。

2 つの実績 PER は，似たような方法で関連づけると，次のようになる。

● 図13.4 米国企業の実績レバードPERと実績アンレバードPERの中央値（1963〜2003年）

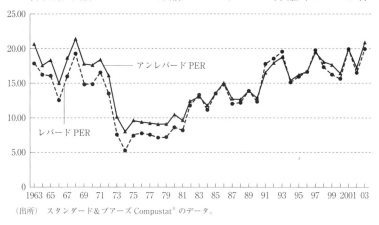

（出所）スタンダード＆プアーズCompustat® のデータ。

$$\frac{株式価値_0 + 配当_0}{利益_0}$$
$$= \frac{事業価値_0 + フリー・キャッシュフロー_0}{事業利益_0}$$
$$+ 利益レバレッジ_0 \left(\frac{事業価値_0 + フリー・キャッシュフロー_0}{事業利益_0} - \frac{1}{正味借入コスト_0} - 1 \right) \quad (13.11)$$

借入コストを所与として，図13.2の事業PBRとレバードPBRのような変換グラフを描くことができる。図13.4は，1963年から2010年の実績レバードPERと実績アンレバードPERをプロットしたものである。通常，レバードPERはアンレバードPERより低くなるが，(1990年代後半のように) アンレバードPERが非常に高いときには，その関係が逆転するケースもある。

レバードとアンレバードのPBRとPERの関係式はお馴染みのものである。つまり，レバードの倍率は，アンレバードの倍率にレバレッジとスプレッドに依存するプレミアムを加えたものである。このことは，レバードとアンレバードの会計リターンと要求リターンの関係の中に見られた。表13.7に，本章で取り扱ったレバレッジ効果をまとめている。

400 　第 **3** 部　予測とバリュエーション

●表 13.7　レバード測定値とアンレバード測定値の関係

概　念	レバード測定値	アンレバード測定値
収益性	ROCE	RNOA
資本コスト	ρ_E	ρ_F
PBR	$\dfrac{\text{株式価値}_0}{\text{普通株主持分}_0}$	$\dfrac{\text{事業価値}_0}{\text{正味事業資産}_0}$
次期 PER	$\dfrac{\text{株式価値}_0}{\text{利益}_1}$	$\dfrac{\text{事業価値}_0}{\text{事業利益}_1}$
実績 PER	$\dfrac{\text{株式価値}_0 + \text{配当}_0}{\text{利益}_0}$	$\dfrac{\text{事業価値}_0 + \text{フリー・キャッシュフロー}_0}{\text{事業利益}_0}$
次期利益イールド	$\dfrac{\text{利益}_1}{\text{株式価値}_0}$	$\dfrac{\text{事業利益}_1}{\text{事業価値}_0}$

要　約

　会計専門家が貸借対照表を正確なものにする程度によっては,アナリストは価値評価（バリュエーション）を行う必要がなくなる。極端な例として,もし貸借対照表が株式価値を与えるという意味において完璧なものであれば,アナリストがすることは何もないだろう。この場合は,会計専門家が価値評価を行っていることになる。通常,貸借対照表は完璧ではないため,アナリストは認識されていない価値を捉えるために予測を行う必要がある。しかし,貸借対照表が価値に関する情報を提供する程度によっては,アナリストは予測という作業を避けることができる。

　本章では,正味金融項目の貸借対照表上の価値は市場価値と近似しているものの,正味事業資産に関しては貸借対照表上の数値がそれらの価値を示していない典型的な場合の,価値評価アプローチを紹介した。したがって,価値評価は,事業活動からの残余利益と異常利益成長の予測を基礎とする。その価値評価が事業価値を導出し,株式価値はその後,事業価値から正味負債の貸借対照表上の価値（または,公正価値に関する注記によって得られた正味負債の公正価値）を控除することによって求められる。

　もし貸借対照表上の正味負債が公正価値に近いものであるならば,簿価倍率を考慮する際の適切な方法は,アンレバードすなわち事業 PBR の観点に立つこと,つまり,株主持分ではなく正味事業資産の価格付けを行うことである。本章では,事業 PBR の計算式を示した上で,それがレバレッジを通じて,レバード PBR とどのように関係しているかについても見てきた。

　本章ではまた,事業 PER にも着目した。標準的な PER（レバード PER）は,レバレッジによって生み出される成長が組み込まれた将来利益成長を基礎としている。しかしながら,レバレッジによる成長は価値を生み出さない。たとえレバレッジが株式価値に何の影響も与えないとしても,レバード PER はレバレッジとともに変動する。アナリストはそれゆえ,事業すなわちアンレバー

関　係
$ROCE = RNOA + $ 財務レバレッジ $(RNOA - $ 正味借入コスト$)$
$\rho_E = \rho_F + \dfrac{\text{負債価値}_0}{\text{株式価値}_0}(\rho_F - \rho_D)$
$\dfrac{\text{株式価値}_0}{\text{普通株主持分}_0} = \dfrac{\text{事業価値}_0}{\text{正味事業資産}_0} + \dfrac{\text{正味金融負債}_0}{\text{普通株主持分}_0}\left(\dfrac{\text{事業価値}_0}{\text{正味事業資産}_0} - 1\right)$
$\dfrac{\text{株式価値}_0}{\text{利益}_1} = \dfrac{\text{事業価値}_0}{\text{事業利益}_1} + \text{利益レバレッジ}_0\left(\dfrac{\text{事業価値}_0}{\text{事業利益}_1} - \dfrac{1}{\text{正味借入コスト}_1}\right)$
$\dfrac{\text{株式価値}_0 + \text{配当}_0}{\text{利益}_0}$ $= \dfrac{\text{事業価値}_0 + \text{フリー・キャッシュフロー}_0}{\text{事業利益}_0}$ $+ \text{利益レバレッジ}_0\left(\dfrac{\text{事業価値}_0 + \text{フリー・キャッシュフロー}_0}{\text{事業利益}_0} - \dfrac{1}{\text{正味借入コスト}_0} - 1\right)$
$\dfrac{\text{利益}_1}{\text{株式価値}_0} = \dfrac{\text{事業利益}_1}{\text{事業価値}_0} + \dfrac{\text{正味金融負債}_0}{\text{株式価値}_0}\left(\dfrac{\text{事業利益}_1}{\text{事業価値}_0} - \text{正味借入コスト}_1\right)$

ドの PER を用いて，事業活動による成長を価格付けすることになる。これにより，アナリストは利益成長に対価を払いすぎるという危険から身を守ることができる。

　価値評価は，常に効率的に実行したい。残余事業利益評価アプローチと異常事業利益成長アプローチは，ともに，続く 2 つの章で着手する予測の作業を減らしてくれる。予測の必要があるのは，包括的な利益のうち事業に関する構成要素と，貸借対照表上の正味事業資産にかかわる構成要素についてのみとなるのである。さらにいうと，要求リターンを用いて予測を評価に変換する際には，財務レバレッジの変化に起因する要求リターンの変化を無視することも可能なのである。

キー・コンセプト

- **アンレバード PBR** または **事業 PBR** は，正味事業資産を用いた価格倍率である。レバード PBR と比較しよう。[395]
- **アンレバード PER** または **事業 PER** は，事業利益を用いた価格倍率である。レバード PER と比較しよう。[397]
- **コア残余事業利益**は，一時的で持続可能ではない利益を控除した残余事業利益である。**持続可能な残余事業利益**とも呼ばれる。[377]
- **財務リスク**は，資金調達活動によって株主が価値を失うリスクである。[380]
- **事業価値（エンタープライズ・バリュー）**は，事業活動から生み出される価値である。[369]
- **事業リスク**は，事業活動によって株主と債権者が価値を失うリスクである。[380]

402 第**3**部 予測とバリュエーション

- **市場レバレッジ**は，株式価値に対する負債価値の比率によって測られる財務レバレッジである。[381]
- **実効負債コスト**は，税引後の借入コストである。[379]
- **純粋株主持分企業**は，正味負債のない企業である。[380]
- **簿価レバレッジ**は，普通株主持分に対する正味金融負債の比率である。[381]
- **レバードPBR**は，普通株主資本を用いた価格倍率である。**アンレバードPBR**と比較しよう。[395]
- **レバードPER**は，（純）利益を用いた価格倍率である。**アンレバードPER**と比較しよう。[397]

演習問題

1 残余利益と残余事業利益

以下は，ある企業の要約財務諸表である。

（単位：百万ドル）

損益計算書（第1期）		貸借対照表（第0期末）	
事業利益	1,400	正味事業資産	10,000
利息費用	500	金融負債	5,000
純利益	900	普通株主持分	5,000

株主持分に対する要求リターンは12％，事業に対する要求リターンは11％，そして，負債に対する要求リターンは10％である。税金の支払はない。

第1期の残余利益，残余事業利益，そして，資金調達活動からの残余利益を計算しなさい。

2 残余事業利益とそのドライバーの計算

以下は，ある企業の財務諸表からの要約数値である。

（単位：百万ドル）

	第1期	第2期	第3期	第4期
事業利益	187.00	200.09	214.10	229.08
正味事業資産	1,214.45	1,299.46	1,390.42	1,487.75

事業に対する要求リターンは10.1％である。第2期から第4期の各期における残余事業利益，RNOA，および，正味事業資産の成長率を計算しなさい。

3 異常事業利益成長の計算

以下は，ある企業の財務諸表からの要約数値である。

（単位：百万ドル）

	第1期	第2期	第3期	第4期
事業利益	187.00	200.09	214.10	229.08
正味事業資産	1,214.45	1,299.46	1,390.42	1,487.75

事業に対する要求リターンは10.1％である。第2期から第4期の各期における異常事業利益成長（単位：ドル）を計算しなさい。

4 残余事業利益と異常事業利益成長

次ページの表は，ある企業の財務諸表である。

この企業の事業に対する要求リターンは10％である。期首の貸借対照表数値を用いて，第1期

第 13 章　事業活動の価値と事業 PBR・事業 PER の評価　　403

と第 2 期の残余事業利益を計算しなさい。その後，第 2 期の異常事業利益成長（単位：ドル）を計算しなさい。

(単位：百万ドル)

	損益計算書			貸借対照表	
	第 2 期	第 1 期		第 1 期末	第 0 期末
事業利益	2,700	2,300	正味事業資産	20,000	18,500
利息費用	800	500	金融負債	10,000	6,250
純利益	1,900	1,800	普通株主持分	10,000	12,250

5　資本コストの計算

　以下のデータから，事業資本コスト（WACC）を計算しなさい。株主資本コストの推定には CAPM を用いること。

長期米国債利回り	4.3 %
マーケット・リスク・プレミアム	5.0 %
ベータ	1.3
1 株当たり市場価格	40.70 ドル
発行済株式数	58 百万株
貸借対照表上の正味金融負債	1,750 百万ドル
加重平均借入コスト	7.5 %
法定実効税率	36.0 %

　事業資本コストが株主資本コストと異なる理由を説明しなさい。

6　残余事業利益による評価

　以下の予測は，1135百万ドルの正味事業資産と720百万ドルの正味金融負債を持つ企業に対して，第 0 期末に行われたものである。

(単位：百万ドル)

	第 1 期 E	第 2 期 E	第 3 期 E	第 4 期 E
事業利益	187.00	200.09	214.10	229.08
正味事業資産	1,214.45	1,299.46	1,390.42	1,487.75

　事業に対する要求リターンは 10.1 ％である。各期の残余事業利益を予測し，これらの予測から事業と株主持分を価値評価しなさい。

7　異常事業利益成長による評価

　6 の予測を用いて，異常事業利益成長を予測し，これらの予測から事業と株主持分を価値評価しなさい。事業に対する要求リターンは 10.1 ％である。

8　レバード PBR, PER とアンレバード PBR, PER

　以下は，ある企業の要約された貸借対照表と損益計算書である。

(単位：百万ドル)

正味事業資産	469
正味金融負債	236
普通株主持分	233
事業利益	70
正味金融費用	14
利　益	56

　この企業は，この利益が報告された期中，同額の正味金融負債を保有していた。この企業の株式

404　第 **3** 部　予測とバリュエーション

は，PBR 2.9 倍で取引されている。企業は配当を支払っていない。

   a.　この企業の実績レバード PER を計算しなさい。

   b.　事業 PBR と事業 PER を計算しなさい。

第14章

財務諸表に基づく単純な予測と単純なバリュエーション

　価値評価（バリュエーション）において，アナリストは単純化を目指し，ビジネスの中でも価値創造に含まれない側面は分離することになる。もし，ある側面が相対的に重要で他の側面が重要でない場合には，アナリストは重要な側面に労力を集中させる。そしてアナリストは，より完璧な，しかしより複雑な価値評価を行う前に，ベンチマークとなる価値を手っ取り早く与えてくれる有用な近似値を探す。前章ではこのような意図で，価値評価を単純化するために，資金調達活動の予測を分離した。

　単純化は，予測の要素を少なくするだけでなく，予測に使用する情報を少なくすることによっても実現できる。予測には，潜在的に大量の情報（ほんの少し例をあげると，戦略的プランニング，マーケティング・リサーチ，生産コスト分析，研究開発活動の妥当性評価からの情報）が含まれている。もし，多くの幅広い情報を反映した小さな情報のセットだけを見るようにし，それでもなお，そこから合理的な価値の近似値が得られれば，労力を節約することができる。

　本章は，予測に最大限の情報セットを利用する次章の前段階として，単純な予測を取り扱う。焦点を合わせるのは，財務諸表上の（限定された）情報である。多くのケース（とくに相対的に成熟した企業）では，財務諸表にかなりの情報が集約されており，それらは合理的な将来指標となりうる。たとえば，現在の売上高コア事業利益率や資産回転率は，将来の利益率や回転率のよい指標となることが多い。本章では，「財務諸表情報のみを用いて，どのような予測と価値評価を行うことができるか」という問いに答える。本章において，取得原価主義の財務諸表が「過去志向」のものではなく，優れて将来志向のものであることがわかるだろう（また，財務諸表情報のある意味での限界も明らかになるだろう）。このことを念頭に置いて，本書第2部の財務諸表分析（そこでは予測の基礎としてコア事業利益を強調した）は，予測のための財務諸表情報を引き出すよう構成されていた。ここでは，財務諸表の徹底的な組み替えと

分析によって有益な発見ができるはずである。

　財務諸表情報への着目は，ファンダメンタル分析にとって，とくに重要である。覚えていると思うが，ファンダメンタル・アナリストは，わかっていることと推測とを混同しないというルールに従う。予測は，（たとえば，継続価値の計算のために）とくに「長期の」予測を行う際にかなりの憶測を伴うことになる。財務諸表情報は，（もちろん，会計の質に左右されるが）私たちが現在と過去についてわかっていることである。この，より信頼できる情報を分離することによって，より多くの憶測を含んだソフトな情報に汚染されない状況が確保されるのである。

　第7章で見たように，ハードな財務諸表情報を憶測から分離することは，市場価格を吟味するための鍵となる。成長には憶測が付き物であるため，財務諸表によって暗示された価値を，長期の成長に関する憶測を基礎とした価値から分離することに注意を払ってきた。財務諸表をアンカーとすることによって，吟味されることになる市場の憶測による成長予測を識別することができた。本章では，市場価格の吟味を強固にするために，財務諸表からの予測を行い，暗示される価値を理解することによって，議論をさらに先に進めていく。

アナリストのチェックリスト

　本章を読めば，以下のことがわかるだろう。

・単純な予測が，単純だが洞察に満ちた評価をどのように生み出すか。
・単純な予測は現在の財務諸表からどのように展開されるか。
・売上高予測は単純な予測を提供するためにどのように財務諸表情報と結びつくか。
・単純な予測と単純な評価が合理的な近似として機能するのはどのような場合か。
・単純な予測は感応度分析における分析ツールとしてどのように機能するか。
・単純な評価モデルは市場価格を吟味するためのリバース・エンジニアリングにおいてどのように機能するか。
・単純な評価モデルはどのようにスクリーニング分析を強化するか。

　本章を読めば，以下のことができるようになるだろう。

・財務諸表からの単純な予測の展開。
・売上高予測の単純な予測への統合。
・単純な予測からの単純な評価の計算。
・単純な予測からの事業 PBR, PER の計算。
・感応度分析における単純な予測の利用。
・市場価格を吟味するためのリバース・エンジニアリングにおける単純な評価モデルの利用。
・株式のスクリーニングに対する単純な評価モデルの利用。

1 単純な予測と単純なバリュエーション

単純な予測は，本書第2部の財務諸表分析から展開される。分析にあたっては，バリュー・ドライバーが識別され，それらのドライバーの現状が確認される。その上で，将来が現在とどのように異なるかを問うのが予測である。現在は将来とは異なるのだが，しかし現在は将来の指標であり，それゆえ財務諸表外の情報によって強化できるようなベンチマーク予測を提供する。そういった情報は憶測をより多く含む傾向があるため，財務諸表情報はまた，予測を規律づけることにも役立つ。もし将来が現在と異なると予測するのであれば，きわめてもっともらしい理屈がなければならない。単純予測は，憶測を含んだ予測を，財務諸表によって「わかっていること」に基づいたものにするのである。

単純な予測は，以下の通り，前章で取り上げた残余事業利益モデルの「単純な」形を通じて価値評価へと変換される。

$$株式価値_0 = 普通株主持分_0 + \frac{残余事業利益_1}{\rho_F - g}$$

つまり，**単純な価値評価**は，次期の残余事業利益を予測し，その予測に対して，成長率を適用することを基礎とする。次期の残余事業利益と成長率は，ともに財務諸表から得られるものである。このモデルにはさまざまな変形がある。（第7章で市場価格を吟味したときのように）2期後までの予測を行い，その時点での成長率を適用することに自信を持つ者もいるだろう。もちろん，後で見るように，（事業活動に適用した）異常利益成長モデルを利用することもできる。

次期の残余事業利益は，次式で表現される。

$$残余事業利益_1 = 事業利益_1 - (\rho_F - 1)正味事業資産_0$$

現時点の正味事業資産$_0$は，組み替え後の貸借対照表から利用可能であるが，次期の事業利益$_1$と，成長率gは予測しなければならない。単純な予測においては，これらは財務諸表から引き出される。以下でその方法を示すが，その前にPPE社を紹介しよう。

PPE社の紹介

ここでは2社の分析を例示する。1社はPPE社（PPE, Inc.）であり，資産をたった1つ，有形固定資産（propety, plant, and equipment）しか持たないことから，こう名づけている。これは架空の企業であり，非常にシンプルにしてあるので，状況を明確

408　第3部　予測とバリュエーション

PPE 社
貸借対照表（第0期12月31日）

資　産	第0期	前　期	負債及び純資産	第0期	前　期
有形固定資産（未償却残高）	74.4	69.9	長期借入金（正味金融負債）	7.7	7.4
正味事業資産	74.4	69.9	普通株主持分	66.7	62.5
				74.4	69.9

損益計算書（第0期）

事業利益	
売上高	124.9
売上原価（減価償却費21.4を含む）	(114.6)
	10.3
その他の事業費用	(0.5)
	9.8
正味金融費用：0.04×7.4	(0.3)
利　益	9.5

キャッシュフロー計算書（第0期）

事業活動によるキャッシュフロー		
事業利益	9.8	
減価償却費	21.4	31.2
投資活動によるキャッシュフロー		
有形固定資産投資（21.4＋4.5）		(25.9)
フリー・キャッシュフロー		5.3
財務活動によるキャッシュフロー		
正味配当支払		5.3

に示すことができる。もう1社は，本書でずっと説明の例として用いてきたナイキである。本章と次章で，本格的な価値評価を完成させるため，財務諸表外の情報を加えることになる。

　PPE社の組み替え後の財務諸表は上に示されている。ここでの関心は貸借対照表と損益計算書であるが，キャッシュフロー計算書も示してある。キャッシュフロー計算書は損益計算書から作成することができるが，実際にできるか確認しておこう[1]。貸借対照表には7.7の借入金を報告しており，損益計算書はこの借入金に4％の利息費用がかかっていることを示している。

　これらの計算書は予測のための数値を提供してくれる。現時点の普通株主持分$_0$は66.7であり，現時点の正味事業資産$_0$は74.4である。これら貸借対照表の数値は，レ

原注1）　フリー・キャッシュフロー＝事業利益−Δ正味事業資産＝9.8−4.5＝5.3となる。正味配当はクリーン・サープラス関係を使って株主持分変化額から推測できる。よって，正味配当支払＝利益−Δ株主持分＝5.3となる。財務活動によるキャッシュフローはないが，貸借対照表の負債額が増加しているから，借入金が（ゼロ・クーポンの）ディープ・ディスカウント債である（または利息を支払っていない）ことに注意しよう。

バードそしてアンレバード（事業）の価値評価でアンカーにするためのものである。非正常項目が存在しないため，コア事業利益は 9.8 であり，コア RNOA = 9.8/69.9 = 14.02 ％となる（単純化のため，期首の正味事業資産を使用している）。PPE 社の要求事業リターンは 10 ％であるため，現在のコア残余事業利益$_0$ = 9.8 − (0.10 × 69.9) = 2.81 となる。

ゼロ成長予測とバリュエーション

ゼロ成長予測は，次期の残余事業利益が現在のコア残余事業利益と同じ 2.81 となると予測する。それゆえ，ゼロ成長株式価値（次期の予測にゼロ成長を適用したもの）は，以下のようになる。

$$\text{株式価値}_0 = 66.7 + \frac{2.81}{0.10} = 94.8 \tag{14.1}$$

事業活動の価値，つまり事業価値は，以下のようになる。

$$\text{事業価値}_0 = 74.4 + \frac{2.81}{0.10} = 102.5$$

2 つの価値評価の差異は，もちろん貸借対照表の借入金の金額である 7.7 となる。レバード PBR は 1.42 倍となり，アンレバード（事業）PBR は 1.38 倍となる。

ゼロ成長予測は，次期事業利益についての特別な予測である。ゼロ成長予測とは，次期事業利益が現在のコア事業利益 9.8 と同じであると予測するものだと考えるかもしれない。しかし，それでは単純すぎる。企業は年を経て資産を増大させ，これらはより多くの利益を稼ぎ出すからである。ゼロ成長予測は以下のように表現できる。

$$\text{事業利益}_1 = \text{事業利益}_0 + (\rho_F - 1) \Delta \text{正味事業資産}_0$$

つまり，次期の事業利益は，現在の事業利益に，当期に増加した資産（Δ 正味事業資産）に対する要求リターンである利益を加えたものとして予測される。PPE 社では，事業利益$_1$ = 9.8 + (0.10 × 4.5) = 10.25 となる（明らかなことではあるが，もし増加した資産が要求リターン分しか稼ぎ出さないのであれば，次期の残余利益は現在と同じになるだろう）。

ゼロ成長事業価値は，次期の事業利益を資本化することでも求められる。

$$\text{事業価値}_0 = \frac{\text{事業利益}_1}{\rho_F - 1} = \frac{10.25}{0.10} = 102.5$$

次期事業 PER = 102.5/10.25 = 10 倍であり，これは要求リターン 10 ％のときの正常

410　第**3**部　予測とバリュエーション

Box 14.1　ナイキに対するゼロ成長評価

ナ　イ　キ		
事業に対する要求リターン		9.1 %
コア事業利益	2010	1,911 百万ドル
正味事業資産	2009	6,346 百万ドル
	2010	5,514 百万ドル
コア残余事業利益	2010：1,911 −（0.091×6,346）	1,333 百万ドル
ゼロ成長事業利益予測	2011：1,911 ＋（0.091× −832）	1,835 百万ドル
ゼロ成長残余事業利益予測	2011：1,835 −（0.091×5,514）	1,333 百万ドル
ゼロ成長残余事業利益変化の予測	2012	0

株 式 価 値

$$\text{株式価値}_{2010}＝\text{普通株主持分}_{2010}＋\frac{\text{残余事業利益}_{2011}}{0.091}＝9,884＋\frac{1,333}{0.091} \qquad 24,532 \text{百万ドル}$$

1 株当たり価値（484 百万株）　　　　　　　　　　　50.69 ドル

残余事業利益による評価

$$\text{事業価値}_{2010}＝\text{株式価値}_{2010}−\text{正味金融資産}_{2010}＝24,532−4,370 \qquad 20,162 \text{百万ドル}$$

$$\text{事業価値}_{2010}＝\text{正味事業資産}_{2010}＋\frac{\text{残余事業利益}_{2011}}{0.091}＝5,514＋\frac{1,333}{0.091} \qquad 20,162 \text{百万ドル}$$

異常事業利益成長による評価

$$\text{事業価値}_{2010}＝\frac{\text{事業利益}_{2011}}{0.091}＝\frac{1,835}{0.091} \qquad 20,162 \text{百万ドル}$$

2010 年度の結果が報告されたとき，ナイキは 1 株当たり 74 ドルで取引されていた。

PER である。これがゼロ成長のときの異常事業利益成長による評価である。もちろん，これは上述した残余利益による評価と等価になる。一定の残余利益はゼロ異常利益成長を意味するのである。

　Box 14.1 はナイキにおけるゼロ成長予測と価値評価を示したものである。ゼロ成長価値は 1 株当たり 50.69 ドルである。ナイキはこのとき 74 ドルで取引されていたから，市場は成長を組み込んでいる。これは，吟味しようとしている成長が加味された市場による評価であるから，今度は財務諸表によって示される成長を加味した評価を議論しよう。しかし，ゼロ成長価値は評価の下限を示すものであるから，ナイキには少なくとも 50.69 ドルの価値があることに注意しよう。成長に対して，どれだけの追加的な支払をしたいだろうか。

成長を加味した予測とバリュエーション

　ゼロ成長予測は，純資産に対して要求リターンの分だけ利益を追加しているように見える。これはつまり，追加投資は価値を生まないことを意味している。これは保守

第 **14** 章　財務諸表に基づく単純な予測と単純なバリュエーション　　411

的な予測であり，それは常に尊重されるべきである。実際，第 7 章で市場価格を吟味した際にアンカーとしたのは，2 期先の利益を用いていたとはいえ，ゼロ成長による評価であった。しかし，財務諸表を見れば，資産が現時点で要求リターンとは異なる RNOA を獲得していることがわかるかもしれない。実際，PPE 社のコア RNOA は 14.02 ％であり，これは要求リターンより高い。そのため，別の予測として，以下のように，すべての正味事業資産$_0$ が（追加投資も含めて）このコア収益率だけ稼ぎ出すと考えてみる。

$$事業利益_1 = 正味事業資産_0 × RNOA_0$$

たとえば PPE 社では，事業利益$_1$ = 74.4 × 14.02 ％ = 10.43 となる。したがって，次期の残余事業利益$_1$ = 10.43 − (0.10 × 74.4) = 2.99 となる。現在の残余事業利益$_0$ である 2.81 と比べて成長しており，その成長率は 6.44 ％である。

この成長は何によってもたらされるのだろうか。残余事業利益は RNOA と正味事業資産の大きさによって決まる。つまり，残余事業利益$_1$ = [RNOA$_1$ − (ρ_F − 1)] × 正味事業資産$_0$ である。RNOA$_1$ を当期と同じと予測すれば，成長は正味事業資産の成長からもたらされる。これは以下に示すようにわかりやすい。

$$残余事業利益成長率_1 = \frac{[RNOA_1 - (\rho_F - 1)]正味事業資産_0}{[RNOA_0 - (\rho_F - 1)]正味事業資産_{-1}}$$

しかし，もし RNOA$_1$ = RNOA$_0$ と予測すれば，成長率は以下のようになる。

$$残余事業利益成長率_1 = \frac{正味事業資産_0}{正味事業資産_{-1}}$$

つまり，次期の残余事業利益の予想成長率は，現在の正味事業資産成長率によって与えられる。この成長予測は貸借対照表における成長から算出され，ここでは 74.4/69.9 = 1.0644（6.44 ％）となる。

ここで，この予測をすべての将来期間に適用すると仮定しよう。つまり，RNOA は無限期間にわたって現在のコア RNOA と同じであるが，正味事業資産投資は現在の比率で成長し続けると予測するのである。このケースでは，残余事業利益もまた，無限期間にわたってこの比率で成長し続けることになる。永続成長する次期の残余事業利益予測を資本化することで，以下のような，成長を加味した単純な評価が可能となる。

412　第3部　予測とバリュエーション

$$株式価値_0 = 普通株主持分_0 + \frac{[コア\ RNOA_0 - (\rho_F - 1)]正味事業資産_0}{\rho_F - g}$$

$$(14.2)$$

　成長率は次期以降の予想残余事業利益成長であるが，このケースでは，現在の比率で予測された正味事業資産の成長率である，正味事業資産$_0$/正味事業資産$_{-1}$となる。たとえばPPE社では，現在のコアRNOAは14.02 %であり，現在の正味事業資産は昨年から1.0644で成長した。

　そのため，株式価値は次のようになる。

$$株式価値_0 = 66.7 + \frac{(0.1402 - 0.10) \times 74.4}{1.10 - 1.0644} = 150.71$$

ここでの分子は，残余事業利益$_1$=2.99である。

事業価値は以下のようになる。

$$事業価値_0 = 正味事業資産_0 + \frac{[コア\ RNOA_0 - (\rho_F - 1)]正味事業資産_0}{\rho_F - g}$$

$$(14.2a)$$

この式を少し整理すると，以下のようになる。

$$事業価値_0 = 正味事業資産_0 \times \frac{コア\ RNOA_0 - (g - 1)}{\rho_F - g} \qquad (14.2b)$$

たとえばPPE社では，上の2つの式による事業価値は次のようになる。

$$事業価値_0 = 74.4 + \frac{(0.1402 - 0.10) \times 74.4}{1.10 - 1.0644} = 158.41$$

$$事業価値_0 = 74.4 \times \frac{0.1402 - 0.0644}{1.10 - 1.0644} = 74.4 \times 2.13 = 158.41$$

　(14.2b) 式に登場する倍率は事業 *PBR*（PPE社では2.13倍）である。この倍率は，成長率に対するRNOA（分子）と成長率に対する要求リターン（分母）を比較したものである。残余事業利益の2つのドライバーであるRNOAと正味事業資産が，ここではともに作用していることがわかるだろう。gが1＋成長率であることを思い出せば，$g-1$は成長率である。もしRNOAが事業に対する要求リターンを上回れば，成長率よりRNOAのほうが高ければ高いほど，簿価に対してより大きな価値が追加される。しかし，成長もまた価値の増加に寄与する。つまり，RNOA（要求リターンよ

第14章 財務諸表に基づく単純な予測と単純なバリュエーション 413

Box 14.2 ナイキに対する成長を加味した評価

ナ イ キ

事業に対する要求リターン		9.1 %
コア RNOA	2010	30.1 %
正味事業資産の5年平均成長率	2006～2010	4.6 %
正味事業資産	2010	5,514 百万ドル
成長を加味した事業利益予測	2011：5,514×30.1 %	1,660 百万ドル
成長を加味した残余事業利益予測	2011：(0.301−0.091)×5,514	1,158 百万ドル

株 式 価 値

$$株式価値_{2010}＝普通株主持分_{2010}＋\frac{残余事業利益_{2011}}{1.091-1.046}＝9,884＋\frac{1,158}{0.045}$$　　35,616 百万ドル

1株当たり価値（484百万株）　　73.59 ドル

残余事業利益による評価

$$事業価値_{2010}＝株式価値_{2010}－正味金融資産_{2010}＝35,616-4,370$$　　31,246 百万ドル

$$事業価値_{2010}＝正味事業資産_{2010}＋\frac{(RNOA_{2010}-0.091)×正味事業資産_{2010}}{1.091-1.046}$$

$$＝5,514＋\frac{(0.301-0.091)×5,514}{0.045}$$　　31,246 百万ドル

異常事業利益成長による評価

$$事業価値_{2010}＝正味事業資産_{2010}×\frac{RNOA_{2010}-(g-1)}{1.091-1.046}$$

$$＝5,514×\frac{0.301-0.046}{0.045}$$　　31,246 百万ドル

次期事業 PBR は 5.67 倍である。
2010 年度の結果が報告されたとき，ナイキは1株当たり74ドルで取引されていた。

り高い）を所与として，成長率が高いほどより大きな価値が追加される。もしRNOA が要求リターンと等しければ，事業 PBR は正常である。この倍率を用いた式は，RNOA が成長率より高い場合（大抵はそうだが）に限って機能することに注意しよう。

　企業の正味事業資産の成長率は年度ごとに異なる可能性があるから，直近年の正味事業資産成長率は適用するのに代表的なものでないかもしれない。過去3年から5年の平均成長率（買収のような臨時的なイベントがないという条件付き）を用いたほうがよい。つまり，資産成長率を正常化するのである。

　Box 14.2 は，ナイキについて，平均正味事業資産成長率4.6 %を基礎として，成長を加味した単純な評価を実行したものである。財務諸表分析によって示唆された価値は73.59 ドルであり，その時点の市場価格である74 ドルに近い。ここから市場価格についてわかることは，市場はナイキに対して，財務諸表分析によって明らかになった情報をもとに予測と評価を行って得られる価値と同等の価値を与えているというこ

414　第3部　予測とバリュエーション

● 表 14.1　単純な予測と単純な評価モデル

単純な予測	単純な株式価値評価	単純な事業価値評価
成長なし	$株式価値_0$ $= 普通株主持分_0$ $+ \dfrac{コア残余事業利益_0}{\rho_F - 1}$	$事業価値_0$ $= 正味事業資産_0$ $\quad + \dfrac{コア残余事業利益_0}{\rho_F - 1}$ $= \dfrac{事業利益_1}{\rho_F - 1}$
成長あり	$株式価値_0$ $= 普通株主持分_0$ $+ \dfrac{[コア RNOA_0 - (\rho_F - 1)]\,正味事業資産_0}{\rho_F - g}$	$事業価値_0$ $= 正味事業資産_0$ $\quad + \dfrac{[コア RNOA_0 - (\rho_F - 1)]\,正味事業資産_0}{\rho_F - g}$ $= 正味事業資産_0 \times \dfrac{コア RNOA_0 - (g-1)}{\rho_F - g}$ $= 事業利益_1 \times \dfrac{1}{\rho_F - 1}\left(1 + \dfrac{G_2 - \rho_F}{\rho_F - g}\right)$

とである。また，もしナイキに74ドルを超える支払をするのであれば，4.6％を超える成長率を見出さなければならず，それは現在の30.1％というコア収益率がさらに上昇するか，現在の収益率で稼ぐ正味事業資産の成長があるということを意味する。

これと等価な異常事業利益成長評価は，成長倍率に次期事業利益の予測を適用する。

$$事業価値_0 = 事業利益_1 \times \frac{1}{\rho_F - 1}\left(1 + \frac{G_2 - \rho_F}{\rho_F - g}\right) \tag{14.3}$$

ここで，G_2 は，1+（2期後の配当込み事業利益成長率）であり，g は，正味事業資産成長率である。ここに登場する倍率は，*次期事業 PER* である。本章に対応するウェブサイトで，PPE 社の例を提供している。表14.1 は，ゼロ成長および成長を加味した単純な評価を要約したものである。

2　単純な予測：財務諸表情報に対する情報の追加

上述した価値評価は，財務諸表情報のみに基づいている。この情報は（おそらく）信頼できる情報である（第16章で会計の質の分析を行い，この推測を吟味することになるが）。しかし限定された情報でもあるため，広い視野を持たなければならない。これらは単純な評価であり，対象とする企業によっては馬鹿げたものになりうる。こうした評価は，過去が将来の合理的な指標となるような，相対的に成熟した企業に対してのみ妥当となるのである。ほとんど利益を生み出さず（損失の可能性さえある），その見通しのほとんどが憶測を基礎としているようなスタートアップ企業に対して，単純評価は機能しない。実際，投機的な企業とは，財務諸表がアンカーとなる価値を

第14章　財務諸表に基づく単純な予測と単純なバリュエーション　415

ほとんど提供できない企業であると定義される。

　これらのベンチマークとなる価値評価に対して，アナリストは将来が現在とどの程度異なりうるかに関する情報を追加することがある。ここでは，単純な予測に対する2つの調整方法を例示する。

成長率の加重平均予測

　もし現在のコアRNOAが要求リターンより高ければ，ゼロ成長予測は保守的な予測である。なぜなら，正味事業資産の増加分は現在のRNOAを下回る要求リターン分しか稼ぎ出さないと予測することになるからである。他方で，成長を加味した予測は楽観的すぎる可能性がある。なぜなら，それは，正味事業資産が現在のRNOAの水準で稼ぎ，また，現在のRNOAと正味事業資産の成長が永続すると予測していることになるからである。高い収益率が時とともに低下する傾向にあることは，歴史が示している。つまり，競争が収益性を蝕み，RNOAは時とともに減衰していくのである。ナイキは30.1％のコアRNOAを将来も維持することができるのだろうか。同様に，高い資産成長も無限に維持することはできないであろう。もちろん，この論点は持続的競争優位に関するものであり，実際，ナイキは同社の収益性が持続的であることを示してきた。

　競争優位の持続性に関する問題は，次章で最大限の情報を用いた予測を見る際に主要な論点となる。しかし，高い収益性は時とともに減少する傾向にあることを歴史が示しているという事実は，単純な予測と評価にも組み込むべきである。結局，これは「わかっていること」の一部なのである。

　長期成長率がGDP成長率と同水準になると期待する場合，残余事業利益の高い成長率を，以下のようにGDP成長率である4％で重み付けして抑えることになる。

$$
\begin{aligned}
&残余事業利益の加重平均成長率\\
&= (0.7 \times 現在の残余事業利益成長率) + (0.3 \times 4\%) \tag{14.4}
\end{aligned}
$$

　Box 14.2において，ナイキに対する成長を加味した予測に用いた財務諸表数値から得られる成長率4.6％に，GDP成長率4％を重み付けすることで，4.42％の加重平均成長率が得られる。これによって価値は1株当たり71.54ドルと評価される。この調整は，ナイキにはほとんど差異をもたらさない。なぜなら，ここで用いた同社の成長率が，GDP成長率と近いからである。しかし，とくに高い残余事業利益成長率を持つ企業にとっては，この調整の影響は大きい[2]。

　原注2)　この分析は，長期にわたって成長率をGDP成長率に向かって徐々に減衰させていくような予測によって，向上させることができる。S. Penman, *Accounting for Value* (New York: Columbia University Press, 2011), Chapter 3 を参照。

416 第3部 予測とバリュエーション

Box 14.3 ナイキに対する2段階の成長を加味した評価

2011年度のはじめ，ナイキをフォローしているアナリストたちは，EPS は 2010 年の 3.93 ドルから，2011 年は 4.39 ドルに，2012 年は 4.64 ドルに増加すると予測した。期待される正味利息収益を調整して，これらの予測は 2033 百万ドルと 2140 百万ドルの事業利益予測に変換された。2011年の貸借対照表における正味事業資産の期待値は 5768 百万ドルであるから，2期間のプロ・フォーマは以下のように展開される。

(単位：百万ドル)

	2010	2011	2012
事業利益		2,033	2,140
正味事業資産	5,514	5,768	
フリー・キャッシュフロー（事業利益−⊿正味事業資産）		1,779	
フリー・キャッシュフローの再投資額（9.1％）			162
配当込み事業利益			2,302
配当込み事業利益成長率：2,302/2,033			13.2％

価値評価のための追加情報：$G_2 = 1.132$

$G_{\text{long}} = 1.04$（GDP 成長率）

$\rho_F = 1.091$

事業価値は以下のように計算される。

事業価値$_{2010} = 2{,}033 \times \dfrac{1}{0.091}\left(\dfrac{1.132 - 1.04}{1.091 - 1.04}\right) = 40{,}301$

株式価値$_{2010} = $ 事業価値$_{2010} + $ 正味金融資産 $= 40{,}301 + 4{,}370 = 44{,}671$ 百万ドル

484 百万株の発行済株式数に対して，1 株当たり価値は 92.30 ドルとなる。

このとき，株価は 74 ドルであった。よって，株価が低すぎるか，アナリスト予想が楽観的すぎるか，それとも長期成長率が高すぎると結論づけられることになる。ここでのアナリスト予想は，財務諸表からの事業利益予測よりもかなり高い。アナリストは財務諸表外の情報を利用しているのか，それとも楽観的すぎるのだろうか。

短期成長率と長期成長率を用いた単純なバリュエーション

成長率が長期間の経過に伴って低下していくというアイデアは，異常事業利益成長モデルにも適用することができる。倍率形式でこのモデルを記述すると，以下のようになる。

$$\text{事業価値}_0 = \text{事業利益}_1 \times \frac{1}{\rho_F - 1}\left(\frac{G_2 - G_{\text{long}}}{\rho_F - G_{\text{long}}}\right) \tag{14.5}$$

事業利益$_1$ は，2つの成長率からなる倍率が乗じられる次期事業利益の予測値である。G_2 は，1＋（2 期後の配当込み事業利益に対して予測された成長率）である。G_{long} は長期成長率であり，GDP 成長率が用いられることが多い[3]。このモデルは，短期か

ら長期に向かって継時的に成長率が徐々に（幾何級数的に）減衰することを含意している。ここでは，短期予測とGDP成長率という，双方とも相対的に信頼性の高いものを基礎としていることに注意しよう。このモデルが機能するためには，（おおむねそうなるが）短期成長率が長期成長率より高くなければならない。Box 14.3では，この2段階モデルをナイキに適用している。

単純な成長率予測としての売上高成長率

（14.2）式，（14.2a）式および（14.2b）式として示した，成長を加味したモデルでは，過去の正味事業資産の成長をもとに成長率を予測する。しかし，他の方法を利用することもできる。その方法とは，正味事業資産成長の単純な予測として，予想売上高成長率を用いるものである。正味事業資産は売上高と資産回転率によって決まる。つまり，正味事業資産＝売上高×1/資産回転率である。それゆえ，もし資産回転率が将来一定であると期待されるのであれば，予想売上高成長率は予想正味事業資産成長率と同じになる。売上高予測のほうが正味事業資産予測よりもはるかに考えやすいのは，明らかだろう。加えて，資産回転率は概して大きく変動しない。このような場合には，成長率を売上高成長率と同じに設定しよう。

RNOA＝売上高利益率×資産回転率であることを思い出そう。すると，もし一定の資産回転率を予測し，売上高利益率もまた一定であると予測すれば，RNOAも一定であると予測することになる。ここから，成長を加味した単純な評価は，ほぼ一定の売上高利益率と資産回転率および安定的な売上高成長率を持つ企業に対して，最もよく機能することがわかるであろう。多くの小売業者はこの特徴を有している。つまり，売上高成長予測と連動している現在のRNOAがよい近似値となることが多い。他方，事業の種類を変更する（それゆえ，売上高成長率，売上高利益率，そして資産回転率も変動する）ような企業は，成長を加味した単純な評価を適用する候補としては，よい対象ではない。（次章のような）さらなる分析が必要となる。

アナリスト予想情報

アナリストは産業のエキスパートといわれているため，アナリストのコンセンサス予想は，単純な予測をチェックするための1つの参照ポイントである。両者の差異は，財務諸表に比してアナリストが持つ追加的な情報に起因する。しかし，1つ問題がある。それは，かなりの研究が，財務諸表分析を基礎とした予測が，しばしばアナリスト予想よりもよい予測であることを示していることである（本章に対応するウェブサ

原注3）　この2段階成長モデルはOhlsonとJuettner-Naurothによって開発された。J. Ohlson and B. Juettner-Nauroth, "Expected EPS and EPS growth as determinants of value," *Review of Accounting Studies*, July–September 2005, pp. 349–365を参照。

イトに詳細を示している）。アナリストは，好況期（とくにバブル期）には楽観的に，不況期には悲観的になりすぎる傾向がある。ウォーレン・バフェットは，1990年代の株式市場バブルはチェーンレターであり，投資金融業者は郵便配達員であると指摘していたが，そこには株式を過剰に宣伝したアナリストも含まれていた。アナリスト予想には財務諸表以外の追加的な情報が含まれているかもしれないが，その情報には憶測もまた含まれているのである。2期後の予測は，中期EPS成長率としてはかなり疑わしいものである。Box 14.3で見たように，アナリスト予想を基礎としたナイキの評価は，その価値を92.30ドルとしていた。これは市場価格74ドルをかなり上回っており，また，単純な予測もかなり上回っている。この単純な予測をアナリストのチェックに利用することもできる。すなわち，「なぜアナリスト予想は財務諸表からわかることからそんなに乖離しているのか」，「企業や産業分析を伴うアナリストのリサーチレポートは，その差異に対してもっともな理由を指摘しているか」，もしくは「アナリスト予想は市場価格を投機化させるような憶測を含んだものか」といった点をチェックするのである。財務諸表は，市場価格を吟味するときに使われるが，アナリストを吟味するときにも使うことができるのである。

3　分析ツールとしての単純なバリュエーション

　単純なモデルはラフな価値評価を提供するものであるが，それらは分析ツールとして台頭している。

感応度分析
　ナイキの成長を加味した単純な価値評価では，コアRNOAは2010年の30.1％と等しいとし，成長率は正味事業資産の過去の成長率である4.6％であるとした。しかし，単純な評価公式には，どのような価値を代入することもできる。したがって，将来の収益性と成長に関する異なるシナリオのもとで，価値評価がどうなるかを検討することができる。
　これらの予測対象に対して異なる価値を設定することを**感応度分析**と呼ぶ。これは，モデルに対するインプットが変化したときに，評価がどの程度変化するか，評価が代替的な将来予測に対してどの程度敏感かをテストするものである。単純な価値評価モデルは，感応度分析の形式を与えてくれる。
　感応度分析では，RNOAと成長率の予測を変化させて，価値評価に対する影響を観察する。Box 14.2におけるナイキの価値評価は，RNOAを30.1％ではなく25.0％と予測したときに，どのように変化するだろうか。あるいは，成長率を4.6％ではなく3％と予測したときに，どのように変化するだろうか。実際，次ページの表のよう

ナイキの価値評価グリッド（2010年，事業に対する要求リターン9.1％）

		RNOA			
		25 %	30 %	33 %	36 %
正味 事業資産 成長率	0 %	40.33	46.59	50.34	54.10
	3 %	50.12	59.46	65.06	70.66
	4 %	55.94	67.11	73.82	80.51
	5 %	64.60	78.50	86.83	95.17
	6 %	78.85	97.23	108.25	119.28

に，2つのドライバーの予測の異なる組み合わせに対して1株当たり価値を示す，*価値評価グリッド*を構築することができる。

　価値評価グリッドは，要求リターンについても異なる見積もりを組み込んで，3次元にすることもできる。ここに示した2次元のグリッドは，RNOAと正味事業資産成長率の異なる組み合わせに対して計算された1株当たり価値を示している。もし資産回転率が一定と予測されるのであれば，正味事業資産成長率は売上高成長率に置き換わる。

　このグリッドは，「What-if」問題に答えるのみならず，不確実性も表現している。将来のナイキの収益性は不確実であるから，このグリッドは不確実な成果の価値を示している。合理的なシナリオのもとで，価値はどこまで減少または増加する可能性があるだろうか。

　価値評価グリッドはまた，どのRNOAと正味事業資産成長率の組み合わせが現在の価格を正当化するかについても示している。74ドルという価格は，RNOAが30％で成長率を4.6％と予測した場合と，もう1つ，RNOAが25％で成長率を5.5％と予測した場合に，正当化することができる。あるいは，5.5％の成長率を高すぎるとして除外するのであれば，74ドルという価格を正当化するためには，ナイキがRNOAを25％超に維持することが必要とされる。

市場価格を吟味するためのリバース・エンジニアリング

　第7章では，市場価格を吟味するために価値評価モデルを適用した。その手法はリバース・エンジニアリングであった。1つのバージョンは，市場価格に織り込まれている成長期待を識別するために価値評価モデルからリバース・エンジニアリングするものである。もう1つのバージョンは，市場価格で購入するときの期待リターンを計算するものである。

　単純な価値評価モデルからリバース・エンジニアリングできることは明らかである。すなわち，「現在の価格，現在の簿価，そして短期間の単純な予測を所与として，市場が予測している成長率はどのようなものだろうか」と考えるのである。唯一の違いは，ここでは第7章で用いたレバード版ではなく，アンレバード（事業）版の価値評

420　第 **3** 部　予測とバリュエーション

価モデルを用いていることである。これは成長率予測にとって意味を持つ。なぜなら，予測の対象が，価値を生み出す事業活動による成長だからである。

　さしあたり，「市場価格を正当化するためにあるべき成長率はどのようなものか」といった問いに答えることができるようになった。実行した財務諸表分析を見直せば，その比率が合理的であるかどうかを問うこともできるであろう。

要　約

　本章は，本書第 2 部の財務諸表分析で利用した現在と過去の財務諸表から，単純な予測を行う方法について示した。コア収益率が識別されると，そのコア収益率が持続可能であるとして予測を行うことができるようになる。コア収益率に成長という尺度を追加することで，アナリストは単純な予測を行う。その単純な予測は，価値評価の始めとなる直観と，事業 PBR，PER をアナリストに与えてくれる単純な価値評価を生み出す。

　情報を無視するアナリストは危険である。単純な評価は，財務諸表外の情報が，将来の収益性と成長が現在のそれらとは異なることを示しているときには，うまく機能しないだろう。アナリストは単純な評価をアンカーとして利用するが，その後（次章のような）最大限の情報を用いた予測を展開することになる。

　にもかかわらず，単純な評価は，将来の収益性と成長の異なるシナリオに対して価値評価がどの程度敏感かを調べる（「What-if」問題に答える）ための分析ツールとなる。それはまた，市場価格に織り込まれている収益性と成長の予測を明らかにするためのリバース・エンジニアリングに利用することもできる。しかし，最も重要なことだが，単純な評価は，アナリストが将来についての憶測に浮かされているときに，アンカーとして機能する。単純な評価とは異なる価値評価が正当化されるには，なぜ将来が過去と異なるかについて十分な理由が伴っていなければならないのである。

キー・コンセプト

- **感応度分析**は，異なる将来予測によって，または異なる要求リターンによって，どの程度価値が変動するかについて検証するものである。[418]
- **単純なバリュエーション**は，単純な予測から計算された価値評価である。[407]
- **単純な予測**は，現在の財務諸表情報からの予測である。[407]

演習問題

1　ゼロ成長予測と単純なバリュエーション

　あるアナリストは，事業に対する要求リターン 10 ％を用いて，第 1 期の財務諸表から 35.7 百万ドルの残余事業利益を算出した。そのアナリストはまた，第 1 期末の 1257 百万ドルの正味事業資産から，第 2 期以降の年度に対して同水準の残余事業利益を予測した。

　　a.　このアナリストの第 2 期の事業利益予測はいくらか。

　　b.　これらの予測をもとにした事業価値はいくらか。

第 **14** 章　財務諸表に基づく単純な予測と単純なバリュエーション　　421

   c.　この予測から示唆される次期事業 PER は何倍か。

② **単純な成長予測と単純なバリュエーション**

あるアナリストは以下の組み替え後の貸借対照表を作成した。

(単位：百万ドル)

	第 1 期末	第 0 期末
正味事業資産	9,682	9,400
正味金融負債	1,987	1,876
普通株主持分	7,695	7,524

第 1 期のコア事業利益 (税引後) は 990 百万ドルであった。事業に対する要求リターンは 9 ％である。単純化のため，計算の際には，期首の適切な貸借対照表数値を利用しなさい。

   a.　第 1 期のコア RNOA は何％か。

   b.　この財務諸表情報をもとに，第 2 期の事業利益と残余事業利益の成長予測を作成しなさい。

   c.　この情報から株式価値を評価しなさい。

   d.　内在事業 PBR は何倍か。

第**15**章

最大限の情報を用いた予測，バリュエーション，事業戦略分析

　前章の単純な予測のスキームには，価値評価（バリュエーション）に必要なすべてのコンセプトが含まれていた。しかし，前章のスキームは，アナリストが価値評価に確信を持つために必要な，すべての情報を利用していなかった。単純なスキームは，事業の収益性と成長に焦点を合わせていたが，情報の利用は財務諸表に限定されていた。最大限の情報を用いた予測はさらに深く掘り下げる。それは利用可能なすべての情報を用いて予測を行い，それらの予測から，価値評価に必要な残余利益と異常利益成長の予測を組み立てるものである。

　第11章と第12章では，現在の財務諸表を分析するために必要な，収益性と成長をもたらす要因の概要を示した。まさにそれらと同じ要因が将来の収益性と成長を決めるため，第11章と第12章のドライバー分析は，予測のための枠組みをも提供してくれる。つまり，アナリストは予測を展開するために，将来の売上高，売上高コア事業利益率，資産回転率などといったドライバーを予測することになるのである。財務諸表分析は，将来予測に必要な情報を引き出すために行う，過去についての分析である。一方，本章において，予測は**将来の財務諸表分析**の問題であることがわかるだろう。本章のほとんどが，第11章と第12章の分析を将来に延長したものである。

　収益性と成長のドライバーそれ自体は，事業における「現実の」経済的要因によってもたらされる。そのため，事業について知ることは，最大限の情報を用いた予測のための情報を発見する上での本質的な第一歩である。ここでは，どのようにして財務諸表分析が，予測に利用できる形式で，事業活動の多様な側面を捉える方法を提供してくれるのかを理解できるだろう。企業の戦略を知ることもまた，予測のために不可欠である。ここではまた，財務諸表分析が，どのようにして戦略を表現しているかも理解できるだろう。さらに，こういった予測の方法は，経営者が代替的な戦略を評価する際に用いる方法でもあることもわかるであろう。

本章では，予測のための正式なスキームが展開される。そのスキームにおいては，ビジネスの関連する側面は確実に組み込まれ，また，関連しない側面は確実に除かれている。それは包括的で順序立てられているため，どの要素も失われない。アナリストに順序立てて予測するよう強制することによって，このスキームは，憶測に陥りがちな傾向を規律づけるのである。

前章での単純な予測は，最大限の情報を用いた予測の出発点である。単純な予測は，正味事業資産の現在の収益性と成長を基礎としていた。最大限の情報を用いた予測は，将来の収益性と成長が現在の水準とどの程度異なるかを問う。もし，追加情報の分析を通してそれらが本当に異なるとの予測に至るのならば，そのとき単純な予測と単純な価値評価は改善されることになるだろう。しかし，それは憶測を追加することになるということを認識しておかなければならず，努めて慎重でなければならないのである。

アナリストのチェックリスト

本章を読めば，以下のことがわかるだろう。

・どのようにして予測が将来財務諸表分析の問題になっているのか。
・財務諸表のドライバーはどのように経済的要因を価値評価に変換するか。
・鍵となるドライバーをどのように識別するか。
・最大限の情報を利用したプロ・フォーマ分析をどのように実行するか。
・プロ・フォーマ分析における 15 のステップ。
・残余事業利益と異常事業利益成長の予測が含まれる 7 つのステップ。
・合併・買収はどのように評価されるか。
・プロ・フォーマ分析は戦略分析の道具としてどのように利用されるか。

本章を読めば，以下のことができるようになるだろう。

・将来のプロ・フォーマ損益計算書と貸借対照表の作成。
・プロ・フォーマ財務諸表からの将来残余事業利益，異常事業利益成長，およびフリー・キャッシュフローの予測。
・プロ・フォーマ財務諸表からの価値評価。
・特定のドライバーの予測の変化がどのようにプロ・フォーマ財務諸表と価値評価を変化させるかを示すこと。
・感応度分析にプロ・フォーマ分析を利用すること。
・提案されている合併・買収が 1 株当たり価値に与える影響の計算。
・戦略シナリオを評価するためのプロ・フォーマ分析の利用。

1 事業に焦点を合わせた財務諸表分析

　繰り返し述べてきたように，事業を理解しなければ事業の評価をすることはできない。つまり，事業について知ることは，価値評価，そしてファンダメンタル分析の第一歩である戦略分析に，必要不可欠である。本章を読み進める前に，第1章第5節（ビジネスの分析）を見直してみよう。そこでは，事業成功の主たる決定要因を議論した。アナリストは，当該企業のビジネス・モデルと，その企業が利用可能な代替的で適応性のある戦略を理解しなければならない。アナリストはまた，企業の製品，マーケティングや生産の方法，そしてナレッジベースについて理解しなければならない。企業が置かれている法的・制度的・政治的制約も理解しなければならない。経営者も評価しなければならない。そして最も重要なのは，もしその企業が競争優位に立っているのであれば，その持続性を見極めなければならないということである。

　これら多くの経済的要因を理解することは，予測のために必要不可欠であるが，そこではこれらの要因を評価につなげる測定値へと変換する方法が必要となる。企業の製品，産業の競争，企業が持つ製品イノベーションを生み出す能力などを認識しなければならないが，これらの知見を価値評価につなげる方法で解釈しなければならない。経済的要因はしばしば質的な用語で表現される。それらは示唆に富んではいるものの，直ちに具体的な金額に変換できるわけではない。企業が「市場支配力」を持っていることを認識できるかもしれないが，このことは企業の価値に対して何を示唆しているのだろうか。「成長機会」をどのように価値評価すればよいだろうか。

　会計を基礎とした価値評価モデルや財務諸表分析が，これらを変換してくれる。市場支配力は売上高，そして高い売上高利益率に変換され，競争がこれらを減衰させる。売上を生み出す技術は資産回転率に反映される。そして，売上高，売上高利益率，資産回転率は，価値評価の基礎となる収益性のドライバーである。財務諸表分析は，事業について観察したことを解釈するための手段として構成されている。そこでは事業に注目する。価値評価に対して何を含意しているかを具体的に分析することなく，「市場支配力」「競争優位」「ブレイクスルーとなる技術」といった思わせぶりなイメージに頼るのは危険である。投資家は，こうしたアイデアに熱狂して我を忘れる可能性があり，その結果として株価に憶測が混入する。財務諸表分析の枠組みに従った予測は，投資家の熱狂と，そしてもちろん悲観も，抑制する。強気の投資家にも弱気の投資家にも，企業のファンダメンタルズに意識を集中するよう仕向けるのである。

　事業活動を価値評価に変換する際に焦点を合わせるポイントが4つある。

(1) 残余事業利益とそのドライバー

事業の評価の際に焦点を合わせるのは，PBR 評価であれば残余事業利益であり，PER 評価であれば異常事業利益成長である。しかし，異常事業利益成長はすなわち残余事業利益の変化である。そのため，事業活動はそれが残余事業利益にもたらす効果によって解釈されることになる。残余事業利益は正味事業資産利益率（RNOA）と正味事業資産の成長によって決まる。RNOA は 4 つのドライバーによって決まる。

$$RNOA = （販売活動からの売上高コア事業利益率×資産回転率）$$
$$+ \frac{その他のコア事業利益}{正味事業資産} + \frac{非正常項目}{正味事業資産}$$

これら RNOA のドライバーを正味事業資産の成長と結びつけることで，5 つのドライバーを含む 1 つの式で，残余事業利益のドライバーを捉えることができる。

$$残余事業利益$$
$$=売上高$$
$$× \left(販売活動からの売上高コア事業利益率 - \frac{事業に対する要求リターン}{資産回転率} \right)$$
$$+ その他のコア事業利益 + 非正常項目 \tag{15.1}$$

（大抵の場合，非正常項目は将来においてゼロと期待される。）資産回転率は正味事業資産 1 ドル当たりの売上であるため，ここでの資産回転率に対する事業への要求リターンの比率は，売上を生み出すために正味事業資産を利用したときの事業の効率性を，正味事業資産に対する要求リターンとの比較で測定した値である。この式には，RNOA のドライバーである販売活動からの売上高コア事業利益率，資産回転率，その他のコア事業利益，非正常項目が含まれている。そして，正味事業資産の成長がそのドライバーを通して組み込まれている。正味事業資産は売上を生み出すために投入されるものであるため，売上高と，1/資産回転率，つまり売上高と売上 1 ドルを生み出すために必要となる正味事業資産，によって決まる。

残余事業利益の予測はこれらドライバーの予測を伴うため，価値評価を念頭に置いて，事業に関する観察は以下の 5 つのドライバーの予測に変換される。

1. 売上高
2. 販売活動からの売上高コア事業利益率
3. 資産回転率
4. その他のコア事業利益
5. 非正常項目

売上高は第一のドライバーである。なぜなら顧客と売上がなければ，事業によって

価値を加えることはできないからである。事業の知識，たとえば製品，マーケティング，R&D，ブランド・マネジメントといったものは，そのほとんどが売上高を予測するために用いられる。そして，経済学の基礎講義で必ず教わる通り，売上は価格と数量の積で表現できる。価格と数量はいずれも，顧客の嗜好や，顧客の需要の価格弾力性，代替製品，技術パス，産業の競争力，政府の規制といったことについての分析を必要とする。しかし (15.1) 式は，売上高利益率が正に転じたときにのみ，売上高が正の残余事業利益を生み出すことを示している。その上で，売上高利益率が資産回転率に対する要求リターンより大きいときしか，売上高は正の残余事業利益を生み出さない。

事業に対する知識を体系化するための第一歩として，残余事業利益のドライバーに経済的要因を結びつけてみよう。どういった要因が，製品の価格と数量（そして売上）を決めるだろうか。答えは競争，代替品，ブランド関係，特許保護といった辺りにあるだろう。また，どういった要因が，売上高利益率を決めるだろうか。答えは製品技術や，範囲と学習の経済，労働市場とサプライヤー市場における競争力といった辺りにあるだろう。

(2) 時系列変化

企業の現在のドライバーは財務諸表分析を通して発見される。予測は将来のドライバーを必要とするので，残余事業利益のドライバーを現在の水準から変化させる可能性のある事業活動に着目しよう。ドライバーの変化の分析は，利益の持続可能性，より厳密にいえば残余事業利益の持続可能性の問題である。次の3ステップで変化を分析しよう。

ステップA．産業にとって典型的なドライバーのパターンを理解する

図 15.1 と図 15.2 は主要なドライバーの継時的なパターンを示したものである。これらは実際のデータを基礎としており，ドライバーが初期（第0期）の価値から5年間でどのように変化したかを示している。すべてのドライバーが平均回帰を示している。つまり，価値のドライバーは時の経過とともにより平均的になる傾向があるのである。高水準の指標（たとえばコアRNOA）は将来低くなる傾向があり，低水準のそれは高くなる傾向がある。

これらドライバーのパターンは，以下の2つの要素を持つ。

1. 比較対象となる企業群の典型的な水準（中央値）に対するドライバーの現在の水準
2. 長期の水準に対する回帰率

要素1. は現在の財務諸表の分析によって明らかにされるものであり，要素2. は予測の主題となるものである。長期の水準に対する回帰率は減衰レートあるいは持続レ

428 第3部 予測とバリュエーション

ートと呼ばれることもあり，これらを描いた図はしばしば*減衰図*と呼ばれる。アナリストの中には減衰レートの分析として彼らの株式調査を売りに出す者もいる。典型的でない残余事業利益やそのドライバーは，どの程度の時間をかけて典型的な長期の水準に減衰していくのだろうか。また，典型的でない水準は，どのくらいの期間持続するのだろうか。

　経済的要因は産業内の企業に対して同じように影響を与えるので，ドライバーのパターン図は産業ごとに作成するのが最も望ましい。産業は通常，市場に供給される製品によって定義される。標準的な分類としては，4桁産業コードで企業を分類する標準産業分類（Standard Industrial Classification：SIC）システムのようなものがある。企業は時の経過とともに産業内で互いに似通ってくる傾向があり，そうならなかった企業は市場から退出する。それゆえ，アナリストは産業において典型的とされる水準に減衰する残余事業利益やそのドライバーを話題にするのである。企業は一時的な競争優位，たとえば新しいアイデア，イノベーションを有して他社より抜きん出るかもしれないが，**競争圧力**，および現存する企業や新規の企業の模倣能力が，一時的な優位性を押し流してしまう。したがって，もし競争圧力が抑えられていれば，それが強い産業よりもドライバーのパターンは持続的になっているはずである。減衰レートは競争によって決まるから，アナリストの中にはドライバーが典型的な水準に減衰するまでの期間を**競争優位期間**と呼ぶ者もいる。

　図15.1に，コアRNOAのドライバーの継時的なパターン，およびその他のコア事業利益と非正常項目（ともに正味事業資産でデフレートしたもの）のパターンを合わせて示した[1]。これらの図は基準年（第0期）におけるドライバーの数値の差異によって企業を10グループに分け，基準年から5年間のドライバーを追跡したものである。1番上のグループには基準年において上位10％の企業が含まれていて，1番下のグループには下位10％のグループが含まれている。予想通り，非正常項目（図15.1(c)）は素早く減衰する。つまり，これは非常に一時的なものであるが，コアRNOA（図15.1(a)）と，その他のコア事業利益（図15.1(b)）もまた，高い収益性（上位グループ）は低下し，低い収益性（下位グループ）は上昇することによって，中央に向かって減衰する。この図は，競争圧力がコアRNOAを通常の水準へと誘導する役割を果たしていることを示唆している。第0期にコアRNOAの上位10％に入っている企業は中央値で29％のコアRNOAを持っているが，5年後には18％に減衰する。しかし，長期的に見ても予測しなければならないコアRNOAの差異は存在する。それもまた時の経過とともに縮小するとはいえ，現在に高いコアRNOAを有する企業は，その後のコアRNOAも高い傾向がある。この永続的な差異の原因が部分的には会計にあ

原注1）　ここでの図に示されているパターンは，1964, 1969, 1974, 1979, 1984, 1989, および1994年を基準年とし，その後の期間の経路を追跡したものを平均したものである。

● 図 15.1　NYSE および AMEX 上場企業のコア RNOA，その他のコア事業利益，非正常項目のドライバーのパターン（1964～1999 年）

これらのパターンは，第 0 期におけるドライバーの水準の差異によって 10 グループに分割したものについて，その後 5 年間にわたるドライバーの中央値を追跡したものである。

上位グループの企業は当期（第 0 期）に高いドライバーを持ち，下位グループの企業は当期に低いドライバーを持つ。

(a)　コア RNOA

当期に高い RNOA を有する企業（上位グループ）は，将来にわたり収益性が低下する傾向を持つのに対し，当期に低い RNOA を有する企業（下位グループ）は，将来にわたり収益性が高まる傾向を持つ。

(b)　その他のコア事業利益/正味事業資産

高いその他のコア事業利益（上位グループの企業）は，その後に正味事業資産の一定割合まで減少する傾向があるのに対し，低いその他のコア事業利益（下位グループの企業）は，増加する傾向にある。

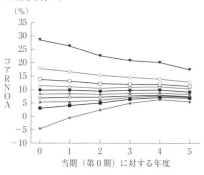

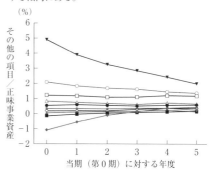

(c)　非正常項目/正味事業資産

非正常項目は，一時的項目として期待されているように，非常に早く消え去る傾向がある。

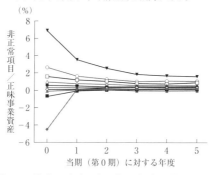

（出所）　D. Nissim and S. Penman, "Ratio analysis and equity valuation: From research to practice," *Review of Accounting Studies*, March 2001, pp.109-154. スタンダード＆プアーズ Compustat® のデータを使用。

ることを，第 4 部で見ることになるだろう。

　RNOA が将来どこに収束するかを評価する場合には，よくある誤信に要注意である。多くのバリュエーションのテキストは「リターンは長期的には要求リターンに向かって減少するに違いない」と記述してあるが，それは正確ではない。

● 図 15.2　NYSE および AMEX 上場企業の売上高成長率，販売活動からの売上高コア事業利益率の変化，資産回転率の変化のドライバーのパターン（1964〜1999 年）

(a) 売上高成長率

売上高成長率は素早く減衰する傾向がある。当期に高い売上高成長率を示す企業（上位グループ）は，その後により低い売上高成長率を示す傾向があるのに対し，当期に低い売上高成長率を示す企業（下位グループ）は，その後により高い売上高成長率を示す傾向がある。

(b) 販売活動からの売上高コア事業利益率の変化

販売活動からの売上高コア事業利益率の変化はゼロに近い正常水準に向かって素早く減衰する傾向がある。

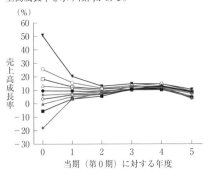
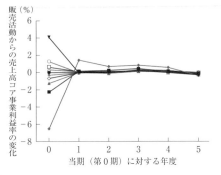

(c) 資産回転率の変化

資産回転率の変化は正常水準に向かって非常に素早く反転する傾向がある。つまり，大きな資産回転率の上昇（上位グループ）は，大きな資産回転率の低下（下位グループ）と同様，一時的である。

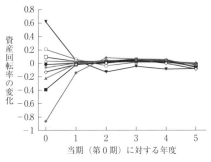

（出所）D. Nissim and S. Penman, "Ratio analysis and equity valuation: From research to practice," *Review of Accounting Studies*, March 2001, pp. 109-154. スタンダード＆プアーズ Compustat® のデータを使用。

図 15.2 は売上高成長率，販売活動からの売上高コア事業利益率の変化，資産回転率の変化の，継時的なパターンを示している。これらのパターンは，それぞれのドライバーの増減の持続性を示している。売上高成長率（図 15.2(a)）は強い平均回帰を示す。売上の激増した企業は将来において，より小さな増加傾向を示す。そして，販売活動からの売上高コア事業利益率（図 15.2(b)）と資産回転率（図 15.2(c)）の激増，

激減もまた，一時的な傾向がある。いずれのドライバーも平均的な変化（基準年における上から5番目のグループによって表現されている）はゼロに近く，全グループが時の経過とともにこの平均値に収束している。

第3章で見た逆張り戦略では，売上高成長率の高い株式を空売りし，低い株式を購入する。逆張り投資家は，自分たちはここに示したような変化のパターンを念頭に置いているが，市場はそれを念頭に置いていないと信じているのである。彼らは，市場が高い売上高成長率や利益成長率に熱狂していて，その成長が実際に減衰するよりも長く続くだろうと考えていると信じている。さらに彼らは，市場が売上や利益の急降下はしばしば一時的であることを理解していないと信じている。

ステップ B.　経済や産業の予測に従って典型的なドライバーのパターンを修正する

継時的な産業のパターンは，もし将来が過去と同じようであるならば，優れた出発点となる。しかし，情報がそれとは反対の兆候を示していることもあるだろう。政府統計や貿易統計は，（世界）経済や特定の産業の方向の変化を予測するかもしれない。景気後退や GDP 成長の減速予測は，過去からの変化の予兆なのかもしれない。さらに，人口動態や顧客の嗜好の変化によって，製品に対する業界全体の需要の変化が示唆されているかもしれない。事業について知るためには，産業のトレンドに関する知識やマクロ経済の変化に対する産業の感応度に関する知識も必要となる。

ステップ C.　企業のドライバーが典型的な産業のパターンとどれほど異なるかを予測する

産業にとっての典型的なドライバーを理解することで，憶測しがちな傾向を規律づけることができる。しかし，企業は，産業のパターンとは異なる予測につながるドライバーを生み出すような固有の特徴を持つ。そのため，最大限の情報を用いた予測は，企業の将来のドライバーが，産業における典型的なパターンとどのように異なるかを問うことで，完全なものとなる。

減衰レートを決める主要因は競争とそれに対する企業の反応である。競争は異常RNOA を減衰させる原因であり，競争圧力に対抗する企業の能力は，RNOA を産業平均より高く維持する。企業は競争圧力とその圧力に対抗する力をともに創造する。企業が他企業に挑戦する方法（（　）内に特定の企業や産業の例を示している）としては，以下のようなものがあげられよう。

・製品価格の低減（ウォルマート，ホーム・デポ，他のディスカウント・ストア）
・製品イノベーション（ソフトウェア開発業，製薬会社）
・製品配送のイノベーション（デル，アマゾン，e コマース）
・製造コストの低減（製造業における低労働コスト国への製造拠点の移動）
・成功企業の模倣（IBM を模倣した PC 互換機製造企業，デルの棚卸・販売システムの模倣）

432 第**3**部 予測とバリュエーション

- ・企業が異常利益を稼いでいる産業への参入（ソフトウェア，バイオテクノロジー産業）

　企業が競争圧力に対抗する方法（（　）内に特定の企業や産業の例を示している）としては，以下のようなものがあげられよう。

- ・ブランドの創造と維持，フランチャイジング（コカ・コーラ，マクドナルド）
- ・特許保護を受けられる専有知識の創造（製薬会社）
- ・消費者期待のマネジメント（ビールやワインのマーケティング）
- ・競合他社，サプライヤー，関連技術を持つ企業との提携や契約の締結（航空会社の提携，通信会社の提携）
- ・先発者優位性の活用（ウォルマート，グーグル，インターネット・ポータルの先駆者たち）
- ・合併（銀行，金融サービス）
- ・優れた生産・マーケティング技術の創造（デル）
- ・技術的知識や生産学習曲線の面で優位に立つ（インテル）
- ・複製困難な範囲の経済の創造（通信ネットワーク，銀行ネットワーク）
- ・顧客や他企業をロックインしてしまう専有の技術的標準やネットワークの創造（マイクロソフト）
- ・政府の保護や政府から割り当てられた特権（農業，メディア）

　競争圧力とそれに対抗する能力の均衡を理解することは，減衰レートを予測する手がかりとなる。競争に挑戦し対抗する企業の行動の多くは一時的な優位性を創造するが，こうした優位性は時の経過とともに消えていくことが多い。製品イノベーションは顧客を引きつけるが，特許保護がなければ，結局は模倣されてしまう。自然の，または政府が強制的に形成した参入障壁がなければ，成功は模倣者を引き寄せることになる。これらの要因は，（経済学者の言葉を使うと）リターンの減少をもたらす。企業はリターンを維持，あるいは増やす努力をする。技術的標準を創造できる企業は，（Windowsを擁するマイクロソフトのように）顧客がロックインされることで，持続的な，または成長さえする残余事業利益を謳歌することができるだろう。需要の大きな製品の特許を持つ製薬会社（ジェネンテック）もそうであるだろうし，強力なブランドネームを通して顧客の需要を創造している企業（コカ・コーラ）も同様であろう。

　政府の政策は，競争圧力とそれに対抗する力との均衡を図るものである。そのため，政府の政策を理解しなければならない。政府は自由貿易と競争を促進したいのか。保護したいのか。政治的な優遇策なのか。反トラスト（独占）法とは何か。取引法や国際貿易協定とは何か。

　ドライバーのパターン図は，高い収益性が減少する傾向のあることを示しているだけでなく，低い収益性は改善される傾向にあることも示唆している。後者の軌道上に

第**15**章　最大限の情報を用いた予測，バリュエーション，事業戦略分析　　433

位置する企業には，産業への新規参入企業や，新製品を開発した企業が含まれる。こうした企業は概して初期の収益性が低く，徐々にそれを改善していく。予測の困難性は，新製品やイノベーションの成功可能性を評価することにある。減衰ではなく改善する企業の中には，製品の移り変わりや競争上の困難や労働者のストライキといった理由で，コア利益が一時的に圧迫された企業も含まれている。予測の困難性は，低い収益性が実際にはどのくらい一時的な（ゆえに回復すると見込まれる）ものなのか，あるいは永続的なものなのかを評価することにある。ここでの図は実際のデータを基礎としている。それゆえ，そのパターンは将来期間にわたって生き残っている企業についてのものである。存続や回復の予測は，これら収益性の低い企業にとっては重要である。競争圧力は，長期的に残余事業利益を維持できない企業を退出させるからである。

　平均回帰は典型的なパターンであるが，他の多くのドライバーのパターンも当てはまる可能性がある。珍しくはないパターンとしては，正味事業資産の成長によって残余事業利益が成長し，減衰することなく高い RNOA が継続するというものがある。こうした企業は競争にうまく対抗できている。ナイキはコア RNOA を維持し，ブランド・マネジメントを通して残余事業利益を成長させている企業の好例である。コカ・コーラは，かつては残余事業利益を成長させ続けてきた企業であったが，2000年代はそれを維持するのに精一杯であった。

(3)　鍵となるドライバー

　ある企業にとっては，特定のドライバーは他のドライバーよりも重要である。多くのドライバーは徐々に変化するが，1つか2つのドライバーは劇的に変化する可能性がある。とくに着目しなければならないドライバーが**鍵となるドライバー**である。コカ・コーラにとっては，売上高と売上高利益率が鍵となるドライバーである。鍵とならないドライバーについては単純な予測で十分であるが，鍵となるドライバーについては，それを決定づける要因の徹底的な調査が必要である。小売業では，売上高利益率はかなり安定的であることが多いので，予測においてはより不確実な売上高と資産回転率に焦点を合わせることになる。売上高と資産回転率は（売場面積）平方フィート当たりの売上によって決まるため，小売業のアナリストは，はじめにこの数字に切り込むことになる。

　Box 15.1 は，いくつかの主立った産業にとっての鍵となる経済的要因，およびそれらと関連する残余事業利益のドライバーを明らかにしている。

　アナリストは，企業の鍵となるドライバーに従った**価値のタイプ**によって，企業を識別することがある。コカ・コーラは，価値がブランド開発によって決まるブランド・マネジメント企業である。売上高利益率と資産回転率が典型的な水準に素早く回

434　第3部　予測とバリュエーション

Box 15.1　鍵となるドライバー

主な産業

産　業	鍵となる経済的要因	鍵となる残余事業利益ドライバー
自動車	モデルのデザインと生産の効率性	売上と売上高利益率
飲　料	ブランド・マネジメントと製品イノベーション	売上
携帯電話	人口カバー率と解約率	売上と資産回転率
商業不動産	面積，1平方フィート当たりの賃料と利用率	売上と資産回転率
コンピュータ	技術パスと競争	売上と売上高利益率
ファッション衣類	ブランド・マネジメントとデザイン	売上，広告費/売上高
e コマース	1時間当たりヒット数	売上と資産回転率
非ファッション衣類	生産の効率性	売上高利益率
製　薬	研究開発	売上
小　売	小売スペースと1平方フィート当たり売上	売上と資産回転率

帰する企業は，*平均的企業*と呼ばれる。RNOA の水準が維持されている上に売上と正味事業資産の成長から価値がもたらされている企業は，*成長企業*と呼ばれる。賄うべき多額の固定費を持ち，固定費が賄われた後は売上の大部分が最終利益に寄与する（通信業のような）企業は，*販売指向型企業*と呼ばれる（このタイプの企業は売上が増加するにつれて資産回転率が増大する）。製品がいまだ明確に定義されない（バイオテクノロジー研究を行うような）スタートアップ企業は，*投機型企業*である。これらの名称は焦点を合わせる助けにはなるが，単純化しすぎていることも多いため，企業をタイプ分けすることで，決めてかかりすぎないように気をつけよう。

（4）　選択か環境か

　経済的要因と残余事業利益のドライバーは，2つの道筋で変化する可能性がある。それらは，企業が置かれている環境の変化によって，または経営者の選択によって，決まる。政府による規制や税率は企業の外側で決められる（企業が規制に影響を及ぼすよう試みることもあるが）。製品の価格は多くの場合，市場で決められる。産業内の競争の程度は経営者のコントロールの外側にあることがほとんどである。これらは，企業がそのもとで経営しなければならない**事業環境**である。しかし他の要因は，経営者による**戦略的選択**の結果である。経営者は製品を選択する。経営者は立地や製造プロセスの形式を選択する。経営者は製品の質を選択し，R&D の計画を決定し，他企業との提携を選択する。これらの選択は，全体として企業の*戦略*となる。

　事業環境と企業の戦略をともに理解することは，しっかりした予測と価値評価の第一歩である。予測する際に，アナリストは，事業環境はどう変化するだろうか，そして経営者の戦略は（おそらく事業環境の変化への対応であるが）どう変化するだろうか，と問いかける。とはいえ，選択問題としての戦略は，それ自体が価値評価分析の主題

第 15 章　最大限の情報を用いた予測，バリュエーション，事業戦略分析　　435

なのである。

2　最大限の情報を用いた予測とプロ・フォーマ分析

　最大限の情報を用いた予測によって，ドライバーの予測からプロ・フォーマ将来財務諸表が組み立てられる。これは，すべての要素が見落とされることのないように，順序立った方法で行われる。

　予測のスキームは単純なアウトラインに従っている。売上高予測が出発点である。それから，予測された売上高利益率が売上高に適用され，事業利益の予測がもたらされる。そして，予測された資産回転率が売上高に適用され，正味事業資産の予測がもたらされ，残余事業利益の計算が完了する。

　前章で単純な予測を展開した商事会社の PPE 社を用いて，このスキームを見ていこう。以下に PPE 社の第 0 期の財務諸表数値のうち，必要なものを示した。

（単位：百万ドル）

売上高	124.90
事業利益	9.80
正味事業資産	74.42

　これらの数値は，売上高利益率が 7.85 ％であり，資産回転率が 1.68 であることを示している。市場分析により，PPE 社の売上高が年率 5 ％で増加すると予測するとの仮定を置こう。また，将来の売上高コア利益率は現在と同じ（7.85 ％）であり，その他の事業利益と非正常項目はないと予測すると仮定しよう。売上を生み出すため，各年度のはじめに売上 1 ドルにつき 56.75 セントの正味事業資産投資（有形固定資産の増加）を必要とすることとする。これはちょうど将来の資産回転率の逆数であり，将来の資産回転率は 1.762 と予測される。

　これらの予測を基礎として，例 15.1 のようなプロ・フォーマを展開することができる。見ての通り，売上高は予測した年率 5 ％で成長している。各年の予想売上高利益率と予想売上高から，事業利益が求められる。つまり，事業利益＝売上高×売上高利益率である。予想資産回転率と予想売上高から，期首の正味事業資産の予測値が求められる。つまり，正味事業資産＝売上高/資産回転率である。これにより，残余事業利益の構成要素である，事業利益と正味事業資産を計算したことになる（計算結果を四捨五入したことによる誤差がある）。予想残余事業利益は例 15.1 の下段に示されており，年率 5 ％で成長している。よって，10 ％という PPE 社の要求事業リターンを用いれば，株式価値は以下のように計算される。

436 第3部 予測とバリュエーション

● 例 15.1

PPE 社
事業活動のプロ・フォーマ財務諸表

事業に対する要求リターンは 10 %　　　　　　　　　　　　　（単位：百万ドル）

		第−1期	第0期	第1期	第2期	第3期	第4期	第5期
損益計算書	売上高		124.90	131.15	137.70	144.59	151.82	159.41
	コア事業費用		115.10	120.86	126.89	133.24	139.90	146.89
	コア事業利益		9.80	10.29	10.81	11.35	11.92	12.51
	金融収益（費用）		(0.30)					
	利　益		9.50					
貸借対照表	正味事業資産	69.90	74.42	78.14	82.05	86.15	90.46	94.98
	正味金融資産	(7.40)	(7.70)					
	普通株主持分（発行済株式数100百万株）	62.50	66.72					
キャッシュ フロー 計算書	事業利益		9.80	10.29	10.81	11.35	11.92	12.51
	正味事業資産の変化額		4.52	3.72	3.91	4.10	4.31	4.52
	フリー・キャッシュフロー		5.28	6.57	6.90	7.25	7.61	7.99
RNOA（%）			14.02	13.83	13.83	13.83	13.83	13.83
売上高コア事業利益率（%）			7.85	7.85	7.85	7.85	7.85	7.85
資産回転率			1.787	1.762	1.762	1.762	1.762	1.762
正味事業資産成長率（%）			6.5	5.0	5.0	5.0	5.0	5.0
残余事業利益（0.10）			1.87	2.853	2.995	3.144	3.301	3.467
残余事業利益成長率（%）				5.0	5.0	5.0	5.0	5.0
異常事業利益成長					0.142	0.149	0.157	0.165
異常事業利益成長の成長率（%）					5.0	5.0	5.0	5.0

（注）　四捨五入による誤差がある。

$$
株式価値_0 = 普通株主持分_0 + \frac{残余事業利益_1}{\rho_F - g}
$$

$$
= 66.72 + \frac{2.853}{1.10 - 1.05} = 123.78 \ 百万ドル
$$

　内在レバード PBR は 1.86 倍である。事業価値は 131.48 百万ドルであり，アンレバード PBR は 1.77 倍である。発行済株式数が 100 百万株のとき，1 株当たり価値は 1.24 ドルとなる。

　残余事業利益のドライバーはプロ・フォーマに示されている。すべての年度の RNOA は第 1 期に予測されたものと同じである。なぜなら，そのドライバーである売上高利益率と資産回転率が同水準で維持されると予測されているからである。つまりこれは，収益性は一定であるものの，正味事業資産投資が成長している企業である。

　プロ・フォーマはまた，異常事業利益成長も予測している。異常事業利益成長は残余事業利益の変化であることから，分析にあたっては，配当込み事業利益とそれを計算するために必要なフリー・キャッシュフローの予測を避けられる。異常事業利益成

第 15 章　最大限の情報を用いた予測，バリュエーション，事業戦略分析　437

長は年率 5 ％で成長すると予測されるから，異常事業利益成長を用いた株式価値は以
下のように計算される。

$$株式価値_0 = \frac{1}{0.10}\left(10.295 + \frac{0.142}{1.10 - 1.05}\right) - 7.70 = 123.78 \text{ 百万ドル}$$

すなわち，1 株当たり 1.24 ドルである（四捨五入による誤差は許容）。つまり，株式
価値は事業価値から負債価値を控除したものである。

　予想事業利益と予想正味事業資産はまた，フリー・キャッシュフローのドライバー
でもある（事業活動によるキャッシュフロー−投資支出＝事業利益−Δ正味事業資産）た
め，プロ・フォーマにおいて，キャッシュフロー予測はすぐに行うことができる。こ
のケースでは，これらフリー・キャッシュフロー予測は割引キャッシュフロー分析を
用いた企業価値評価に利用することができる。1 期後において，フリー・キャッ
シュフローは年率 5 ％で成長すると予測されるので，株式価値は以下のように計算され
る。

$$株式価値_0 = \frac{フリー・キャッシュフロー_1}{\rho_F - g} - 正味金融負債_0$$
$$= \frac{6.574}{1.10 - 1.05} - 7.70 = 123.78 \text{ 百万ドル}$$

　もちろん，例 15.1 のプロ・フォーマは単純なシナリオであるが，予測の構成要素
を強調するものである。現在の水準からの資産回転率の変化と正味事業資産の成長は，
売上高利益率の変化を伴う可能性があるが，売上高，売上高利益率，資産回転率とい
う 3 つの指標の予測は，その他の事業利益と非正常項目の予測と合わせて，残余事業
利益と異常事業利益成長の計算に必要な RNOA と正味事業資産の成長を常に決定づ
けることになるだろう。PPE 社の例を表計算プログラムに入れることで，各ドライ
バーの予測の差異がどの程度の価値変動をもたらすかを確認することができるだろう。
　プロ・フォーマ財務諸表は完全なものではないが，たった 2 つの予測を追加するこ
とで，プロ・フォーマの残りを埋めることができる。1 つは正味配当であり，もう 1
つは借入コストである。プロ・フォーマにはフリー・キャッシュフロー予測もあるの
で，配当と借入コストを予測すれば，正味金融負債と正味金融費用を予測することが
でき，さらに，損益計算書と貸借対照表の空欄を埋めることができる。

　　　正味金融負債$_t$
　　　＝正味金融負債$_{t-1}$−（事業活動によるキャッシュフロー−投資支出）$_t$
　　　　＋正味金融費用$_t$＋配当$_t$

また，

438　第3部　予測とバリュエーション

● 例 15.2

PPE 社
全活動のプロ・フォーマ財務諸表　　　　　（単位：百万ドル）

		第−1期	第0期	第1期	第2期	第3期	第4期	第5期
損益計算書	売上高		124.90	131.15	137.70	144.59	151.82	159.41
	コア事業費用		115.10	120.86	126.89	133.24	139.90	146.89
	コア事業利益		9.80	10.29	10.81	11.35	11.92	12.51
	金融収益（費用）		(0.30)	(0.31)	(0.22)	(0.12)	(0.01)	0.10
	利　益		9.50	9.98	10.59	11.23	11.91	12.61
貸借対照表	正味事業資産	69.90	74.42	78.14	82.05	86.15	90.46	94.98
	正味金融資産	(7.00)	(7.70)	(5.43)	(2.97)	(0.33)	2.51	5.56
	普通株主持分（発行済株式数100百万株）	62.90	66.72	72.71	79.08	85.82	92.97	100.54
キャッシュフロー計算書	事業利益		9.80	10.29	10.81	11.35	11.92	12.51
	正味事業資産の変化額		4.52	3.72	3.91	4.10	4.31	4.52
	フリー・キャッシュフロー		5.28	6.57	6.90	7.25	7.61	7.99
	配当（配当性向40％）		5.28	3.99	4.22	4.49	4.76	5.04
	借入による資金調達		0.00	2.58	2.68	2.76	2.85	2.95
	資金調達フロー合計		5.28	6.57	6.90	7.25	7.61	7.99

（注）　四捨五入による誤差がある。

$$正味金融費用_t = (\rho_D - 1)正味金融負債_{t-1}$$

である。ここでは借入コストを4％と仮定しよう。また，将来配当を純利益の40％
としよう（40％の配当性向）。このプロ・フォーマは例15.2に示されている。

　損益計算書上の利息費用は常に期首正味金融負債の4％であり，正味金融負債の変
化は，常に会計上のルールによって決められる。つまり，投資と正味配当を超えるフ
リー・キャッシュフローの不足を補うために借入を行うのである。このケースにおい
ては，予測キャッシュフロー計算書の借入による資金調達で示されているように，余
剰がある。これは正味金融負債ではなく正味事業資産を生み出すために，まず第3期
までは自社の社債に，その後は他社の社債の購入に当てられたものである。たとえば
第2期において，2.97の正味金融負債は，第1期の正味金融負債5.43に第2期の0.22
の利息を加え，フリー・キャッシュフロー6.90から配当支払4.22を除いた残りであ
る2.68を控除することで求められる。正味事業資産と正味金融負債をともに予測す
ることで，普通株主持分が予測される。つまり，普通株主持分＝正味事業資産−正味
金融負債である。

　予測スキームはより詳細にすることができる。そして，より詳細にするためには，
プロ・フォーマ財務諸表にさらなる項目を追加しなければならないだろう。詳細な予
測においては，売上高利益率の予測ではなく，売上高総利益率と売上高に対する各費
用項目の比率を予測することになるため，予測損益計算書にさらなる項目を追加する

第 15 章　最大限の情報を用いた予測，バリュエーション，事業戦略分析　　439

Box 15.2　最大限の情報を用いた予測：ナイキ

　ナイキの 2004 年の財務諸表を組み替えた後，アナリストは同社の株式を評価するために予測の準備を行う。ビジネス，顧客，そしてスポーツ用の靴やファッション・シューズの見通しに関する深い知識を持って，まずはじめに売上高予測を行う。その後，生産プロセスと売上原価の構成要素を理解し，売上からどの程度の売上高総利益率を稼得できるか予測する。売上高に対する費用の比率，とくに重要なドライバーは売上高広告費率であるが，それらの予測を加えて，事業利益予測を含むプロ・フォーマ損益計算書が完成する。予測貸借対照表は，売上債権，棚卸資産，有形固定資産，そしてその他の正味事業資産で構成され，これらはそれぞれの資産回転率の評価をもとに予測される。アナリストは以下のような予測に到達した。

損益計算書予測：

1. 2005 年の売上高は 13500 百万ドルになり，2006 年には 14600 百万ドルになるだろう。2007〜2009 年の間，売上高は年率 9 ％で成長すると期待される。

2. 2004 年における 42.9 ％の売上高総利益率は，オフショア製造を取り込んで，2005 年と 2006 年には 44.5 ％まで上昇すると期待されるが，労働コストの増加と，よりコストのかかるハイエンド型の靴が市場に投入されることから，2007 年に 42 ％へ落ち込み，その後は 41 ％になるだろう。

3. 2004 年に売上高に対する比率が 11.25 ％であった広告費は，野心的な売上成長を維持するために，11.6 ％に上昇するだろう。ブランドのプロモーションのため，スポーツ界から著名なスター選手をリクルートするコストもまた，広告費を増加させるだろう。

4. その他の税引前費用は売上高に対する比率で 19.6 ％と期待される。これは 2004 年と同水準である。

5. 事業利益に対する実効税率は 34.6 ％になるだろう。

6. 非正常項目はゼロと期待されているが，そうでなかったとしてもそれらの期待価値はゼロである。

貸借対照表予測：

1. 売上を維持するため，棚卸資産の簿価は売上高 1 ドル当たり 12.38 セント（棚卸資産回転率 8.08）となるだろう。

2. 売上債権は売上高 1 ドル当たり 16.5 セント（売上債権回転率 6.06）となるだろう。

3. 有形固定資産は 2004 年の売上高 1 ドル当たり 13.1 セントだったものが，2005 年と 2006 年には 12.8 セントに減少するだろう。なぜなら，現存の工場からより多くの売上が期待できるからである。しかしながら，売上成長を維持するために，より高い建設費を要する新生産設備が投入されることで，有形固定資産は売上高 1 ドル当たり 13.9 セント（有形固定資産回転率 7.19）に増加するだろう。

4. その他すべての正味事業資産は，事業負債が上回ることにより，売上高に対して −6.0 ％となるだろう。

5. 452 百万ドルのオプション・オーバーハングに対する条件付債務が認識される。

　これらの予測の結果は，次ページのようなプロ・フォーマ財務諸表と価値評価になる。

　アナリストは 5 年先の予測は容易だと感じているが，長期成長率については確信が持てない。ナイキは長期見通しについて例外的な企業であるとの理解から，アナリストは GDP 成長率を上回る 5 ％として長期成長率を設定しているが，控えめにしている。この成長率を用いると，1 株当たり価値は 76.20 ドルになり，これは市場価格の 75 ドルを少し上回る。利子率が上昇している，それ

440 第3部 予測とバリュエーション

(単位：百万ドル)

		2004A	2005E	2006E	2007E	2008E	2009E
損益計算書	売上高	12,253	13,500	14,600	15,914	17,346	18,907
	売上原価	7,001	7,492	8,103	9,230	10,234	11,155
	売上総利益	5,252	6,008	6,497	6,684	7,112	7,752
	広告費	1,378	1,566	1,694	1,846	2,012	2,193
	事業費用	2,400	2,646	2,862	3,119	3,400	3,706
	税引前事業利益	1,474	1,796	1,941	1,719	1,700	1,853
	税費用（34.6％）	513	621	672	595	588	641
	税引後事業利益	961	1,175	1,269	1,124	1,112	1,212
	売上高コア事業利益率（％）	7.84	8.69	8.69	7.06	6.41	6.41
貸借対照表	売上債権	2,120	2,228	2,409	2,626	2,862	3,120
	棚卸資産	1,634	1,671	1,807	1,970	2,147	2,341
	有形固定資産	1,587	1,728	1,869	2,212	2,411	2,628
	その他の正味事業資産	(790)	(810)	(876)	(955)	(1,041)	(1,134)
	正味事業資産	4,551	4,817	5,209	5,853	6,379	6,955
	資産回転率		2.803	2.803	2.719	2.719	2.719
	事業利益		1,175	1,269	1,124	1,112	1,212
	Δ正味事業資産		266	392	644	526	576
	フリー・キャッシュフロー		909	877	480	586	636
	RNOA（期首正味事業資産に対して）（％）		25.82	26.34	21.58	19.00	19.00
	残余事業利益（要求リターン8.6％）		783.6	854.7	676.0	608.6	663.4
	残余事業利益の現在価値		721.5	724.7	527.8	437.5	439.2
	2009年までの現在価値合計	2,851					
	継続価値(注)	12,809					19,349
	事業価値	20,211					
	正味金融資産	289					
		20,500					
	オプション・オーバーハング	452					
	株式価値	20,048					
	1株当たり価値（発行済株式数263.1百万株）	$76.20					

(注)　継続価値 ＝ (663.4×1.05)/(1.086－1.05) ＝ 19,349

ゆえ事業に対する要求リターンもここで適用している8.6％より上昇するかもしれない，との懸念を抱いたこともあって，アナリストはこの株式について弱い売り推奨とすることに決めた。

　アナリストはこのナイキのモデルを表計算プログラムに入れ，新情報が得られたときにプロ・フォーマと価値評価を調整する準備をしている。ナイキが2005年の実績をアナウンスしたとき，税引後事業利益は1209百万ドルであり，予測をかなり上回った。アナリストはその後の年度の予測を修正し，その価値を82ドルと再計算した。市場価格は1株当たり87ドルまで上昇した。このような方法で，アナリストは時が進むにつれ，その分析をロール・オーバーしていく。

　アナリストはまた，将来についての異なるシナリオに対してその評価がどの程度敏感かを知るために，数値を変化させることもできる。つまり，アナリストは感応度分析のツールを持っているということである。アナリストはまた，リスク分析のツールも持っている。この例を携えて，本書ウェブサイトの中でナイキが取り上げられているBYOAPにアクセスしてみよう。

ことになる。また，詳細な予測においては，（総）資産回転率の予測ではなく，個々の資産と負債の回転率を予測することになるため，予測貸借対照表にさらなる項目を追加することになる。予測を行う際は，さらなる情報を追加検証するのにはコストがかかることを考慮した上で，予測を改善するためにどの程度の水準の詳細さが必要かを決定することになる。Box 15.2 には，ナイキに関する詳細な予測が示してある。

予測の手順

予測は，以下のような一連のステップとしてまとめることができる。

ステップ 1. 売上高の予測

売上高の予測は出発点であり，しばしば最も多くの調査を必要とする。売上高成長率の単純な推定は手始めに用いることのできる方法ではあるが，完全な分析には事業に対する理解が必要となる。それには次の論点を考慮すべきである。

1. 企業の戦略　　企業はどのような事業を行いそうか。新製品は出てきそうか。製品の品質戦略はどうなっているか。企業の製品はライフサイクルのどの辺りに位置しているか。企業の買収や乗っ取り戦略はどうなっているか。
2. 製品の市場　　消費者行動はどう変化するだろうか。製品需要の弾力性はどうか。代替製品は出現するだろうか。
3. 企業のマーケティング計画　　新市場は開かれるだろうか。価格の計画はどうなっているか。販売促進や広告の計画はどうか。企業はブランドネームを発展・維持させる能力を持っているだろうか。

ステップ 2. 資産回転率の予測と正味事業資産の算定

予想資産回転率と売上高から，正味事業資産を算定する。つまり，正味事業資産＝売上高/資産回転率である。総資産回転率の予測はその構成要素，すなわち，売上債権回転率，棚卸資産回転率，有形固定資産回転率などの予測を含んでいる。したがって，予測する際には，売上債権，棚卸資産，有形固定資産などといった予測貸借対照表項目の総計として，正味事業資産を明らかにする。

資産回転率の予測では，予想売上を生み出すためにどのような資産の設置が必要かということが問題となる。これにはもちろん，製品技術についての知識が必要とされる。予想売上を維持するためには，どのような工場を建てる必要があり，またどれくらいの水準の棚卸資産と売上債権を保有しておく必要があるか。そのためには費用の予測も必要となる。工場の建設にはいくらの費用がかかるだろうか。米国では，アジアでは，ヨーロッパではどうだろうか。

PPE 社の例では，設置される資産の金額は売上高に比例すると予測していた。しかし，これはおそらく非現実的だろう。なぜなら，もし今ある工場からより多くの売上を生み出すことができるようになったり，もし需要の下落予測により遊休生産能力

442　第3部　予測とバリュエーション

が生じたりする場合には，資産回転率が変化するような技術変化がなかったとしても，工場は常に同じ生産能力水準で稼働することはないからである。資産回転率の予測は，遊休生産能力のコスト（価値の喪失）と，現状の生産能力を用いた売上増加による価値の増加を捉える。もし生産能力の一杯にまで達してしまった場合には，新工場を建設しなければならないが，これらはそもそも遊休生産能力となってしまうかもしれない。Box 15.2のナイキの予測には，現状の生産能力を利用した場合の有形固定資産回転率の上昇と，新工場を稼働した場合の有形固定資産回転率の低下がともに含められている。

ステップ3.　売上高予測の修正

生産能力は売上の上限を制約する。予想資産回転率は予想正味事業資産をもたらすが，もしその資産が売上を生み出すために利用できないのであれば，売上高予測は修正されなければならない。

ステップ4.　販売活動からの売上高コア事業利益率の予測

販売活動からのコア事業利益＝売上高×販売活動からの売上高コア事業利益率であるため，次に予測するのは販売活動からの売上高コア事業利益率である。これは，その構成要素である売上高総利益率および売上高に対する費用の比率すべての予測を含んでいる。これにはまた，事業に対する相当な知識が必要とされる。生産コストはどうなるだろうか。生産における学習曲線は存在するだろうか。技術的なイノベーションはコストを削減するだろうか。労働コストや材料価格は変動するだろうか。広告予算はどうだろうか。売上1ドル当たりどの程度のR&Dを費やすだろうか。

事業レバレッジを有する企業では，売上高利益率と売上高に対する費用の比率は，資産回転率と同様，売上に比例しないかもしれない。変動費は売上の一定割合で増加するが，もしいくらかの費用がある予想売上の範囲にわたって固定的であれば，売上高利益率は売上がその範囲にわたって増加するにつれて上昇することになるだろう。もちろん，売上が増加し続けると，売上を支えるために追加的な固定費の負担が必要となるため，すべての費用が可変的になるものの，それら固定費は継続的にではなく，一度に増加する。

ステップ5.　その他の事業利益の予測

子会社における利益のシェアがここでの主項目であり，子会社に赴き，それらの利益を予測することが要求される。

ステップ6.　非正常項目の予測

これらは，大抵は予測不可能である（これらはゼロと予測される）。しかし，リストラや特別な負担を予測できるのであれば，それらをコア事業利益から除いた上で，事業利益を求めることになる。

第15章 最大限の情報を用いた予測, バリュエーション, 事業戦略分析   443

ステップ7. 残余事業利益と異常事業利益成長の算定

事業利益と正味事業資産の予測と事業資本コストを用いて, 残余事業利益を計算しよう。つまり, 残余事業利益$_t$ = 事業利益$_t$ − (ρ_F-1) 正味事業資産$_{t-1}$ である。以下の式を思い出そう。

$$
\begin{aligned}
&残余事業利益\\
&= 売上高\\
&\quad \times \left(販売活動からの売上高コア事業利益率 - \frac{事業に対する要求リターン}{資産回転率}\right)\\
&\quad + その他のコア事業利益 + 非正常項目
\end{aligned}
$$

異常事業利益成長は, 過去の期間にわたる残余事業利益の変化である。

これで価値評価を終えることができる。PPE社の例では, 資本コストは一定のままと予測したが, もしこれが変動すると予測するのであれば, 各期で異なる資本コストを利用することもできる。

ステップ8. フリー・キャッシュフローの算定

これは単純に他の予測値から計算される。つまり, 事業活動によるキャッシュフロー − 投資支出 = 事業利益 − Δ正味事業資産である。

ステップ9. 正味配当支払の予測

配当政策はどのようなものだろうか。自社株買いは予定されているだろうか。株式発行による新規の資金調達がどの程度あるだろうか。正味配当は支払から正味株式発行を控除したものであることを思い出そう。

ステップ10. 金融費用または金融収益の予測

各期首の正味金融負債の予測に, 予想借入コストを適用して, 次期の正味金融費用を求める。つまり, 正味金融費用$_t$ = (ρ_D-1) 正味金融負債$_{t-1}$ である。同様に, 金融収益は正味金融資産を用いて求められる。正味金融費用は税引後であり, 借入コストもまた税引後のものであることを思い出そう。

ステップ11. 正味金融負債または正味金融資産の算定

これもまた次の算式によって求められる。Δ正味金融負債$_t$ = 正味金融費用$_t$ − (事業活動によるキャッシュフロー$_t$ − 投資支出$_t$) + 配当$_t$ である。ここでは正味配当が鍵となる。なぜなら, それは借入の必要を増大させるからである。反対に, 株式発行によって資金が増加すれば, 借入の必要は減少する。正味金融負債の金額は企業の政策の問題かもしれない。つまり, 企業は目標となるレバレッジを持っているのである。もしそうだとすれば, 正味配当支払はレバレッジ政策によって決まる。

ステップ 12. 包括的な利益の算定

利益＝事業利益－正味金融費用

ステップ 13. 普通株主持分の算定

普通株主持分$_t$＝正味事業資産$_t$－正味金融負債$_t$

＝普通株主持分$_{t-1}$＋利益$_t$－配当$_t$

ステップ 14. ストック・オプション・オーバーハングに対する価値の調整

第13章のオプション・オーバーハングの算定を参照しよう。

ステップ 15. 非支配株主持分の価値の調整

ステップ14.で算定された価値は，普通株主と子会社の非支配株主に分配される持分価値である。厳密に行うならば，その子会社の価値評価を行った上で，非支配株主の持分を差し引く必要がある。大抵，非支配株主持分は小さいから，単純な近似が機能する。ステップ14.の株主持分価値から，（損益計算書上の）非支配株主損益に自ら算定した内在PERを掛けたものを控除しよう。または，貸借対照表上の非支配株主持分に自ら算定したPBRを掛けたものを控除しよう。

ステップ1.～6.と9.～10.は予測を必要とする。ステップ14.までの他のすべてのステップは，お馴染みの会計関係式を用いた，予測値からの計算である（ステップ7.は，事業資本コストの変動予測を伴う場合もある）。価値評価にはステップ1.～7.だけが必要である（ストック・オプションと非支配株主持分の調整前ではあるが）。そう，たった7つのステップである。

アナリストはプロ・フォーマ財務諸表を分析するため，いくつかの追加的なステップを踏むことができる。

1. ステップ13.における2つの計算が一致することを確認しよう。これはプロ・フォーマが整合的であることを証明するものである。これにより，整然とどの要素も欠くことなく価値評価ができたかどうかを確認することができる。

2. プロ・フォーマ財務諸表上で百分率分析を行い，数値が妥当であるかどうか，産業平均値と比較してみよう。それらは企業の減衰レートが産業のそれとどの程度異なるかという予測と整合的だろうか。

3. **金融資産の蓄積**を注意して見てみよう。もし事業が正のフリー・キャッシュフローを生み出すと予測されている場合には，金融負債は減少し，PPE社のように，最終的には金融資産が生み出されることになるだろう。しかし，これを無限に続けることはできない。その場合には，次のような問いかけをしなければならない。企業はその金融資産を用いて何をするだろうか。配当として払い出すだろうか。

第 15 章　最大限の情報を用いた予測，バリュエーション，事業戦略分析　　445

それとも，経営者はこちらが見過ごしているような新規投資に先読みして手を打つ戦略を持っているのだろうか。こうした問いかけによって，企業はどのような戦略をとるのか，という，予測を始める前の問いに立ち返ることになる。予測された金融資産の蓄積の結果として戦略を再考することは，プロ・フォーマの修正を引き起こす可能性がある。

ここまでで，分析と評価の構築に必要なすべての道具を手に入れたことになる。

会計ベースのバリュエーションの特徴

プロ・フォーマ分析は，株主持分を評価するための残余事業利益の予測について，以下のような多くの望ましい特徴を浮き彫りにしている。

1. この方法は効率的である。結局のところそれは，売上高，売上高利益率，資産回転率とその構成要素という，少数のドライバーの予測になる。

2. 焦点は事業に合わせられている。この方法は価値を追加するビジネスの一部，つまり事業活動に着目している。

3. 配当は無関連である。価値評価は配当支払の影響を受けない。第 3 章における配当無関連性の議論を前提とすれば，これは適切である。PPE 社も，配当予測抜きで価値評価されている。配当予測は予測のステップ 7. より後になっているが，価値評価が完了するのはステップ 7. である。実際，例の中で支払を変えることができるが，それによって価値評価は影響を受けないことがわかるだろう。会計上のルールのもとで，より高い支払は，債券を購入することによるキャッシュの減少を意味するに過ぎない。したがって，正味金融資産だけが影響を受け，事業資産や事業利益には影響がない。繰り返すが，残余事業利益と異常事業利益成長は支払の影響を受けない。

4. 資金調達は無関連である。価値評価は資金調達の影響を受けない。社債の売買や社債によって負担することになる利息は，事業利益や正味事業資産に影響を与えない。PPE 社のプロ・フォーマにおいて，その収入が社債の減少か金融資産の購入に用いられることになる株式発行を予測することもできるが，これは価値評価に何の効果も及ぼさない。これは，上述したポイント 2. を補足するものである。焦点は追加される価値にあり，価値評価は残余利益ゼロの資金調達活動を無視するのである[2]。

5. 価値を付加しない投資は価値評価に影響を与えない。このことを見るために，PPE 社の正味事業資産予測を修正し，第 2 期末において，PPE 社が 50 百万ドルの追加事業投資を行い，社債発行で資金調達を行ったと仮定しよう。この投資か

原注 2)　もし企業の負債に税務上の利点があり，配当支払に税務上の不利があると信じているのであれば，価値評価はこれら税効果の現在価値によって調整することができる。

らは，資本コストと同様 10 ％のリターンを獲得できると期待されるため，第 3 期とその後において事業利益の予測が 5 百万ドルずつ増加する。もちろん，残余事業利益は新規の社債やそれによる利息からは影響を受けないわけだが，この事業投資によっても影響を受けないだろう。第 3 期においてこの投資が残余事業利益にもたらすと期待される追加分は，5 − (0.10×50) = 0 である。異常事業利益成長（残余事業利益の変動）に対する効果もゼロとなるだろう。これは，この投資の耐用年数にわたるその後の期間においても同様である。したがって，残余事業利益の現在価値を基礎とした企業価値は，この新規投資に影響を受けない。これは割引キャッシュフロー分析においてゼロ正味現在価値投資と呼ばれるものであり，ここではゼロ残余事業利益投資と呼ばれる。プロ・フォーマ残余事業利益は，資本コストと異なる率で稼得される利益によって価値を追加（または減少）する投資によってのみ影響を受けるのである。

6. 価値を生み出す投資が明らかにされ，また，価値創造の源泉が識別される。ポイント 5. と同様の理由から，価値を創造または減少させる正負の残余事業利益投資は，プロ・フォーマ分析によって発見される。加えて，プロ・フォーマは，売上高利益率や資産回転率に表れる価値効果の理由を明らかにするだろう。第 1 期において，売上を一切生み出さない新規投資を経営者が行ったと仮定しよう。予想資産回転率と RNOA は低下し，残余事業利益も同様に減少するだろう。したがって，価値評価への効果は負である。つまり，負の価値を創造するものを明らかにしたことになる。これは残念なケースではあるが，望ましくない社有機の所有はありうる話である。経営者はフリー・キャッシュフローや金融資産を蓄積すると，負の価値を持つプロジェクトへの投資に熱中するといわれることがある。このシナリオは経営者行動のフリー・キャッシュフロー仮説といわれるものである。経営者はフリー・キャッシュフローを潤沢に持っているとき，下手な投資を行うということである。これは監視しておく必要があるが，プロ・フォーマ分析は金融資産の蓄積を予測する手段を提供する。

7. 割引率を適用する際には，たった 1 つの割引率，つまり事業資本コストについてのみ考慮する必要がある。例 15.2 で示した全活動のプロ・フォーマ財務諸表から，予想利益と株主持分から残余利益と異常利益成長を計算することができ，また，残余事業利益と異常事業利益成長ではなく，残余利益と異常利益成長の予測から，PPE 社の価値を計算することができる。これには株主資本コストの計算が必要である。しかし，それは財務リスクによって変動するため，財務レバレッジが変動する期間ごとに再計算しなければならない。事業資本コストもまた，事業活動の変化によって変動するかもしれないが，割引率を予測するという作業は軽減される。割引率の見積もりが困難であることを前提とすると，事業活動にお

第 15 章　最大限の情報を用いた予測，バリュエーション，事業戦略分析　　447

ける割引率の変動はおそらく小さいのみならず不明確である。そのため，事業の
性質が重大な変化をしない限りは，一定の割引率で計算しよう。
8.　資金調達活動や発行済ストック・オプションの効果を評価するときのように，
　　時価会計が十分であるときには，価値評価では予測を行わない。

3　自社株取引で生じる価値

　第5章で残余利益モデルを導入した際に，このモデルは自社株取引で生じる，また
は失われる価値を捕捉しないことを強調した。もし将来において株式発行や自社株買
いがないと予想されるか，これらの取引が公正価値でキャッシュによって行われると
期待されているのであれば，これで問題はない。しかし，もし企業が割高な価格で株
式発行したり，割安な価格で自社株買いを行ったりすることができたとしても，結果
として生じる利得は利益や残余利益に反映されないのである。これは，割引キャッシ
ュフロー評価によっても捕捉することができない。とりわけ合併（買収）とバイアウ
トという2つのタイプの企業取引に，これらの利得が含まれる可能性がある。

合併・買収
　合併・買収は株式発行を伴うことが多い。買収企業は被買収企業（この企業の株式
は消却される）の株主に対して株式を発行する。あるいは，両企業の株主が新企業の
株式を受け取ることもある。買収企業は以下の3つの方法で価値を追加する。
1.　公正価値未満で被買収企業の株式を購入する。
2.　被買収企業の株式を安く購入するために，自社の割高な株式を（「過大評価され
　　た通貨」として）利用する。
3.　2社の事業を組み合わせることで価値（シナジー）を創造する。
　残余利益モデルは，買収される事業の価値と創造されるシナジーをプロ・フォーマ
分析によって予測する。しかし，それらは買収企業と被買収企業の株主間の価値の分
配を捕捉しない。両者は合併した会社の株式を持つが，価値の相対的シェアはその株
式取引の条件による。1.と2.の方法がそれらの条件を決定し，それらの条件が3.の
方法にあるシナジーがどのように分配されるかを決定する。被買収企業の株式に対し
て買収企業が発行する株式が少ない場合，買収企業は1.または2.の方法のいずれか
によって，被買収企業を安く購入することになり，買収企業の株主が合併からのシナ
ジーについて得るシェアは大きくなる。
　Box 15.3に，買収企業の株主の視点から，合併による価値の分配について示した。
被買収企業の株主が予想される買収を評価したい場合にも，これと同じ原則が適用さ
れる。この分析では，発行済株式の1株当たり価値に対する買収の効果に焦点が合わ

448 第3部 予測とバリュエーション

Box 15.3 予測される買収の評価：PPE社

PPE社は第1期末に他企業の買収を決断し，その企業の株主に50百万株を発行すると期待される。アナリストは以下のステップに従う。

1. 第1期末に結合される企業の連結貸借対照表を準備する。
2. 新しい被合併企業の第1期末の価値を，予測貸借対照表と，そこから生み出されると予想されるその後の残余事業利益の現在価値から予測する。
3. 企業結合日（第1期末）の1株当たり予想価値を，被合併企業の価値を新企業の発行済株式数で除すことで計算する。
4. この1株当たり価値の第0期における現在価値を計算する。
5. 合併前の企業からの1株当たり期待配当の現在価値を，企業結合日まで加える。

プロ・フォーマ分析によって被合併企業の第1期末の価値が280百万ドルと計算されたと仮定しよう。150百万株の発行済株式数（100百万株は元のPPE社の株主によって保有され，50百万株は被合併企業の株主に対して発行される）から，1株当たり価値は1.87ドルとなる。この1株当たりの数値は合併における株式発行数に依存するだろう。そして，その発行数はPPE株の相対価格に依存する。もしPPE株が過大評価されているか，被合併企業株が過小評価されていれば，より少ない株式発行で済むに違いない。PPE社の100百万株に対する第0期における価値は以下のように計算される。

第1期の1株当たり価値の現在価値（第0期）： $\dfrac{1.87}{1.10}$ $1.70

第1期の1株当たり配当の現在価値： $\dfrac{0.04}{1.10}$ $0.036

PPE社の1株当たり価値： $1.736

PPE株は予想される合併の前まで1.24ドルで価格付けされていたから，この計算はこの合併が現在の株主に価値を付加することを示唆している。

せられている。

　経営者は同様の分析を経ることによって，潜在的な買収を評価する。その取引が株式の1株当たり価値に与える効果はどのようなものか。上述の方法1., 2., 3.が答えを決める。もし買収が「割安に」行われれば，価値はそれぞれの株式に対して加えられる。もし（被買収企業の株式に対して対価を払いすぎたか，自社の株式が割安であるかのどちらかの理由で）買収企業が対価を払いすぎた場合には，1株当たり価値は失われる。もしシナジーがあり，株式取引の条件に則って，買収企業の株主がそれらのシナジーをシェアすれば，1株当たり価値は増大する。Box 15.3の分析は，PPE社の買収が，1株当たり価値を買収前のプロ・フォーマから算定された1.24ドルから1.736ドルに増大させると期待されることを示している。

　歴史的な記録として，通常，合併・買収によって創造された価値の大部分は被買収企業の株主が得ているということが，実証研究によって示されている。被買収企業の

株価はしばしば大きく上昇する傾向にある一方，買収企業の株価は影響を受けないか，または下落さえする傾向にある。これらの観察結果は，被買収企業の株主が合併における価値のほとんどを得ることができることを示唆している。買収企業の株価は，買収に対して払いすぎていると市場が感じているため，下落することになる。しかし，株価はまた，市場がその買収を買収企業の株価が割高であることを示すシグナルと解釈することによっても下落する。

自社株買いとバイアウト

　もし経営陣が自社の株式が市場で割安に評価されていると感じている場合，彼らは自社の株式を買い戻すことによって株主に対して価値を創造する，つまり，1株当たり価値を増大させるだろう。まさにこの理由によって，自社株買いのアナウンスはしばしば割安のシグナルとして認識され，結果として株価が上昇することになる。市場は遅れて反応するため，そのアナウンスにおける株式の購入は，株式が実際に割安であることを市場が認識し始めるにつれて，その後の異常な価格の上昇を取り込むことになることが，研究によって示されている。

　しかし，投資家は気をつけなければならない。自社株買いは単に企業が効率的に配当を支払っているだけかもしれない。そしてそれらには，金融資産の蓄積という，投資に必要とされないキャッシュの株主に対する分配が含まれているかもしれない。実際，自社株買いのアナウンスは，企業が投資機会を持たないというシグナルかもしれないのである。

　アナリストはまた，過熱した市場における自社株買いの解釈に気をつけなければならない。企業は株式に対して払いすぎているかもしれず，アナリストは内在価値の分析をもってこの問題を検証することになる。1990年代後半の上げ相場における自社株買いの多くは，株価の上昇を伴わなかった。

　バイアウトは大規模な自社株買いであり，借入を伴うことも多い（そのときはレバレッジド・バイアウト〔LBO〕と呼ばれる）。また，経営者による株主持分の獲得を伴っている場合，そのバイアウトはマネジメント・バイアウト（MBO）と呼ばれる。もしバイアウトに参加している経営者がもっと事業活動によって価値を創造する気になれば，これらの取引は1株当たり価値を増大させるかもしれない。しかし，もし株主がそのバイアウトを株価が割安であるという認識として解釈すれば，そのことも価値を増大させることになる。

　このような理由から，企業はバイアウトを株主価値創造のためのツールの1つに入れている。バイアウトは1987年の株式市場の暴落後に人気となった。それらはまた，1990年代後半に，「オールド・エコノミー」企業の株価を上昇させるための治療法として提案された。投資家がテクノロジー株に対して非常に高い倍率で価格付けしてい

450　第**3**部　予測とバリュエーション

たとき，オールド・エコノミー企業は相対的に低い倍率で取引されていた。これらの経営者は割安に価格付けされていると感じ，バイアウトを企てた。航空会社は 10 倍未満の利益倍率で取引されていた。『ウォール・ストリート・ジャーナル』（2000 年 3月 10 日付 1 面）は，コンチネンタル航空の CEO が「もし市場が，これが私たちの価値のすべてであるというのであれば，私たちはその企業を買うだけだ」といったと報じた。

4　財務指標と危険信号

　将来の事業利益が現在のコア事業利益とどの程度異なるかを決定するために必要とされる情報の多くは，財務諸表外から得られる。しかし，財務諸表それ自体は，現在の利益が将来の利益を示さないかもしれないことを示唆する情報を提供する。Box 15.4 には，疑問を喚起する財務諸表上の特徴が列挙されている。いずれの点も，コア利益や正味事業資産において何かが異常であることを示唆するものである。アナリストは，その兆候が一時的な利益を示すのか，あるいは，ドライバーが新たな永続的水準にシフトしたのかを知るために，調査することになる。

Box 15.4　危険信号の指標

　以下の財務諸表上の特徴は，それぞれ，将来に持続しない恐れのある現在の事業の収益性の側面を捉えている可能性がある。これらは，アナリストに原因を調査させ，それらの原因が実際に現在の事業利益が将来利益の指標にならないことを示唆しているかを問うきっかけになる信号である。

・異常に高い売上高成長率　　減衰図が示しているように，高い売上高成長率は通常は持続しない。

・異常に大きなコア RNOA の変化　　減衰図が示しているように，大きなコア RNOA の変化は概して持続しない。

・RNOA の構成要素の異常な変化　　売上高利益率の構成要素：
　　　　　　　　　　　　　　売上高総利益率
　　　　　　　　　　　　　　売上高広告費率
　　　　　　　　　　　　　　売上高販売費及び一般管理費率
　　　　　　　　　　　　　　売上高研究開発費率
　　　　　　　　　　　　資産回転率の構成要素：
　　　　　　　　　　　　　　棚卸資産回転率
　　　　　　　　　　　　　　売上債権回転率
　　　　　　　　　　　　　　不良債権回転率
　　　　　　　　　　　　　　その他の資産回転率
　　　　　　　　　　　　　　事業負債回転率

・RNOA が産業平均から乖離している　　事業収益性は通常は産業平均に回帰する。

・RNOA の構成要素が産業平均から乖離している

第 15 章　最大限の情報を用いた予測，バリュエーション，事業戦略分析　　451

- RNOA の構成要素の変化が産業平均から乖離している
- 低い実効税率　　事業利益に対する低い実効税率は，大抵，一時的な税の軽減によるものである。つまり，企業の実効税率は，長期的に見た一定率に近い水準に回帰する傾向にある。

　注記と「経営者による財政状態および経営成績の検討と分析」（MD&A）もまた指標を提供する。以下を調査しよう。
- 受注残高　　累積受注残高は製品に対する未決済の需要である。コンピュータ企業やテクノロジー企業は指標として，出荷額に対する受注額の比率である BB（book-to-bill）レシオを用いる。
- 経営者による予想利益と予想売上
- 販売単価の変化
- 投資計画
- 事業計画
- 労働力の変化
- 偶発債務と引当金
- 繰越欠損金と税額控除の満期

　指標の中には，**危険信号の指標**と呼ばれるものもある。なぜなら，それらは業績悪化や経営難さえ示すことがあるからである。
- 売上成長の鈍化
- 受注残高の減少
- 返品の増加　　この比率は製品に対する顧客の不満が高まっていることを示唆するかもしれない。
- 売上債権回転期間の増大　　この比率は顧客が信用問題を抱えているか，販売が滞っていることを示唆しているかもしれない。
- 棚卸資産回転期間の増大　　この比率は販売が滞ることによって在庫が積み上がっていることを示唆しているかもしれない。ただし，一方でこれは，将来の売上増加を期待した製品在庫の積み増しを示唆している可能性もある。
- 売上高総利益率の悪化　　アナリストはこの比率を非常に念入りに注視している。売上高総利益率の小さな変化は事業利益に大きな影響を及ぼす。
- 費用に対する広告費の比率の上昇　　この比率の上昇は，売上を生み出す広告活動の効率性の低下を示唆している可能性がある。しかし，これはまた，将来の売上増加を生み出すための広告投資の増加を示唆している可能性もある。
- 売上高研究開発費率の上昇　　もし売上高と比較して相対的に多額の R&D 費用を計上するパターンが見られるとき，その企業は製品イノベーションを伴う新規の売上を創り出すことに成功していないのかもしれない。
- 売上高販売費及び一般管理費率の上昇　　この比率は，費用の一部が固定費であり，売上が減少したときに上昇する。変動費に起因したこの比率の上昇を見てみよう。このとき，売上の増加に対する比率の上昇を調査しよう。なぜなら，固定費であれば，この比率は売上の増加に伴って低下すると期待されるからである。

5 事業戦略分析とプロ・フォーマ分析

　プロ・フォーマ分析と価値評価は，企業の戦略を評価せずには始めることができないということを述べてきた。しかし，プロ・フォーマ分析はまた，戦略を評価する手段でもある。プロ・フォーマ分析は，価値創造を明らかにする。それゆえ，それはまた，価値を創造する経営者の戦略を調査する手段でもある。

　残余事業利益のプロ・フォーマ分析は，割引キャッシュフロー分析の代わりになる。投資はフリー・キャッシュフローを減少させるから，価値を増大させる投資を必要とする優れた戦略を持つ企業は，負のフリー・キャッシュフローを創造することになるのである。企業価値を最大化したい経営者にとって，残余事業利益の現在価値の最大化規準は，キャッシュフローの正味現在価値の最大化規準に取って代わるものである。残余事業利益の予測は，価値のドライバーのコアを切り取る。それは，経営者の選択を価値に結びつける事業活動の収益性に関するドライバーを予測する。本書で展開した外部株主のためのフレームワークの多くは，戦略分析のためのフレームワークでもある。

　戦略はアイデアから始まり，優れた戦略は革新的なアイデアから始まる。事業戦略の本には，革新的なアイデアへと導く方法としての戦略について，どのように考えればよいかが並べ立ててある。プロ・フォーマ分析は，これらのアイデアを，価値評価できるような具体的な数値に変換する。しかし，予測のフレームワークは単なる分析方法ではない。つまりそれは，事業について考えるための方法なのである。またこれは思考を単純化してくれる。価値を創造するためには，売上高，売上高利益率，資産回転率というドライバーに焦点を合わせなければならないことを，経営者は知っている。

　経営者は高い資産回転率と売上高利益率を備えた，売上を伸ばす投資を行う。売上高利益率を最大化するために，経営者は RNOA のドライバーを通じて，売上高に対する費用の比率などを最小化する。

　経営者は経済的要因と，それがどのように残余事業利益のドライバーに影響を与えるかを理解している。経営者はどの要因が事業環境であり，どの要因が自らの選択を伴うのかを識別する。経営者の焦点は変化にある。経営者はプロ・フォーマ分析を用いて，事業環境の変化の効果とこれらの変化に対処するための選択について分析する。経営者は事業が最も影響されやすい鍵となるドライバーを知っている。そして，経営者の戦略は常に高い，または成長する残余事業利益を維持することにある。経営者は残余事業利益を減衰させる原因となる競争圧力を理解し，高い残余事業利益を維持するために競争圧力に対抗することができる方法を理解している。

第 15 章　最大限の情報を用いた予測，バリュエーション，事業戦略分析　　453

曖昧な戦略

　1990 年代の IT バブル期には，戦略分析に焦点を合わせるとして財務分析を拒絶することが流行していた。中には，財務モデルは思考を制約し，凡庸な組織に導くと主張する者もいた。新進気鋭の戦略家は，優れた思考は文字で表すことができないと主張した。「線形的思考」から「非線形的思考」に代わらなければならない。企業の価値の源泉が物的資産から知的資産に入れ替わったため，「知的資本モデル」が貸借対照表と損益計算書を基礎とした財務モデルに取って代わらなければならない。企業はボトムラインに焦点を合わせるのではなく，創造性と変化に対する適応力を促進する方法で組織化されなければならない，などといった主張がなされたのである。

　このようなアイデアは刺激的である。それらは，現代経済における価値の源泉，人的資本の価値，適応力，そしてイノベーションを受け入れる。しかし，これらのアイデアを導入するために財務分析を拒絶すれば，かなりの混乱がもたらされることになる。最終的には，企業は価値を増大させるために売上を生み出さなければならず，そのことは売上が物的資産への投資から生じようと，人的資本や知的資産への投資から生じようと同じである。それら売上は正の売上高利益率を生み出さなければならない。そして，RNOA は投資家の要求リターンを上回るように十分高くなければならない。将来の損益計算書と貸借対照表がどのようになるかについてのアイデアを持たなければならない。新しいアイデアを検証し，そのアイデアに対する過度な熱狂や憶測を規律づけるために，そうした新しいアイデアとともに財務モデルが利用されなければならない。

　しかしながら，戦略分析の水準によっては，財務分析の適用が困難なこともある。戦略的思考は，その思考が実行されたときにのみ詳細なものへと成熟するような，一般的なアイデアから始めることになる。企業は価値ある製品を開発する機会を求めて，基礎的な R&D 投資を行う戦略を採用することもあるが，（売上高や売上高利益率はいうまでもなく）その製品がどのようになるかという指標なしには，財務分析は非常に限定されたものになってしまう。スタートアップ期のバイオテクノロジー企業を価値評価するためには，生化学を勉強しなければならない。企業はもっとダイナミックになるために，創造的思考を促進するために，そして人的資本や知的資産を開発するために，組織再編投資を行うかもしれないが，そこから得られるペイオフの形式は明確ではないだろう。

　このような戦略を**曖昧な戦略**という。戦略が曖昧になるほど，財務分析では対応できなくなる。曖昧な戦略における投資は非常に投機的であり，純粋なギャンブルの形式に近くなる。財務情報が不確実性を低減するために最低限の有用性しか持たない一方で，技術的情報の中には有用なものもありうる。スタートアップ企業に対して，株式が財務分析によって分析される公開株式市場ではなく，（技術的情報に精通した）ベ

454　第3部　予測とバリュエーション

ンチャー・キャピタリストを通して資本提供される傾向があるのはそのためである。

　それにもかかわらず，最終的には優れた戦略は「利益に転化」されなければならないことを，投資家は理解している。戦略的思考は，その初期段階において，うまく財務分析にかけることはできない。しかし，最終的にはそれを行わなければならない。したがって，戦略に対して財務分析を要求することによって，最も曖昧な水準においてさえ，戦略的思考の規律づけが強化されることになる。戦略的思考家は，そのアイデアをさらに展開すること，またそのアイデアを，財務分析を用いて評価できる水準まで具体的に洗練させることが求められる。そうすることによって，曖昧な戦略は明確なものになる。台本が文字で表されるのである。そして，財務分析のレンズを通すことで，そのアイデアによって創造された価値はより透明性を増し，投資はより投機的ではなくなるのである。

シナリオ分析

　例15.1と例15.2におけるPPE社と，Box 15.2におけるナイキのプロ・フォーマは，ある特定のシナリオに沿ったものである。そのシナリオはとくに重要なものである。なぜなら，価値評価を導き出すための期待アウトカムを予測するものだからである。しかしながら，期待価値はありうるすべての範囲のアウトカムの平均値であり，プロ・フォーマ分析はすべてのありうるアウトカムをモデル化するのに利用することができる。売上高成長率が5％ではなく4％であったとき，そのプロ・フォーマ（と価値評価）はどのようなものになるだろうか。予想売上高利益率が6％に下落した場合の影響はどのようなものだろうか。それぞれの状況下でのプロ・フォーマはシナリオと呼ばれ，将来の代替的なシナリオのもとでプロ・フォーマ分析を繰り返す分析は，シナリオ分析と呼ばれる。シナリオ分析は，最大限の情報を利用した場合の，前章の単純な予測で適用した価値評価グリッドに相当するものである。

　プロ・フォーマ予測のフレームワークを（BYOAPのロードマップに従って）スプレッドシートに組み込めば，簡単にシナリオ分析を実行することができる。そうすることで，すべてのありうる範囲のアウトカムを理解し，その投資におけるアップサイドとダウンサイドの可能性を評価することができるだろう。だからこそ，シナリオ分析はファンダメンタル・リスクを評価するための重要なツールなのである。

要　約

　本章は事業に関する知識を価値評価に変換する方法を示した。プロ・フォーマ財務諸表分析がそのツールである。プロ・フォーマ分析は，価値に対する効果の観点から事業を解釈する。そしてそれは，予測を展開し，その予測を価値評価に変換するためのフレームワークを提供する。

第 15 章　最大限の情報を用いた予測，バリュエーション，事業戦略分析　　455

　本章における予測の手順は，予測と評価を一連のステップで展開している。これらのステップを，そして，財務諸表の構造が予測のツールとしてどのように利用されているかを理解しているかを，確認しよう。

　価値評価が将来財務諸表の予測を必要とすることから，価値評価と会計が同じものであることが理解できるであろう。価値評価は実際のところ，将来の会計に対する問いかけである。会計は現在までの状況を記録する方法だと考えられていることが多いが，実際は将来について順序立てて考えるためのシステムであり，価値評価に変換可能な投資ペイオフの予測の展開を導くためのシステムなのである。

　会計の形式的な構造は，価値評価にとって非常に有益である。時に企業活動について漠然とした概念を持つことがあるが，それらの価値への含意を理解するのは困難である。企業が「非常に価値がある」と考えることはできるが，価値を測定することとは別問題である。会計は，不正確な概念を，価値の推測に導く方法となる売上高利益率や資産回転率といった，具体的な表現で解釈することを強制する。「競争優位」は，高い売上高利益率を伴う売上成長に読み換えられる。「戦略的ポジション」は，高い売上高利益率と資産回転率に読み換えらえる。「技術的優位」は，売上高に対する費用の比率の低さに読み換えられる。産業がより競争的になるだろうという発言は，低い売上高利益率の予測と価値の毀損という明確な計算結果に読み換えられる。「遊休生産能力のコスト」は資産回転率で捉えられ，この資産回転率を予測する価値計算を通して測定される。そしてこれをさらに進めていくこともできる。会計関係式もまた重要な役割を果たす。なぜなら，これらの関係式は，プロ・フォーマを結びつけ，その構成要素を整合させることになるからである。そのため，価値創造のどの側面も失われることがない。最も重要なことであるが，その分析は憶測を規律づける。

　しかし，調子に乗らないようにしよう。ここでの分析は，長期の成長率をうまく扱えることを前提としている。企業価値に対する判断が，技術の変化や消費者行動の変化から利益を得るために「戦略的に揺れ動いている」という見解からきているのであれば，長期の成長率をうまく扱うのは困難かもしれない。それらの潜在的な利益をプロ・フォーマ分析で測定することは，その変化がまだ定義されない段階では簡単でないかもしれない。企業は価値を創造するであろう「優れた経営者」を雇っていると感じるかもしれないが，その経営者がどのように行動するかについては，はっきりしないかもしれない。企業は新製品をもたらすかもしれないR&Dを行うかもしれないが，それがもたらすであろう売上高利益率や資産回転率はもちろん，製品がどのようなものになるかについても不透明である。企業は企業買収を展開するかもしれないが，その対象となる企業やそのタイミングについては不透明である。プロ・フォーマ分析はそのような不確実性を減らすために役立つ。プロ・フォーマ分析は（シナリオ分析を用いて）不確実性をモデル化するために利用することができる。しかし，プロ・フォーマ分析は不確実性を除去することはできない。株式投資はリスキーなのである。

キー・コンセプト

- **曖昧な戦略**は，プロ・フォーマ分析を用いて評価を行うには十分に明確ではない戦略である。[453]
- **鍵となるドライバー**は，企業の価値創造にとってとくに重要なドライバーである。[433]
- **価値のタイプ**は，企業を鍵となるドライバーによって分類する。[433]
- **危険信号の指標**は，企業の収益性の悪化を示す情報である。[451]

456 第3部 予測とバリュエーション

・**競争圧力**は，ドライバーを典型的水準に押しやる経済的要因の傾向である。[428]
・**競争優位期間**は，平均水準に回帰するまでに異常に高い利益を獲得できる期間である。[428]
・**金融資産の蓄積**は，金融資産が（配当控除後のフリー・キャッシュフローによって）増加することである。[444]
・**減衰レート**は，ドライバーが回帰する典型的な水準のレートである。**持続レート**とも呼ばれる。[427]
・**最大限の情報を用いた予測**は，事業に影響を与える経済的要因についての完備な情報を利用した予測である。**単純な予測**[407]と比較しよう。[435]
・**事業環境**は，経営者によって変えることのできない経済的要因である。**戦略的選択**と比較しよう。[434]
・**将来の財務諸表分析**は，予測の際に適用される財務諸表分析の体系である。[423]
・**戦略的選択**または**戦略的計画**は，経済的要因を選択する意思決定である。**事業環境**と比較しよう。[434]
・**ドライバーのパターン**は，ドライバーの時系列的な振る舞いである。[427]
・**平均回帰**は，測定値が時系列的に見て平均または典型的水準に向かって動く傾向のことである。[427]

演 習 問 題

1 **ワン・ストップの残余事業利益予測**

あるアナリストは以下のように予測した。
1. 売上高 1276 百万ドル
2. 売上高コア事業利益率 5 ％
3. 資産回転率 2.2
4. その他のコア事業利益と非正常項目はゼロ

この企業の事業に対する要求リターンは 9 ％である。

a. これらの予測から示唆される残余事業利益を計算するため，（15.1）式を適用しなさい。

b. もしこのアナリストが売上高コア事業利益率の予測を 4.5 ％に落としたら，残余事業利益はどう変動するか。

c. 5 ％の売上高コア事業利益率を所与とすると，負の残余事業利益を生み出す資産回転率の水準はいくつになるか。

2 **訂正された評価：PPE 社**

例 15.1 の PPE 社のプロ・フォーマを参照し，以下の訂正された予測から，このプロ・フォーマを修正しなさい。
1. 売上は第 0 期の水準 124.90 百万ドルから 6 ％成長すると期待される。
2. 売上高コア事業利益率は 7.0 ％と期待される。
3. 資産回転率（期首の正味事業資産を利用したもの）は 1.9 と期待される。

その上で，以下の質問に答えなさい。

a. プロ・フォーマ訂正後，PPE 株の価値を計算しなさい。発行済株式数は 100 百万株である。

b. もし配当性向が各期 40 ％と期待されるなら，この企業の第 3 期末の正味金融負債はいくらになると期待されるか。

第4部 会計分析とバリュエーション

　価値評価（バリュエーション）は，基礎とする予測の質の影響を受ける。本書の価値評価分析は，将来財務諸表における利益と簿価の予測を基礎としている。しかし，利益と簿価は部分的には会計手法に左右される。そのため，次のような明らかな問題が生じる。もし価値評価が会計数値を基礎に行われるのであれば，その評価は会計手法の影響を受けるのだろうか。価値評価は，企業が加速償却法と定額法のどちらを使うか，あるいは，棚卸資産の会計にLIFO（後入先出法）とFIFO（先入先出法）のどちらを使うかに依存するだろうか。研究開発投資が将来の利益を生み出す資産となるとき，アナリストは損益計算書における研究開発費をどのように調整するだろうか。アナリストは会計の誤りを修正することができるだろうか。第4部では，これらの問題に対する回答を提示するとともに，価値評価分析の際に生じる会計問題を列挙し，また，会計がどのように調整されるかを示す。

　第3章図3.1に示したように，ファンダメンタル分析のプロセスのステップ3は，ペイオフの特定と予測という2つの側面を持つ。まずは，企業価値を捕捉するために，何を予測すべきで，それがどのように測定されているかを特定しなければならない。その後，この特定化をもとに，アナリストはステップ2で分析した情報を用いて予測の作業を行う。したがって，価値評価の際，会計問題は2方向で生じる。1つは，将来予想利益を測定するために用いられる会計の問題である。予測された残余利益や異常利益成長は付加価値を捕捉しており，結果としてアナリストはしっかりとした評価に到達しているだろうか。アナリストが米国基準に基づく利益を予測している場合，価値を捕捉しているだろうか。アナリストは米国基準に基づく会計を調整すべきだろうか。もう1つは，将来残余利益を予測するために（ステップ2で）アナリストが用いた現在の財務諸表における会計の問題である。財務諸表分析は将来の収益性を予測するための基礎としてコア収益性を明らかにするものであるが，コア収益性の測定は会計手法に依存している。その会計は適正だろうか。ミスリーディングだろうか。1つ目の問題は，予測された会計の質の問題である[1]。2つ目の問題は，現在の会計の質の問題である。第16章では2つ目の問題を取り扱う。

　第4部を読み進めていく際，会計に対する豊富な知識があれば，それに助けられることがあるだろう。しかし，会計ルールに対する詳細知識は，とりわけ価値評価という目的にとっては，どのように会計が作用するかを理解することほど重要ではない。そのため，ここで強調されるのは，会計の構造を説明することと，それがどのように価値評価分析の助けになるか，または妨げになるかということである。もし特定の会計手法の詳細がよくわからなければ，入手可能な多くの中級または上級の財務会計テキストの1冊に当たってみよう。

　訳注 *1*)　これは原書のChapter 17で取り扱われているが，本日本語版では割愛した。

第16章

財務諸表の質の分析

　ファンダメンタル投資家は，市場価格を吟味するために，また，予測のためのドライバーを明らかにするために，財務諸表をアンカーにする。彼らは最大限の情報を用いたプロ・フォーマ分析のため，現在の財務諸表を初期値として用いる。そのため，彼らにとっては，財務諸表が良質であることが保証されていなければならない。さもないと，アンカーが漂流してしまう。

　アナリストの中には，財務報告における会計の質を調査することを専門とする者もいる。クオリティ・アナリストは，クライアント（その中には他のアナリストもいるが）に対して，企業の潜在的なパフォーマンスを表す会計の誠実さについて助言を行う。会計手法は，企業を実際よりもよく見せるために，企業を「パッケージに包む」のに利用することができる。クオリティ・アナリストは，そのパッケージの包装を解き，そしてもし会計が実態を不明瞭にするために利用されているのであれば，警告を発する。本章では，財務諸表の質の分析を紹介する。

　アナリストによる質への警告とSECによる調査のアナウンスがニュースのヘッドラインに表れると，株価の急落が起こる。株式アナリストは，そういったサプライズの影響を避けようとする。こうした場面で，会計に何か問題があるという感覚を早くに得られるアナリストは非常に有利である。

　会計の質に関する問題は，2001年の株式市場バブルの崩壊に伴って多くの企業で顕在化した。利益を創り出すことへのプレッシャーが大きくなりすぎた結果，利益成長をもたらす会計上のさまざまな「トリック」を適用することになった企業もあった。しかし，そのような方法では短期間の成長しか維持できない。バブルがはじけたことによって，ゼロックスや，エンロン，タイコ，ルーセント・テクノロジー，ワールドコム，ブリストル・マイヤーズ スクイブ，クエスト，クリスピー・クリーム，ロイヤル・アホールドといった企業は，会計に関する疑義が生じ，ほとんどのケースでは

460　第**4**部　会計分析とバリュエーション

株価に対して悲惨な影響をもたらした。より最近では，住宅バブルの間に，暴騰したモーゲージ資産の「公正価値」によって，銀行の貸借対照表の質に疑義が生じた。

アナリストのチェックリスト

　　本章を読めば，以下のことがわかるだろう。

・会計手法と会計上の見積もりは利益の持続可能性にどのような影響を与えるか。
・「利益の質」とは何を意味するか。
・経営者が利益操作に利用できる会計上のからくり。
・企業は利益を決定するためにどのように取引タイミングを操作することができるか。
・*開示の質*とは何を意味するか。
・会計操作が起こりやすい状況とはどのようなものか。
・正味事業資産の変化が質の分析の焦点とされるのはなぜか。
・財務諸表における操作を発見するための判断規準がどのように開発されたか。
・質のスコアはどのように機能するか。

　　本章を読めば，以下のことができるようになるだろう。

・財務諸表一式に対する完全な会計の質の分析の実行。
・財務諸表の操作が起こりやすい，注意すべき状況の識別。
・財務諸表における会計の質についての問題を提起する判断規準のセットの適用。
・利益の持続可能性を評価するために，会計の質の分析を本書の第3部で議論した財務諸表分析や危険信号分析と結びつけること。
・質のスコアの構築。

1　会計の質とは何か

　価値評価（バリュエーション）を行う際に，関心があるのは将来利益である。実際，「将来利益を買え」というのは，本書におけるあらゆる当然の注意を払った上で従うことになる投資家の信念である。将来利益の予測に役立てるために，現在の利益，ひいてはすべての財務諸表が利用される。もし予測をミスリードするようなものであれば，現在の財務諸表は質が低いということになる。そのため，現在の財務諸表が将来利益のよい指標にならない場合，投資家は利益の質が低いというであろう。したがって，たとえば利益に一時的な非正常項目が含まれていれば，アナリストはその利益の質が低いと認識し，より良質の数値であるコア利益を利用することになる。実際，第12章ではそのようにした。ところが，それのみならず企業がコア利益の将来利益の指標としての価値を引き下げるような会計手法を用いたら，コア利益も質が低くなる可能性がある。そして，たとえばもし企業が貸倒引当金や保証債務，繰延収益あるい

は減価償却費を過小に見積もれば，将来は低下する可能性のある高い利益数値を報告することになる。そのため，利益を創り出す会計の質の分析をコア利益の分析に追加するのである。

会計は反転する性質を持っているため，会計の質の分析が必須となる。会計手法によって創り出された利益は，将来必ず反転する。したがって，もし現在の貸倒引当金が過小に（そして，利益が過大に）見積もられているならば，貸し倒れの費用は将来高くなる（そして，利益は低くなる）に違いない。もし現在の減価償却費が少なすぎれば，将来に減価償却費が多くなるか，資産の減損損失を認識しなければならなくなるか，資産売却損を計上しなければならなくなる。もし，第12章で見てきたように，リストラ費用が過大であれば，将来に利益の増大として反転することになるに違いない。会計の，まさにこの特徴が，利益の質を定義する。つまり，利益が反転しなければ，その質は高いということである。

もし質の低い利益が発見されれば，反転を見込んで予測を調整することが可能である。しかしながら，もし質の低い利益が未発見のまま残っているとすると，質の低い会計は質の低い予測に，そして質の低い評価につながることになる。質の低い利益が未発見のままの質の低い会計は，投資家を「魚雷」，つまり突然の株価下落の危険にさらすことになる。なお，このような株価の下落が起こるのは，会計不正がアナリストや規制当局によって暴かれたときだけではない。その後の反転を起こした利益が報告されたときの利益サプライズを通じて発生する可能性のほうがより高い。

操作はしばしば（体よく）**利益調整**とも呼ばれる。現在の利益を増大させる操作は**将来からの借入利益**と呼ばれる。これには必ず売上の増加か費用の減少が伴い，それが将来に反転する。現在の事業利益を減少させる操作は**将来に対する貯蓄利益**と呼ばれる。これには必ず売上の減少か費用の増加が伴い，それも将来に反転する。将来からの借入に対する動機は非常に明確である。つまり，経営者は収益性を実際よりもよく見せたいのである。将来に対する貯蓄利益は，経営者のボーナスが将来の利益と結びついている場合に生じる。その極端なバージョンは「ビッグ・バス」と呼ばれる。これは，新しい経営者が多くの費用を計上し，低い利益（または損失）を前任の経営者のせいにして，より多くの将来利益を創り出すことによって評価されることになるというものである。

こうした利益の期間配分操作の特質は，利益の質が，操作を行った年度だけでなく，借入利益または貯蓄利益が「はね返ってくる」その後の年度においても疑わしいことを意味する。1990年代初頭における多くのリストラクチャリングが過大なリストラ費用を生み出し，それが1990年代後半の高い利益を創り出したと主張する者もいる。市場は1990年代後半の利益に熱狂し，結果として株価倍率は高くなった。しかし，これらの利益は，部分的にはかつての過大なリストラ費用の反転によって創り出され

462　第4部　会計分析とバリュエーション

たものだったのである。

　本章で取り扱う問題を，一貫して継続的に適用される会計手法，たとえば，研究開発（R&D）費や広告費を常に費用化したり，常に加速償却法を維持したり，常に棚卸資産に LIFO（後入先出法）を適用したりすることと混同しないようにしよう。これらの保守的な会計手法は，一貫して適用されると，高い会計上の収益率と利益成長率を一貫して生み出す。放漫な会計手法の場合は逆の効果を持つ。本章は，一時的であるがゆえに現在の利益が将来利益の不十分な指標となってしまう会計の効果を取り扱う。もしある企業が常に貸倒引当金を過大に見積もる（つまり，常に「保守的」である）ならば，一貫して高めの RNOA が報告されるだろう。しかし，もしその企業が現在の利益を変えるために貸倒引当金の見積もりを一時的に増やしたり減らしたりするならば，将来の収益性の不十分な指標となる RNOA が創り出されるだろう。そこで，**積極的会計**（放漫な会計とは異なる）という用語が，一時的に利益を増加させる操作を示すために最も利用される。また，**ビッグ・バス会計**という用語は，通常は利益が大幅に減少した際に利用されるが，一時的に利益を減少させる操作を示すためにも利用される（保守的な会計とは異なる）。

会計の質に気をつけよう

　ここで，本書で紹介してきたほとんどの手法が，利益の質の分析を含んでいることを明確にしておこう。隠れた費用の識別（第8章）は利益の質を高める。事業項目と金融項目の分離（第9章）は，価値にとって重要なものを予測するために適切な，純利益の構成要素である事業利益を識別する。第12章の財務諸表分析では，将来予測のための「質の高い」数値である，持続的なコア事業利益と売上高コア事業利益率を切り取るべく，一時的な非正常項目の事業利益を取り除くことに注力した。また，第15章の分析では，いくつかの危険信号を示した。

　この分析を実行する中で，「会計の質に気をつけよう」の Box では会計の質の問題が生じる都度それを認識し，蓄積してきた。第8章の Box 8.3，第9章の Box 9.3，第10章の Box 10.3，そして第12章の Box 12.7 を見直してみよう。それにより，会計の質の問題に慣れていくことだろう。

　利益の質の分析を完全なものにするためには，もう1つの要素が必要である。コア事業利益とその構成要素は会計手法によって影響を受けるかもしれない。したがって，コア事業利益に対する会計の質を分析しなければならない。真のコアを得るためには，会計を切り分けて進まなければならない。これが会計の質の問題である。

会計の質についての5つの問い

　会計の質の分析において，アナリストは次の5つの問いに対する回答を求める。

第 **16** 章 財務諸表の質の分析 　463

1. **米国基準の質**　　一般に認められた会計原則は不十分なのか。もし予測が米国基準の財務諸表を基礎としているとしても，米国基準が企業価値に関連した側面のすべてを捕捉していなければ，価値評価は不十分なものになるだろう。第 8 章では，米国基準は株式報酬費用を包括的に捕捉することに失敗していることを説明した。第 12 章では，米国基準における利益が株式市場バブルの利得を含む可能性があることを説明した。

2. **監査の質**　　その企業は米国基準違反や明白な不正行為に手を染めていないか。米国基準が適正であったとしても，企業がルールに従って米国基準を適用していないかもしれない。顧客からのコミットメントなしに売上債権を計上していないか。必要なだけの費用や負債の認識に失敗していないか。米国基準で認められていない方法を利用していないか。これらの問いに答えるために，観察者は事業をよく把握しなければならない。監査の質は，監査人や取締役会の監査委員会の責任範囲である。米国の証券取引委員会（SEC）や公開会社会計監査委員会（Public Company Accounting Oversight Board：PCAOB）といった機関は，取り締まりの役割を果たす。アナリストは基本的には監査を信頼している。しかし，監査が失敗する可能性や，利益相反する監査人が経営者のグレーゾーンの線引きに寛大になるかもしれない状況に対して敏感になる必要がある。また，米国における監査には，監査人が企業の経済的状況を「真実かつ公正な」観点で表現するというより，（後述するが）実質より形式を優先するスキームを展開するために利用される可能性のある米国基準に従っている，という問題がある。

3. **米国基準の適用の質**　　その企業は米国基準に基づく会計を財務報告の操作のために利用していないか。一般に認められた会計原則は，企業が利用可能な会計手法を制限するが，手法間の選択がいくつか認められている。この選択は，監査人の承認を得て，望ましい効果を達成するために数値を操作することを許可されたものと受け取られる可能性がある。この問題は，たとえば，貸倒引当金，資産の耐用年数，保証費用，退職給付費用，リストラ費用などの見積もりを含むものの場合，要注意なものとなる。経営者は企業だけでなく，利益もマネジメントすることができるのである。

4. **取引の質**　　その企業は，会計に適応させるために，事業を操作していないか。企業は米国基準を忠実に適用するかもしれないが，そのとき，望ましい結果を達成するために，その会計周辺の取引を調整するかもしれない。これは会計ではなく事業の操作であるが，会計の特徴を不当に利用している。これは次の 2 つの形式をとる。

　　a. **取引タイミングの操作**は，利益に影響を与えるため，取引のタイミングを制御する。**収益タイミングの操作**と**費用タイミングの操作**の双方が含まれる。

464　第**4**部　会計分析とバリュエーション

時に押し込み販売として知られる収益タイミングの操作は，収益認識基準周辺の取引タイミングを操作する。基本的に，米国基準は収益の認識に対して財・サービスの顧客への引き渡しを要求している。企業はその期の利益を増加させるために，その会計期間末の前に多くの財を出荷するかもしれない。また，利益を繰り延べたい場合は，出荷を遅らせるかもしれない。費用タイミングの操作は，利益を操作するためにボトムラインの利益に直結する費用のタイミングを操作する。たとえば，R&Dや広告支出の次期への繰り延べは利益を増加させる一方，当期の広告支出は利益を減少させる。

  b.　**取引構造の操作**は，実質より形式を優先することで行われる。事業の調整は望ましい会計上の取り扱いを受けるための形式を得る目的で行われるが，その取引の実質を調査することで，インチキが明らかになる。

5.　**開示の質**　　開示は事業の分析にとって十分か。開示は財務諸表，注記，「経営者による財政状態および経営成績の検討と分析」（MD&A）からなる。経営者は，アナリストとのミーティングにおいても追加的な説明を行う。ここまで説明してきた，事業を理解し，またそれが財務諸表上でどのように表現されているかを理解するための財務分析のほとんどは，良質な開示に依存している。価値評価においては，次の4つのタイプの開示がとくに重要である。

  a.　開示書類において，事業項目と金融項目を区分する開示。

  b.　非正常項目とコア事業収益性を区分する開示。

  c.　コア収益性のドライバーを明らかにする開示。

  d.　利用されている会計を説明する開示。これにより，アナリストは米国基準の適用の質を調査することができる。

十分な開示なしには，現在のコア事業利益の良質な測定値を用いた予測は難しい。そのため，質の低い開示は質の低い価値評価に結びつくことになるのである。

5つの質についての問いはすべて，会計の質を明らかにするために回答されなければならない。米国基準の質（問い1.）は本書のいくつかのポイント，とりわけ第2, 8, 12章から生じている。監査の質（問い2.）は監査の原則の問題であるので，監査の書籍に譲る。本章では，米国基準の適用の質（問い3.），または，取引のタイミングと構造の操作（問い4.）による利益操作の問題を取り扱う。しかし，もし開示が不十分であれば，どの分析も自信を持って実行することはできない。そのため，開示の質（問い5.）の問題は多くの点で生じることになる。

2　会計を切り分けて進む：利益の期間配分操作の発見

会計手法の選択や見積もりを伴う利益操作は常に痕跡を残している。貸借一致の原

則により，貸借対照表に影響を及ぼさずに損益計算書に影響を与えることはできない。たとえば，より大きな収益はより大きな売上債権（資産）かより小さな繰延収益（負債）を計上することに等しく，より小さな費用はより大きな前払費用（資産）やより小さな未払費用（負債）を計上することに等しい。そのため，貸借対照表の変化を調査することで手がかりを得ることができる。価値評価では事業利益，およびそれに対応する正味事業資産に着目するため，正味事業資産の変化がその焦点となる。

　図16.1は，会計数値の利益操作の効果を示したものである。正味事業資産の成長がある場合とない場合という2つのシナリオに対して，フリー・キャッシュフロー，正味事業資産，事業利益，および正味事業資産利益率（RNOA）が与えられている。それから，それぞれのシナリオについて，利益操作がある場合とない場合の会計数値を示してある。成長なし，利益の期間配分操作なしというシナリオAのケースでは，100の正味事業資産に対して，フリー・キャッシュフローと事業利益は各期12であり，正味事業資産の成長がないため，RNOAは12％で一定である。シナリオBでは，経営者は第0期の事業利益を10増加させ，22とすることを決めた。しかし，それは貸借対照表に影響を及ぼさずに行うことはできないから，正味事業資産もまた10増加し，110とならざるをえない。操作の結果，第0期のRNOAは22％となり，もし注意していなければ，アナリストはそれを将来RNOAの指標として利用してしまうかもしれない。しかし，第1期に事業利益は2まで下落し，RNOAは1.82％となるに違いない。

　ここでは単純に，常に反転を伴う利益の期間配分操作を観察した。第0期における10の利益増加は，第1期の10の利益減少を意味する。会計は，企業の長期間にわたる利益総額を変化させることはできない。それは単に期間をまたいで移転しているだけなのである。ただし，利益の期間配分操作は，第0期における正味事業資産の増大という形で痕跡を残しているということも説明した。

　しかしながら，アナリストは問題を抱えている。なぜなら，正味事業資産は通常の事業成長によって増大することもありうるからである。図16.1における，利益の期間配分操作なし，成長ありのケースであるシナリオCは，フリー・キャッシュフローや事業利益とともに正味事業資産が毎期5％成長している。しかし，RNOAは12％のままである。シナリオDで，第0期に10の事業利益増加を認識する利益の期間配分操作を導入すると，RNOAは21.52％まで増大する。しかしながら，反転もまたはっきりと表れ，第1期に事業利益は3.23まで減少し，RNOAは2.69％まで減少する。その違いは，成長が反転を弱めることだけである。実際，利益の期間配分操作を行う経営者は，その後の成長によって反転による損失が見えなくなるだろうと期待して，こうした操作を行うことが多いのである。

　図16.1は2つのことを教えてくれる。1つは，利益の期間配分操作が残した痕跡

● 図 16.1　会計操作はどのようにその痕跡を貸借対照表に残すか：4つのシナリオ

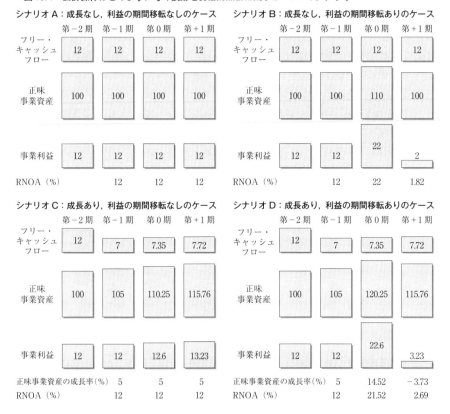

である正味事業資産の変化は，質の分析において焦点を合わせるべきものであるということである。もう1つは，通常の事業成長は分析を複雑にするということである。そのため，正味事業資産の異常な変化に対する判断規準は，通常の事業成長に適応したものでなければならない。

わかっていることと推測とを分ける

第1章のはじめで，わかっていることと推測とを区別せよというファンダメンタル投資家の基本原則を受け入れた。そこでは，財務諸表は事実と呼べる具体的な情報，つまり，憶測からは離れたものであるとした。しかしそれでも，財務諸表は見積もりを含んでおり，見積もりにはいくらかの憶測が含まれている。会計の信頼性原則は，見積もりは確かな証拠を基礎としなければならないとしているが，それらの証拠は見積もりなのである。ここに会計における綱引きがある。現金主義会計の欠陥を克服するために，発生主義会計は見積もりを追加するが，これらの見積もりにいくらかの憶

測が含まれることは避けられないのである。公正な経営者と公正な監査人は憶測を抑制するものだが，残念ながら，これらの代理人は常に信頼できるわけではない。

　結果として生じる質の問題に対処する中で，わかっていることとより推測的なこととを区別するルールを維持することになる。出発点として，私たちは何を知っているだろうか。ここで図 16.1 は，第 2 部以降慣れ親しんできた以下の会計関係式の効果を，簡潔に示している。

$$\text{事業利益} = \text{フリー・キャッシュフロー} + \Delta\text{正味事業資産}$$
$$\text{フリー・キャッシュフロー} = \text{事業活動によるキャッシュフロー} - \text{投資支出}$$
$$(16.1)$$

　計算してみれば，図 16.1 において，この関係が守られていることがわかるだろう。フリー・キャッシュフローはハードである。つまり，この図で見たように，それは会計によって影響を与えることができない。吟味しなければならない事業利益のソフトな部分は，正味事業資産の変化である。正味事業資産の大幅な増加は，事業利益とより高い現在の RNOA を創り出すが，結果として次期の RNOA の基礎となる正味事業資産は高くなる。$\text{RNOA}_1 = \text{事業利益}_1 / \text{正味事業資産}_0$ である。したがって，もし正味事業資産$_0$が増大すれば，RNOA_1 は減少する。

　さらに，以下に示す他の会計関係式も役立つ。

$$\Delta\text{正味事業資産} = \text{投資支出} + \text{事業アクルーアルズ} \qquad (16.2)$$

　したがって，正味事業資産の変化を吟味する際には，アナリストは次の 2 つの調査手段に従う。

1.　投資は適切に貸借対照表に計上されているか。投資の貸借対照表への計上は，時に資本化と呼ばれる。適切な会計は，将来期間に収益を生み出すコストを資本化するが，当期の収益に関係するコストは費用化される。この方法で，収益と費用は適切に対応させられるのである。第 2 章で見たように，米国基準は R&D や広告への投資を即時費用化することなど，いくらかのミスマッチを要求している。しかし，企業は他の項目について裁量を持つ。有形固定資産への投資は（適切に）貸借対照表に計上されるが，もし企業が有形固定資産への定期的な修繕コストを資本化すれば，現在の利益は増加し，減価償却費の増加を通じて，将来の利益は減少する。多すぎる前払費用の認識，棚卸資産に対する高すぎるコストの配分，販売促進費の資本化，顧客開拓費の資本化も，これと同様の結果を引き起こす。

2.　アクルーアルズは適切か。アクルーアルズのリストは長い。いくつか例をあげると，貸倒引当金，返品調整引当金，繰延収益，製品保証引当金，未払費用，そして年金負債がある（この点は後で説明する）。アクルーアルズはとくにソフトな

468　第**4**部　会計分析とバリュエーション

●表 16.1　利益を増加させるため，特定の貸借対照表項目がどのように操作されるか

	貸借対照表項目	利益操作	利益への効果	操作ポイント
資産	総売上債権	稼得前の収益認識	収益の増大	複数の製品・サービスの提供契約，長期契約，関係当事者への売上
	正味売上債権	貸倒引当金と値引・返品調整引当金の減額	収益の増大または販売費の減少	信用の質の低い売上債権，銀行の貸倒引当金
	リース債権	リース契約終了時の見積残存価額の増加	リース収益の増大	航空機リース，コンピュータ・リース，設備リース
	棚卸資産	在庫ではない費用を在庫として認識，陳腐化した在庫の評価減をしない	売上原価または販売費及び一般管理費の減少	在庫の陳腐化の原因となる技術的変化，在庫価格の下落
	前払費用	前払費用の過大見積もり	販売費及び一般管理費の減少	前払した多額の費用
	有形固定資産	修繕費を有形固定資産として認識，見積耐用年数や見積処分価値の増加，過度の減損損失	売上原価以下，損益計算書すべてを通じて表れる減価償却費の減少	資本集約的な製造業
	無形資産	不適当な費用を無形資産に賦課，償却率の低下	販売費及び一般管理費における償却費の減少	知的資本企業，ソフトウェア費用の資本化
	繰延費用	現在の費用を過度に繰延費用として区分	販売費及び一般管理費の減少	繰延税金資産における評価制引当額，顧客獲得費の資本化
負債	繰延収益	繰延収益の減少	収益の増大	複数の製品・サービスの提供を伴う収益を繰り延べている企業
	保証債務	保証引当金の減少	販売費の減少	製品に補償や保証を付けている企業
	未払費用	未払費用の減少	費用の減少（すべての段階における費用に適用）	すべての企業
	年金負債	年金数理上の仮定や割引率の変更による年金負債の減少	年金費用の減額	確定給付年金
	保険給付支払準備金	保険給付支払準備金の減少	保険給付支払費用の減額	保険会社

（注）　利益を減少させるためには，操作の方向を反対にしよう。

　数値である。それらには発生主義会計を適用するために必要な見積もりが埋め込まれているが，見積もりは偏る可能性がある。

　正味事業資産の変化に焦点を合わせて，表 16.1 に操作に利用される典型的な貸借対照表項目を列挙した。表にはまた，操作が損益計算書へ及ぼす効果も示してある。もちろん，この表は，利益調整を行いたい経営者のためのロードマップになるものである（提供するのは不本意であるが）。しかしながら，これはまた，利益調整を調査したいアナリストのためのロードマップにもなる。最右列では，アナリストに利益調整

がより起こりやすいポイントを指摘している。この表の利益調整は利益増加型のものである。利益減少型の利益調整は逆向きに適用される。そのため，たとえば企業が陳腐化した棚卸資産の評価減をし損ねた場合には売上原価がより少なく報告されるが，過度に棚卸資産を評価減すると売上原価がより多く報告される（そして将来の売上原価は少なくなる）。

質の分析の前に

質の調査を始める前に，アナリストは以下の4つの事項をよく理解すべきである。

1. 事業
2. 会計政策
3. 会計の質が最も疑わしい事業領域
4. 経営者がとくに操作したくなる状況

1点目について，事業を知ることは，事業のタイプに対して何が適切な会計かという感覚を得るために必要である。その事業における正常な不良債権比率はどの程度か，そして，その企業の貸倒引当金はその範囲から外れているように見えるか。その業界における償却性資産の標準的な耐用年数はどの程度か。

2点目について，企業の会計政策は，その政策からの逸脱を発見するためのベンチマークを確立する。企業の会計政策は，会計の注記（大抵は最初の注記）で規定される。その政策は保守的かもしれないし，放漫かもしれないし，また中立的かもしれない。それが現在と将来のRNOAの水準を決定する。この政策による永続的な効果は評価を妨げることはない。しかし，政策からの逸脱は操作によるものかもしれない。会計政策が産業標準と異なる企業には要注意である。過去に会計上の見積もりが不正確であった企業を注視しよう。もし企業が継続的に資産の売却から多額の利得を認識していれば，その減価償却費は多すぎるかもしれない。もし企業が継続的に資産の売却損やリストラ費用を報告していれば，その減価償却費は少なすぎるかもしれない。

3点目について，いくつかの事業には，操作が起こりやすい特別なポイントがある。設備のリース業において，そのポイントとは，リースの残存価値とデフォルトに対する引当金の見積もりである。コンピュータ製造業者にとっては，それは返品である。彼らは小売業者に出荷した時点で売上を計上できるが，返品を認めているからである。彼らは流通業者の棚卸資産がオフバランスになることを請け負うことができる。製品の陳腐化はこの産業のファクターであるから，売上の質もまた疑わしい。

4点目について，経営者にとって操作がより魅力的になる状況は数多くある。Box 16.1にそれらを列挙した。クオリティ・アナリストは，操作が起こりやすいケースに注力するために，これらの操作ポイントに気をつける必要がある。

470　第**4**部　会計分析とバリュエーション

Box 16.1　操作が起こりやすい状況

組織的な状況：
- 企業が資本増強プロセスまたは借入の再交渉プロセスの途中である。株式公開に注意しよう。
- 財務制限条項に違反しそうである。
- 経営者の交代。
- 監査人の交代。
- 経営者報酬（ボーナスなど）が利益と結びついている。
- 内部取引が一方向に強く偏っている。
- 経営者によるストック・オプションの価格変更。
- ガバナンス構造が弱い。内部の経営陣が委員会を支配していて，監査委員会は弱いかまったく存在しない。
- 規制による要求（銀行や保険会社における資本比率のような）に違反しそうである。
- 取引が第三者間ではなく関係当事者間で行われている。
- 組合交渉や委任状奪戦のような特別なイベント。
- 企業が買収のターゲットとして「渦中に」ある。
- 利益がアナリスト予想を達成しているが，ぎりぎりである。
- 企業がオフバランスの特別目的事業体や定型化されたデリバティブ契約のような奇抜な取引に従事している。

会計上，財務諸表上の状況：
- 会計原則や見積もりの変化。
- 利益サプライズ。
- 良好だった収益性の悪化。
- 売上が一定または下落している。
- 利益成長が売上成長より早い。
- 非常に小さな正の利益（操作していなければ損失かもしれない）。
- 売上高利益率の小幅な上昇，または上昇なし（操作していなければ低下しているかもしれない）。
- 納税申告と財務報告の費用の差異。
- 財務報告が納税申告や組合交渉など，他の目的に利用されている。
- 当期の最終四半期における会計調整。

買い主危険負担：企業からの株式購入の際には注意しよう

　株式を購入するときには注意しよう。とくに株式を企業から直接購入する際には気をつけよう。株式公開（IPO）で株式を購入したことによるリターンは，とりわけよくないことが広く知られている。実際，IPO が「熱かった」公開された期の後，リスク調整済株式リターンは平均で見てマイナスである。以下の表の判断規準を見てみよう。そこには 1980 年から 1990 年までに行われた 1682 の IPO からとった中央値が示されている。株式公開された期には，これらの企業の売上高純利益率は高かったが，その後は低下している。経営者は IPO のために収益性をよりよく見せようと会計を操作していたのだろうか。そこで，表に示されている異常会計アクルーアルズを見てみよう。これらは，当該期の売上や資本投資の増加から期待されるアクルーアルズを超えるアクルーアルズである（表では簿価に対する比率で表現されている）。これらは IPO 期には高く，利益を増加

第16章　財務諸表の質の分析　471

させたが，その後はかなりの低水準になった。実際，これらはその後マイナスになった。反転したのである。しかも，貸倒引当金は，IPO期には少なかったが，その後に増やされていた。例によって，アナリストはこれらのパターンが正当なビジネスに起因しているのか，それとも操作に起因しているのかを問うことになる。

　この明らかな操作は，IPOで購入した株式のリターンが低いことの説明になるだろうか。市場は実際IPOの際の良好な利益報告に騙されていたのかもしれず，それゆえそれらの企業の価格付けは過度に高いものとなった。そしてその後，より低い利益が報告されることによって価格が下落したとき，市場は以前の利益の「質が低い」ことを認識したのである。実際，推定された操作の量でIPO後のリターンを予測できるという証拠がある[1]。もしそれが本当なら，会計の質を判断するクオリティ・アナリストは，卓越したリターンを獲得することができるだろう。

IPO前後の会計数値

判断規準（%）	IPO期	IPO後の期					
		1	2	3	4	5	6
純利益/売上高	4.6	2.8	2.1	1.6	1.3	1.3	1.8
異常アクルーアルズ/簿価	5.5	1.6	-0.4	-0.8	-2.0	-1.4	-2.7
貸倒引当金/総売上債権	2.91	3.32	3.46	3.62	3.81	3.77	3.85

　（出所）　S. Teoh, T. Wong, and G. Rao, "Are accruals during initial public offerings opportunistic?" *Review of Accounting Studies*, 1998, pp. 175-208.

質の判断規準

　正味事業資産の変化が残した痕跡を追うのは，思うほど簡単ではない。十分な開示と一部のアナリストの努力によって，その痕跡が明らかになる。残念ながら，開示は十分でないことが多い。そのことへの対応として，アナリストは利益操作の発見に役立つ質の判断規準を開発した。

　質の判断は，単なる危険信号である。つまり，それらは会計の質に関する問題提起をするが，その問題を解決するわけではない。それぞれの判断は合理的な理由によって生じるが，事業や会計手法の適用が原因であるかどうかを発見するためにどこまで深掘りするかは，クオリティ・アナリスト次第である。開示の質，とくに会計に関する開示の質が重要なのは，まさにこの点にある。もし開示が十分でなければ，クオリティ・アナリストは，問題の可能性のある点に危険信号を点すことしかできず，それを解決することはできない。あいにく，危険信号は正当な事業上の要因によって説明されるケースが多い。

　図16.2はこれらの判断規準を用いた質の分析をまとめたものである。判断規準の多くには会計比率が用いられている。すべての財務比率と同様，これらも過去との比

───────────────

　原注1）　S. Teoh, I. Welch, and T. Wong, "Earnings management and the long-run market performance of initial public offerings," *Journal of Finance*, December 1998, pp. 1935-1974 を参照。

● 図16.2　事業利益の操作を発見するための判断規準

はじめに売上収益の質を調査しよう。その後，コア費用の質を調査しよう。最後に，非正常項目を調査しよう。

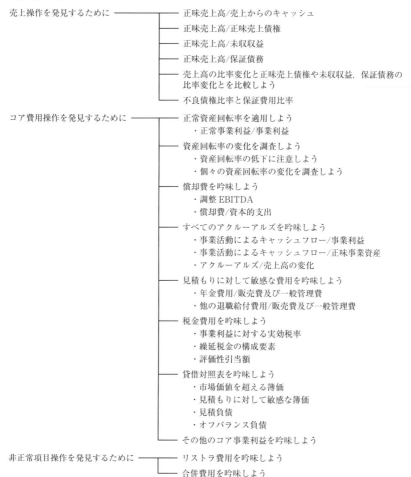

較（時系列比較）や同業他社との比較（クロスセクション比較）によって評価すべきである。過去や他企業との差異を探してみよう。そして，過去からの変化を他企業のそれと比較してみよう。

(16.2) 式は，正味事業資産の変化を調べることは，投資支出とアクルーアルズを調べることを含んでいることを示している。そのため，作業に取り掛かる前に，キャッシュフロー計算書を見てみよう。投資支出は投資セクションで報告され，アクルーアルズは営業セクションで純利益と営業活動によるキャッシュフローの差異として報

告されている。

売上操作を発見するための判断規準

売上高の質は，それが売上によって生み出されるキャッシュの偏りのない見積もり
となるときに，高いといえる。売上が計上されたとしても，返品される可能性もあれ
ば，売上債権が回収されない可能性もある。また，将来よりも非常に多いあるいは少
ない売上が，（未収収益として）現在に計上される可能性もある。したがって，焦点は，
返品調整引当金，信用損失，未収収益調整後の正味売上高に合わせられる。

$$正味売上高＝売上からのキャッシュ＋\varDelta 正味売上債権$$
$$-\varDelta 返品および値引調整引当金－\varDelta 未収収益$$

売上からのキャッシュは会計によって操作できないため，質の問題は，正味売上債
権（貸倒引当金を控除した純額），返品および値引調整引当金，および未収収益の変化
に影響を与えるアクルーアルズから生じる。操作の判断規準は，売上によって得られ
たキャッシュに対する売上高の変化や，売上に関連する正味事業資産の変化に対する
売上高の変化を探すことである。

判断規準：正味売上高/売上からのキャッシュ
判断規準：正味売上高/正味売上債権
判断規準：正味売上高/返品および値引調整引当金
判断規準：正味売上高/未収収益

10-K 年次報告書のスケジュールⅡでは，返品，値引き，および貸倒引当金が報告
される。繰延税金の注記からも，課税計算で認められない引当金の詳細が得られる。
しかし，開示の不足によって，これらの計算のうちのいくつかは，うまくいかないか
もしれない。もし正味売上高が上述したように計算できなければ，米国基準のもとで
報告される正味売上高，つまり，売上高から返品と値引きの見積額を控除したものを
利用しよう。

もし企業が積極的に収益を認識していたり，返品や信用による損失を過小に見積も
って（それゆえ，現金として支払われる合理的な売上債権を示さない）いたりすれば，
上記の判断規準の1つ目の比率は上昇し，2つ目の比率は低下するだろう。もし正味
売上が未収（繰延）収益の過小見積もりによって増加していれば，最後の比率は上昇
するだろう。これら比率の変化は経時的に調査されるべきである。正味売上の比率変
化と正味売上債権や未収収益の比率変化との比較もまた，さまざまなことを明らかに
する。未収収益の減少と同時に起こる売上増加を注視しよう。

もちろん，これらの比率は，普通でない信用販売の成長や仕入債務の支払期間が長

474　第**4**部　会計分析とバリュエーション

い顧客といった，合理的な理由によっても変わりうる。売上債権は，もしそれらが証券化されたり売却されたりすれば，減少するだろう。この比率はまた，製品に対する顧客の関心の低下や顧客を引きつけるための値引きのシグナルになることで，事業についての危険信号にもなりうる。これらは全体的な利益の質に関係する問題であるが，会計の質に関する問題ではない。

　以下の3つの判断規準を用いて，貸倒引当金繰入を吟味しよう。

　　判断規準：貸倒引当金繰入/貸倒損失
　　判断規準：貸倒引当金/売上債権（総額）
　　判断規準：貸倒引当金繰入/売上高

コア費用操作を発見するための判断規準

　操作はまた，費用の記帳を通しても行われる。以下はその調査方法である。

1.　正常資産回転率を用いた正味事業資産の変化の調査

　これまで見てきたように，事業利益の操作は痕跡が残る。正味事業資産もまた，事業利益の変化に従って変化するに違いない。しかしながら，正味事業資産の変化は，正常な事業成長によっても期待できるということも見てきた。最初の測定規準は，その成長に対して制御を行う。

　第12章では，正味事業資産は売上と資産回転率によってもたらされるということを説明した。つまり，正味事業資産＝売上高/資産回転率である。所与の売上水準に対して要求される正味事業資産の大きさは，正常資産回転率によって決まり，また，現在の売上高の変化に対して記録されるべき正味事業資産の変化も，正常資産回転率によって決まる。もし正味事業資産の変化が売上高の変化から期待されるよりも高ければ，費用の操作を疑おう。

　もし（上述した判断規準から）売上高の健全性が満たされるのであれば，以下の計算を行おう。

$$正常事業利益＝フリー・キャッシュフロー＋\varDelta 正常正味事業資産$$

$$＝フリー・キャッシュフロー＋\frac{\varDelta 売上高}{正常資産回転率}$$

　明らかなことであるが，これは（16.1）式の正常化バージョンである。正常資産回転率は，過去数期間の資産回転率の平均，または会計政策の似ている同業他社の資産回転率から計算される。次の判断規準は，ありうる利益操作に対して危険信号を点灯するものである。

判断規準：正常事業利益/事業利益

もしこの比率が1.0と異なれば，危険信号が点灯することになる。

2. 資産回転率の変化の調査

　事業費用の操作は常に，売上高利益率と資産回転率両方の変化を伴うが，それらは反対方向に変化する。費用の減少は売上高に対する利益の比率を高めることになるが，正味事業資産が増加するため，費用の減少は正味事業資産に対する売上高の比率を低下させることにもなる。そのため，資産回転率の変化は操作を示しているかもしれない。そして，もし企業が売上高利益率を上昇させる，あるいは維持するために操作を行っているとすれば，同時に起こる資産回転率の低下は，会計の反転による将来の売上高利益率低下のシグナルとなるだろう。

　表16.2は，1978年から1996年の期間における税引前コアRNOA（第0期）によってグループ化された企業に関するものである。グループ1はRNOAが最も高く，グループ10は最も低い。各グループにおけるコアRNOAの平均値は，グループ番号の次の行に示されている。それから，この表には，各グループの次期（第1期）におけるRNOAと売上高利益率の変化の中央値も示してある。これらは，各グループの第0期の資産回転率の変化が上位3分の1の企業（資産回転率の変化が高い企業）と，下位3分の1の企業（資産回転率の変化が低い企業）について与えられている。すべてのグループについて，次期のRNOAの変化は，現在の資産回転率の変化が低いと低くなる。また，次期の売上高利益率の変化も，すべてのグループについて，現在の資産回転率の変化が低いと低くなる。そして，その差異は，現在RNOAが高い企業ほど大きくなる傾向がある。つまり，現在の高いRNOAは将来のRNOAの低下を伴う傾向があるが，その低下は企業の資産回転率の変化が低いときに大きくなるのである。

　これらの関係は会計の質から生じたものではないかもしれないが，全体的な利益の質の問題とはたしかに関係するものである。そのため，資産回転率の変化を分析し，売上高の変化と資産回転率の変化を比較しよう。売上高利益率が上昇しているか一定であるにもかかわらず，資産回転率が低下しているケースに対して敏感になろう。これは，利鞘が減少しているのに，売上高利益率とRNOAは以前の水準を維持しようとしている企業のケースかもしれない。さらに，正味事業資産が大幅に増加しているにもかかわらず，資産回転率の変化が小さい，または負の変化をしているケースを注視しよう。

　個々の回転率の変化は，ありうる操作を分離させるために調査されるべきである。売上債権回転率，有形固定資産回転率，繰延資産回転率，年金負債回転率，その他の見積負債回転率といった，見積もりを含む回転率に注意しよう。回転率の低下（また

476 第4部 会計分析とバリュエーション

● 表 16.2 異なる資産回転率変化に対する RNOA と売上高利益率の変化

(単位：%)

グループ （第0期）		1 (高い)	2	3	4	5	6	7	8	9	10 (低い)
コア RNOA		57.4	35.5	28.3	23.8	20.2	17.3	14.2	11.3	8.2	3.9
次期 （第1期） RNOA の 変化	資産 回転率の 変化が 高い企業	−6.72	−0.77	−0.18	−0.61	0.12	0.35	0.74	0.69	0.97	1.49
	資産 回転率の 変化が 低い企業	−12.57	−4.90	−2.92	−2.54	−1.41	−0.13	−0.63	−0.45	0.12	0.59
次期 （第1期） 売上高 利益率の 変化	資産 回転率の 変化が 高い企業	−1.14	−0.32	−0.04	−0.13	−0.15	−0.08	−0.31	0.06	0.32	0.88
	資産 回転率の 変化が 低い企業	−2.74	−1.68	−0.94	−1.07	−0.54	−0.51	−0.32	−0.14	0.04	0.29

(出所) P. Fairfield and T. Yohn, "Using asset turnover and profit margin to forecast changes in profitability," unpublished paper, School of Business Administration, Georgetown University, 1999. この論文の公表版（ただし，この表はない）は，*Review of Accounting Studies*, 2001, pp. 371-385.

は，売上高に対する個々の項目の変化）を注視しよう。どのような説明が可能だろうか。

3. 損益計算書項目の直接的な調査

a. **償却費を吟味しよう**　少ない償却費は大抵の場合，リストラ費用や資産処分損による将来の資産評価減の発生につながる。多すぎる償却費は，結果として後の資産処分益につながる。

1988年，ゼネラル・モーターズ（GM）は 49 億ドルの利益を計上した。アナリストは，そのうちの 7.9 億ドルが資産の耐用年数を 35 年から 45 年に延長したことによる減価償却費の減少からもたらされ，2.7 億ドルは車体リースにおける残存価値の見積もりの仮定の変更からもたらされたと主張した。この会計の効果は数年続いたが，その後 1990 年代初頭に大規模なリストラ費用が発生した。この費用は，部分的には過去の償却不足の修正によるものであると主張された。実際，GM は 1990 年代に多くのリストラクチャリングを行っており，アナリストは GM が本当はいくらの利益を創出していたのかを計算するのは不可能であると主張した。

詳細に調べるため，正常資本費用を用いて，償却前事業利益（EBITDA）を以下のように調整しよう。

調整 EBITDA＝（税引前）事業利益＋償却費−正常資本費用

その判断規準は，この調整 EBITDA と報告された償却費を基礎とした税引前事業

利益（EBIT）とを比較するものである。

　　判断規準：調整 EBITDA/EBIT

　正常資本費用は，過去の資本的支出の平均値によって，または，成長を調整するため，過去の売上高に対する償却費の比率から計算された売上水準に対する正常償却費によって，近似される。以下の判断規準もまた，過去数年間にわたって計算しよう。

　　判断規準：償却費/資本的支出

　もしこの比率が 1.0 を下回るならば，将来の償却費は増加する可能性が高い。

　アナリストの中には，より将来志向の要求償却費のモデルを用いる者もいる。このモデルは，評価減や処分損益を予測することにより，過小または過大な償却を識別し，評価減や処分損益を将来生み出さない適正な償却費を算定する。たとえば，もし 1990 年代の自動車産業や情報通信産業のように産業内に過剰設備があれば，このモデルは，現在の償却費が過剰設備の中での投資コストを反映するように調整されるまで，企業は超過設備を評価減しなければならなくなるだろうと予測する。または，もし技術革新によって現在の設備が時代遅れのものとなるようなことがあれば，償却費は調整されることになる。このモデルはまた，設備の更新に必要な資本的支出を年率換算することによって通常は近似される，売上を維持するために必要な償却費も計算しようとするかもしれない。これは，現在の設備を同水準の売上を生み出す新設備に更新するが，そのコストが現在より増加すると予想されているとき，または，技術革新により売上を出すためには生産設備を更新せざるをえないと考えられるときには，望ましいものである。調整された現在の償却費は，将来の償却費のよりよい指標，つまり，より質の高い数値になる。情報通信産業では技術革新が速くなっているため，この方法は，同業界では望ましいものである。

　償却費に対して慎重な他のアナリストは，収益性分析のために，事業利益に償却費を足し戻し，事業活動からの利益の測定値として EBITDA を利用する。しかしこれは不適切な分析である。償却費は給料と同様，売上を生み出すためのコストである。設備は錆びつき，摩耗し，時代遅れになることで価値を失う。償却費は価値の喪失を捕捉する。つまり，EBITDA は付加価値の測定値としては質が低いのである。アナリストが償却費の質について疑問を持っている場合には，正常資本費用を用いた調整 EBITDA を利用することができる。

　b．総アクルーアルズを吟味しよう　　事業活動によるキャッシュフロー＝事業利益－新規の事業アクルーアルズ，であることは，すでに説明した。そこで，以下の計算を行ってみよう。

478　第**4**部　会計分析とバリュエーション

　　判断規準：事業活動によるキャッシュフロー/事業利益

　会計は事業活動によるキャッシュフローに影響を与えないため，正当化されないアクルーアルズを伴う事業利益の操作がこの比率に影響を与える。さらに，以下の計算も行ってみよう。

　　判断規準：事業活動によるキャッシュフロー/正味事業資産

　操作による正味事業資産の増加は，必ず分母に用いる平均正味事業資産に影響を与える。しかしながら，キャッシュフローの計算法にも気をつけよう。事業活動によるキャッシュフローはそれ自体操作されている可能性がある（第10章のBox 10.3を参照）。それでもなお，エンロンやワールドコムのような企業の事業活動によるキャッシュフローは，企業が倒産する前に，事業利益と比較して劇的に減少した。
　c.　個々のアクルーアルズを吟味しよう　　前払費用，繰延収益，未払費用といった，キャッシュフロー計算書において純利益から営業活動によるキャッシュフローへの調整のために並べられている各アクルーアルズを点検しよう。償却費以外の各アクルーアルズに対して，以下の指標を見てみよう。

　　判断規準：アクルーアルズ/売上高の変化

　たとえば，未払費用の変化（キャッシュフロー計算書におけるアクルーアルズ）の減少は，費用が過小に認識されたことを示しているかもしれない。とくに，売上高の変化がゼロに近いとか，過去よりも小さいとか，負の値であるといったときの，利益を増加させるアクルーアルズには十分に気をつけよう（売上高の変化がゼロまたは負の場合は，上の判断規準の比率の形式はうまく機能しないだろうが，それでもアクルーアルズと売上高の変化は比較可能である）。
　d.　見積もりに依存する他の費用項目を吟味しよう

　　判断規準：年金費用/総事業費用
　　判断規準：他の退職給付費用/総事業費用

　年金費用や他の退職給付費用は，計画された支払や負債の割引率の年金数理上の見積もりを変更することによって，また，年金資産の期待収益率を変更することによって，操作することができる。（第12章で行ったように）年金の注記を見て，年金費用の構成要素を調査しよう。開示されている範囲で，他の販売費及び一般管理費の構成要素を調査しよう。この項目は損益計算書の中で大きな割合を占める傾向があるからである。
　e.　税金費用を吟味しよう　　実効税率は多くの場合，経時的に一定率に収斂する。

第 16 章　財務諸表の質の分析　　479

そのため，以下の調査を行おう。

　　判断規準：事業税金費用/税引前事業利益

　もしこの比率が一定率より低ければ，いつ税額控除が終了するかを見つけ出そう。それだけでなく，税金費用のうち見積もりに左右される部分である繰延税金を調査しよう。税金の注記を見て，繰延税金資産や繰延税金負債の変化の原因を調査しよう。もしこれらが売上高と異なる比率で変化しているならば，危険信号が点灯することになる。

　繰延税金は，（米国基準を用いた）財務諸表で報告された利益と（利益の測定に税制を用いた）納税申告書で報告された利益の差額である。もし企業が，米国基準に基づく利益をより多くするために見積もりを利用しているならば，より多くの繰延税金が認識されるに違いない。そのため，税金費用がどの程度繰延税金で構成されているかと，（税金の注記にある）繰延税金の構成要素を調査しよう。とくに償却費から生じる繰延税金を注視しよう。もし（類似企業との比較において）償却費から生じる繰延税金が，償却費と比べて高ければ，または，それが投資の成長と比較して増加していれば，その企業は資産の耐用年数を長く見積もることによって，米国基準に基づく償却費を少なく報告している可能性がある。貸倒引当金，未収収益，製品保証費用の見積もりから生じた繰延税金を調査しよう。たとえば，もし企業が貸倒引当金の見積もりを少なくすることによって米国基準に基づく利益を増加させていれば，より多くの繰延税金を認識することにもなるだろう。なぜなら，貸倒引当金は納税申告書上，キャッシュを基礎として計算されるからである。米国基準に基づく利益の測定において残存価値の見積もりが要求されている，販売型リースから生じる繰延税金も注視しよう。

　企業が繰延税金資産を持っている場合には，ある特徴のために特別なモニタリングが必要となる。その特徴とは，評価性引当額である。繰延税金資産は，税務上の利益に対して，米国基準に基づく利益が少なくなることによって生じる。もし繰延税金資産による税務上の利得が「50％超の確率で」将来において実現しないと思われるのであれば，繰延税金資産はその引当額によって減少させられる。しかし，控えめにいっても，その引当額は主観的な数値である。

4.　貸借対照表項目の直接的な調査

　もし貸借対照表における事業資産の簿価が高すぎるのであれば，将来的にそれらは評価減しなければならず，RNOA を減少させることになるだろう。とくに疑われる点は以下の通りである。

　・簿価が市場価値を上回っている資産。これらはおそらく減損の対象となる（しかしながら，市場価値は確認するのが難しい）。

　・スタートアップ費用，広告費，販売促進費，顧客獲得費，製品開発費，ソフトウ

ェア開発費といった費用の，特殊な資本化によって生じた疑わしい資産。

・ソフトウェアや買収によって獲得された無形資産のような，簿価や償却率が見積もりに依存する無形資産。

・公正価値で記帳されている資産。「公正価値」は見積もりであることが多く，少なくとも不確実性があり，最悪の場合には偏りがある。もし公正価値に時価が用いられている場合，それはバブル価格を財務諸表に持ち込んでしまう可能性がある。2005年から2007年の不動産および金融バブルの間に，銀行の貸借対照表において，売却可能な住宅ローンに時価を用いたのがその例である。公正価値に関する財務諸表の注記を読んでみよう。一定の資産・負債について公正価値を選択できる「公正価値オプション」を用いている企業を注視しよう。銀行はその債務の評価に公正価値を選択するかもしれない。金融危機の際に行われた通り，信用格付けが低下するようなときに，（それら債務の価値が低下することによって）利得が認識される。状況が改善すれば，それらは損失を認識することになる。

事業負債の簿価も調査すべきである。以下の項目に着目してみよう。

・年金負債，その他の雇用負債，繰延収益といった，見積もられた負債。総事業負債に対するこれら負債の比率のトレンドを見てみよう。製品保証債務の見積もりを調査しよう。企業は製品保証債務の見積もりを，保証請求を伴う実際の経験と一致させることが求められている。

　判断規準：製品保証費用／実際の保証請求
　判断規準：製品保証費用／売上高

　　マイレージサービスや小売業クレジットカードのポイントといった優良顧客優待プログラムに対する見積負債もまた監視しよう。

・融資保証，割り当てられた売上債権や債務のリコース，購入契約，訴訟や規制のペナルティに応じるための偶発債務，およびオフバランスの特別目的事業体からの偶発的な義務といったオフバランスの債務。これらの債務は通常は注記で言及されている。偶発事象の結果によるサプライズを避けるため，注記は徹底的に検証すべきである。（汚染の浄化など）環境負債も無視できない可能性がある。

貸借対照表に焦点を合わせてはいるが，この分析はまた利益の質の分析でもある。もし歪んだ簿価が適切な額で記帳されるか，偶発債務が貸借対照表に認識されれば，（負担額を通じて）利益は低くなるだろう。この負担額の欠落は質の低い利益を生み出し，結果としてその後の利益サプライズが生じるのである。

非正常項目操作を発見するための判断規準

非正常項目は，利益の質を改善する目的でコア利益を識別するために分離される。

第 16 章　財務諸表の質の分析　481

Box 16.2　ボーデン：リストラ費用の反転と再分類

　1992 年，食品と化学製品の企業であるボーデンは，利益に対して 6 億 4200 万ドルの特別リストラ費用を認識し，4 億 3960 万ドルの損失を報告した。1993 年，SEC からの働きかけを受け，ボーデンは 1 億 1930 万ドルの費用を遡及修正し，1992 年の利益を増額し，1993 年の利益を減額した。加えて同社には，「パッケージングの現代化」とマーケティングに対する 1 億 4550 万ドルの費用を，経常事業費用として再分類することが求められた。

　1993 年の第 4 四半期において，ボーデンは，前回のリストラ費用とは無関連な事業の廃止に関する見積損失として，6 億 3740 万ドルのリストラ費用を計上した。1994 年の第 3 四半期の結果には，1993 年に過大見積もりされていた損失から生じた 5000 万ドルの貸方項目が含まれていた。

利益の質の観点からは，それらは質が低く，そのために予測から除かれる。しかし，識別された非正常項目が本当に将来に対して含意がないかどうかについて，注意しなければならない。

　もし非正常項目が見積もりを含んでいるのであれば，質の問題が生じることになる。悪名高い例は，見積もられたリストラ費用や減損損失である。企業は将来のリストラクチャリングを決断するかもしれないが，その際には，貸借対照表における見積負債と合わせて，現在の利益にコストの将来見積もり分が含まれることになるだろう。そうして，企業は負債を過大に見積もり，ビッグ・バスを行い，将来的には実際の費用が予想より少なくなることで，損益計算書に利益を戻すかもしれない。

　Box 16.2 はビッグ・バスのケースである。そこに示したボーデン（Borden）のリストラクチャリングは，見積もられた費用について別の論点を提起している。同社は（SEC が結論づけたところによると），1992 年におけるコア事業費用 1 億 4550 万ドルを，同年のリストラ費用に含めた。そのために，コア利益が水増しされた。これが持続するか否かを確かめるために，その費用の構成要素を調査しよう。

　見積もられた合併費用もまた調査に値する。企業はこの費用を過大に見積もり，その後で将来における利益を増加させるために，その過大な見積もりを戻すことが可能である。これは，合併の収益性を実際よりも高く見せることになる。

　もちろん特別損失も，過大にも過小にも見積もられる可能性がある。アナリストは，計上すべき，またはすべきでない特別損失を注視している。AT&T は 1986 年から1993 年の間に 4 回の大規模な特別損失を計上した。同社は，1986 年の 1 株当たり1.21 ドルから 1995 年の 1 株当たり 3.13 ドルまで，特別損失控除前で平均年率 10 ％近い利益成長を報告した。しかし，この期間中に計上された総額 142 億ドルのリストラ費用は，この期間中に報告された純利益の合計額である 103 億ドルを超えていた。AT&T はこの損失は予想できなかった急激な技術革新が原因であると主張した。しかし，クオリティ・アナリストは以下のように問いかけた。リストラクチャリング前の利益は質が低く，後に損失を計上するに違いない過大なものであったか。AT&T

はこの期間中，実際にはどのような利益を生み出していたか。見識のあるアナリストであれば，「正常償却費」を用いて質の低い利益を調整できたのだろうか。報告されたコア事業利益に対する正常コア事業利益の比率を注視しよう。この比率が低いにもかかわらず売上高に対する他のコストの比率は高いケースをとくに監視しよう。これらの状況はリストラクチャリングのシグナルとなるかもしれない。

AT&Tのケースを見れば，リストラ費用を非正常項目として区分することに懐疑的になるに違いない。それらは，とりわけ技術変革や組織変革の時期には繰り返し計上される可能性がある。シティコープは，変革によって銀行業が揺さぶられた時期である1988年から1993年まで，6期連続でリストラ費用を計上した。イーストマン・コダックは1989年から1994年まで，6期中5期で同様の費用を計上した。キャドバリー・シュウェップスは，1996年の報告書において，「大規模なリストラ費用は今や，大規模な食品メーカーにとって，経常的な項目として広く認識されており，アナリストの中には，長期的に売上の0.5％と見積もる者もいる」と主張した。したがって，本源的な（コア）利益からこれらの費用を除外することはもはや適切ではないだろう。

3　取引操作の発見

この点に関する判断規準は，利益を操作するために会計手法や見積もりを利用する企業についての懸念を引き起こす。そこで，提示した5つの質に対する問いの中で，米国基準の適用の質への問い（3つ目の問い）について，はじめに取り扱った。取引の質に対する懸念である4つ目の問いは，利益を操作するための企業の取引のタイミングと取引構造に関するものである。不正でなければ，企業は米国基準が認める限りにおいて，会計手法と見積もりを選択することができる。米国基準が柔軟でない点について，企業は望ましい結果を達成するために，時には事業を米国基準に適応するような形式に調整する可能性があるのである。

コア収益のタイミング操作
他の年度ではなくその会計年度に製品を出荷することで売上を認識すると，利益が期間移転する。残念ながら，この「押し込み販売」は月次の出荷の詳細がなければ，捕捉するのは難しい。最終四半期における予想外の出荷や売上の増減を注視しよう。

コア収益の取引構造の操作
さまざまなテクニックで収益が捏造されている。残念ながら，それらのテクニックを明らかにするのは非常に難しい。投資家は監査人を非常に信頼している。
・関連当事者間取引。たとえば，その設備を必要としていない提携会社に設備を引

き渡し，提携会社はそれを設備として資産計上する一方で，引き渡した企業はそれを収益として認識する。「委託」のために，または暗黙の返品契約を伴って出荷した製品を，収益として計上する。10-K 年次報告書で関連当事者間取引を探してみよう。
・販売型リースとして認められるようにリース取引の構造を決めること。
・手数料収入を売上として計上すること。
・交換取引において棚卸資産を交換すること。

コア費用のタイミング操作

企業は支出のタイミングを操作できる。これがもし即時費用化されれば，利益に影響を与えるだろう。そのため，研究開発費や広告費を見て，以下の比率を調査してみよう。

　　判断規準：研究開発費/売上高
　　判断規準：広告費/売上高

もしこれらの比率が低ければ，企業は現在の利益を増加させるために，支出を将来に繰り延べているかもしれない。

広告費や研究開発費は，資産の質を高めるかもしれない。なぜなら，それらは将来の利益を生み出すかもしれないからである。支出の増加は現在の利益を減少させるだろうが，将来の利益を増加させるかもしれない。その支出が実際に将来の利益を生み出すかどうかを評価するために，製品の技術と市場を理解しよう。経時的にその比率のトレンドを見てみよう。とくに，研究開発や広告費を削減することによって生み出された利益を探してみよう。これらは質の低い利益であるかもしれない。なぜなら，削られた支出によって将来の利益が悪化するかもしれないからである。

隠れた引当金の取り崩し

企業が（政策として）保守的な会計を利用していると，隠れた引当金が創り出される。もし投資の成長が鈍化すれば，隠れた引当金は流動化し，利益が増加する。そのため，企業は一時的な利益の増加を目的に，一時的に投資を遅らせる可能性があるのである。利益を生み出すためにクッキー・ジャー（クッキーの瓶）に（隠れた引当金を）入れることから，この実務は時にクッキー・ジャー会計と呼ばれる。これは（保守的な会計の極端なケースである）R＆D のケースで見られる。それだけでなく，これは貸借対照表に計上されるが，保守的に測定される資産にも適用される。そのため，保守的な会計政策をとっていると特定できた企業を注視して，それらの棚卸資産，設備や無形資産の変化を詳しく調べてみよう。

484　第**4**部　会計分析とバリュエーション

　特別なケースは棚卸資産に LIFO を用いる企業である。もし棚卸資産が減少すれば，隠れた引当金が取り崩されることによって LIFO の流動化による利益が実現する。これは **LIFO の食い込み**と呼ばれる。ここでは注記が役に立つ。なぜなら，棚卸資産の注記には LIFO 引当金の金額を記載しなければならず，SEC は企業に LIFO の食い込みが利益に与える影響を報告することを要求しているからである。それは一時的なものだろうか。企業は利益を一時的に押し上げるために LIFO 棚卸資産の食い込みを行うことができるが，LIFO の流動化は，企業の製品に対する需要が長期的に見て減少する前兆ともなりうる。そして，LIFO 引当金の減少は棚卸資産の流動化ではなく，価格下落の結果として生じる可能性があり，しかもそれは継続的なものである可能性が高い。

　FIFO（先入先出法）会計は操作が容易ではない。しかし，売上原価はより古いコストを基礎とする（そして棚卸資産はより最近のコストを基礎とする）ため，FIFO 売上原価と FIFO 利益は，棚卸資産のコストが上昇している場合，質が低いといわれることもある。売上原価が，企業が棚卸資産に対して現在支払っている金額，または将来支払わなければならない金額を示さないからである。しかしながら，これは棚卸資産の回転が速い通常の状況においては大きな問題ではない。

その他のコア利益のタイミング操作

コカ・コーラによって報告された，2001 年から 2004 年までの結果を見てみよう。

（単位：百万ドル）

	2004	2003	2002	2001
事業利益	5,698	5,221	5,458	5,352
子会社の持分利益	621	406	384	152
その他の利益（損失）	(82)	(138)	(353)	39
被持分投資会社による株式発行の利得	24	8	—	91

　すでに見てきたように，コカ・コーラは非常に収益性が高い。しかし，子会社が株式を発行したとき，子会社からの利益の大部分は，親会社の資本投資で認識された利得（持分変動利益）からきていた。株式発行の中には，ある子会社の株式を他の子会社に発行したものもあった。コカ・コーラはおそらくこれら株式を発行することで「重大な影響」を受けていて，利得を自社の勘定で認識するタイミングを操作するために，株式発行を調整していた可能性もある。これは子会社の真の収益性を表現するための手段であるとコカ・コーラは主張していた。しかし，それは操作に利用される可能性もある。その利得は，事業によるものではなく株式発行によるものであるため，質が低い。

第 **16** 章 財務諸表の質の分析 **485**

非正常項目のタイミング操作

企業は資産の売却損益を認識することによって純利益を増減させるために，資産売却のタイミングを操作する。これらの損益を非正常項目に分類することは，質の問題を論じることになるが，利益に影響を与えるためだけに，質の高い事業を創出している資産の売却には要注意である。企業は，現在の利益を増加させる利得を記録するために，市場価値より低い簿価を持つ資産を売却するかもしれないが，将来の利益は，その資産から得られる利益を失うことで減少してしまうことになる。

組織の操作：オフバランス事業活動

企業は時に事業活動のある側面をオフバランスにするために，業務を調整する可能性がある。こうしたオフバランス事業活動は**シェル**と呼ばれ，シェルを構成することは**シェル・ゲーム**と呼ばれる。

R&D パートナーシップ

R&D 支出は利益を減少させる。それゆえ，企業は時に，R&D を外に持ち出すため，おそらく他のパートナーとともにシェル企業を設立する。元受け会社は実際に研究を行うかもしれないが，そのとき R&D パートナーシップを請求し，R&D 支出を相殺するための収益を創り出す。もし R&D が失敗したら，シェルにおける投資は減損しなければならず，R&D からの過去の収益は架空のものとなるだろう。

年 金 基 金

年金基金は，1990 年代に（年金基金によって保有されていた）株式市場で上げ相場が続いたことに伴って起こったように，資金が大きく膨張した状態になることがある。この膨張した資金は法的には従業員の財産であるが，企業は経営上の費用の支払のためにこの資金を利用する方法を見出した。企業はこれを早期退職計画，退職者医療給付，そして合併の資金調達に当てる。それらのコストは別の方法で損益計算書に計上されることになるだろう。

特別目的事業体

これらの事業体は，リース資産や流動化された資産のように，企業の貸借対照表に別の方法で計上される資産を保有するために設計されたものである。企業はこれらの事業体を支配していないかもしれない（したがって，その事業体は連結されない）が，その事業体の義務に対するリコース負債を持つかもしれない。

4　正当化できる操作？

コカ・コーラは，投資家が他の方法では知ることのできない子会社の潜在的な収益性を報告するために，株式発行による利得を認識したと主張した。ゼネラル・エレク

トリックは（否定しているが），通常の，予測可能な利益成長を描写するために利益を「平準化」したと疑われている。

　経営者は将来から利益を借りるか，将来に利益を移すことによって，利益を平準化する。彼らは調子の悪い期には利益を借り，調子のよい期には利益を貯める。もし調子のよい期が利益を借りた調子の悪い期の後に続くだろうと経営者が確信できるならば，何の問題もない。実際，そのような実務は，現在の利益が将来の利益のよりよい指標となるという意味で，予測にとって有益であろう。利益が平準化されているほうが，利益の質は（予測にとっては）よりよいと主張する人さえいるかもしれない。

　しかし，調子の悪い期が続いたらどうなるだろうか。そのとき，よりよく見せるために水増しされた現在の利益の質は，疑わしいものとなる。こうしたとき，この実務の分析は難しい仕事になり，アナリストは，操作された利益を質が高いものとして受け入れる前に，企業の長期的な利益の見通しをよく確認しなければならない。操作された高い RNOA を受け入れるのは，企業が将来にわたって RNOA を維持するだけの真の収益性を有している場合のみにしよう。コカ・コーラのケースにおいて，収益性は低下したが，もはや子会社株式からの利得を用いて利益を支えることができなくなったらどうなるだろうか。

5　開示の質

　ニューズ・コーポレーション（News Corporation；ルパード・マードックが社長）は，出版，娯楽，テレビ，スポーツのフランチャイズ事業に従事している。1998年まで，多くの国で，数百の企業を通してこれらの事業を運営してきた。その連結財務諸表は控えめにいっても解釈が難しく，アナリストはよくもっと透明性を高めてもらいたいと要求していた。アナリストには，どこから利益が生み出されているのかを見つけ出すことが困難だったのである。そして，収益と利益の大部分が米国の映画，テレビ，およびスポーツから生み出されていたにもかかわらず，ニューズ・コーポレーションは娯楽会社というよりも出版社のような価格付けをされていた。すなわち，1998年に，その期の予想利益の8.5倍の価格で取引されていたのに対し，ディズニーや，バイアコム，タイム・ワーナーのような競合他社は16倍かそれ以上の価格で取引されていたのである。1998年6月，マードックは，20世紀フォックス，FOX テレビジョン・ネットワーク，ロサンゼルス・ドジャース，そしてニューヨーク・ニックスとテキサス・レンジャーズの一部の権利を含む娯楽資産を束ねて，フォックス・グループとして分社化することと，その株式の20％を公開することをアナウンスした。ニューズ・コーポレーションの株価は，この分社化のニュースによって12％上昇した。これは開示に対する報酬だったのだろうか。他の要因も寄与していたかもしれないが，

アナリストは，透明性の高まりを歓迎し，それが結果として利益に対する評価を高めた原因となった。ゼネラル・モーターズの一部門であるヒューズ・エレクトロニクスのような，企業の特定の事業に対する「トラッキング・ストック」または「非公開株」も，同様の効果を持つ（これはまた，一部の投資家が求める利益流列を分離することにもなる）が，それらの株主はたいてい議決権を持たない。

ニューズ・コーポレーションの分社化は，不十分な開示が低い評価に結びつくことを示している。投資家は情報不足によるリスクに対して価格を割り引くのである。不十分な開示への価格効果は，時に資本コストという用語で表現される。つまり，質の低い開示は，追加的なリスクに対する報酬として要求リターンを上昇させる。

開示問題は財務分析のすべての側面に浸透している。そろそろ，これに取り組む際の，開示を含む問題のリストが蓄積されてきたのではないだろうか。以下を（本当はもっと多く）そのリストに加えるべきである。

- 連結会計は収益性の源泉の発見を難しくすることが多い。
- 事業別，地域別セグメントの開示は，十分に詳細なものではないことが多い。
- 非連結子会社の利益は分析が困難である（すべての利益が過半数の所有権を持たない子会社によるものである企業を考えよう。それらの子会社の売上高コア事業利益率には透明性がない）。
- キャッシュフロー計算書におけるフリー・キャッシュフローを，損益計算書と貸借対照表から（事業利益 − Δ 正味事業資産として）計算されるフリー・キャッシュフローと一致させるには，開示が不十分である。この問題のいくつかは，事業利益と正味事業資産に含まれる項目の不確実性に由来する。
- オプション・オーバーハングを計算するための開示は十分でない。
- 販売費及び一般管理費の詳細情報は不足していることが多い。

6　質のスコアリング

ここまで紹介してきた判断規準を並べてみると，その数に圧倒されてしまう。会計の質を包括的に測定できたらよくないだろうか。そのような測定法は，質の合成スコアと呼ばれる。合成スコアは以下のように，多数の判断規準を1つの測定尺度でウェイト付けする。

$$合成スコア = w_1 D_1 + w_2 D_2 + w_3 D_3 + \cdots + w_n D_n$$

ここで，D はスコアであり，w は合成に含まれている n 個のスコアそれぞれに与えられたウェイトである。

このスコアを構築するためには，会計の質のどの側面を捕捉しようとしているのか，

どの判断規準を含めるべきか，そしてそれらに適用するウェイトをどうすべきかといったことを知る必要がある。利益の質については，最初の問いに対する答えは明らかである。つまり，ここでは利益の反転を予測したい。そして判断規準のセットは，その目的にとって最高のものを選択することになる。たとえばだが，利益の反転を予測するために重要だと判断された判断規準をベースにした10点尺度のスコアなどといった，場当たり的なスコアを開発する人もいるかもしれない。あるいは，クオリティ・アナリストとしての長年の経験をベースとした専門的なシステムを開発する人もいるかもしれない。しかし，基本的には，判断規準とウェイトはデータを参照することによって選択される。問うべきは，過去にどのような判断規準のセットが利益の反転を予測しているか，どのようなウェイトが最高の予測を提供するかである。データからの見積もりを構成するために標準的な統計手法が適用される。最小二乗回帰はその一例である（おそらく最良の方法ではないが）。

データから質のスコアを見積もることは，大規模な判断規準のセットを管理可能な大きさに圧縮するという利点を持つ。データは，多くの判断規準は相関している，つまり似通った情報に基づいているため，すべては必要でないということを教えてくれるだろう。しかし，質の分析には，考慮に入れるべき別の特徴がある。すでに述べたように，判断規準は単なる危険信号であり，質に問題があるという測定結果が出たとしても，それが事業上の妥当な理由によって正当化されるかもしれない可能性は十分にある。したがって，誤りを犯す可能性があるのである。利益の質の分析は確率的な課題であり，データは判断規準のセットを利用するとどの程度誤りを犯す可能性があるかを教えてくれる可能性がある。誤りとしては，実際は質の問題があるのに問題がないとその企業を識別してしまう，いわゆる第一種の過誤か，実際は質の問題がないのに問題があるとその企業を識別してしまう，いわゆる第二種の過誤がありうる。データはこれらそれぞれの過誤を犯す確率を教えてくれる。

近年，質のスコアが多数開発されている。ここでは，そのうち5つのみを紹介する（本章に対応するウェブサイトではより多くのスコアを紹介している）。

・Mスコア：SECによる調査を受ける可能性がある利益操作を発見するスコア（M. Beneish, "The detection of earnings manipulation," *Financial Analysts Journal*, 1999, pp. 24-36）

・Fスコア：低PBR企業における財務健全性を識別するスコア（J. Piotroski, "Value investing: The use of historical financial statement information to separate winners from losers," *Journal of Accounting Research*, Supplement 2000, pp. 1-41）

・Qスコア：保守的な会計が利用されているときに，隠れた引当金の取り崩しによってどの程度利益が影響を受けるかに関するスコア（S. Penman and X. Zhang, "Accounting conservatism, the quality of earnings, and stock returns," *The Account-*

● 図 16.3　高 S スコア企業と低 S スコア企業の RNOA（1979〜2002 年）

　S スコアは 0 から 1 の間をとり，0.5 は現在の RNOA が将来も維持されることを示唆する。0.5 を上回るスコアは将来の RNOA が現在の RNOA を上回り，0.5 を下回るスコアは将来の RNOA が現在の RNOA を下回ることを示唆する。このグラフは，S スコア上位 3 分の 1（高 S）と下位 3 分の 1（低 S）の平均 RNOA をプロットしたものである。両グループの RNOA は，S スコアが見積もられた基準年である第 0 期において同水準であるが，その後の年度において有意に異なる。

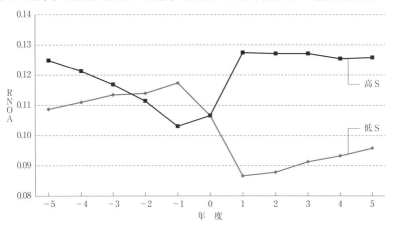

（出所）　S. Penman and X. Zhang, "Modeling sustainable earnings and P/E ratios using financial statement analysis," 2006. https://papers.ssrn.com/sol3/papers.cfm?abstract_id=318967 にて閲覧可能。

ing Review, April 2002, pp. 237-264)

・S スコア：事業利益が持続可能か，または反転するかを示す合成スコア（S. Penman and X. Zhang, "Modeling sustainable earnings and P/E ratios using financial statement analysis," 2006. https://papers.ssrn.com/sol3/papers.cfm?abstract_id=318967 にて閲覧可能）

・異常アクルーアルズ・スコア：異常と思われるアクルーアルズの金額を見積もるために開発されたモデル（たとえば，J. Jones, "Earnings management during import relief investigations," Journal of Accounting Research, Autumn 1991, pp. 193-228；P. Dechow, R. Sloan, and A. Sweeney, "Detecting earnings management," The Accounting Review, April 1995, pp. 193-225)

　図 16.3 は，これらのスコアがどの程度機能しているかを示している。それは持続可能利益のスコアである S スコアの計算を基礎としており，現在の RNOA が将来において持続するか，増加するか，または減少するかを予測するために，財務諸表から計算された質の判断規準を利用している（どのように利益調整が RNOA に影響を与えているかを思い出すために，図 16.1 を見直そう）。分析には，利用可能なデータを持つ 1979 年から 2002 年までのすべての米国上場企業が含まれている。S スコア上位 3 分の 1 の企業は，下位 3 分の 1 の企業より，スコアを推定した年度である第 0 期の後の

年度において，たとえ両グループが第0期に同じRNOAを持っていたとしても，有意に高いRNOAを持つ。その差異は些細なものではない。1年後には12.8％対8.8％となっている。

7 質の分析に対する異常リターン

多くのアナリストは，市場は報告された利益に「固定化」されていると主張している。市場は利益を額面通りに受けとめるので，経営者は株価に影響を与えるために利益を操作しようとする。効率的市場を信じている人は，市場はいかなる会計上のトリックからも真の収益性を見通すと主張するだろう。しかし，効率的市場を信じていないクオリティ・アナリストは，会計の質を分析することで異常リターンを獲得するためのミスプライスを発見できることを，経験から学んでいるのかもしれない。

図16.4を見てみよう。この図は，高いSスコアを持つ企業を買い，低いSスコアを持つ企業を売る投資戦略からの年次リターンを，1979年から2002年の各年度について示したものである。買いポジションと売りポジションの相殺は，（取引費用を除き）投資額ゼロを意味するから，もし買い側と売り側が似通ったリスクを持っていれ

● 図16.4 Sスコア上位10％の株式の買いポジションと下位10％の株式の売りポジションによるヘッジ・ポートフォリオからの暦年ごとの年次リターン（1979～2002年）

このリターンは，企業規模と関連するリスクに対するリターン部分を控除するため，企業規模が調整されている。つまり，各企業のリターンは，その規模に対する平均リターンを減じたものである。この買い－売りポジションは投資額ゼロを意味する。ゼロ投資に対するリターンは4つの期を除き，すべて正である。

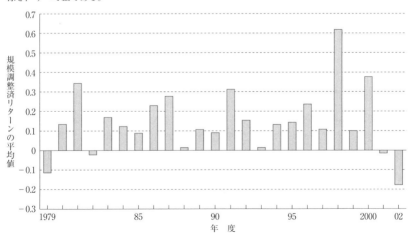

（出所）S. Penman and X. Zhang, "Modeling sustainable earnings and P/E ratios using financial statement analysis," 2006. https://papers.ssrn.com/sol3/papers.cfm?abstract_id=318967 にて閲覧可能。

ば，リターンもゼロになるべきである。しかし，そのリターンは4つの期を除きすべて正であり，しかも多くの年度で10％かそれ以上と，かなり大きい。似たようなリターンは，キャッシュフローに対するアクルーアルズの大きさや，さまざまな質の判断規準を用いたトレーディングで記録されている[2]。もちろん，トレーダーはますます質の分析を活用するようになっているから，将来のリターンはこれら過去のリターンとはマッチしないかもしれない。

　持続可能利益の分析を基礎とした投資戦略は，なぜ機能するのだろうか。図16.4に手がかりがある。もし投資家が概して利益の質についてよくわかっていない場合には，以後のRNOAが報告されたときに驚くだろう。しかし有能なアナリストなら，そうしたサプライズからリターンを得るために，株式投資のポジションをとっていることだろう。

要　約

　現在の財務諸表から予測を行うとき，アナリストはそれらの財務諸表に用いられている会計の質に気をつけなければならない。もし会計手法と見積もりが報告された収益性を一時的に増減させているのであれば，アナリストはその効果が将来反転することを知っている。

　本章では，会計の質の分析に利用するために，一連の判断規準を展開してきた。これらの判断規準は，会計数値について疑いがある場合に危険を知らせる，単なる暗示的な信号である。それらが提起した疑いを解決するため，さらなる調査と経営に対する問いかけを行うことになる。会計の質に関する総合的な判断に到達するために，アナリストは操作が行われやすい状況に気をつけ，また特定の産業において敏感な問題に気をつける。本章は会計の質について，とくに懸念すべき状況を概説した。

　会計の質の分析は，持続可能利益に関するより広範な分析の一部である。本章と第12章の持続可能利益のツールを結合させよう。そして第15章の危険信号の分析を，現在の収益性を将来も維持する企業の能力についてのさらなる問題提起のために利用しよう。

キー・コンセプト

- **LIFO の食い込み**は，LIFO引当金の取り崩しによって当期利益を増やすために LIFO 棚卸資産を減らす実務である。[484]
- **押し込み販売**は，より多くの収益を認識するために当期に販売を前倒しする実務である。[464]
- **会計の反転する性質**は，高め（低め）の当期利益が結果として将来低め（高め）の利益となる性質である。[461]

原注2)　たとえば，R. Sloan, "Do stock prices fully reflect information in accruals and cash flows about future earnings?" *The Accounting Review*, July 1996, pp. 289-315 を参照。また，本書の本章に対応するウェブサイトも参照。

492 第4部 会計分析とバリュエーション

- **開示の質**は，財務諸表と注記情報がそれらを分析するのに必要な詳細さを備えている程度である。［464］
- **監査の質**は，米国基準の遵守を保証する監査の誠実性に帰する。［463］
- **シェル**は，企業の事業の一部だが，その事業をオフバランスに保つように組織された事業である。［485］
- **質の判断規準**は，財務諸表における会計の質についての問題点を見つけるための尺度である。［471］
- **収益タイミングの操作**は，選択した会計期間に収益を認識する実務である。［463］
- **将来からの借入利益**は，将来認識されるべき利益を当期に認識する（積極的会計）実務である。**将来に対する貯蓄利益**と比較しよう。［461］
- **将来に対する貯蓄利益**は，当期利益を将来に繰り延べる実務である。**将来からの借入利益**と比較しよう。［461］
- **積極的会計**は，代替的な会計手法より多くの当期利益を認識する会計である。**ビッグ・バス会計**と比較しよう。［462］
- **取引構造の操作**は，望ましい会計上の効果を達成するために取引を調整することである。［464］
- **取引タイミングの操作**は，特定の会計期間に取引を認識するため，事業を会計ルールに合わせて調整する実務である。［463］
- **取引の質**は，報告利益の決定に影響を与える**取引タイミングの操作**の量によって決まる。［463］
- **ビッグ・バス会計**は，当期利益を（大抵の場合大幅に）減らす会計である。**積極的会計**と比較しよう。［462］
- **費用タイミングの操作**は，選択した会計期間に費用を認識する実務である。［463］
- **米国基準の質**は，米国基準が企業の価値評価と関連する取引を捉える程度である。［463］
- **米国基準の適用の質**は，企業活動を「真実かつ公正に」表現するために，企業が米国基準の会計を利用する程度である。企業は企業活動を歪めて表現するために米国基準の範囲内で利用可能な会計手法を選択することもできる。［463］
- **利益調整**は，利益の期間配分を調整する実務である。［461］
- **利益の質**は，当期利益が持つ将来利益の予測可能性によって決まる。利益の反転が予測されなければ，その利益の質は高い。［460］

演習問題

⚊ **痕跡を追う：利益のハードな構成要素とソフトな構成要素の識別**

　ある企業の税引後事業利益は1298百万ドルであった。フリー・キャッシュフロー234百万ドルはキャッシュフロー計算書から計算された。

　a.　この利益の「ハード」な構成要素と「ソフト」な構成要素を識別しなさい。

　b.　フリー・キャッシュフローは687百万ドルの投資支出の後のものである。この年の事業アクルーアルズはいくらか。

⚋ **利益の期間配分操作と正味事業資産**

　ある企業の CFO は CEO に2234百万ドルの税引後事業利益が示されている財務諸表一式を提示した。この数値は期首正味事業資産に対するリターン9％を生み出した。CEO は彼らが約束した RNOA のターゲットである12％を下回っていることに不平をいい，このターゲットを達成するた

めにどのような「会計上のトリック」が利用可能か尋ねた。

  a. CFO は利益を操作するために正味事業資産にいくら加算しなければならないか。

  b. 次期において RNOA に対して利益調整が与えると見込まれる影響はどのくらいか。

③ **判断規準の解釈**

  以下では過去 3 期間の比率の平均値に対する当期の比率を並べている。それぞれに対して，RNOA が次期に増加するであろうことを示唆する比率であるか，それとも減少するであろうことを示唆する比率であるかを示しなさい。

比　率	現在の水準	過去 3 期間の平均値
貸倒損失/売上高	2.34 %	4.12 %
保証費用/売上高	3.59 %	2.30 %
正味売上/売上債権	7.34	5.88
棚卸資産/売上高	0.23	0.12
償却費/資本的支出	1.3	1.5
繰延収益/売上高	0.9	0.25

訳者あとがき

本書は，Stephen H. Penman, *Financial Statement Analysis and Security Valuation*, Fifth Edition（McGraw-Hill/Irwin, 2013）の翻訳である。原書は全20章から構成される大著だが，本日本語版は紙幅の都合上，一部を割愛している。会計情報に基づく価値評価（バリュエーション）と価値創造の源泉を見極める財務諸表分析をテーマとする原書は，学生・実務家向けの最先端の教科書であるとともに，研究者・専門家にとっても刺激的な内容となっている。また，ファンダメンタル・アナリストの観点から書かれた原書は，不朽の名著，Benjamin Graham and David Dodd, *Security Analysis*（McGraw-Hill Book Company, 1934）の現代版といってもよい。

本書には，価値評価モデル，財務諸表分析のツール，そして会計そのものについての，ペンマン教授の深い洞察が反映されている。会計をどうデザインすべきか，それがペンマン教授の問題意識である。会計研究も，薬の開発や橋の建設と同じように，効果と副作用をテストした上で，よりよい製品を顧客に届けるものではなくてはならない。そこでの問いは，一言でいえば，「何がよい会計か」（What is "good" accounting?）である。よい会計なくしては，よい財務諸表分析もよい価値評価も保証されない。

ターゲット顧客が明確でない製品が，誰にとっても中途半端なものになるように，利用者が特定されていない会計情報もまた，誰にとってもあまり役に立つものではないだろう。本書では，会計情報のターゲット・ユーザーが普通株主とされ，その観点から財務諸表が組み替えられている。「普通株主の観点」を徹底した原書は，普通株主以外の利害関係者への分配（たとえば優先配当）を控除した利益を comprehensive income と呼んでいる。本日本語版では，この利益を「包括的な」利益と訳し，通常の財務諸表における包括利益と区別している。また，財務諸表の組み替えは，価値創造の源泉を識別するためにも必要とされる。本書では，企業の活動が事業活動と資金調達活動（金融資産への投資を含む）とに大別され，その区分に基づいて組み替えられた財務諸表を通じて，価値創造の源泉である事業活動の収益性と成長性が分析されている。

ここで留意すべき点は，こうしたアプローチによって，「真の」株式価値を計算しようとしているわけではないということである。本書の価値評価モデルは，「正しい」価値評価のためではなく，むしろ株式市場における価格を吟味するために駆使される。

本書では，簿価と利益をアンカーとする価値評価モデルによって，市場価格に織り込まれた期待リターンと成長率を突きとめる手法が明らかにされている。それは，会計情報を使って市場価格を読み解くということであり，会計情報と市場価格との差異に焦点を合わせるということでもある。

　本書には金言がちりばめられているが，とりわけ不確実性への対処についての言葉には，ペンマン教授の長年の研究に裏づけられた確かな知見が表れている。本書で提示された価値評価のプロセスは，投資をめぐる不確実性を理解し，それを軽減していくプロセスでもある。繰り返し述べられている通り，私たちは，わかっていることと推測とを混同してはならない。そして，価値評価のアンカーとなる財務諸表上の簿価と利益は不確かなものであってはならない。すなわち，利益は不確実性が解消するまで認識してはならない。

　近年ペンマン教授が強調している，この「不確実性の解消」（resolution of uncertainty）という概念は（R. Barker and S. Penman, "Moving the conceptual framework forward: Accounting for uncertainty," Occasional Paper, Center for Excellence in Accounting and Security Analysis, Columbia Business School, 2017），実はすでに，日本の企業会計基準委員会の討議資料「財務会計の概念フレームワーク」（2006 年）において，「投資のリスクからの解放」という概念として導入されている。表現こそ違うものの，いずれも不確実性下における会計測定の基本原則を表している。本書は，財務諸表分析と価値評価について書かれたものであるが，会計基準およびその指針となる概念フレームワークについて考える上でも示唆に富む。会計，財務諸表分析，価値評価の三者が相互に関連していることを忘れてはならない。

　翻訳は，荒田映子（武蔵大学），大雄智（横浜国立大学），勝尾裕子（学習院大学），木村晃久（横浜国立大学）の 4 人で分担した。2015 年 11 月にそれぞれの担当章を決め，各章の細目次とキー・コンセプトを訳出することから始まったこのプロジェクトは，全章の最終原稿を仕上げるまでに実に 2 年超の時間を費やした。それぞれの一次原稿・改訂原稿・最終原稿を相互にチェックし，そのつど翻訳方針を確認・調整するという作業を積み重ねた。意味をつかみにくい単語・表現については，ペンマン教授に確認をした上で訳出した。

　訳者のうち，荒田は 2006 年 4 月～2007 年 3 月に，大雄は 2015 年 4 月～2016 年 3 月に，コロンビア大学ビジネススクールに客員研究員として滞在した経験がある。ペンマン教授は，Ph. D.（博士課程）の授業科目 Valuation and Financial Statement Analysis を担当されており，そこでも，何がよい会計か，よい会計研究とはどういうものかについて，熱を込めて語られていた。大雄のコロンビア大学滞在中に始まったこの翻訳プロジェクトのお話をすると，すぐに原書の誤記を訂正したファイルを送

訳者あとがき　　**497**

ってくださり，こちらの質問にはいつも笑顔で，時には板書をしながら細かい点まで答えてくださった。コロンビア大学ビジネススクールでは Accounting 分野の学生の多くが留学生であったが，留学生に対して丁寧で温かい指導をされることから，ペンマン教授の人気は絶大であった。帰国後も，クリスマスカードやメールのやりとりでは，いつも温かい言葉をかけてくださり，時には "Happy times in research!!" と励ましてくださる。ややもすると修行のようになりがちな研究生活であるけれども，ペンマン教授の研究を楽しむ姿勢こそが，学生を惹きつけていたのだろう。

　本日本語版の完成までには，多くの方々のご協力を得た。まず，翻訳の機会を与えてくださった久保田敬一先生（中央大学）に，心よりお礼を申し上げたい。ご自身が翻訳なさるつもりで準備されていたのがご多忙ゆえに難しくなり，元同僚の荒田に打診してくださったのが，このプロジェクトの始まりであった。また，株式会社有斐閣の尾崎大輔氏（現在は，NIRA 総合研究開発機構）には，企画の初期からご尽力いただき，プロジェクトを多面からサポートしていただいた。翻訳の企画がはじめてであった訳者たちにとって，尾崎氏は大変心強い存在であった。尾崎氏の後を引き継いだ得地道代氏には注意深く原稿を校正していただき，多くの貴重なコメントを頂戴した。おふたりと，同社のみなさまに深く感謝申し上げる。

　最後に，本日本語版の出版に際しては武蔵大学研究出版助成の援助を受けた。ここに記して感謝の意を表したい。

　　　　2018 年 2 月

訳 者 一 同

索　引

アルファベット

AIG 保険　10

AOL　11

AT＆T　481, 482

BB レシオ　451

BPS〔1 株当たり簿価〕　*47*, 138, 144

CAPM　→資本資産評価モデル

DCF　→割引キャッシュフロー

DPS〔1 株当たり配当〕　67, 144

EBIT〔営業利益, 利払前税引前利益〕　*40*, 66, 117, 118, 477

EBITDA　66, 72, 476, 477

　調整――　477

EDGAR　32, 33

EPS〔1 株当たり利益〕　*40*, 138, 144, 236, 387, 390

　希薄化後――　*40*, 236

　基本（的な）――　*40*, 236

　中期――成長率　418

ESOP　261

FASB〔財務会計基準審議会〕　32, 228, 233

Fed モデル〔グリーンスパン・モデル〕　189

FIFO〔先入先出法〕会計　484

FRB〔連邦準備制度理事会〕　8, 189

F スコア　488

GDP〔国内総生産〕成長率　150, 152, 183, 202, 203, 208, 370, 415, 416

GE　→ゼネラル・エレクトリック

GM　→ゼネラル・モーターズ

IASB〔国際会計基準審議会〕　32, 33

IBM　337-340, 378-380, 390

IFRS〔国際財務報告基準〕　32, 53, 54, 160, 219, 227, 228, 239, 241, 286, 393

　――へのコンバージェンス　54

JP モルガン・チェース　140

LIFO〔後入先出法〕　462, 484

　――の食い込み　**484**

M＆A　157

MCI　157

MD＆A　→経営者による財政状態および経営成績の検討と分析

MM 命題　89

M スコア　488

Nifty Fifty　8

NPV　→正味現在価値

PBR〔株価・簿価倍率〕　11, *47*, 63, 68, 72, 130, 134, 136, 138, 140, 160, 165, 166, 182, 195, 201-203, 205, 301, 329, 331, 352, 354, 358, 366, 394, 395, 426, 444, 488

　――スクリーニング　*70*

　事業〔アンレバード〕――　66, *365*, **395**, *412*, 436

　市場――　395

　正常――　**134**, 140

　内在――　26, *47*, 130, 136, 394

　内在レバード――　436

　レバード――　**395**

P/CFO〔株価・営業キャッシュフロー倍率〕　63

　――スクリーニング　*70*

PEG レシオ　190

　――に基づくスクリーニング　192

PER〔株価・利益倍率〕　3, 5, 6, *50*, 63, 66, 72, 73, 165-168, 171, 172, 182, 186, 188, 191, 195, 202, 301, 329, 331, 352, 354, 357, 358, 366, 394, 397, 426

　――スクリーニング　*70*

　次期事業――　*397*, 414

　事業〔アンレバード〕――　*365*, **397**, 398

　次期レバード――　398

　市場――　*50*

　実績――　67, 68, *172*, 179, 188, 189, 352, 354, 356, 357

　実績事業――　*397*

　正常――　179, 190, 330, 352, 354

　正常実績――　173, 352

　正常予想――　171, 173, 352, 353

内在―― 25, 26, 50, 444

内在予想―― 176

配当調整後―― 67, 173

予想―― 67, 171, 172, 173, 188-190, 353, 354

レバード―― 397, 398

ローリング――〔――(ttm)〕 67

PPE社 407, 411, 412, 414, 435, 437, 441, 443-446, 448, 454

PSR〔株価・売上高倍率〕 63, 66, 72, 73

アンレバード―― 68

PVR〔株価・価値倍率〕 76, 78

Qスコア 488

R&D〔研究開発〕 483

――資産 358

――支出 122, 160, 297, 485

――パートナーシップ 485

――費 337, 359, 462, 483

RNOA〔正味事業資産利益率〕 273, 303-305, 308, 311-314, 318, 319, 321-323, 343, 344, 346, 347, 349-351, 370, 372, 412, 415, 417-419, 426, 429, 433, 437, 450, 453, 462, 465, 467, 469, 489

――のドライバー 313, 426, 452

――の変化分 347

ROA〔総資産利益率〕 310, 311

ROCE〔会計上の利益率, 帳簿上の利益率, 普通株主資本利益率〕 137, 138, 139, 140, 228, 229, 245, 301, 303-305, 308, 314, 321, 322, 324, 346, 349, 350, 351, 354, 372, 382, 383

――に対するレバレッジ効果 349

――のドライバー 301, 303, 304, 312, 382

――の分解 303

予想―― 201

ROE〔株主資本利益率〕 138

S&P500 5, 171, 203

――インデックス 202

SEC〔証券取引委員会〕 32, 33, 42, 54, 70, 459, 463, 481, 484, 488

Sスコア 489

TRW 297

USエアウェイズ 356

WACC →事業資本コスト

「What-if」問題 302, 321, 324, 419

あ

曖昧な戦略 453

アクティブ〔能動的〕投資（家） 4, 5, 195, 196,

199, 200, 202, 205, 210, 238

アクルーアルズ〔発生項目〕 114, 117, 118-124, 291, 336, 467, 470, 472, 473, 478, 489, 491

――の予測 117

異常――・スコア 489

異常会計―― 470

収益の―― 120

総―― 122, 477

費用の―― 120

アット・ザ・マネー 232

アップル 25

アディダス 34

アナリスト 10, 78

――への教訓 188

――予想 150, 183, 186, 353, 416, 417

内部―― 16, 17

外部―― 15, 17

アマゾン 11

アメリカン証券取引所〔AMEX〕 136

アルファ 5

――・テクノロジー 5, 93

アンカー 12, 26, 53, 65, 131, 135, 165, 168, 174, 179, 199, 210, 333, 367, 406, 414, 459

――となる（会計）価値 52, 206

アンカリング原則 135, 174

アンレバード価値 →事業価値

アンレバード測定値 66

アンレバード倍率 →事業倍率

アンレバード利益・価格倍率 398

い

いいとこどり 341, 359

意思決定 302

維持投資 124

異常項目 259, 334

異常事業利益成長 374, 376, 410, 414, 426, 436, 437, 443, 446

――モデル 374, 375, 387, 389, 416

異常利益 329

異常利益成長〔AEG〕 170, 172, 174, 176, 177, 180, 182, 186, 190, 301, 329-331, 352, 353, 354, 372, 373, 390, 397, 423, 446

――の変化分 331

――モデル〔オルソン＝ジッター・モデル〕 23, 176, 178, 182, 185, 186, 189, 210, 365, 372, 387, 389

異常リターン 5

索　引　501

イーストマン・コダック　336, 482
一時的費用　179
一時的利益〔一時的項目〕　→非正常項目
一般に認められた会計原則　463
インサイダー取引スクリーニング　*70*
イン・ザ・マネー　231, 232
インターネット株　11
インターネット・バブル　72
インデックス投資　5
インプライド成長率　202, 203, 208
インプライド利益成長率　**208**

う

ヴィヴェンディ　390
ウェスティングハウス　290
ウォルマート　11
受取手形（短期の）　*248*
受取配当　117
受取利息　114, 117, 310
売　り　*76*
　　――推奨　151, 208
売上（高）　72, 320, 321, 351, 425, 426, 437, 441,
　　442, 445, 452, 453, 474
　　――からのキャッシュ　473
　　――成長　322, 352
　　――操作の判断規準　473
　　――に対する正味の（包括的な）利益率
　　　270
　　――の質　473
　　――の収益性　316
　　――予測　435, 439
売上原価　119, 121, 484
売上債権　319
　　――回転日数〔回収日数，回転期間〕　318,
　　451
　　――回転率　317, 321
売上総利益〔粗利益〕　*40*, 317, 319, 321
売上高研究開発費率　451
売上高コア事業利益率　405, 462
　　販売活動からの――　343, 345, 347, 348, 426,
　　442
　　販売活動からの――の変化　430
売上高広告費率　439
売上高事業利益率〔PM〕　313-316, 319-322,
　　345, 347, 348
　　――のドライバー　319, 324
　　その他の項目からの――　317

販売活動からの――　270, 316, 317
売上高成長率　417, 419, 430, 441, 445, 450
売上高総利益率　321, 439, 442, 451
売上高販売費及び一般管理費率　451
売上高利益率　72, 417, 425, 427, 435, 437, 438,
　　442, 450, 452, 453, 475
　　――のドライバー　*317*
売掛金　120, 123, 321
　　――の貸倒引当金　275
運転資金　248, 254, 288

え

永久債　**105**
　　――の価値　*104*, 110
　　成長を伴う――の価値　*104*
永久投資　275
営業活動　14, 87, 91, 101, 107, 217, 288
　　――における付加価値　119
営業活動によるキャッシュフロー〔営業活動によ
　　るアンレバード・キャッシュフロー〕　*40*,
　　66, 114, *116*, 117, 119, 121, 286, 291, 295, 296,
　　472, 478
　　計算書上の――〔営業活動によるレバード・キ
　　ャッシュフロー〕　*116*
営業費用　37
営業利益　→EBIT
益回り　191
　　――によるスクリーニング　190
　　期待――　189
エクソンモービル　340
エンロン　297, 478

お

憶　測　93, 381, 406, 407, 424, 425, 466
押し込み販売　**464**, 482
オプション　241
　　――・オーバーハング　235, 241, 393, 444,
　　487
　　――評価モデル　392-394
　　発行済――　392, 393
　　未行使――　235
オフバランス事業活動　485
オフバランスシート負債〔オフバランスの債務〕
　　241, 480
オフバランスのれん　*46*
オペレーティング・リース　**250**
オラクル・コーポレーション　251

か

買 い 　*76*
　　——推奨　151, 208
海外子会社　257, 294
外貨換算差額　222, 225, *226*, 241, 341
買掛金　249, 297, 309
会 計　51, 428
　　——における緊張関係　53
　　——によってつくり出された成長　189
　　——によってつくり出された利益　158
　　——の質　50, 53, 156, 240, 241, 275, 295, 296,
　　359, 414, 459, 461, 462, 464, 471, 474, 475, 487,
　　490
　　——の反転する性質　**461**
　　よい——　53
　　悪い——　53
会計関係式　**33**, 35, 37, 44, 123, 341, 444, 467
会計基準　17, 31, 54, 114, 122, 240
　　——変更時差異の償却　*338*
会計原則　31, 32, 156, 186, 187
会計情報　17
　　——の体系化　6
会計処理の修正　239
会計数値　22
会計政策　469
会計操作　240
会計測定　240
　　——の問題　123
会計等式　→貸借対照表等式
会計比率　471
会計不正　461
会計方針　42, 66
会計方法〔手法〕　160, 187-189, 331, 459-464,
　　482
開 示　323, 464, 471
　　——の質　**464**, 471, 486
　　——不足　263, 266, 292, 473
　　——問題　487
　　セグメントの——　487
会社分割による利益　267
回収部門　318
回転率〔使用率，資産活用率〕　*318*, 475
価 格　4, 24
　　——スクリーニング　*70*
　　——付け　352
　　——リスク　**5**

鍵となるドライバー　*320*, **433**, 452
確定給付年金　337, 340, 343
隠れた項目　227
隠れた引当金　483, 488
貸倒引当金　340, 462, 471, 479
　　——繰入　474
貸出債権　249
課税回避　257
課税所得計算上の事業損失　261
加速償却法　462
価 値　4, 24, 46, 51, 157, 188, 196, 199, 301, 308,
　　349, 350, 365, 366
　　——等式　46
　　——ドライバー　156
　　——に基づいた経営　17
　　——の喪失　477
　　——のタイプ　**433**
　　——の認識　156
　　——の認識のタイミング　121
　　——のフロー　122
　　——の分配　119, 228, 231
価値創造　*14*, 107, 183, 186, 228, 231, 330, 446,
　　452
　　——の源泉　129, 301
価値・価格倍率〔VPR〕　151
価値評価〔バリュエーション〕　2, *14*, 26, 46, 50,
　　76, 101, 107, 118, 119, 131, 168, 206, 219, 245,
　　257, 269, 301, 302, 321, 324, 329, 365, 370, 377,
　　405, 423, 425, 434, 439, 443-445, 447, 452, 460
　　——における要求リターンと成長率の相互作用
　　190
　　——についての誤解　196
　　——に基づく取引　*78*
　　——のアンカー　*26, 51*
　　——のフレームワーク　149
　　——のプロトタイプ　131, 168
　　アンレバード版の——　419
　　完全な——　134
　　適正な——　198
　　レバード版の——　419
価値評価グリッド　*419*, 454
価値評価手法〔価値評価技法，評価技法〕　22-
　　24, 27, 61, 63
価値評価分析　→ファンダメンタル分析
価値評価モデル〔バリュエーション・モデル〕
　　80, 86, 91, 93, 123, 129, 130, 135, 195, 196, 198,
　　419, 425

索　引　503

合　併　337, 447, 485
　　——費用　481
株　価　24, 64, 449, 490
株価/EBIT 倍率　66
株価/EBITDA 倍率　72
株価・売上高倍率　→PSR
株価・営業キャッシュフロー倍率　→P/CFO
株価・価値倍率　→PVR
株価配当比率〔P/d〕スクリーニング　70
株価倍率　23, 63, 68
　　——によるスクリーニング　23, 68
　　——分析　61, 63
　　調整後——　66
株価・簿価倍率　→PBR
株価・利益倍率　→PER
株　式　13, 190, 352
　　——アナリスト　15
　　——の額面金額　225
　　——分析　239
　　——リサーチレポート　16
株式益回り〔E/P レシオ〕　73, 189
株式買い戻し　254, 257, 294, 306, 307
株式価値　13, 14, 49, 73, 107, 197, 200, 370, 375,
　　381-383, 394, 395, 397, 435, 437
　　——評価〔株式評価〕　13, 367, 372
株式公開〔IPO〕　470
　　——購入　470
株式投資　254
　　——に関する未実現利得損失　341
　　子会社への——　249
　　短期の——　249
　　長期の——　249
　　未公開——　113
株式配当　229
株式発行　41, 87, 138, 161, 219, 220, 294, 443,
　　447, 484
　　効率的市場における——　87
　　時価以下での——　87
　　時価での——　87
株式分割　225, 229
株式報酬　232, 241
　　——費用　224, 463
株式リターン　49
株　主　1, 13
　　——との正味の取引　222
　　——との取引　231
　　——の視点　239

——の投資の価値　130
——への正味支払　→正味配当
株主価値　135, 232
　　——創造　449
株主資本コスト　135, 137, 377-379, 381, 382,
　　446
株主資本利益率　→ROE
株主付加価値　49
株主持分〔純資産，所有者持分，持分〕　13,
　　35, 41, 43, 123, 130, 225, 254, 330
　　——に転換される負債　292
　　——の成長　139, 228
　　——の成長性　156
　　——の変動　220
　　——の簿価　26, 46, 119, 139, 225, 330
　　——のリターン　382
　　——への投資の収益性　156
株主持分計算書　33, 41-43, 219, 220, 227, 228,
　　239, 263, 294, 341
　　——の組み替え　222
　　組み替え後の——　228, 231, 234, 245, 253,
　　263, 284, 294
借　入　350, 390, 391, 443, 449
　　——コスト　241, 437, 443
借入利子率　323, 345
　　貸出利子率と——のスプレッド　323
　　短期——　307-309
為替差損益　334
為替レート　294
環境負債　480
還元額　228
監査の質　463, 464
完成品　319
間接法　286
感応度　92, 96-98
　　——分析　185, 321, 324, 418, 440
簡便性　86
管理費　319
関連会社　249
関連当事者間取引　482

き

企業価値　→事業価値
危険信号　281, 318, 450, 462, 471, 488
　　——の指標　451
技　術　20
　　——革新　477, 482

──的情報　453
新──　*25*
製品──　316, 441, 483
規　制　21
季節スクリーニング　*70*
期待収益率　340
期待損失　235
期待簿価　142
期待利益　166
期待リターン──　130, *201*, 202, 203, 205, 210, 311,
　419
　インプライド──　**201**, 205
　加重平均──式　*201, 210*
希薄化　87, **232**
　──効果　394
逆張り株式　**69**
逆張り投資家　431
キャタピラー　296, 297
キャッシュ　40, 43, *248*, 257, 281
　──生成能力　282
　──のニーズ　281
　──・バーン　257
　──保存の等式　285
キャッシュフロー　13, 101, 103, 113, 114, 118,
　122, 156, 160, 285
　──の質　296
　──のヘッジ　*227*
　──の予測　101
キャッシュフロー計算書　33, 40, 43, 101, 113,
　121, 156, 233, 281, 284, 292, 295, 336, 341, 349,
　351, 408, 472, 478, 487
　──の組み替え　281
　IFRS における──　114, 117
　組み替え後の──　285, 292, 374
　米国基準における──　114, 285
　プロ・フォーマの──　114
ギャップ　19
キャドバリー・シュウェップス　482
キャピタル・ゲイン　**49**
キャピタル・リース　**250**
業績悪化　451
競　争　20
　──の状態　316
　──（の）圧力　**21**, **428**, 431, 452
競争優位　21, 333
　──期間　**428**
　──の持続（可能）性〔持続可能な／持続的な

──〕　*21, 210*, 333, 334, 348, 415, 425
共分散　98
キンバリー・クラーク　240
勤務費用　*337, 339*
　過去──の償却　*338*
金融危機　10
金融業　371
金融項目　248, 311, 323, 370, 462
　税引後──　262
　特別な──　345
金融資産　246, 247, 254, 257, 288, 289, 296, 310-
　312, 378
　──の蓄積　**444**, 446, 449
　──の売却　351
　──への投資　217
金融収益　247, 443
金融費用　247
金融負債　246, 247, 251, 254, 306, 312
金融利益　259
金　利　191

く

偶発債務　52, 276, 480
クエスト　390
クオリティ・アナリスト　459, 469, 471, 481,
　490
グーグル　183, 184, 192, 206, 208, 210, 333
クッキー・ジャー　336
　──会計　*483*
クライスラー　257
繰延収益〔未実現収益〕　*250*, 276, *336*, 359
繰延税金　479
　──資産／負債　*250*, 275
クリーン・サープラス　312
　──会計　225
グリーンスパン，アラン　8, 189
グレアム，ベンジャミン　51, 196-199, 257
クロスセクション分析〔比較〕　*269, 472*

け

経営計画　302
経営者　16, 20, 238, 302, 341, 446
　──のボーナス　461
　──報酬　350
経営者による財政状態および経営成績の検討と分
　析〔MD＆A〕　35, 250, 274, 334, 451, 464
経営難　451

経済的要因　*21*, 425, 427, 428, 433, 434, 452
継続価値〔CV〕　**109**, 110, 133, 143, 144, 146, 148, 149, 156, 167, 180, 183, 186, 198, 199, 369
継続企業　**81**, 85, 103, 135, 174
　――モデル　143
継続事業における資産の使用価値　75
継続プレミアム　145
契　約　*12*
限界税率　**260**, 291, 379
減価償却（費）　72, 120, 122, 153, 296, 469, 476
研究開発　→R＆D
現　金　248
現金及び現金同等物　40, 254, 257
　――の変化分　286
現金給与　232
現金主義会計　101, 119, 466
現金同等物　248
現金配当　220, 222, 294
現在価値　83, 377, 382
　――技法　113
　――評価式　*84*
検　証　*86*
減衰図　*428*, 450
減衰パターン　**209**
減衰レート〔持続レート〕　431, 444, **427**
建設費用　263, 290

こ

コア RNOA〔正味事業資産コア利益率〕　343-345, 377, 415, 428, 450, 475
　販売活動からの――　345
コア借入コスト　345
コア残余事業利益　**377**
コア事業費用　481
コア事業利益〔持続可能事業利益〕　333, 343, 347, 376, 405, 409, 442, 450, 462, 482
　――率　343
　――の識別　336
　正常――　482
　販売活動からの――　334, 442
コア収益性　348
コア収益のタイミング操作　482
コア収益の取引構造の操作　482
コア費用　338, 340, 345
　――操作の判断規準　474
　――のタイミング操作　483
コア利益〔持続可能利益，本源的利益〕　180,

329, **333**, 341, 343, 349, 357, 359, 460, 480, 481, 489, 491
公開会社会計監査委員会〔PCAOB〕　463
交換取引　483
貢献利益　*348*
　――率　348
広告支出　321
広告（宣伝）費　266, 297, 319, *337*, 359, 462, 483
　――比率　451
行使価格　392
　加重平均――　393
行使日　392
　――会計　*234*
工　場　441
公正価値　48, 161, 195, 371, 392, 480
　――オプション　341, 480
　――のヘッジ　*226*
　――を適用したことによる未実現利得損失　*341*
購　入　250
効率性　313, 318
効率的市場〔市場の効率性〕　2, 65, 151, 160, 238, 490
　――における株式発行　87
子会社の利益　442, 484
子会社への株式投資　249
コカ・コーラ　76, 110, 112, 432, 433, 484-486
小型株スクリーニング　*70*
国際会計基準審議会　→IASB
国際財務報告基準　→IFRS
国内総生産成長率　→GDP 成長率
固定費　348, 349, 442
コール・オプション　**231**
ゴールドマン・サックス　10, 237
コンセンサス予想〔予想コンセンサス〕　150, 183
コンチネンタル航空　450

さ

債　券　1, 190, 311
　――（への）投資　85, *249*, 254
　――評価式〔モデル〕　*83*, 103
債権価値　15
債権者　*13*
　――・債務者への正味支払〔正味支出〕　*285*, 373

債権の現金化　297
在庫（品）　123, 295, 318, 319, 321
最高財務責任者〔CFO〕　17
最小の真実価値　51
採　択　*77*
裁定価格理論〔APT〕　*97*
裁定取引　85
財務会計基準審議会　→FASB
財務活動　**14**, 87, 217, 288, 290
　――によるキャッシュフロー　*40*, 114
　株式に関する――　87
財務計画　*281*, 283
財務健全性　488
財務情報　453
財務諸表　1, 17, 22, *26*, 31, 33, 61, 79, 131, 219,
　239, 405, 406, 414, 418, 450, 459, 464, 466
　――における測定　46
　――の組み替え　217
　――の形式　*31*, 33
　――の構成　31
　――の質　460
　――の質の分析　459
　――の注記　33, 42, 114, 248, 250, 254, 263,
　266, 274, 291, 319, 323, 334, 345, 451, 464, 469,
　484
　――の内容　*31*
　――の予測　101
　――の連携　**43**, 44
　組み替え後の――　245, 273, 301, 303, 341
　プロ・フォーマ（将来）――　435, 437, 439,
　444
財務諸表情報　405, 407, 414
　――の分析　199
財務諸表分析　1, 6, 22, 31, 140, 200, 202, 301,
　341, 365, 405, 407, 423, 425, 462
　将来の――　**423**
財務比率　471
財務部長　281
財務分析　453, 454
財務モデル　453
財務リスク　**380**
　――・プレミアム　380
財務レバレッジ〔簿価レバレッジ〕　304, 306,
　308, 310, 312, 314, 322, 323, 346, 350, **381**, 382,
　446
　――のよいニュース　304
　――の悪いニュース　304, 306

好ましい――〔ギアリング〕　**304**
好ましくない――　306
簿価ベースの――　395
負の――　307
サプライヤー　251, 254, 255, 307, 309, 319
産　業　428, 431
残高変動等式　*41*
残余金融費用　*368*
残余金融収益　*369*
残余事業利益〔経済的付加価値, 経済的利益〕
　267, 269, 308, *368*, 372, 374, 376, 377, 407, 426,
　433, 435-437, 443, 446, 452
　――成長率　415
　――ドライバー　*372*, 426, 433, 434, 436, 452
　――の持続可能性　*427*
　――の予測　426, 445
　――モデル　369, *370*, 375, 383, 407
　ゼロ――投資　446
残余請求権　13, 35
残余利益〔RE, 異常利益, 超過利益〕　**131**,
　132, 133-137, 139, 140, 144, 146, 155, 156, 160,
　182, 301, 324, 329-331, 346, 351-354, 358, 368,
　371, 373, 377, 383, 423, 446
　――ドライバー〔バリュー・ドライバー〕
　139, 228, *301*, 372, 407
　――による価値評価　143
　――の変化分　331
　――モデル　23, **132**, 134, 136, 142, 153, 155,
　157, 159, 161, 167, 175, 178, 180, 182, 183, 185,
　186, 196, 200, 206, 365, 367, 371, 382, 447
　株主持分に帰属する――　267
　株主持分に帰属する事業活動からの――
　267
　予想――の現在価値　135, 154
残余利益成長　168, 183, 329, 330, 350
残余利益成長率　208
　インプライド――　201

し

仕入債務回転日数　319
ジェネンテック　311, 432
シェル　**485**
　――・ゲーム　485
時　価　74, 87, 480
　――での株式取引　231
時価会計　48, 392, 394, 447
自家製配当　**89**

時価総額〔株式時価総額〕　47, 378
時価評価　334, 341, 392, 394
　——の売買可能有価証券　275
時価法　*237*
事業〔ビジネス〕　18, 187, 245, 247, 254, 263,
　274, 301, 334, 349, 350, 365, 423, 425, 441, 442,
　445, 452, 469
　——における付加価値　112
　——によるキャッシュフロー　*107*
　——の効率性　426
　——の収益性　310, 311, 313, 346, 349, 350
　——の知識　427
　——のバリュエーション〔評価〕　131, 153
　——の簿価　153
事業価値〔EV, アンレバード価値, エンタープ
　ライズ・バリュー, 企業価値〕　14, *46, 66*,
　73, *107*, 112, 140, 154, 258, 324, *369*, 374, 378,
　394, 395, 397, 398, 409, 436, 437
　——評価モデル〔企業価値評価モデル〕　108,
　375
事業活動　*107*, 217, 219, 245, 246, 251, 257, 258,
　267, 274, 283, 288, 291, 292, 303, 306, 310, 333,
　343, 351, 365, 366, 373, 387, 392, 420, 445
　——からの残余利益　267
　——からの節税効果　262
　——からの配当　373
　——からのリターン　382
　——によるキャッシュ　*285*
　——によるキャッシュフロー　283, 291, 478
　——によるフリー・キャッシュフロー　285
　——による持分の成長率　229
　——の収益性　261, 273, 307, 370, 452
　——の正味投資　251
　——の成果　282
　——のリターン　304
事業環境　**434**, 452
事業項目　248, 311, 323, 462
事業資産　246, 247, 253, 254, 310, 313, 318, 351
　——の簿価　479
　——利益率　307, 308
事業資本コスト〔WACC, 加重平均資本コスト,
　企業資本コスト〕　377, 378-381, 446
事業収益率　311
事業スプレッド〔スプレッド〕　**304**, 321
事業成長　465, 474
事業セグメント　317
事業戦略　→ビジネス・モデル

事業投資　85, 217
事業取引　232
事業内容　221
　——の理解　*77*
事業倍率〔アンレバード倍率〕　*66*
事業負債　246, 247, 251, 253, 254, 306, 309, 311-
　313
　——回転率　318
　——に内在する利子　307
　——の簿価　480
事業負債レバレッジ　306, 308, 309, 311, 312,
　314, 318, 319, 322, 323, 349
　——・スプレッド　**308**
　好ましい——　307, **308**, 318, 319
　好ましくない——　307
事業利益〔企業利益, 税引後正味事業利益〕
　247, **258**, 259, 266, 269, 283, 304, 308, 333, 334,
　343, 365, 366, 368, 370, 374, 375, 397, 435, 437,
　439, 442, 443, 450, 462, 465, 467, 474, 477, 478,
　487
　——アプローチ　383
　——イールド　398
　——に課せられる税　261, 262, 344
　税引後——　261, 262, 273
　販売活動以外からの〔販売に由来しない〕——
　258, 266
　販売活動からの——　258, 266, 334, 343, 344
事業リスク〔企業リスク〕　*377*, 378, **380**
事業レバレッジ　*349*, 442
資金調達　237, 254, 256, 292
資金調達活動　217, 219, 245, 246, 258, 261, 274,
　283, 288, 291, 292, 303, 306, 310, 343, 349, 351,
　365, 373, 380, 383, 386, 387, 389, 392, 395, 445
　——からの節税効果　262
　——からの配当　373
　——に課せられた税　262
　——によるキャッシュフロー　291
　——によるコストの加重平均　322
　——によるプレミアム　382
　——のキャッシュフロー　285
　——の収益性　273, 307
資金調達取引　232
シグナリング効果　*88*
時系列比較　472
自己株式　37
資　産　35, 121, 123, 129, 134, 156, 171, 229, 246,
　441

――再評価に伴う利得損失　227

――の減損　*336*, 337

――の質　483

――の売却　485

――の売却損益　359

――ベースの企業　*75*

――ベースの評価　23, 62, 73, 75, 76

資産回転率〔ATO〕　313-322, 345, 347, 348, 351, 405, 417, 425, 426, 435, 437, 439, 441, 445, 450, 452, 474, 475

――のドライバー　319

――の変化　430

正常――　474

資産評価モデル　*92, 96*, 98, 197, 378, 381

事　実　199

――に基づく価値　199

自社株買い　88, 138, 161, 187, 220, 222, 228, 383, 385, 390, 447, 449

自社株取引　447

市場価格　195, 200, 207, 333, 381, 392, 393, 406, 419

――と行使価格との差額　233, 234

――と発行価格との差額　231

――の吟味〔検証〕　199, 202, 210, 238

市場価値　74, 365, 367, 370, 381, 392, 479

市場の効率性　→効率的市場

市場付加価値　49

市場ポートフォリオ　5, 205

市場レバレッジ　**381**

シスコシステムズ　311, 333

持続可能事業利益　→コア事業利益

持続可能な〔持続的な〕収益性　346

持続可能利益　→コア利益

実現損益　*341*

実現利得損失　226

実効税率　261, 262, 266, 451, 478

　事業に課せられる――　262

質の合成スコア　*487*

質のスコア　488

質の判断規準　471, 487, 489, 491

シティ・グループ　10

シティコープ　482

シナジー　75

シナリオ分析　*454*

支払期間　321

支払税金　117

支払手形　250

短期の――　*249*

支払の先延ばし　297

支払配当　117

支払利息　114, 117

資本化　104, 105, 168, 171, 175, 250, *467*, 480

――された予想利益　174

――された利益　168, 171

――された利息費用　323

――のポリシー　297

資本コスト　85, 99, 103, 104, 135, 330, 350, 354, 368, 377, 381, 443, 487

資本資産評価モデル〔CAPM〕　5, *92, 97*, 98, 135, 197, 378, 381

資本市場　*13*

資本剰余金　225

資本的支出　477

社　債　390

収　益　37, 119

――タイミングの操作　**463**

――認識原則　**49**, 52

　複数年にわたる――契約　336

収益性　245, 246, 251, 263, 274, 281, 301, 303, 305, 312, 313, 319, 322, 341, 415, 423, 424, 432, 461, 486, 490

――のドライバー　346, 425

――分析　301, 302, 312

終末価値　103, 104, 109

受注残高　451

取得原価会計〔取得原価主義〕　**48**, 405

純資産　→株主持分

純粋株主持分企業　380

純利益　*37*, 40, 42, 114, 117, 119, 121, 122, 221, 222, 225, 226-228, 262, 310, 462, 472, 478

　普通株主に帰属する――　40

ジョイント・ベンチャーからの利益　343

償還可能優先株式　**222**

償還期限　246

償還優先株　254

償却費　66, 348, 349, 476, 477, 479

　正常――　477, 482

　要求――　477

商業手形　248

証　券　*12*

――アナリスト　**15**

条件付債務　393, 394

条件付請求権　*12*, 40, 235

条件付持分請求権　**236**

索　引　509

証券取引委員会　→SEC
証券分析　**2**
上場企業　13
情　報　6, 23, 73
　——の体系化　25
　——の分析　76, *77*, 85, 199
正味売上債権　473
正味売上高　37, 473
正味株主価値　46
正味借入コスト　273, 274, 303, 304, 310, 321-
　323, 345, 346, 349, 398
正味金融資産　246, 254, 256, 258, 266, 273, 284,
　305, 309, 321, 322, 345, 352, 369, 378, 443
　——リターン　273, 303, 305, 321
正味金融収益　266, 305
正味金融費用　258, 266, 283, 304, 333, 345, 368,
　398, 437, 443
　税引後——　273
正味金融負債　246, 253, 256, 266, 273, 283, 291,
　304, 309, 310, 350, 365, 368, 369, 375, 378, 379,
　395, 397, 437, 438, 443
正味現在価値〔NPV〕　*85*, 154
　——ゼロの活動　106
　——ゼロの投資〔ゼロ——投資〕　*85*, 446
　——分析　153
　正の——の投資　*85*
正味コア借入コスト　333, 345
正味事業資産　66, **246**, 251, 253, 254, 258, 266,
　273, 283, 291, 304, 306, 309, 313, 317, 322, 351,
　352, 365, 366, 368-370, 372, 375, 394, 409, 415,
　424, 426, 435, 437, 438, 441, 443, 450, 465, 467,
　468, 471, 472, 474, 475, 478, 487
　——成長率　411, 413, 417, 419
　——の成長　426, 433, 465
正味事業資産コア利益率　→コア RNOA
正味事業資産利益率　→RNOA
正味事業負債　261
正味支払利息　*114*
　税引後——　*114*
正味出資比率　230
正味投資　116
正味配当〔（株主への）正味支払〕　41, 176, 222,
　283, 284, *285*, 373, 437, 438, 443
　負の——　221
正味付加価値　119
正味負債　66, *108*, 246, 352
正味利息　288

　——に課せられる税〔——の支払への税〕
　290, 296
　現金による——　288
　税引後——　291
正味利息収益　261
正味利息費用　259, 309
　税引後——　260
将来からの借入利益　**461**
将来に対する貯蓄利益　**461**
所有者持分　→株主持分
ショールズ，マイロン　393
信　託　261
信用アナリスト　*15*, 281
信用供与　254, 255, 307, 319
信用販売　248, 251
信用分析　312
信頼性規準　52, 53, 74
信頼性原則　466

す

推　測　25, 53, 167, 199
　——への依存度　156
推測価値　51, 199, 207
推測成長　207
　——による価値　206
推測的な情報　25, 26
数理計算上の差異　*338*
スクリーニング　*68*, 202, 355
スタートアップ企業　414, 453
スターバックス　111-113, 118, 124
スタンダード＆プアーズ　3
ストック　41, *43*, 168
ストック・オプション　41, 42, 224, *231*, 232,
　241, 261, 294, 297, 392, 393, 444
　——（行使による）損失　233, 234
ストックとフロー
　——の関係〔等式〕　43, 220
　企業のすべての——　217, 245, 246, 285, 373
スプレッド　346, 382
　貸出利子率と借入利子率の——　323

せ

税額控除　233, 234
請求権　12, 13
税効果　393
清　算　112, 113
　——価値　75, 133

生産能力　442
生産費用〔コスト〕　319, 321
政　治　21
正常資本費用　476, 477
税制適格オプション　**233**
税制非適格オプション　**233**
成　長　24, 104, 105, 168, 183, 245, 330, *333*,
　358, 366, 390, 406, 423, 424, 474
　——が加味された市場による評価　410
　——価値評価　147
　——経路　208
　——のドライバー　186, 322, 331, 333
　——の分析と予測　149
　——への対価　149, 156, 174, 186, 190, 208,
　333
　——予測　210
　——を加味した単純な評価　411, 417
　——を加味した評価　416
　——を加味した予測　415
　市場の——期待　333
　長期の——予測　207
　リスクと——の相互作用　190
成長株〔グロース株〕　**69**, 166, 358
成長企業　112, 157, **330**, 331, 332, *434*
成長性　245, 301, 329, 346
　——の予測　329
　——分析　**301**, 333, 346, 373
成長投資　124
成長率　105, 148, 177, 190, 191, 198–200, 202,
　208, *230*, 272, 407, 412, 416–418, 420
　加重平均——　415
　正常——　182, 183
　予想——　192
税にかかわるキャッシュフロー　290
税の配分　**259**, 262
　包括的な——　344
税（金）費用　258, 478
製　品　19
　——技術　316, 441, 483
　——の市場　441, 483
製品保証債務　480
政府の政策　432
積極的会計　**462**
積極的収益認識　276
節税効果〔タックス・ベネフィット〕　91, **233**,
　234, 235, **259**, 261, 262, 391
設　備　483

　——更新　477
　——の割賦購入　292
　過剰——　477
ゼネラル・エレクトリック〔GE〕　11, 111–113,
　118, 124, 145–147, 149, 156, 157, 180, 332, 333,
　339, 340, 485
ゼネラル・ミルズ　254, 256, 266, 268, 270, 274,
　304, 306, 309–311, 313, 318–323, 343–345, 347,
　348, 378
ゼネラル・モーターズ〔GM〕　3, 4, 6, 7, 11, 25,
　73, 257, 339, 340, 476, 487
セルサイド　198
　——・アナリスト　10, *16*
ゼロ成長価値　210
ゼロ成長企業　331, 332
ゼロ成長（価値）評価　147, **206**, 333
ゼロ成長予測　409, 410, 415
戦　略　16, 21, 75, 154, 423, *434*, 441, 445, 452
戦略計画　154
戦略的思考　453, 454
戦略的選択　**434**
戦略的貸借対照表　254, 266
　——に対する付加価値　267
戦略分析　16, 155, 186, 187, 302, 425, 452, 453
　——のツール　139
　——のモデル　129

そ

総還元性向　*229*
総還元・簿価比率　229
早期退職計画　485
操作が起こりやすい状況〔ケース〕　469, 470
総資産　310, 311
総資産利益率　→ROA
組織の操作　485
組織変革　482
ソニー　140
その他のコア事業利益　334, 426, 428
その他のコア利益のタイミング操作　484
その他の債務　276
その他の事業利益　334, 343, 344, 437, 442
その他の資産　250, 254, 292
その他の負債　250, 254, 292
その他の包括利益　35, *42, 221, 224*, 226, *227*,
　341
　——計算書　42, 227
その他の利益　317, *341*

索　引　511

ソフトな構成要素　199
ソフトな情報　25
損益計算書　2, 26, *33*, 37, 42, 43, 46, 52, 101,
　119, 149, 156, 225, 227, 228, 230, 245, 247, 258,
　275, 281, 283, 292, 312, 331, 344, 408, 439, 453,
　487
　──における測定　49
　──の組み替え　245
　──のボトムライン　165
　組み替え後の──　225, 258, 263, 266, 267,
　282

た

第一種の過誤　488
対応原則　49, 50, 53, 113, 119
タイコ・インターナショナル　157
貸借一致の原則　464
貸借対照表〔財政状態計算書〕　2, 26, *33*, 35,
　41, 43, 46, 52, 53, 74, 76, 101, 119, 121, 123, 129,
　131, 138, 149, 156, 159, 186, 230, 245, 246, 275,
　281, 283, 292, 312, 331, 408, 439, 453, 465, 467,
　479, 480, 487
　──における測定　48
　──に計上されていない資産　49
　──の組み替え　245
　──の構成要素　368
　──のボトムライン　165
　組み替え後の──　248, 254, 267, 282
貸借対照表等式〔会計等式〕　*35*, 46, 253
退職給付債務　339
退職給付費用　478
退職者医療給付　485
第二種の過誤　488
タイム・ワーナー　486
タックス・プランニング　262
タックス・ホリデイ　257
ダーティー・サープラス　258, 261
　──会計　42, *225*
　──項目　225, 263
　──の利益項目　227
　隠れた──損失　237
　隠れた──費用　232, 341
棚卸資産　158, 483, 484
　──回転日数〔回転期間〕　318, 451
　──回転率　318
　──管理　318
ターナー・ブロードキャスティング・システム

　290
短　期　35
　──成長率　417
単純化　405
単純な（価値）評価　407, 414, 418, 419, 424
　──モデル　*142, 178*
単純な予測　405, *407*, 415, 417, 423, 424

ち

知的資本〔資産〕　*25*, 52
　──モデル　453
注　記　→財務諸表の注記
超過価値　26
超過リターン　137
長　期　35
長期成長率　149, 150, 183, 197, 198, 208, 415,
　416, 439
　期待──　203
直接法　286
直観的投資家　2
直観的ブリッジ・ビルダー　3
賃金としての有価証券の付与　232
賃借料　250

つ

追加的価値　174
追加投資　410

て

定常状態条件　148
ディスカウント　*46*, 134
ディズニー　486
ディフェンシブ〔防衛的〕投資家　4, 195
定率成長配当モデル〔ゴードン成長モデル〕
　105
定率成長評価モデル　*105*
定率成長モデル　*104*
手　形　248
　──による資産の購入　292
テクニカル・スクリーニング　*69, 70*
手数料収入　483
デット・エクイティ・スワップ　383, 388
デュポン・モデル　*313*
デリバティブ
　──損益　334
　──に係る利得損失　*226*
　特定の──に係る未実現利得損失　225

512

デ　ル　　3, 4, 6, 18, 24, 64, 65, 67, 73, 74, 176, 177,
　　251, 254-258, 266, 268, 269, 308, 309, 343, 378,
　　380, 381
10-K〔年次報告書〕　31, 33, 349, 473
　　──スケジュールⅡ　340
　　──ビジネス・セクション　221, 274
10-Q〔四半期報告書〕　32
転換社債　236, 241
転換証券　**237**
転換不能証券　237
転換優先株式　236, 237

と

投　機　　9, 10
　　──型〔──的な〕企業　414, *434*
投　資　　1, 112, 113, 119, 121, 123, 124, 156, 157,
　　182, 187, 292, 295, 331, 438, 467
　　──におけるリスク　*149*
　　──に対するリターン　155, 187
　　──の成長　155
　　長期の──　254
　　負の──　255
投資意思決定　*78*
　　──のステップ　*76*
投資家　1
　　他の──とのゲーム　198, 200
投資活動　**14**, 87, 91, 101, 107, 217, 288
　　──によるキャッシュフロー　*40*, 115
投資期間　**81**
投資支出〔資本支出〕　*107*, 112, 116, 121, 122,
　　283, *285*, 286, 288, 472
透明性　486
特別損失　481
特別目的事業体　485
ドッド，デビッド　196
トップダウン方式　262, 284, 291, 295
ドライバー　79, 423, 445
　　──の増減の持続性　430
　　──のパターン　**427**, 432
トラッキング・ストック　487
取　引
　　──構造の操作　**464**, 482
　　──操作の判断規準　482
　　──タイミングの操作　*463*, 464, 482
　　──の質　**463**
ドル箱事業　113
トレンド分析　**269**, 272

な

ナイキ　　33-35, 37, 40-42, 44, 47, 48, 50, 52, 97-
　　99, 114, 116-119, 121, 123, 135, 137, 138, 147,
　　149-152, 160, 167, 176, 177, 180, 182, 183, 221,
　　222, 227-235, 240, 251, 253, 254, 256, 257, 263,
　　266, 270, 272-274, 283, 284, 286, 288, 290-292,
　　294, 305-307, 309, 311, 313, 318, 319, 321, 322,
　　332, 333, 343, 347, 348, 351, 352, 368, 370, 375,
　　377, 378, 393, 408, 410, 413-419, 433, 439-442,
　　454
内国歳入庁　234
内在価値　**4**, *46*, 69, 75, 76, 129, 196-198, 200,
　　238, 367, 381, 393
内部情報　17
内部留保　**229**
　　標準的な──率　*229*
ナレッジベース　20

に

ニューズ・コーポレーション　486, 487
ニューヨーク証券取引所〔NYSE〕　136

ね

ネット資産　*25*
年　金　　**105**, 119
　　──運用益　340
　　──会計　359
　　──基金　339, 381, 485
　　──債務　276
　　──資産に係る数理計算上の利得損失　227
　　──資産の期待収益　*338*, 339, 343, 359
　　──費用　120, *337*, 339, 343, 478
　　──負債　42, 123

の

のれん　275, 319

は

バイアウト　447, 449
バイアコム　486
売却可能有価証券　226
　　──に係る未実現利得損失　*225*
バイサイド　198
　　──・アナリスト　*15*
買　収　　157, 238, 256, 297, 319, 337, 390, 447,
　　448

索　引　513

株式による―――　291, 294
配当（金）　49, 88, 103, 119, 134, 136, 143, 171,
　172, 186, 187, 222, 228, 237, 254, 275, 307, 351,
　354, 373, 374, 445
　―――に対する税率　89
　―――をめぐる難問　106
配当落ち価格　67
配当落ち利益　170
　―――成長率　173, 186, 192
配当込み価格　67
配当込み利益　170, 171, 186, 187
　―――成長　183, 373
　―――成長率　172, 173, 186, 192
配当シグナリング効果　89
配当性向　171, 228
配当・簿価比率　229
配当無関連性　106, 134, 445
　―――命題　89
配当割引モデル　23, 101, 103, 106, 136, 142,
　155, 185
売買目的有価証券　226
ハイリスク・ハイリターン　382
パッシブ〔受動的〕投資家　2, 5, 195, 205
発生主義会計　101, 102, 119, 121, 123, 124, 143,
　147, 149, 153, 156, 158, 186, 232, 281, 295, 466,
　468
ハードな構成要素　199
ハードな情報　25, 26
ハードル・レート〔目標利回り〕　84, 96, 135,
　197, 202
パナソニック　140
バフェット，ウォーレン　9, 237, 418
バブル　7-10, 53, 205, 238, 275, 339, 340, 459,
　463, 480
バリュエーション　→価値評価
バリュエーション・モデル　→価値評価モデル
バリュー・ドライバー　→残余利益ドライバー
バンク・オブ・アメリカ　140
バンコ・サンタンデール　140
判断規準のセット　488
販売型リース　479, 483
販売指向型企業　434
販売費及び一般管理費　42, 263, 266, 359, 478,
　487

ひ

比較分析　23, 64, 68

非公開株　487
非効率的市場　191, 238
　―――における株式発行　88
非採択　77
非資金取引　291, 292, 294, 297
ビジネス　→事業
ビジネス・モデル〔事業戦略，ビジネス・コンセ
　プト〕　19, 452
非支配〔少数〕株主持分　222, 250, 256, 283,
　306, 309, 310, 444
非正常項目〔一時的項目，一時的利益〕　333,
　334, 340, 341, 343, 344, 356, 426, 428, 437, 442,
　460, 462, 480, 482
　―――操作の判断規準　480
　―――のタイミング操作　485
非正常的事象　179
非正常費用　336
ビッグ・バス　461, 481
　―――会計　462
1株当たり配当　→DPS
1株当たり簿価　→BPS
1株当たり利益　→EPS
百分率損益計算書　270
百分率貸借対照表　270
百分率分析　269, 272, 274, 313, 444
百分率ベースのトレンド財務諸表　272
ヒューズ・エレクトロニクス　487
ヒューレット・パッカード〔HP〕　64, 65, 67
費用　37, 119
　―――化　467
　―――操作　474, 475
　―――タイミングの操作　463
　隠れた―――　233, 462
評価技法　→価値評価手法
評価性引当額　479
標準産業分類〔SIC〕　428
比率分析　245
非連結子会社の利益　487

ふ

ファニー・メイ　10
ファンダメンタルズ　104
ファンダメンタル・スクリーニング　69, 70
ファンダメンタル投資家　4, 5, 6, 9, 11, 12, 51,
　53, 149, 195, 196, 198, 199, 238, 459
ファンダメンタル・バリュー　31
ファンダメンタル分析〔価値評価分析〕　2, 4,

12, 13, 15, 17, 33, 46, 49, 50, 61, 62, 73, 75, **76**, 79, 100, 131, 206, 381, 406, 425
　——の過程　76
　——の基本原則　24, 199
ファンダメンタル・リスク　**5**, 454
フォックス・グループ　486
フォード・モーター　3, 4, 6, 7, 25, 73, 192, 257
付加価値　46, 49, 50, **78**, 119, 121, 122, 132, 155, 156, 182, 267, 329, 477
不確実性　100, 156, 198, 207, 419, 487
負　債　35, 109, 123, 129, 220, 222, 246, 256, 303, 306, 380, 390
　——価値　14, 46, 73, 369, 378, 394, 437
　——証券　257
　——調達の無関連性　**91**
　——に関する財務活動　90
　——に対する資本コスト　*83*
　——のリスク　281
　——比率　*312*
負債コスト　274, 377, 379-381
　実効——　**379**
　税引後正味——　379
普通株式　1, 13
　——の内訳区分　225
　——発行高　37
普通株主資本利益率　→ROCE
普通株主の財産権　239
普通株主持分　220, 222, 236, 253, 258, 304, 346, 350, 351, 365, 367, 370, 438, 444
　——成長率　230
　——の簿価　372
普通預金口座　134, 168
　——のバリュエーション　133
プーマ　34
付与日会計　*234*, 241
付与日の会計処理　393
ブラック, フィッシャー　393
フラニガンズ・エンタープライズ　144, 147
ブランド　160, 256, 319
　——・マネジメント企業　*433*
フリー・キャッシュフロー　*108*, 111-114, 119, 121, 124, 133, 134, 156, 281-286, 291, 292, 294, 295, 341, 351, 374, 375, 397, 398, 436, 438, 443, 444, 446, 452, 465, 467, 487
　——仮説　*446*
　——のドライバー　437
　——の予測　117

フレディ・マック　10
プレミアム　46, 76, 129, 131, 134-136, 159, 330, 331, 365
　ゼロ・——　136
　内在——　*46*, 135
プレーン・バニラ　12
フロー　41, **43**, 168, 232
プロジェクト評価（モデル）　*84*, 107
プロ・フォーマ分析　*79*, 445, 452
　最大限の情報を用いた——　459

へ

ペイアウト　134
　ゼロ・——　136
ペイオフ〔見返り〕　4, 13, 377
　——の測定　78
　——の特定　78
　——の予測　76-78, 100
　終了時点の——　*82*
　投資からの——　112
平均回帰　427, 433
平均的企業　*434*
米国（会計）基準〔U.S. GAAP〕　53, 54, 160, 219, 220, 228, 234, 239, 241, 286, 392, 393, 463, 482
　——の質　463, 464
　——の適用の質　463, 464
ベータ〔β〕　5, 92, 96, *97*, 98, 377, 381
　——・テクノロジー　*5*, 93, *96*, 98, 99, 135
　——・リスク　*5*
ヘッジ手段に係る利得損失　222
ベンチマーク　269
　——予測　407
ベンチャー・キャピタリスト　453
変動費　**348**, 442
返　品　451
返品および値引調整引当金　473

ほ

包括的な利益　138, 175, 219, 220, *221*, *222*, 228, 231, 234, 263, 266, 370, 374, 444
　普通株主に帰属する——　`138
包括利益　41, **42**, *227*, 228, 310
　——計算書　227, 228
　——合計　224, 227
　——ベース　341, 359
報　酬　231

索　引　515

法人税（額）　121, 258, *341*, 343
放置株スクリーニング　*70*
法定税率　261, 262, 266
放漫な会計　462
法　律　21
簿　価　2, 26, 129-131, 133-136, 143, 149, 156,
　160, 165, 183, 186, 189, 207, 229, 330, 365, 370
　——と短期予測に基づく価値　206
　——に対する利益率〔収益性〕　*130*
　——〔純資産〕の成長　*139*, 140
　——の測定　48
簿価・時価比率　201, 205
簿価法　*237*
簿価レバレッジ　→財務レバレッジ
保守的会計　52, 462, 483, 488
保守的収益認識　276
保守的な予測　410, 415
ボーデン　481
ボトムアップ方式　262, 283, 284, 291, 295
ボトムライン　2, 26, 37, 228, 266
ホーム・デポ　19, 148, 297
保　有　*77*

　　　　ま

マイクロソフト　11, 311, 312, 333, 336, 432
前払賃金　120
マーケット　98, 99
マーケット・ファクター　97
マーケット・プレミアム　*46*, 49
マーケット・ポートフォリオ　98
マーケット・リスク・プレミアム　92, 93, 97-
　99, 197, 381
マーケット・リターン　97
マーケティング計画　441
マードック, ルパード　486
マネジメント・バイアウト〔MBO〕　*449*
マルチファクター評価モデル　*97*, 99
満期保有目的の株式　275
満期保有目的負債性証券　275
満期保有目的有価証券　226

　　　　み

未実現利得損失　226, 275
　株式投資に関する——　*341*
　公正価値を適用したことによる——　*341*
　有価証券に係る——　225, 241
未収収益　473

未収利息　294
未償却原価　74
ミスター・マーケット　198, 208
ミスプライシング〔ミスプライス〕　3, 68, 69,
　92, 195, 238, 355, 490
ミスマッチング　297
見積もり　464, 466, 468, 478, 482
　——の修正　*340*, 359
見積残存価額　153
未払賃金〔未払給与〕　120, 123
未払配当金　222, 241, *250*, 254, 276, 294
未払費用　*250*, 254, 276, 478
未払利息　294
ミラー, マートン　89, 379
魅力株　69

　　　　む

無形資産　*25*, 52, 74, 75, 160, 256, 319, 480, 483
　——の償却費　72

　　　　め

メザニン　35, 222

　　　　も

モジリアーニ, フランコ　89, 379
持　分　→株主持分
持分法　*249*
　——適用会社からの利益　263
　——適用会社への投資　263
　——投資利益　343
戻し入れ　337
モメンタム・スクリーニング　*70*
モメンタム投資（家）　*9*, 157
モルガン・スタンレー　10
モロドフスキー, ニコラス　356
モロドフスキー効果　356, 357

　　　　や

ヤフー　11

　　　　ゆ

遊休生産能力　441
有形固定資産　123, 250, 319
　——回転率〔固定資産回転率〕　318, 442
　——の維持費用　297
有限期間投資　81, 103
優先株式　109, 220, 221, *222*, 237, 241, *250*, 261,

276

永久—— 237

優先配当 221, 227, 241, 261

優良顧客優待プログラム 480

ユナイテッド航空 390

よ

要求リターン（率）〔資本コスト，正常リターン，
　割引率〕 78, *83*, 92, *96*, 98, 103, 105, 108,
　130, 133-135, 137, 151, 157, 170-173, 182, 186,
　190-192, 197, 198, 200, *201*, 202, 257, 331, 367,
　368, 374, 382, 390, 412, 415, 426, 429, 446, 453

　企業〔事業〕の—— 108

要約数値 35

余剰資金 288, 311

予　測 25, 50, 76, 103, 197, 198, 245, 282, 301,
　324, 334, 352, 365, 370, 372, 375, 377, 392, 405-
　407, 434, 444, 447

　——過程の完全性 341

　——の価値評価への変換 *78*

　——の困難性 433

　——のスキーム 424, 435

　——の対象 86, 113

　——の単純化 365

　——の手順 441

　——の展開 *78*

　——のフレームワーク 79

　最大限の情報を用いた—— 423, 424, 431,
　435, 439

　詳細な—— 438, 441

　短期—— 149, 206, 207, 417

　無限期間—— 109

　有限期間—— 86, 109

予測期間 113, 156, 186

　——終了時点のプレミアム **143**

　——の短縮 121

　無限の—— 136

　有限の—— *86*, 143

予防装置 156, 157, 159, 186

り

利　益 2, 26, 66, 113, 118, 119, 122, 124, 134,
　136, 143, 157, 165, 168, 175, 186, 229, 333, 365

　——項目 225

　——サプライズ 461, 480

　——資本化式 173

　——操作 464, 465, 471, 474, 482, 488, 490

　——測定の仕組み 122

　——調整 **461**, 468

　——の期間配分操作 461

　——の構成要素 368

　——の質 186, 275, 281, **460**, 461, 462, 474,
　475, 480, 486, 488

　——の正常化 **334**

　——の認識ルール 49

　——の反転 488

　——の平準化 486

　——への対価 130, 157, 158

　——レバレッジ *398*

　会計上測定される—— 49

　現在—— 179, 189

　将来—— 189, 460, 483

　正常—— 170

　税引前—— 37

　要求—— 331

　余剰—— 269

　予想—— 179, 183

利益成長 24, 72, 134, 157, 166-168, 170, 171,
　173, 191, 192, 329, 331, 356, 366, 373, 389, 390,
　397

　——への対価 166, 185, 331

　正常—— 172

　予想——率 173

利益率 313

リコース負債 485

リース *250*

リスク 5, 71, 190, *195*, 305, 377

　——と成長の相互作用 190

　——の変化 206

　——評価 93

　——分析 440

　対価を払いすぎる—— *149*

リスク・エクスポージャー 96

リスク・ファクター 96, 97, 99

リスクフリー・レート 92, *96*, 97, 151

リスク・プレミアム 92, *96*, 97, 99, 151

リース債権 340

リース債務 250, 276

リース資産 250

リストラ 442

　——費用 266, *336*, 340, 344, 359, 461, 476,
　481, 482

リース取引 292, 483

利　息 261

索　引　517

——の支払　288, 290
　現金による——の受取　291
　現金による——の支払　291
利息収益　263, 322, 341
利息費用　263, 309, 310, 322, *338*, 339, 344, 391
リターン　**13**
利付債の購入および売却　117
利付債への投資　115
リバース・エンジニアリング　200, 201, 203, 210, 419
利払前税引前利益　→EBIT
リーボック　350, 383, 385–387, 395, 397
流動性　246
　——ディスカウント　**89**
　——分析　*281*, 283
留保利益　35, 225
倫　理　21

る

ルーセント・テクノロジー　288, 289, 351

れ

レノボ・グループ　64, 67
レバード比率　*365*
レバード利益・価格倍率　398
レバレッジ〔ギアリング〕　66, 256, 303, 341, 349, 351, 383, 385, 390, 394, 395, 397, 443
　——効果　399

——のよいニュース　382
——の悪いニュース　382
——・プレミアム　308
——・リスク　73
レバレッジド・バイアウト〔LBO〕　113, *449*
連　携　→財務諸表の連携
連結会計　249, 487
連結財務諸表　486
連邦準備制度理事会　→FRB

ろ

ロッキー・シューズ　356

わ

ワイルド, オスカー　4
ワラント　237, 241
　——評価モデル　394
割引キャッシュフロー〔DCF〕
　——評価　110, 112, 447
　——評価技法　124
　——分析　121, 437, 446, 452
　——・モデル　23, *101*, 107, *108*, 113, 132, 149, 154, 155, 160, 185, 281, 283
割引率　→要求リターン
割安株〔バリュー株〕　69, 358
ワールドコム　157, 478
ワールプール・コーポレーション　251, 352, 353, 355

●著者紹介

S. H. ペンマン（Stephen H. Penman）

　現在，コロンビア大学ビジネススクール名誉教授（Professor Emeritus）。2023年まで同大学教授（George O. May Professor），同学内の会計および証券分析に関する卓越研究センター（Center for Excellence in Accounting and Security Analysis）共同所長。1999年にコロンビア大学に着任する前は，カリフォルニア大学バークレー校ハース・スクール・オブ・ビジネス教授（L. H. Penny Professor）であり，1990年から1995年までは，同校の職業会計専門家プログラム長および会計学部長を務めた。また，ロンドン・ビジネス・スクール客員教授，ストックホルム商科大学客員教授（Jan Wallander Visiting Professor），シンガポール経営大学客員教授（Cheng Tsang Man Chair Visiting Professorship）を歴任。

　オーストラリアのクイーンズランド大学にて優等学位（商学士）を，シカゴ大学にてMBAおよびPh. D.の学位を取得。研究分野は株式価値評価や証券分析における会計情報の役割であり，ファイナンスや会計の学術誌に幅広く論文を公表している。また，研究者や職業専門家を対象に，ファンダメンタル分析や株式価値評価に関するセミナーを開催している。1991年に米国会計学会および米国公認会計士協会より，会計研究に著しい貢献をした者に贈られる学会賞（Notable Contribution to Accounting Literature Award）を，2002年には米国会計学会およびデロイト・トウシュより，著書 *Financial Statement Analysis and Security Valuation* の初版（McGraw-Hill/Irwin）に対して Wildman Medal 賞を，さらに2011年には計量ファイナンス研究協会より Rodger F. Murray 賞を授与された。2011年，コロンビア大学出版会より著書 *Accounting for Value* を出版。また，*Review of Accounting Studies* の編者，および *Schmalenbach Business Review* の編集委員会のメンバーも務めている。

●訳者紹介

荒田 映子（あらた・えいこ）

　武蔵大学経済学部教授　　　　　　　　　　　　　　分担：序文・謝辞，第9〜12章

　主要著作：「社会規範としての会計ルールの合理性：減価償却を例に」（辻山栄子編著『財務会計の理論と制度』中央経済社，2018年）；「社会規範の標準化がもたらすもの：Shyam Sunder（2016）と考える財務報告制度」（『企業会計』2017年9月号）

大雄 智（おおたか・さとる）

　横浜国立大学大学院国際社会科学研究院教授　　　　分担：序文・著者紹介，第5〜8章

　主要著作：『事業再編会計：資産の評価と利益の認識』（国元書房，2009年）；「新会計基準と資本の歪み」（『會計』第187巻第1号，2015年）

勝尾（浅見）裕子（かつお・あさみ・ゆうこ）

　学習院大学経済学部教授　　　　　　　　　　　　　分担：第1〜4章

　主要著作："The IASB and ASBJ conceptual frameworks: Same objective, different financial performance concepts"（with C. van Mourik, *Accounting Horizons*, vol. 29, no. 1, 2015）; "Goodwill accounting standards in the United Kingdom, the United States, France, and Japan"（with C. Garcia and C. van Mourik, *Accounting History*, 2018）

木村 晃久（きむら・あきひさ）

　横浜国立大学大学院国際社会科学研究院教授　　　　分担：第13〜16章

　主要著作：『実践財務諸表分析（第2版）』（共著，中央経済社，2017年）；「経常的特別損失に対する投資家の評価」（『會計』第190巻第5号，2016年）

アナリストのための
財務諸表分析とバリュエーション（原書第5版）
Financial Statement Analysis and Security Valuation, Fifth Edition

2018年3月31日　初版第1刷発行
2023年9月20日　初版第2刷発行

著　者	S. H. ペンマン	
	荒　田　映　子	
訳　者	大　雄　　　智	
	勝　尾　裕　子	
	木　村　晃　久	
発行者	江　草　貞　治	
発行所	株式会社　有　斐　閣	

郵便番号 101-0051
東京都千代田区神田神保町 2-17
https://www.yuhikaku.co.jp/

印刷・大日本法令印刷株式会社／製本・大口製本印刷株式会社
© 2018, Eiko Arata, Satoru Otaka, Yuko Asami, Akihisa Kimura.
Printed in Japan
落丁・乱丁本はお取替えいたします。
★定価はカバーに表示してあります。

ISBN 978-4-641-16523-6

JCOPY　本書の無断複写（コピー）は、著作権法上での例外を除き、禁じられています。複写される場合は、そのつど事前に（一社）出版者著作権管理機構（電話03-5244-5088, FAX03-5244-5089, e-mail: info@jcopy.or.jp）の許諾を得てください。

本書のコピー，スキャン，デジタル化等の無断複製は著作権法上での例外を
除き禁じられています。本書を代行業者等の第三者に依頼してスキャンや
デジタル化することは，たとえ個人や家庭内での利用でも著作権法違反です。